谨以

此书献给昼夜忙碌的平凡而又伟大的一线财税工作者

本书系2017—2018年企业所得税业务处理实操专著

企业所得税申报与业务处理研究小组

组　长：周华洋

副组长：吴　健　毛　岚

成　员：（按姓氏笔划为序）

刘志耕　刘德春　吴清亮　吴　健　李晓波　周华洋

秦文娇　秦梁红　姜　涛　傅宗仁　徐桂鸣　储俏武

温馨提示

凡购买本书的读者，扫下列二维码，均可免费阅读和下载本书所涉及的所有税收法律法规文件！

2018
企业所得税
年度纳税申报方法与业务处理技巧

企业所得税申报与业务处理研究小组◎编著

中国经济出版社
CHINA ECONOMIC PUBLISHING HOUSE
·北京·

图书在版编目(CIP)数据

2018年企业所得税年度纳税申报方法与业务处理技巧／企业所得税申报与业务处理研究小组编著.
北京:中国经济出版社,2018.1
ISBN 978-7-5136-5076-2

Ⅰ.①2… Ⅱ.①企… Ⅲ.①企业所得税—税收管理—基本知识—中国 Ⅳ.①F812.424

中国版本图书馆CIP数据核字(2018)第015945号

责任编辑 雷 生 闫 丽
责任印制 马小宾
封面设计 任燕飞工作室

出版发行 中国经济出版社
印 刷 者 北京科信印刷有限公司
经 销 者 各地新华书店
开 本 787mm×1092mm 1/16
印 张 36.5
字 数 858千字
版 次 2018年1月第1版
印 次 2018年1月第1次
定 价 98.00元
广告经营许可证 京西工商广字第8179号

中国经济出版社 **网址** www.economyph.com **社址** 北京市西城区百万庄北街3号 **邮编** 100037
本版图书如存在印装质量问题,请与本社发行中心联系调换(联系电话:010-68330607)

前　言

2017 年 12 月 29 日，国家税务总局《关于发布中华人民共和国企业所得税年度纳税申报表（A 类，2017 年版）》的公告（2017 年第 54 号）指出，在保持“年度纳税申报表（A 类，2014 年版）”整体架构不变的前提下，遵循“精简表单、优化结构、方便填报”的原则，进一步优化企业填报体验，对企业所得税年度纳税申报表进行了优化、简化，在填报难度上做“减法”，在填报质量上做“加法”，在填报服务上做“乘法”。具体表现在：

1. 报表结构更合理。为便利企业申报，缩减申报准备时间，“年度纳税申报表（A 类，2017 年版）”精简了表单，表单数量减少 10%，进一步减轻了企业填报负担。原有的“固定资产加速折旧、扣除明细表”（A105081）、“资产损失（专项申报）税前扣除及纳税调整明细表”（A105091）、“综合利用资源生产产品取得的收入优惠明细表”（A107012）和“金融、保险等机构取得的涉农利息、保费收入优惠明细表”（A107013）共 4 张表单全部取消。

2. 落实政策更精准。2017 年，党中央、国务院做出一系列重大决策部署，助力供给侧结构性改革，鼓励企业创新发展。为了贯彻落实好相关所得税优惠政策，“年度纳税申报表（A 类，2017 年版）”对相应附表或表单栏次进行了优化与调整。截至 2017 年 12 月 31 日，有效企业所得税优惠政策共 83 项，失效企业所得税优惠政策共 47 项。根据政策变化，对“捐赠支出及纳税调整明细表”（A105070）、“研发费用加计扣除优惠明细表”（A107012）、“高新技术企业优惠情况及明细表”（A107041）、“软件、集成电路企业优惠情况及明细表”（A107042）等表单作了修订，很好地落实了捐赠支出扣除政策、研发费用加计扣除政策、高新技术企业和软件、集成电路企业优惠政策等一系列税收政策。“期间费用明细表”（A104000）、“纳税调整项目明细表”（A105000）、“企业重组及递延纳税事项纳税调整明细表”（A105100）、“特殊行业准备金及纳税调整明细表”（A105120）、“符合条件的居民企业之间的股息、红利等权益性投资收益优惠明细表”（A107011）、“抵扣应纳税所得额明细表”（A107030）等表单的部分数据项作出了调整。

3. 填报过程更便捷。为使企业能够准确填报，“年度纳税申报表（A 类，2017 年版）”进一步优化了报表勾稽关系，为智能填报创造条件。对“企业基础信息表”（A000000）、“资产折旧、摊销及纳税调整明细表”（A105080）、“资产损失税前扣除及纳税调整明细表”（A105090）、“免税、减计收入及加计扣除优惠明细表”（A107010）、“所得减免优惠明细表”（A107020）、“减免所得税优惠明细表”（A107040）、“企业所得税汇总纳税分支机构所得税分配表”（A109010）等表单的数据项进行了调整和优化，减少企业涉税信息重复填报工作。

此外，根据企业所得税政策调整和实施情况，对“中华人民共和国企业所得税年度纳税申报表（A类）”（A100000）、“职工薪酬支出及纳税调整明细表”（A105050）、“企业所得税弥补亏损明细表”（A106000）、“境外所得税收抵免明细表”（A108000）、“境外所得纳税调整后所得明细表”（A108010）、“境外分支机构弥补亏损明细表”（A108020）、“跨年度结转抵免境外所得税明细表”（A108030）、“跨地区经营汇总纳税企业年度分摊企业所得税明细表”（A109000）部分数据项的填报口径和逻辑关系进行了优化和明确。

为帮助广大一线财税工作人员准确掌握新企业所得税税收政策和企业所得税纳税申报表整体框架的变化，给企业财税工作人员所得税汇算清缴工作提供及时、具体的指导，2018年1月，我与各位教授急众人之所急，想众人之所想，对新出台及当时有效的所得税税收政策进行全面整理、系统归纳，密切联系企业所得税汇算清缴工作实际，及时推出《2018年企业所得税年度纳税申报方法与业务处理技巧》一书。我们坚信，该书的面世，定能为企业财税工作人员，会计师事务所和税务师事务所的注册会计师、注册税务师的企业所得税年度纳税申报工作提供很好的帮助，成为他们的必备工具书。

本书写作的专家有，中国社会科学院研究生院导师周华洋教授（第1章至第4章），吴清亮教授（第5、6章和第8章至第10章），储俏武教授（第7章、第21章），秦文娇教授（第11章至第13章和第18章），刘志耕教授（第14章至第16章），徐桂鸣教授（第19章），姜涛教授（第17章、第20章和第22章），傅宗仁教授（第23章至第25章），刘德春教授（第26章、第28章和第35章），吴健教授（第27章、第36章和第37章），李晓波教授（第29章至第31章），秦梁红教授（第32章至第34章）。

在本书写作过程中，得到了中财讯教育培训集团【智通财税】APP中“专家专栏”的全体专家和“财税答疑”联盟的全体专家大力支持；得到了中财讯教育培训集团媒体中心毛岚副总编辑和高级编辑张燮、徐慧颖及曹邦浩硕士的全力相助，特别是中国经济出版社的领导和编辑给予了极大的帮助，在此表示衷心感谢！同时，本书中有部分内容摘自网络，未能一一注明出处，在此一并致谢！

特别感谢中财讯瑞昌财学院股份有限公司的鼎力相助！

鉴于本书成稿日期限制，所引用的相关法规文件截至2018年1月。限于编者水平，欠妥与错误之处在所难免，敬请广大读者批评指正，以便再版修正。

周华洋

2018年1月18日于北京天勤阁

目　录

第 1 章　“企业所得税年度纳税申报表（2017 年版）”修改的动因 …… 1

一、历次企业所得税年度纳税申报表 …… 2

二、2014 年以来重要企业所得税法规 …… 2

三、2014 年以来重要企业会计准则 …… 3

第 2 章　2018 年企业所得税年度纳税汇算的特点 …… 5

一、2018 年企业所得税汇算清缴应关注的焦点 …… 6

二、2018 年企业所得税汇算清缴应正确核算收入项目 …… 6

三、2018 年企业所得税汇算清缴应正确核算费用项目 …… 9

四、2018 年企业所得税汇算清缴应关注财产损失 …… 11

五、2018 年企业所得税汇算清缴应关注不合法凭证 …… 12

六、2018 年企业所得税汇算清缴有关亏损问题 …… 12

七、企业所得税纳税调整的原理与方法 …… 12

第 3 章　“企业所得税年度纳税申报表（2017 年版）”基本信息填报技巧 …… 15

一、申报表封面填报有关要点及误区 …… 16

二、企业所得税年度纳税申报表填报表单的选与不选 …… 18

三、A000000“企业基础信息表”的理解与填报技巧 …… 18

第 4 章　“企业所得税年度纳税申报表（主表 2017 版）”的理解与填报 …… 21

一、“企业所得税年度纳税申报表（主表）”做了哪些修改，为什么 …… 22

二、“企业所得税年度纳税申报表（主表）”需要填哪 5 项，关键点是什么 …… 22

三、“企业所得税年度纳税申报表（主表）”关注哪些焦点问题 …… 23

四、如何理解“企业所得税年度纳税申报表（主表）”表内、表间关系 …………… 23

第5章 “一般企业收入明细表”的理解与填报 …………… 27

一、“一般企业收入明细表”的焦点问题 …………… 28
二、“一般企业收入明细表”结构特点是什么 …………… 37
三、“一般企业收入明细表”重点栏目填报说明 …………… 41
四、“一般企业收入明细表”（A101010）的表内、表间关系 …………… 51

第6章 “一般企业成本支出明细表”的理解与填报 …………… 53

一、“一般企业成本支出明细表”（A102010）填报前必须解决的焦点问题 …………… 54
二、“一般企业成本支出明细表”（A102010）结构特点是什么 …………… 61
三、“一般企业成本支出明细表”（A102010）填报说明 …………… 63
四、“一般企业成本支出明细表”（A102010）表内、表间关系 …………… 65

第7章 “事业单位、民间非营利组织收入、支出明细表”的理解与填报 …………… 67

一、“事业单位、民间非营利组织收入、支出明细表”的焦点问题 …………… 68
二、“事业单位、民间非营利组织收入、支出明细表”结构特点 …………… 72
三、“事业单位、民间非营利组织收入、支出明细表”重点栏目表填报说明 …………… 72
四、“事业单位、民间非营利组织收入、支出明细表”的表内、表间关系 …………… 74

第8章 “期间费用明细表”的理解与填报 …………… 75

一、“期间费用明细表”的焦点问题 …………… 76
二、“期间费用明细表”结构特点是什么 …………… 77
三、“期间费用明细表”填报说明 …………… 84
四、“期间费用明细表”的表内、表间关系 …………… 86

第9章 “纳税调整项目明细表”的理解与填报 …………… 87

一、“纳税调整项目明细表”的焦点问题 …………… 88
二、“纳税调整项目明细表”结构特点是什么 …………… 94
三、“纳税调整项目明细表”作了哪些修改，为什么 …………… 101
四、“纳税调整项目明细表”（A105000）重点栏目表填报说明 …………… 116
五、“纳税调整项目明细表”（A105000）的表内、表间关系 …………… 122

第 10 章 “视同销售和房地产开发企业特定业务纳税调整明细表”的理解与填报 …… 125

一、“视同销售和房地产开发企业特定业务纳税调整明细表”的焦点问题 …… 126

二、“视同销售和房地产开发企业特定业务纳税调整明细表”结构特点是什么 …… 131

三、“视同销售和房地产开发企业特定业务纳税调整明细表”重点栏目表填报说明 …… 139

四、“视同销售和房地产开发企业特定业务纳税调整明细表”的表内、表间关系 …… 142

第 11 章 “未按权责发生制确认收入纳税调整明细表”的理解与填报 …… 143

一、“未按权责发生制确认收入纳税调整明细表”的焦点问题 …… 144

二、“未按权责发生制确认收入纳税调整明细表”的理解与填报结构特点是什么 …… 166

三、“未按权责发生制确认收入纳税调整明细表”的理解与填报重点栏目表填报说明 …… 176

四、“未按权责发生制确认收入纳税调整明细表”的理解与填报的表内、表间关系 …… 177

第 12 章 “投资收益纳税调整明细表”的理解与填报 …… 179

一、“投资收益纳税调整明细表”的焦点问题 …… 180

二、“投资收益纳税调整明细表”的结构特点是什么 …… 189

三、“投资收益纳税调整明细表”重点栏目表填报说明 …… 191

四、“投资收益纳税调整明细表”的表内、表间关系 …… 192

第 13 章 “专项用途财政性资金纳税调整明细表”的理解与填报 …… 193

一、“专项用途财政性资金纳税调整明细表”（A105040）的焦点问题 …… 194

二、“专项用途财政性资金纳税调整明细表”（A105040）结构特点是什么 …… 199

三、“专项用途财政性资金纳税调整明细表”（A105040）重点栏目表填报说明 …… 204

四、“专项用途财政性资金纳税调整明细表”（A105040）的表内、表间关系 …… 205

第 14 章 “职工薪酬支出及纳税调整明细表”的理解与填报 …… 207

一、“职工薪酬支出及纳税调整明细表”的焦点问题 …… 208

二、“职工薪酬支出及纳税调整明细表”结构特点是什么 …… 210
三、“职工薪酬支出及纳税调整明细表”重点栏目表填报说明 …… 212
四、“职工薪酬支出及纳税调整明细表”的表内、表间关系 …… 213

第15章 “广告费和业务宣传费跨年度纳税调整明细表”的理解与填报 …… 215
一、什么是合理的广告费，什么是合理的业务宣传费，两者的区别是什么 …… 216
二、“广告费和业务宣传费跨年度纳税调整明细表”结构特点是什么 …… 217
三、“广告费和业务宣传费跨年度纳税调整明细表”重点栏目表填报说明 …… 217
四、“广告费和业务宣传费跨年度纳税调整明细表”的表内、表间关系 …… 218
五、广告费和业务宣传费税前扣除案例及分析 …… 218

第16章 “捐赠支出纳税调整明细表”的理解与填报 …… 223
一、“捐赠支出纳税调整明细表”的焦点问题 …… 224
二、“捐赠支出纳税调整明细表”结构特点是什么 …… 225
三、“捐赠支出纳税调整明细表”重点栏目表填报说明 …… 227
四、“捐赠支出纳税调整明细表”的表内、表间关系 …… 228
五、公益性捐赠税前扣除案例及分析 …… 228

第17章 “资产折旧、摊销情况及纳税调整明细表”的理解与填报 …… 231
一、“资产折旧、摊销情况及纳税调整明细表”的焦点问题 …… 232
二、“资产折旧、摊销情况及纳税调整明细表”结构特点是什么 …… 237
三、“资产折旧、摊销情况及纳税调整明细表”重点栏目表填报说明 …… 239
四、“资产折旧、摊销情况及纳税调整明细表”的表内、表间关系 …… 242
五、资产折旧、摊销及纳税调整的案例分析 …… 243

第18章 “资产损失税前扣除及纳税调整明细表”的理解与填报 …… 247
一、“资产损失税前扣除及纳税调整明细表”的焦点问题 …… 250
二、“资产损失税前扣除及纳税调整明细表”结构特点是什么 …… 257
三、“资产损失税前扣除及纳税调整明细表”（A105090）重点栏目表填报说明 …… 263
四、“资产损失税前扣除及纳税调整明细表”（A105090）的表内、表间关系 …… 264

第 19 章 “企业重组及递延纳税事项纳税调整明细表”的理解与填报 …… 267

一、“企业重组及递延纳税事项纳税调整明细表”的焦点问题 …… 268

二、“企业重组及递延纳税事项纳税调整明细表”结构特点 …… 279

三、“企业重组纳税调整明细表”的填报 …… 283

四、债务重组的会计处理与纳税调整案例 …… 286

第 20 章 “政策性搬迁纳税调整明细表”的理解与填报 …… 323

一、“政策性搬迁纳税调整明细表”的焦点问题 …… 324

二、“政策性搬迁纳税调整明细表”结构特点是什么 …… 326

三、“政策性搬迁纳税调整明细表”重点栏目表填报说明 …… 327

四、“政策性搬迁纳税调整明细表”的表内、表间关系 …… 329

五、政策性搬迁纳税调整案例分析 …… 329

第 21 章 “特殊行业准备金情况及纳税调整明细表”的理解与填报 …… 333

一、“特殊行业准备金情况及纳税调整明细表”的焦点问题 …… 334

二、“特殊行业准备金情况及纳税调整明细表”结构特点是什么 …… 336

三、“特殊行业准备金情况及纳税调整明细表”重点栏目表填报说明 …… 337

四、“特殊行业准备金情况及纳税调整明细表”的表内、表间关系 …… 341

第 22 章 企业所得税弥补亏损明细的理解与填报 …… 343

一、“企业所得税弥补亏损明细表”的焦点问题 …… 344

二、“企业所得税弥补亏损明细表”结构特点是什么 …… 345

三、“企业所得税弥补亏损明细表”重点栏目表填报说明 …… 345

四、“企业所得税弥补亏损明细表”的表内、表间关系 …… 346

第 23 章 “免税、减计收入及加计扣除优惠明细表”的理解与填报 …… 349

一、“免税、减计收入及加计扣除优惠明细表”的焦点问题 …… 351

二、“免税、减计收入及加计扣除优惠明细表”结构特点是什么 …… 352

三、“免税、减计收入及加计扣除优惠明细表”重点栏目表填报说明 …… 355

四、“免税、减计收入及加计扣除优惠明细表”的表内、表间关系 …… 362

第24章 “符合条件的居民企业之间的股息、红利等权益性投资收益优惠明细表”的理解与填报 …… 363

一、“符合条件的居民企业之间的股息、红利等权益性投资收益优惠明细表”的焦点问题 …… 364

二.“符合条件的居民企业之间的股息、红利等权益性投资收益优惠明细表”结构特点是什么 …… 364

三、“符合条件的居民企业之间的股息、红利等权益性投资收益优惠明细表”重点栏目表填报说明 …… 365

四、“符合条件的居民企业之间的股息、红利等权益性投资收益优惠明细表”的表内、表间关系 …… 368

第25章 “研发费用加计扣除优惠明细表”的理解与填报 …… 369

一、国家关于研发费用加计扣除的总体方向 …… 370

二、“研发费用加计扣除优惠明细表”的焦点问题 …… 371

三、研发费用核算常见问题、原因分析及纠正方法 …… 372

四、“研发费用加计扣除优惠明细表”结构特点是什么 …… 374

五、“研发费用加计扣除优惠明细表”重点栏目表填报说明 …… 376

六、“研发费用加计扣除优惠明细表”的表内、表间关系 …… 385

第26章 “所得减免优惠明细表”的理解与填报 …… 387

一、“所得减免优惠明细表”的焦点问题 …… 388

二、“所得减免优惠明细表”结构特点是什么 …… 406

三、“所得减免优惠明细表”重点栏目表填报说明 …… 407

四、“所得减免优惠明细表”的表内、表间关系 …… 411

第27章 “抵扣应纳税所得额明细表”的理解与填报 …… 413

一、直接投资中小高新技术企业投资抵扣 …… 414

二、通过合伙创投企业投资高新技术企业抵扣 …… 424

三、直接投资初创科技型企业投资抵扣 …… 436

四、通过合伙创投企业投资初创科技型企业投资抵扣 …… 438

第 28 章 “减免所得税优惠明细表”的理解与填报 …… 443
一、“减免所得税优惠明细表”的焦点问题 …… 445
二、“减免所得税优惠明细表”结构特点是什么 …… 466
三、“减免所得税优惠明细表”重点栏目表填报说明 …… 467
四、“减免所得税优惠明细表”的表内、表间关系 …… 474

第 29 章 “高新技术企业优惠情况及明细表”的理解与填报 …… 477
一、“高新技术企业优惠情况及明细表”的焦点问题 …… 478
二、“高新技术企业优惠情况及明细表”结构特点是什么 …… 483
三、“高新技术企业优惠情况及明细表”填报说明 …… 485
四、“高新技术企业优惠情况及明细表”的表内、表间关系 …… 488

第 30 章 “软件、集成电路企业优惠情况及明细表”的理解与填报 …… 489
一、“软件、集成电路企业优惠情况及明细表”的焦点问题 …… 490
二、“软件、集成电路企业优惠情况及明细表”结构特点是什么 …… 493
三、“软件、集成电路企业优惠情况及明细表”重点栏目表填报说明 …… 494
四、“软件、集成电路企业优惠情况及明细表”的表内、表间关系 …… 498

第 31 章 “税额抵免优惠明细表”的理解与填报 …… 499
一、“税额抵免优惠明细表”的焦点问题 …… 500
二、“税额抵免优惠明细表”结构特点是什么 …… 504
三、“税额抵免优惠明细表”重点栏目表填报说明 …… 505
四、“税额抵免优惠明细表”的表内、表间关系 …… 506

第 32 章 “境外所得税收抵免明细表”的理解与填报 …… 507
一、“境外所得税收抵免明细表”的焦点问题 …… 508
二、“境外所得税收抵免明细表”结构特点 …… 510
三、“境外所得税收抵免明细表”重点栏目表填报说明 …… 512
四、“境外所得税收抵免明细表”的表内、表间关系 …… 514

第 33 章 “境外所得纳税调整后所得明细表”的理解与填报 …… 517
一、“境外所得纳税调整后所得明细表”的焦点问题 …… 518

二、“境外所得纳税调整后所得明细表”结构特点 …… 520
三、“境外所得纳税调整后所得明细表”重点栏目表填报说明 …… 521
四、“境外所得纳税调整后所得明细表”的表内、表间关系 …… 525

第 34 章 “境外分支机构弥补亏损明细表”的理解与填报 …… 527
一、“境外分支机构弥补亏损明细表”的焦点问题 …… 528
二、“境外分支机构弥补亏损明细表”结构特点 …… 529
三、“境外分支机构弥补亏损明细表”重点栏目表填报说明 …… 529
四、“境外分支机构弥补亏损明细表”的表内、表间关系 …… 531

第 35 章 “跨年度结转抵免境外所得税明细表”的理解与填报 …… 533
“跨年度结转抵免境外所得税明细表”的焦点问题 …… 534

第 36 章 “跨地区经营汇总纳税企业年度分摊企业所得税明细表”的理解与填报 …… 545
一、汇总纳税企业所得税管理 …… 546
二、税款预缴与汇算清缴 …… 550
三、“跨地区经营汇总纳税企业年度分摊企业所得税明细表” …… 552

第 37 章 “企业所得税汇总纳税分支机构所得税分配表”的理解与填报 …… 557
一、“汇总纳税分支机构所得税分配表”焦点问题 …… 558
二、“企业所得税汇总纳税分支机构所得税分配表” …… 561

第1章
“企业所得税年度纳税申报表(2017年版)”修改的动因

2008年《企业所得税法》及《企业所得税法实施条例》的全面施行，实现了内外资企业统一，统一企业认定标准、统一所得税税率、统一并规范所得税税前扣除、统一并规范了税收优惠政策、统一所得税的征管要求。为配合法律、法规的具体实施与衔接，10年间，国家税务总局对企业所得税年度纳税申报表进行了3次重大改革，4次调整。

一、历次企业所得税年度纳税申报表

2008年以来，国家税务总局印发的有关企业所得税年度纳税申报表通知及文号：

（1）国家税务总局《关于印发中华人民共和国企业所得税年度纳税申报表》的通知（国税发〔2008〕101号）。

（2）国家税务总局《关于中华人民共和国企业所得税年度纳税申报表》的补充通知（国税函〔2008〕1081号）。

（3）国家税务总局《关于做好2009年度企业所得税汇算清缴工作的通知》（国税函〔2010〕148号）。

（4）国家税务总局《关于企业所得税年度纳税申报口径问题》的公告（2011年第29号）。

（5）国家税务总局《关于发布中华人民共和国企业所得税年度纳税申报表（A类，2014年版）》的公告（2014年第63号）。

（6）国家税务总局《关于修改企业所得税年度纳税申报表（A类，2014年版）部分申报表的公告》（2016年第3号）。

（7）国家税务总局《关于发布中华人民共和国企业所得税年度纳税申报表（A类，2017年版）》的公告（2017年第54号）。

二、2014年以来重要企业所得税法规

10年间，《企业所得税法》《企业所得税法实施条例》在实施过程中遇到的问题或存在的尚需明确的政策进行了较系统的规范，对尚不明确的一些具体问题，给予了进一步明确；尤其是2014年以来，随着云计算和大数据的飞速发展，“互联网+税收”的进一步推广，财政部和国家税务总局对企业所得税从实体法和程序法上进行了重大调整，主要表现在：

（1）国家税务总局《关于企业所得税应纳税所得额若干问题》的公告（2014年第29号）有关股东划入资产和财政部、国家税务总局《关于完善固定资产加速折旧企业所得税政策》的通知（财税〔2014〕75号）及国家税务总局《关于进一步完善固定资产加速折旧企业所得税政策有关问题》的公告（2015年第68号）有关固定资产折旧的企业所得税处理问题。

（2）财政部、国家税务总局《关于促进企业重组有关企业所得税处理问题》的通知（财税〔2014〕109号）和国家税务总局《关于资产（股权）划转企业所得税征管问题》的公告（2015年第40号）及国家税务总局《关于企业重组业务企业所得税征收管理若干问题》的公告（2015年第48号）有关企业重组的企业所得税处理问题。

（3）财政部、国家税务总局《关于非货币性资产投资企业所得税政策问题》的通知（财税〔2014〕116号）有关非货币性资产投资的企业所得税处理问题。

（4）国家税务总局《关于非居民企业间接转让财产企业所得税若干问题》的公告（2015年第

7号）和国家税务总局关于修改《非居民企业所得税核定征收管理办法》等文件的公告（2015年第22号）及国家税务总局《关于非居民企业所得税源泉扣缴有关问题》的公告（2017年第37号）有关非居民企业的企业所得税处理问题。

（5）科技部、财政部、国家税务总局《关于修订印发〈高新技术企业认定管理办法〉的通知》（国科发火〔2016〕32号）和科技部、财政部、国家税务总局《关于修订印发〈高新技术企业认定管理工作指引〉的通知》（国科发火〔2016〕195号）及国家税务总局《关于实施高新技术企业所得税优惠政策有关问题》的公告（2017年第24号）有关高新技术企业的企业所得税处理问题。

正因为有许多类似如上述企业所得税政策的调整，企业所得税年度纳税申报表（A类，2014年版）无法满足改革的需求，所以要进行企业所得税年度纳税申报表的调整。

三、2014年以来重要企业会计准则

2014年以来，财政部对《企业会计准则》进行了重大调整，主要新增了4个企业会计准则，修订10个企业会计准则，具体情况是：

（1）财政部关于印发《企业会计准则第39号——公允价值计量》的通知（财会〔2014〕6号）；

（2）财政部关于印发《企业会计准则第40号——合营安排》的通知（财会〔2014〕11号）；

（3）财政部关于印发《企业会计准则第41号——在其他主体中权益的披露》通知（财会〔2014〕16号）；

（4）财政部关于印发《企业会计准则第42号——持有待售的非流动资产、处置组和终止经营》的通知（财会〔2017〕13号）

（5）财政部关于印发修订《企业会计准则第2号——长期股权投资》的通知（财会〔2014〕14号）；

（6）财政部关于印发修订《企业会计准则第9号——职工薪酬》的通知（财会〔2014〕8号）；

（7）财政部关于印发修订《企业会计准则第14号——收入》的通知（财会〔2017〕22号）；

（8）财政部关于印发修订《企业会计准则第16号——政府补助》的通知（财会〔2017〕15号）；

（9）财政部关于印发修订《企业会计准则第22号——金融工具确认和计量》通知（财会〔2017〕7号）；

（10）财政部关于印发修订《企业会计准则第23号——金融资产转移》的通知（财会〔2017〕8号）；

（11）财政部关于印发修订《企业会计准则第24号——套期会计》的通知（财会〔2017〕9号）；

（12）财政部关于印发修订《企业会计准则第30号——财务报表列报》的通知（财会〔2014〕7号）；

（13）财政部关于印发修订《企业会计准则第33号——合并财务报表》的通知（财会〔2014〕

10 号）；

（14）财政部关于印发修订《企业会计准则第 37 号——金融工具列报》的通知（财会〔2014〕23 号）和财政部关于印发修订《企业会计准则第 37 号——金融工具列报》的通知（财会〔2017〕14 号）。

由于资产和负债在会计处理所形成的账面价值与税法所规定的计税基础，以及我国所得税税法对企业纳税义务的确认、资产损失的税前扣除、企业重组合并等诸多问题存在显著差异，尤其是新企业会计准则是以反映企业管理层受托责任的履行情况，有助于会计报表使用者做出经济决策为目标，弱化了为国家宏观管理服务的职能，在管理理念上发生了重大变化，从而导致了更大范围和更深层次内的会计准则与税收法规间如何协调的问题。

怎样协调新企业会计准则与企业所得税税法的差异，怎样处理“递延所得税资产”与“递延所得税负债”、怎样解读“所得税申报表”所体现出企业所得税政策、内容以及整体框架的变化，并将这些具体差异与变化结合企业所得税汇算清缴的具体要求，最终落实到所得税汇算清缴的具体实务中，而这些会计准则的调整，必然促使企业所得税年度纳税申报表的调整。

同时，随着企业所得税相关政策不断完善，税务系统“放管服”改革不断深化，“年度纳税申报表（A 类，2014 年版）”已不能满足纳税申报需要。为全面落实企业所得税相关政策，进一步优化税收环境，减轻企业办税负担，遵循“精简表单、优化结构、方便填报”的原则，进一步优化企业填报体验，在填报难度上做“减法”，在填报质量上做“加法”，在填报服务上做“乘法”，必然要对企业所得税年度纳税申报表进行了优化、简化。

第 2 章 2018 年企业所得税年度纳税汇算的特点

2016 年度所得税汇算清缴的经验告诉我们，税收法规与企业会计准则和会计制度在收入确认、资产计量、成本扣除、企业重组等方面存在广泛差异。企业现行的财务制度现状是：一部分企业执行新《企业会计准则》，一部分企业执行《小企业会计制度》；同时，企业所得税相关配套法规正在进一步完善，企业面临的税收环境和财务环境非常复杂。而企业所得税汇算清缴期为 1 月 1 日至 5 月 31 日，时间紧，任务重。只有在日常工作明确企业执行的财务制度、理顺企业所处的税收环境，充分关注税收法规与会计准则、会计制度之间的差异，并采用适当的协调处理方法，才能达到事半功倍的效果，并在短时间之内很好地完成所得税汇算清缴工作。

一、2018年企业所得税汇算清缴应关注的焦点

在所得税汇算清缴的过程中，所有企业一定要关注下列20个问题：

（1）年底的销售合同怎么签？

（2）实物资产盘点并报损了吗？

（3）可以享受减免税优惠吗？

（4）资产计税基础有差异吗？

（5）取得了符合规定的票据吗？

（6）研发费用加计扣除了吗？

（7）折旧年限、残值估计合理吗？

（8）有内部关联交易吗？

（9）可以提前发工资奖金吗？

（10）福利费范围是否符合规定？

（11）职工培训费和管理费混淆了吗？

（12）是否有预提费用？

（13）有往来款借款吗？

（14）外国分回所得取得了完税凭证吗？

（15）是否减了预计预售利润？

（16）是否投资或取得投资收益了吗？

（17）有企业重组吗？

（18）弥补亏损了吗？

（19）以前年度有评估增值资产吗？

（20）填申报表时看了上年的申报表或备查资料吗？

二、2018年企业所得税汇算清缴应正确核算收入项目

（一）重点关注10项收入行为

1. 赊销、延迟变现销售行为

企业应当加强对赊销业务的管理，赊销业务应当遵循规定的销售政策、信用政策及程序。年终企业要认真填好下列表格，分析原因，依法确认收入。

企业采取赊销方式销售商品或者产品，首先应当注意财务会计对赊销、延迟变现销售行为在收入确认原则与计量标准上与税法对该类收入确认的差异，准确处理应纳税暂时性差异或可抵扣暂时性差异；其次，赊销、延迟变现销售行为的发生，也就意味着将会增加应收账款，而应收账款的增

加势必增加其管理成本，即收账费用和坏账损失。因此，年终必须高度关注！

表2-1 赊销货款回收延迟一览表

企业名称： 年 月 日 单位：人民币万元

编号	客户名称	赊销货款						回款情况				
		赊销货款额	12个月前	6个月前	3个月前	回款率	延迟理由	回收对策	第1次	第2次	第3次	第4次

2. 视同销售

《所得税法实施条例》第十五条规定，除国务院财政、税务主管部门另有规定的外，企业发生非货币性资产交换，以及将货物、财产、劳务用于捐赠、偿债、赞助、集资、广告、样品、职工福利或者利润分配等用途的，应当视同销售货物、转让财产或者提供劳务。

国家税务总局《关于企业处置资产所得税处理问题的通知》（国税函〔2008〕828号）规定，企业将自己生产或外购的资产，用于市场推广或销售、交际应酬、职工奖励或福利、股息分配、对外捐赠或其他改变资产所有权属的用途，应当视同销售。

那么，视同销售的价格如何确定？

《所得税法实施条例》第十三条规定：企业所得税法第六条所称企业以非货币形式取得的收入，应当按照公允价值确定收入额。前款所称公允价值，是指按照市场价格确定的价值。

国家税务总局《关于企业所得税有关问题》的公告（2016年第80号）规定：企业发生《国家税务总局关于企业处置资产所得税处理问题的通知》（国税函〔2008〕828号）第二条规定情形的，除另有规定外，应按照被移送资产的公允价值确定销售收入。

除另有规定外，这个另有规定是指什么？

财政部、国家税务总局《关于促进企业重组有关企业所得税处理问题》的通知（财税〔2014〕109号）有关股权、资产划转时计税基础以被划转股权或资产的原账面净值确定。

【案例分析】

中财讯教育培训集团2017年1月1日元旦购入毛巾礼盒3000个，每个50元，共15万元。用于新年庆祝活动赠送客户，共对外赠送2000个，则应视同销售，在汇算时进行调整。

视同销售收入＝2000×50元＝10万元

视同销售成本＝2000×50元＝10万元

结果是，企业所得税应纳税所得额没有增加。但要注意，增加了收入总额10万元，可以多扣招待费500元。

2017年1月28日春节购入毛巾礼盒1000个，每个40元，共4万元。春节一共送出去2000个，即元旦新年庆祝活动没有送完的1000个也送出去了。

此时，毛巾礼盒的公允价格是40元，降了10元，但成本必须遵循历史成本。所以，视同销售，在汇算时调整。

视同销售收入 = 2000 × 40 元 = 8 万元

视同销售成本 = 原 1000 × 50 元 + 现 1000 × 40 元 = 9 万元

这样就会形成 1 万元的亏损，在这种降价的情况下，视同销售可以少缴 2500 元企业所得税。

同理，如果涨价了，就要多交企业所得税。

3. 废料销售

产废企业（增值税一般企业）销售下脚（废）料必须开具增值税专用发票，按规定缴纳增值税。因此，非正常损失报废的材料销售收入，冲原存货成本及增值税进项税额转出后作为营业外支出处理；因公司技改等正常原因使原料不能满足生产需要而销售的收入，作其他业务收入处理；正常的生产、试验等废料销售收入，一般作其他业务收入或营业外收入处理，无明确、严格的规定，两者都有一定的道理。

4. 包装物收入

《企业所得税法实施条例》第二十二条规定的其他收入包括企业逾期未退包装物押金收入。

包装物押金是指企业为销售货物而出租或出借包装物所收取的押金。包装物的押金收取时不并入销售额计征所得税，但企业收取的押金逾期未返还买方的，则成为企业实际上的一笔收入，应确认为企业所得税法所称的收入，依法缴纳企业所得税。

逾期是指按照合同规定已逾期未返还的押金。企业为销售货物出租出借包装物而收取的押金，无论包装物周转使用期限长短，超过 1 年（含 1 年）以上仍不退还的均并入销售额征税（仅增值税，应当与企业所得税无关）。企业向有长期固定购销关系的客户收取的可循环使用包装物的押金，其收取的合理的押金在循环期间不作为收入。

5. 在建工程试运行收入

企业在建工程发生的试运行收入，应并入总收入征税，不能直接冲减在建工程成本。外资企业根据税法的规定，对生产性的外商投资企业在筹办期内取得的非生产性经营收入，减除与上述收入有关的成本、费用和损失后的余额，应当作为企业当期应纳税所得额，并依照税法第五条、第七条规定的税率计算缴纳企业所得税，但可以不作为计算减免税优惠期的获利年度。

6. 超过 1 年以上的建筑、安装、装配工程的劳务收入

超过 1 年以上的建筑、安装、装配工程的劳务收入和建筑、安装、装配工程的提供劳务，持续时间超过 1 年的，可按以完工进度或者完成的工作量分期确定收入的实现。

7. 利息收入

利息收入是指企业将资金提供他人使用或他人占用本企业资金所取得的利息收入，包括存款利息、贷款利息、债券利息、欠款利息等收入。

8. 应付未付收入

《企业会计准则——基本准则》规定，应付未付的款项属于企业非日常活动产生的经济利益的总流入，属于利得计入“营业外收入”科目。在税法上，对于应付未付的款项，凡债权人逾期 3 年未要求偿还的，应计入企业当年度收益计算缴纳企业所得税。

9. 资产盘盈收入

按照企业财务制度的规定，企业要定期或不定期地对资产进行盘点清查，年度终了前必须进行一次全面的盘点清查。对于财产清查中盘盈的资产，报经批准转销时，应当计入当期损益。

10. 财产转让收入

财产转让收入是指企业有偿转让各类财产取得的收入，是指企业转让转让固定资产、生物资产、无形资产、股权、债权等财产取得的收入。本次修订将“转让财产收入”改为“非流动资产处置利得”，是企业处置固定资产、无形资产等取得的净收益。

（二）收入项目下的财税处理重点

1. 盘点实物、盘点账务（仓库账、往来账、成本、费用账）

（1）对实物比账面缺少部分是否属于应计收入行为，及时调整作收入处理；

（2）已收取款项的收入项目是否尚挂在往来账中未调整总收入；

（3）对长期应付未付款项是否已达税法规定年限应计收入处理；

（4）对费用、成本、资产项目中的直接计减收入行为是否符合规定。

2. 废料收入是否已在账上反映，是否符合企业经营的客观情况

3. 公司是否有规范的盘点制度，有对盘盈资产是否已作账务处理

4. 往来应收款项中有否企业间借贷，是否计提了当年应收利息

5. 按完工进度和工程量确定收入，是否已有足够客观依据

三、2018年企业所得税汇算清缴应正确核算费用项目

重点关注10项支出行为：

1. 关注利息支出

（1）列支标准；

（2）对外投资借款及关联方具体规定；

（3）集团贷款模式；

（4）资本化的规定标准。

企业从关联方借入资金，借款金额超过其注册资本200%的，超过部分的利息支出，不得在税前扣除。200%以内的部分，符合对利息水平限定条件的，可以直接扣除。

利息项目下的财税处理重点：

①注意关联企业与非关联企业之间的利息支出的税前扣除区别；

②有否需要有单独资本化项目需要从财务费用中转出；

③建议集团内资金（关联企业间）统一账务处理和往来结算；

④年度间的利息支出是否通过预提费用（或其他应付款）来调整；

⑤关注超标准、非合法列支凭证的利息列支项目。

2. 关注工资费用

（1）工资薪金支出范围；

（2）列支标准；

（3）支付时间。

国税函〔2009〕3号明确“合理的工资支出”指企业按照股东大会、董事会、薪酬委员会或相关管理机构制订的工资薪金制度规定实际发放给员工的工资薪金。

工资项目下的财税处理重点：

①完善工薪制度，明确工资范围。如冷饮高温费、通讯费、独生子女费、个人负担的住房公积金等非工资范畴的费用是否单独处理。

②规范会计核算。对非工资项目的费用是否单独核算；工资计提和发放是否单独计列。

③实际支付并扣缴个人所得税。尽可能在年底前在账务中实付工资并代扣代缴个人所得税。

3. 关注限额性费用

职工福利费、职工教育经费、工会经费、业务招待费、广告宣传费、劳动保护费、通讯费、保险费和佣金。

限额性费用的财税处理重点：

（1）是否单独设置归类科目；

（2）是否已足额享受，非足额时，有否计入其他科目的该类费用；

（3）超额列支情况下，是否有归类错误情况，或选择其他列支途径。

4. 关注折旧

（1）折旧范围；

（2）折旧率；

（3）折旧年限；

（4）加速折旧政策的运用。

折旧项目下财务处理重点：

①新增固定资产的归类、折旧率、已提折旧是否符合政策；

②是否有停用与其他未予列支折旧的固定资产；

③是否足额准确计提（未提足和超提都是损失）；

④注意固定资产残值率和固定资产处置费用的税务处理。

5. 关注摊销

无形资产、递延资产、待摊费用、低值易耗品的摊销。

（1）摊销方法；

（2）摊销期限。

摊销项目下财税处理重点：

①规范会计核算，正确归集资产或费用；

②准确计算摊销额，对应摊销部分应在当年度计入相关成本费用；

③注意商誉的会计处理与税法的扣除差异；

④注意“开办费用”税务处理方法与以前年度的衔接。

6. 关注准备金

税法规定，除国务院财政、税务主管部门另有规定外，企业提取的各项资产减值准备（包括坏账准备）、风险准备等准备金支出，不得扣除。随着国务院财政、税务主管部门相关政策的出台，已经对证券、保险、金融等行业规定了相关的税前扣除标准。因此，企业应根据所处行业，关注不同行业的不同税前扣除标准。

准备金项目下财务处理重点：除财务会计制度有规定应当计提的除外，为减少税收管理成本，中小企业一般可不计提资产减值准备。企业所得税前允许扣除的资产损失，原则上必须遵循真实发生、据实扣除的原则。对于以前年度已经计提资产减值准备的企业，在实际发生资产减值损失时，应先冲减各项准备金余额。

7. 关注佣金

企业发生的佣金符合下列条件的，可计入销售费用：

（1）有合法真实凭证；

（2）支付的对象必须是独立的有权从事中介服务的企业或个人（支付对象不含本企业雇员）；

（3）支付给个人的佣金，除另有规定者外，不得超过服务金额的 5%；

（4）注意结算方式，对于企业间应当以转账结算而用现金结算的佣金不允许税前扣除。

8. 关注技术开发费

范围、条件、列支申报程序。

技术开发费项目下的财务处理重点：

（1）单独设立费用项目；

（2）足额计入相关费用，特别是：工资、折旧、差旅费、培训费、无形资产摊销等特殊费用；

（3）准备各项资料。

9. 关注特殊费用规定

国家税务总局《关于进一步完善固定资产加速折旧企业所得税政策有关问题的公告》（国家税务总局公告 2015 年第 68 号）第二条的规定，对四个领域重点行业小型微利企业 2015 年 1 月 1 日后新购进的研发和生产经营共用的仪器、设备，单位价值不超过 100 万元（含）的，允许在计算应纳税所得额时一次性全额扣除；单位价值超过 100 万元的，允许缩短折旧年限或采取加速折旧方法。

10. 关注关联企业间费用

企业（独立法人）之间直接支付的管理费不得扣除。如果能够证明提供了真实管理劳务，购销双方均应按独立交易原则确认管理劳务的购销，分别确定劳务收入和成本。

四、2018 年企业所得税汇算清缴应关注财产损失

（1）当年损失当年进成本当年抵扣；

（2）属于由企业自行计算扣除的资产损失，保备证据直接扣除列支；

（3）需向税务机关备案后才能扣除的资产损失，经备案才能税前扣除；

（4）注意报备时间、证据、程序；

（5）损失不予扣除的列外情况。

财产损失中账务处理重点：

①全面盘点流动资产、固定资产；

②及时处理账务并列入当年成本；

③准备报批材料、及时上报审批。

五、2018年企业所得税汇算清缴应关注不合法凭证

企业在生产经营过程中自制或取得的不合法凭证，在计算企业所得税应纳税所得额时，不能作为税前扣除的依据。

企业年末已计提的应交税金及附加、赊购的固定资产已提的折旧及预估入账购入存货已结转销售成本的部分，应在办理年度申报汇算清缴前取得合法有效凭证，否则应作纳税调整。

不合法列支凭证的账务处理重点：

（1）平时严格审查；

（2）结账前关注大额收支凭证；

（3）能调整和挽救的及时处置。

六、2018年企业所得税汇算清缴有关亏损问题

税法所指亏损的概念，不是企业财务报表中反映的亏损额，而是企业财务报表中的亏损额经税务机关按税法规定核实调整后的金额。如果一个企业既有应税项目，又有免税项目，其应税项目发生亏损时，按照规定可以结转以后年度弥补的亏损，应是冲抵免税项目后的余额。此外，因纳税调整项目（弥补亏损、联营企业分回利润、境外收益、技术转让收益、治理三废收益、股息收入、国库券利息收入、国家补贴收入及其他项目）引起的企业应纳税所得额负数，不作年度亏损，不能用企业下一年度的应纳税所得额弥补。

七、企业所得税纳税调整的原理与方法

会计是按照会计准则进行业务核算，确定当年会计利润；而应纳税所得额是企业每一纳税年度的收入总额，减除不征税收入、免税收入、各项扣除以及允许弥补的以前年度亏损后的余额。税收与会计是相互影响、相互制约、相互促进的，两者既有区别又有联系。早在2003年财政部、国家税务总局《关于执行企业会计制度和相关会计准则问题解答三》（财会〔2003〕29号）就规定：对于与企业会计制度及相关准则就有关收益费用和损失的确认计量标准与税法规定的差异其处理原则为，会计在企业会计核算的时候，应当按照会计制度及相关准则的规定，对各项会计要素进行确认计量记录和报告。按照会计制度及相关准则规定的确认计量标准与税法不一致的，不得改变、不得调整会计账簿记录和会计报表相关项目的金额。

那么，当企业财务会计的确认、计量与税收法规不一致时，就会出现会计利润与应税所得之间的差异，这时应该怎么办？是采用调账法呢？还是采用计算调整法呢？

根据《中华人民共和国企业所得税法》第二十一条规定：“在计算应纳税所得额时，企业财务、

会计处理办法与税收法律、行政法规的规定不一致的，应当依照税收法律、行政法规的规定计算。”企业按照会计制度核算与税收规定不一致的，应进行纳税调整增加、减少相关项目的金额。

现以会计利润为基础，加上纳税调整增加额，减去纳税调整减少额的办法，说明计算应纳税所得额的全过程。

1. 纳税调整增加额

（1）会计核算时不作为收益计入当期损益，但在计算应纳税所得额时应作为收益。

例如，视同销售收入、确认为递延收入的政府补助等。税法规定，企业在将资产转移出境外或转移资产所有权时，应当确认入，应计入总收入予以征税。

（2）会计核算上作为费用或损失予以扣除，但在计算应纳税所得额时严格禁止扣除的项目。

例如，违法经营的罚款和被没收财物的损失，税法规定以外的捐赠支出，赞助支出，企业之间支付的管理费，企业内营业机构之间支付的租金和特许权使用费，企业销售货物给购货方的回扣支出等不得在税前扣除。

（3）会计核算上作为费用或损失予以扣除，但在计算应纳税所得额时不允许全额扣除。

该类纳税调整包括税收法规有具体的扣除范围和标准，实际发生的费用超过法定范围和标准的部分，当期应予以调整且不允许在以后年度税前扣除；和税收法规有具体的扣除范围和标准，当期实际发生的费用超过法定范围和标准的部分，当期予以调整但允许在以后年度按标准在税前扣除两大类。前者包括公益性捐赠、业务招待费、职工工会经费、职工福利费、符合税法规定的公益性救济性捐赠支出等，分别按照利润总额的 12%、实际发生的 60% 且不超过业务收入的 0.5%、工资总额的 2%、工资总额的 14% 计算扣除（在计算扣除工会经费时，凡不能出具“工会经费拨缴款专用收据”的，其提取的职工工会经费不得在企业所得税前扣除）；后者如广告宣传费、职工教育经费等，分别按照营业收入的 15%、工资总额的 2.5% 计算标准，当期扣除有余额的，结转以后年度税前扣除。

（4）在会计核算上确认为当期费用，在税法上却作为以后期间的费用。

例如，产品保修费用，企业可以按一定的标准预提计入当期费用；而按照税法规定，当期预提的产品保修费用不能从应税所得中扣除，而应于实际发生产品保修费用时，从应税所得中扣减（此类差异实际是一种时间性差异）。

2. 纳税调整减少额

（1）在会计核算上作为收益计入当期损益，但在计算应纳税所得额时不确认为收益或减记收入。

前者如国债利息收入，企业购买国债取得的利息收入，不计入应纳税所得额；但购买国家重点建设债券和金融债券取得的利息收入，应照章纳税。后者如企业综合利用资源，生产符合国家产业政策规定的产品所取得的收入，在计算应纳税额时允许减记收入。

（2）在会计核算上不确认为费用或损失，但在计算应纳税所得额时可以扣减。

例如，在连续 5 年的弥补期内，企业以前年度所发生的亏损，可以用当年的税前利润弥补。

（3）在会计核算上已经确认为费用或损失，但在计算应纳税所得额时允许加计扣除项目。

如开发新技术、新产品、新工艺发生的研究开发费用，安置残疾人员所支付的工资，国家鼓励安置的其他就业人员支付的工资等，允许按税法规定税前加计扣除。

（4）在会计核算上作为收益计入当期损益，但按税法规定，确认为以后的应纳税所得。

如分期收款销售商品收入，企业会计准则要求以是否转移实际控制权为标准确认收入实现，而税法规定，按合同约定收款日期确认收入实现。

3. 汇算清缴的策略

汇算清缴的策略即是纳税调整的原则。纳税调整原则应当是中性的，其衡量尺度只能是明确的税法规定，在保证国家税收收入（纳税调增）的同时，也要保证企业的合法权益不受损害（纳税调减）。新企业所得税法的基本原则之一即纳税调整的原则。

纳税调整原则的内涵应当包括五层含义：

（1）第一层含义：在税法上和会计制度上都有规定，且不一致的，在纳税问题上会计应服从于税法。

对该原则理解的误区是重纳税调增、轻纳税调减，损害企业的合法权益。对于需要纳税调增的项目，会计服从税法的纳税调整原则，可谓是深入人心，例如三项费用、广告费、业务宣传费等。而对会计同税法不一致的纳税调减项目则视而不见。

（2）第二层含义：税法上同会计制度上均有明确规定，且规定一致的，不需要进行纳税调整。

一般来说会计制度有明确规定，税法对此表示赞同的，不需要专门明确，出于强调或者补充的目的，税法可能再次重申对该业务的处理规定。但是这并不表明，税法对于会计制度持赞同态度的，都需要以税法的名义进行再确认。

（3）第三层含义：税法上没有规定的，会计制度则构成税法的有效组成部分。

经常有人反映，某某业务税法没有明确规定，不知是否允许在税前扣除。实际上我国目前的税法基本原则就是纳税调整的理念，在会计同税法不一致的情况下，才需要进行纳税调整。税法不需要也没有必要全方位的对纳税问题重新规定一遍，如果税法没有明确规定业务如何进行处理的情况下，会计制度就构成税法的有效组成部分。例如，免租期内是否确认收入，税法没有明确规定，会计做了明确规定，就应当按照会计制度规定，在免租期内确认租金收入。

（4）第四层含义：我国企业所得税纳税申报表的基本设计理念源于“纳税调整的原则”。

美国联邦税制，是将税法和会计完全分离。税法规定非常详细，其应纳税所得额不是源于对会计制度的调整，而是根据税法自成体系的计算。而我国的纳税申报体系则经历了“完全从会计”—“会税分离学美国”—“适度分离纳税调整”的理念变化。我国是发展中国家，没有必要完全按照美国“会税分离”的理念去设计纳税申报体系，那样会造成税收遵从成本过高过大。

（5）第五层含义：纳税调整既包括永久性差异，也包括时间性差异。

企业应该充分理解并在实际工作中运用纳税调整的原则，来解决在会计上与税法上遇到的问题。

上述工作通过企业所得税年度纳税申报表附表“A105000 纳税调整项目明细表”的填列来完成。本表纳税调整项目按照“收入类调整项目”“扣除类调整项目”“资产类调整项目”“特殊事项调整项目”“特别纳税调整应税所得”“其他”六大项分类填报汇总，并计算出纳税“调增金额”和“调减金额”的合计金额。

数据栏分别设置“账载金额”“税收金额”“调增金额”“调减金额”4 个栏次。“账载金额”是指企业按照国家统一会计制度规定核算的项目金额。“税收金额”是指企业按照税收规定计算的项目金额。

对需填报下级明细表的纳税调整项目，其“账载金额”“税收金额”“调增金额”“调减金额”根据相应附表进行计算填报。

第3章 “企业所得税年度纳税申报表（2017年版）”基本信息填报技巧

中华人民共和国企业所得税年度纳税申报表（A类，2017年版）（以下简称申报表）适用于实行查账征收企业所得税的居民企业（以下简称企业）填报，定额征收企业所得税的居民企业不用填报本表，个人独资企业和合伙企业不用填报本表。

一、申报表封面填报有关要点及误区

申报表封面最容易填错的是“税款所属期间”。

正常经营的企业，填报公历当年1月1日至12月31日。

有些纳税人是在2016年底之前成立的，至2017年12月31日仍在持续经营的，其“税款所属期间”就填“2017年1月1日至2017年12月31日”。

企业年度中间开业的，填报实际生产经营之日至当年12月31日。

有些纳税人是在2017年的年度中间开业的，至2017年12月31日仍在持续经营的，填报实际生产经营之日至2017年12月31日，成立日期以营业执照上的成立日期为准，如成立日期是2017年5月18日，则填写“2017年5月18日至2017年12月31日”。

企业年度中间发生合并、分立、破产、停业等情况的，填报公历当年1月1日至实际停业或法院裁定并宣告破产之日。

如果纳税人在2017年年度中间发生合并、分立、破产、停业等情况的，填报2017年1月1日至实际停业或法院裁定并宣告破产之日。

企业年度中间开业且年度中间又发生合并、分立、破产、停业等情况的，填报实际生产经营之日至实际停业或法院裁定并宣告破产之日。

如果纳税人在2017年年度中间开业且年度中间又发生合并、分立、破产、停业等情况的，填报实际生产经营之日至实际停业或法院裁定并宣告破产之日。

【特别问题】

本年度仍在开办期的企业如何填报“税款所属期间”？

答：不填！不报！

问：为啥？

看我慢慢的道来！

开办期是指企业在批准筹建之日起，到开始生产、经营（包括试生产、试营业）之日止的期间。

那么，何为开始生产、经营（包括试生产、试营业）之日？

企业的“开始生产、经营之日”是否应按照《国家税务总局关于印发〈税收减免管理办法（试行）〉的通知》（国税发〔2005〕129号）中的规定，“开始生产、经营之日”为取得第一笔收入之日。有人说这只是针对减免税企业的，不适用于其他企业。这个观点是否正确？如果正确的话，其他企业如何认定“开始生产、经营之日”呢？

国家税务总局《关于新办企业所得税优惠执行口径的批复》（国税函〔2003〕1239号）中，对新办企业、单位开业之日的执行口径统一为企业取得营业执照上标明的设立日期。可见，“生产、经营之日”应以企业取得营业执照上标明的设立日期为准。

国家税务总局关于印发《税收减免管理办法（试行）》的通知（国税发〔2005〕129号）规定：新办企业减免税执行起始时间的生产经营之日是指企业取得第一笔收入之日。这里明确限定了是减免税起始时间的执行标准，不适用一般企业“生产、经营之日”的认定。

国家税务总局《关于贯彻落实企业所得税法若干税收问题》的通知（国税函〔2010〕79号）第七条规定的企业自开始生产经营的年度，应是指企业的各项资产投入使用开始的年度，或者对外经营活动开始年度。

【专家结论】

（1）一般企业的“生产、经营之日”应以企业取得营业执照上标明的设立日期为准。

（2）筹建期较长的企业是以企业的各项资产投入使用或者对外经营活动开始之日作为生产、经营（包括试生产、试营业）之日。

明确上述定义和判定标准后，再进一步分析。

国家税务总局《关于企业所得税若干税务事项衔接问题的通知》（国税函〔2009〕98号）规定，对新法实施以前年度企业未摊销完的开办费，2008年度可以一次性扣除。新税法中开（筹）办费未明确列作长期待摊费用，企业可以在开始经营之日的当年一次性扣除，也可以按照新税法有关长期待摊费用的处理规定处理，但一经选定，不得改变。也就是说，开办费在开始经营之前不是税前扣除项目，税前扣除的扣除之期为开始经营之日的当年，开始经营之前的年份不能税前扣除，只能进行归集。

企业筹办期间不能计算为亏损年度。国家税务总局《关于贯彻落实企业所得税法若干税收问题的通知》（国税函〔2010〕79号）明确规定，企业自开始生产经营的年度，为开始计算企业损益的年度。企业从事生产经营之前进行筹办活动期间发生筹办费用支出，不得计算为当期的亏损，应按照国家税务总局《关于企业所得税若干税务事项衔接问题的通知》（国税函〔2009〕98号）第九条规定执行。所以，企业从事生产经营之前进行筹办活动期间发生筹办费用支出，不得计算为当期的亏损，只能在开办费科目中进行归集。

企业筹办期间也不用进行企业所得税汇算清缴。国家税务总局关于印发《企业所得税汇算清缴管理办法》的通知（国税发〔2009〕79号）第三条规定，凡在纳税年度内从事生产、经营（包括试生产、试经营），或在纳税年度中间终止经营活动的企业，无论是否在减税、免税期间，也无论盈利或亏损，均应按照企业所得税法及其实施条例和本办法的有关规定进行企业所得税汇算清缴。

很明显，企业所得税汇算清缴的主体是在纳税年度内从事生产、经营（包括试生产、试经营），或在纳税年度中间终止经营活动的企业。而企业在筹建期，没有生产、经营，当然也就不用汇算清缴。

最后是会计上如何进行账务处理？有两种方法：

第一种与税法规定不一致。

《企业会计准则—应用指南》附录—“会计科目与主要账务处理”（财会〔2006〕18号）中关于“管理费用”会计科目的核算内容与主要账务处理是：

开办费首先在“管理费用”科目核算，然后计入当期损益。

第二种与税法规定一致。

开办费首先在“管理费用”科目核算，然后不计入当期损益，其借方余额在“资产负债表”中流动资产项下的“其它流动资产”栏目填列。

二、企业所得税年度纳税申报表填报表单的选与不选

企业财会人员在填报申报表之前，请仔细阅读这些表单，并根据企业的涉税业务，选择“填报”或“不填报”。

选择“填报”的，需完成该表格相关内容的填报；选择“不填报”的，可以不填报该表格。对选择“不填报”的表格，可以不向税务机关报送。

三、A000000“企业基础信息表”的理解与填报技巧

本表为企业必填表。主要反映企业的基本信息，包括企业基本信息、重组事项、企业主要股东及分红情况等。企业填报申报表时，首先填报此表，为后续申报提供指引。

1. “企业基础信息表”的结构有何奥妙

“企业基础信息表”充分体现了“互联网 + 税收”的理念，在云计算大数据国家管理模式下，全方位监督纳税人履行纳税义务，提高纳税人的纳税遵从度，加强了税务机关对企业所得税管理的科学化、专业化、精细化，并且把企业所得税与个人所得税有机地形成了数据勾稽关系。

“企业基础信息表”结构的奥妙在于：

（1）“企业基础信息表”主要由五大部分组成，每一个部分单独看起来意义不大，但纵向和横向联系起来看，却心惊肉跳！

（2）“101 汇总纳税企业”板块，主要是防范跨省市分支机构偷逃税收。自 2012 年 6 月 12 日财政部、国家税务总局、中国人民银行《关于印发〈跨省市总分机构企业所得税分配及预算管理办法〉的通知》（财预〔2012〕40 号）和国家税务总局关于印发《跨地区经营汇总纳税企业所得税征收管理办法》的公告（〔2012〕57 号）以来，规定计算企业每一纳税年度应缴的企业所得税、总机构和分支机构应分摊的企业所得税，对总分机构缴纳企业所得税监管日益加强，手段日益完善。

（3）基本信息板块，主要通过大数据比对，发现企业所得税偷逃行为的线索，为进一步查实企业所得税问题提供坚实基础。其中“104 从业人数”将和企业代扣代缴个人所得税人数进行对比。

（4）“110 适用的会计准则或会计制度”板块，主要是通过会计核算方式，来判别企业所得税偷逃行为的可能性，同时为大数据分析提供支撑。

（5）“200 企业重组及递延纳税事项”板块，主要是用来针对自然人股东的，在这一方面涉及个人所得税金额巨大。国家税务总局《关于个人以股权参与上市公司定向增发征收个人所得税问题》的批复（国税函〔2011〕89 号），文件中涉及的南京浦东建设发展有限公司自然人的个人所得税金额高达近 10 亿元人民币。

（6）“300 企业主要股东及分红情况”板块，是本次修改的主要内容，其目的仍然是监控自然人股东的个人所得税，要求将本企业投资比例前 10 位的股东情况填报清楚，清楚程度包括股东名称，证件种类（营业执照、税务登记证、组织机构代码证、身份证、护照等），证件号码（统一社

会信用代码、纳税人识别号、组织机构代码号、身份证号、护照号等），投资比例，当年（决议日）分配的股息、红利等权益性投资收益金额，国籍（注册地址）。

综上所述，这次企业所得税年度申报表中的"企业基础信息表"栏目，与个人所得税的数据相互联系更加密切，民营企业必须高度注意。

2. 2017版"企业基础信息表"修改了什么，目的是什么

"企业基础信息表"首先增加"101 汇总纳税企业"内容，其目的是为了加强总分机构的纳税管理，对总公司和分公司统一纳入全国大数据管理范畴，避免跨省分公司的偷逃税行为的发生。

纳税人为《国家税务总局关于印发〈跨地区经营汇总纳税企业所得税征收管理办法〉的公告》（国家税务总局公告2012第57号）规定的跨省、自治区、直辖市和计划单列市设立不具有法人资格分支机构的跨地区经营汇总纳税企业总机构，选择"总机构（跨省）——适用《跨地区经营汇总纳税企业所得税征收管理办法》"。

纳税人为《国家税务总局关于印发〈跨地区经营汇总纳税企业所得税征收管理办法〉的公告》（国家税务总局公告2012第57号）第二条规定的不适用该公告的总机构，选择"总机构（跨省）——不适用《跨地区经营汇总纳税企业所得税征收管理办法》"。

纳税人为仅在同一省、自治区、直辖市和计划单列市（以下称同一地区）内设立不具有法人资格分支机构的跨地区经营汇总纳税企业总机构，选择"总机构（省内）"。

纳税人根据相关政策规定为须进行完整年度申报并按比例纳税的分支机构，选择"分支机构（须进行完整年度申报并按比例纳税）"，并填写就地缴纳比例。

纳税人根据相关政策规定为须进行完整年度申报但不就地缴纳所得税的分支机构，选择"分支机构（须进行完整年度申报但不就地缴纳）"。

不是汇总纳税企业的纳税人选择"否"。

3. "企业基础信息表"填报时重点要关注哪几点

"企业基础信息表"重点要关注的内容有两点：

（1）"200 企业重组及递延纳税事项"。

企业发生资产（股权）划转特殊性税务处理事项，选择"是"，并填报表A105100；未发生选择"否"。

企业发生非货币性资产投资递延纳税事项，选择"是"，并填报表A105100；未发生选择"否"。

企业发生技术入股递延纳税事项，选择"是"，并填报表A105100；未发生选择"否"。

企业发生重组事项，根据情况选择税务处理方式，并填报204-1至204-4及表A105100；未发生选择"否"。

企业根据重组交易类型，选择填报"法律形式改变""债务重组""股权收购""资产收购""合并""分立"。

企业选择填报在重组业务中所属当事方类型。

"交易类型"选择"债务重组"的，选择填报"债务人"或"债权人"；

"交易类型"选择"股权收购"的，选择填报"收购方""转让方"或"被收购企业"；

"交易类型"选择"资产收购"的，选择填报"收购方"或"转让方"；

"交易类型"选择"合并"的，选择填报"合并企业""被合并企业"或"被合并企业股东"；

"交易类型"选择"分立"的，选择填报"分立企业""被分立企业"或"被分立企业股东"。

（2）"300 企业主要股东及分红情况"。

企业填报本企业投资比例前10位的股东情况。包括股东名称，证件种类（营业执照、税务登记证、组织机构代码证、身份证、护照等），证件号码（统一社会信用代码、纳税人识别号、组织机构代码号、身份证号、护照号等），投资比例，当年（决议日）分配的股息、红利等权益性投资收益金额，国籍（注册地址）。超过10位的其余股东，有关数据合计后填在"其余股东合计"一行。

企业主要股东为国外非居民企业的，证件种类和证件号码可不填写。

4. "企业基础信息表"填报技巧有哪些

（1）"102 所属行业明细代码"栏目，看似平淡无奇，其实是印证企业增值税的税率，千万不可大意！要根据《国民经济行业分类》标准填报纳税人的行业代码。工业企业所属行业代码为06 * * 至4690，不包括建筑业。所属行业代码为7010的房地产开发经营企业，可以填报表A105010中第21行至第29行。特别要与营业执照和增值税所选行业代码，做到三者完全一致。

（2）"103 资产总额（万元）"栏目，要充分考虑企业会计报表披露的资产报酬率。填报纳税人全年资产总额季度平均数，单位为万元，保留小数点后2位。资产总额季度平均数，具体计算公式如下：

季度平均值 =（季初值 + 季末值）÷2

全年季度平均值 = 全年各季度平均值之和 ÷4

年度中间开业或者终止经营活动的，以其实际经营期作为一个纳税年度确定上述相关指标。

（3）"109 从事股权投资业务"栏目，从事股权投资业务的企业（包括集团公司总部、创业投资企业等），选择"是"，其余企业选择"否"。看似是二选一，其实为税务机关提供了监管关联交易的数据，便于税务机关顺藤摸瓜。

第4章 “企业所得税年度纳税申报表（主表2017版）”的理解与填报

企业所得税年度纳税申报表（主表）为企业所得税年度纳税申报表主表，企业应该根据《中华人民共和国企业所得税法》及其实施条例（以下简称税法）、相关税收政策，以及国家统一会计制度（企业会计准则、小企业会计准则、企业会计制度、事业单位会计准则和民间非营利组织会计制度等）的规定，计算填报纳税人利润总额、应纳税所得额和应纳税额等有关项目。

企业在计算应纳税所得额及应纳所得税时，企业会计处理与税收规定不一致的，应当按照税收规定计算。

税收规定不明确的，在没有明确规定之前，暂按国家统一会计制度计算。

会计与税法的差异（包括收入类、扣除类、资产类等差异）通过“纳税调整项目明细表”（A105000）集中填报。

新的申报表在编制原理上更贴近会计实务，以利润表为起点，按照下列顺序计算应纳税额：

（1）会计利润总额+（-）纳税调整额+境外应税所得弥补境内亏损-弥补以前年度亏损=应纳税所得额；

（2）应纳税所得额×税率=应纳所得税额；

（3）应纳所得税额-减免所得税额-抵免所得税额=应纳税额；

（4）应纳税额+境外所得应纳所得税额-境外所得抵免所得税额=实际应纳所得税额，

实际应纳所得税额-本年累计实际已预缴的所得税额=本年应补（退）的所得税额；

（5）从编制原理上看，新所得税申报表思路更清晰，更容易被理解，纳税人在填报时，按照上述思路就不容易出错。

一、“企业所得税年度纳税申报表（主表）”做了哪些修改，为什么

本次修改将第37行和第38项的“附列资料”删除了，具体为：

第37行“以前年度多缴的所得税额在本年抵减额”栏目，填报纳税人以前纳税年度汇算清缴多缴的税款尚未办理退税、并在本纳税年度抵缴的所得税额。

第38行“以前年度应缴未缴在本年入库所得额”栏目，填报纳税人以前纳税年度应缴未缴在本纳税年度入库所得税额。

为什么要删除呢？本表是在纳税人会计利润总额的基础上，加减纳税调整等金额后计算出“纳税调整后所得”。

本表包括利润总额计算、应纳税所得额计算、应纳税额计算3个部分。

（1）“利润总额计算”中的项目，按照国家统一会计制度规定计算填报。实行企业会计准则、小企业会计准则、企业会计制度、分行业会计制度纳税人其数据直接取自利润表；实行事业单位会计准则的纳税人其数据取自收入支出表；实行民间非营利组织会计制度纳税人其数据取自业务活动表；实行其他国家统一会计制度的纳税人，根据本表项目进行分析填报。

（2）“应纳税所得额计算”和“应纳税额计算”中的项目，除根据主表逻辑关系计算的外，通过附表相应栏次填报。

因此，第37行和第38行不是本年度发生的业务，无需画蛇添足！

二、“企业所得税年度纳税申报表（主表）”需要填哪5项，关键点是什么

本表主要是由所填列的附表自动产生数据，所需要填列的内容只有5项，它们是：

（1）第3行“税金及附加”栏目，填报纳税人经营活动发生的消费税、城市维护建设税、资源税、土地增值税和教育费附加等相关税费。

本行根据纳税人相关会计科目填报。

纳税人在其他会计科目核算的税金不得重复填报。

（2）第7行“资产减值损失”栏目，填报纳税人计提各项资产准备发生的减值损失。

本行根据企业“资产减值损失”科目上的数额填报。

实行其他会计制度的比照填报。

（3）第8行“公允价值变动收益”栏目，填报纳税人在初始确认时划分为以公允价值计量且其变动计入当期损益的金融资产或金融负债（包括交易性金融资产或负债，直接指定为以公允价值计量且其变动计入当期损益的金融资产或金融负债），以及采用公允价值模式计量的投资性房地产、衍生工具和套期业务中公允价值变动形成的应计入当期损益的利得或损失。

本行根据企业“公允价值变动损益”科目的数额填报，损失以“－”号填列。

（4）第9行“投资收益”栏目，填报纳税人以各种方式对外投资确认所取得的收益或发生的

损失。根据企业“投资收益”科目的数额计算填报，实行事业单位会计准则的纳税人根据“其他收入”科目中的投资收益金额分析填报，损失以“-”号填列。

实行其他会计制度的纳税人比照填报。

（5）第32行“本年累计实际已缴纳的所得税额”栏目，填报纳税人按照税收规定本纳税年度已在月（季）度累计预缴的所得税额，包括按照税收规定的特定业务已预缴（征）的所得税额，建筑企业总机构直接管理的跨地区设立的项目部按规定向项目所在地主管税务机关预缴的所得税额。

三、“企业所得税年度纳税申报表（主表）”关注哪些焦点问题

2016年12月3日，财政部关于印发《增值税会计处理规定》的通知（财会〔2016〕22号）文件规定，全面试行营业税改征增值税后，“营业税金及附加”科目名称调整为“税金及附加”科目，该科目核算企业经营活动发生的消费税、城市维护建设税、资源税、教育费附加及房产税、土地使用税、车船使用税、印花税等相关税费。

利润表中的“营业税金及附加”项目调整为“税金及附加”项目。

本规定自发布之日起施行，国家统一的会计制度中相关规定与本规定不一致的，应按本规定执行。2016年5月1日至本规定施行之间发生的交易由于本规定而影响资产、负债等金额的，应按本规定调整。

原来在管理费用中核算的4个小税种：房产税、土地使用税、车船使用税、印花税，已全部改到“税金及附加”中核算了，填报第3行“税金及附加”栏目时要注意会计核算是否正确，否则，税金会重复填报。

建筑企业要特别注意，财政部关于印发《增值税会计处理规定》的通知（财会〔2016〕22号）文件出台，就是为指导建筑企业“营改增”等企业的账务处理，还有部分建筑企业把按产值带征的个人所得税也放在“税金及附加”科目核算，这完全不符合会计处理规定，更不符合税法规定，2016年度如果有企业被纳税调增后缴企业所得税，应及时调整，以免多征税。

企业应当自2016年12月3日财政部关于印发《增值税会计处理规定》的通知（财会〔2016〕22号）文件发布之日起，按《规定》要求对增值税有关业务进行会计核算，国家统一的会计制度中相关规定与本规定不一致的，应按本规定执行。对于2016年5月1日至本规定施行之间发生的交易由于本规定而影响资产、负债和损益等财务报表列报项目金额的，应按本规定调整；对于2016年1月1日至4月30日期间发生的交易，不予追溯调整；对于2016年财务报表中可比期间的财务报表也不予追溯调整；财务报表各列报项目因《规定》发生重大调整的，应在2016年财务报表附注中予以披露。

四、如何理解“企业所得税年度纳税申报表（主表）”表内、表间关系

1. 表内关系

（1）第10行=第1-2-3-4-5-6-7+8+9行；

（2）第13行=第10+11-12行；

（3）第19行=第13-14+15-16-17+18行；

（4）第23行=第19-20-21-22行；

（5）第25行=第23×24行；

（6）第28行=第25-26-27行；

（7）第31行=第28+29-30行；

（8）第33行=第31-32行。

2. 表间关系

（1）第1行=表A101010第1行或表A101020第1行或表A103000第2+3+4+5+6行或表A103000第11+12+13+14+15行。

（2）第2行=表A102010第1行或表A102020第1行或表A103000第19+20+21+22行或表A103000第25+26+27行。

（3）第4行=表A104000第26行第1列。

（4）第5行=表A104000第26行第3列。

（5）第6行=表A104000第26行第5列。

（6）第9行=表A103000第8行或者第16行（仅限于填报表A103000的纳税人，其他纳税人根据财务核算情况自行填写）。

（7）第11行=表A101010第16行或表A101020第35行或表A103000第9行或第17行。

（8）第12行=表A102010第16行或表A102020第33行或表A103000第23行或第28行。

（9）第14行=表A108010第14列合计-第11列合计。

（10）第15行=表A105000第45行第3列。

（11）第16行=表A105000第45行第4列。

（12）第17行=表A107010第31行。

（13）第18行：

①当A100000第13-14+15-16-17行≥0，第18行=0；

②当A100000第13-14+15-16-17<0且表A108000第5列合计行≥0，表A108000第6列合计行>0时，第18行=表A108000第5列合计行与表A100000第13-14+15-16-17行绝对值的孰小值；

③当A100000第13-14+15-16-17<0且表A108000第5列合计行≥0，表A108000第6列合计行=0时，第18行=0。

（14）第19行=表A100000第13-14+15-16-17+18行。

（15）第20行：

①当第19行≤0时，本行填报0。

②当第19行>0时：

a. A107020表合计行第11列≤表A100000第19行，本行=表A107020合计行第11列；

b. A107020表合计行第11列>表A100000第19行，本行=表A100000第19行。

（16）第 21 行 = 表 A106000 第 6 行第 10 列。

（17）第 22 行 = 表 A107030 第 15 行第 1 列。

（18）第 26 行 = 表 A107040 第 32 行。

（19）第 27 行 = 表 A107050 第 7 行第 11 列。

（20）第 29 行 = 表 A108000 第 9 列合计。

（21）第 30 行 = 表 A108000 第 19 列合计。

（22）第 34 行 = 表 A109000 第 12 + 16 行。

（23）第 35 行 = 表 A109000 第 13 行。

（24）第 36 行 = 表 A109000 第 15 行。

第 5 章 “一般企业收入明细表”的理解与填报

“一般企业收入明细表”（A101020）适用于除金融企业、事业单位和民间非营利组织外的企业填报。

纳税人应根据国家统一会计制度的规定，填报“主营业务收入”“其他业务收入”“营业外收入”。

纳税人完成“一般企业收入明细表”的填报工作，必须认真学习和领会下列财税文件：

（1）《中华人民共和国企业所得税法》；

（2）《中华人民共和国企业所得税法实施条例》；

（3）财政部关于印发修订《企业会计准则第 14 号——收入》的通知（财会〔2017〕22 号）；

（4）财政部关于印发修订《企业会计准则第 16 号——政府补助》的通知（财会〔2017〕15 号。

一、“一般企业收入明细表”的焦点问题

1. 非货币形式取得收入的确定方法及原则

《企业所得税法》规定，企业以货币形式和非货币形式从各种来源取得的收入，为收入总额。《企业所得税法实施条例》进一步规定，企业取得收入的货币形式，包括现金、存款、应收账款、应收票据、准备持有至到期的债券投资以及债务的豁免等；企业取得收入的非货币形式，包括固定资产、生物资产、无形资产、股权投资、存货、不准备持有至到期的债券投资、劳务以及有关权益等，企业以非货币形式取得的收入，以公允价值确定收入额。同时，《企业所得税法实施条例》明确了企业取得的各种形式收入的概念，以及收入实现的确认方法。由于取得收入的货币形式的金额是确定的，而取得收入的非货币形式的金额不确定，企业在计算非货币形式收入时，必须按一定标准折算为确定的金额。《企业所得税法实施条例》规定，企业以非货币形式取得的收入，按照公允价值确定收入额。公允价值，是指按照市场价格确定的价值。

收入的非货币形式，《企业所得税法实施条例》第十二条第二款列举了非货币形式的几种类型，包括：

（1）存货。根据财政部《企业会计准则》的规定，存货是指企业在日常活动中持有以备出售的产成品或商品、处在生产过程中的在产品，在生产过程或提供劳务过程中耗用的材料和物料等。

（2）固定资产。根据财政部《企业会计准则》的规定，固定资产是指同时具有两个特征的有形资产。一是为生产商品、提供劳务、出租或经营管理而持有；二是使用寿命超过一个会计年度。

（3）生物资产。根据财政部《企业会计准则》的规定，生物资产，是指有生命的动物和植物。生物资产分为三类：

①消耗性生物资产，是指为出售而持有的，或在将来收获为农产品的生物资产，包括生长中的大田作物、蔬菜、用材林以及存栏待售的牲畜等；

②生产性生物资产，是指为产出农产品、提供劳务或出租等目的而持有的生物资产，包括经济林、薪炭林、产畜和役畜等；

③公益性生物资产，是指以防护、环境保护为主要目的的生物资产，包括防风固沙林、水土保持林和水源涵养林等。

（4）无形资产。根据财政部《企业会计准则》的规定，无形资产，是指企业拥有或者控制的没有实物形态的可辨认的非货币性资产。其可辨认性标准包括：

①能够从企业中分离或者划分出来，并能单独或者与相关合同、资产或负债一起，用于出售、转移、授予许可、租赁或者交换。

②源自合同性权利或其他法定权利，无论这些权利是否可以从企业或其他权利和义务中转移或者分离。

（5）股权投资。即企业认购其他企业股份，在短期内无法变现，因此归类为非货币形式的收入。

（6）不准备持有至到期的债券投资。企业随时可能处置这类债券，但债券投资的市场价格却变化莫测，一时无法确定，因此归类为非货币形式的收入。

（7）劳务。即企业向其他企业提供的服务，劳务可以取得相应的报酬，在一些国家甚至可以折价入股，但其为无形资产，未来的收入难以确定，因此也归类为非货币形式的收入。

（8）有关权益。包括除以上7项之外的其他非货币表示的权益。

非货币形式的收入，其主要特征在于能为企业带来经济效益，但其具体金额是难以确定的。如固定资产用于企业的生产经营过程中，并通过折旧或者损耗的方式将其价值转化到将来生产的产品当中，但企业多少经济效益是由固定资产的折旧或者损害带来的，则是难以确定的。

《企业所得税法实施条例》第十三条规定：企业所得税法第六条所称企业以非货币形式取得的收入，应当按照公允价值确定收入额。

前款所称公允价值，是指按照市场价格确定的价值。

【专家解读】

关于以非货币形式取得的收入的计量标准的规定。

企业所得税法只规定了收入的取得形式可分为货币形式和非货币形式，但对于非货币形式收入如何确定价值则没有规定。而非货币形式收入的价值是其应纳税所得额的计算前提，因此本条对此确定标准作出了规定。

本条是对原《中华人民共和国外商投资企业和外国企业所得税法实施细则》（国务院令〔1991〕85号）第十三条修改后形成的。国务院令〔1991〕85号第十三条规定，企业取得的收入为非货币资产或者权益的，其收入额应当参照当时的市场价格计算或者估定。本条规定以非货币形式取得的收入，应当按照公允价值确定收入额。按照公允价值确定收入额，使税法进一步与会计准则相衔接。《企业会计准则——基本准则》第四十二条会计计量属性规定，在公允价值计量下，资产和负债按照在公平交易中熟悉情况的交易双方自愿进行资产交换或者债务清偿的金额计量。对企业以非货币形式取得的收入，有别于货币性收入的固定性和确定性，通常按公允价值来确定收入额。

非货币形式取得的收入，在会计上通常采取公允价值作为标准。根据美国财务会计准则委员会（FASB）于2006年9月正式发布了《美国财务会计准则第157号——公允价值计量》，将公允价值定义为："报告实体所在市场的参与者之间进行的有序交易中出售一项资产所收到的价格或转移一项负债所支出的价格。"而在国际会计准则理事会（IASB）的《国际财务报告准则》，其中对公允价值的定义为："公平交易中，熟悉情况的当事人自愿据以进行资产交换或负债清偿的金额。"

我国2007年起实施的《企业会计准则》中将公允价值作为与历史成本、重置成本、可变现净值和现值等会计准则体系中最重要的会计计量属性之一。公允价值并不是主观对非货币财产的评价，而是参考各种客观标准后所确定的，具有一定的科学性，因此在实践中也被广泛采用。

财政部《企业会计准则——基本准则》第四十二条对"公允价值"的计量方法作了说明，规定："在公允价值计量下，资产和负债按照在公平交易中，熟悉情况的交易双方自愿进行资产交换或者债务清偿的金额计量。"此外，公允价值在《企业会计准则》的具体规定中还有多处提到。如：《企业会计准则第3号——投资性房地产》规定，在有确凿证据表明投资性房地产的公允价值能够持续可靠取得的情况下，可以对投资性房地产采用公允价值模式进行后续计量。

采用公允价值模式计量的，应当同时满足下列条件：

（1）投资性房地产所在地有活跃的房地产交易市场；

（2）企业能够从房地产交易市场上取得同类或类似房地产的市场价格及其他相关信息，从而对投资性房地产的公允价值作出合理的估计。

《企业会计准则第7号——非货币性资产交换》规定，非货币性资产交换同时满足如下两个条件，应当以公允价值和应支付的相关税费作为换入资产的成本，公允价值与换出资产账面价值的差额计入当期损益：第一是交换具有商业实质；第二是换入资产或换出资产的公允价值能够可靠计量。如果上述两个条件不能同时满足，则仍以换出资产的账面价值作为换入成本，不确定损益。

税法对“公允价值”的定义，即按照市场价格确定的价值。市场是商品等价交换的场所，商品在市场上通过交易价格发现自身的价值，因此市场价格作为公允价值的确定标准，具有客观性和公平性。市场价格，可以理解为熟悉情况的买卖双方在公平交易的条件下所确定的价格，或无关联的双方在公平交易的条件下一项资产可以达成的交易价格。本条第二款的规定较为原则，其具体应用则由《企业会计准则》等部门规章进行细化。实务中，公允价值通常需要会计人员进行职业判断。在对非货币资产进行交易之前，企业往往邀请专业评估机构和评估人员对其公允价值进行评估，以便为交易时的定价作参考。

2. 非货币性资产交换的收入确认

根据企业会计准则的规定，非货币性资产交换，是指交易双方主要以存货、固定资产、无形资产和长期股权投资等非货币性资产进行的交换。该交换不涉及或只涉及少量的货币性资产（即补价）。其中：货币性资产，是指企业持有的货币资金和将以固定或可确定的金额收取的资产，包括现金、银行存款、应收账款和应收票据以及准备持有至到期的债券投资等；非货币性资产，是指货币性资产以外的资产。

非货币性资产交换必须同时满足两个条件才能作为收入：一是该项交换具有商业实质，二是换入资产或换出资产的公允价值能够可靠地计量。实践中，非货币性资产交换的典型事例是以股权换股权（股权置换）、以债权换债权等，其所得是对方等价的资产。因为，在此交易过程中没有使用货币，为了确定其收入额，企业会计准则规定应当以公允价值和应支付的相关税费作为换入资产的成本，公允价值与换出资产账面价值的差额计入当期损益。

《企业会计准则第7号——非货币性资产交换》规定：非货币性资产交换同时满足下列条件的，应当以公允价值和应支付的相关税费作为换入资产的成本，公允价值与换出资产账面价值的差额计入当期损益：

（1）该项交换具有商业实质；

（2）换入资产或换出资产的公允价值能够可靠地计量。

换入资产和换出资产公允价值均能够可靠计量的，应当以换出资产的公允价值作为确定换入资产成本的基础，但有确凿证据表明换入资产的公允价值更加可靠的除外。

第四条　满足下列条件之一的非货币性资产交换具有商业实质：

（1）换入资产的未来现金流量在风险、时间和金额方面与换出资产显著不同；

（2）换入资产与换出资产的预计未来现金流量现值不同，且其差额与换入资产和换出资产的公允价值相比是重大的。

第五条 在确定非货币性资产交换是否具有商业实质时，企业应当关注交易各方之间是否存在关联方关系。关联方关系的存在可能导致发生的非货币性资产交换不具有商业实质。

第六条 未同时满足本准则第三条规定条件的非货币性资产交换，应当以换出资产的账面价值和应支付的相关税费作为换入资产的成本，不确认损益。

第七条 企业在按照公允价值和应支付的相关税费作为换入资产成本的情况下，发生补价的，应当分别下列情况处理：

（1）支付补价的，换入资产成本与换出资产账面价值加支付的补价、应支付的相关税费之和的差额，应当计入当期损益；

（2）收到补价的，换入资产成本加收到的补价之和与换出资产账面价值加应支付的相关税费之和的差额，应当计入当期损益。

第八条 企业在按照换出资产的账面价值和应支付的相关税费作为换入资产成本的情况下，发生补价的，应当分别下列情况处理：

（1）支付补价的，应当以换出资产的账面价值，加上支付的补价和应支付的相关税费，作为换入资产的成本，不确认损益；

（2）收到补价的，应当以换出资产的账面价值，减去收到的补价并加上应支付的相关税费，作为换入资产的成本，不确认损益。

《企业会计准则第7号——非货币性资产交换》准则将非货币性资产交换区分为两类，即具有商业实质并且换入或换出资产的公允价值能够可靠计量的非货币性资产交换以及不满足上述要求的非货币性资产交换。前者简称按公允价值模式计量的非货币性资产交换，后者简称按成本模式计量的非货币性资产交换。这两类非货币性资产交换在会计处理中有所不同，主要体现在是否确认损益。因为根据会计准则判断，只有按公允价值模式计量的非货币性资产交换才涉及到损益的确认，而损益的确认会涉及到企业所得税的应纳税所得额调整的相关事宜。

《企业所得税法实施条例》第二十五条规定，企业发生非货币性资产交换，以及将货物、财产、劳务用于捐赠、偿债、赞助、集资、广告、样品、职工福利或者利润分配等用途的，应当视同销售货物、转让财产或者提供劳务，但国务院财政、税务主管部门另有规定的除外。

企业所得税法第六条规定，企业以货币形式和非货币形式从各种来源取得的收入，为收入总额。包括：

（1）销售货物收入；

（2）提供劳务收入；

（3）转让财产收入。

《企业所得税法实施条例》规定：

第十四条 企业所得税法第六条第（一）项所称销售货物收入，是指企业销售商品、产品、原材料、包装物、低值易耗品以及其他存货取得的收入。

第十五条 企业所得税法第六条第（二）项所称提供劳务收入，是指企业从事建筑安装、修理修配、交通运输、仓储租赁、金融保险、邮电通信、咨询经纪、文化体育、科学研究、技术服务、教育培训、餐饮住宿、中介代理、卫生保健、社区服务、旅游、娱乐、加工以及其他劳务服务活动取得的收入。

第十六条　企业所得税法第六条第（三）项所称转让财产收入，是指企业转让固定资产、生物资产、无形资产、股权、债权等财产取得的收入。

第五十八条　固定资产按照以下方法确定计税基础：（五）通过捐赠、投资、非货币性资产交换、债务重组等方式取得的固定资产，以该资产的公允价值和支付的相关税费为计税基础。

第六十二条　生产性生物资产按照以下方法确定计税基础：（二）通过捐赠、投资、非货币性资产交换、债务重组等方式取得的生产性生物资产，以该资产的公允价值和支付的相关税费为计税基础。

第六十六条　无形资产按照以下方法确定计税基础：（三）通过捐赠、投资、非货币性资产交换、债务重组等方式取得的无形资产，以该资产的公允价值和支付的相关税费为计税基础。

第七十一条　投资资产按照以下方法确定成本：（二）通过支付现金以外的方式取得的投资资产，以该资产的公允价值和支付的相关税费为成本。

第七十二条　存货按照以下方法确定成本：（二）通过支付现金以外的方式取得的存货，以该存货的公允价值和支付的相关税费为成本。

3. 非货币性资产交换的会计处理与纳税调整

非货币性资产交换是指交易双方主要以存货、固定资产、无形资产和长期股权投资等非货币性资产进行的交换。该交换不涉及或只涉及少量的货币性资产（即补价）。货币性资产是指企业持有的货币资金和将以固定或可确定的金额收取的资产，包括现金、银行存款、应收账款和应收票据以及准备持有至到期的债券投资等。非货币性资产是指货币性资产以外的资产。

认定涉及少量货币性资产的交换为非货币性资产交换，通常以补价占整个资产交换金额的比例低于25%作为参考。支付的货币性资产占换入资产公允价值（或占换出资产公允价值与支付的货币性资产之和）的比例，或者收到的货币性资产占换出资产公允价值（或占换入资产公允价值和收到的货币性资产之和）的比例低于25%的，视为非货币性资产交换，适用非货币性资产交换准则；高于25%（含25%）的，视为以货币性资产取得非货币性资产，适用其他相关会计准则。

（1）以公允价值计量的非货币性资产交换的确认原则。

在会计处理上，非货币性资产交换同时满足下列条件的，应当以公允价值和应支付的相关税费作为换入资产的成本，公允价值与换出资产账面价值的差额计入当期损益：该项交换具有商业实质；换入资产或换出资产的公允价值能够可靠地计量。换入资产和换出资产公允价值均能够可靠计量的，应当以换出资产的公允价值作为确定换入资产成本的基础，但有确凿证据表明换入资产的公允价值更加可靠的除外。

满足下列条件之一的非货币性资产交换具有商业实质：一是换入资产的未来现金流量在风险、时间和金额方面与换出资产显著不同；二是换入资产与换出资产的预计未来现金流量现值不同，且其差额与换入资产和换出资产的公允价值相比是重大的。在确定非货币性资产交换是否具有商业实质时，企业应当关注交易各方之间是否存在关联方关系。关联方关系的存在可能导致发生的非货币性资产交换不具有商业实质。

在税务处理上，根据《企业所得税法实施条例》第五十八条第（五）项、第六十二条第（二）

项规定，通过非货币性资产交换方式取得的固定资产，以该资产的公允价值和支付的相关税费为计税基础；第六十二条第（二）项规定，通过非货币性资产交换方式取得的生产性生物资产，以该资产的公允价值和支付的相关税费为计税基础；第六十六条第（三）项规定，通过非货币性资产交换方式取得的无形资产，以该资产的公允价值和支付的相关税费为计税基础；第七十一条第（二）项规定，通过支付现金以外的方式取得的投资资产，以该资产的公允价值和支付的相关税费为成本；第七十二条第（二）项规定，通过支付现金以外的方式取得的存货，以该存货的公允价值和支付的相关税费为成本。企业所得税法没有要求非货币性资产交换要具有商业实质，或换入资产或换出资产的公允价值能够可靠地计量等条件作为是否以公允价值计量的条件；同时，企业所得税不是以换出资产的公允价值作为确定换入资产成本的基础，而是以换入资产的公允价值和支付的相关税费为计税基础或成本。

关于关联方业务往来和交换是否具有商业实质，根据《企业所得税法》第四十一条规定，企业与其关联方之间的业务往来，不符合独立交易原则而减少企业或者其关联方应纳税收入或者所得额的，税务机关有权按照合理方法调整。第四十七条规定，企业实施其他不具有合理商业目的的安排，而减少其应纳税收入或者所得额的，税务机关有权按照合理方法调整。

根据《企业所得税法实施条例》第一百二十条规定，企业所得税法第四十七条所称不具有合理商业目的，是指以减少、免除或者推迟缴纳税款为主要目的。可见，企业所得税处理对关联方业务往来和交换是否具有商业实质，主要是看其是否会减少企业或者其关联方应纳税收入或者所得额，或者以减少、免除或者推迟缴纳税款为主要目的进行税收筹划与避税。

（2）以换出资产的账面价值计量的非货币性资产交换的会计处理与税务处理。

在会计处理上，交换不具有商业实质，或换入资产、换出资产的公允价值能够可靠地计量的非货币性资产交换，应当以换出资产的账面价值和应支付的相关税费作为换入资产的成本，不确认损益。企业在按照换出资产的账面价值和应支付的相关税费作为换入资产成本的情况下，发生补价的，应当分别下列情况处理：支付补价的，应当以换出资产的账面价值，加上支付的补价和应支付的相关税费，作为换入资产的成本，不确认损益；收到补价的，应当以换出资产的账面价值，减去收到的补价并加上应支付的相关税费，作为换入资产的成本，不确认损益。

在税务处理上，非货币性资产交换一般要求在交易发生时确认有关资产的转让所得或者损失，相关资产应当按照交易价格重新确定计税基础。特殊情况下，也有允许交易各方暂不确认有关资产转让所得或损失的情况。例如，符合规定条件的企业整体资产交换一般可特殊处理。企业整体资产交换，是指一家企业在规定的期限内，以其经营活动的全部或几乎全部资产，与另一家企业经营活动的全部或几乎全部资产进行整体交换，资产交换双方企业都不解散。企业整体资产交换原则上应在交易发生时，将其分解为按公允价值销售全部资产和按公允价值购买另一方全部资产的经济业务进行所得税处理，并按规定计算确认资产转让所得或损失。

如果整体资产交换交易中，作为资产交换交易补价（双方全部资产公允价值的差额）的货币性资产占换入总资产公允价值不高于一定比例的，经税务机关审核确认，资产交换双方企业可暂不确认资产转让的所得或损失。在此情况下，交易双方换入资产的成本应以换出资产原账面净值确定计税基础。具体方法是按换入各项资产的公允价值占换入全部资产公允价值总额的比例，对换出资产的原账面净值总额进行分配，据以确定各项换入资产的计税基础。企业整体资产交换交易中支付补价的一方，应以换出资产原账面净值与支付的补价之和，确定换入资产的计税基础。企业整体资产交换交易中收到补价的一方，应以换出资产的账面净值扣除补价，作为换入资产的计税基础。

（3）涉及多项非货币性资产交换的处理。

在会计处理上，涉及多项非货币性资产交换的情况包括企业以一项非货币性资产同时换入另一企业的多项非货币性资产，或同时以多项非货币性资产换入另一企业的一项非货币性资产，或以多项非货币性资产同时换入多项非货币性资产，也可能涉及补价。在涉及多项非货币性资产的交换中，企业无法将换出的某一资产与换入的某一特定资产相对应。与单项非货币性资产之间的交换一样，涉及多项非货币性资产交换的计量，企业也应当首先判断是否符合非货币性资产交换准则以公允价值计量的两个条件，再分别情况确定各项换入资产的成本。

涉及多项非货币性资产的交换一般可以分为以下几种情况：

①资产交换具有商业实质且各项换出资产和各项换入资产的公允价值均能够可靠计量。在这种情况下，换入资产的总成本应当按照换出资产的公允价值总额为基础确定，除非有确凿证据证明换入资产的公允价值总额更可靠。各项换入资产的成本，应当按照各项换入资产的公允价值占换入资产公允价值总额的比例，对换入资产总成本进行分配，确定各项换入资产的成本。

②资产交换具有商业实质且换入资产的公允价值能够可靠计量，换出资产的公允价值不能可靠计量。在这种情况下，换入资产的总成本应当按照换入资产的公允价值总额为基础确定，各项换入资产的成本，应当按照各项换入资产的公允价值占换入资产公允价值总额的比例，对换入资产总成本进行分配，确定各项换入资产的成本。

③资产交换具有商业实质、换出资产的公允价值能够可靠计量，但换入资产的公允价值不能可靠计量。在这种情况下，换入资产的总成本应当按照换出资产的公允价值总额为基础确定，各项换入资产的成本，应当按照各项换入资产的原账面价值占换入资产原账面价值总额的比例，对按照换出资产公允价值总额确定的换入资产总成本进行分配，确定各项换入资产的成本。

④资产交换不具有商业实质，或换入资产和换出资产的公允价值均不能可靠计量。在这种情况下，换入资产的总成本应当按照换出资产原账面价值总额为基础确定，各项换入资产的成本，应当按照各项换入资产的原账面价值占换入资产原账面价值总额的比例，对按照换出资产账面价值总额为基础确定的换入资产总成本进行分配，确定各项换入资产的成本。

在税务处理上，对上述第1、2、3种情况，换入资产总成本都是按照公允价值计量，但各单项换入资产成本的确定，视各单项换入资产的公允价值能否可靠计量而分别情况进行会计处理，企业所得税对其以公允价值计量的非货币性资产交换的处理原则进行税务处理即可。

根据《企业所得税法实施条例》第二十五条规定，企业发生非货币性资产交换，应当视同销售货物、转让财产。换出资产为存货的，应当视同销售货物处理，按照公允价值确认销售货物收入，计入收入总额；同时结转销售成本，按照公允价值确认的收入和按账面价值结转的成本及相关税费之间的差额，计入应纳税所得额。换出资产为固定资产、生物资产、无形资产、长期股权投资、可供出售金融资产的，应当视同转让财产处理，按照公允价值确认转让财产收入，计入收入总额；同时结转转让成本，按照公允价值确认的收入和按账面价值结转的成本及相关税费之间的差额，计入应纳税所得额。

第4种情况属于不符合会计处理公允价值计量的条件，换入资产总成本按照换出资产账面价值总额确定，各单项换入资产成本按照各单项换入资产的原账面价值占换入资产原账面价值总额的比例确定，企业所得税对其以换出资产的账面价值计量的非货币性资产交换的处理原则进行税务处理。

【案例1】

2008年5月，A公司因经营战略发生较大转变，产品结构发生较大调整，原生产其产品的专有设备、生产该产品的专利技术等已不符合生产新产品的需要，经与B公司协商，将其专用设备连同专利技术与B公司正在建造过程中的一幢建筑物、C公司的长期股权投资进行交换。A公司换出专有设备的账面原价为120万元，已提折旧75万元；专利技术账面原价为45万元，已摊销金额为27万元。B公司在建工程截止到交换日的成本为52.5万元，C公司的长期股权投资账面余额为15万元。由于A公司持有的专有设备和专利技术市场上已不多见，因此，公允价值不能可靠计量。B公司的在建工程因完工程度难以合理确定，其公允价值不能可靠计量，由于C公司不是上市公司，B公司对C公司长期股权投资的公允价值也不能可靠计量。假定A公司、B公司均未对上述资产计提减值准备（不考虑其他税费因素）。

【专家解析】

本例不涉及收付货币性资产，属于非货币性资产交换。由于换入资产、换出资产的公允价值均不能可靠计量，A公司、B公司均应当以换出资产账面价值总额作为换入资产的成本，各项换入资产的成本，应当按各项换入资产的账面价值占换入资产账面价值总额的比例分配后确定。

【会计处理1】

A公司的账务处理如下：

（1）计算换入资产、换出资产账面价值总额：

换入资产账面价值总额＝52.5＋15＝67.5（万元）

换出资产账面价值总额＝（120－75）＋（45－27）＝63（万元）

（2）确定换入资产总成本：

换入资产总成本＝换出资产账面价值总额＝63（万元）

（3）计算各项换入资产账面价值占换入资产账面价值总额的比例：

在建工程占换入资产账面价值总额的比例＝52.5÷67.5＝77.8%

长期股权投资占换入资产账面价值总额的比例＝15÷67.5＝22.2%

（4）确定各项换入资产成本：

在建工程成本＝63×77.8%＝49.014（万元）

长期股权投资成本＝63×22.2%＝13.986（万元）

（5）会计分录：

借：固定资产清理	450000	
累计折旧	750000	
贷：固定资产——专有设备		1200000
借：在建工程	490140	

长期股权投资　139860
累计摊销　270000
贷：固定资产清理　450000
无形资产——专利技术　450000

【会计处理2】

B公司的账务处理如下：

（1）计算换入资产、换出资产账面价值总额：

换入资产账面价值总额 =（120 - 75）+（45 - 27）= 63（万元）

换出资产账面价值总额 = 52.5 + 15 = 67.5（万元）

（2）确定换入资产总成本：

换入资产总成本 = 换出资产账面价值总额 = 67.5（万元）

（3）计算各项换入资产账面价值占换入资产账面价值总额的比例：

专有设备占换入资产账面价值总额的比例 = 45 ÷ 63 = 71.4%

专利技术占换入资产账面价值总额的比例 = 18 ÷ 63 = 28.6%

（4）确定各项换入资产成本：

专有设备成本 = 67.5 × 71.4% = 48.195（万元）

专利技术成本 = 67.5 × 28.6% = 19.305（万元）

（5）会计分录：

借：固定资产——专有设备　481950
无形资产——专利技术　193050
贷：在建工程　525000
长期股权投资　150000

【填报技巧】

上述收益在“中华人民共和国企业所得税年度纳税申报表（A类）”（A101010）“一般企业收入明细表”（A101010）第18行“（二）非货币性资产交换利得”填报。本栏填报纳税人在非货币性资产交易行为中，执行《企业会计准则第14号—收入》具有商业实质且换出资产为固定资产、无形资产的，其换出资产公允价值和换出资产账面价值的差额计入营业外收入的；执行《企业会计制度》和《小企业会计制度》实现的与收到补价相对应的收益额，在本行填列。

见下表“一般企业收入明细表”（A101010）。

表5-1　一般企业收入明细表（A101010）

行　次	项　目	金　额
16	二、营业外收入（17 + 18 + 19 + 20 + 21 + 22 + 23 + 24 + 25 + 26）	
18	（二）非货币性资产交换利得	

4. 企业移送资产确认收入问题

（1）一般规定。

根据国家税务总局《关于企业所得税有关问题》的公告（2016年第80号）规定，企业发生国家税务总局《关于企业处置资产所得税处理问题》的通知（国税函〔2008〕828号）第二条所述情形的，即："企业将资产移送他人的下列情形，因资产所有权属已发生改变而不属于内部处置资产，应按规定视同销售确定收入。

①用于市场推广或销售；

②用于交际应酬；

③用于职工奖励或福利；

④用于股息分配；

⑤用于对外捐赠；

⑥其他改变资产所有权属的用途。"应按照被移送资产的公允价值确认销售收入，但对被移送资产的税务处理另有规定的，应按照相关规定执行。

（2）特殊规定。

国家税务总局公告2016年第80号文件所述"除另有规定外"，如企业发生《财政部、国家税务总局关于促进企业重组有关企业所得税处理问题的通知》（财税〔2014〕109号）第三条规定的股权、资产划转行为的，应按照财税〔2014〕109号文件规定进行税务处理，即应按照："对100%直接控制的居民企业之间，以及受同一或相同多家居民企业100%直接控制的居民企业之间按账面净值划转股权或资产，凡具有合理商业目的、不以减少、免除或者推迟缴纳税款为主要目的，股权或资产划转后连续12个月内不改变被划转股权或资产原来实质性经营活动，且划出方企业和划入方企业均未在会计上确认损益的，可以选择按以下规定进行特殊性税务处理：

①划出方企业和划入方企业均不确认所得；

②划入方企业取得被划转股权或资产的计税基础，以被划转股权或资产的原账面净值确定；

③划入方企业取得的被划转资产，应按其原账面净值计算折旧扣除。"

二、"一般企业收入明细表"结构特点是什么

"一般企业收入明细表"由"营业收入""营业外收入"两大块组成，其中，营业收入包括主营业务收入和其他业务收入，营业外收入包括非流动资产处置利得、非货币性资产交换利得、债务重组利得、政府补助利得、盘盈利得、捐赠利得、罚没利得、确实无法偿付的应付款项、汇兑收益、其他等。

1. 主营业务收入与其他业务收入如何判别

"一般企业收入明细表"第3至8行为"主营业务收入"填报内容，应根据不同行业的业务性质分别填报纳税人在会计核算中的主营业务收入。

【特别提示1】

对主要从事对外投资的纳税人，其投资所得就是主营业务收入。

第3行"销售商品收入"：填报从事工业制造、商品流通、农业生产以及其他商品销售的纳税人取得的主营业务收入。房地产开发企业销售开发产品（销售未完工开发产品除外）取得的收入也在此行填报。

第5行"提供劳务收入"：填报纳税人从事建筑安装、修理修配、交通运输、仓储租赁、邮电

通信、咨询经纪、文化体育、科学研究、技术服务、教育培训、餐饮住宿、中介代理、卫生保健、社区服务、旅游、娱乐、加工以及其他劳务活动取得的主营业务收入。

第6行“建造合同收入”：填报纳税人建造房屋、道路、桥梁、水坝等建筑物，以及生产船舶、飞机、大型机械设备等取得的主营业务收入。

第7行“让渡资产使用权收入”：填报让渡无形资产使用权（如商标权、专利权、专有技术使用权、版权、专营权等）而取得的使用费收入以及以租赁业务为基本业务的出租固定资产、无形资产、投资性房地产在主营业务收入中核算取得的租金收入。

【特别提示2】

转让处置固定资产、出售无形资产（所有权的让渡）属于“营业外收入”，不在本行反映。

“一般企业收入明细表”（A101010）第10至15行为“其他业务收入”填报内容，按照会计核算中“其他业务收入”的具体业务性质分别填报。

第10行“材料销售收入”：填报纳税人销售材料、下脚料、废料、废旧物资等取得的收入。

第4行“其中：非货币性资产交换收入”：填报纳税人发生的非货币性资产交换按照国家统一会计制度应确认的主营业务收入；第11行“其中：非货币性资产交换收入”：填报纳税人发生的非货币性资产交换按照国家统一会计制度应确认的其他业务收入。

第12行“出租固定资产收入”：填报纳税人将固定资产使用权让与承租人获取的其他业务收入。

第13行“出租无形资产收入”：填报纳税人让渡无形资产使用权取得的其他业务收入。

第14行“出租包装物和商品收入”：填报纳税人出租、出借包装物和商品取得的其他业务收入。

第15行“其他”：填报纳税人按照国家统一会计制度核算、上述未列举的其他业务收入。

2. 营业外收入如何判别

“一般企业收入明细表”（A101010）第17至26行为“营业外收入”填报内容，填报纳税人计入本科目核算的与生产经营无直接关系的各项收入。

第17行“非流动资产处置利得”：填报纳税人处置固定资产、无形资产等取得的净收益。

【特别提示3】

不包括纳税人在主营业务收入中核算的、正常销售固定资产类商品。

第18行“非货币性资产交换利得”：填报纳税人发生非货币性资产交换应确认的净收益。

第19行“债务重组利得”：填报纳税人发生的债务重组业务确认的净收益。

第20行“政府补助利得”：填报纳税人从政府无偿取得货币性资产或非货币性资产应确认的净收益。

第21行“盘盈利得”：填报纳税人在清查财产过程中查明的各种财产盘盈应确认的净收益。

第22行“捐赠利得”：填报纳税人接受的来自企业、组织或个人无偿给予的货币性资产、非货币性资产捐赠应确认的净收益。

第23行“罚没利得”：填报纳税人在日常经营管理活动中取得的罚款、没收收入应确认的净收益。

第24行“确实无法偿付的应付款项”：填报纳税人因确实无法偿付的应付款项而确认的收入。

第25行“汇兑收益”：填报纳税人取得企业外币货币性项目因汇率变动形成的收益应确认的收入。（该项目为执行小企业准则企业填报）

第26行“其他”：填报纳税人取得的上述项目未列举的其他营业外收入，包括执行《企业会计准则》纳税人按权益法核算长期股权投资对初始投资成本调整确认的收益，执行《小企业会计准则》纳税人取得的出租包装物和商品的租金收入、逾期未退包装物押金收益等。

【特别提示4】

“一般企业收入明细表”（A101010）第1行“营业收入”：金额为本表第2+9行。本行数据作为计算业务招待费、广告费和业务宣传费支出扣除限额的计算基数，基数中包括了视同销售的收入。

3. 利得反映原则及填报处理

（1）一般性处理原则。

《企业所得税法》法第五条规定：“企业每一纳税年度的收入总额，减除不征税收入、免税收入、各项扣除以及允许弥补的以前年度亏损后的余额，为应纳税所得额。”但企业所得税法第一条规定没有明确计算应纳税所得额的基本原则，即如何确认企业收入及成本费用，只有明确了这个问题，才能运用企业所得税法的这条规定计算出应纳税所得额。《企业所得税法实施条例》第九条进一步明确：“企业应纳税所得额的计算，以权责发生制为原则，属于当期的收入和费用，不论款项是否收付，均作为当期的收入和费用；不属于当期的收入和费用，即使款项已经在当期收付，也不作为当期的收入和费用。本条例和国务院财政、税务主管部门另有规定的除外。”

在纳税主体的经济活动中，经济业务的发生和货币的收付不是完全一致的，即存在着现金流动与经济活动的分离，由此而产生两个确认和记录会计要素的标准，一个标准是根据货币收付与否作为收入或费用确认和记录的依据，称为收付实现制；另一个标准是以取得收款权利或付款责任作为记录收入或费用的依据，称为权责发生制。收付实现制是以款项的实际收付为标准来处理经济业务，确定本期收入和费用，计算本期盈亏的会计处理基础。在现金收付的基础上，凡在本期实际以现款付出的费用，不论其应否在本期收入中获得补偿均应作为本期应计费用处理；凡在本期实际收到的现款收入，不论其是否属于本期均应作为本期应计的收入处理；反之，凡本期还没有以现款收到的收入和没有用现款支付的费用，即使它归属于本期，也不作为本期的收入和费用处理。

权责发生制和收付实现制在处理收入和费用时的原则是不同的，所以同一会计事项按不同的会计处理基础进行处理，其结果可能是相同的，也可能是不同的。例如，本期销售产品一批，价值5000元，货款已收存银行，这项经济业务不管采用应计基础或现金收付基础，5000元货款均应作为本期收入，因为一方面它是本期获得的收入，应当作本期收入，另一方面现款也已收到，亦应列作本期收入，这时就表现为两者的一致性。但在另外的情况下两者则是不一致的，如本期收到上月销售产品的货款存入银行，在这种情况下，如果采用现金收付基础，这笔货款应当作为本期的收入，因为现款是本期收到的，如果采用应计基础，则此项收入不能作为本期收入，因为它不是本期获得的。

权责发生制是应用较为广泛的企业会计计算方法，也为我国大多数企业所采纳。在税务处理过程中，以权责发生制确定应税收入的理由在于，经济活动导致企业实际获取或拥有对某一利益的控制权时，就表明企业已产生收入，相应地，也产生了与该收入相关的纳税义务。权责发生制条件下，企业收入的确认一般应同时满足以下两个条件：一是支持取得该收入权利的所有事项已经发生；二是应该取得的收入额可以被合理地、准确地确定。权责发生制便于计算应纳税所得额，因此本条将其规定为企业所得税应纳税所得额的计算以权责发生制为原则。

由于经济活动的复杂性，在特定情况下，可以采用收付实现制的原则。因此，本条规定本条例可以规定不采用权责发生制的情形，同时授权国务院财政、税务主管部门也可以根据实际情况对不采用权责发生制的情形作进一步详细规定，以保证应纳税所得额计算的更加科学合理。

（2）特殊性处理原则。

根据《国家税务总局关于确认企业所得税收入若干问题的通知》（国税函〔2008〕875号）规定，除企业所得税法及实施条例另有规定外，企业销售收入的确认，必须遵循权责发生制原则和实质重于形式原则。

①企业销售商品同时满足下列条件的，应确认收入的实现：

a. 商品销售合同已经签订，企业已将商品所有权相关的主要风险和报酬转移给购货方；

b. 企业对已售出的商品既没有保留通常与所有权相联系的继续管理权，也没有实施有效控制；

c. 收入的金额能够可靠地计量；

d. 已发生或将发生的销售方的成本能够可靠地核算。

②符合上款收入确认条件，采取下列商品销售方式的，应按以下规定确认收入实现时间：

a. 销售商品采用托收承付方式的，在办妥托收手续时确认收入；

b. 销售商品采取预收款方式的，在发出商品时确认收入；

c. 销售商品需要安装和检验的，在购买方接受商品以及安装和检验完毕时确认收入，如果安装程序比较简单，可在发出商品时确认收入；

d. 销售商品采用支付手续费方式委托代销的，在收到代销清单时确认收入。

③采用售后回购方式销售商品的，销售的商品按售价确认收入，回购的商品作为购进商品处理。有证据表明不符合销售收入确认条件的，如以销售商品方式进行融资，收到的款项应确认为负债，回购价格大于原售价的，差额应在回购期间确认为利息费用。

④销售商品以旧换新的，销售商品应当按照销售商品收入确认条件确认收入，回收的商品作为购进商品处理。

⑤企业为促进商品销售而在商品价格上给予的价格扣除属于商业折扣，商品销售涉及商业折扣的，应当按照扣除商业折扣后的金额确定销售商品收入金额。

债权人为鼓励债务人在规定的期限内付款而向债务人提供的债务扣除属于现金折扣，销售商品涉及现金折扣的，应当按扣除现金折扣前的金额确定销售商品收入金额，现金折扣在实际发生时作为财务费用扣除。

企业因售出商品的质量不合格等原因而在售价上给的减让属于销售折让；企业因售出商品质量、品种不符合要求等原因而发生的退货属于销售退回。企业已经确认销售收入的售出商品发生销售折让和销售退回，应当在发生当期冲减当期销售商品收入。

⑥企业在各个纳税期末，提供劳务交易的结果能够可靠估计的，应采用完工进度（完工百分比）法确认提供劳务收入。

A. 提供劳务交易的结果能够可靠估计，是指同时满足下列条件：

a. 收入的金额能够可靠地计量；

b. 交易的完工进度能够可靠地确定；

c. 交易中已发生和将发生的成本能够可靠地核算。

B. 企业提供劳务完工进度的确定，可选用下列方法：

a. 已完工作的测量；

b. 已提供劳务占劳务总量的比例；

c. 发生成本占总成本的比例。

C. 企业应按照从接受劳务方已收或应收的合同或协议价款确定劳务收入总额，根据纳税期末提供劳务收入总额乘以完工进度扣除以前纳税年度累计已确认提供劳务收入后的金额，确认为当期劳务收入；同时，按照提供劳务估计总成本乘以完工进度扣除以前纳税期间累计已确认劳务成本后的金额，结转为当期劳务成本。

D. 下列提供劳务满足收入确认条件的，应按规定确认收入：

a. 安装费。应根据安装完工进度确认收入。安装工作是商品销售附带条件的，安装费在确认商品销售实现时确认收入。

b. 宣传媒介的收费。应在相关的广告或商业行为出现于公众面前时确认收入。广告的制作费，应根据制作广告的完工进度确认收入。

c. 软件费。为特定客户开发软件的收费，应根据开发的完工进度确认收入。

d. 服务费。包含在商品售价内可区分的服务费，在提供服务的期间分期确认收入。

e. 艺术表演、招待宴会和其他特殊活动的收费。在相关活动发生时确认收入。收费涉及几项活动的，预收的款项应合理分配给每项活动，分别确认收入。

f. 会员费。申请入会或加入会员，只允许取得会籍，所有其他服务或商品都要另行收费的，在取得该会员费时确认收入。申请入会或加入会员后，会员在会员期内不再付费就可得到各种服务或商品，或者以低于非会员的价格销售商品或提供服务的，该会员费应在整个受益期内分期确认收入。

g. 特许权费。属于提供设备和其他有形资产的特许权费，在交付资产或转移资产所有权时确认收入；属于提供初始及后续服务的特许权费，在提供服务时确认收入。

h. 劳务费。长期为客户提供重复的劳务收取的劳务费，在相关劳务活动发生时确认收入。

因此，对上述各项收入或所得应该按照各自的原则和方法进行处理和填报。

三、“一般企业收入明细表”重点栏目填报说明

表5－2 一般企业收入明细表（A101010）

行次	项目	金额
1	一、营业收入（2＋9）	
2	（一）主营业务收入（3＋5＋6＋7＋8）	
3	1. 销售商品收入	
4	其中：非货币性资产交换收入	
5	2. 提供劳务收入	
6	3. 建造合同收入	

续表

行　次	项　目	金　额
7	4. 让渡资产使用权收入	
8	5. 其他	
9	（二）其他业务收入（10+12+13+14+15）	
10	1. 销售材料收入	
11	其中：非货币性资产交换收入	
12	2. 出租固定资产收入	
13	3. 出租无形资产收入	
14	4. 出租包装物和商品收入	
15	5. 其他	
16	二、营业外收入（17+18+19+20+21+22+23+24+25+26）	
17	（一）非流动资产处置利得	
18	（二）非货币性资产交换利得	
19	（三）债务重组利得	
20	（四）政府补助利得	
21	（五）盘盈利得	
22	（六）捐赠利得	
23	（七）罚没利得	
24	（八）确实无法偿付的应付款项	
25	（九）汇兑收益	
26	（十）其他	

1. 让渡资产使用权收入

会计准则规定，让渡资产使用权收入，包括利息收入、使用费收入等。使用费收入，主要是指企业让渡无形资产（如商标权、专利权、专营权、软件、版权）等资产的使用权形成的收入。

（1）让渡资产使用权收入的确认。

相关的经济利益很可能流入企业；

收入的金额能够可靠地计量。

（2）让渡资产使用权收入的计量。

①利息收入金额，按照他人使用本企业货币资金的时间和实际利率计算确定；

②使用费收入金额，按照有关合同或协议约定的收费时间和方法计算确定。

会计准则规定的让渡资产使用权收入中的使用费收入，对应于《企业所得税法》第六条第（七）项规定的特许权使用费收入。

《企业所得税法实施条例》第二十条规定：企业所得税法第六条第（七）项所称特许权使用费收入，是指企业提供专利权、非专利技术、商标权、著作权以及其他特许权的使用权取得的收入。

特许权使用费收入，按照合同约定的特许权使用人应付特许权使用费的日期确认收入的实现。

【专家提示】

特许权使用费的支付时间是特许权使用合同的重要条款，被许可人应当按照合同约定的使用费支付时间履行支付义务，因此自合同约定的支付使用费之日起，该笔使用费在法律上就转归特许权人所有，在法律上发生财产转移的效力。

特许权的含义及范围特许权的范围非常广泛，既可能是单一性质的法定权利，如专利权、商标权、著作权（版权）等，也可能是多种因素的组合，如某种产品的生产方法、某种经营模式（如连锁店经营）等。特许经营根据其权利对象的不同，大体可分为商标特许经营、产品特许经营、生产特许经营、品牌特许经营、专利及商业秘密特许经营和经营模式特许经营等几种类型。特许经营是民事行为，应当由合同法、知识产权法、专利法等法律规范。特许权使用可包括排他使用和非排他使用。前者是指被许可人获得该专利使用权后，专利权人承诺在约定使用期限内不再授予他人该专利使用权，自己也不使用，因此被许可人对该专利享有约定期限内的专有使用权；后者是指专利人还可以在许可人的使用期限内授予他人使用或自己使用，这就可能与被许可人在市场上形成竞争关系。具体采取何种使用方式，由专利权人和被许可人在书面的实施许可合同中约定。

特许权使用费收入的确认按照会计准则的规定，企业的特许权使用费收入同时满足下列条件的，应当确认收入：一是相关的经济利益能够流入企业，二是收入的金额能够合理地计量。

但是，新税法第二十条条第二款规定，特许权使用费收入应当按照合同约定的特许权使用人应付特许权使用费的日期确认实现。特许权使用费的支付时间是特许权使用合同的重要条款，被许可人应当按照合同约定的使用费支付时间履行支付义务，因此自合同约定的支付使用费之日起，该笔使用费在法律上就转归特许权人所有，在法律上发生财产转移的效力。这样处理，则可使特许权使用费收入与许可他人使用该特许权所付出的成本和费用在此期间内相互对应，从而反映出企业收入的真实成本，便于计算应纳税所得额。本条的这一规定，并没有完全按照会计准则的上述规定处理，不完全是权责发生制，而更接近于收付实现制。因此企业需要注意。除此之外，会计准则与税法之间的规定基本趋同。

（3）应纳税额的计算。

特许权使用费所得应纳税额 = 特许权使用费应纳税所得额 × 适用税率

公司取得的特定的特许权使用费收入可以免征企业所得税，例如国税函〔2005〕930号文件规定以色列贝特曼高级技术有限公司向贵州宏福实业开发有限总公司提供专有技术所取得的特许权使用费收入，免征企业所得税。

【填报技巧】

上述收入在“一般收入明细表”（A101010）第7行“让渡资产使用权收入”中填列。本栏填报让渡无形资产使用权（如商标权、专利权、专有技术使用权、版权、专营权等）而取得的使用费收入以及以租赁业务为基本业务的出租固定资产、无形资产、投资性房地产在主营业务收入中核算取得的租金收入。

转让处置固定资产、出售无形资产（所有权的让渡）属于“营业外收入”，不在本行反映。

2. 非货币性资产交换收入

《企业会计准则第7号——非货币性资产交换》规定，非货币性资产交换同时满足如下两个条件，应当以公允价值和应支付的相关税费作为换入资产的成本，公允价值与换出资产账面价值的差额计入当期损益：第一是交换具有商业实质；第二是换入资产或换出资产的公允价值能够可靠计量。如果上述两个条件不能同时满足，则仍以换出资产的账面价值作为换入成本，不确定损益。

本条第二款对“公允价值”的定义，即按照市场价格确定的价值。市场是商品等价交换的场所，商品在市场上通过交易价格发现自身的价值，因此市场价格作为公允价值的确定标准，具有客观性和公平性。市场价格可以理解为熟悉情况的买卖双方在公平交易的条件下所确定的价格，或无关联的双方在公平交易的条件下一项资产可以达成的交易价格。本条第二款的规定较为原则，其具体应用则由《企业会计准则》等部门规定进行细化。实务中，公允价值通常需要会计人员进行职业判断。在对非货币资产进行交易之前，企业往往邀请专业评估机构和评估人员对其公允价值进行评估，以便为交易时的定价作参考。

【案例2】

非货币性资产交换收入确认的误区

【基本案情】

甲公司将自己生产的G8产品同乙公司库存商品W3钢材交换，有关资料如下：

甲公司自己生产的G8产品账面成本80000元，已提跌价准备1000元，售价100000元，应交增值税17000元；乙公司库存商品账面价值81000元，售价97000元，应交增值税16490元（97000×17%）价税合计113490元，乙公司付补偿金额3510元，甲公司已经收到。

【会计处理】

甲公司会计处理：

借：原材料（换入资产的公允价值）　97000
　　应交税费——应交增值税（进项税额）　16490
　　银行存款　3510
　　贷：主营业务收入（换出资产的公允价值）　100000
　　　　应交税费——应交增值税（销项税额）　17000
借：主营业务成本（存货的账面价值）　79000
　　存货跌价准备　1000
　　贷：库存商品　80000

乙公司会计处理：

借：库存商品（换出资产公允价值+支付补价）　100000
　　应交税费——应交增值税（进项税额）　17000
　　贷：主营业务收入（换出资产公允价值）　97000
　　　　应交税费——应交增值税（销项税额）　16490
　　　　银行存款　3510
借：主营业务成本　81000
　　贷：库存商品　81000

【专家解析】

这样处理吻合了指南的处理要求：即支付补价方，应当以换出资产的公允价值加上支付的补价［（97000+3000）元］（或换入资产的公允价值100000元）和应支付的相关税费，作为换入资产的成本（100000元）；收到补价方，应当以换出资产的公允价值减去补价［(100000－3000）元］（或换入资产的公允价值97000元）加上应支付的相关税费，作为换入资产的成本（97000元）。

同时，也体现了准则的实质要求：即非货币性资产交换具有商业实质，且公允价值能够可靠计量的，只产生资产的处置损益，并不因此产生交换损益。案例中，甲、乙两公司的资产处置损益分别为21000元和16000元；而有关资产的入账价值也应满足客观性的会计原则，即97000元和100000元。

【典型错误1】

对上述业务的错误处理是：

甲公司会计处理：

借：原材料　96490（100000－3510＝96490）

　应交税费——应交增值税（进项税额）　16490

　存货跌价准备　1000

　银行存款　3510

　贷：主营业务收入　100000

　　应交税费——应交增值税（销项税额）　17000

　　营业外收入　490

借：主营业务成本　80000

　贷：库存商品　80000

乙公司分录如下：

借：库存商品　100510（97000＋3510＝100510）

　应交税费——应交增值税（进项税额）　17000

　贷：主营业务收入　97000

　　应交税费——应交增值税（销项税额）　16490

　　银行存款　3510

　　营业外收入　510

借：主营业务成本　81000

　贷：库存商品　81000

【专家解析】

比较甲、乙两公司的会计处理，双方均有营业外收入，金额分别为490元和510元。这一现象，无论从会计学还是经济学的基本原理考虑，其结果都是令人费解的。交换双方何以会同时出现交换的收益，原因在其换入资产入账价值的计量和补价的处理存在问题；此外，已提存货跌价准备的注销也未予考虑。

【典型错误2】

对上述业务的错误处理是：

甲公司会计处理：

借：原材料　96490（100000－3510＝96490）

应交税费——应交增值税（进项税额） 16490
银行存款 3510
营业外支出 510
贷：主营业务收入 100000
应交税费——应交增值税（销项税额） 17000
借：主营业务成本 79000
存货跌价准备 1000
贷：库存商品 80000

乙公司会计处理与上述第一种错误类型下的处理相同。

【专家解析】

比较调整后的结果，甲、乙两公司双方营业外收、支金额相等，方向相反。表面上看不存在问题，但从损益产生的经济学原理分析，公平、等价交换的两种资产，交换的损益从何而来；而就会计的客观性原则分析，资产的入账价值是否真实。

参考上述正确处理，原因就在于对于公允价值和补价的错误认识。

本例中，总的补偿金额是3510元，其中补价款为3000元、补税款为510元。两种错误处理形成的总损益分别为（21000－510）和（16000＋510），相应的资产入账成本分别是97000＋3510（≠100000）或100000－3510（≠97000）。

【特别提示】

上述误解在不同税率的非货币性资产交换中体现的更加明显。

“非货币性资产交换收入”在“一般企业收入明细表”（A101010）第4行及第11行中反映，第4行填报纳税人发生的非货币性资产交换按照国家统一会计制度应确认的主营业务收入；第11行填报填报纳税人发生的非货币性资产交换按照国家统一会计制度应确认的其他业务收入。

3. 非货币性资产交换利得

非货币性资产交换利得是指在非货币性资产交换中换出资产为固定资产、无形资产的，换入资产公允价值大于换出资产账面价值的差额，扣除相关费用后计入营业外收入的金额。

本科目核算企业进行非货币性资产交换时的利得，按照“非货币性资产交换利得”设置明细账户并进行明细核算。期末，将该账户余额转入“本年利润”账户，结转后该科目无余额。

【案例3】

本年度12月10日，A公司与B公司决定进行非货币性资产交换。

A公司以下列资产与B公司进行交换：原材料的账面余额30万元的，公允价值35万元，已提取存货跌价准备1万元；库存商品的账面余额20万元，公允价值25万元，已提取存货跌价准备2万元；固定资产的原始价值40万元，公允价值32万元，已提折旧10万元。

B公司以一项专利技术与A公司进行交换，该项专利技术账面余额100万元，公允价值100万元，该项专利技术未提取资产减值准备。

为进行非货币性资产交换，A公司支付给B公司59 900元补价，并支付5000元运输费，双方企业均为一般纳税人，增值税税率均为17%，以存货公允价值作为计税价格。

【会计处理】

会计处理如下：

借：固定资产清理 300 000

累计折旧 100 000

贷：固定资产 400 000

借：无形资产——专利技术 1086900

贷：其他业务收入 350 000

主营业务收入 250 000

应交税费——应交增值税（销项税额） 102 000

固定资产清理 300 000

银行存款 64 900

营业外收入——非货币性资产交换利得 20 000

【填报技巧】

上述非货币性资产交换收益在“一般企业收入明细表”（A101010）第18行“（二）非货币性资产交换利得”中填报，该栏为纳税人发生非货币性资产交换应确认的净收益。执行《企业会计准则第14号—收入》具有商业实质且换出资产为固定资产、无形资产的，其换出资产公允价值和换出资产账面价值的差额计入营业外收入的；执行《企业会计制度》和《小企业会计制度》实现的与收到补价相对应的收益额。

见下表“一般企业收入明细表”（A101010）。

表5－3 一般企业收入明细表（A101010）

行次	项 目	金额
16	二、营业外收入（17＋18＋19＋20＋21＋22＋23＋24＋25＋26）	20000.00
18	（二）非货币性资产交换利得	20000.00

4. 债务重组利得

根据企业会计准则，债务重组是指在债务人发生财务困难的情况下，债权人按照其与债务人达成的协议或者法院的裁定作出让步的事项。债务重组的方式主要包括以资产清偿债务、将债务转为资本、修改其他债务条件，如减少债务本金、减少债务利息等，以及以上3种方式的组合等。债务重组中债权人往往对债务人的偿债义务作出一定程度的让步，因此这部分让步的金额应当作为债务人的收入。

通过捐赠、投资、非货币性资产交换、债务重组等方式取得的固定资产，以该资产的公允价值和支付的相关税费为计税基础。原内资企业所得税暂行条例实施细则规定，接受赠与的固定资产，按发票所列金额加上由企业负担的运输费、保险费、安装调试费等确定；无所附发票的，按同类设备的市价确定；接受投资的固定资产，应当按该资产折旧程度，以合同、协议确定的合理价格或者评估确认的价格确定。即原内资企业所得税暂行条例实施细则只对企业通过捐赠和投资两种形式获取的固定资产计价作了规定，而没有规定企业通过非货币性资产交换、债务重组等方式获取的固定资产计税基础的确定方法。

《企业所得税法实施条例》第五十八条："（五）通过捐赠、投资、非货币性资产交换、债务重组等方式取得的固定资产，以该资产的公允价值和支付的相关税费为计税基础" 对此作了进一步完善，并改变了相应的确定方法，以此类资产的公允价值和支付的相关税费为计税基础。之所以以公允价值作为此类固定资产的计税基础，主要是因为，固定资产的捐赠方、用固定资产进行投资的一方、非货币资产交换中换出固定资产的一方以及债务重组中用固定资产抵债的一方，按企业所得税法规定，均应该作视同销售处理，即应该视为先销售固定资产再捐赠、再投资、再购进非货币资产、再偿债两个过程进行处理。因而作为固定资产的接受方，应该按该资产的市场价格即公允价值加上接受固定资产过程中可能发生的契税、土地增值税、车辆购置税、印花税等税费作为固定资产的入账价值。

《企业所得税法实施条例》第六十六条："（三）通过捐赠、投资、非货币性资产交换、债务重组等方式取得的无形资产，以该资产的公允价值和支付的相关税费为计税基础。" 通过捐赠、投资、非货币性资产交换、债务重组等方式取得的无形资产，以该资产的公允价值和支付的相关税费为计税基础。除了外购和自行开发取得无形资产外，企业获取无形资产的途径还包括捐赠、投资、非货币性资产交换、债务重组等方式。原内资企业所得税暂行条例实施细则只对通过投资和捐赠方式取得的无形资产的计价，作了规定：投资者作为资本金或者合作条件投入的无形资产，按照评估确认或者合同、协议约定的金额计价；接受捐赠的无形资产，按照发票账单所列金额或者同类无形资产的市价计价。

而原外资税法实施细则则只对通过投资方式获取的无形资产的原价作了规定：作为投资的无形资产，以协议、合同规定的合理价格为原价。

本条对此做了较大的调整，首先是增加了非货币性资产交换和债务重组两种方式获取的无形资产的计税基础的确定方法；其次是统一以公允价值为计税基础的主体部分，改变了原内资、外资税法所确定的以合同约定的价款为原价的方法，之所以以公允价值作为此类无形资产的计税基础，主要是因为，本项规定的各种来源形式的无形资产，都不是企业直接用货币性资产去购买的，而是有偿通过其他非货币形式对价物或者无偿所获取的，较为特殊，无法按照资产的购买价款作为计税基础的计算基础，而按照合同约定的价款为无形资产的计税基础，给企业预留的空间太大，无法有效防止和限制企业通过双方协议的方式获取非法税收利益，不利于加强税收征管。

【填报技巧】

上述债务重组收益在"一般企业收入明细表"（A101010）第 19 行"债务重组利得"中填报，该栏为纳税人发生的债务重组业务确认的净收益。

见附表"一般企业收入明细表"（A101010）。

表 5－4　一般企业收入明细表（A101010）

行次	项　目	金额
16	二、营业外收入（17＋18＋19＋20＋21＋22＋23＋24＋25＋26）	
19	（三）债务重组利得	

5. 罚没利得

《企业所得税法实施条例》第二十二条："企业所得税法第六条第（九）项所称其他收入，是指企业取得的除企业所得税法第六条第（一）项至第（八）项收入外的其他收入，包括企业资产溢余收入、逾期未退包装物押金收入、确实无法偿付的应付款项、已作坏账损失处理后又收回的应收款项、债务重组收入、补贴收入、违约金收入、汇兑收益等。”

本条是对企业所得税法第六条第（九）项中的“其他收入”的细化规定。企业所得税法第六条第（一）项至第（八）项规定了八类收入种类，但是并没有穷尽所有的应税收入类型，因此又列第（九）项“其他收入”作为兜底条款。但这一兜底条款到底还包括哪些没有列明的应税收入类型，也需要实施条例予以明确，这就是本条规定要解决的问题。

原内资税条例的实施细则第七条第七款规定：“条例第五条第（七）项所称其他收入，是指除上述各项收入之外的一切收入，包括固定资产盘盈收入，罚款收入，因债权人缘故确实无法支付的应付款项，物资及现金的溢余收入，教育费附加返还款，包装物押金收入以及其他收入。”本条在原内资税条例实施细则的上述规定的基础上，为适应近年来企业收入类型发展变化的新情况，又作了部分修改、完善：

第一，将“一切收入”改为“其他收入”，因为企业所得税法所称收入仅限于用于计算应纳税所得额的收入，而不是一切收入；

第二，将“固定资产盘盈收入”和“物资及现金的溢余收入”归入“企业资产溢余收入”，覆盖面更广；

第三，删去“罚款收入”，因为政企分开后，通常企业不再行使社会公共管理职能，不再具有罚款权，而且即使根据行政处罚法的规定被授予罚款权的企业，其罚款收入也应当上交财政，而不能作为企业自身的收入；

第四，将“因债权人缘故确实无法支付的应付款项”修改为“确实无法偿付的应付款项”，将债权人之外的不可抗力等原因也纳入其范围；

第五，删去“教育费附加返还款”，因为这是企业本身的收入，在作为教育费附加上交后因为其他原因返还的，不能作为新的收入类型，否则将导致重复计算收入；

第六，还增加了已作坏账损失处理后又收回的应收款项、债务重组收入、补贴收入、违约金收入、汇兑收益等类型。

根据罚款定义，企业单位是无此罚款收入的。

根据《企业所得税法实施条例》第二十二条规定，企业所得税法第六条第（九）项所称其他收入，是指企业取得的除企业所得税法第六条第（一）项至第（八）项规定的收入外的其他收入，包括企业资产溢余收入、逾期未退包装物押金收入、确实无法偿付的应付款项、已作坏账损失处理后又收回的应收款项、债务重组收入、补贴收入、违约金收入、汇兑收益等。这里的罚款收入应当理解为“违约金收入”和“赔偿金收入”。

赔偿金是指由于一方当事人的过错不发行履行或不适当履行经济合同，并且给对方造成成经济损失，根据法律规定所予的赔偿。在合同规定了违约金的情况下，赔偿金是用业补偿违约金的不足部分。如果违约已能补偿经济损失，就不再支付赔偿金。但是如果合同没有违约金的规定，只是造成了损失，就应向对方支付赔偿金。

违约金是指当事人违反合同义务后，按照法律规定或合同约定支付给对方的一定数量的货币。

违约金是预先规定的货币支付，只要当事人因不履行合同或不完全履行合同等造成违约，不论违约是否给对方造成损失，都要按规定向对方支付违约金。支付违约金的前提条件：合同为有效合同；有违约事实；违约方有过错。违约金可分为法定违约金与约定违约金，前者为法律规定的，后者是当事人约定的，违约金还可分为惩罚性违约金与赔偿性违约金，前者是合同约定或法律规定由违约人支付给对方一笔金钱以作为对违约行为的惩诫。后者则作为违约方支付给对方因违约而遭受的损害的赔偿。

“违约金”至少可有两重含义，其一是指“违约金条款”或者“违约金合同”，其二则是指“违约金责任”。

【填报技巧】

上述罚没收益在“一般企业收入明细表”（A101010）第23行“罚没利得”中填报，该栏为纳税人在日常经营管理活动中取得的罚款、没收收入应确认的净收益。

见附表“一般企业收入明细表”（A101010）。

表5－5　一般企业收入明细表（A101010）

行次	项　目	金额
16	二、营业外收入（17＋18＋19＋20＋21＋22＋23＋24＋25＋26）	
23	（七）罚没利得	

6. 确实无法偿付的应付款项

《企业所得税法实施条例》将“因债权人缘故确实无法支付的应付款项”修改为“确实无法偿付的应付款项”，将债权人之外的不可抗力等原因也纳入其范围；确实无法偿付的应付款项，根据企业会计准则规定，企业应当按期偿还各种负债，如确实无法支付的应付款项，计入营业外收入。而根据企业会计制度，则应当计入“资本公积”。

（1）企业会计制度规定，对于确实无法支付账款，计入“资本公积”科目，具体会计分录为：

借：应付账款

贷：资本公积

（2）企业会计准则规定，对于确实无法支付账款，计入“营业外收入”科目，具体会计分录为：

借：应付账款

贷：营业外收入

执行《企业会计制度》《小企业会计制度》的纳税人，对于确实无法支付的应付账款和其他应付款数据应来源于纳税人会计核算的“资本公积”科目中，在所得税汇算清缴时，须将计入“资本公积”的金额做调增应纳税所得额处理。

【案例4】

甲公司因采购原材料欠乙公司货款20000元，按合同规定时间偿还乙公司货款时，得知乙公司已经注销，20000元的货款无法支付。

若企业执行企业会计制度，则企业会计处理：

借：应付账款 20000

贷：资本公积 20000

所得税汇算清缴时，应调增应纳税所得额20000元。

执行企业会计准则的企业，由于会计核算中已经将无法支付的应付款项计入当期损益。无需进行纳税调整。

【填报技巧】

上述“确实无法偿付的应付款项”在“一般企业收入明细表”（A101010）第24行“（八）确实无法偿付的应付款项”中填报，为纳税人因确实无法偿付的应付款项而确认的收入。

见附表“一般企业收入明细表”（A101010）。

表5－6　一般企业收入明细表（A101010）

行次	项　目	金额
16	二、营业外收入（17＋18＋19＋20＋21＋22＋23＋24＋25＋26）	
24	（八）确实无法偿付的应付款项	

四、“一般企业收入明细表”（A101010）的表内、表间关系

1. “一般企业收入明细表”（A101010）的填报说明

本表适用于除金融企业、事业单位和民间非营利组织外的企业填报。纳税人应根据国家统一会计制度的规定，填报“主营业务收入”“其他业务收入”和“营业外收入”。有关项目填报说明如下：

（1）第1行“营业收入”：根据主营业务收入、其他业务收入的数额计算填报。

（2）第2行“主营业务收入”：根据不同行业的业务性质分别填报纳税人核算的主营业务收入。

（3）第3行“销售商品收入”：填报纳税人从事工业制造、商品流通、农业生产以及其他商品销售活动取得的主营业务收入。房地产开发企业销售开发产品（销售未完工开发产品除外）取得的收入也在此行填报。

（4）第4行“其中：非货币性资产交换收入”：填报纳税人发生的非货币性资产交换按照国家统一会计制度应确认的销售商品收入。

（5）第5行“提供劳务收入”：填报纳税人从事建筑安装、修理修配、交通运输、仓储租赁、邮电通信、咨询经纪、文化体育、科学研究、技术服务、教育培训、餐饮住宿、中介代理、卫生保健、社区服务、旅游、娱乐、加工以及其他劳务活动取得的主营业务收入。

（6）第6行“建造合同收入”：填报纳税人建造房屋、道路、桥梁、水坝等建筑物，以及生产船舶、飞机、大型机械设备等取得的主营业务收入。

（7）第7行“让渡资产使用权收入”：填报纳税人在主营业务收入核算的，让渡无形资产使用权而取得的使用费收入以及出租固定资产、无形资产、投资性房地产取得的租金收入。

（8）第8行“其他”：填报纳税人按照国家统一会计制度核算、上述未列举的其他主营业务收入。

（9）第9行“其他业务收入”：填报根据不同行业的业务性质分别填报纳税人核算的其他业务收入。

（10）第10行“销售材料收入”：填报纳税人销售材料、下脚料、废料、废旧物资等取得的收入。

（11）第 11 行“其中：非货币性资产交换收入”：填报纳税人发生的非货币性资产交换按照国家统一会计制度应确认的材料销售收入。

（12）第 12 行“出租固定资产收入”：填报纳税人将固定资产使用权让与承租人获取的其他业务收入。

（13）第 13 行“出租无形资产收入”：填报纳税人让渡无形资产使用权取得的其他业务收入。

（14）第 14 行“出租包装物和商品收入”：填报纳税人出租、出借包装物和商品取得的其他业务收入。

（15）第 15 行“其他”：填报纳税人按照国家统一会计制度核算，上述未列举的其他业务收入。

（16）第 16 行“营业外收入”：填报纳税人计入本科目核算的与生产经营无直接关系的各项收入。

（17）第 17 行“非流动资产处置利得”：填报纳税人处置固定资产、无形资产等取得的净收益。

（18）第 18 行“非货币性资产交换利得”：填报纳税人发生非货币性资产交换应确认的净收益。

（19）第 19 行“债务重组利得”：填报纳税人发生的债务重组业务确认的净收益。

（20）第 20 行“政府补助利得”：填报纳税人从政府无偿取得货币性资产或非货币性资产应确认的净收益。

（21）第 21 行“盘盈利得”：填报纳税人在清查财产过程中查明的各种财产盘盈应确认的净收益。

（22）第 22 行“捐赠利得”：填报纳税人接受的来自企业、组织或个人无偿给予的货币性资产、非货币性资产捐赠应确认的净收益。

（23）第 23 行“罚没利得”：填报纳税人在日常经营管理活动中取得的罚款、没收收入应确认的净收益。

（24）第 24 行“确实无法偿付的应付款项”：填报纳税人因确实无法偿付的应付款项而确认的收入。

（25）第 25 行“汇兑收益”：填报纳税人取得企业外币货币性项目因汇率变动形成的收益应确认的收入。（该项目为执行小企业会计准则企业填报）

（26）第 26 行“其他”：填报纳税人取得的上述项目未列举的其他营业外收入，包括执行企业会计准则纳税人按权益法核算长期股权投资对初始投资成本调整确认的收益，执行小企业会计准则纳税人取得的出租包装物和商品的租金收入、逾期未退包装物押金收益等。

2. 表内关系

（1）第 1 行 = 第 2 + 9 行；

（2）第 2 行 = 第 3 + 5 + 6 + 7 + 8 行；

（3）第 9 行 = 第 10 + 12 + 13 + 14 + 15 行；

（4）第 16 行 = 第 17 + 18 + 19 + 20 + 21 + 22 + 23 + 24 + 25 + 26 行。

3. 表间关系

（1）第 1 行 = 表 A100000 第 1 行；

（2）第 16 行 = 表 A100000 第 11 行。

第6章 “一般企业成本支出明细表”的理解与填报

“一般企业成本支出明细表”（A102010）适用于执行企业会计制度、小企业会计制度、企业会计准则，以及分行业会计制度的一般工商企业的居民纳税人填报。

纳税人应根据《中华人民共和国企业所得税法》及其实施条例、相关税收政策及企业会计制度、小企业会计制度、企业会计准则，以及分行业会计制度的规定，填报“主营业务成本”“其他业务成本”“营业外支出”。

纳税人完成“一般企业收入明细表”的填报工作，必须认真学习和领会下列财税文件：

（1）《中华人民共和国企业所得税法》；

（2）《中华人民共和国企业所得税法实施条例》；

（3）财政部关于印发《企业产品成本核算制度（试行）》的通知（财会〔2013〕17号）；

（4）财政部关于印发《企业会计准则第1号——存货》等38项具体准则通知（财会〔2006〕3号）：

企业会计准则第1号——存货；

企业会计准则第4号——固定资产；

企业会计准则第5号——生物资产；

企业会计准则第6号——无形资产。

一、"一般企业成本支出明细表"（A102010）填报前必须解决的焦点问题

1. 非货币性资产交换成本

非货币性资产交换。根据企业会计准则的规定，非货币性资产交换是指交易双方主要以存货、固定资产无形资产和长期股权投资等非货币性资产进行的交换。该交换不涉及或只涉及少量的货币性资产（即补价）。货币性资产是指企业持有的货币资金和将以固定或可确定的金额收取的资产，包括现金、银行存款、应收账款和应收票据以及准备持有至到期的债券投资等；非货币性资产是指货币性资产以外的资产。非货币性资产交换必须同时满足两个条件才能作为收入，一是该项交换具有商业实质，二是换入资产或换出资产的公允价值能够可靠地计量。实践中，非货币性资产交换的典型事例是以股权换股权（股权置换）、以债权换债权等，其所得是对方等价的资产。因为在此交易过程中没有使用货币，为了确定其收入额，企业会计准则规定应当以公允价值和应支付的相关税费作为换入资产的成本，公允价值与换出资产账面价值的差额计入当期损益。

《企业会计准则第 7 号——非货币性资产交换》规定："非货币性资产交换同时满足下列条件的，应当以公允价值和应支付的相关税费作为换入资产的成本，公允价值与换出资产账面价值的差额计入当期损益：

（一）该项交换具有商业实质；

（二）换入资产或换出资产的公允价值能够可靠地计量。

换入资产和换出资产公允价值均能够可靠计量的，应当以换出资产的公允价值作为确定换入资产成本的基础，但有确凿证据表明换入资产的公允价值更加可靠的除外。

第四条　满足下列条件之一的非货币性资产交换具有商业实质：

（一）换入资产的未来现金流量在风险、时间和金额方面与换出资产显著不同；

（二）换入资产与换出资产的预计未来现金流量现值不同，且其差额与换入资产和换出资产的公允价值相比是重大的。

第五条　在确定非货币性资产交换是否具有商业实质时，企业应当关注交易各方之间是否存在关联方关系。关联方关系的存在可能导致发生的非货币性资产交换不具有商业实质。

第六条　未同时满足本准则第三条规定条件的非货币性资产交换，应当以换出资产的账面价值和应支付的相关税费作为换入资产的成本，不确认损益。

《企业会计准则第 7 号——非货币性资产交换》第九条规定：非货币性资产交换同时换入多项资产的，在确定各项换入资产的成本时，应当分别下列情况处理：

（一）非货币性资产交换具有商业实质，且换入资产的公允价值能够可靠计量的，应当按照换入各项资产的公允价值占换入资产公允价值总额的比例，对换入资产的成本总额进行分配，确定各项换入资产的成本。

（二）非货币性资产交换不具有商业实质，或者虽具有商业实质但换入资产的公允价值不能可

靠计量的，应当按照换入各项资产的原账面价值占换入资产原账面价值总额的比例，对换入资产的成本总额进行分配，确定各项换入资产的成本。”

非货币性资产交换具有商业实质且公允价值能够可靠计量的，在发生补价的情况下，支付补价方，应当以换出资产的公允价值加上支付的补价（或换入资产的公允价值）和应支付的相关税费，作为换入资产的成本；收到补价方，应当以换出资产的公允价值减去补价（或换入资产的公允价值）加上应支付的相关税费，作为换入资产的成本。

【案例1】

甲、乙公司均为增值税一般纳税人，销售建筑物等不动产和土地使用权采用一般计税方法，适用的增值税税率均为11%，甲公司与乙公司有关非货币性资产交换的资料如下（假定整个交换过程中没有发生其他相关税费，该项交易具有商业实质且公允价值能够可靠计量）。

2016年7月1日，甲公司与乙公司签订协议进行资产置换，甲公司换出用于经营出租的土地使用权及其地上建筑物（写字楼）。乙公司换出对丙公司的长期股权投资。甲公司与乙公司于当日办理完毕相关资产所有权的转移手续。

甲公司换出资产：

“投资性房地产——土地使用权”，账面价值为20000万元（其中原值为21500万元；已计提摊销1500万元），不含税公允价值为30000万元，增值税的销项税额3300万元；

“投资性房地产——写字楼”，账面价值为9000万元（其中原值为10000万元；已计提折旧1000万元），不含税公允价值为20000万元，增值税的销项税额2200万元。

以上2项合计不含税公允价值为50000万元，合计增值税的销项税额5500万元。需要说明的是，以上投资性房地产购于2016年4月30日前，购入和交换过程中未能取得合法有效的增值税进项扣税凭证，因而不能抵扣销项税额。

甲公司持有丙公司30%的股权并作为长期股权投资，其账面价值为10000万元（投资成本为8000万元、其他综合收益为2000万元）。

乙公司换出资产：

“长期股权投资——丙公司”（持股比例为50%），账面价值为50000万元，公允价值为55000万元。

置换协议约定，乙公司应向甲公司支付银行存款500万元。

甲公司换入对丙公司的长期股权投资后，合计持有其80%的股权，并由原权益法核算转为成本法核算。2016年7月1日甲公司换入乙公司对丙公司长期股权投资的初始投资成本：

甲公司换入对丙公司长期股权投资的初始投资成本＝原30%股权投资的账面价值＋换入50%的股权的公允价值＝10000＋55000＝65000（万元）

会计分录：

借：长期股权投资——丙公司　　65000

　　银行存款　　500

　　贷：长期股权投资—丙公司（投资成本）　　8000

　　　　　　　　　　—丙公司（其他综合收益）　　2000

其他业务收入　　50000

应交税费——应交增值税（销项税额）　　5500

借：其他业务成本　　29000

投资性房地产累计折旧　　1000

投资性房地产累计摊销　　1500

贷：投资性房地产—写字楼　　21500

—土地使用权　　10000

2. 非货币性资产交换损失

根据《企业会计准则第 7 号——非货币性资产交换》的规定，非货币性资产交换成本的计量基础和损益应遵行以下确认原则。

（1）商业实质的判断。

是否具有商业实质，这是判断非货币性资产交换的一个重要条件，也是新准则引入的重要概念之一。所谓商业实质是指换入资产的未来现金流量在风险、时间和金额方面与换出资产显著不同，或换入资产与换出资产的预计未来现金流量值不同，且其差额与换入资产和换出资产的公允价值相比是重大的。如果交易的发生不会使企业的未来现金流量产生变化，则该项非货币性资产交换就不具有商业实质。

（2）公允价值的确定。

公允价值是指在公平交易中，熟悉情况的交易双方，自愿进行资产交换或债务清偿的金额。非货币性资产交换的公允价值符合下列条件之一的，视为能可靠计量：

①换入或换出资产存在活跃市场，则资产的市价即为其公允价值；

②换入或换出资产不存在活跃市场，但其同类或类似资产存在活跃市场，则其公允价值比照同类或类似资产的市价确定；

③换入或换出资产均不存在同类或类似资产的活跃市场，则资产的公允价值可按其所能产生的未来现金流量以适当的折现率贴现计算的现值评估确定。

满足条件的非货币性资产交换时，可采用公允价值进行计量，这是新准则提出的计量模式之一。

（3）损益确认的原则。

新准则规定：

①如果该项非货币性资产交换具有商业实质，并且换入资产或换出资产的公允价值能够可靠计量，在不涉及补价时，则应当以换出资产的公允价值，加上支付的相关税费作为换入资产的成本。公允价值与换出资产账面价值的差额记入当期损益。

涉及补价的应分别处理：

支付补价的基本原则是以换出资产的公允价值，加上支付的补价和应支付的相关税费，作为换入资产的成本。当期损益 = 换入资产成本 －（换出资产账面价值 + 相关税费 + 补价）。

收到补价的以换出资产的公允价值，减去支付的补价，加上应支付的相关税费，作为换入资产的成本。当期损益 = 换入资产成本 －（换出资产账面价值 + 相关税费 － 补价）。

②如果该项非货币性资产交换不具有商业实质或者换入资产或换出资产的公允价值不能够可靠计量，则应当以换出资产的账面价值和应支付的相关税费作为换入资产的成本，不确认损益。发生补价的，应当采用下列情况处理：

支付补价的以换出资产的账面价值、支付的补价、应支付的相关税费之和为换入资产的成本，不确认损益；收到补价的，以换出资产的账面价值，减去收到的补价再加上应支付的相关税费作为换入资产的成本，不确认损益。

非货币性资产交换损失科目核算企业进行非货币性资产交换时的损失，按照“非货币性资产交换损失”设置明细账户并进行明细核算。期末，将该账户余额转入“本年利润”账户，结转后该账户无余额。

【案例 2】

本年度 12 月 3 日，A 公司与 B 公司决定进行非货币性资产交换。A 公司以 1 台正在使用的机器换入 B 公司的 1 辆微型轿车，该机器的账面原值为 50 万元，累计折旧为 20 万元，公允价值为 28 万元；B 公司的微型轿车账面原值为 35 万元，已提取折旧 3 万元，已提减值准备 8000 元，公允价值为 28 万元。A 公司负责把机器运到 B 公司后交换资产，A 公司支付相关税费 3 万元；B 公司支付相关税费 1 万元。双方换入的资产均作为固定资产使用。

会计分录如下：

借：固定资产清理　　300000
　　累计折旧　　200000
　　贷：固定资产——机器　　500000

借：固定资产清理　　30000
　　贷：银行存款　　30000

借：固定资产——微型汽车　　310000
　　贷：固定资产清理　　310000

借：营业外支出——非货币性资产交换损失　　20000
　　贷：固定资产清理　　20000

3. 坏账损失

准予税前扣除的损失种类包括，固定资产和存货的盘亏、毁损、报废损失，转让财产损失，呆账损失，坏账损失，自然灾害等不可抗力因素造成的损失以及其他损失。其中呆账是 3 年以上既不增加也不减少的无法收回的往来账，并且不能确定将来是否能收回的往来账。坏账是指企业无法收回或者收回的可能性极小的应收款项。企业由于发生呆账、坏账而产生的损失，就是呆账、坏账损失，如债务人被依法宣告破产、撤销，其剩余财产确实不足清偿的应收账款；债务人死亡或者依法被宣告死亡、失踪，其财产或者遗产确实不足清偿的应收账款；债务人遭受重大自然灾害或者意外事故，损失巨大，以及财产（包括保险赔款等）确实无法清偿的应收账款；债务人逾期未履行偿债义务，经法院裁决，确实无法清偿的应收账款；逾期 3 年以上仍未收回的应收账款等。自然灾害等不可抗力因素造成的损失，是指企业在生产经营活动过程中，非人力所能抗拒或者阻止的因素等，而发生的自身财产的损失，如发生火灾将厂房烧毁、地震造成房屋塌陷而发生的损失等等。

【特别提示】

企业应收及预付款项坏账损失应依据以下相关证据材料确认：

（1）相关事项合同、协议或说明；

（2）属于债务人破产清算的，应有人民法院的破产、清算公告；

（3）属于诉讼案件的，应出具人民法院的判决书或裁决书或仲裁机构的仲裁书，或者被法院裁定终（中）止执行的法律文书；

（4）属于债务人停止营业的，应有工商部门注销、吊销营业执照证明；

（5）属于债务人死亡、失踪的，应有公安机关等有关部门对债务人个人的死亡、失踪证明；

（6）属于债务重组的，应有债务重组协议及其债务人重组收益纳税情况说明；

（7）属于自然灾害、战争等不可抗力而无法收回的，应有债务人受灾情况说明以及放弃债权申明。

《企业所得税法实施条例》第三十二条第二款明确“企业发生的损失，减除责任人赔偿和保险赔款后的余额，依照国务院财政、税务主管部门的规定扣除”；第三款规定“企业已经作为损失处理的资产，在以后纳税年度又全部收回或者部分收回时，应当计入当期收入。”根据本法条规定，企业已经作为损失处理的资产，在以后纳税年度全部收回或者部分收回时，应当计入当期收入。税务上对有关资产的处理，是一种法律上认可的虚拟化处置，可能并非与实际物理意义上的资产状态一致，所以经常会发生这么一种现象，就是在税务处理上已经被作为损失处理的资产，却可能因某种因素的出现，导致这些已被作为损失处理的资产，重新为企业所掌握，成为企业的资产，或者给企业带来经济利益的流入，如已被作为坏账损失处理的资产，可能出现债务人又重新具备了偿债能力并予以偿债；因其他人造成的企业损失，原以为不存在责任人而将其作为难以偿还的损失来处理，后来发现存在责任人，且责任人赔付了相应损失。由于这部分资产，之前的税务处理中，已经将其作为损失处理，已予以相应扣除。那么，当这个已被扣除的损失重新被确认为资产时，就应该视为企业的收入，计算应纳税所得额，否则将导致企业这部分资产被重复扣除。需要注意的是，计入当期收入的具体数额，要看企业所实际收回的数额，如果是全部收回时，则以全部收回的资产额确认收入；如果只是部分收回时，就以收回的部分资产额确认收入。

4. 无法收回的债券股权投资损失

财政部关于印发《小企业会计准则》的通知（财会〔2011〕17 号,）第二十一条规定：“小企业长期债券投资符合本准则第十条所列条件之一的，减除可收回的金额后确认的无法收回的长期债券投资，作为长期债券投资损失。

长期债券投资损失应当于实际发生时计入营业外支出，同时冲减长期债券投资账面余额。”

财会〔2011〕17 号第二十六条规定：“小企业长期股权投资符合下列条件之一的，减除可收回的金额后确认的无法收回的长期股权投资，作为长期股权投资损失：

（一）被投资单位依法宣告破产、关闭、解散、被撤销，或者被依法注销、吊销营业执照的。

（二）被投资单位财务状况严重恶化，累计发生巨额亏损，已连续停止经营 3 年以上，且无重新恢复经营改组计划的。

（三）对被投资单位不具有控制权，投资期限届满或者投资期限已超过 10 年，且被投资单位因连续3年经营亏损导致资不抵债的。

（四）被投资单位财务状况严重恶化，累计发生巨额亏损，已完成清算或清算期超过3年以上的。

（五）国务院财政、税务主管部门规定的其他条件。

长期股权投资损失应当于实际发生时计入营业外支出，同时冲减长期股权投资账面余额。”

下面以股权投资为例，说明“无法收回的债券股权投资损失”应如何在“一般企业成本支出明细表”（A102010）的填报问题。

企业股权投资转让所得或损失是指企业因收回、转让或清算处置股权投资的收入减除股权投资成本后的余额。按照原内资企业所得税政策规定，企业发生的股权转让损失，经过税务机关审批后，是可以在税前扣除的。但部分内资企业的股权转让损失，却有可能得不到税前扣除，其原因是国家税务总局《关于企业股权投资业务若干所得税问题的通知》（国税发〔2000〕118号，全文废止）规定：企业因收回、转让或清算处置股权投资而发生的股权投资损失，可以在税前扣除，但每一纳税年度扣除的股权投资损失，不得超过当年实现的股权投资收益和投资转让所得，超过部分可无限期向以后纳税年度结转扣除。根据上述政策分析，如果企业发生股权转让损失的当年或者以后年度不再有投资收益或所得的话，其损失将永远不能税前扣除。这对内资企业是不合理的，也是非常不利的。

对于股权转让损失税前扣除的处理，原外资企业所得税政策与内资政策是不同的，其股权转让损失可以一次性全部扣除。《国家税务总局印发〈关于外商投资企业合并、分立、股权重组、资产转让等重组业务所得税处理的暂行规定〉的通知》（国税发〔1997〕071号，全文废止）规定，外商投资企业和外国企业，转让其拥有的企业的股权或股份所取得的收益，应依照税法及其实施细则有关规定，计算缴纳或扣缴所得税。中国境内企业转让股权或股份的损失，可在其当期应纳税所得额中扣除。

鉴于上述所得税政策情况，为保证2008年度企业所得税汇算清缴工作顺利进行，做好企业所得税法实施的衔接工作，税法就内资企业股权转让所得税政策作了调整。国家税务总局《关于做好2007年度企业所得税汇算清缴工作的补充通知》（国税函〔2008〕264号，全文废止）规定：企业因收回、转让或清算处置股权投资而发生的权益性投资转让损失，可以在税前扣除，但每一纳税年度扣除的股权投资损失，不得超过当年实现的股权投资收益和股权投资转让所得，超过部分可向以后纳税年度结转扣除。企业股权投资转让损失连续向后结转5年仍不能从股权投资收益和股权投资转让所得中扣除的，准予在该股权投资转让年度后第6年一次性扣除。据此，内资企业股权转让损失可以有限期的全额扣除，不再无限期向以后年度结转。

新法规沿用了旧规定。即如果投资方企业发生亏损，其从被投资方分回的税后利润可先弥补亏损，如果分回的利润中既有按规定需要补税的分回利润，也有不需要补税的分回利润，则投资方可以先用需要补税的分回利润直接弥补亏损，弥补后还有亏损的，再用不需要补税的分回利润弥补亏损，弥补后有盈余的，不再补税。

根据新企业所得税法的规定，计算股权转让所得或损失时，需要注意以下几个方面：

（1）被投资企业对投资方的分配支付额，如果超过被投资企业的累计未分配利润和累计盈余公积金而低于投资方的投资成本的，视为投资回收，应冲减投资成本；超过投资成本的部分，视为投资方企业的股权转让所得，应并入企业的应纳税所得，依法缴纳企业所得税。

（2）被投资企业发生的经营亏损，由被投资企业按规定结转弥补；投资方企业不得调整减低其投资成本，也不得确认投资损失。

（3）处置股权的投资损失必须根据《财政部、国家税务总局关于企业资产损失税前扣除政策的通知》（财税〔2009〕57号）和《国家税务总局关于发布〈企业资产损失所得税税前扣除管理办法〉的公告》（国家税务总局公告2011年第25号，条款修改）及《国家税务总局关于企业因国务院决定事项形成的资产损失税前扣除问题的公告》（国家税务总局公告2014年第18号）的规定，在其实际发生且会计上已作损失处理的年度申报扣除；法定资产损失，应当在企业向主管税务机关提供证据资料证明该项资产符合法定资产损失确认条件，且会计上已作损失处理的年度申报扣除。

企业发生的资产损失，应按规定的程序和要求向主管税务机关申报后方能在税前扣除。未经申报的损失，不得在税前扣除。

根据国家税务总局公告2011年第25号："第七条　企业在进行企业所得税年度汇算清缴申报时，可将资产损失申报材料和纳税资料作为企业所得税年度纳税申报表的附件一并向税务机关报送。

第八条　企业资产损失按其申报内容和要求的不同，分为清单申报和专项申报两种申报形式。其中，属于清单申报的资产损失，企业可按会计核算科目进行归类、汇总，然后再将汇总清单报送税务机关，有关会计核算资料和纳税资料留存备查；属于专项申报的资产损失，企业应逐项（或逐笔）报送申请报告，同时附送会计核算资料及其他相关的纳税资料。

企业在申报资产损失税前扣除过程中不符合上述要求的，税务机关应当要求其改正，企业拒绝改正的，税务机关有权不予受理。

第九条　下列资产损失，应以清单申报的方式向税务机关申报扣除：

（一）企业在正常经营管理活动中，按照公允价格销售、转让、变卖非货币资产的损失；

（二）企业各项存货发生的正常损耗；

（三）企业固定资产达到或超过使用年限而正常报废清理的损失；

（四）企业生产性生物资产达到或超过使用年限而正常死亡发生的资产损失；

（五）企业按照市场公平交易原则，通过各种交易场所、市场等买卖债券、股票、期货、基金以及金融衍生产品等发生的损失。

第十条　前条以外的资产损失，应以专项申报的方式向税务机关申报扣除。企业无法准确判别是否属于清单申报扣除的资产损失，可以采取专项申报的形式申报扣除。"

国家税务总局公告2011年第25号第四十一条明确："企业股权投资损失应依据以下相关证据材料确认：

（一）股权投资计税基础证明材料；

（二）被投资企业破产公告、破产清偿文件；

（三）工商行政管理部门注销、吊销被投资单位营业执照文件；

（四）政府有关部门对被投资单位的行政处理决定文件；

（五）被投资企业终止经营、停止交易的法律或其他证明文件；

（六）被投资企业资产处置方案、成交及入账材料；

（七）企业法定代表人、主要负责人和财务负责人签章证实有关投资（权益）性损失的书面申明；

（八）会计核算资料等其他相关证据材料。”

【专家提示】

被投资企业发生的经营亏损，由被投资企业按规定结转弥补；投资方企业不得调整减低其投资成本，也不得确认投资损失。

【填报技巧】

上述无法收回的债券、股权投资损失在“一般企业成本支出明细表”（A102010）第25行“无法收回的债券股权投资损失”中填报，为纳税人各项无法收回的债券股权投资损失。（该项目为使用小企业准则企业填报）。

见附表6-1：“一般企业成本支出明细表”（A102010）。

表6-1 一般企业成本支出明细表（A102010）

行次	项 目	金额
16	二、营业外支出（17+18+19+20+21+22+23+24+25+26）	
25	（九）无法收回的债券股权投资损失	

二、“一般企业成本支出明细表”（A102010）结构特点是什么

“一般企业成本支出明细表”（A102010）主要由“营业成本”“营业外支出”两大块组成，其中，营业成本包括主营业务成本和其他业务成本，营业外支出包括非流动资产处置损失、非货币性资产交换损失、债务重组损失、非常损失、捐赠损失、赞助支出、罚没支出、坏帐损失、无法收回的债券股权投资损失、其他等。

1. 主营业务成本与其他业务成本中非货币性资产交换成本区别

主营业务成本是指公司生产和销售与主营业务有关的产品或服务所必须投入的直接成本，主要包括原材料、人工成本（工资）和固定资产折旧等。“主营业务成本”用于核算企业因销售商品、提供劳务或让渡资产使用权等日常活动而发生的实际成本。“主营业务成本”账户下应按照主营业务的种类设置明细账，进行明细核算。期末，应将本账户的余额转入“本年利润”账户，结转后本账户应无余额。

其他业务成本为核算企业除主营业务活动以外的其他经营活动所发生的成本。包括：销售材料成本，出租固定资产折旧额，出租无形资产摊销额，出租包装物成本或摊销额。

下面以非货币性资产交换案例说明在“主营业务成本”中核算的“非货币性资产交换成本”以及在“其他业务成本”中核算的“非货币性资产交换成本”的区别。

【案例3】

甲和乙均为房地产开发企业，甲因变更主营业务，与乙进行资产置换：（1）2016年3月1日，

甲、乙签订资产置换协议。协议规定：甲将其建造的经济适用房与乙持有的长期股权投资进行交换。甲换出的经济适用房账面价值5600万元，公允价值为7000万元。乙换出的长期股权投资账面价值5000万元，公允价值为6000万元，乙支付甲1000万元补价。甲乙资产交换具有商业实质。(2) 2016年5月10日，乙通过银行转账向甲支付补价款1000万元。(3) 甲、乙换出资产相关所有权划转手续于2016年6月30日全部办理完毕。

编制甲会计分录（单位：万元）

借：银行存款　　1000

　　贷：预收账款　　1000

甲企业换人资产成本 = 7000 - 1000 = 6000（万元）

借：长期股权投资　　6000

　　预收账款　　1000

　　贷：主营业务收入　　7000

借：主营业务成本　　5600

　　贷：库存商品　　5600

【案例4】 参见 **【案例1】**“其他业务成本”的核算。

“一般企业成本支出明细表”（A102010）第4行为主营业务成本的“非货币性资产交换成本”：填报纳税人发生的非货币性资产交换按照国家统一会计制度应确认的主营业务成本。

“一般企业成本支出明细表”（A102010）第11行“非货币性资产交换成本”：填报纳税人发生的非货币性资产交换按照国家统一会计制度应确认的其他业务成本。

见下表6-2：“一般企业成本支出明细表”（A102010）。

表6-2　一般企业成本支出明细表（A102010）

行次	项　目	金额
1	一、营业成本（2+9）	5600
2	（一）主营业务成本（3+5+6+7+8）	5600
3	1. 销售商品成本	5600
4	其中：非货币性资产交换成本	5600

2. 营业成本与营业外支出如何判别

营业成本（Operating costs）也称运营成本。是指企业所销售商品或者提供劳务的成本。营业成本应当与所销售商品或者所提供劳务而取得的收入进行配比。对执行《小企业会计准则》的小企业而言，营业成本是指小企业所销售商品的成本和所提供劳务的成本；在“一般企业成本支出明细表”（A102010）中，填报纳税人主要经营业务和其他经营业务发生的成本总额，即根据“主营业务成本”“其他业务成本”的数额计算填报。

根据《小企业会计准则》第七十条：“营业外支出，是指小企业非日常生产经营活动发生的、应当计入当期损益、会导致所有者权益减少、与向所有者分配利润无关的经济利益的净流出。

小企业的营业外支出包括：存货的盘亏、毁损、报废损失，非流动资产处置净损失，坏账损失，无法收回的长期债券投资损失，无法收回的长期股权投资损失，自然灾害等不可抗力因素造成的损失，税收滞纳金，罚金，罚款，被没收财物的损失，捐赠支出，赞助支出等。通常，小企业的营业外支出应当在发生时按照其发生额计入当期损益。”

执行企业会计准则的非金融企业应当按照企业会计准则要求编制 2017 年度及以后期间的财务报表。“营业外收入”行项目，反映企业发生的营业利润以外的收益，主要包括债务重组利得、与企业日常活动无关的政府补助、盘盈利得、捐赠利得等。该项目应根据“营业外收入”科目的发生额分析填列。“营业外支出”行项目，反映企业发生的营业利润以外的支出，主要包括债务重组损失、公益性捐赠支出、非常损失、盘亏损失、非流动资产毁损报废损失等。该项目应根据“营业外支出”科目的发生额分析填列。

“一般企业成本支出明细表”（A102010）第 1 行“营业成本”：填报纳税人主要经营业务和其他经营业务发生的成本总额。本行根据“主营业务成本”和“其他业务成本”的数额计算填报。

“一般企业成本支出明细表”（A102010）第 16 行“营业外支出”：填报纳税人计入本科目核算的与生产经营无直接关系的各项支出。

三、“一般企业成本支出明细表”（A102010）填报说明

表 6－3　一般企业成本支出明细表（A102010）

行次	项　目	金额
1	一、营业成本（2＋9）	
2	（一）主营业务成本（3＋5＋6＋7＋8）	
3	1. 销售商品成本	
4	其中：非货币性资产交换成本	
5	2. 提供劳务成本	
6	3. 建造合同成本	
7	4. 让渡资产使用权成本	
8	5. 其他	
9	（二）其他业务成本（10＋12＋13＋14＋15）	
10	1. 销售材料成本	
11	其中：非货币性资产交换成本	
12	2. 出租固定资产成本	
13	3. 出租无形资产成本	
14	4. 包装物出租成本	
15	5. 其他	
16	二、营业外支出（17＋18＋19＋20＋21＋22＋23＋24＋25＋26）	
17	（一）非流动资产处置损失	
18	（二）非货币性资产交换损失	
19	（三）债务重组损失	
20	（四）非常损失	
21	（五）捐赠支出	
22	（六）赞助支出	

续表

行次	项　目	金额
23	（七）罚没支出	
24	（八）坏账损失	
25	（九）无法收回的债券股权投资损失	
26	（十）其他	

“一般企业成本支出明细表”（A102010）适用于除金融企业、事业单位和民间非营利组织外的企业填报。纳税人应根据国家统一会计制度的规定，填报“主营业务成本”“其他业务成本”“营业外支出”。有关项目填报说明如下：

（1）第1行“营业成本”：填报纳税人主要经营业务和其他经营业务发生的成本总额。本行根据“主营业务成本”和“其他业务成本”的数额计算填报。

（2）第2行“主营业务成本”：根据不同行业的业务性质分别填报纳税人核算的主营业务成本。

（3）第3行“销售商品成本”：填报纳税人从事工业制造、商品流通、农业生产以及其他商品销售活动发生的主营业务成本。房地产开发企业销售开发产品（销售未完工开发产品除外）发生的成本也在此行填报。

（4）第4行“其中：非货币性资产交换成本”：填报纳税人发生的非货币性资产交换按照国家统一会计制度应确认的销售商品成本。

（5）第5行“提供劳务成本”：填报纳税人从事建筑安装、修理修配、交通运输、仓储租赁、邮电通信、咨询经纪、文化体育、科学研究、技术服务、教育培训、餐饮住宿、中介代理、卫生保健、社区服务、旅游、娱乐、加工以及其他劳务活动发生的主营业务成本。

（6）第6行“建造合同成本”：填报纳税人建造房屋、道路、桥梁、水坝等建筑物，以及生产船舶、飞机、大型机械设备等发生的主营业务成本。

（7）第7行“让渡资产使用权成本”：填报纳税人在主营业务成本核算的，让渡无形资产使用权而发生的使用费成本以及出租固定资产、无形资产、投资性房地产发生的租金成本。

（8）第8行“其他”：填报纳税人按照国家统一会计制度核算、上述未列举的其他主营业务成本。

（9）第9行“其他业务成本”：根据不同行业的业务性质分别填报纳税人按照国家统一会计制度核算的其他业务成本。

（10）第10行“销售材料成本”：填报纳税人销售材料、下脚料、废料、废旧物资等发生的成本。

（11）第11行“其中：非货币性资产交换成本”：填报纳税人发生的非货币性资产交换按照国家统一会计制度应确认的材料销售成本。

（12）第12行“出租固定资产成本”：填报纳税人将固定资产使用权让与承租人形成的出租固定资产成本。

（13）第13行“出租无形资产成本”：填报纳税人让渡无形资产使用权形成的出租无形资产

成本。

（14）第14行“包装物出租成本”：填报纳税人出租、出借包装物形成的包装物出租成本。

（15）第15行“其他”：填报纳税人按照国家统一会计制度核算，上述未列举的其他业务成本。

（16）第16行“营业外支出”：填报纳税人计入本科目核算的与生产经营无直接关系的各项支出。

（17）第17行“非流动资产处置损失”：填报纳税人处置非流动资产形成的净损失。

（18）第18行“非货币性资产交换损失”：填报纳税人发生非货币性资产交换应确认的净损失。

（19）第19行“债务重组损失”：填报纳税人进行债务重组应确认的净损失。

（20）第20行“非常损失”：填报纳税人在营业外支出中核算的各项非正常的财产损失。

（21）第21行“捐赠支出”：填报纳税人无偿给予其他企业、组织或个人的货币性资产、非货币性资产的捐赠支出。

（22）第22行“赞助支出”：填报纳税人发生的货币性资产、非货币性资产赞助支出。

（23）第23行“罚没支出”：填报纳税人在日常经营管理活动中对外支付的各项罚款、没收收入的支出。

（24）第24行“坏账损失”：填报纳税人发生的各项坏账损失。（该项目为使用小企业会计准则企业填报）

（25）第25行“无法收回的债券股权投资损失”：填报纳税人各项无法收回的债券股权投资损失。（该项目为使用小企业会计准则企业填报）

（26）第26行“其他”：填报纳税人本期实际发生的在营业外支出核算的其他损失及支出。

四、“一般企业成本支出明细表”（A102010）表内、表间关系

1. 表内关系

（1）第1行=第2+9行；

（2）第2行=第3+5+6+7+8行；

（3）第9行=第10+12+13+14+15行；

（4）第16行=第17+18+…+26行。

2. 表间关系

（1）第1行=表A100000第2行；

（2）第16行=表A100000第12行。

第7章 “事业单位、民间非营利组织收入、支出明细表”的理解与填报

“事业单位、民间非营利组织收入、支出明细表”（A103000）适用于实行事业单位会计准则的事业单位以及执行民间非营利组织会计制度的社会团体、民办非企业单位、非营利性组织等查账征收居民纳税人填报。

纳税人应根据事业单位会计准则、民间非营利组织会计制度的规定，填报“事业单位收入”“民间非营利组织收入”“事业单位支出”“民间非营利组织支出”等。

纳税人完成“事业单位、民间非营利组织收入、支出明细表”的填报工作，必须认真学习和领会下列财税文件：

（1）《中华人民共和国企业所得税法》。

（2）《中华人民共和国企业所得税法实施条例》。

（3）财政部《关于印发社会保险基金会计制度的通知》（财会〔2017〕28号）。

（4）财政部《关于印发政府会计制度——行政事业单位会计科目和报表的通知》（财会〔2017〕25号）。

（5）财政部《关于印发政府会计准则第1号——存货等4项具体准则的通知》（财会〔2017〕12号）：

《政府会计准则第1号——存货》；

《政府会计准则第2号——投资》；

《政府会计准则第3号——固定资产》；

《政府会计准则第4号——无形资产》。

（6）财政部《关于印发事业单位会计制度的通知》（财会〔2012〕22号）。

一、"事业单位、民间非营利组织收入、支出明细表"的焦点问题

事业单位一般是国家设置的带有一定的公益性质的机构，但不属于政府机构，与行政机关不同。一般情况下国家会对这些事业单位予以财政补助，分为全额拨款事业单位、差额拨款事业单位、自收自支事业单位。非营利组织是指不是以营利为目的的组织，它的目标通常是支持或处理个人关心或者公众关注的议题或事件。非营利组织所涉及的领域非常广，包括艺术、慈善、教育、政治、宗教、学术、环保等。

因为事业单位、民间非营利组织的性质，决定了其收入、支出在企业所得税申报填报时带有一定的特殊性。但"事业单位、民间非营利组织收入、支出明细表"主要是填列企业的全部收入与支出，国家税务总局在修订征求意见稿中曾对明细表作出重大调整，以体现事业单位、非营利组织收入的特殊性，但最终发布的明细表没有作出修订，与 2014 年发布的明细表内容及填报说明相同，其各种收入的是否征税、减免等优惠是通过其他明细表反映出来的。

1. 不征税收入的判别与具体规定

《中华人民共和国企业所得税法》将企业的收入总额界定为货币形式和非货币形式从各种来源取得的收入，包括不征税收入和征税收入。征税收入又分为免税收入和应税收入。

不征税收入包括财政拨款、依法收取并纳入财政管理的行政事业性收费和政府性基金，以及企业取得且由国务院财政、税务主管部门规定专项用途并经国务院批准的财政性资金。

不征税收入是非经营活动或非盈利活动带来的经济利益流入，从所得税的计税原理上讲，应永久不列入征税范围。因此，不征税收入对应的支出不允许在税前扣除，而征税收入对应的支出允许在税前扣除。

不征税收入主要有哪些?《中华人民共和国企业所得税法》第七条规定"收入总额中的下列收入为不征税收入：

①财政拨款；

②依法收取并纳入财政管理的行政事业性收费、政府性基金；

③国务院规定的其他不征税收入。

财政拨款是指各级人民政府对纳入预算管理的事业单位、社会团体等组织拨付的财政资金。对财政性资金、行政事业性收费、政府性基金，财政部、国家税务总局在《关于财政性资金 行政事业性收费 政府性基金有关企业所得税政策问题的通知》（财税〔2008〕151 号）规定：根据《中华人民共和国企业所得税法》及《中华人民共和国企业所得税法实施条例》的有关规定，现对财政性资金、行政事业性收费、政府性基金有关企业所得税政策问题明确如下：

（1）财政性资金。

①企业取得的各类财政性资金，除属于国家投资和资金使用后要求归还本金的以外，均应计入企业当年收入总额。

②对企业取得的由国务院财政、税务主管部门规定专项用途并经国务院批准的财政性资金，准予作为不征税收入，在计算应纳税所得额时从收入总额中减除。

③纳入预算管理的事业单位、社会团体等组织按照核定的预算和经费报领关系收到的由财政部门或上级单位拨入的财政补助收入，准予作为不征税收入，在计算应纳税所得额时从收入总额中减除，但国务院和国务院财政、税务主管部门另有规定的除外。

本条所称财政性资金，是指企业取得的来源于政府及其有关部门的财政补助、补贴、贷款贴息，以及其他各类财政专项资金，包括直接减免的增值税和即征即退、先征后退、先征后返的各种税收，但不包括企业按规定取得的出口退税款；所称国家投资，是指国家以投资者身份投入企业、并按有关规定相应增加企业实收资本（股本）的直接投资。

（2）关于政府性基金和行政事业性收费。

①企业按照规定缴纳的、由国务院或财政部批准设立的政府性基金以及由国务院和省、自治区、直辖市人民政府及其财政、价格主管部门批准设立的行政事业性收费，准予在计算应纳税所得额时扣除。

企业缴纳的不符合上述审批管理权限设立的基金、收费，不得在计算应纳税所得额时扣除。

②企业收取的各种基金、收费，应计入企业当年收入总额。

③对企业依照法律、法规及国务院有关规定收取并上缴财政的政府性基金和行政事业性收费，准予作为不征税收入，于上缴财政的当年在计算应纳税所得额时从收入总额中减除；未上缴财政的部分，不得从收入总额中减除。

企业的不征税收入用于支出所形成的费用，不得在计算应纳税所得额时扣除；企业的不征税收入用于支出所形成的资产，其计算的折旧、摊销不得在计算应纳税所得额时扣除。

对专项用途财政性资金，财政部、国家税务总局在《关于专项用途财政性资金企业所得税处理问题的通知》（财税〔2011〕70号）作了进一步细化规定：

根据《中华人民共和国企业所得税法》《中华人民共和国企业所得税法实施条例》（国务院令第512号以下简称实施条例）的有关规定，经国务院批准，现就企业取得的专项用途财政性资金企业所得税处理问题通知如下：

（1）企业从县级以上各级人民政府财政部门及其他部门取得的应计入收入总额的财政性资金，凡同时符合以下条件的，可以作为不征税收入，在计算应纳税所得额时从收入总额中减除：

①企业能够提供规定资金专项用途的资金拨付文件；

②财政部门或其他拨付资金的政府部门对该资金有专门的资金管理办法或具体管理要求；

③企业对该资金以及以该资金发生的支出单独进行核算。

（2）根据实施条例第二十八条的规定，上述不征税收入用于支出所形成的费用，不得在计算应纳税所得额时扣除；用于支出所形成的资产，其计算的折旧、摊销不得在计算应纳税所得额时扣除。

（3）企业将符合本通知第一条规定条件的财政性资金作不征税收入处理后，在5年（60个月）内未发生支出且未缴回财政部门或其他拨付资金的政府部门的部分，应计入取得该资金第六年的应税收入总额；计入应税收入总额的财政性资金发生的支出，允许在计算应纳税所得额时扣除。

事业单位、非营利组织取得的财政补助收入只有符合上述条件才能作为不征税收入。

另外，《财政部 国家税务总局关于进一步鼓励软件产业和集成电路产业发展企业所得税政策的通知》（财税〔2012〕27号）中规定：符合条件的软件企业按照《财政部 国家税务总局关于软件产品增值税政策的通知》（财税〔2011〕100号）规定取得的即征即退增值税款，由企业专项用于软件产品研发和扩大再生产并单独进行核算，可以作为不征税收入，在计算应纳税所得额时从收入总额中减除。

财政部、国家税务总局《关于核电行业税收政策有关问题》的通知（财税〔2008〕38号）规定，自2008年1月1日起，核力发电企业取得的增值税退税款，专项用于还本付息，不征收企业所得税。

2. 免税收入

不征税收入一般不能作为应税收入处理，并要求在财务上单独核算。免税收入属于税收优惠政策，构成征税收入但予以免除。《中华人民共和国企业所得税法》第二十六条规定，企业的下列收入为免税收入：

（1）国债利息收入；

（2）符合条件的居民企业之间的股息、红利等权益性投资收益；

（3）在中国境内设立机构、场所的非居民企业从居民企业取得与该机构、场所有实际联系的股息、红利等权益性投资收益；

（4）符合条件的非营利组织的收入。

《中华人民共和国企业所得税法实施条例》第八十四条规定，企业所得税法第二十六条第（四）项所称符合条件的非营利组织，是指同时符合下列条件的组织：

（1）依法履行非营利组织登记手续；

（2）从事公益性或者非营利性活动；

（3）取得的收入除用于与该组织有关的、合理的支出外，全部用于登记核定或者章程规定的公益性或者非营利性事业；

（4）财产及其孳息不用于分配；

（5）按照登记核定或者章程规定，该组织注销后的剩余财产用于公益性或者非营利性目的，或者由登记管理机关转赠给与该组织性质、宗旨相同的组织，并向社会公告；

（6）投入人对投入该组织的财产不保留或者享有任何财产权利；

（7）工作人员工资福利开支控制在规定的比例内，不变相分配该组织的财产。

财政部、国家税务总局《关于非营利组织企业所得税免税收入问题》的通知（财税〔2009〕122号）规定：根据《中华人民共和国企业所得税法》第二十六条及《中华人民共和国企业所得税法实施条例》（国务院令第512号）第八十五条的规定，现将符合条件的非营利组织企业所得税免税收入范围明确如下：

非营利组织的下列收入为免税收入：

（1）接受其他单位或者个人捐赠的收入；

（2）除《中华人民共和国企业所得税法》第七条规定的财政拨款以外的其他政府补助收入，

但不包括因政府购买服务取得的收入；

（3）按照省级以上民政、财政部门规定收取的会费；

（4）不征税收入和免税收入孳生的银行存款利息收入；

（5）财政部、国家税务总局规定的其他收入。

对非营利组织是否符合免税条件，《财政部国家税务总局关于非营利组织免税资格认定管理有关问题的通知》（财税〔2014〕13号）规定：根据《中华人民共和国企业所得税法》（以下简称《企业所得税法》）第二十六条及《中华人民共和国企业所得税法实施条例》（以下简称《实施条例》）第八十四条的规定，现对非营利组织免税资格认定管理有关问题明确如下：

依据本通知认定的符合条件的非营利组织，必须同时满足以下条件：

（1）依照国家有关法律法规设立或登记的事业单位、社会团体、基金会、民办非企业单位、宗教活动场所以及财政部、国家税务总局认定的其他组织；

（2）从事公益性或者非营利性活动；

（3）取得的收入除用于与该组织有关的、合理的支出外，全部用于登记核定或者章程规定的公益性或者非营利性事业；

（4）财产及其孳息不用于分配，但不包括合理的工资薪金支出；

（5）按照登记核定或者章程规定，该组织注销后的剩余财产用于公益性或者非营利性目的，或者由登记管理机关转赠给与该组织性质、宗旨相同的组织，并向社会公告；

（6）投入人对投入该组织的财产不保留或者享有任何财产权利，本款所称投入人是指除各级人民政府及其部门外的法人、自然人和其他组织；

（7）工作人员工资福利开支控制在规定的比例内，不变相分配该组织的财产，其中：工作人员平均工资薪金水平不得超过上年度税务登记所在地人均工资水平的两倍，工作人员福利按照国家有关规定执行；

（8）除当年新设立或登记的事业单位、社会团体、基金会及民办非企业单位外，事业单位、社会团体、基金会及民办非企业单位申请前年度的检查结论为"合格"；

（9）对取得的应纳税收入及其有关的成本、费用、损失应与免税收入及其有关的成本、费用、损失分别核算。

免税收入是征税收入的组成部分，但基于税收优惠政策而免予征税，随着税收优惠政策的调整而调整，不能永久列入不征税范围。值得注意的是，税法明文规定的不征税收入在特殊情况下可转化成应税收入，其对应的支出可以在税前扣除。

3. "事业单位、民间非营利组织收入、支出明细表"相关要点

本表适用于实行事业单位会计准则的事业单位以及执行民间非营利组织会计制度的社会团体、民办非企业单位、非营利性组织等查账征收居民纳税人填报，非查账征收或非居民纳税人均不填报。此次修订将之前民办非企业单位的表述删除，1998年10月国务院颁布的《民办非企业单位登记管理暂行条例》，将民办非企业单位界定为：企业事业单位、社会团体和其他社会力量以及公民个人利用非国有资产举办的，从事非营利性社会服务活动的社会组织，即民办非企业单位也属于民间非营利组织。事业单位填报事业单位收入和事业单位支出两部分，民间非营利组织填报民间非营

利组织收入和民间非营利组织支出两部分。

二、"事业单位、民间非营利组织收入、支出明细表"结构特点

1. 竖式计算公式表格的运用

明细表共分事业单位收入、民间非营利组织收入、事业单位支出、民间非营利组织支出4个部分，事业单位通过第一、三部分体现收支；民间非营利组织通过第二、四部分体现收支，其中每个部分第一栏是下设明细项的合计数。事业单位和民间非营利组织要将取得的收入和支出根据事业单位会计准则和民间非营利组织会计制度的规定做好会计核算，并将相关项目准确填列入表格当中。

2. 事业单位与民间非营利组织二元划分

在我国事业单位与民间非营利组织是不同的。事业单位是由政府利用国有资产设立的，从事教育、科技、文化、卫生等活动的社会服务组织。事业单位接受政府领导，其表现形式为组织或机构的法人实体。与企业单位相比，事业单位有以下特征：一是不以营利为目的；二是财政及其他单位拨入的资金主要不以经济利益的获取为回报。事业单位的明显特征为中心、会、所、站、大队等字词结尾，例如会计核算中心、卫生监督所、司法所、银监会、保监会、质监站、安全生产监察大队等，二级局也为事业单位。事业单位分为参公事业单位以及普通事业单位。普通事业单位分为全额拨款事业单位、差额拨款事业单位、自收自支事业单位。

民间非营利组织是指由民间出资举办的、不以营利为目的，从事教育、科技、文化、卫生、宗教等社会公益活动的社会服务组织。民间非营利组织的分类：主要包括社会团体、基金会、民办非企业单位、寺院等。一般具有三个方面的基本特征：一是该组织不以营利为宗旨和目标；二是资源提供者向该组织投入资源不取得经济回报；三是资源提供者不享有该组织的所有权。

三、"事业单位、民间非营利组织收入、支出明细表"重点栏目表填报说明

表7－1　事业单位、民间非营利组织收入、支出明细表（A103000）

行次	项　目	金　额
1	一、事业单位收入（2＋3＋4＋5＋6＋7）	
2	（一）财政补助收入	
3	（二）事业收入	
4	（三）上级补助收入	
5	（四）附属单位上缴收入	
6	（五）经营收入	
7	（六）其他收入（8＋9）	
8	其中：投资收益	
9	其他	
10	二、民间非营利组织收入（11＋12＋13＋14＋15＋16＋17）	
11	（一）接受捐赠收入	
12	（二）会费收入	

续表

行次	项　目	金　额
13	（三）提供劳务收入	
14	（四）商品销售收入	
15	（五）政府补助收入	
16	（六）投资收益	
17	（七）其他收入	
18	三、事业单位支出（19+20+21+22+23）	
19	（一）事业支出	
20	（二）上缴上级支出	
21	（三）对附属单位补助支出	
22	（四）经营支出	
23	（五）其他支出	
24	四、民间非营利组织支出（25+26+27+28）	
25	（一）业务活动成本	
26	（二）管理费用	
27	（三）筹资费用	
28	（四）其他费用	

1. 事业单位填报说明

第1行“事业单位收入”填报纳税人取得的所有收入的金额（包括不征税收入和免税收入），注意是按照会计核算口径填报。

第2行“财政补助收入”填报纳税人直接从同级财政部门取得的各类财政拨款，包括基本支出补助和项目支出补助，注意是直接从同级财政部门取得的。

第4行“上级补助收入”填报纳税人从主管部门和上级单位取得的非财政补助收入。首先是从主管部门和上级单位，不是同级财政部门；第二是非财政补助收入。

第3行“事业收入”填报纳税人通过开展专业业务活动及辅助活动所取得的收入。

第6行“经营收入”填报纳税人开展专业业务活动及其辅助活动之外开展非独立核算经营活动取得的收入。注意要做好事业收入和经营收入的区分，一般来说专业业务活动及辅助活动即单位的宗旨或目标内的活动。

第18行“事业单位支出”填报纳税人发生的所有支出总额（含不征税收入形成的支出），按照会计核算口径填报。注意指的是支出总额。

第22行“经营支出”填报纳税人在专业业务活动及其辅助活动之外开展非独立核算经营活动发生的支出。

第23行“其他支出”填报纳税人除本表第19行至第22行项目以外的支出，包括利息支出、捐赠支出、现金盘亏损失、资产处置损失、接受捐赠（调入）非流动资产发生的税费支出等。注意区分经营支出与其他支出。

2. 民间非营利组织填报说明

第10行“民间非营利组织收入”，注意对非营利组织的收入区分为接受捐赠收入、会费收入、提供劳务收入、政府补助收入、投资收益、商品销售收入等主要业务活动收入和其他收入等。

第13行“提供劳务收入”填报纳税人根据章程等规定向其服务对象提供服务取得的收入，包括学费收入、医疗费收入、培训收入等。

第14行“商品销售收入”填报纳税人销售商品（如出版物、药品等）所形成的收入。应注意区分提供劳务与销售商品收入。

第16行“投资收益”填报纳税人因对外投资取得的投资净收益。注意是指投资净收益。

第24行“民间非营利组织支出”填报纳税人发生的所有支出总额，按照会计核算口径填报。注意是支出总额。

四、“事业单位、民间非营利组织收入、支出明细表”的表内、表间关系

表内关系相对简单，对照会计核算标准填列相关栏次。

表间关系第2行“财政补助收入”+第3行“事业收入”+第4行“上级补助收入”+第5行“附属单位上缴收入”+第6行“经营收入”或第11行“接受捐赠收入”+第12行“会费收入”+第13行“提供劳务收入”+第14行“商品销售收入”+第15行“政府补助收入”等于A100000《中华人民共和国企业所得税年度纳税申报表（A类）》第1行“营业收入”。

第8行“其中：投资收益”或第16行“（六）投资收益”对应A100000《中华人民共和国企业所得税年度纳税申报表（A类）》第9行“投资收益”。

第9行“其中：其他”或第17行“（七）其他收入”对应A100000《中华人民共和国企业所得税年度纳税申报表（A类）》第11行“营业外收入”。

第19行“事业支出”+第20行“上缴上级支出”+第21行“对附属单位补助”+第22行“经营支出”或第25行“（一）业务活动成本”+第26行“（二）管理费用”+第27行“（三）筹资费用”等于A100000《中华人民共和国企业所得税年度纳税申报表（A类）》第2行“营业成本”。

第23行“其他支出”或第28行“（四）其他费用”等于A100000《中华人民共和国企业所得税年度纳税申报表（A类）》第12行“营业外支出”。

第 8 章 “期间费用明细表”的理解与填报

“期间费用明细表”（A104000）适用于执行企业会计准则、小企业会计准则、企业会计制度、分行业会计制度的查账征收居民纳税人填报。

纳税人应根据企业会计准则、小企业会计准则、企业会计、分行业会计制度规定，填报“销售费用”“管理费用”和“财务费用”等项目。

纳税人完成“期间费用明细表”的填报工作，必须认真学习和领会下列财税文件：

（1）《中华人民共和国企业所得税法》；

（2）《中华人民共和国企业所得税法实施条例》；

（3）财政部《关于印发修订企业会计准则第 9 号——职工薪酬的通知》（财会〔2014〕8 号）；

（4）企业会计准则第 17 号——借款费用（财会〔2006〕3 号）。

一、“期间费用明细表”的焦点问题

《企业所得税法实施条例》第三十条规定，企业所得税法第八条所称费用，是指企业在生产经营活动中发生的销售费用、管理费用和财务费用，已经计入成本的有关费用除外。

原内资企业所得税暂行条例实施细则规定，费用是指纳税人为生产、经营商品和提供劳务等所发生的销售（经营）费用、管理费用和财务费用。新税法基本沿袭了原内资企业所得税暂行条例实施细则关于费用概念的界定，只是增加规定了“已经计入成本的费用”不属于费用的内容。这主要是考虑到原内资企业所得税暂行条例实施细则对于费用概念的界定较为科学、合理，能够全面反映不同性质、行业的企业为取得收入而发生的支出，但是由于最近企业会计准则的变化与调整，企业会计准则不再严格区分成本与费用的概念，而是采用了大“费用”的概念，即指企业在日常活动中发生的、会导致所有者权益减少的、与向所有者分配利润无关的经济利益的总流出。而企业所得税法已经明确区分了成本与费用的概念，所以条例对此进一步做了细化，考虑到实践中，成本与费用的概念并非界限分明，而是存在较多的交叉地带，所以增加规定了“已经计入成本的费用”不属于费用，以避免同一笔支出分别作为成本、费用，得到重复扣除。

关于准予税前扣除的费用，可以从以下几方面来理解。

（1）必须是生产经营过程中发生的费用。

企业所发生的费用必须是在生产经营活动过程中的支出或者耗费，在非生产经营活动过程中所发生的支出，不得作为企业的生产经营费用予以认定。也就是说，企业所发生的费用，必须是企业在生产产品、提供劳务、销售商品等过程中的支出和耗费。

（2）销售费用。

销售费用是企业为销售商品和材料、提供劳务的过程中发生的各种费用。企业所生产出来的产品，在出售前，其经济利益只能说是潜在的，而尚未得到正式的社会承认，只有等产品真正售出后，才能实现现实的经济利益，而企业为销售商品，必然会发生一定的支出，这部分支出是企业为获取收入而产生的必要与正常的支出，包括广告费、运输费、装卸费、包装费、展览费、保险费、销售佣金、代销手续费、经营性租赁费及销售部门发生的差旅费、工资、福利费等费用。从事商品流通业务的纳税人购入存货抵达仓库前发生的包装费、运杂费、运输存储过程中的保险费、装卸费、运输途中的合理损耗和入库前的挑选整理费用等购货费用可直接计入销售费用。从事房地产开发业务的纳税人的销售费用还包括开发产品销售之前的改装修复费、看护费、采暖费等。从事邮电等其他业务的纳税人发生的销售费用已计入营运成本的不得再计入销售费用重复扣除。

（3）管理费用。

管理费用是企业的行政管理部门等为管理组织经营活动提供各项支援性服务而发生的费用。企业除了生产经营所直接相关的各种机构、人员、财物之外，作为一个行为主体，还需要一些为组织生产经营提供辅助性服务的机构和人员，这些机构和人员的配置、职能的发挥等，都将影响到企业的生产经营活动的效益性，相应地支出也是与企业取得收入有关的必要与正常的支出，这些在企业所得税扣除方面体现为管理费用，包括由纳税人统一负担的总部（公司）经费（包括总部行政管理人员的工资薪金、福利费、差旅费、办公费、折旧费、修理费、物料消耗、低值易耗品摊销等）、研究开发费（技术开发费）、劳动保护费、业务招待费、工会经费、职工教育经费、股东大会或董事会费、开办费、无形资产摊销（含土地使用费、土地损失补偿费）、坏账损失、印花税等税金、消防费、排污费、绿化费、外事费和法律、财务、资料处理及会计事务方面的成本（咨询费、诉讼费、聘请中介机构费、商标注册费等）。

（4）财务费用。

财务费用是企业筹集经营性资金而发生的费用。实践中，一个企业很少能做到不借助外来资金来满足自身生产经营的需要，企业发生的资金拆借行为较为普遍，为此企业要发生一定的费用，这些费用就是被计入财务费用的，包括利息净支出、汇兑净损失、金融机构手续费以及其他非资本化支出等。

【填报技巧】

上述费用在“期间费用明细表”（A104000）第1列、第3列、第5列中填列。填报纳税人按照会计制度核算的销售费用、管理费用和财务费用，并且与《中华人民共和国企业所得税年度纳税申报表（A类）》中的第4行“销售费用”、第5行“管理费用”、第6行“财务费用”相对应。

二、“期间费用明细表”结构特点是什么

“期间费用明细表”（A104000）采用纵列式分布、横向划分细目的方法进行填报。本表适用于执行企业会计准则、小企业会计准则、企业会计制度、分行业会计制度的查账征收居民纳税人填报。纳税人应根据企业会计准则、小企业会计准则、企业会计、分行业会计制度规定，填报“销售费用”“管理费用”“财务费用”等项目。

1. “期间费用明细表”修改增加栏目的原因是什么

“期间费用明细表”（A104000）横向增加了一行，由原来的横向25行变成为26行，增加了第24行“二十四、党组织工作经费”栏目，企业发生的党组织工作经费在“期间费用明细表”（A104000）第24行、第3列中填报。

根据中共中央组织部、财政部、国家税务总局《关于非公有制企业党组织工作经费问题的通知》（组通字〔2014〕42号）第一条规定：“非公有制企业党组织工作经费主要通过纳入管理费用、党费拨返、财政支持等渠道予以解决。同时，鼓励采取企业赞助、党员自愿捐助等方式，拓宽经费来源。”文件明确将非公有制企业党组织工作经费纳入管理费用。第二条规定：“根据《中华人民共和国公司法》‘公司应当为党组织的活动提供必要条件’规定和中办发〔2012〕11号文件‘建立并落实税前列支制度’等要求，非公有制企业党组织工作经费纳入企业管理费列支，不超过职工年度工资薪金总额1%的部分，可以据实在企业所得税前扣除。”

见下表8－1：“期间费用明细表”（A104000）。

表 8－1 期间费用明细表（A104000）

行次	项 目	销售费用	其中：境外支付	管理费用	其中：境外支付	财务费用	其中：境外支付
		1	2	3	4	5	6
24	二十四、党组织工作经费	*	*		*	*	*

2. 销售费用与管理费用如何判别

（1）销售费用。

销售费用是企业为销售商品和材料、提供劳务的过程中发生的各种费用。企业所生产出来的产品，在出售前，其经济利益只能说是潜在的，而尚未得到正式的社会承认，只有等产品真正售出后，才能实现现实的经济利益，而企业为销售商品，必然将发生一定的支出，这部分支出是企业为获取收入而产生的必要与正常的支出，包括广告费、运输费、装卸费、包装费、展览费、保险费、销售佣金、代销手续费、经营性租赁费及销售部门发生的差旅费、工资、福利费等费用。

从事商品流通业务的纳税人购入存货抵达仓库前发生的包装费、运杂费、运输存储过程中的保险费、装卸费、运输途中的合理损耗和入库前的挑选整理费用等购货费用可直接计入销售费用。

从事房地产开发业务的纳税人的销售费用还包括开发产品销售之前的改装修复费、看护费、采暖费等。

从事邮电等其他业务的纳税人发生的销售费用已计入营运成本的不得再计入销售费用重复扣除。

《企业所得税法实施条例》第三十条规定：企业所得税法第八条所称费用，是指企业在生产经营活动中发生的销售费用、管理费用和财务费用，已经计入成本的有关费用除外。

为规范企业手续费和销售佣金的税前扣除问题，2009 年 3 月 19 日，财政部、国家税务总局下发的《关于企业手续费及佣金支出税前扣除政策的通知》（财税〔2009〕29 号），对企业发生的手续费及佣金支出税前扣除政策问题明确如下：

①企业发生与生产经营有关的手续费及佣金支出，不超过以下规定计算限额以内的部分，准予扣除；超过部分，不得扣除。

a. 保险企业：财产保险企业按当年全部保费收入扣除退保金等后余额的 15%（含本数，下同）计算限额；人身保险企业按当年全部保费收入扣除退保金等后余额的 10% 计算限额。

b. 其他企业：按与具有合法经营资格中介服务机构或个人（不含交易双方及其雇员、代理人和代表人等）所签订服务协议或合同确认的收入金额的 5% 计算限额。

②企业应与具有合法经营资格中介服务企业或个人签订代办协议或合同，并按国家有关规定支付手续费及佣金。除委托个人代理外，企业以现金等非转账方式支付的手续费及佣金不得在税前扣除。企业为发行权益性证券支付给有关证券承销机构的手续费及佣金不得在税前扣除。

③企业不得将手续费及佣金支出计入回扣、业务提成、返利、进场费等费用。

④企业已计入固定资产、无形资产等相关资产的手续费及佣金支出，应当通过折旧、摊销等方式分期扣除，不得在发生当期直接扣除。

⑤企业支付的手续费及佣金不得直接冲减服务协议或合同金额，并如实入账。

⑥企业应当如实向当地主管税务机关提供当年手续费及佣金计算分配表和其他相关资料，并依法取得合法真实凭证。

⑦本通知自印发之日起实施。新税法实施之日至本通知印发之日前企业手续费及佣金所得税税前扣除事项按本通知规定处理。

上述规定，自不仅是对原《国家税务总局关于印发〈企业所得税税前扣除办法〉的通知》（国税发〔2000〕84 号全文废止）文件的进一步拓展和衔接，还进一步规范了佣金的支付方式，促进了金融市场的规范。

【案例 1】

贵阳恒大电子有限公司 2016 年度的销售收入为 1000 万元，企业当年业务宣传费的账面列支数额为 18 万元。年终汇算清缴时，经税务部门审核，企业按销售收入 15% 的比例列支 15 万元的业务宣传费，超限额标准的 3 万元业务宣传费应调增应纳税所得额。

企业补税后，到税务师事务所咨询补税原因。事务所经调查发现，该企业发生的 1.8 万元展览费可在销售费用中列支，但企业却将其列入了业务宣传费。

补税的原因是：企业参加博览会展销，未按规定取得展览的合同书、邀请函等凭证，仅有一张发票，摘要是“展览费”。税务部门审核时，认定这项费用属于“业务宣传费”。

其理由是：（1）企业没有证据说明该项费用不是产品宣传费；（2）企业已将这笔费用在“业务宣传费”科目中列支。

如果企业能够正确区分这两项费用，依法取得所需的合理、合法的证明材料，单独列支，那么，1.8 万元的费用，按 25% 所得税计算，则可以节约 4500 元的税收成本。从某种意义上说，规范财务核算是企业税收管理的基础。

【填报技巧】

上述支出在“期间费用明细表”（A104000）第 5 行“五、广告费和业务宣传费”中填列。填报纳税人按照会计制度核算的销售费用，并据以填入主表“中华人民共和国企业所得税年度纳税申报表（A 类）”第 4 行。

见下表 8－2：“期间费用明细表”（A104000）。

表 8－2　期间费用明细表（A104000）

行次	项目	销售费用	其中：境外支付	管理费用	其中：境外支付	财务费用	其中：境外支付
		1	2	3	4	5	6
5	五、广告费和业务宣传费		*		*	*	*

（2）管理费用。

管理费用是指企业行政管理部门为组织和管理生产经营活动而发生的各项费用。管理费用属于期间费用，在发生的当期就计入当期的损失或是利益。

企业应通过“管理费用”科目，核算管理费用的发生和结转情况。该科目借方登记企业发生的各项管理费用，贷方登记期末转入“本年利润”科目的管理费用，结转后该科目应无余额。该科目按管理费用的费用项目进行明细核算。

具体项目包括职工薪酬、劳务费、咨询顾问费、业务招待费、广告费和业务宣传费、佣金和手续费、资产折旧摊销费、财产损耗、盘亏及毁损损失、办公费、董事会费、租赁费、诉讼费、差旅费、保险费、运输、仓储费、修理费、包装费、技术转让费、研究费用、各项税费、党组织工作经费、其他等。

职工薪酬。管理部门人员的职工薪酬，记入“管理费用”科目；企业以其自产产品作为非货币性福利发放给职工的，应当根据受益对象，按照该产品的公允价值，计入相关资产成本或当期损益，同时确认应付职工薪酬，借记“管理费用”等科目，贷记“应付职工薪酬——非货币性福利”科目；租赁住房等资产供职工无偿使用的，应当根据受益对象，将每期应付的租金计入相关资产成本或当期损益，并确认应付职工薪酬，借记“管理费用”等科目，贷记“应付职工薪酬——非货币性福利”科目；因解除与职工的劳动关系给予的补偿，借记“管理费用”科目，贷记应付职工薪酬。

职工教育经费。职工教育经费按应付工资的2.5%计提的用于职工教育方面的费用。

开支的范围主要有培训教材费，师资费，外委培训费，培训教师以及外委培训人员的差旅费，交通费等，培训领用的消耗品和零配件等。

为鼓励技术创新，提高劳动力的职业素质，《国家中长期科技规划》规定，企业实际发生的职工教育经费支出，按照职工工资总额2.5%计入企业的成本费用。实施条例为与《国家中长期科技规划》有关规定保持一致，支持技术创新，对职工教育经费的税前扣除作了调整。本条在将扣除基准从“计税工资”变为“据实工资”的基础上，将职工教育经费的当期税前扣除标准提高到2.5%，且对于超过标准的部分，允许无限制的往以后的纳税年度结转，并将其扩大统一适用于所有纳税人，包括内资企业和外资企业。条例草案中，并不允许超过工资、薪金总额2.5%的部分往以后纳税年度结转。有不少意见主张，应适当提高扣除比例，以鼓励企业加大教育投入，或者增加规定应允许超过标准的部分往以后纳税年度结转，以鼓励企业加大对职工的教育投入，从而有利于引进国外的先进技术及管理经验，有利于促进企业的技术创新。条例最后采纳了后一种意见，在维持条例草案扣除标准不变的情况下，增加规定了超过规定标准的部分，准予往以后纳税年度无限制结转，这就实际上是允许企业发生的职工教育经费支出准予全额扣除，只是在扣除时间上作了相应递延。

根据国家税务总局《关于企业工资薪金和职工福利费等支出税前扣除问题》的公告（国家税务总局2015年第34号），财政部国家税务总局《关于高新技术企业职工教育经费税前扣除政策》的通知（财税〔2015〕63号）、组通字〔2014〕42号等相关规定，以及国家统一企业会计制度，填报纳税人职工薪酬会计处理、税法规定，以及纳税调整情况。只要会计上发生相关支出，不论是否纳税调整，均需填报。

业务招待费。《企业所得税法实施条例》第四十三条企业发生的与生产经营活动有关的业务招待费支出，按照发生额的60%扣除，但最高不得超过当年销售（营业）收入的5‰。业务招待费支出的税前扣除的管理必须符合税前扣除的一般条件和原则。具体地分析：

a企业开支的业务招待费必须是正常和必要的。这一规定虽然没有定量指标，但有一般商业常规做参考。比如，企业对某个客户业务员的礼品支出与所成交的业务额或业务的利润水平严重不相吻合；再比如，企业向无业务关系的特定范围人员所赠送礼品，而且不属于业务宣传性质（业务宣传的礼品支出一般是随机的或与产品销售相关联的）。

b 业务招待费支出一般要求与经营活动“直接相关”。由于商业招待与个人消费的界线不好掌握，所以一般情况下必须证明业务招待与经营活动的直接相关性。比如是因企业销售业务的真实的商谈而发生的费用。

c 必须有大量足够有效凭证证明企业相关性的陈述：比如费用金额、招待、娱乐旅行的时间和地点、商业目的、企业与被招待人之间的业务关系等。

d 特别要注意的是，虽然纳税人可以证明费用已经真实发生，但费用金额无法证明，主管税务机关有权根据实际情况合理推算最确切的金额。如果纳税人不同意，则有证明的义务。国家税收利益的需要，也出于商务招待与个人消费难以明确区分的特性，借鉴国外许多国家的通行做法，本条在将草案规定的50%扣除比例提高到60%的基础上，增加了一个最高扣除比例限制（即最高不得超过当年销售或者营业收入的5‰）。

劳动保险费指离退休职工的退休金、价格补贴、医药费（包括离退休人员参加医疗保险基金）、异地安家费、职工退职金、职工死亡丧葬补助费、抚恤费、按规定支付给离休干部的各项经费以及实行社会统筹基金；待业保险费指企业按照国家规定缴纳的待业保险基金。

董事会费是指企业最高权力机构及其成员为执行职能而发生的各项费用，包括差旅费、会议费等。

保险费包括财产保险费、工伤保险费、劳动保险费等。财产保险费是指公司对公司各类资产投保发生的保险费用；工伤保险费核算公司为正式签订劳动合同的员工购买的工伤保险费用支出。

劳动保险费核算企业缴纳的养老保险金、退休金等有关离退休人员的费用支出，还核算丧葬补助费、抚恤费。支付给离退休职工的退休金（包括按规定交纳的离退休统筹金）、价格补贴、医药费（包括企业支付离退休人员参加医疗保险的费用）、职工退职金、6个月以上病假人员工资，职工死亡丧葬补助费、抚恤费一次性补偿金等在此科目中核算。

运输费是指公司部门（不含销售部门）发生的运输费用。

修理费是指公司部门各类固定资产（含房屋、围墙、道路、设备），办公设施、运输工具（不含各部门工作用车）等发生备件、工具、辅助材料、外包维修费等各项修理费用支出。

“党组织工作经费”是“期间费用明细表”（A104000）中新增加内容，在上文“1.‘期间费用明细表’（A104000）修改增加栏目的原因是什么”中已经述及。

3. 为何要单独反映境外的费用支出

在“期间费用明细表”（A104000）中，相关栏目设置了“境外支付”，例如在销售费用中的“劳务费”“咨询顾问费”“佣金和手续费”“租赁费”“运输、仓储费”“修理费”“技术转让费”“研究费用”及“其他”等设置了“境外支付”栏目；在管理费用中的“劳务费”“咨询顾问费”“佣金和手续费”“租赁费”“运输、仓储费”“修理费”“技术转让费”“研究费用”及“其他”等设置了“境外支付”栏目；在财务费用中的“佣金和手续费”“利息收支”“汇兑差额”及“其他”等设置了“境外支付”栏目，用以单独反映这些科目中境外支付的费用支出。

（1）避免双重征税的需要。《企业所得税法》第二条明确：“企业分为居民企业和非居民企业。本法所称居民企业，是指依法在中国境内成立，或者依照外国（地区）法律成立但实际管理机构在中国境内的企业。本法所称非居民企业，是指依照外国（地区）法律成立且实际管理机构不在中国境内，但在中国境内设立机构、场所的，或者在中国境内未设立机构、场所，但有来源于中国境内所得的企业。”依据这一标准，凡企业的实际管理和控制中心设在本国的，即视为本国居民企业。所谓实际管理和控制中心是指作出和形成企业的经营管理重大决定和决策的地点，具体是指企业的董事会所在地或董事会有关经营决策会议的召集地，它不同于企业的日常经营业务管理机构所在地。采取这一标准的国家有英国、德国、加拿大、阿根廷、埃及、马来西亚、爱尔兰、卢森堡等。在这一标准的确立上，最被广泛引用的经典判例是英国法院在1906年审理的“比尔斯斯联合采矿有限公司诉荷奥”一案。通过该案，英国税法确定了管理机构地标准：判定企业居民身份的标准在于其实际的“管理及支配中心”是否在英国境内，即以董事会行使指挥监督权力的场所、公司账簿的保管场所和召开股东大会的场所为判定依据。但管理机构地标准也存在一些弊端，有些企业任意设立主要的经营管理和控制中心以达到逃避税收的目的。为此，英国1988年《财政法》（FinanceAct）第66节规定，1988年3月15日以后在英国注册成立的公司均为英国的居民公司。

除以上几种最为常见的确定居民企业的标准外，少数国家还同时或单独采用主要经营活动地标准、控股权标准。主要经营活动地标准以公司经营业务的数量为依据。

实行这一标准的国家通常规定，如果一个公司占最大比例的贸易额或利润额是在本国实现的，该企业即为本国的居民企业。控股权标准是以控制企业表决权股份的股东的居民身份为依据确定企业的居民身份，如果掌握公司表决权股份的股东具有本国居民身份，则该公司即为本国居民企业。

根据我国的实际情况，借鉴国际做法，新税法采用了“登记注册地标准”和“实际管理控制地标准”相结合的办法，并在本法第二条第二款和第三款规定，依法在中国境内成立，或者依照外国（地区）法律成立但实际管理机构在中国境内的企业为居民企业；依照外国（地区）法律成立且实际管理机构不在中国境内，但在中国境内设立机构、场所的，或者在中国境内未设立机构、场所，但有来源于中国境内所得的企业为非居民企业。这一划分标准改变了原外资企业所得税规定的居民企业标准：在中国境内设立、同时总机构设在中国境内的双重条件，使我国的税收权益更广。至于实际管理控制地标准可能会引起的国与国之间由于适用标准不同而导致的双重征税问题，我们将通过对实际管理控制地的严格、规范的界定，以及税收协定予以解决。

《企业所得税法实施条例》第四条规定：“企业所得税法第二条所称实际管理机构，是指对企业的生产经营、人员、账务、财产等实施实质性全面管理和控制的机构。”而管理和控制的内容是企业的生产经营、人员、账务、财产等。这是本条规定的界定实际管理机构的最关键标准。如果一个外国企业只是在表面上是由境外的机构对企业有实质性全面管理和控制权，但是企业的生产经营、人员、账务、财产等重要事务实际上是由在中国境内的一个机构来作出决策的，那么我们就应当认定其实际管理机构在中国境内。因此，上述“境外支付”的相关内容无不是从“企业的生产经营、人员、账务、财产等重要事务”上来进行设定填报的。

【填报技巧】

上述支出在“期间费用明细表”（A104000）第2列“其中：境外支付”：填报在销售费用科目进行核算的向境外支付的相关明细项目的金额，其中金融企业填报在业务及管理费科目进行核算的相关明细项目的金额；第4列“其中：境外支付”：填报在管理费用科目进行核算的向境外支付的相关明细项目的金额；第 6 列“其中：境外支付”：填报在财务费用科目进行核算的向境外支付的有关明细项目的金额。

见下表 8－3：“期间费用明细表”（A104000）。

表 8－3　期间费用明细表（A104000）

行次	项　目	销售费用	其中：境外支付	管理费用	其中：境外支付	财务费用	其中：境外支付
		1	2	3	4	5	6
1	一、职工薪酬		*		*	*	*

（2）税收情报交换的需要。根据国家税务总局《关于印发〈国际税收情报交换工作规程〉的通知》（国税发〔2006〕70 号）第十一条规定：“省以下税务机关为执行税收协定及其所涉及税种的国内法，需要相关缔约国主管当局协助提供税收情报时，可以提出专项情报交换请求，逐级上报总局：

①需要获取或核实交易另一方或国外分支机构保存的账册凭证，而交易另一方或国外分支机构在缔约国另一方的；

②需要获取或核实纳税人与境外公司交易或从境外取得收入过程中支付款项使用的银行账号、金额、资金往来记录等，而该金融机构在缔约国另一方的；

③需要获取或核实交易另一方等的纳税申报资料，而交易另一方在缔约国另一方的；

④需要了解纳税人或与纳税人交易、取得收入有关的另一方的基本情况，包括个人或公司的实际地址及居民身份、公司注册地、公司控股情况等，而这些资料在缔约国另一方的；

⑤需要证实纳税人提供的与纳税有关的资料的真实性和合法性；

⑥需要证实纳税人与境外关联企业的关联关系，以及获取纳税人境外关联企业的基本资料，包括非上市关联企业的合同、章程、财务报表、申报表、会计师查账报告，以及纳税人与其关联企业的交易情况等；

⑦需要了解纳税人从境外取得或向境外支付股息、利息、特许权使用费、财产收益、津贴、奖金、佣金等各种收入款项的性质和金额等情况。因此，通过上述‘境外支付’的相关内容的填报，可以获取‘企业的生产经营、人员、账务、财产等重要事务’上的有效信息，为国际税收情报交换工作提供详实的数据资料。”

（3）促进堵漏增收的需要。根据《国家税务总局关于加强非居民企业来源于我国利息所得扣缴企业所得税工作的通知》（国税函〔2008〕955 号）规定：“自 2008 年 1 月 1 日起，我国金融机构向境外外国银行支付贷款利息、我国境内外资金融机构向境外支付贷款利息，应按照企业所得税法及其实施条例规定代扣代缴企业所得税。”同时还明确：“各地应建立健全非居民企业利息所得源泉扣缴企业所得税监控机制，确保及时足额扣缴税款。”

国家税务总局《关于印发〈2008 年版企业年度关联业务往来报告表业务需求〉的通知》（国税函〔2009〕72 号）在“购销表（表三）”中明确规定了“境外劳务支出”填报企业接受劳务向境外支付的费用；在“对外支付款项情况表（表九）”中设置若干栏目，例如“特许权使用费”填报向境外支付的专利权、非专利技术、商标权、著作权等的使用费；“财产转让支出”填报因取得各种财产所有权而向境外支付的款项；“培训费”填报接受业务技能、专业知识、系统操作、设备操作等培训而向境外支付的费用；"管理服务费"填报接受各种管理服务而向境外支付的费用；"承包工程款"填报接受承包装配、勘探等工程作业或有关工程项目劳务而向境外支付的款项；"建筑安装款"填报接受建筑、安装等项目的劳务而向境外支付的款项；"文体演出款"填报向境外演出团体或个人支付的境内文艺、体育等表演的款项；"认证检测费"填报接受有关资质、证书、产品检测等劳务而向境外支付的费用；"市场拓展费"填报接受有关市场开发、拓展、渗透等劳务而向境外支付的费用；"售后服务费"填报接受产品的检测、维修、保养等售后服务向境外而支付的费用等。在"期间费用明细表"中设置一定的栏目反映上述"境外支付"内容，为关联企业税收管理打下坚实的数据基础。

国家税务总局办公厅《关于对外支付大额费用反避税调查的通知》（税总办发〔2014〕146 号）在开展对外支付大额费用反避税调查时强调：

①对存在避税嫌疑的下列服务费支付，应重点关注：

a 因接受股东服务（包括对境内企业的经营、财务、人事等事项进行策划、管理、监控等活动）而支付的股东服务费；

b 为服从集团统一管理而支付的集团管理服务费；

c 因接受境内企业自身可以完成或已由第三方提供的重复服务而支付的服务费；

d 因接受与境内企业自身所承担的功能和风险无关，或者虽与所承担的功能和风险有关，但与其经营不匹配，不符合其所处经营阶段的服务，而支付的服务费；

e 对于接受的服务与其他交易同时发生，且其他交易价款中已包含该项服务的费用，不应再重复支付服务费。

②对存在避税嫌疑的下列特许权使用费支付，应重点关注：

a 向避税地支付特许权使用费；

b 向不承担功能或只承担简单功能的境外关联方支付特许权使用费；

c 境内企业对特许权价值有特殊贡献或者特许权本身已贬值，仍然向境外支付高额特许权使用费。在"期间费用明细表"中设置"境外支付"内容，对于避税嫌疑明显的企业，可以启动特别纳税调整立案程序，有利于加强企业所得税的征收管理。

三、"期间费用明细表"填报说明

表 8－4　期间费用明细表（A104000）

行次	项　目	销售费用	其中：境外支付	管理费用	其中：境外支付	财务费用	其中：境外支付
		1	2	3	4	5	6
1	一、职工薪酬		*		*	*	*
2	二、劳务费					*	*
3	三、咨询顾问费					*	*
4	四、业务招待费		*		*	*	*
5	五、广告费和业务宣传费		*		*	*	*

续表

行次	项　目	销售费用	其中：境外支付	管理费用	其中：境外支付	财务费用	其中：境外支付
		1	2	3	4	5	6
6	六、佣金和手续费						
7	七、资产折旧摊销费		*		*	*	*
8	八、财产损耗、盘亏及毁损损失		*		*	*	*
9	九、办公费		*		*	*	*
10	十、董事会费		*		*	*	*
11	十一、租赁费					*	*
12	十二、诉讼费		*		*	*	*
13	十三、差旅费		*		*	*	*
14	十四、保险费		*		*	*	*
15	十五、运输、仓储费					*	*
16	十六、修理费					*	*
17	十七、包装费		*		*	*	*
18	十八、技术转让费					*	*
19	十九、研究费用					*	*
20	二十、各项税费		*		*	*	*
21	二十一、利息收支	*	*	*	*		
22	二十二、汇兑差额	*	*	*	*		
23	二十三、现金折扣	*	*	*	*		*
24	二十四、党组织工作经费	*	*		*	*	*
25	二十五、其他						
26	合计（1+2+3+…25）						

“期间费用明细表”适用于执行企业会计准则、小企业会计准则、企业会计制度、分行业会计制度的查账征收居民纳税人填报。纳税人应根据企业会计准则、小企业会计准则、企业会计、分行业会计制度规定，填报“销售费用”“管理费用”“财务费用”等项目。有关项目填报说明如下：

（1）第 1 列“销售费用”：填报在销售费用科目进行核算的相关明细项目的金额，其中金融企业填报在业务及管理费科目进行核算的相关明细项目的金额。

（2）第 2 列“其中：境外支付”：填报在销售费用科目进行核算的向境外支付的相关明细项目的金额，其中金融企业填报在业务及管理费科目进行核算的相关明细项目的金额。

（3）第 3 列“管理费用”：填报在管理费用科目进行核算的相关明细项目的金额。

（4）第 4 列“其中：境外支付”：填报在管理费用科目进行核算的向境外支付的相关明细项目的金额。

（5）第 5 列“财务费用”：填报在财务费用科目进行核算的有关明细项目的金额。

（6）第 6 列“其中：境外支付”：填报在财务费用科目进行核算的向境外支付的有关明细项目的金额。

（7）第 1 至 25 行：根据费用科目核算的具体项目金额进行填报，如果贷方发生额大于借方发生额，应填报负数。

（8）第26行第1列：填报第1行至25行第1列的合计数。

（9）第26行第2列：填报第1行至25行第2列的合计数。

（10）第26行第3列：填报第1行至25行第3列的合计数。

（11）第26行第4列：填报第1行至25行第4列的合计数。

（12）第26行第5列：填报第1行至25行第5列的合计数。

（13）第26行第6列：填报第1行至25行第6列的合计数。

四、“期间费用明细表”的表内、表间关系

1. 表内关系

（1）第26行第1列=第1列第1+2+…+20+24+25行；

（2）第26行第2列=第2列第2+3+6+11+15+16+18+19+24+25行；

（3）第26行第3列=第3列第1+2+…+20+24+25行；

（4）第26行第4列=第4列第2+3+6+11+15+16+18+19+24+25行；

（5）第26行第5列=第5列第6+21+22+23+24+25行；

（6）第26行第6列=第6列第6+21+22+24+25行。

2. 表间关系

（1）第26行第1列=表A100000第4行；

（2）第26行第3列=表A100000第5行；

（3）第26行第5列=表A100000第6行。

第9章 “纳税调整项目明细表”的理解与填报

“纳税调整项目明细表”（A105000）由纳税人根据税法、相关税收规定以及国家统一会计制度的规定，填报企业所得税涉税事项的会计处理、税务处理以及纳税调整情况。

纳税人完成“纳税调整项目明细表”的填报工作，必须认真学习和领会下列税收文件：

（1）《中华人民共和国企业所得税法》；

（2）《中华人民共和国企业所得税法实施条例》；

（3）国家税务总局《关于企业工资薪金及职工福利费扣除问题的通知》（国税函〔2009〕3号）；

（4）《企业会计准则第2号——长期股权投资》《企业会计准则第9号——职工薪酬》。

一、“纳税调整项目明细表”的焦点问题

1. 按权益法核算长期股权投资对初始投资成本调整确认收益

《企业会计准则第2号——长期股权投资》应用指南（2014）明确确定：“四、关于应设置的相关会计科目和主要账务处理采用权益法核算的长期股权投资的处理。企业的长期股权投资采用权益法核算的，应当分别下列情况进行处理：

（1）长期股权投资的初始投资成本大于投资时应享有被投资单位可辨认净资产公允价值份额的，不调整已确认的初始投资成本；长期股权投资的初始投资成本小于投资时应享有被投资单位可辨认净资产公允价值份额的，应按其差额，借记本科目（投资成本），贷记‘营业外收入’科目。

（2）资产负债表日，企业应按被投资单位实现的净利润（以取得投资时被投资单位可辨认净资产的公允价值为基础计算）中企业享有的份额，借记本科目（损益调整），贷记‘投资收益’科目。被投资单位发生净亏损做相反的会计分录，但以本科目的账面价值减记至零为限；还需承担的投资损失，应将其他实质上构成对被投资单位净投资的‘长期应收款’等的账面价值减记至零为限；除按照以上步骤已确认的损失外，按照投资合同或协议约定将承担的损失，确认为预计负债。除上述情况仍未确认的应分担被投资单位的损失，应在账外备查登记。发生亏损的被投资单位以后实现净利润的，应按与上述相反的顺序进行处理。取得长期股权投资后，被投资单位宣告发放现金股利或利润时，企业计算应分得的部分，借记‘应收股利’科目，贷记本科目（损益调整）。

收到被投资单位发放的股票股利，不进行账务处理，但应在备查簿中登记。

（3）发生亏损的被投资单位以后实现净利润的，企业计算应享有的份额，如有未确认投资损失的，应先弥补未确认的投资损失，弥补损失后仍有余额的，依次借记‘长期应收款’科目和本科目（损益调整），贷记‘投资收益’科目。

（4）被投资单位除净损益、利润分配以外的其他综合收益变动和所有者权益的其他变动，企业按持股比例计算应享有的份额，借记本科目（其他综合收益和其他权益变动），贷记‘其他综合收益’和‘资本公积——其他资本公积’科目。”

也就是说，在权益法核算下企业取得的长期股权投资，初始投资成本小于取得投资时应享有的被投资单位可辨认净资产公允价值份额的，应对长期股权投资账面价值进行调整，计人取得投资当期的损益。而企业所得税法规定企业对外进行权益性投资，通过支付现金取得的投资资产，以购买价为成本；通过支付现金以外的方式取得的投资资产，以该项资产的公允价值和支付的相关税费为成本；初始投资成本小于被投资单位净资产公允价值的部分不计入计税所得额，计算所得税时应作纳税调整调减项目处理。

【案例1】

甲企业于2016年1月取得对乙公司40%的股权，支付价款1500万元，取得被投资单位净资产公允价值4000万元；甲企业对该项投资采用权益法核算；长期股权投资的初始成本1500万元小于

取得投资时应享有被投资单位可辨认的净资产公允价值1600万元，差额100万元在会计核算作为营业外收入处理，计算应纳所得税时，纳税调整减少金额100万元。

第5行“（四）按权益法核算长期股权投资对初始投资成本调整确认收益”：第4列“调减金额”填报纳税人采取权益法核算，初始投资成本小于取得投资时应享有被投资单位可辩认净资产公允价值份额的差额计入取得投资当期的营业外收入的金额。

2. 工资薪金全额扣除的范围及其内容

根据《企业会计准则第9号——职工薪酬》（财会〔2014〕8号）第三条：“本准则所称职工，是指与企业订立劳动合同的所有人员，含全职、兼职和临时职工，也包括虽未与企业订立劳动合同但由企业正式任命的人员。

未与企业订立劳动合同或未由其正式任命，但向企业所提供服务与职工所提供服务类似的人员，也属于职工的范畴，包括通过企业与劳务中介公司签订用工合同而向企业提供服务的人员。”

《企业会计准则第9号——职工薪酬》应用指南（2014）中明确：“本准则所称的职工，是指与企业订立劳动合同的所有人员，含全职、兼职和临时职工，也包括虽未与企业订立劳动合同但由企业正式任命的人员。

具体而言，本准则所称的职工至少应当包括：

①与企业订立劳动合同的所有人员，含全职、兼职和临时职工。按照我国《劳动法》和《劳动合同法》的规定，企业作为用人单位应当与劳动者订立劳动合同。本准则中的职工首先应当包括这部分人员，即与企业订立了固定期限、无固定期限或者以完成一定工作作为期限的劳动合同的所有人员。

②未与企业订立劳动合同但由企业正式任命的人员，如部分董事会成员、监事会成员等。

企业按照有关规定设立董事、监事，或者董事会、监事会的，如所聘请的独立董事、外部监事等，虽然没有与企业订立劳动合同，但属于由企业正式任命的人员，属于本准则所称的职工。

③在企业的计划和控制下，虽未与企业订立劳动合同或未由其正式任命，但向企业所提供服务与职工所提供服务类似的人员，也属于职工的范畴，包括通过企业与劳务中介公司签订用工合同而向企业提供服务的人员，这些劳务用工人员属于本准则所称的职工。”这样界定了企业职工的范围，其内涵更加丰富。

《企业会计准则第9号——职工薪酬》应用指南（2014）进一步明确：“职工薪酬，是指企业为获得职工提供的服务或解除劳动关系而给予的各种形式的报酬或补偿。企业提供给职工配偶、子女、受赡养人、已故员工遗属及其他受益人等的福利，也属于职工薪酬。

职工薪酬主要包括短期薪酬、离职后福利、辞退福利和其他长期职工福利。”

《企业所得税法实施条例》第三十四条规定，企业发生的合理的工资薪金支出，准予扣除。

前款所称工资薪金，是指企业每一纳税年度支付给在本企业任职或者受雇的员工的所有现金形式或者非现金形式的劳动报酬，包括基本工资、奖金、津贴、补贴、年终加薪、加班工资，以及与员工任职或者受雇有关的其他支出。

（1）关于合理工资薪金。

为进一步规范工资企业工资薪金及职工福利费扣除问题，2009年1月4日，国家税务总局颁布

《国家税务总局关于企业工资薪金及职工福利费扣除问题的通知》（国税函〔2009〕3 号），明确“合理工资薪金”，是指企业按照股东大会、董事会、薪酬委员会或相关管理机构制订的工资薪金制度规定实际发放给员工的工资薪金。税务机关在对工资薪金进行合理性确认时，可按以下原则掌握：

①企业制订了较为规范的员工工资薪金制度；

②企业所制订的工资薪金制度符合行业及地区水平；

③企业在一定时期所发放的工资薪金是相对固定的，工资薪金的调整是有序进行的；

④企业对实际发放的工资薪金，已依法履行了代扣代缴个人所得税义务；

④有关工资薪金的安排，不以减少或逃避税款为目的。

（2）关于工资薪金总额。

国税函〔2009〕3 号对所得税实施条例进一步明确，《实施条例》第四十、四十一、四十二条所称的“工资薪金总额”，是指企业按照本通知第一条规定实际发放的工资薪金总和，不包括企业的职工福利费、职工教育经费、工会经费以及养老保险费、医疗保险费、失业保险费、工伤保险费、生育保险费等社会保险费和住房公积金。属于国有性质的企业，其工资薪金，不得超过政府有关部门给予的限定数额；超过部分，不得计入企业工资薪金总额，也不得在计算企业应纳税所得额时扣除。

（3）关于工资的内涵与支付。

原内资企业的工资薪金扣除，实行的是计税工资扣除制度；而对外资企业采取的是据实扣除制度，从而造成内资企业税负重于外资企业的重要原因之一。为公平税负，减轻企业负担，根据现行企业工资制度的实践做法，企业所得税法统一了企业的工资薪金扣除政策。

对新税法的规定，可从以下几方面来理解：

①必须是实际发生的工资薪金支出。准予税前扣除的，应该是企业实际所发生的工资薪金支出。这一点强调的是，作为企业税前扣除项目的工资薪金支出，应该是企业已经实际支付给其职工的那部分工资薪金支出，尚未支付的所谓应付工资薪金支出，不能在其未支付的这个纳税年度内扣除，只有等到实际发生后，才准予税前扣除。

②工资薪金的发放对象是在本企业任职或者受雇的员工。也就是说，只有为企业提供特定劳务，能为企业带来经济利益流入的员工，才能作为企业工资薪金的支付对象，企业因此而发生的支出，就是符合生产经营活动常规，是企业取得收入的必要与正常的支出。

所谓任职或者雇用关系，一般是指所有连续性的服务关系，提供服务的任职者或者雇员的主要收入或者很大一部分收入来自于任职的企业，并且这种收入基本上代表了提供服务人员的劳动。

所谓连续性服务并不排除临时工的使用，临时工可能是由于季节性经营活动需要雇佣的，虽然对某些临时工的使用是一次性的，但从企业经营活动的整体需要看又具有周期性，服务的连续性应足以对提供劳动的人确定计时或者计件工资，应足以与个人劳务支出相区别。

职工在企业任职过程中，企业可能根据国家政策的要求，为其支付一定的养老、失业等基本社会保障缴款；按照劳动保障法律的要求支付劳动保护费；职工调动工作时支付一定的旅费和安家费；按照国家计划生育政策的要求，支付独生子女补贴；按照国家住房制度改革的要求，为职工承担一定的住房公积金；按照离退休政策规定支付给离退休人员的支出等，这些支出虽然是支付给职工的，但与职工的劳动并没有必然关联，实施条例专门作出规定，将其排除在工资薪金支出范围之外。

③工资薪金的表现形式包括所有现金和非现金形式。工资薪金的形式多种多样，但主要可分为现金和非现金形式。虽然，目前占有主要地位的工资薪金发放形式是现金，但也存在许多以非现金形式发放的工资薪金。对于这些非现金形式的工资薪金，也允许扣除，只不过应通过一定的方式，将其换算成等额现金的形式予以税前扣除。

④工资薪金的种类。工资薪金的种类包括基本工资、奖金、津贴、补贴、年终加薪、加班工资，以及与任职或者受雇有关的其他支出。

时下，企业支付给其员工的工资薪金，名目繁多，称呼各异，也没有一个统一的标准，但只要把握住一点，即凡是这类支出是因员工在企业任职或者受雇于企业，即是因其提供劳动而支付的，就属于工资薪金支出，不拘泥于形式上的名称。

企业可参照1989年国家统计局第1号令《关于职工工资总额组成的规定》，将企业工资总额分为六个部分，即：基本工资，包括计时工资（指按计时工资标准和工作时间支付给职工的劳动报酬）、计件工资（指对已做工作按计件单价支付的劳动报酬）；

奖金是指支付给职工的超额劳动报酬和增收节支的劳动报酬，如生产奖，包括超产奖、质量奖、安全奖、考核各项经济指标的综合奖、提前竣工奖、外轮速遣奖、年终奖、劳动分红等，又如劳动竞赛奖，包括发给劳动模范、先进个人的各种奖金和实物奖励等；

津贴和补贴是指为了补偿职工特殊或额外的劳动消耗和因其他特殊原因支付给职工的津贴，以及为了保证职工工资水平不受物价影响支付的物价补贴，包括补偿职工特殊或额外劳动消耗的津贴（如高空津贴、井下津贴等），保健津贴，技术性津贴（如工人技校师津贴），工龄津贴及其他津贴（如直接支付给伙食津贴、合同制职工工资性补贴及书报费等）；加班加点工资，是指按规定支付的加班加点工资；

其他类似工资的支出，包括根据国家法律、法规和政策规定，因病、工伤、产假、计划生育、婚丧假、探亲假、事假、定期休假、停工学习、执行国家和社会义务等原因，按计时工资标准或计件工资标准的一定比例支付的工资，以及附加工资、保留工资等。

（4）对以前年度工效挂钩企业工资的税务处理。

依据《国家税务总局关于企业所得税若干税务事项衔接问题的通知》（国税函〔2009〕98号）第六条规定，原执行工效挂钩办法的企业，在2008年1月1日以前已按规定提取，但因未实际发放而未在税前扣除的工资储备基金余额，2008年及以后年度实际发放时，可在实际发放年度企业所得税前据实扣除。

【专家提示】

为防止企业通过虚列工资薪金支出而降低企业利润，少缴所得税款，国家税务总局于2009年5月15日《关于加强个人工资薪金所得与企业的工资费用支出比对问题的通知》（国税函〔2009〕259号）明确要求：

①各地国税局应于每年7月底前，将所辖进行年度汇算清缴企业的纳税人名称、纳税人识别

号、登记注册地址、企业税前扣除工资薪金支出总额等相关信息传递给同级地税局。地税局应对所辖企业及国税局转来的企业的工资薪金支出总额和已经代扣代缴个人所得税的工资薪金所得总额进行比对分析，对差异较大的，税务人员应到企业进行实地核查，或者提交给稽查部门，进行税务稽查。2009年，地税局进行比对分析的户数，不得低于实际汇算清缴企业总户数的10%。信息化基础较好的地区，可以根据本地实际扩大比对分析面，直至对所有汇算清缴的企业进行比对分析。

②地税局到企业进行实地核查时，主要审核其税前扣除的工资薪金支出是否足额扣缴了个人所得税；是否存在将个人工资、薪金所得在福利费或其他科目中列支而未扣缴个人所得税的情况；有无按照企业全部职工平均工资适用税率计算纳税的情况；以非货币形式发放的工资薪金性质的所得是否依法履行了代扣代缴义务；有无隐匿或少报个人收入情况；企业有无虚列人员、增加工资费用支出等情况。

鉴于上述监管要求，企业应当完善职工工资制度，规范应付职工薪酬的会计核算，足额扣缴职工薪酬的个人所得税，确保企业职工薪酬合理支付。

【案例2】

2016年7月，甲公司当月应发工资1560万元，其中：生产部门生产工人工资1000万元；生产部门管理人员工资200万元,；管理部门管理人员工资360万元。

根据甲公司所在地政府规定，甲公司应当按照职工工资总额的10%和8%计提并缴存医疗保险费和住房公积金。甲公司分别按照职工工资总额的2%和1.5%计提工会经费和职工教育经费。

假定不考虑其他因素以及所得税影响。

根据上述资料，甲公司计算其2014年7月份的职工薪酬金额如下：

应当计入生产成本的职工薪酬金额 = 1000 + 1000 ×（10% + 8% + 2% + 1.5%）= 1215（万元）

应当计入制造费用的职工薪酬金额 = 200 + 200 ×（10% + 8% + 2% + 1.5%）= 243（万元）

应当计入管理费用的职工薪酬金额 = 360 + 360 ×（10% + 8% + 2% + 1.5%）= 437.40（万元）

甲公司有关账务处理如下：

借：生产成本　12150000

　　制造费用　2430000

　　管理费用　4374000

　　贷：应付职工薪酬——工资　15600000

　　　　应付职工薪酬——住房公积金　1248000

　　　　应付职工薪酬——工会经费　312000

　　　　应付职工薪酬——职工教育经费　234000

【案例3】

甲公司是一家生产笔记本电脑的企业，共有职工2000名。2016年1月15日，甲公司决定以其生产的笔记本电脑作为节日福利发放给公司每名职工。每台笔记本电脑的售价为1.40万元，成本为1万元。甲公司适用的增值税税率为17%，已开具了增值税专用友票。假定2000名职工中1700名为直接参加生产的职工，300名为总部管理人员。假定甲公司于当日将笔记本电脑发放给各职工。

根据上述资料，甲公司计算笔记本电脑的售价总额及其增值税销项税额如下：

笔记本电脑的售价总额＝1.40×1700＋1.40×300＝2380＋420＝2800（万元）

笔记本电脑的增值税销项税额＝1700×1.40×17%＋300×1.40×17%＝404.60＋71.40＝476（万元）

应当计入生产成本的职工薪酬金额＝2380＋404.60＝2784.60（万元）

应当计入管理费用的职工薪酬金额＝420＋71.40＝491.40（万元）

甲公司有关账务处理如下：

借：生产成本　　27846000
　　管理费用　　4914000
　　贷：应付职工薪酬——非货币性福利　　32760000

借：应付职工薪酬——非货币性福利　　32760000
　　贷：主营业务收入　　28000000
　　　　应交税费——应交增值税（销项税额）　　4760000

借：主营业务成本　　20000000
　　贷：库存商品　　20000000

【案例4】

乙公司共有1000名职工从2015年1月1日起，该公司实行累积带薪缺勤制度。该制度规定，每个职工每年可享受5个工作日带薪年休假，未使用的年休假只能向后结转一个日历年度，超过1年未使用的权利作废；职工休年休假时，首先使用当年可享受的权利，不足部分再从上年结转的带薪年休假中扣除；职工离开公司时，对未使用的累积带薪年休假无权获得现金支付。

2015年12月31日，每个职工当年平均未使用带薪年休假为2天。乙公司预计2016年有950名职工将享受不超过5天的带薪年休假，剩余50名职工每人将平均享受6天半年休假，假定这50名职工全部为总部管理人员，该公司平均每名职工每个工作日工资为500元。

根据上述资料，乙公司职工2015年已休带薪年休假的，由于在休假期间照发工资，因此相应的薪酬已经计入公司每月确认的薪酬金额中。与此同时，公司还需要预计职工2015年享有但尚未使用的、预期将在下一年度使用的累积带薪缺勤，并计入当期损益或者相关资产成本。

在本例中，乙公司在2015年12月31日预计由于职工累积未使用的带薪年休假权利而导致预期将支付的工资负债即为75天（50×1.5天）的年休假工资金额37，500元（75×500），并作如下账务处理：

借：管理费用　　37500
　　贷：应付职工薪酬—累积带薪缺勤　　37500

【案例5】

丙公司于2016年初制订和实施了一项短期利润分享计划，以对公司管理层进行激励。该计划规定，公司全年的净利润指标为1000万元，如果在公司管理层的努力下完成的净利润超过1000万元，公司管理层将可以分享超过1000万元净利润部分的10%作为额外报酬。假定至2016年12月31日，丙公司全年实际完成净利润1500万元。假定不考虑离职等其他因素，则丙公司管理层按照利润分享计划可以分享利润50万元［（1500－1000）×10%］作为其额外的薪酬。

丙公司2016年12月31日的相关账务处理如下：

借：管理费用 500000

贷：应付职工薪酬—利润分享计划 50000

【填报技巧】

上述支出在“纳税调整项目明细表”（A105000)》第14行“（二）职工薪酬”中填列。根据“职工薪酬支出及纳税调整明细表”（A105050）填报，第1列“账载金额”为表A105050第13行第1列金额；第2列“税收金额”为表A105050第13行第4列金额；表A105050第13行第5列，若≥0，填入本行第3列“调增金额”；若<0，将绝对值填入本行第4列“调减金额”。

第1列“账载金额”填报企业计入“应付职工薪酬”和直接计入成本费用的职工工资、奖金、津贴和补贴；

第2列“税收金额”填报税收允许扣除的工资薪金额，对工效挂钩企业需对当年实际发放的职工薪酬中应计入当年的部分予以填报，对非工效挂钩企业即为账载金额，本数据作为计算职工福利费、职工教育经费、工会经费的基数；

第3列“调增金额”、第4列“调减金额”需分析填列。见下表9-1：

表9-1 纳税调整项目明细表（A105000）

行次	项 目	账载金额	税收金额	调增金额	调减金额
		1	2	3	4
12	二、扣除类调整项目（13+14+…24+26+27+28+29+30）	*	*		
14	（二）职工薪酬（填写A105050）				
45	合计（1+12+31+36+43+44）	*	*		

见下表9-2：

表9-2 职工薪酬支出及纳税调整明细表（A105050）

行次	项目	账载金额	实际发生额	税收规定扣除率	以前年度累计结转扣除额	税收金额	纳税调整金额	累计结转以后年度扣除额
		1	2	3	4	5	6（1-5）	7（1+4-5）
13	合计（1+3+4+7+8+9+10+11+12）			*				

二、“纳税调整项目明细表”结构特点是什么

新的《企业所得税法》与1991年4月9日第七届全国人民代表大会第四次会议通过的《中华人民共和国外商投资企业和外国企业所得税法》和1993年12月13日国务院发布的《中华人民共和国企业所得税暂行条例》（两法以下简称旧税法）有哪些主要变化呢？

显著变化之一是应纳税所得额的构成及调整。新的《企业所得税法》规定企业每一纳税年度的收入总额，减除不征税收入、免税收入、各项扣除以及允许弥补的以前年度亏损后的余额，为应纳税所得额。而旧税法规定纳税人每一纳税年度的收入总额减去准予扣除项目后的余额为应纳税所得

额。新的《企业所得税法》增加了不征税收入、免税收入、以前年度亏损等三个项目，并且把“不征税收入”进行了法定化。

新的《企业所得税法》第七条规定，收入总额中（一）财政拨款、（二）依法收取并纳入财政管理的事业性收费、政府性基金为不征税收入。

显著变化之二是在计算应纳税所得额时，不得扣除的支出有所调整。新的《所得税法》将“税收滞纳金”单独作为一款规定为不得扣除项目，而不像旧税法将“各项税收的滞纳金、罚金和罚款”写在一款内；增加了三款不得扣除的项目：向投资者支付的股息、红利等权益性投资收益款项，企业所得税税款，未经核定的准备金支出；取消了旧税法三款不得扣除的项目：资本性支出，无形资产受让、开发支出，自然灾害或者意外事故损失有赔偿的部分。

显著变化之三是“特别纳税调整”增加了许多新内容。将旧税法“关联企业业务往来”变更为“特别纳税调整”并且充实了较多内容，适用内外资所有企业。如独立交易原则、预约定价安排、不合理商业目的调整、加收利息等国际上通用的反避税措施。

新的《企业所得税法》第四十一条第二款规定，企业与其关联方共同开发、受让无形资产，或者共同提供、接受劳务发生的成本，在计算应纳税所得额时应当按照独立交易原则进行分摊。第四十二条规定，企业向税务机关提出与其关联方之间业务往来的定价原则和计算方法，税务机关与企业协商、确认后，达成预约定价安排。此条款对过去所说的税收三性——强制性有一定的影响。第四十七条规定，企业实施其他不具有合理商业目的的安排而减少其应纳税或者所得额的，税务机关有权按照合理方法调整。第四十八条规定，税务机关依照“特别纳税调整”规定作出纳税调整，需要补征税款的，应当补征税款，并按照国务院规定加收利息。这是《税收征收管理法》在企业所得税税种中的具体应用，也是实体法第一次明确规定加收利息的做法。

企业所得税“纳税调整项目明细表”（A105000）这是依据上述原理设置的。企业所得税应纳税所得额的计算一般有两种方法：直接计算法和间接计算法，其中，直接计算法计算的应纳税所得额=收入总额-不征税收入-免税收入-各项扣除金额-弥补亏损；间接计算法计算的应纳税所得额=会计利润总额±纳税调整项目金额-弥补亏损。遵循的原则是企业在计算应纳税所得额及应纳所得税时，企业财务、会计处理办法与税法规定不一致的，应当按照税法规定计算。税法规定不明确的，在没有明确规定之前，暂按企业财务、会计规定计算。

2014年版及其修订版的企业所得税年度纳税申报表对应纳税所得额的确定采用的是间接计算法，这种方法是在会计利润总额的基础上，根据税收法规规定进行有效的调整。

1. “纳税调整项目明细表”填报原则

“纳税调整项目明细表”（A105000）结构特点主要体现在以下几个原则上。

（1）权责发生制原则。

《企业所得税法实施条例》第九条明确规定：“企业应纳税所得额的计算，以权责发生制为原则，属于当期的收入和费用，不论款项是否收付，均作为当期的收入和费用；不属于当期的收入和费用，即使款项已经在当期收付，也不作为当期的收入和费用。本条例和国务院财政、税务主管部门另有规定的除外。”企业所得税法第五条规定：“企业每一纳税年度的收入总额，减除不征税收入、免税收入、各项扣除以及允许弥补的以前年度亏损后的余额，为应纳税所得额。”但企业所得税法第一条规定没有明确计算应纳税所得额的基本原则，即如何确认企业收入及成本费用，只有明确了这个问题，才能运用企业所得税法的这条规定计算出应纳税所得额。因此，本条例有必要对计算应纳税所得额的基本原则作出规定。

原内资条例的实施细则第五十四条第一款规定："纳税人应纳税所得额的计算，以权责发生制为原则。"本条继续沿袭这一规定，明确规定，企业所得税应纳税所得额的计算，以权责发生制为原则。权责发生制，是指以实际收取现金的权利或支付现金的责任的发生为标志来确认当期的收入、费用及债权、债务。就收入的确认来说，凡是当期已经实现的收入，不论款项是否收到，都应当确认为当期的收入；凡是不属于当期的收入，即使款项已经收到，也不应当确认为当期的收入。就费用扣除而言，凡是属于当期的费用，不论款项是否支付，均作为当期的费用；不属于当期的费用，即使款项已经在当期支付，也不能作为当期的费用。

在纳税主体的经济活动中，经济业务的发生和货币的收付不是完全一致的，即存在着现金流动与经济活动的分离，由此而产生两个确认和记录会计要素的标准，一个标准是根据货币收付与否作为收入或费用确认和记录的依据，称为收付实现制；另一个标准是以取得收款权利或付款责任作为记录收入或费用的依据，称为权责发生制。收付实现制是以款项的实际收付为标准来处理经济业务，确定本期收入和费用，计算本期盈亏的会计处理基础。在现金收付的基础上，凡在本期实际以现款付出的费用，不论其应否在本期收入中获得补偿均应作为本期应计费用处理；凡在本期实际收到的现款收入，不论其是否属于本期均应作为本期应计的收入处理；反之，凡本期还没有以现款收到的收入和没有用现款支付的费用，即使它归属于本期，也不作为本期的收入和费用处理。

权责发生制和收付实现制在处理收入和费用时的原则是不同的，所以同一会计事项按不同的会计处理基础进行处理，其结果可能是相同的，也可能是不同的。

例如，本期销售产品一批，价值5000元，货款已收存银行，这项经济业务不管采用应计基础或现金收付基础，5000元货款均应作为本期收入，因为一方面它是本期获得的收入，应当作本期收入，另一方面现款也已收到，亦应列作本期收入，这时就表现为两者的一致性。但在另外的情况下两者则是不一致的，如本期收到上月销售产品的货款存入银行，在这种情况下，如果采用现金收付基础，这笔货款应当作为本期的收入，因为现款是本期收到的，如果采用应计基础，则此项收入不能作为本期收入，因为它不是本期获得的。

权责发生制是应用较为广泛的企业会计计算方法，也为我国大多数企业所采纳。在税务处理过程中，以权责发生制确定应税收入的理由在于，经济活动导致企业实际获取或拥有对某一利益的控制权时，就表明企业已产生收入，相应地，也产生了与该收入相关的纳税义务。权责发生制条件下，企业收入的确认一般应同时满足以下两个条件：一是支持取得该收入权利的所有事项已经发生；二是应该取得的收入额可以被合理地、准确地确定。权责发生制便于计算应纳税所得额，因此本条将其规定为企业所得税应纳税所得额的计算以权责发生制为原则。

（2）收付实现制原则。

由于经济活动的复杂性，在特定情况下，可以采用收付实现制的原则。因此，本条规定本条例可以规定不采用权责发生制的情形，同时授权国务院财政、税务主管部门也可以根据实际情况对不采用权责发生制的情形作进一步详细规定，以保证应纳税所得额计算的更加科学合理。

《企业所得税法实施条例》第二十一条：“企业所得税法第六条第（八）项所称接受捐赠收入，是指企业接受的来自其他企业、组织或者个人无偿给予的货币性资产、非货币性资产。

接受捐赠收入，在实际收到捐赠资产时确认收入的实现。”上述法条是对企业所得税法第六条第（八）项所规定的“接受捐赠收入”进行的细化规定。企业所得税的这一条规定只是将“接受捐赠收入”作为收入的一种，但是并没有明确捐赠收入的范围是什么？又是如何确认收入的实现的？这就是本条规定要解决的问题。

旧税法均没有将捐赠收入单列为收入的一种类型。企业所得税法第六条第（八）项是根据新企业所得税法的规定而新增加的内容。

一是捐赠的含义和范围。本条第一款对捐赠的含义和范围作了具体规定：

①捐赠是无偿给予的资产。捐赠的基本特征在于其无偿性，这也是捐赠区别于其他财产转让的标志。无偿性即出于某种原因，不支付金钱或付出其他相应代价而取得某项财产，如公益事业捐赠等。《中华人民共和国合同法》对赠与合同专节作了规定，赠与合同是赠与人将自己的财产无偿给予受赠人，受赠人表示接受赠与的合同；赠与的财产依法需要办理登记等手续的，应当办理有关手续；具有救灾、扶贫等社会公益、道德义务性质的赠与合同或者经过公证的赠与合同，赠与人不交付赠与的财产的，受赠人可以要求交付。基于捐赠的无偿性，合同法规定了赠与人和受赠人相应的权利义务。《中华人民共和国公益事业捐赠法》也规定捐赠应当是自愿和无偿的，并对自然人、法人或者其他组织自愿无偿向依法成立的公益性社会团体和公益性非营利的事业单位捐赠财产用于公益事业的作了特别规定。

②捐赠人是其他企业、组织或者个人。其他组织，包括事业单位、社会团体等。

③捐赠财产范围，包括货币性资产和非货币性资产。货币性资产、非货币性资产的范围分别对应企业所得税法第六条所称企业取得收入的货币形式和非货币形式。

二是捐赠收入的确认。《企业所得税法实施条例》第二十一条第二款明确“接受捐赠收入，在实际收到捐赠资产时确认收入的实现。”换言之，企业接受的捐赠收入，按实际收到受赠资产的时间确认收入实现，即按照收付实现制原则确认，以款项的实际收付时间作为标准来确定当期收入和成本费用。《企业所得税法实施条例》第九条虽然规定以权责发生制为原则计算应纳税所得额，但同时又明确：“本条例和国务院财政、税务主管部门另有规定的除外。”捐赠收入的确认规定就是一个例外，主要基于以下两点考虑：

①赠与合同法律上的特殊性。一般合同在签订时成立，并确认为此时财产已经转移；而赠与合同则是在赠与财产实际交付时才成立，才在法律上确认为财产已经转移。根据合同法第一百八十六条规定，赠与人在赠与财产的权利转移之前可以撤销赠与，具有救灾、扶贫等社会公益、道德义务性质的赠与合同或者经过公证的赠与合同除外。也就是说，一般情况下，在赠与财产的权利转移之前，即使双方已经订立赠与合同，该合同都不能视为成立。只有救灾、扶贫等社会公益、道德义务性质的赠与合同或者经过公证的赠与合同，才能在法律上视为在赠与合同订立时视为已经成立。

②接受捐赠以无偿性为基本特征，即受赠人一般不需要支付代价，接受捐赠收入的成本较小或者没有成本，因此在很多情况下不存在收入与成本相互对应的问题，也就不需要采取权责发生制原则。

企业接受捐赠收入金额，按照捐赠资产的公允价值确定。按照《企业会计准则———基本准则》第四十二条第（五）款规定：“公允价值。在公允价值计量下，资产和负债按照市场参与者在计量日发生的有序交易中，出售资产所能收到或者转移负债所需支付的价格计量。”

（3）合理性原则。

《企业所得税法》规定，企业实际发生的与取得收入有关的、合理的支出，包括成本、费用、税金、损失和其他支出，准予在计算应纳税所得额时扣除。合理性原则是企业所得税税前扣除的另一项基本原则，是建立在税前扣除真实性和合法性原则基础上的要求。原内资、外资税法均没有直接规定企业所得税税前扣除的合理性原则要求。统一后的新企业所得税法第八条虽然确立了税前扣除的合理性原则，但是基于整个框架、体例等方面的考虑，并没有对“合理的支出”作出直接的界定，比如到底什么是“合理的支出”，其范围有多大等，这些问题直接关系到企业所得税税前扣除的标准和范围，进而影响到企业应纳税所得额和应纳税额的大小，实施条例有必要作相应地明确。据此，本条规定，企业所得税法第八条所称合理的支出，是指符合生产经营活动常规，应当计入当期损益或者有关资产成本的必要和正常的支出。合理性的具体判断，主要是看发生支出的计算和分配方法是否符合一般经营常规，如企业发生的业务招待费与所成交的业务额或者业务的利润水平是否相吻合，工资水平与社会整体或者同行业工资水平是否差异过大等等。合理性原则为防止企业利用不合理的支出调节利润水平，规避税收，以及全面加强我国的一般反避税工作提供了依据。它可以从以下几方面来理解：

首先，允许扣除的支出应当是符合企业生产经营活动常规的支出。所谓生产经营活动常规，目前并没有一个统一而权威的解释，且企业经济活动的多样化、社会实际情况的复杂化等多种因素决定了，无法以一个机械、可直接套用的公式、语言来界定生产经营活动常规。对于判断企业的特定行为是否符合生产经营活动常规，需要借助社会经验，根据企业的性质、规模、业务范围、活动目的以及可预期效果等多种因素，加以综合考虑与判断，需要一个经济理性的假设。是否符合生产经营活动常规，从某种程度上来看，也是留给了税务机关一定的判断权，能增强税务机关的能动性。

其次，企业发生的合理的支出，限于应当计入当期损益或者有关资产成本的必要与正常的支出。计入当期损益或者有关资产的成本，指的是企业所发生的支出在扣除阶段方面的要求。必要和正常的支出，是符合生产经营活动常规的必然要求和内在之意，也就是企业所发生的支出，是企业生产经营活动所不可缺少的支出，是企业为了获取某种经济利益的流入所不得不付出的代价，而且这种代价是符合一般社会常理的，符合企业经济活动的一般规律或者情况的支出。

这里的“合理的支出”是合理性原则在税前扣除时的具体体现，即符合生产经营活动常规，应当计入当期损益或者有关资产成本的必要和正常的支出，其发生支出的计算和分配方法应当符合一般的经营常规和会计惯例。合理性原则应当有两个方面的考虑：

一是金额合理。税法限定税前扣除的费用金额应当在合理范围之内，因此，纳税人必须有克制地运用这些规定，以保证纳税人真正的经营活动费用能够扣除。例如，交际应酬费用与广告费宣传费用。

二是方法手段合理。企业的资本性支出需要通过一定的时间和方法，按照受益对象计算分摊扣除。而这些时间与方法的确定主要是依靠会计人员的职业判断做出选择。

会计人员因业务素质、职业道德、利益驱动和“行政干预”等多种原因的影响，在会计核算方法、财产价值评估方法等选择方面，往往会做出不符合交易习惯的判断，有的甚至恶意操纵会计利润。如税法规定某项资产的折旧年限是4年，但此时企业享受“免二减三”税收优惠政策，为逃避纳税义务，企业采用10年作为计提折旧的时限，很显然其通过不合理的商业安排将本应当在免税期间扣除的费用，转移到征税期间扣除。税法对此不予认可，可以推定恶意进行会计估计，企业确认的固定资产折旧年限应当按照税法规定进行调整。

本次“纳税调整项目明细表”（A105000）设计中，“合理性原则”使用最为充分与普遍，大量的税收与会计差异调整原因是税法出于对税基的保护，对纳税人发生的成本费用在税前扣除金额合理性的判断，如“扣除类调整项目”第14行“职工薪酬”、第15行“业务招待费支出”、第23行“佣金和手续费支出”等等。这种调整往往是单向的，即税法对其扣除的金额是有限制的，纳税人发生的某项成本费用如果当年不能扣除，其以后年度也不能递延扣除。如超过一定标准的“业务招待费支出”与“佣金和手续费支出”等。

（4）对称性原则。

对称性是指企业所得税在计算应纳税所得额时，收入与支出的对称。企业所得税上的对称性首先体现的是金额的对称，销货方获取收入与购买方发生支出金额对称；债务重组所得与债务重组损失金额的对称；接受捐赠收入与发生捐赠支出金额的对称；等等。其次是时间的对称，一般情况下，税法如果对纳税人某项收入在当期征税，那么为该项收入所付出的代价就应当在当期扣除。如商品销售收入在当期征税，那么该商品销售成本应当在当期扣除，就属于当期对称。因为所得税是对所得额征税，而所得额主要取决于两个因素：一个是收入，另一个是扣除。如果没有其他规定，仅仅因为其中一个确定的因素计算企业所得税是不恰当的。

因此，在国家税务总局《关于确认企业所得税收入若干问题的通知》（国税函〔2008〕875号）中明确规定，企业销售商品的同时满足下列条件的，应确认收入的实现：

①商品销售合同已经签订，企业已将商品所有权相关的主要风险和报酬转移给购货方；

②企业对已售出的商品既没有保留通常与所有权相联系的继续管理权，也没有实施有效控制；

③收入的金额能够可靠地计量；

④已发生或将发生的销售方的成本能够可靠地核算。

这里的第3项“收入的金额能够可靠地计量”与第4项“已发生或将发生的销售方的成本能够可靠地核算”就是体现了对称性。

本次“纳税调整项目明细表”（A105000）的设计毫无疑问体现了这一原则，如“收入类调整项目”中的“视同销售收入”填报就与“扣除类调整项目”中的“视同销售成本”形成一一对称的关系。再例如主表中第13行“利润总额”是按会计口径的收入减除会计口径的成本费用，计算出来的会计利润。会计口径的收入，包含纳税人按税法规定可以申请作为“不征税收入”的收入，会计口径扣除包含“不征税收入对应的成本费用”。税法将“不征税收入”从会计口径收入总额中减除，同时，也应当按对称性原则将其对应的支出，即“符合条件的不征税收入用于支出所形成的计入当期损益的费用化支出金额”从会计口径的成本费用中调减。

（5）确定性原则。

《企业所得税法》所称的确定性是指：纳税人可扣除的成本费用不论何时支付，其金额必须是确定的。即企业的任何费用支出不论何时支付或取得发票，如果可扣除的支出额或相应的债务额无法准确确定，一般情形下税法不允许按估计的支出额扣除。

从企业所得税应纳税所得额确认的对称性分析来看，税法对纳税人的预计收入不征税，其预计支出也不得扣除。例如，在会计核算中纳税人为了减少应收账款损失风险对企业的影响，根据谨慎性原则，从经营利润中预留了一些准备性质的支出，如提取坏账减值准备。这类支出税法如果不加以限制，不研判纳税人经营特点和以往的经营历史，笼统地允许纳税人提取坏账准备在税前扣除，可能会造成纳税人之间的不公平。

确定性原则主要应用在税前扣除项目金额的确定、时间的确定和受益对象的确定。例如，企业所得税纳税申报表主表的第 7 行“资产减值损失”、第 8 行“公允价值变动收益”等包含着金额不确定的费用或收益，税法通过“纳税调整项目明细表”（A105000）对此进行了相应的、必要的调整。

金额的确定前面已经提及，时间的确定是指费用预计时不得扣除，实际发生时可以扣除，如国家税务总局《关于煤矿企业维简费和高危行业企业安全生产费用企业所得税税前扣除问题的公告》（2011 年第 26 号）规定：煤矿企业实际发生的维简费支出和高危行业企业实际发生的安全生产费用支出，属于收益性支出的，可直接作为当期费用在税前扣除；属于资本性支出的，应计入有关资产成本，并按企业所得税法规定计提折旧或摊销费用在税前扣除。企业按照有关规定预提的维简费和安全生产费用，不得在税前扣除。

（6）相关性原则。

《企业所得税法实施条例》第二十七条：“企业所得税法第八条所称有关的支出，是指与取得收入直接相关的支出。

企业所得税法第八条所称合理的支出，是指符合生产经营活动常规，应当计入当期损益或者有关资产成本的必要和正常的支出。”“与取得收入有关”本身是一个弹性相对比较大的不确定概念，若将任何与企业所取得的收入有些联系的支出，都界定为“与取得收入有关”的支出，那么势必无限制地扩大了企业可以税前扣除的支出范围，架空了支出扣除中的相关性原则，因为企业任何形式的支出，从某种意义上来说，都可以与企业的收入扯上关系。为了维护国家税收利益，进一步落实税前扣除中的相关性原则，本条进一步将其界定为“与取得收入直接相关的支出”，这符合企业所得税法的立法本意和税收制度的基本要求。

所谓“与取得收入直接相关的支出”，是指企业所实际发生的能直接带来经济利益的流入或者可预期经济利益的流入的支出。这里需要明确的是：

一是这类允许税前扣除的支出，应该是能给企业带来现实、实际的经济利益，如生产性企业为生产产品而购买储存的原材料，服务性企业为收取服务费用而雇用员工为客户提供服务，或者购买储存的提供服务过程中所耗费的材料等支出，就属于能直接给企业带来现实、实际经济利益的支出，属于与“取得收入直接相关的支出”。

二是这类允许税前扣除的支出，应该是能给企业带来可预期经济利益的流入。虽然企业的这类支出，并不直接或者即时地表现为相应现实、实际经济利益的流入，但是根据社会一般经验或者判断，如果这种支出所对应的收益，将是可预期的，那么这类支出也就属于“与取得收入直接相关的支出”。如企业的广告费支出，虽然这些支出并不能即时地带来企业经济利益的流入，但是根据社会上一般理性人的理解，这类广告将提高企业及其产品或者服务的知名度，提高其在消费者之间的认同度等，进而推动消费者购买它们的产品或者服务，提升或者加大企业的获利空间，故其也应属于“与取得收入直接相关的支出”。

因此，对相关性的具体判断一般是从支出发生的根源和性质方面进行分析，而不是从费用支出的结果分析。如企业经理人员因个人原因发生的法律诉讼，虽然经理人员摆脱法律纠纷有利于其全身心投入企业的经营管理，结果可能确实对企业经营会有好处，但发生的诉讼费用从性质和根源上分析属于经理的个人支出，与企业的应税收入不直接相关，因而不允许作为企业的支出在税前扣除。在条例的起草过程中，有不少意见认为，“直接相关”这个词具有不确定性，不具有可操作性，所以建议删除“直接相关”的限制。

考虑到任何语言文字的表达都具有一定的局限性，而且都具有一定的不确定性，绝对确定、机械适用的法律文字可以说是不存在的，而且“徒法不足以自行”，企业所得税法和实施条例还要靠税务机关及其工作人员去执行，“直接相关”虽然仍具有一定的不确定性，但它符合立法的一般习惯和要求，符合了企业所得税税前扣除原则的需要，符合税收制度的要求，也为税务机关及其工作人员的实际操作提供了一定的指引和限制，故有必要予以保留。

将企业会计利润调整成为应纳税所得额，税法是通过纳税申报表主表的第 13 行“利润总额”与附表“纳税调整项目明细表”（A105000）实现的。“纳税调整项目明细表”（A105000）按照“收入类调整项目”“扣除类调整项目”“资产类调整项目”“特殊事项调整项目”“特别纳税调整应税所得”“其他”6 个大项分类填报汇总，数据栏按照纵栏分别设置“账载金额”“税收金额”“调增金额”“调减金额”4 个栏次，并据此计算出纳税“调增金额”“调减金额”的合计数。“账载金额”是指纳税人按照国家统一会计制度规定核算的项目金额。“税收金额”是指纳税人按照税法规定计算的项目金额。

三、“纳税调整项目明细表”作了哪些修改，为什么

1. “纳税调整项目明细表”（A105000）新增第 40 行

“（五）有限合伙企业法人合伙方分得的应纳税所得额”栏目，用以填报纳税人取得的按照“先分后税”原则和财政部、国家税务总局《关于合伙企业合伙人所得税问题的通知》（财税〔2008〕159 号）文件第四条规定计算的从合伙企业分得的法人合伙方应纳税所得额。本行第 1 列、第 4 列不填。

2. “纳税调整项目明细表”（A105000）第 17 行

“捐赠支出”其内容有了变化，根据全国人民代表大会常务委员会《关于修改〈中华人民共和国企业所得税法〉的决定》（主席令第六十四号）将第九条修改为：“企业发生的公益性捐赠支出，在年度利润总额 12% 以内的部分，准予在计算应纳税所得额时扣除；超过年度利润总额 12% 的部分，准予结转以后三年内在计算应纳税所得额时扣除。”并决定自公布之日起施行。即当年扣除不了的，则可以向后顺延三年扣除。

3. “纳税调整项目明细表”（A105000）第14行

“职工薪酬”栏目，虽然格次没有新的变化，但对部分“技术先进型服务企业”其内容有了实质性的变化。根据财政部、税务总局、商务部、科技部、国家发展改革委《关于将技术先进型服务企业所得税政策推广至全国实施的通知》（财税〔2017〕79号）规定：“一、自2017年1月1日起，在全国范围内实行以下企业所得税优惠政策：

①对经认定的技术先进型服务企业，减按15%的税率征收企业所得税。

②经认定的技术先进型服务企业发生的职工教育经费支出，不超过工资薪金总额8%的部分，准予在计算应纳税所得额时扣除；超过部分，准予在以后纳税年度结转扣除。”这里的第二款规定中的“职工教育经费支出”政策自2017年1月1日起明显有了新的变化，对文件中的“技术先进型服务企业”发生的职工教育经费支出当年可以按照不超过工资薪金总额8%的部分，准予在计算应纳税所得额时扣除；超过部分，准予在以后纳税年度结转扣除，直至扣完为止。

4. 有限合伙企业的法人合伙方所得额处理方法

（1）应纳税所得额的确定。

财税〔2008〕159号文件第一条明确：“本通知所称合伙企业是指依照中国法律、行政法规成立的合伙企业。”第二条规定：“合伙企业以每一个合伙人为纳税义务人。合伙企业合伙人是自然人的，缴纳个人所得税；合伙人是法人和其他组织的，缴纳企业所得税。”

财税〔2008〕159号明确规定合伙企业生产经营所得和其他所得采取“先分后税”的原则。第四条规定：“合伙企业的合伙人按照下列原则确定应纳税所得额：

①合伙企业的合伙人以合伙企业的生产经营所得和其他所得，按照合伙协议约定的分配比例确定应纳税所得额。

②合伙协议未约定或者约定不明确的，以全部生产经营所得和其他所得，按照合伙人协商决定的分配比例确定应纳税所得额。

③协商不成的，以全部生产经营所得和其他所得，按照合伙人实缴出资比例确定应纳税所得额。

④无法确定出资比例的，以全部生产经营所得和其他所得，按照合伙人数量平均计算每个合伙人的应纳税所得额。

合伙协议不得约定将全部利润分配给部分合伙人。”

合伙企业的合伙人是法人和其他组织的，合伙人在计算其缴纳企业所得税时，不得用合伙企业的亏损抵减其盈利。

（2）税收优惠政策的应用。

根据财政部、国家税务总局《关于推广中关村国家自主创新示范区税收试点政策有关问题的通知》（财税〔2015〕62号）规定：“二、关于有限合伙制创业投资企业法人合伙人企业所得税政策

①注册在示范地区的有限合伙制创业投资企业采取股权投资方式投资于未上市的中小高新技术企业2年（24个月）以上的，该有限合伙制创业投资企业的法人合伙人可按照其对未上市中小高新技术企业投资额的70%抵扣该法人合伙人从该有限合伙制创业投资企业分得的应纳税所得额，当年不足抵扣的，可以在以后纳税年度结转抵扣。

②有限合伙制创业投资企业的法人合伙人对未上市中小高新技术企业的投资额，按照有限合伙

制创业投资企业对中小高新技术企业的投资额和合伙协议约定的法人合伙人占有限合伙制创业投资企业的出资比例计算确定。”此项政策在“国家自主创新示范区、合芜蚌自主创新综合试验区和绵阳科技城（以下统称示范地区）实施。”

根据财政部、国家税务总局《关于将国家自主创新示范区有关税收试点政策推广到全国范围实施的通知》（财税〔2015〕116号）根据国务院常务会议决定精神，将国家自主创新示范区试点的四项所得税政策推广至全国范围实施，其中就“有限合伙制创业投资企业法人合伙人企业所得税政策”问题明确如下：

①自2015年10月1日起，全国范围内的有限合伙制创业投资企业采取股权投资方式投资于未上市的中小高新技术企业满2年（24个月）的，该有限合伙制创业投资企业的法人合伙人可按照其对未上市中小高新技术企业投资额的70%抵扣该法人合伙人从该有限合伙制创业投资企业分得的应纳税所得额，当年不足抵扣的，可以在以后纳税年度结转抵扣。

②有限合伙制创业投资企业的法人合伙人对未上市中小高新技术企业的投资额，按照有限合伙制创业投资企业对中小高新技术企业的投资额和合伙协议约定的法人合伙人占有限合伙制创业投资企业的出资比例计算确定。

（3）税收征收管理要点。

根据国家税务总局《关于有限合伙制创业投资企业法人合伙人企业所得税有关问题的公告》（2015年第81号）的规定，主要包括以下几个方面：

一是有限合伙制创业投资企业的定义。有限合伙制创业投资企业是指依照《中华人民共和国合伙企业法》《创业投资企业管理暂行办法》（国家发展和改革委员会令第39号）和《外商投资创业投资企业管理规定》（外经贸部、科技部、工商总局、税务总局、外汇管理局令2003年第2号）设立的专门从事创业投资活动的有限合伙企业。

二是征收方式的限定。有限合伙制创业投资企业的法人合伙人，是指依照《中华人民共和国企业所得税法》及其实施条例以及相关规定，实行查账征收企业所得税的居民企业。财税〔2008〕159号文件规定：“合伙企业以每一个合伙人为纳税义务人。合伙企业合伙人是自然人的，缴纳个人所得税；合伙人是法人和其他组织的，缴纳企业所得税。”此条款表明，只有依法应缴纳企业所得税的法人和其他组织才能享受企业所得税优惠政策，因此，在公告中明确了法人合伙人为依照《中华人民共和国企业所得税法》的规定缴纳企业所得税的法人居民企业。同时，根据国家税务总局《关于企业所得税核定征收若干问题的通知》（国税函〔2009〕377号）文件的规定，限定了法人合伙人的企业所得税征收方式为查账征收。

三是抵扣应纳税所得额。有限合伙制创业投资企业采取股权投资方式投资于未上市的中小高新技术企业满2年（24个月，下同）的，其法人合伙人可按照对未上市中小高新技术企业投资额的70%抵扣该法人合伙人从该有限合伙制创业投资企业分得的应纳税所得额，当年不足抵扣的，可以在以后纳税年度结转抵扣。

所称满2年是指2015年10月1日起，有限合伙制创业投资企业投资于未上市中小高新技术企业的实缴投资满2年，同时，法人合伙人对该有限合伙制创业投资企业的实缴出资也应满2年。

如果法人合伙人投资于多个符合条件的有限合伙制创业投资企业，可合并计算其可抵扣的投资额和应分得的应纳税所得额。当年不足抵扣的，可结转以后纳税年度继续抵扣；当年抵扣后有结余的，应按照企业所得税法的规定计算缴纳企业所得税。

四是抵扣应纳税所得额的填报。“抵扣应纳税所得额明细表”“二、通过有限合伙制创业投资企业投资按一定比例抵扣分得的应纳税所得额：企业作为有限合伙制创业投资企业的合伙人，通过合伙企业间接投资未上市中小高新技术企业或者投资于种子期、初创期科技型企业，享受有限合伙制创业投资企业法人合伙人按投资额的一定比例抵扣应纳税所得额政策，在本部分填报。

第 9 行‘本年从有限合伙创投企业应分得的应纳税所得额’：填写企业作为法人合伙人，通过有限合伙制创业投资企业投资未上市的中小高新技术企业或者投资于种子期、初创期科技型企业，无论本年是否盈利、是否抵扣应纳税所得额，只要本年从有限合伙制创业投资企业中分配归属于该法人合伙人的应纳税所得额，需填写本行。

第 10 行‘本年新增的可抵扣投资额’：填写企业作为法人合伙人，通过有限合伙制创业投资企业投资未上市中小高新技术企业或者投资于种子期、初创期科技型企业，本年投资满 2 年符合条件的可抵扣投资额中归属于该法人合伙人的本年新增可抵扣投资额。无论本年是否盈利、是否需要抵扣应纳税所得额，均需填写本行。

有限合伙制创业投资企业的法人合伙人对未上市中小高新技术企业或者种子期、初创期科技型企业的投资额，按照有限合伙制创业投资企业的投资额和合伙协议约定的法人合伙人占有限合伙制创业投资企业的出资比例计算确定。其中，有限合伙制创业投资企业的投资额按实缴投资额计算；法人合伙人占有限合伙制创业投资企业的出资比例按法人合伙人对有限合伙制创业投资企业的实缴出资额占该有限合伙制创业投资企业的全部实缴出资额的比例计算。

第 11 行‘以前年度结转的可抵扣投资额’：填写法人合伙人上年度未抵扣，可以结转到本年及以后年度的抵扣投资额。

第 12 行‘本年可抵扣投资额’：填写本年法人合伙人可用于抵扣的投资额合计，包括本年新增和以前年度结转两部分，等于第 10 行 + 第 11 行。

第 13 行‘本年实际抵扣应分得的应纳税所得额’：填写本年法人合伙人享受优惠实际抵扣的投资额，为‘本年从有限合伙创投企业应分得的应纳税所得额’、‘本年可抵扣投资额’、主表第 19 行 -20 行 -21 行的三者孰小值，若金额小于 0，则填报 0。

第 14 行‘结转以后年度抵扣的投资额余额’：本年可抵扣投资额大于应分得的应纳税所得额时，抵扣后余额部分结转以后年度抵扣的金额，本行 =12 行 -13 行。”

五是备案享受优惠政策。国家税务总局公告 2015 年第 81 号明确了法人合伙人备案享受优惠政策的手续。由于有限合伙制创业投资企业的经营所得和其他所得采取“先分后税”的原则，且有限合伙制创业投资企业主管税务机关与有限合伙制创业投资企业的法人合伙人的主管税务机关有可能不一致，为便于法人合伙人主管税务机关加强监管，在苏州工业园区政策试点的基础上，简化原备案资料为留存企业备查，增加“法人合伙人应纳税所得额抵扣情况明细表”，以便于企业核算和税务机关核实应纳税所得额结转抵扣情况。同时要求报送“有限合伙制创业投资企业法人合伙人应纳税所得额分配情况明细表”，有利于法人合伙人主管税务机关及时获得抵扣信息的详细资料，兑现优惠政策。

5. 特别纳税调整应税所得的内容及调整处理

特别纳税调整是指税务机关出于实施反避税目的而对纳税人特定纳税事项所作的税务调整，包括针对纳税人转让定价、资本弱化、避税港避税及其他避税情况所进行的税务调整。

税务机关出于实施反避税目的而对纳税人特定纳税事项所作的税务调整，包括针对纳税人转让定价、资本弱化、避税港避税及其他避税情况所进行的税务调整。它不同于一般纳税调整。一般纳税调整，是指在计算应纳税所得额时，如果企业财务、会计处理办法与税收制度规定不一致，应当依照税收法律、行政法规的规定计算纳税所作的税务调整，并据此重新调整计算纳税。

新企业所得税法及其实施条例规定的特别纳税调整较原税法的规定增加了下列内容：

①明确提出了转让定价的核心原则——“独立交易原则”。

②明确了企业关联申报及提供资料义务。新企业所得税法规定纳税人除了提供相关日常资料，还应在关联交易发生的同时准备其符合独立交易原则的资料，更突出强调了在税务机关进行调查时，纳税人的关联、类似企业（关联方、可比方）有按规定提供相关资料的义务。

③增加了受控外国公司条款。新企业所得税法规定，由居民企业，或者由居民企业和中国居民控制的设立在实际税负明显低于12.5%水平的国家（地区）的企业，并非由于合理的经营需要而对利润不作分配或者减少分配的，上述利润中应归属于该居民企业的部分，应当计入该居民企业的当期收入。

④增加了限制资本弱化的条款。原税法规定，内资企业从其关联方取得的借款金额超过其注册资本50%的，超过部分的利息支出，不得在税前扣除。而新企业所得税法明确规定，企业从其关联方接受的债权性投资与权益性投资的比例超过规定标准而发生的利息支出，不得在计算应纳税所得额时扣除。

⑤设立了一般反避税的兜底条款。新企业所得税法第47条规定，企业实施其他不具有合理商业目的的安排而减少其应纳税收入或者所得额的，税务机关有权按照合理方法调整。

⑥赋予了税务机关必要的反避税处置权，规定了加收利息条款。新企业所得税法规定，税务机关根据税收法律、行政法规的规定，对企业进行特别纳税调整的，应当对补征的税款，自税款所属纳税年度的次年6月1日起至补缴税款之日止的期间，按日加收利息。所加收的利息不得在计算应纳税所得额时扣除。加收的利息按照税款所属纳税年度中国人民银行公布的与补税期间同期的人民币贷款基准利率加5个百分点。

根据国家税务总局《关于印发〈特别纳税调整实施办法（试行）〉的通知》（国税发〔2009〕2号）明确：“本办法适用于税务机关对企业的转让定价、预约定价安排、成本分摊协议、受控外国企业、资本弱化以及一般反避税等特别纳税调整事项的管理。”在对转让定价、资本弱化、受控外国企业、一般反避税规定等特别纳税调整进行了一定的规范，重点强调：

①关联申报。实行查账征收的居民企业和在中国境内设立机构、场所并据实申报缴纳企业所得税的非居民企业向税务机关报送年度企业所得税纳税申报表时，应附送“中华人民共和国企业年度关联业务往来报告表”，包括“关联关系表”“关联交易汇总表”“购销表”“劳务表”“无形资产表”“固定资产表”“融通资金表”“对外投资情况表”“对外支付款项情况表”。

②同期资料管理。企业应根据所得税法实施条例第一百一十四条的规定，按纳税年度准备、保

存、并按税务机关要求提供其关联交易的同期资料。

③对关联交易选用合理的转让定价方法以及税务机关对转让定价调查及调整做了具体的规定。根据国家税务总局《关于发布〈特别纳税调查调整及相互协商程序管理办法〉的公告》(2017 年第 6 号）的规定，国税发〔2009〕2 号第四章“转让定价方法”、第五章“转让定价调查及调整”执行自 2017 年 4 月 30 日；自 2017 年 5 月 1 日起执行国家税务总局公告 2017 年第 6 号第十六条：“税务机关应当在可比性分析的基础上，选择合理的转让定价方法，对企业关联交易进行分析评估。转让定价方法包括可比非受控价格法、再销售价格法、成本加成法、交易净利润法、利润分割法及其他符合独立交易原则的方法。”以及第二十二条：“其他符合独立交易原则的方法包括成本法、市场法和收益法等资产评估方法，以及其他能够反映利润与经济活动发生地和价值创造地相匹配原则的方法。”同时，第二十九条还进一步明确：“税务机关对关联交易进行调查分析时，应当确定企业所获得的收益与其执行的功能或者承担的风险是否匹配。

企业与其关联方之间隐匿关联交易直接或者间接导致国家总体税收收入减少的，税务机关可以通过还原隐匿交易实施特别纳税调整。

企业与其关联方之间抵消关联交易直接或者间接导致国家总体税收收入减少的，税务机关可以通过还原抵消交易实施特别纳税调整。”

国税发〔2009〕2 号规范了企业与其关联方就共同开发、受让无形资产，或者共同提供、接受劳务发生的成本的分摊而签署的成本分摊协议。

国税发〔2009〕2 号对受控外国企业、资本弱化的情形的特别纳税调整做了具体的规定。

同样，根据国家税务总局公告 2017 年第 6 号的规定，国税发〔2009〕2 号第十一章“相应调整及国际磋商”、第十二章“法律责任”执行自 2017 年 4 月 30 日；自 2017 年 5 月 1 日起执行国家税务总局公告 2017 年第 6 号

6. 特别纳税调整方法

(1) 特别纳税调整方法之一：可比非受控价格法。

关联方开展不符合独立交易原则的关联交易后，税务机关就需要采用合理的方法进行调整。新企业所得税法的规定，在判定纳税人的关联交易不符合独立交易原则，减少了应税收入或者所得额之后，税务机关可以运用合理方法进行纳税调整。从国际上通行的转让定价调整方法看，合理方法是指符合独立交易原则的定价原则和方法，实施条例采取国际上通行的做法，规定转让定价具体调整方法包括：可比非受控法；再销售价格法；成本加成法；交易净利润法；利润分割法；其他符合独立交易原则的方法。

可比非受控价格法是在可比条件下将一项受控交易中转让的资产或劳务的价格与一项非受控交易中转让的资产或劳务的价格进行比较的方法。如果发现两种价格有差异，说明关联企业的受控交易价格有问题，这时就可以用非受控交易中的价格来代替受控交易中的价格。可比非受控价格法要求两种交易中转让的资产或劳务具有高度的可比性。我国 1998 年的《管理规程》规定，采用可比非受控价格法必须考虑选用的交易与关联企业之间交易的可比性因素，这些因素包括：

①购销过程的可比性，包括交易的时间与地点。交货条件、交货手续、支付条件、交易数量、售后服务时间和地点等。

②购销环节的可比性，包括出厂环节、批发环节。零售环节、出口环节等。

③购销货物的可比性，包括品名、品牌、规格、型号。性能、结构、外观、包装等。

④购销环境的可比性，包括社会环境（民族风俗、消费者偏好等）、政治环境（政局稳定程度等）、经济环境（财政、税收、外汇政策等）。

从上述影响可比性的因素可以看出，可比非受控价格法一般是很难操作的，两项交易只要有一方面的因素不可比，该方法就不容易采用。

在纳税人对关联公司销售商品有意压低价格时，可比非受控价格法的调整公式为：

收入调增额 -（非受控价格一受控价格）×受控销售数量

可比非受控价格法的计算公式不仅仅限于上述公式。比较时还可以比较同一产品的毛利率或利润率等。

在对企业中既有内销又有外销，而外销交易是在关联企业之间进行，内销是在非关联企业之间进行的情况下，如果企业存在较明显的转让定价问题，则可以采用按内销价格比照进行调整的办法。在无特殊原因的情况下，如果外销价格低于内销价格的情况下，而且外销产品有同类产品的内销价格，这时可以按内销不含税价格换算成外销价格进行调整。进行可比性分析，并排除不可比因素后，就可以用调整后的内销价格对外销价格进行调整。

调增后的外销价格 = 内销价格 - 需减除的价格差异部分收入调增额 = 外销价格调增额 × 出口数量

在关联公司对其销售商品有意提高销售价格时，则应当调低购入价格，降低相应的材料成本或设备折旧额等，另外注意根据实际使用情况合理分摊。

可比非受控价格法以非关联方之间进行的与关联交易相同或类似业务活动（以下简称可比非关联交易）所收取的价格作为公平成交价格。

可比性分析应特别考察关联交易与非关联交易在交易资产或劳务的特性、合同条款及经济环境上的差异，按照不同交易类型具体包括如下内容：

①有形资产的购销或转让。

a. 购销或转让过程，包括交易的时间与地点、交货条件、交货手续、支付条件、交易数量、售后服务的时间和地点等；

b. 购销或转让环节，包括出厂环节、批发环节、零售环节、出口环节等；

c. 购销或转让货物，包括品名、品牌、规格、型号、性能、结构、外型、包装等；

d. 购销或转让环境，包括民族风俗、消费者偏好、政局稳定程度以及财政、税收、外汇政策等。

②有形资产的使用。

a. 资产的性能、规格、型号、结构、类型、折旧方法；

b. 提供使用权的时间、期限、地点；

c. 资产所有者对资产的投资支出、维修费用等。

③无形资产的转让和使用。

a. 无形资产类别、用途、适用行业、预期收益；

b. 无形资产的开发投资、转让条件、独占程度、受有关国家法律保护的程度及期限、受让成本和费用、功能风险情况、可替代性等。

④资金融通。融资的金额、币种、期限、担保、融资人的资信、还款方式、计息方法等。

⑤劳务提供。业务性质、技术要求、专业水准、承担责任、付款条件和方式、直接和间接成本等。

关联交易与可比独立交易之间在以上方面存在重大差异的，应就该差异对价格的影响进行合理调整，无法合理调整的，应根据本章规定选择其他合理的转让定价方法。

可比非受控价格法可以适用于所有类型的关联交易。

（2）特别纳税调整方法之二：再销售价格法。

再销售价格法以关联方购进商品再销售给非关联方的价格减去可比非关联交易毛利后的金额作为购进商品的公平成交价格。

再销售价格法是按照与被调整企业关联的企业（再销售方）将产品再销售给非关联的第三方使用的价格所应取得的利润水平进行调整的一种方法。它一般适用于制造商或分销商的利润调整。再销售价格法不像可比非受控价格法那样要将比较的重点放在产品身上，而是基于企业行使功能的可比性。再销售价格法要求再销售方没有大幅度提高产品的价值；如果再销售方采用了一些独有的无形资产或追加了一些实质性的东西（如商标、独有的许可权等），再销售价格法就难以使用。也就是说，这种方法应限于再销售方未对商品（产品）进行实质性增值加工（如改变外型、性能、结构、更换商标等），仅是简单加工或单纯的购销。再销售价格法的特点：

第一，因为毛利润体现了对所有成本的补偿，扣除完成具体职能的销售成本后（计入所用资产和所承担的风险），产品的差别就不像在可比非受控价格法中那么重要了。这样，当受控交易和非受控交易除了产品本身以外其他方面都可比较时，再销售价格法就比可比非受控价格法更可靠。尽管使用再销售价格法时对可比性的要求不是那么严格，但是，如再销售方的交易中涉及高附加值或相对独特的无形资产时，这时产品之间具有较高的可比性则使用效果更好。

第二，当确实有实际的产品差别影响到受控交易或非受控交易中再销售毛利时，就要进行相应调整以使价格反映这些差异。

第三，当关联企业和独立企业开展业务的方式有实质差别时，再销售价格法的可靠性就要受到影响。比如，有些差别影响计入的成本大小，有些差别影响企业的利润率，但这些差别不一定影响其在公开市场上的买入或卖出价格；

第四，再销售价格法依赖于企业所行使功能的可比性。再销售利润率会受到再销售方经营活动水平的影响。如果在一项受控交易中再销售方没有进行其他性质的商业行为而只是将货物转售给了第三方，此时的再销售利润率就会较小。相反，如果再销售方在这种商品的营销中应用了某些特殊技巧并因此承担了特殊的风险，或因此时与该产品相关无形资产的产生和保护做出了很大的贡献，那么这时的再销售利润率就应当较高。

第五，当再销售方没有大幅度提高产品价值时，最易得到恰当的再销售利润率。相反，如果在再销售之前，该产品被进一步加工或者被组装成更复杂的产品，以至其原有的特性丧失或发生转变，这时用再销售价格法就很难得到公平合理的价格。

第六，如果再销售方在经营中使用了有合理价值的或可能独一无二的资产（再销售方的无形资产或营销无形资产），非受控交易中的再销售利润率就会较高，用这种再销售价格去推算受控交易的利润率就会人为抬高被调整企业的利润水平。另外，当再销售方在再销售业务本身之外又进行了大量的商业行为时，再销售方的利润率也会比较高。

第七，当受控交易和非受控交易的账务处理不同时，也需要对再销售方的利润率数据进行适当的调整，只有这样，两种情况下所计的成本才能相同。例如，研究与发展成本就应体现在业务经费或销售成本中。

再销售价格法的计算公式为：

再销售价格 = 再销售方的购进成本 ×（1 + 再销售的合理利润率）

被调整企业的合理转让价格 = 再销售价格 ×（1 − 再销售的合理利润率）

收入调增额 =（被调整企业的合理转让价格 − 被调整企业的实际销售价格）× 被调整企业的受控销售数量

再销售价格法通常适用于再销售者未对商品进行改变外型、性能、结构或更换商标等实质性增值加工的简单加工或单纯购销业务。

（3）特别纳税调整方法之三：成本加成法。

成本加成法就是在各中间产品的成本基础上加上一定比例的内部利润作为内部转让价格的方法。其内容主要包括加成率的选择和确定加成的基础。

①加成率选择的原则。成本加成应使各分部部门所获得的内部利润真正地反映它们的贡献水平。

②常用利润率。目前在价格制订和利润考核最常用的有二种利润率，即成本利润率和资金利润率。这二种利润率各有其优缺点：

一是成本利润率反映了已耗用资金与利润的关系，计算也比较简便；但运用时，转移价值对利润的影响过大，容易造成耗料多、配件多的产品利润率高，处于加工后阶段的分部利润高的现象，这样既会使利润分配不合理，又不利于促进节约物料的消耗。

二是资金利润率反映了资金占用与利润的联系；但是用此率则不能直接促进节约资金和加速资金周转，而且确定各产品的资金占用额比较困难。

③加成的基础。原理：各分部、分厂按中间产品的加工成本，即按本分部、分厂内发生的料、工和费用加成，而把上一分部、分厂转来的成本从加成基础上剔除掉，避免重复计算。

注意：实务中计算产品外部销售价格时，加成的基础是该产品的全部成本。在制订内部转让价格时，若加成的基础仍选用中间产品的全部成本，则买方分部就会在计算内部利润中占便宜，卖方分部就会吃亏。

根据安永转移定价调查，1996 年至 1998 年，跨国公司使用最多的转移定价方法频率排名依次是：CPM，CUP，RPM。这些方法各有利弊，例如可比非控制法不需计算，方法简便，但是要找到符合条件的可比交易却较困难。而成本加成法可根据企业内部资料加以制定，但会缺乏可比性，所提供的证据难以让税务部门信服，容易引发转移定价额外的审计。

成本加成的计算公式：

所得额 =（成本 + 费用）×（1 − 成本利润率）× 成本利润率

税务机关在日常实际工作中，只对不符合独立核算原则（也称正常交易原则）的关联企业之间的关联交易价格进行调整。因此，只要你公司采用“成本加成法”或其他方法来确定正常业务利润后形成的关联交易价格，不违背独立核算原则并有充分的理据支持即可。

“成本加成法”中的成本是指按照《中华人民共和国会计法》《企业会计制度》，以及独立核算原则所应计算及定价的成本项目。

④运用成本加成法应注意的问题。成本加成法计算较为简便，以包括直接人工、间接费用和销售管理费用的全部成本作为加成基数，按行业平均加成率计算转移价格。

在运用成本加成定价方法时应注意把握以下三点：

一是制定原则和关联公司利润定位。转移价格通常有市场价和成本加成定价两种方式。在缺乏相同或相似产品的市场参照价格时，成本加成法是一种较好的选择。在明确了利润加成的比率后，由于费用的节省所产生的盈余全部归属于ABC（中国）公司。

二是充分完整的间接费用。由于是成本加成，成本费用的充分合理直接影响到价格的高低。在成本费用的核算上，双方必须坦诚，同时充分考虑各种可能发生的费用。这样，制定价格基础就能做到合理完整。

三是准确合理的工时记录。由于产品的标准工时是核算转移价格的重要依据之一。产品的标准工时必须经过双方工程工艺人员的反复确认。同时，生产部须建立一套完整的产品工时记录，以便核对和产品工时的更新。

⑤运用成本加成法的适用条件。采用成本加成方法必须具备以下条件：

首先，双方必须隶属于同一上级单位。由于隶属于同一上级单位，双方在绩效考核上不会过于计较。这样，只要定价有一定的参照依据且能符合双方的税务相关法规，转移价格就能够合理地制定下来。

其次，相关行业的公开财务信息可供参照。作为制造业，为了使定价具有一定的合理性，尤其是必须符合税务的有关规定，在同等产品不具有市场可比性的情况下，可参照类似相关行业的利润指标而加以确定转移定价的利润加成率。因此，此相关行业是否具有公开可信的财务信息就显得尤为重要。

第三，产品成本界定清晰。在制定转移价格时，会面对各种问题。产品成本作为定价最重要的基础，其真实和准确性是定价成功与否的关键。一方面，产品成本的核算工作必须条理清晰；另一方面，产品本身也必须具有容易合理确定起成本的特性。这样，在面对任何疑问时，该转移成本的核算方式容易说服于人。

（4）特别纳税调整方法之四：交易净利润法。

交易净利润率法是指按照没有关联关系的交易各方进行相同或者类似业务往来取得的净利润水平确定利润的方法。交易净利润法是指相对于一个合理的基数（如成本、销售额、资产）而言，纳税人从受控交易中实现的边际净利润。其运用的方式与再销售价格法和成本加成法一致。但交易净利润法是一种完全的净利润法，是剔除了所有的经营费用后的利润。一般在毛利无法确定时，才考虑采用交易净利润法。选择正确的“净利”是运用交易净利润法的关键，在对经营劳务与分销业务的关联企业调整转让定价时，一般采用销售额收益率来计算调整额；在对生产制造商调整转让定价时，一般采用成本收益率来计算调整额。

①交易净利润率法的特点。交易净利润率法是一种以独立企业在一项可比交易中所能获得的净

利润率为基础来确定转让定价的方法。交易净利润率法建立在以下理论基础上，即：从长期来看，那些在相同产业以及相同条件下经营的企业取得的利润往往趋同。因为从理论上说，一个企业如果比它的竞争对手利润率高，那么它就可以扩大生产和销售，这时其低效率的竞争对手就可能被淘汰出局，或者提高效率迎头赶上，从而也把自己的利润率提上来。根据这个原理，交易净利润率法要求在受控交易下，纳税人取得的收益要与独立交易情况下非受控交易的利润指标进行比较。

交易净利润率法要求比较的是净利润率（net profit margin），而非像再销售价格法和成本加利润法情况下比较的是总利润率（gross profit margin）。这里的净利润是指经营利润或利息和所得税以前的收益。而总利润是指销售额减去销售成本（但不能减去各种费用）后的差额。净利润比总利润受交易条件差异的影响要小一些，所以采用交易净利润率法审核和调整转让定价也更合理一些。在TNMM的应用中人们一般采用的净利润率指标包括销售利润率（净利润/销售额）、成本利润率（净利润/总成本）和资产收益率（净利润/营业资产）。由于交易净利润率法并不考虑企业开发的无形资产对关联企业受控交易利润的贡献，所以不能像利润分割法那样用于无形资产交易。

②交易净利润率法的使用。第一，进行功能分析，确定可比数据。税务部门首先要分析受审核的关联企业发挥的功能及承担的风险，并决定它是否拥有有价值的无形资产；然后进行第二步，找出可比的交易或可比的公司，最好是找出该关联企业与其他非受控企业进行的交易进行比较，只有当没有内部可比交易时才可以使用关联企业没有参与的交易作为参照。当确定了可比企业或交易以后，还要进行功能和风险评估，要确保将所有影响利润率的差异都识别出来，在转让定价调整时要充分考虑这些差异。

第二，分析的时间选择。当选定利润指标以后，就要对受控交易和参照交易进行比较。但用哪一年的指标进行比较，OECD在转让定价准则中并没有说明，只是表示：要考虑多年的数据，以便考虑到产品的生命周期和短期经济波动对利润的影响。另外，企业可能采取市场侵蚀战略（Market penetration strategies），在该时期，企业的利润可能会低于一般水平；但企业以后的利润率可能会高于正常水平。有的企业经营带有明显的周期性，所以必须用整个周期的数据进行分析，一般要选择三年到四年的数据进行分析。

第三，选择分析的方法。对多年的利润率指标进行分析时一般要求出乎均数，汁算方法包括算术平均或按销售额进行加权平均。如果考虑整个经营周期的情况，就可以对每一年的结果进行平均，这样，一年内企业与企业的差异就可以突出表现出来，在这个时期内整个盈利模式也就很清楚了。当然，如果一个行业内企业的盈利性要受产品周期的很大影响，而且在一个年度中两个进行比较的企业在产品生命周期中处于不同的位置，那么对一个年度的结果进行平均就没有意义。

第四，检验结果的合理性。为了使转让定价真正符合公平市场价格，必须用其他方法对其进行检验。如果检验结果有很大的差异，说明选择比较的企业或计算的方法有问题。

③交易净利润率法应用。

【案例6】

A是一家设在甲国的玩具公司，它在乙国和丙国有两个子公司。这两个子公司都使用母公司A研发的专有技术生产玩具娃娃。A在乙国的企业生产的产品销往甲国母公司A，而没在丙国子公司生产的产品销往第三国的批发商。A公司使用资产利润率（ROA）来评价各个公司的业绩。A公司是一家资本密集型的企业，由于其使用资产利润率指标来评价子公司的经营管理，所以在不存在使用交易法数据资料的情况下使用资产利润率来决定转让定价就非常合适。

【专家解析】

在这个例子中，丙国的子公司取得的资产利润率为10%（资产价值按资产的原始成本计算）。两个子公司是世界上唯一生产这种玩具娃娃的公司，使用很独特的生产流程，所以没有外部可比数据。A公司使用以下方法来计算支付给乙国子公司玩具娃娃的价格。

乙国子公司使用的资产原始成本为1000万美元，根据10%的资产利润率，乙国子公司销售给母公司A的玩具娃娃应当取得100万美元的净利润。

乙国子公司每年销售50万个娃娃给母公司A，所以每个娃娃的净利润应当为2美元。乙国子公司发生的总成本（销售成本加上一般和管理费用）为每个娃娃10美元。

这样，乙国子公司卖给母公司A每个娃娃的价格应当是12美元。这种方法实际上可以转化为成本加利润法，即成本加20%的利润。

【案例7】

A是设在甲国的一家健康食品批发企业，它从乙国母公司P购买产品，然后销给各家独立的零售商。A公司与三家健康食品批发公司有关系，这三家公司都从欧洲制造商那里购买产品然后销给独立的零售商．所以A公司认为它的业务活动与这三家公司相同。但这三家公司是私人拥有，只有销售额和净利润指标可以取得。所以A公司决定选取销售利润率（ROS）来作为比较指标。

【专家解析】

这三家公司的销售利润率分别为3%、3.5%和4%，A公司决定用3.5%作为参照，A公司近三年来的一般和管理费用平均占销售额的3%，并预计下一年的销售成本为销售额的6%。

这样，A公司必须取得12.5%的销售毛利率来取得3.5%的销售净利润率。A公司每个产品的零售价格为8美元，所以它每个产品必须取得1美元的净利润，以保证12.5%的销售毛利率。

这样，A公司向乙国母公司P支付的单价应为7美元。

【案例8】

P公司是美国的一家公司，它从德国的一家子公司M购买塑料，然后在美国进行批发。而德国M公司的生产经营是由美国P公司发放的许可证，另外M公司是德国惟一的生产该种塑料的企业，它不向非关联企业出售这种塑料，只向美国的P公司销售。但在欧洲其他国家，有一些公司拥有美国P公司的许可证进行该种塑料的生产，然后销售给第三方的批发商。

【专家解析】

美国P公司并不知道欧洲公司向第三方销售产品的价格，只知道它们的销售额和销售毛利率及销售净利润率。P公司原打算使用成本加成法来确定转让价格，但P公司通过进行功能分析，发现这几个欧洲公司的数据中都包括有大量的工厂一级的管理成本（德国的M公司也有这种成本），其中有些管理成本是经营费用的组成部分。但是P公司不知道销售产品的成本中有多少是工厂一级的管理成本。因此P公司就不可能得出毛利润，但跨国的净利润率可以确定，所以这时就可以使用交易净利润率法。

（5）特别纳税调整方法之五：利润分割法。

利润分割法是指将企业与其关联方的合并利润或者亏损在各方之间采用合理标准进行分配的方法。应用利润分割法一般应进行贡献分析或残值分析。贡献分析是通过计算综合净利，检验关联企业在关联交易中的功能，通过分析财务数据资料来规定利润分割的百分比，然后进行转让定价的调整。残值分析是通过计算综合净利，检验关联企业在关联交易中的功能，按贡献分割残值，如对关联企业研究与开发费的分割问题。运用利润分割法通常是分割净利，在不可能确定受控交易的费用分摊时，才分割毛利然后分摊费用。

①利润分割法的分类。最终合并利润在关联企业之间进行分割通常有两种方法：

一是贡献分析法，即利润的划分要依据各关联企业对某笔受控交易贡献的相对价值。在确定某一关联企业所做贡献的相对价值时，首先要分析其在交易中履行的具体职能、使用的资产（包括无形资产）和承担的风险，同时还要考虑其所做贡献的市场价格或报酬。

二是剩余利润分析法，即首先将经营收入在各关联企业之间进行分配，分配的原则是使每个关联企业分得的收入都能够弥补其成本费用并得到与其从事的经营活动相对称的报酬，在计算该对称报酬时应参考非关联企业从事相似经济活动所应取得的报酬水平；在经过上述第一阶段的收入分配以后，余下的则为关联企业集团的剩余利润，对这笔剩余利润的分配主要是考虑各关联企业所特有的资产，尤其是其中的无形资产，因为这些特有的无形资产应当能给企业带来一笔特殊的报酬。在剩余利润的具体分配比例上，企业无形资产的开发费用可以是一个重要的参考因素。

②利润分割法实例。

【案例9】

甲国A公司与乙国的B公司是关联企业，A公司的经营资产为5000万美元，B公司的经营资产为1.5亿美元。A公司的销售成本为1000万美元，取得的经营利润为200万美元；B公司当期取得的经营利润为300万美元。现甲国要根据利润分割法来确定A公司向B公司的合理销售价格，并且用经营资产规模作为衡量对利润贡献大小的唯一参数。

【专家解析】

由于A、B公司的经营资产规模之比为1:3，所以各自取得的利润之比也应为1:3，这样，A公司的利润就应在两个公司500万美元总利润额中占四分之一，即125万美元，而B公司的利润应为375万美元。由于A公司的销售成本为1000万美元，其向B公司的合理销售价格应为1125万美元。

【案例10】

甲国A公司是一个制药公司，拥有两种药品的商标权，A公司将药品的商标使用权和药品加工权转让给了乙国的子公司B，B公司生产出药品后全部销售给A公司，然后A公司再将药品在甲国进行销售。

【专家解析】

甲国税务部门用利润分割法进行利润分摊，并将A、B公司在获利过程中发挥的功能分为4种，即：销售、加工制造、销售方面的无形资产和制造方面的无形资产。税务部门按照成本外加100%的加价确定销售和制造功能的利润；A、B两公司的总利润扣除销售和加工制造利润后的剩余利润再按55%的比例分割给B公司拥有的制造方面的无形资产功能，按45%的比例分割给A公司拥有的销售方面的无形资产功能。

③利润分割法综合案例分析。

【案例11】

A公司位于某市的高科技园，系H国B公司在中国设立的独资企业，其注册资本139.7万美元，经营期限50年，并于1996年6月投产。A公司主要制造长毛绒玩具，产品全部出口。见该公司历年经营情况简表（未作税务调整）。

表9－1　公司历年状况简表　　单位：万元

项目	1996年	1997年	1998年	1998年	1999年
销售收入	1300	4500	12000	11000	15000
销售成本	1400	4700	9000	9600	12000
销售费用	80	140	1100	200	900
管理费用	100	250	500	500	600
财务费用	－60	－250	200	250	300
销售利润	－220	－340	1200	450	1200
税前利润	－230	－345	1100	100	1200

【关联交易】

在股权关系上，A公司是B公司在华的全资子公司；在职能上，A公司负责产品的制造，B公司负责样品的开发、接订单和采购材料，A公司和B公司在职能上具有明显的互补性。在A、B公司之间的交易中，A公司产品100%由母公司B包销，A公司产品的生产销售数量及其价格全部由B公司控制，A公司所需的部分原材料也由B公司提供。根据国家税务总局1998年4月颁布的《关联企业间业务往来税务管理规程》第二章第四条的规定，A、B公司构成关联企业关系（见A、B公司之间的关联交易情况表）。

表9－2　A、B公司之间的关联交易情况表　　单位：万元

项目	1996	1997	1998	1999	2000
A公司对B公司的销售额 占全部销售额的比例（%）	1300 100	4500 100	12000 100	11000 100	15000 100
A公司从B公司的购入 占全部购入额的比例（%）	1100 86	2800 67	5700 80	2900 40	3100 34

【案件分析】

A、B公司之间发生了大量的关联交易，并存在滥用转让定价的可能性。当地税务局从A公司的财务指标人手，分析了该公司1996—2000年的毛利率和利润率。结果发现，A公司除1996年和1997年开业之初出现亏损外，自1998年开始账面上出现盈利，但是1999年的销售毛利及该年利润率远远低于1998年和2000年的同一指标（见A公司1996—2000年的有关财务比例表）。税务局认为这种波动是不正常的。税务局进一步分析了A公司和B公司之间的关联关系和职能分工，发现A公司的利润占A、B公司总利润的比例在1999年严重低于1998年和2000年（见A公司与B公司利润分配表）。税务局认为，A公司的一部分利润转移给了B公司可能是造成A公司1999年销售毛利率和利润率大幅下降的主要原因。因此，税务局与A公司和B公司对有关问题进行了协商。通过谈判，企业承认了

A公司1999年利润比例过低以及滥用转让定价转移利润的事实，并同意接受税务局的调查结论和调整方案。

表9-3 A公司1996—2000年的有关财务比例表

项目	1996	1997	1998	1999	2000
毛利率（%）	7.69	4.44	25	12.73	20
利润率（%）	17.69	7.67	9.17	0.9	8

表9-4 A公司1996—2000年与B公司利润分配表

项目	1996	1997	1998	1999	2000
A公司利润（万元）	230	-345	1100	100	1200
B公司利润（万元）	-300	340	500	450	550
A、B公司总利润（万元）	-530	-685	1600	550	1750
A公司所占份额（%）	43.40	50.36	68.75	18.18	68.57

【调整方案】

税务局在调查中发现，A公司产品种类、产品规格十分繁多，并且每一批次产品在规格上的差别也很大，要想按产品种类、批次和规格进行统计相当困难。因此，税务部门无法采用传统的以交易为基础的价格法来调整企业的转让定价，只得转而考虑采用利润法实施调整。税务局认为，根据A、11公司在生产流程上的互补性和A公司的职能，A公司1999年的利润额仅占集团利润总额的18.18%显然不合理。税务局决定根据《中华人民共和国外商投资企业和外国企业所得税法》第13条及其实施细则第54条第四款，采取“其他合理方法”对A公司1999年度的利润及应纳税所得额进行调整。

具体的调整方案如下：以1996年、1997年、1998年和2000年这四年中A公司利润占A、B公司合计利润的比例为基础，计算这四年该比例的算术平均值，作为A公司1999年度利润占A、B公司合计利润的比例。经计算，该比例为58%。按该比例计算，A公司1999年度的利润额应为319万元，所以应调增A公司当年应纳税所得额219万元。

【案例评述】

第一，本案较有特色之处为，按照一个根据多年数据确定的被调整企业在关联企业集团总利润中所占的比重，来确定该企业被调整年度的利润。但采取这种调整方法应具备以下几个前提：

①A公司的产品全部出售给母公司B，产品具有相当的独特性，没有非受控可比交易和非受控可比价格可以利用；

②A公司是B公司的全资子公司，不涉及其他股东，因此，不须考虑其他股东对利润创造的贡献；

③A、B公司分别执行不同的职能，职能分析可以成为利润分割的基础。

第二，本案例的不足之处是：

①A、B的功能分析不是很深人。从案情上看，A公司只是一个加工制造商，不承担设计、销售的风险，设计和销售都由母公司B公司进行。那么，A公司作为加工者，它在整个产品链条中应该占多大的份额是一个需要细致分析、多方求证的问题。本案采取的是简捷的办法，用A公司在

1996 年、1997 年。1998 年和 2000 年这四年中其利润额占 A、11 两公司总利润的比重来确定其 1999 年应有的利润比重，这实际上承认了这四年中 A 公司利润占比的合理性，但实际上这四年 A 公司的利润占比是否合理还应当对 A、B 两公司进行详尽的功能分析才能得出结论。本案虽然没有进行深人的功能分析，但采用的方法非常直观，容易让被调整企业心服口服。

②本案例没有反映出对报表中另外一些异常项目的分析，如 A 企业 1998 年的销售费用大大高于其他年度，1999 年在销售收入下降的同时销售成本却有所上升；三大期问费用（销售费用、财务费用、管理费用）成本的变化可能包含了其他形式的关联交易，如劳务或无形资产。对这些费用也应给予足够的关注。

③本案例没有对 B 公司如何利用转让定价转移利润作出说明。

【填报技巧】

企业所得税年度纳税申报表附表三“纳税调整项目明细表”（A105000）第 43 行“五、特别纳税调整应税所得”：第 3 列“调增金额”填报纳税人按特别纳税调整规定，自行调增的当年应税所得，第 4 列“调减金额”填报纳税人按特别纳税调整规定，自行调减的当年应税所得。第 1 列“账载金额”、第 2 列“税收金额”不填。见附表 9－5：“纳税调整项目明细表”（A105000）。

表 9－5　纳税调整项目明细表（A105000）

行次	项　目	账载金额	税收金额	调增金额	调减金额
		1	2	3	4
43	五、特别纳税调整应税所得	*	*		
45	合计（1＋12＋31＋36＋43＋44）	*	*		

四、“纳税调整项目明细表”（A105000）重点栏目表填报说明

表 9－6　纳税调整项目明细表（A105000）

行次	项　目	账载金额	税收金额	调增金额	调减金额
		1	2	3	4
1	一、收入类调整项目（2＋3＋…8＋10＋11）	*	*		
2	（一）视同销售收入（填写 A105010）	*			*
3	（二）未按权责发生制原则确认的收入（填写 A105020）				
4	（三）投资收益（填写 A105030）				
5	（四）按权益法核算长期股权投资对初始投资成本调整确认收益	*	*	*	
6	（五）交易性金融资产初始投资调整	*	*		*
7	（六）公允价值变动净损益		*		
8	（七）不征税收入	*	*		
9	其中：专项用途财政性资金（填写 A105040）	*	*		
10	（八）销售折扣、折让和退回				
11	（九）其他				
12	二、扣除类调整项目（13＋14＋…24＋26＋27＋28＋29＋30）	*	*		
13	（一）视同销售成本（填写 A105010）	*		*	

续表

行次	项　目	账载金额	税收金额	调增金额	调减金额
		1	2	3	4
14	（二）职工薪酬（填写A105050）				
15	（三）业务招待费支出				*
16	（四）广告费和业务宣传费支出（填写A105060）	*	*		
17	（五）捐赠支出（填写A105070）				
18	（六）利息支出				
19	（七）罚金、罚款和被没收财物的损失		*		*
20	（八）税收滞纳金、加收利息		*		*
21	（九）赞助支出		*		*
22	（十）与未实现融资收益相关在当期确认的财务费用				
23	（十一）佣金和手续费支出				*
24	（十二）不征税收入用于支出所形成的费用	*	*		*
25	其中：专项用途财政性资金用于支出所形成的费用（填写A105040）	*	*		*
26	（十三）跨期扣除项目				
27	（十四）与取得收入无关的支出		*		*
28	（十五）境外所得分摊的共同支出	*	*		*
29	（十六）党组织工作经费				
30	（十七）其他				
31	三、资产类调整项目（32+33+34+35）	*	*		
32	（一）资产折旧、摊销（填写A105080）				
33	（二）资产减值准备金		*		
34	（三）资产损失（填写A105090）				
35	（四）其他				
36	四、特殊事项调整项目（37+38+…+42）	*	*		
37	（一）企业重组及递延纳税事项（填写A105100）				
38	（二）政策性搬迁（填写A105110）	*	*		
39	（三）特殊行业准备金（填写A105120）				
40	（四）房地产开发企业特定业务计算的纳税调整额（填写A105010）	*			
41	（五）有限合伙企业法人合伙方应分得的应纳税所得额				
42	（六）其他	*	*		
43	五、特别纳税调整应税所得	*	*		
44	六、其他	*	*		
45	合计（1+12+31+36+43+44）	*	*		

“纳税调整项目明细表”（A105000）由纳税人根据税法、相关税收规定以及国家统一会计制度的规定，填报企业所得税涉税事项的会计处理、税务处理以及纳税调整情况。

本表纳税调整项目按照“收入类调整项目”“扣除类调整项目”“资产类调整项目”“特殊事项调整项目”“特别纳税调整应税所得”“其他”六大项分类填报汇总，并计算出纳税“调增金额”和“调减金额”的合计金额。

数据栏分别设置“账载金额”“税收金额”“调增金额”“调减金额”4个栏次。“账载金额”是指纳税人按照国家统一会计制度规定核算的项目金额。“税收金额”是指纳税人按照税收规定计算的项目金额。

对需填报下级明细表的纳税调整项目，其“账载金额”“税收金额”“调增金额”“调减金额”根据相应附表进行计算填报。

1. 收入类调整项目

（1）第1行“一、收入类调整项目”：根据第2行至第11行（不含第9行）进行填报。

（2）第2行“（一）视同销售收入”：填报会计处理不确认为销售收入，税收规定确认应税收入的收入。根据“视同销售和房地产开发企业特定业务纳税调整明细表”（A105010）填报。第2列“税收金额”为表A105010第1行第1列金额。第3列“调增金额”为表A105010第1行第2列金额。

（3）第3行“（二）未按权责发生制原则确认的收入”：根据“未按权责发生制确认收入纳税调整明细表”（A105020）填报。第1列“账载金额”为表A105020第14行第2列金额。第2列“税收金额”为表A105020第14行第4列金额。表A105020第14行第6列，若≥0，填入本行第3列“调增金额”；若<0，将绝对值填入本行第4列“调减金额”。

（4）第4行“（三）投资收益”：根据“投资收益纳税调整明细表”（A105030）填报。第1列“账载金额”为表A105030第10行第1+8列的合计金额。第2列“税收金额”为表A105030第10行第2+9列的合计金额。表A105030第10行第11列，若≥0，填入本行第3列“调增金额”；若<0，将绝对值填入本行第4列“调减金额”。

（5）第5行“（四）按权益法核算长期股权投资对初始投资成本调整确认收益”：第4列“调减金额”填报纳税人采取权益法核算，初始投资成本小于取得投资时应享有被投资单位可辩认净资产公允价值份额的差额计入取得投资当期的营业外收入的金额。

（6）第6行“（五）交易性金融资产初始投资调整”：第3列“调增金额”填报纳税人根据税收规定确认交易性金融资产初始投资金额与会计核算的交易性金融资产初始投资账面价值的差额。

（7）第7行“（六）公允价值变动净损益”：第1列“账载金额”填报纳税人会计核算的以公允价值计量的金融资产、金融负债以及投资性房地产类项目，计入当期损益的公允价值变动金额；第1列≤0，将绝对值填入第3列“调增金额”；若第1列>0，填入第4列“调减金额”。

（8）第8行“（七）不征税收入”：填报纳税人计入收入总额但属于税收规定不征税的财政拨款、依法收取并纳入财政管理的行政事业性收费以及政府性基金和国务院规定的其他不征税收入。第3列“调增金额”填报纳税人以前年度取得财政性资金且已作为不征税收入处理，在5年（60个月）内未发生支出且未缴回财政部门或其他拨付资金的政府部门，应计入应税收入额的金额。第4列“调减金额”填报符合税收规定不征税收入条件并作为不征税收入处理，且已计入当期损益的金额。

（9）第9行“其中：专项用途财政性资金”：根据“专项用途财政性资金纳税调整明细表”（A105040）填报。第3列“调增金额”为表A105040第7行第14列金额。第4列“调减金额”为表A105040第7行第4列金额。

（10）第10行“（八）销售折扣、折让和退回”：填报不符合税收规定的销售折扣和折让应进行纳税调整的金额，和发生的销售退回因会计处理与税收规定有差异需纳税调整的金额。第1列“账载金额”填报纳税人会计核算的销售折扣和折让金额及销货退回的追溯处理的净调整额。第2列“税收金额”填报根据税收规定可以税前扣除的折扣和折让的金额及销货退回业务影响当期损益的金额。第1列减第2列，若余额≥0，填入第3列“调增金额”；若余额<0，将绝对值填入第4列“调减金额”，第4列仅为销货退回影响损益的跨期时间性差异。

（11）第11行“（九）其他”：填报其他因会计处理与税收规定有差异需纳税调整的收入类项目金额。若第2列≥第1列，将第2－1列的余额填入第3列“调增金额”；若第2列<第1列，将第2－1列余额的绝对值填入第4列“调减金额”。

2. 扣除类调整项目

（1）第12行“二、扣除类调整项目”：根据第13行至第30行（不含第25行）填报。

（2）第13行“（一）视同销售成本”：填报会计处理不作为销售核算，税收规定作为应税收入对应的销售成本金额。根据“视同销售和房地产开发企业特定业务纳税调整明细表”（A105010）填报。第2列“税收金额”为表A105010第11行第1列金额。第4列“调减金额”为表A105010第11行第2列金额的绝对值。

（3）第14行“（二）职工薪酬”：根据“职工薪酬支出及纳税调整明细表”（A105050）填报。第1列“账载金额”为表A105050第13行第1列金额。第2列“税收金额”为表A105050第13行第5列金额。表A105050第13行第6列，若≥0，填入本行第3列“调增金额”；若<0，将绝对值填入本行第4列“调减金额”。

（4）第15行“（三）业务招待费支出”：第1列“账载金额”填报纳税人会计核算计入当期损益的业务招待费金额。第2列“税收金额”填报按照税收规定允许税前扣除的业务招待费支出的金额。第3列“调增金额”为第1－2列金额。

（5）第16行“（四）广告费和业务宣传费支出”：根据“广告费和业务宣传费跨年度纳税调整明细表”（A105060）填报。表A105060第12行，若≥0，填入第3列“调增金额”；若<0，将绝对值填入第4列“调减金额”。

（6）第17行“（五）捐赠支出”：根据“捐赠支出及纳税调整明细表”（A105070）填报。第1列“账载金额”为表A105070第8行第1列金额。第2列“税收金额”为表A105070第8行第4列金额。第3列“调增金额”为表A105070第8行第5列金额。第4列“调减金额”为表A105070第8行第6列金额。

（7）第18行“（六）利息支出”：第1列“账载金额”填报纳税人向非金融企业借款，会计核算计入当期损益的利息支出的金额。第2列“税收金额”填报按照税收规定允许税前扣除的利息支出的金额。若第1列≥第2列，将第1列减第2列余额填入第3列“调增金额”；若第1列<第2列，将第1列减第2列余额的绝对值填入第4列“调减金额”。

（8）第19行“（七）罚金、罚款和被没收财物的损失”：第1列“账载金额”填报纳税人会计核算计入当期损益的罚金、罚款和被罚没财物的损失，不包括纳税人按照经济合同规定支付的违约金（包括银行罚息）、罚款和诉讼费。第3列“调增金额”等于第1列金额。

(9) 第20行"(八)税收滞纳金、加收利息":第1列"账载金额"填报纳税人会计核算计入当期损益的税收滞纳金、加收利息。第3列"调增金额"等于第1列金额。

(10) 第21行"(九)赞助支出":第1列"账载金额"填报纳税人会计核算计入当期损益的不符合税收规定的公益性捐赠的赞助支出的金额,包括直接向受赠人的捐赠、赞助支出等(不含广告性的赞助支出,广告性的赞助支出在表A105060中调整)。第3列"调增金额"等于第1列金额。

(11) 第22行"(十)与未实现融资收益相关在当期确认的财务费用":第1列"账载金额"填报纳税人会计核算的与未实现融资收益相关并在当期确认的财务费用的金额。第2列"税收金额"填报按照税收规定允许税前扣除的金额。若第1列≥第2列,将第1-2列余额填入第3列"调增金额";若第1列<第2列,将第1-2列余额的绝对值填入第4列"调减金额"。

(12) 第23行"(十一)佣金和手续费支出":第1列"账载金额"填报纳税人会计核算计入当期损益的佣金和手续费金额。第2列"税收金额"填报按照税收规定允许税前扣除的佣金和手续费支出金额。第3列"调增金额"为第1-2列的余额。

(13) 第24行"(十二)不征税收入用于支出所形成的费用":第3列"调增金额"填报符合条件的不征税收入用于支出所形成的计入当期损益的费用化支出金额。

(14) 第25行"其中:专项用途财政性资金用于支出所形成的费用":根据"专项用途财政性资金纳税调整明细表"(A105040)填报。第3列"调增金额"为表A105040第7行第11列金额。

(15) 第26行"(十三)跨期扣除项目":填报维简费、安全生产费用、预提费用、预计负债等跨期扣除项目调整情况。第1列"账载金额"填报纳税人会计核算计入当期损益的跨期扣除项目金额。第2列"税收金额"填报按照税收规定允许税前扣除的金额。若第1列≥第2列,将第1-2列余额填入第3列"调增金额";若第1列<第2列,将第1-2列余额的绝对值填入第4列"调减金额"。

(16) 第27行"(十四)与取得收入无关的支出":第1列"账载金额"填报纳税人会计核算计入当期损益的与取得收入无关的支出的金额。第3列"调增金额"等于第1列金额。

(17) 第28行"(十五)境外所得分摊的共同支出":第3列"调增金额"为"境外所得纳税调整后所得明细表"(A108010)第10行第16+17列的合计金额。

(18) 第29行"(十六)党组织工作经费":填报纳税人根据有关文件规定,为创新基层党建工作、建立稳定的经费保障制度发生的党组织工作经费及纳税调整情况。

(19) 第30行"(十七)其他":填报其他因会计处理与税收规定有差异需纳税调整的扣除类项目金额。若第1列≥第2列,将第1-2列余额填入第3列"调增金额";若第1列<第2列,将第1-2列余额的绝对值填入第4列"调减金额"。

3. 资产类调整项目

(1) 第31行"三、资产类调整项目":填报资产类调整项目第32行至第35行的合计金额。

(2) 第32行"(一)资产折旧、摊销":根据"资产折旧、摊销及纳税调整明细表"(A105080)填报。第1列"账载金额"为表A105080第39行第2列金额。第2列"税收金额"为表A105080第39行第5列金额。表A105080第39行第9列,若≥0,填入本行第3列"调增金额";若<0,将绝对值填入本行第4列"调减金额"。

（3）第33行“（二）资产减值准备金”：填报坏账准备、存货跌价准备、理赔费用准备金等不允许税前扣除的各类资产减值准备金纳税调整情况。第1列“账载金额”填报纳税人会计核算计入当期损益的资产减值准备金金额（因价值恢复等原因转回的资产减值准备金应予以冲回）。第1列，若≥0，填入第3列“调增金额”；若<0，将绝对值填入第4列“调减金额”。

（4）第34行“（三）资产损失”：根据“资产损失税前扣除及纳税调整明细表”（A105090）填报。第1列“账载金额”为表A105090第14行第1列金额。第2列“税收金额”为表A105090第14行第5列金额。表A105090第14行第6列，若≥0，填入本行第3列“调增金额”；若<0，将绝对值填入本行第4列“调减金额”。

（5）第35行“（四）其他”：填报其他因会计处理与税收规定有差异需纳税调整的资产类项目金额。若第1列≥第2列，将第1－2列余额填入第3列“调增金额”；若第1列<第2列，将第1－2列余额的绝对值填入第4列“调减金额”。

4. 特殊事项调整项目

（1）第36行“四、特殊事项调整项目”：填报特殊事项调整项目第37行至第42行的合计金额。

（2）第37行“（一）企业重组及递延纳税事项”：根据“企业重组及递延纳税事项纳税调整明细表”（A105100）填报。第1列“账载金额”为表A105100第16行第1＋4列金额。第2列“税收金额”为表A105100第16行第2＋5列金额。表A105100第16行第7列，若≥0，填入本行第3列“调增金额”；若<0，将绝对值填入本行第4列“调减金额”。

（3）第38行“（二）政策性搬迁”：根据“政策性搬迁纳税调整明细表”（A105110）填报。表A105110第24行，若≥0，填入本行第3列“调增金额”；若<0，将绝对值填入本行第4列“调减金额”。

（4）第39行“（三）特殊行业准备金”：根据“特殊行业准备金及纳税调整明细表”（A105120）填报。第1列“账载金额”为表A105120第43行第1列金额。第2列“税收金额”为表A105120第43行第2列金额。表A105120第43行第3列，若≥0，填入本行第3列“调增金额”；若<0，将绝对值填入本行第4列“调减金额”。

（5）第40行“（四）房地产开发企业特定业务计算的纳税调整额”：根据“视同销售和房地产开发企业特定业务纳税调整明细表”（A105010）填报。第2列“税收金额”为表A105010第21行第1列金额。表A105010第21行第2列，若≥0，填入本行第3列“调增金额”；若<0，将绝对值填入本行第4列“调减金额”。

（6）第41行“（五）有限合伙企业法人合伙方分得的应纳税所得额”：第1列“账载金额”填报有限合伙企业法人合伙方本年会计核算上确认的对有限合伙企业的投资所得；第2列“税收金额”填报纳税人按照“先分后税”原则和《财政部 国家税务总局关于合伙企业合伙人所得税问题的通知》（财税〔2008〕159号）文件第四条规定计算的从合伙企业分得的法人合伙方应纳税所得额；若第1列≤第2列，将第2－1列余额填入第3列“调增金额”，若第1列>第2列，将第2－1列余额的绝对值填入第4列“调减金额”。

（7）第42行“（六）其他”：填报其他因会计处理与税收规定有差异需纳税调整的特殊事项金

额。

5. 特殊纳税调整所得项目

第43行“五、特别纳税调整应税所得”：第3列“调增金额”填报纳税人按特别纳税调整规定自行调增的当年应税所得。第4列“调减金额”填报纳税人依据双边预约定价安排或者转让定价相应调整磋商结果的通知，需要调减的当年应税所得。

6. 其他

（1）第44行“六、其他”：其他会计处理与税收规定存在差异需纳税调整的项目金额；

（2）第45行“合计”：填报第1+12+31+36+43+44行的合计金额。

五、“纳税调整项目明细表”（A105000）的表内、表间关系

1. 表内关系

（1）第1行=第2+3+4+5+6+7+8+10+11行；

（2）第12行=第13+14+…+23+24+26+27+28+29+30行；

（3）第31行=第32+33+34+35行；

（4）第36行=第37+38+39+40+41+42行；

（5）第45行=第1+12+31+36+43+44行。

2. 表间关系

（1）第2行第2列=表A105010第1行第1列；

第2行第3列=表A105010第1行第2列。

（2）第3行第1列=表A105020第14行第2列；

第3行第2列=表A105020第14行第4列；

若表A105020第14行第6列≥0，第3行第3列=表A105020第14行第6列；

若表A105020第14行第6列<0，第3行第3列=表A105020第14行第6列的绝对值。

（3）第4行第1列=表A105030第10行第1+8列；

第4行第2列=表A105030第10行第2+9列；

若表A105030第10行第11列≥0，第4行第3列=表A105030第10行第11列；

若表A105030第10行第11列<0，第4行第4列=表A105030第10行第11列的绝对值。

（4）第9行第3列=表A105040第7行第14列；

第9行第4列=表A105040第7行第4列。

（5）第13行第2列=表A105010第11行第1列；

第13行第4列=表A105010第11行第2列的绝对值。

（6）第14行第1列=表A105050第13行第1列；

第14行第2列=表A105050第13行第5列；

若表A105050第13行第6列≥0，第14行第3列=表A105050第13行第6列；

若表A105050第13行第6列<0，第14行第4列=表A105050第13行第6列的绝对值。

（7）若表 A105060 第 12 行≥0，第 16 行第 3 列 = 表 A105060 第 12 行；

若表 A105060 第 12 行 <0，第 16 行第 4 列 = 表 A105060 第 12 行的绝对值。

（8）第 17 行第 1 列 = 表 A105070 第 8 行第 1 列；

第 17 行第 2 列 = 表 A105070 第 8 行第 4 列；

第 17 行第 3 列 = 表 A105070 第 8 行第 5 列；

第 17 行第 4 列 = 表 A105070 第 8 行第 6 列。

（9）第 25 行第 3 列 = 表 A105040 第 7 行第 11 列。

（10）第 28 行第 3 列 = 表 A108010 第 10 行第 16 + 17 列。

（11）第 32 行第 1 列 = 表 A105080 第 39 行第 2 列；

第 32 行第 2 列 = 表 A105080 第 39 行第 5 列；

若表 A105080 第 39 行第 9 列≥0，第 32 行第 3 列 = 表 A105080 第 39 行第 9 列；

若表 A105080 第 39 行第 9 列 <0，第 32 行第 4 列 = 表 A105080 第 39 行第 9 列的绝对值。

（12）第 34 行第 1 列 = 表 A105090 第 14 行第 1 列；

第 34 行第 2 列 = 表 A105090 第 14 行第 5 列；

若表 A105090 第 14 行第 6 列≥0，第 34 行第 3 列 = 表 A105090 第 14 行第 6 列；

若表 A105090 第 14 行第 6 列 <0，第 34 行第 4 列 = 表 A105090 第 14 行第 6 列的绝对值。

（13）第 37 行第 1 列 = 表 A105100 第 16 行第 1 +4 列；

第 37 行第 2 列 = 表 A105100 第 16 行第 2 +5 列；

若表 A105100 第 16 行第 7 列≥0，第 37 行第 3 列 = 表 A105100 第 16 行第 7 列；

若表 A105100 第 16 行第 7 列 <0，第 37 行第 4 列 = 表 A105100 第 16 行第 7 列的绝对值。

（14）若表 A105110 第 24 行≥0，第 38 行第 3 列 = 表 A105110 第 24 行；

若表 A105110 第 24 行 <0，第 38 行第 4 列 = 表 A105110 第 24 行的绝对值。

（15）第 39 行第 1 列 = 表 A105120 第 43 行第 1 列；

第 39 行第 2 列 = 表 A105120 第 43 行第 2 列；

若表 A105120 第 43 行第 3 列≥0，第 39 行第 3 列 = 表 A105120 第 43 行第 3 列；

若表 A105120 第 43 行第 3 列 <0，第 39 行第 4 列 = 表 A105120 第 43 行第 3 列的绝对值。

（16）第 40 行第 2 列 = 表 A105010 第 21 行第 1 列；

若表 A105010 第 21 行第 2 列≥0，第 40 行第 3 列 = 表 A105010 第 21 行第 1 列；

若表 A105010 第 21 行第 2 列 <0，第 40 行第 4 列 = 表 A105010 第 21 行第 1 列的绝对值。

（17）第 45 行第 3 列 = 表 A100000 第 15 行；

第 45 行第 4 列 = 表 A100000 第 16 行。

第10章 “视同销售和房地产开发企业特定业务纳税调整明细表”的理解与填报

“视同销售和房地产开发企业特定业务纳税调整明细表”（A105010）适用于发生视同销售、房地产企业特定业务纳税调整项目的纳税人填报。

纳税人应根据税法和相关法规之规定，填报视同销售行为、房地产企业销售未完工产品、未完工产品转完工产品特定业务的税收规定及纳税调整情况。

纳税人完成“视同销售和房地产开发企业特定业务纳税调整明细表”的填报工作，必须认真学习和领会下列税收文件：

（1）《中华人民共和国企业所得税法》；

（2）《中华人民共和国企业所得税法实施条例》；

（3）国家税务总局《关于企业处置资产所得税处理问题的通知》（国税函〔2008〕828号）；

（4）国家税务总局《关于印发〈房地产开发经营业务企业所得税处理办法〉的通知》（国税发〔2009〕31号）；

（5）国家税务总局《关于企业所得税有关问题的公告》（2016年第80号）。

一、“视同销售和房地产开发企业特定业务纳税调整明细表”的焦点问题

1. 何谓视同销售

《企业所得税法实施条例》第二十五条规定，除国务院财政、税务主管部门另有规定的外，企业发生非货币性资产交换，以及将货物、财产、劳务用于捐赠、偿债、赞助、集资、广告、样品、职工福利和利润分配等用途的，应当视同销售货物、转让财产和提供劳务。按照本条的规定，应当视同销售货物、转让财产和提供劳务的特别情形主要包括以下两个方面：

（1）非货币性资产交换。根据企业会计准则的规定，非货币性资产交换是指交易双方主要以存货、固定资产、无形资产和长期股权投资等非货币性资产进行的交换。该交换不涉及或只涉及少量的货币性资产（即补价）。货币性资产是指企业持有的货币资金和将以固定或可确定的金额收取的资产，包括现金、银行存款、应收账款和应收票据以及准备持有至到期的债券投资等；非货币性资产是指货币性资产以外的资产。非货币性资产交换必须同时满足两个条件才能作为收入，一是该项交换具有商业实质，二是换入资产或换出资产的公允价值能够可靠地计量。实践中，非货币性资产交换的典型事例是以股权换股权（股权置换）、以债权换债权等，其所得是对方等价的资产。因为在此交易过程中没有使用货币，为了确定其收入额，企业会计准则规定应当以公允价值和应支付的相关税费作为换入资产的成本，公允价值与换出资产账面价值的差额计入当期损益。

通过捐赠、投资、非货币性资产交换、债务重组等方式取得的固定资产，以该资产的公允价值和支付的相关税费为计税基础。原内资企业所得税暂行条例实施细则规定，接受赠与的固定资产，按发票所列金额加上由企业负担的运输费、保险费、安装调试费等确定；无所附发票的，按同类设备的市价确定；接受投资的固定资产，应当按该资产折旧程度，以合同、协议确定的合理价格或者评估确认的价格确定。即原内资企业所得税暂行条例实施细则只对企业通过捐赠和投资两种形式获取的固定资产计价作了规定，而没有规定企业通过非货币性资产交换、债务重组等方式获取的固定资产计税基础的确定方法。本条对此作了进一步完善，并改变了相应的确定方法，以此类资产的公允价值和支付的相关税费为计税基础。之所以以公允价值作为此类固定资产的计税基础，主要是因为，固定资产的捐赠方、用固定资产进行投资的一方、非货币资产交换中换出固定资产的一方以及债务重组中用固定资产抵债的一方，按企业所得税法规定，均应该作视同销售处理，即应该视为先销售固定资产再捐赠、再投资、再购进非货币资产、再偿债两个过程进行处理。因而作为固定资产的接受方，应该按该资产的市场价格即公允价值加上接受固定资产过程中可能发生的契税、土地增值税、车辆购置税、印花税等税费作为固定资产的入账价值。

（2）将货物、财产、劳务用于捐赠、偿债、赞助、集资、广告、样品、职工福利和利润分配等用途。这些用途中，有些情况下可能是出于生产经营的需要，但是有些情况是企业意图规避法律，逃避纳税义务。为了保证国家的税收收入，本条规定上述行为均视同销售货物、转让财产和提供劳务。由于在这些行为过程中对货物、财产和劳务没有以货币进行计价，也应当按照公允价值确定其

收入，计算应纳税额。

鉴于上述视同销售货物、转让财产和提供劳务的情形比较复杂，有些特殊情况下可能不宜视同销售货物、转让财产和提供劳务，即不能一概而论。因此本条还规定了除外条款：授权国务院财政、税务主管部门对上述行为中不宜视同销售货物、转让财产和提供劳务的情形作特别规定。

本条的规定，一方面考虑到与增值税暂行条例的衔接，另一方面原税法是以独立经济核算的单位作为纳税人的，不具有法人地位但实行独立经济核算的分公司等也要独立计算缴纳所得税。新税法采用的是法人所得税的模式，因而缩小了视同销售的范围，对于货物在统一法人实体内部之间的转移，比如用于在建工程、管理部门、分公司等不再作为销售处理。

国税函〔2008〕828号规定，企业将自己生产或外购的资产，用于市场推广或销售、交际应酬、职工奖励或福利、股息分配、对外捐赠或其他改变资产所有权属的用途应当视同销售。其产品的销售价格，应参照同期同类产品的市场销售价格；没有参照价格的，应按成本加合理利润的方法组成计税价格。但是，企业除将资产转移至境外以外，由于资产所有权属在形式和实质上均不发生改变，的情形，如将资产用于生产、制造、加工另一产品；改变资产形状、结构或性能；改变资产用途（如，自建商品房转为自用或经营）；将资产在总机构及其分支机构之间转移；上述两种或两种以上情形的混合以及其他不改变资产所有权属的用途的。可以作为内部处置资产，不视同销售确认收入，相关资产的计税基础延续计算。因此，凡是境外转移资产或转移资产所有权属的将资产移送他人行为，均应当视同销售处理。

2. 自产自用产品视同销售的会计处理和新旧所得税政策对比

视同销售是一种税收术语。它是视同销售货物行为的简称，是一种特殊的销售行为。一般地讲，视同销售是指企业发生特定的提供商品或劳务行为后，会计处理上不作为销售业务核算，不确认会计收入，而税法规定视同销售实现，要求计算销售收入并计算应缴税金的一种涉税业务。

（1）自产自用产品视同销售的会计处理。

在会计处理上，根据《财政部关于自产自用的产品视同销售如何进行会计处理的复函》（财会字〔1997〕26号）规定：企业将自已生产的产品用于在建工程、管理部门、非生产性机构、捐赠、赞助、集资、广告、样品、职工福利奖励等方面，是一种内部结转关系，不存在销售行为，不符合销售成立的标志；企业不会由于将自己生产的产品用于在建工程等而增加现金流量，也不会增加企业的营业利润。因此，会计上不作销售处理，而按成本转账。

根据国税函〔2008〕828号规定，企业发生下列情形的处置资产，除将资产转移至境外以外，由于资产所有权属在形式和实质上均不发生改变，可作为内部处置资产，不视同销售确认收入，相关资产的计税基础延续计算。即：

①将资产用于生产、制造、加工另一产品；

②改变资产形状、结构或性能；

③改变资产用途（如，自建商品房转为自用或经营）；

④将资产在总机构及其分支机构之间转移；

⑤上述两种或两种以上情形的混合；

⑥其他不改变资产所有权属的用途。

但企业将资产移送他人的下列情形，因资产所有权属已发生改变而不属于内部处置资产，应按规定视同销售确定收入。即：

①用于市场推广或销售；

②用于交际应酬；

③用于职工奖励或福利；

③用于股息分配；

④用于对外捐赠；

⑤其他改变资产所有权属的用途。

自产自用的产品视同对外销售的，应按企业同类资产同期对外销售价格确定销售收入并据以计算交纳各种税费。企业按规定计算交纳的各种税费，也构成由于使用该自产产品而发生支出的一部分，应按用途记入相关的科目。

其具体会计处理方法如下：

①自产自用的产品在移送使用时，应将该产品的成本按用途转入相应的科目，借记"销售费用""管理费用""应付福利费""应付股利""营业外支出"等科目，贷记"产成品"等科目。

②企业将自产的产品用于上述用途应交纳的增值税、消费税等，应按税收规定计算的应税金额，按用途记入相应的科目，借记"销售费用""管理费用""应付福利费""应付股利""营业外支出"等科目，贷记"应交税金——应交增值税（销项税额）""应交税金——应交消费税"等科目。

③按税收规定需要交纳所得税的，还应将该项经济业务视同销售应获得的利润计入应纳税所得额，据以交纳所得税，年末根据所得税汇算清缴情况，借记"所得税费用"，贷记"应交税金——应交所得税"科目。

【案例1】

甲公司（一般纳税人）为扩大营销规模，需要使用公司生产的1台机床用于市场推广。该机床成本价80万元（同期同类产品销售价100万元）。

【会计处理】

根据有关规定，该公司的会计处理应为：

借：销售费用　　970000

　　贷：库存商品　　800000

　　　　应交税费——应交增值税（销项税额）　　170000

【纳税处理】

年度终了后，进行企业所得税纳税申报时，该机床应视同销售调整增加应纳税所得额200000元，同时并申报缴纳企业所得税。假设该企业所得税适用税率为25%，其他项目纳税所得合并为零，则应纳所得税为50000元（200000×25%）。作分录：

借：所得税费用　　50000

　　贷：应交税费－应交所得税　　50000

【专家提示】

新税法规定：“企业发生非货币性资产交换，以及将货物、财产、劳务用于捐赠、偿债、赞助、集资、广告、样品、职工福利和利润分配等用途的，应当视同销售货物、转让财产和提供劳务，但国务院财政、税务主管部门另有规定的除外。”这是因为一方面考虑到了与增值税暂行条例的衔接，另一方面则因为原税法是以独立经济核算的单位作为纳税人的，不具有法人地位但实行独立经济核算的分公司等也要独立计算缴纳所得税。新税法采用的是法人所得税的模式，因而缩小了视同销售的范围，对于货物在统一法人实体内部之间的转移，比如用于在建工程、管理部门、分公司等不再作为销售处理。

3. 自产自用产品视同销售的新旧所得税政策对比

1994年实施的原《企业所得税暂行条例实施细则》（以下简称原所得税法）第五十五条规定：纳税人在基本建设、专项工程及职工福利等方面使用本企业的商品、产品的，均应作为收入处理。财政部、国家税务总局《关于企业所得税几个具体问题的通知》（财税字〔1996〕79号）文件进一步扩大了视同销售的范围，即：企业将自己生产的产品用于在建工程、管理部门、非生产性机构、捐赠、赞助、集资、广告、样品、职工福利奖励等方面时，应视同对外销售处理。

伴随新企业会计制度的实施，国家税务总局《关于执行〈企业会计制度〉需要明确的有关所得税问题的通知》（国税发〔2003〕45号全文废止）对捐赠视同销售又进行了规范，该文件规定：企业将自产、委托加工和外购的原材料、固定资产、无形资产和有价证券（商业企业还包括外购商品）用于捐赠，应分解为按公允价值视同对外销售和捐赠两项业务进行所得税处理。

2006年对房地产企业开发产品的视同销售也作了规定。国家税务总局《关于房地产开发业务征收企业所得税问题的通知》（国税发〔2006〕31号）规定：开发企业将开发产品转作固定资产或用于捐赠、赞助、职工福利、奖励、对外投资、分配给股东或投资人、抵偿债务、换取其他企事业单位和个人的非货币资产等行为，应视同销售，于开发产品所有权或使用权转移，或于实际取得利益权利时确认收入（或利润）的实现。

综合以上规定，我们可以看出：原企业所得税法强调视同销售的资产，主要是指企业“本企业的商品、产品”和“自己生产的产品”；同时明确了企业将“自产、委托加工和外购的原材料、固定资产、无形资产和有价证券（商业企业包括外购商品）”用于捐赠的行为也要视同销售行为。而其他资产则不在“视同销售”的范围。

而从2008年开始实施的新《企业所得税实施条例》第二十五条规定：企业发生非货币性资产交换，以及将货物、财产、劳务用于捐赠、偿债、赞助、集资、广告、样品、职工福利或者利润分配等用途的，应当视同销售货物、转让财产或者提供劳务，但国务院财政、税务主管部门另有规定的除外。

2008年国税函〔2008〕828号对上述视同销售行为进一步明确，企业除将资产转移至境外以外，在资产所有权属在形式和实质上均不发生改变的，可作为内部处置资产，不视同销售确认收入，相关资产的计税基础延续计算；企业将资产所有权属发生改变的将资产移送他人的，应当视同销售。因此，判定资产处置是否应当做视同销售处理，其主要依据是看是否转移资产的所有权或转移资产至境外。

2009年3月6日，国家税务总局《关于印发〈房地产开发经营业务企业所得税处理办法〉的通知》（国税发〔2009〕31号）对原国税发〔2006〕31号文进行了修订，同时再次明确开发企业将开发产品用于捐赠、赞助、职工福利、奖励、对外投资、分配给股东或投资人、抵偿债务、换取其他企事业单位和个人的非货币性资产等行为，应视同销售，于开发产品所有权或使用权转移，或于实际取得利益权利时确认收入（或利润）的实现。确认收入（或利润）的方法和顺序为：

①按本企业近期或本年度最近月份同类开发产品市场销售价格确定；

②由主管税务机关参照当地同类开发产品市场公允价值确定；

③按开发产品的成本利润率确定。开发产品的成本利润率不得低于15%，具体比例由主管税务机关确定。

对比新旧企业所得税法中有关视同销售的规定，主要有以下方面的变化：

①扩大了视同销售的对象。新法将货物、财产、劳务均列入了视同销售的对象，取消了自产商品和产品的限制，不再区分外购和自产。尤其是将提供劳务也列入了视同销售的8种行为，解决了以前政策不明确带来的争议。

②缩小了视同销售的范围。将自产的货物、劳务用于在建工程、管理部门、非生产性机构，不再作为视同销售处理。由于这部分视同销售的税务处理，一方面要增加应纳税所得额，另一方面又要增加计税基础，从总量上分析没有对所得税造成差异影响，只是在税额的缴纳上有“时间差异”，所以给予了取消。

③强调了非货币性资产交换要视同销售。这一点在原所得税法中也有相同的规定。如原《中华人民共和国外商投资企业和外国企业所得税法实施细则》第十三条规定同原《企业所得税暂行条例实施细则》第五十八条规定内容是相同的。即：取得的收入为非货币性资产或者权益的，其收入额应当参照当时的市场价格计算。

以上新旧企业所得税法规定的“视同销售”的具体行为，凡符号规定条件的，并在税法规定的适用期内均应作为“视同销售货物”的行为，企业都要视同销售的实现，按照税法规定提交企业所得税。

【填报技巧】

上述收入在“纳税调整项目明细表”（A105000）第2行“视同销售收入”中填列，同时在“视同销售和房地产开发企业特定业务纳税调整明细表”（A105010）在第1至10行中填列。执行《企业会计制度》《小企业会计制度》的纳税人，填报将货物、财产、劳务用于捐赠、偿债、赞助、集资、广告、样品、职工福利或者利润分配等用途的，按照税收规定应视同销售确认收入的金额。

见下表10－1：“纳税调整项目明细表”（A105000）。

表10－1　纳税调整项目明细表（A105000）

行次	项　目	账载金额	税收金额	调增金额	调减金额
		1	2	3	4
1	一、收入类调整项目（2＋3＋…8＋10＋11）	*	*		
2	（一）视同销售收入（填写A105010）	*			*

见下表10－2：“视同销售和房地产开发企业特定业务纳税调整明细表”（A105010）。

表 10－2 视同销售和房地产开发企业特定业务纳税调整明细表（A105010）

行次	项 目	税收金额	纳税调整金额
		1	2
1	一、视同销售（营业）收入（2+3+4+5+6+7+8+9+10）		
2	（一）非货币性资产交换视同销售收入		
3	（二）用于市场推广或销售视同销售收入		
4	（三）用于交际应酬视同销售收入		
5	（四）用于职工奖励或福利视同销售收入		
6	（五）用于股息分配视同销售收入		
7	（六）用于对外捐赠视同销售收入		
8	（七）用于对外投资项目视同销售收入		
9	（八）提供劳务视同销售收入		
10	（九）其他		

二、“视同销售和房地产开发企业特定业务纳税调整明细表”结构特点是什么

“视同销售和房地产开发企业特定业务纳税调整明细表”（A105010）填报纳税人发生视同销售行为、房地产企业销售未完工产品、未完工产品转完工产品特定业务，会计处理与税法规定不一致，需要进行纳税调整的项目和金额。

1. 视同销售收入与成本配比的设计原则

（1）配比原则在营业收入中的运用与纳税调整。

配比原则要求企业在进行会计核算时，收入与其成本、费用应当相互配比，同一会计期间内的各项收入和与其相关的成本、费用，应当在该会计期间内确认。

企业会计的目标是为会计信息使用者提供相关、可靠的信息。为实现此目标，在会计核算中，在采用权责发生制对收入、费用等会计要素确认后，须进一步运用配比原则将一定期间、特定产品或项目、特定部门的收入与其相关的成本费用进行配比，以便计算和揭示相应的经营成果。由此可见，会计中的配比是以提供相关、可靠信息为主，既强调会计收入与相关成本费用配比，也强调成本费用与相关收入配比（即收入与成本费用之间的双向配比）；既强调会计收入与相关成本费用在因果关系上配比，也强调收入与相关成本费用在期间上配比。而我国企业所得税法以规范征纳主体依法征纳税为宗旨，要求纳税人的所得税按年计算、分期预缴、年终汇算清缴。原《企业所得税税前扣除办法》中的成本费用在税前扣除时的配比，只强调成本费用与其相关收入配比，并不强调收入与相关成本费用配比（即单向配比）；且重点要求成本费用在期间上配比，即纳税人某一纳税年度应申报的可扣除费用不得提前或滞后申报扣除。此种差异的存在要求企业会计人员在处理本企业某一纳税年度的收入与费用时，应慎重运用配比及其他原则确认收入与费用，否则极易出现无意的偷税漏税行为，给企业造成不必要的经济损失。

配比原则在特殊问题处理中与其他原则的配合程度有所不同，主要包括：

①预计费用的配比程度不同。在企业会计中，收入与成本费用要求按权责发生制确认，即以

“应收或应付”认定收入实现或费用发生，这就导致企业某一期间的会计收入不完全是实际收到经济利益（现金）的收入，成本费用也不完全是实际支付经济利益（现金）的费用。但在企业所得税法中，在采用权责发生制确认成本费用的同时，也采用了适度的收付实现制。如企业借款利息、职工工资等费用，无论企业是否实际支付，均可按权责发生制确认，并在计算会计利润时与收入配比。而在税法中，上述费用若企业当期并未实际支付，则不允许在当期税前扣除，而必须在纳税申报时对会计利润作相应调整。此种做法并非完全是会计意义上收入与成本费用的配比，这就导致会计利润往往不等于应纳税所得额。此种差异的产生要求企业会计人员在确认各类预计费用时，一方面要按会计配比原则计提相关费用（如预提费用中的借款利息、修理费及应支付的职工工资费用），同时在期末计算应纳所得税时按税法配比原则对该类预计费用中已计提但并未实际支付部分作为时间性差异处理。

②资产预计损失与收入的配比程度不同。在企业会计中，对资产计价与损失计量采用谨慎性原则和不完全的历史成本原则，允许其预计损失在期间上进行配比，不强求实际损失在期间上的配比。如应收账款、存货等资产期末有损失迹象时，即可计提坏账准备、存货跌价准备并计入当期管理费用，配比计算当期损益。而在税法中则坚持企业应纳税所得额是纳税人的应税收入与取得这些收入所实际发生的成本费用相配比抵减后的结果，恪守历史成本原则，对资产损失却同时采用确定性原则处理即据实扣除；对于预计资产损失一般不予税前扣除，仅对应收账款的预计损失允许有限的配比扣除。这种差异要求企业会计人员在预计各类资产损失时，一方面应按会计配比原则计提应收账款、存货、短期投资、长期投资，固定资产、无形资产等资产的预计损失，同时在期末计算应纳所得税时按税法配比原则将该类费用作为时间性差异进行相应调整。

③实际支出认定的配比程度不同。在企业会计中为分别提供不同产品或项目、不同业务分部、不同地区分部的经营成果信息，需要将多种直接费用、间接费用、期间费用在不同产品或项目、不同业务分部、不同地区分部之间进行合理的配比计算。而税法中的配比原则不仅要体现上述要求，同时还要遵循相关性原则即纳税人可扣除的费用必须在根源和性质上与取得的应税收入相关联，否则不得从税前扣除。如企业对外提供的非广告性赞助支出及因其他纳税人借款支付的担保支出，在会计上均可按期间配比要求计入营业外支出，从会计收入中扣除。而税法则将其视为与纳税人应税收入无关的支出，因而规定不得将其在税前配比扣除，对上述支出纳税人应在所得税纳税申报时进行调整。这种差异的存在要求企业会计人员在确认与本单位无关的支出时，一方面应按会计配比及其他相关原则处理并提供该类事项的有关信息，同时也应在期末按税法配比原则将该类事项发生的支出作为永久性差异处理。

④修正核算差错时的配比程度不同。在企业会计中，根据重要性原则将会计差错分为一般差错和重大差错（一般以某项交易事项差错金额占该类交易事项总金额的10%及其以上为标准），并按期间配比原则对重大差错进行处理。如企业会计准则规定，本期发生的与前期相关的重大会计差错如影响损益，应将其调整发现（该差错）当期的期初留存收益，会计报表其他项目的期初数也应一并调整。对于比较会计报表期间的重大会计差错应调整各该期间的净收益和其他相关项目。而在税法中则不采用重要性原则，对于征税人和纳税人因工作失误而产生的多征或少征、未缴或少缴税款，不论金额大小，直接作为发现当期的事项处理。如税收征管法规定，纳税人超过应纳税额缴纳

的税款，税务机关发现后应当立即退还；纳税人自结清税款之日起3年内发现的，可向税务机关退还多缴税款并加算银行同期存款利息，税务机关及时查实后应当立即退还。同时还规定，因纳税人、扣缴义务人计算错误等失误，未缴或少缴税款的，税务机关可在3年内追征税款、滞纳金；有特殊情况的，追征期可以延长到5年。这种情况的配比差异要求企业会计人员在发现计算差错时，应当首先分清楚该差错是否涉及税金，然后再按会计配比原则进行修正处理；如果该差错涉及税收罚款、滞纳金，应当先按会计原则确认，再按税法配比原则进行调整。

⑤部分费用统一计算并调整使用的配比程度不同。在企业会计中，特定会计主体的会计利润是其会计收入与会计费用配比后的结果，不同会计主体之间的费用不允许相互调剂计算（即特定会计主体内部配比）。而在税法中则允许部分费用在不同会计主体之间，统一计算后调剂使用。如在企业会计中，不同会计主体之间的业务招待费，依会计配比原则要求相互之间不准调剂计算。而税法规定，汇总纳税的企业，可由总公司或分公司报经税务机关审核批准后，对业务招待费统一计算调整使用（即内外结合配比）。此种做法突破了会计配比原则的一般要求，导致企业下级成员当期税前扣除的业务招待费既不完全是会计核算的结果，也不完全是按会计收入与规定比例计算的扣除限额，而是在税务机关审核确认的分级次限额内据实确定业务招待费扣除金额。这种配比差异的存在，要求集团企业的会计人员既要站在特定角度按会计配比原则确认该特定主体的业务招待费，也要站在集团立场上按税法配比原则综合确认该费用。

配比原则在会计及税法中仍存在诸多不同理解。如税法配比有时也含有“对等”要求，即税法中如果给予某项支出一定的税收待遇也会相应给予其相关收入对等的待遇，反之亦然；而在会计核算中未必如此。总之，由于配比原则在会计与税法中存在上述差异，要求企业会计人员在处理涉税收入及费用时，应同时站在会计与税法两个立场，慎重对待。

（2）如何运用配比原则进行纳税申报。

“一般企业成本支出明细表”（A102010）第2至8行“主营业务成本”：纳税人根据不同行业的业务性质分别填报在会计核算中的主营业务成本。第2行=第3+4+5+6+7+8行。本表第3至8行的数据，分别与“一般企业收入明细表”（A101010）的“主营业务收入”对应行次的数据配比。

“一般企业成本支出明细表”（A102010）第10至15行“其他业务支出”：按照会计核算中“其他业务支出”的具体业务性质分别填报。第9行=第10+11+12+13+14+15行。本表第10至15行的数据，分别与“一般企业收入明细表”（A101010）的“其他业务收入”对应行次的数据配比。

“视同销售和房地产开发企业特定业务纳税调整明细表”（A105010）第12至20行“视同销售（营业）成本”：填报纳税人按税收规定计算的与视同销售收入对应的成本，第11行=第12+13+14+15+16+17+18+19+20行。本表第12至20行的数据，分别“视同销售和房地产开发企业特定业务纳税调整明细表”（A105010）的“视同销售（营业）收入”的第2至10行对应行次的数据配比。每一笔被确认为视同销售的经济事项，在确认计算应税收入的同时，均有与此收入相配比的应税成本。特别是其中的第25行“3. 实际发生的营业税金及附加、土地增值税”：第1列“税收金额”填报房地产企业销售未完工产品实际发生的营业税金及附加、土地增值税，且在会计核算中未计入当期损益的金额；第 2 列“纳税调整金额”等于第 1 列“税收金额”。若在会计核算中已经计入当期损益，则不在本行填报，否则则会造成税金的重复扣除。

2. 房地产开发企业单独设计的用意是什么

根据国税发〔2009〕31 号及《国家税务总局关于房地产开发企业成本对象管理问题的公告》（国家税务总局公告 2014 年第 35 号）的相关规定，为做好取消房地产开发企业开发产品计税成本对象事先备案制度的落实和后续管理工作，国家税务总局发文明确“房地产开发企业应依据计税成本对象确定原则确定已完工开发产品的成本对象，并就确定原则、依据，共同成本分配原则、方法，以及开发项目基本情况、开发计划等出具专项报告，在开发产品完工当年企业所得税年度纳税申报时，随同“企业所得税年度纳税申报表”一并报送主管税务机关。

房地产开发企业将已确定的成本对象报送主管税务机关后，不得随意调整或相互混淆。如确需调整成本对象的，应就调整的原因、依据和调整前后成本变化情况等出具专项报告，在调整当年企业所得税年度纳税申报时报送主管税务机关。”

国家税务总局近期颁布了新的“中华人民共和国企业所得税年度纳税申报表（A 类，2014 年版）修订本”（国家税务总局公告 2014 年第 63 号条款修改），对房地产开发企业取得房地产预售收入，按照预计毛利率进行企业所得税申报时，能否扣除其实际缴纳的营业税金及其附加以及土地增值税；预售收入能否作为广告费、业务宣传费和业务招待费的扣除依据；企业销售未完工产品、未完工产品转完工产品特定业务的纳税调整等在以前执行中有颇多争议的问题通过申报表的填报规则进行了进一步的明确，从而减少了企业所得税政策执行中的税企争议。

为了加强从事房地产开发经营企业的企业所得税征收管理，规范从事房地产开发经营业务企业的纳税行为，根据《企业所得税法》及其实施条例、《税收征收管理法》及其实施细则等有关税收法律、行政法规的规定，结合房地产开发经营业务的特点，“中华人民共和国企业所得税年度纳税申报表（A 类，2014 年版）”（国家税务总局公告 2014 年第 63 号）将“视同销售和房地产开发企业特定业务纳税调整明细表”（A105010）单列出来，用以填报反映房地产企业发生销售未完工产品、未完工产品结转完工产品业务，按照税法规定计算的特定业务的纳税调整额。

国税发〔2009〕31 号第八条规定：“企业销售未完工开发产品的计税毛利率由各省、自治、直辖市国家税务局、地方税务局按下列规定进行确定：

①开发项目位于省、自治区、直辖市和计划单列市人民政府所在地城市城区和郊区的，不得低于 15%。

②开发项目位于地及地级市城区及郊区的，不得低于 10%。

③开发项目位于其他地区的，不得低于 5%。

④属于经济适用房、限价房和危改房的，不得低于 3%。

第九条 企业销售未完工开发产品取得的收入，应先按预计计税毛利率分季（或月）计算出预计毛利额，计入当期应纳税所得额。开发产品完工后，企业应及时结算其计税成本并计算此前销售收入的实际毛利额，同时将其实际毛利额与其对应的预计毛利额之间的差额，计入当年度企业本项目与其他项目合并计算的应纳税所得额。

在年度纳税申报时，企业须出具对该项开发产品实际毛利额与预计毛利额之间差异调整情况的报告以及税务机关需要的其他相关资料。”

3. 税收金额与会计核算金额如何判定并加以汇总

按照国税发〔2009〕31 号及国家税务总局公告 2014 年第 35 号等文件的规定，房地产开发企业特定业务通过“视同销售和房地产开发企业特定业务纳税调整明细表”（A105010）的相关栏目集中反映，用以填报纳税人发生视同销售行为、房地产企业销售未完工产品、未完工产品转完工产品特定业务会计处理与税法规定不一致的地方，需要进行纳税调整的项目和金额，这样有利于加强对房地产开发企业的税收征管。

国税发〔2009〕31 号明确企业签订“预售房屋销售合同”取得的收入要求确认为销售收入。与国税发〔2006〕31 号文不同的是，国税发〔2009〕31 号不再有预售收入的表述，其第六条规定，企业通过正式签订“房地产销售合同”或“房地产预售合同”所取得的收入，应确认为销售收入的实现。同时，国税发〔2009〕31 号第九条还有相同的规定，“开发产品完工后，企业应及时结算其计税成本并计算此前销售收入的实际毛利额，同时将其实际毛利额与其对应的预计毛利额之间的差额，计入当年度企业本项目与其他项目合并计算的应纳税所得额”。该条中强调“此前销售收入的实际毛利额”，同样将开发产品完工前的收入称之为“此前销售收入”。而国税发〔2006〕31 号文表述的是“该项开发产品实际销售收入毛利额与其预售收入毛利额之间的差额，计入完工年度的应纳税所得额”。

在这里，这种变化并不是要将预售产品取得的收入直接计入当期销售收入，而是解决房地产开发企业广告费、业务宣传费和业务招待费的计算基数问题。

因为，国税发〔2009〕31 号已经取消了原“开发企业取得的预售收入不得作为广告费、业务宣传费、业务招待费等三项费用的计算基数，至预售收入转为实际销售收入时，再将其作为计算基数”和“新办开发企业在取得第一笔开发产品实际销售收入之前发生的，与建造、销售开发产品相关的广告费、业务宣传费和业务招待费，可以向后结转，按税收规定的标准扣除，但结转期限最长不得超过 3 个纳税年度”的规定。

“中华人民共和国企业所得税年度纳税申报表（A 类，2014 年版）”提出“房地产开发企业特定业务”问题，并通过“视同销售和房地产开发企业特定业务纳税调整明细表”（A105010）相关栏目进行归集和填报。

“视同销售和房地产开发企业特定业务纳税调整明细表”（A105010）第 21 行“三、房地产开发企业特定业务计算的纳税调整额”：填报房地产企业发生销售未完工产品、未完工产品结转完工产品业务，按照税法规定计算的特定业务的纳税调整额。第 1 列“税收金额”填报第 22 行第 1 列减去第 26 行第 1 列的余额；第 2 列“纳税调整金额”等于第 1 列“税收金额”。

“视同销售和房地产开发企业特定业务纳税调整明细表”（A105010）第 22 行“（一）房地产企业销售未完工开发产品特定业务计算的纳税调整额”：填报房地产企业销售未完工开发产品取得销售收入，按税收规定计算的纳税调整额。第 1 列“税收金额”填报第 24 行第 1 列减去第 25 行第 1 列的余额；第 2 列“纳税调整金额”等于第 1 列“税收金额”。

“视同销售和房地产开发企业特定业务纳税调整明细表”（A105010）第 23 行“1. 销售未完工产品的收入”：第 1 列“税收金额”填报房地产企业销售未完工开发产品，会计核算未进行收入确认的销售收入金额。

“视同销售和房地产开发企业特定业务纳税调整明细表”（A105010）第24行“2. 销售未完工产品预计毛利额”：第1列“税收金额”填报房地产企业销售未完工产品取得的销售收入按税法规定预计计税毛利率计算的金额；第2列“纳税调整金额”等于第1列“税收金额”。

“视同销售和房地产开发企业特定业务纳税调整明细表”（A105010）第25行“3. 实际发生的营业税金及附加、土地增值税”：第1列“税收金额”填报房地产企业销售未完工产品实际发生的营业税金及附加、土地增值税，且在会计核算中未计入当期损益的金额；第2列“纳税调整金额”等于第1列“税收金额”。

“视同销售和房地产开发企业特定业务纳税调整明细表”（A105010）第26行“（二）房地产企业销售的未完工产品转完工产品特定业务计算的纳税调整额”：填报房地产企业销售的未完工产品转完工产品，按税法规定计算的纳税调整额。第1列“税收金额”填报第28行第1列减去第29行第1列的余额；第2列“纳税调整金额”等于第1列“税收金额”。

“视同销售和房地产开发企业特定业务纳税调整明细表”（A105010）第27行“1. 销售未完工产品转完工产品确认的销售收入”：第1列“税收金额”填报房地产企业销售的未完工产品，此前年度已按预计毛利额征收所得税，本年度结转为完工产品，会计上符合收入确认条件，当年会计核算确认的销售收入金额。这里的“销售未完工产品转完工产品确认”基本上是进行反向填报，以消除重复计算问题。

“视同销售和房地产开发企业特定业务纳税调整明细表”（A105010）第28行“2. 转回的销售未完工产品预计毛利额”：第1列“税收金额”填报房地产企业销售的未完工产品，此前年度已按预计毛利额征收所得税，本年结转完工产品，会计核算确认为销售收入，转回原按税法规定预计计税毛利率计算的金额；第2列“纳税调整金额”等于第1列“税收金额”。

“视同销售和房地产开发企业特定业务纳税调整明细表”（A105010）第29行“3. 转回实际发生的营业税金及附加、土地增值税”：填报房地产企业销售的未完工产品结转完工产品后，会计核算确认为销售收入，同时将对应实际发生的营业税金及附加、土地增值税转入当期损益的金额；第2列“纳税调整金额”等于第1列“税收金额”。

【案例2】

某房地产开发企业2016—2017年开发两个项目（2016年的为房地产老项目，选择适用简易计税方法），其中，

第一个项目于2017年9月份达到完工状态，当年实现营业收入10000万元，其中2017年预售结转开发产品收入8000万元、结转开发产品成本6000万元，实际发生税金及附加600万元，其中520万元是在预售时发生扣除并在2016年转入当期损益；当期发生销售费用2000万元，管理费用500万元，财务费用100万元，假设上述三项费用均没有调整项目。

第二个项目为2017年新开发项目，当年预售收入20000万元，实际发生税金及附加1200万元，未计入当期损益。（假定：A、B项目的预计毛利率均为20%，不考虑土地增值税因素；适用一般计税方法，）。

应纳税所得额计算及填报方法如下：

(1)在“视同销售和房地产开发企业特定业务纳税调整明细表”(A105010)第23行“1. 销售未完工产品的收入”:第1列“税收金额”填报房地产企业销售未完工开发产品,会计核算未进行收入确认的销售收入金额20000万元。

第24行“2. 销售未完工产品预计毛利额”:第1列“税收金额”填报房地产企业销售未完工产品取得的销售收入按税法规定预计计税毛利率计算的金额为20000×20% =4000(万元);第2列“纳税调整金额”等于第1列“税收金额”4000万元。

第25行“3. 实际发生的营业税金及附加、土地增值税”:第1列“税收金额”填报房地产企业销售未完工产品实际发生的营业税金及附加、土地增值税,且在会计核算中未计入当期损益的金额1200万元;第2列“纳税调整金额”等于第1列“税收金额”1200万元。

第27行“1. 销售未完工产品转完工产品确认的销售收入”:第1列“税收金额”填报房地产企业销售的未完工产品,此前年度已按预计毛利额征收所得税,本年度结转为完工产品,会计上符合收入确认条件,当年会计核算确认的销售收入金额8000万元。

第28行“2. 转回的销售未完工产品预计毛利额”:第1列“税收金额”填报房地产企业销售的未完工产品,此前年度已按预计毛利额征收所得税,本年结转完工产品,会计核算确认为销售收入,转回原按税法规定预计计税毛利率计算的金额为8000×20% =1600(万元);第2列“纳税调整金额”等于第1列“税收金额”1600万元。

第29行“3. 转回实际发生的营业税金及附加、土地增值税”:填报房地产企业销售的未完工产品结转完工产品后,会计核算确认为销售收入,同时将对应实际发生的营业税金及附加、土地增值税转入当期损益的金额520万元;第2列“纳税调整金额”等于第1列“税收金额”520万元。

第26行“(二)房地产企业销售的未完工产品转完工产品特定业务计算的纳税调整额”:填报房地产企业销售的未完工产品转完工产品,按税法规定计算的纳税调整额。第1列“税收金额”填报第28行第1列减去第29行第1列的余额为1600 -520 =1080(万元);第2列“纳税调整金额”等于第1列“税收金额”1080万元。

第22行“(一)房地产企业销售未完工开发产品特定业务计算的纳税调整额”:填报房地产企业销售未完工开发产品取得销售收入,按税收规定计算的纳税调整额。第1列“税收金额”填报第24行第1列减去第25行第1列的余额为4000 -1200 =2800(万元);第2列“纳税调整金额”等于第1列“税收金额”2800万元。

第21行“三、房地产开发企业特定业务计算的纳税调整额”:填报房地产企业发生销售未完工产品、未完工产品结转完工产品业务,按照税法规定计算的特定业务的纳税调整额。第1列“税收金额”填报第22行第1列减去第26行第1列的余额为2800 -1080 =1720(万元);第2列“纳税调整金额”等于第1列“税收金额”1720万元。

见下表10 -3:“视同销售和房地产开发企业特定业务纳税调整明细表”(A105010)。

表 10－3　视同销售和房地产开发企业特定业务纳税调整明细表（A105010）

行次	项　目	税收金额	纳税调整金额
		1	2
21	三、房地产开发企业特定业务计算的纳税调整额（22－26）	17200000.00	17200000.00
22	（一）房地产企业销售未完工开发产品特定业务计算的纳税调整额（24－25）	28000000.00	28000000.00
23	1. 销售未完工产品的收入	200000000.00	*
24	2. 销售未完工产品预计毛利额	40000000.00	40000000.00
25	3. 实际发生的营业税金及附加、土地增值税	12000000.00	12000000.00
26	（二）房地产企业销售的未完工产品转完工产品特定业务计算的纳税调整额（28－29）	10800000.00	10800000.00
27	1. 销售未完工产品转完工产品确认的销售收入	80000000.00	*
28	2. 转回的销售未完工产品预计毛利额	16000000.00	16000000.00
29	3. 转回实际发生的营业税金及附加、土地增值税	5200000.00	5200000.00

见下表 10－4：“期间费用明细表”（A104000）。

表 10－4　期间费用明细表（A104000）

行次	项　目	销售费用	其中：境外支付	管理费用	其中：境外支付	财务费用	其中：境外支付
		1	2	3	4	5	6
26	合计（1＋2＋3＋…25）	20000000.00		5000000.00		1000000.00	

（2）“纳税调整项目明细表”（A105000）第 39 行“（四）房地产开发企业特定业务计算的纳税调整额”：

根据“视同销售和房地产开发企业特定业务纳税调整明细表”（A105010）填报。

第 2 列“税收金额”为表 A105010 第 21 行第 1 列金额 1720 万元；表 A105010 第 21 行第 2 列，若≥0，填入本行第 3 列“调增金额”1720 万元；

若＜0，将绝对值填入本行第 4 列“调减金额”。

见下表 10－5：“纳税调整项目明细表”（A105000）

表 10－5　纳税调整项目明细表（A105000）

行次	项　　目	账载金额	税收金额	调增金额	调减金额
		1	2	3	4
35	四、特殊事项调整项目（36＋37＋... ＋41）	*	*	17200000.00	
39	（四）房地产开发企业特定业务计算的纳税调整额（填写 A105010）	*	17200000.00	17200000.00	
44	合计（1＋12＋30＋35＋42＋43）	*	*	17200000.00	

（3）在“中华人民共和国企业所得税年度纳税申报表（A 类）”（A100000）第 1 行“营业收入”中填写 10000 万元，第 2 行“营业成本”中填写 6000 万元，第 3 行“税金及附加”中填写 600 万元，第 4 行“销售费用”中填写 2000 万元，第 5 行“管理费用”中填写 500 万元，第 6 行“财务费用”中填写 100 万元。

最后得出“营业利润”＝10000－6000－600－2000－500－100＝800（万元）填写在第 10 行，

第15行“加：纳税调整增加额”中填写1720万元，与“纳税调整项目明细表”（A105000）中第35行第3列数据相对应。

如下表所示：见下表10-6：“中华人民共和国企业所得税年度纳税申报表（A类）”（A100000）。

表10-6 中华人民共和国企业所得税年度纳税申报表（A类）（A10000）

行次	类别	项目	金额
1	利润总额计算	一、营业收入（填写A101010\101020\103000）	100000000.00
2		减：营业成本（填写A102010\102020\103000）	60000000.00
3		税金及附加	6000000.00
4		销售费用（填写A104000）	20000000.00
5		管理费用（填写A103000\A104000）	5000000.00
6		财务费用（填写A103000\A104000）	1000000.00
7		资产减值损失	
8		加：公允价值变动收益	
9		投资收益	
10		二、营业利润（1-2-3-4-5-6-7+8+9）	8000000.00
11		加：营业外收入（填写A101010\101020\103000）	
12		减：营业外支出（填写A102010\102020\103000）	
13		三、利润总额（10+11-12）	8000000.00
14	应纳税所得额计算	减：境外所得（填写A108010）	
15		加：纳税调整增加额（填写A105000）	17200000.00
16		减：纳税调整减少额（填写A105000）	
17		减：免税、减计收入及加计扣除（填写A107010）	
18		加：境外应税所得抵减境内亏损（填写A108000）	
19		四、纳税调整后所得（13-14+15-16-17+18）	25200000.00
20		减：所得减免（填写A107020）	
21		减：弥补以前年度亏损（填写A106000）	
22		减：抵扣应纳税所得额（填写A107030）	
23		五、应纳税所得额（19-20-21-22）	25200000.00

三、“视同销售和房地产开发企业特定业务纳税调整明细表”重点栏目表填报说明

（1）第1行“一、视同销售收入”：填报会计处理不确认销售收入，而税收规定确认为应税收入的金额，本行为第2行至第10行小计数。

第1列“税收金额”填报税收确认的应税收入金额；

第2列“纳税调整金额”等于第1列“税收金额”。

（2）第2行“（一）非货币性资产交换视同销售收入”：填报发生非货币性资产交换业务，会计处理不确认销售收入，而税收规定确认为应税收入的金额。

第1列“税收金额”填报税收确认的应税收入金额；

第2列“纳税调整金额”等于第1列“税收金额”。

(3)第3行“(二)用于市场推广或销售视同销售收入”：填报发生将货物、财产用于市场推广、广告、样品、集资、销售等，会计处理不确认销售收入，而税收规定确认为应税收入的金额。填列方法同第2行。

(4)第4行“(三)用于交际应酬视同销售收入”：填报发生将货物、财产用于交际应酬，会计处理不确认销售收入，而税收规定确认为应税收入的金额。填列方法同第2行。

(5)第5行“(四)用于职工奖励或福利视同销售收入”：填报发生将货物、财产用于职工奖励或福利，会计处理不确认销售收入，而税收规定确认为应税收入的金额。

企业外购资产或服务不以销售为目的，用于替代职工福利费用支出，且购置后在一个纳税年度内处置的，以公允价值确定视同销售收入。填列方法同第2行。

(6)第6行“(五)用于股息分配视同销售收入”：填报发生将货物、财产用于股息分配，会计处理不确认销售收入，而税收规定确认为应税收入的金额。填列方法同第2行。

(7)第7行“(六)用于对外捐赠视同销售收入”：填报发生将货物、财产用于对外捐赠或赞助，会计处理不确认销售收入，而税收规定确认为应税收入的金额。填列方法同第2行。

(8)第8行“(七)用于对外投资项目视同销售收入”：填报发生将货物、财产用于对外投资，会计处理不确认销售收入，而税收规定确认为应税收入的金额。填列方法同第2行。

(9)第9行“(八)提供劳务视同销售收入”：填报发生对外提供劳务，会计处理不确认销售收入，而税收规定确认为应税收入的金额。填列方法同第2行。

(10)第10行“(九)其他”：填报发生除上述列举情形外，会计处理不作为销售收入核算，而税收规定确认为应税收入的金额。填列方法同第2行。

(11)第11行“一、视同销售成本”：填报会计处理不确认销售收入，税收规定确认为应税收入对应的视同销售成本金额。

本行为第12行至第20行小计数。

第1列“税收金额”填报予以税前扣除的视同销售成本金额；

将第1列税收金额以负数形式填报第2列“纳税调整金额”。

(12)第12行“(一)非货币性资产交换视同销售成本”：填报发生非货币性资产交换业务，会计处理不确认销售收入，税收规定确认为应税收入所对应的应予以税前扣除的视同销售成本金额。

第1列“税收金额”填报予以扣除的视同销售成本金额；

将第1列税收金额以负数形式填报第2列“纳税调整金额”。

(13)第13行“(二)用于市场推广或销售视同销售成本”：填报发生将货物、财产用于市场推广、广告、样品、集资、销售等，会计处理不确认销售收入，税收规定确认为应税收入时，其对应的应予以税前扣除的视同销售成本金额。填列方法同第12行。

(14)第14行“(三)用于交际应酬视同销售成本”：填报发生将货物、财产用于交际应酬，会计处理不确认销售收入，税收规定确认为应税收入时，其对应的应予以税前扣除的视同销售成本金额。填列方法同第12行。

（15）第 15 行“（四）用于职工奖励或福利视同销售成本”：填报发生将货物、财产用于职工奖励或福利，会计处理不确认销售收入，税收规定确认为应税收入时，其对应的应予以税前扣除的视同销售成本金额。填列方法同第 12 行。

（16）第 16 行“（五）用于股息分配视同销售成本”：填报发生将货物、财产用于股息分配，会计处理不确认销售收入，税收规定确认为应税收入时，其对应的应予以税前扣除的视同销售成本金额。填列方法同第 12 行。

（17）第 17 行“（六）用于对外捐赠视同销售成本”：填报发生将货物、财产用于对外捐赠或赞助，会计处理不确认销售收入，税收规定确认为应税收入时，其对应的应予以税前扣除的视同销售成本金额。填列方法同第 12 行。

（18）第 18 行“（七）用于对外投资项目视同销售成本”：填报会计处理发生将货物、财产用于对外投资，会计处理不确认销售收入，税收规定确认为应税收入时，其对应的应予以税前扣除的视同销售成本金额。填列方法同第 12 行。

（19）第 19 行“（八）提供劳务视同销售成本”：填报会计处理发生对外提供劳务，会计处理不确认销售收入，税收规定确认为应税收入时，其对应的应予以税前扣除视同销售成本金额。填列方法同第 12 行。

（20）第 20 行“（九）其他”：填报发生除上述列举情形外，会计处理不确认销售收入，税收规定确认为应税收入的同时，予以税前扣除视同销售成本金额。填列方法同第 12 行。

（21）第 21 行“三、房地产开发企业特定业务计算的纳税调整额”：填报房地产企业发生销售未完工产品、未完工产品结转完工产品业务，按照税收规定计算的特定业务的纳税调整额。

第 1 列“税收金额”填报第 22 行第 1 列减去第 26 行第 1 列的余额；

第 2 列“纳税调整金额”等于第 1 列“税收金额”。

（22）第 22 行“（一）房地产企业销售未完工开发产品特定业务计算的纳税调整额”：填报房地产企业销售未完工开发产品取得销售收入，按税收规定计算的纳税调整额。

第 1 列“税收金额”填报第 24 行第 1 列减去第 25 行第 1 列的余额；

第 2 列“纳税调整金额”等于第 1 列“税收金额”。

（23）第 23 行“1. 销售未完工产品的收入”：第 1 列“税收金额”填报房地产企业销售未完工开发产品，会计核算未进行收入确认的销售收入金额。

（24）第 24 行“2. 销售未完工产品预计毛利额”：第 1 列“税收金额”填报房地产企业销售未完工产品取得的销售收入按税收规定预计计税毛利率计算的金额；第 2 列“纳税调整金额”等于第 1 列“税收金额”。

（25）第 25 行“3. 实际发生的税金及附加、土地增值税”：

第 1 列“税收金额”填报房地产企业销售未完工产品实际发生的税金及附加、土地增值税，且在会计核算中未计入当期损益的金额；

第 2 列“纳税调整金额”等于第 1 列“税收金额”。

（26）第 26 行“（二）房地产企业销售的未完工产品转完工产品特定业务计算的纳税调整额”：填报房地产企业销售的未完工产品转完工产品，按税收规定计算的纳税调整额。

第1列“税收金额”填报第28行第1列减去第29行第1列的余额；

第2列“纳税调整金额”等于第1列“税收金额”。

（27）第27行“1. 销售未完工产品转完工产品确认的销售收入”：

第1列“税收金额”填报房地产企业销售的未完工产品，此前年度已按预计毛利额征收所得税，本年度结转为完工产品，会计上符合收入确认条件，当年会计核算确认的销售收入金额。

（28）第28行“2. 转回的销售未完工产品预计毛利额”：

第1列“税收金额”填报房地产企业销售的未完工产品，此前年度已按预计毛利额征收所得税，本年结转完工产品，会计核算确认为销售收入，转回原按税收规定预计计税毛利率计算的金额；

第2列“纳税调整金额”等于第1列“税收金额”。

（29）第29行“3. 转回实际发生的税金及附加、土地增值税”：填报房地产企业销售的未完工产品结转完工产品后，会计核算确认为销售收入，同时将对应实际发生的税金及附加、土地增值税转入当期损益的金额；第2列“纳税调整金额”等于第1列“税收金额”。

四、“视同销售和房地产开发企业特定业务纳税调整明细表”的表内、表间关系

1. 表内关系

（1）第1行=第2+3+…+10行；

（2）第11行=第12+13+…+20行；

（3）第21行=第22-26行；

（4）第22行=第24-25行；

（5）第26行=第28-29行。

2. 表间关系

（1）第1行第1列=表A105000第2行第2列。

（2）第1行第2列=表A105000第2行第3列。

（3）第11行第1列=表A105000第13行第2列。

（4）第11行第2列的绝对值=表A105000第13行第4列。

（5）第21行第1列=表A105000第40行第2列。

（6）若第21行第2列≥0，第21行第2列=表A105000第40行第3列；若第21行第2列<0，第21行第2列的绝对值=表A105000第40行第4列。

第11章 “未按权责发生制确认收入纳税调整明细表”的理解与填报

“未按权责发生制确认收入纳税调整明细表”（A105020）适用于会计处理按权责发生制确认收入、税收规定未按权责发生制确认收入需纳税调整的纳税人填报。

纳税人应根据税法和相关法规之规定，填报本年会计处理按照权责发生制确认收入、税收规定未按权责发生制确认收入的会计处理、税收规定，以及纳税调整情况。

纳税人完成“未按权责发生制确认收入纳税调整明细表”的填报工作，必须认真学习和领会下列税收文件：

（1）《中华人民共和国企业所得税法》；

（2）《中华人民共和国企业所得税法实施条例》；

（3）国家税务总局《关于贯彻落实企业所得税法若干税收问题的通知》（国税函〔2010〕79号）；

（4）国家税务总局《关于确认企业所得税收入若干问题的通知》（国税函〔2008〕875号）。

一、“未按权责发生制确认收入纳税调整明细表”的焦点问题

《企业所得税法》第八条规定，企业实际发生的与取得收入有关的、合理的支出，包括成本、费用、税金、损失和其他支出，准予在计算应纳税所得额时扣除。税法强调的是实际发生时扣除。如果我们认为实际发生时扣除还不尽明确的话，《企业所得税法实施条例》第九条进一步明确规定，企业应纳税所得额的计算，以权责发生制为原则，属于当期的收入和费用，不论款项是否收付，均作为当期的收入和费用；不属于当期的收入和费用，即使款项已经在当期收付，均不作为当期的收入和费用。该条例和国务院财政、税务主管部门另有规定的除外。

按照上述规定分析，除税法特别规定外，税法扣除的基本原则是以权责发生制为原则，只要是当期的收入和费用，不论款项是否收付，均作为当期的费用，而不是按收付实现制原则扣除。

1. 基于权责发生制原则产生的税会差异情形

企业会计准则规定，会计遵循权责发生制原则。税法在绝大多数情况下也遵循权责发生制原则，但在确认收入与费用时存在几种例外情形，导致暂时性差异的存在，需要在“未按权责发生制确认收入纳税调整明细表”（A105020）进行调整。

（1）利息、租金、特许权使用费。

【案例1】

2016 年 1 月 1 日，M 公司与甲公司签订借款合同，借出资金 1 亿元，年利率为 10%（不含增值税），借款期限 3 年，约定到期一次还本付息；与乙公司签订房屋租赁合同，约定租赁期限 3 年，年租金 100 万元（不含增值税），到期一次支付租金；与丙公司签订品牌使用协议，约定丙公司可以在未来 10 年内使用丙公司的品牌，年使用费 50 万元（不含增值税），合同签订当日一次收取，并开具了增值税发票；与丁公司签订商标使用协议，约定丁公司可以在未来 10 年内使用丁公司的商标，年商标使用费 50 万元，分别在第 6 年和第 10 年的 1 月 1 日支付。

【税务分析】

1. 利息收入。因利息收入引发的税会差异主要产生于一次还本付息的借款合同。本例中，M 公司 2016 年和 2017 年会计上均应确认其他业务收入 1000 万元。由于合同约定到期一次还本付息，所以按照税法规定，2016 年和 2017 年 M 公司无需确认所得税收入，应作纳税调减 1000 万元。到期日，M 公司应按税法规定确认收入 3000 万元，由于会计上本期仅确认了 1000 万元的收入，因此应调增应纳税所得额 2000 万元。

2. 租金收入。《企业所得税法实施条例》规定，一次性先收取租金的，可以按照合同期限均匀确认收入，不会造成税会差异，但后收租金的租赁合同会引发税会差异。本例中，M 公司应在 2016 年和 2017 年分别纳税调减 100 万元，并于 2018 年租赁期满后纳税调增 200 万元。

3. 特许权使用费收入。对于特许使用费收入，无论是一次性先收取，或是后收取均会导致税会差异的产生。

本例中，M公司2016年在一次性收取品牌使用费时的会计处理为借记“银行存款”530万元，贷记“其他业务收入”500万元、“预收账款”450万元、“应交税费——应交增值税（销项税额）”30万元。按照税法规定应当于合同约定收款日确认收入，因此2016年应调增应纳税所得额450万元，并于未来9个纳税年度每年调减应纳税所得额50万元。对于商标使用业务，M公司2016年应确认“其他业务收入”50万元，因此在计算应纳税所得额时应调减50万元，同理，未来3个年度应分别调减应纳税所得额50万元，待第5个年度收取250万元商标使用费时，再调增应纳税所得额200万元。

4. 分期收款。

【案例2】

假设M公司2016年1月销售大型工程机械1台，销售价格为3000万元（不含增值税），销售成本为1800万元。

合同约定分3年收款（每年1月收款1000万元），该工程机械如果一次性收款销售价格为2400万元。

假设根据实际利率法，M公司每年确认的利息收入分别为300万元、200万元、100万元。

【税务分析】

《企业所得税法》不承认实际利率法，认为所有取得的收入均为销售商品收入，且应根据分期收款合同确认的收款时间进行确认，由此产生了税会差异。

本例中，M公司2016年应确认所得税收入1000万元，应调减应纳税所得额1400万元；

应确认所得税成本600万元，由于会计确认销售成本1800万元，应调增应纳税所得额1200万元；

会计确认的300万元利息收入税法不予确认，因此应调减应纳税所得额300万元；

同时对应确认销售成本600万元，对会计确认的利息收入，税法不予确认。

因此2016年综合调整应调减应纳税所得额500万元。

（2）跨期收取的特许权使用费收入。

①特许权收入的确认与计量。会计准则规定，让渡资产使用权收入，包括利息收入、使用费收入等。使用费收入，主要是指企业让渡无形资产（如商标权、专利权、专营权、软件、版权）等资产的使用权形成的收入。

②让渡资产使用权收入的确认。相关的经济利益很可能流入企业；收入的金额能够可靠地计量；

③让渡资产使用权收入的计量。利息收入金额，按照他人使用本企业货币资金的时间和实际利率计算确定。使用费收入金额，按照有关合同或协议约定的收费时间和方法计算确定。

会计准则规定的让渡资产使用权收入中的使用费收入，对应于《企业所得税法》第六条第（七）项规定的特许权使用费收入。

《中华人民共和国企业所得税法实施条例》第二十条规定：企业所得税法第六条第（七）项所称特许权使用费收入，是指企业提供专利权、非专利技术、商标权、著作权以及其他特许权的使用权取得的收入。

特许权使用费收入，按照合同约定的特许权使用人应付特许权使用费的日期确认收入的实现。

【专家提示】

特许权使用费的支付时间是特许权使用合同的重要条款，被许可人应当按照合同约定的使用费支付时间履行支付义务，因此自合同约定的支付使用费之日起，该笔使用费在法律上就转归特许权人所有，在法律上发生财产转移的效力。

特许权的含义及范围特许权的范围非常广泛，既可能是单一性质的法定权利，如专利权、商标权、著作权（版权）等，也可能是多种因素的组合，如某种产品的生产方法、某种经营模式（如连锁店经营）等。特许经营根据其权利对象的不同，大体可分为商标特许经营、产品特许经营、生产特许经营、品牌特许经营、专利及商业秘密特许经营和经营模式特许经营等几种类型。特许经营是民事行为，应当由合同法、知识产权法、专利法等法律规范。特许权使用可包括排他使用和非排他使用。前者是指被许可人获得该专利使用权后，专利权人承诺在约定使用期限内不再授予他人该专利使用权，自己也不使用，因此被许可人对该专利享有约定期限内的专有使用权；后者是指专利人还可以在许可人的使用期限内授予他人使用或自己使用，这就可能与被许可人在市场上形成竞争关系。具体采取何种使用方式，由专利权人和被许可人在书面的实施许可合同中约定。

特许权使用费收入的确认按照会计准则的规定，企业的特许权使用费收入同时满足下列条件的，应当确认收入：一是相关的经济利益能够流入企业，二是收入的金额能够合理地计量。

但是，税法第二十条条第二款规定，特许权使用费收入应当按照合同约定的特许权使用人应付特许权使用费的日期确认实现。特许权使用费的支付时间是特许权使用合同的重要条款，被许可人应当按照合同约定的使用费支付时间履行支付义务，因此自合同约定的支付使用费之日起，该笔使用费在法律上就转归特许权人所有，在法律上发生财产转移的效力。这样处理，则可使特许权使用费收入与许可他人使用该特许权所付出的成本和费用在此期间内相互对应，从而反映出企业收入的真实成本，便于计算应纳税所得额。本条的这一规定，并没有完全按照会计准则的上述规定处理，不完全是权责发生制，而更接近于收付实现制。因此企业需要注意。除此之外，会计准则与税法之间的规定基本趋同。

（3）应纳税额的计算。

特许权使用费所得应纳税额 = 特许权使用费应纳税所得额 × 适用税率

公司取得的特定的特许权使用费收入可以免征企业所得税，例如国税函〔2005〕930 号文件规定以色列贝特曼高级技术有限公司向贵州宏福实业开发有限总公司提供专有技术所取得的特许权使用费收入，免征企业所得税。

【填报技巧】

上述收入在“企业所得税年度纳税申报表”附表 A101010“一般企业收入明细表”第 7 行“让渡资产使用权收入”中填列。本栏填报让渡无形资产使用权（如商标权、专利权、专有技术使用权、版权、专营权等）而取得的使用费收入以及以租赁业务为基本业务的出租固定资产、无形资产、投资性房地产在主营业务收入中核算取得的租金收入。

转让处置固定资产、出售无形资产（所有权的让渡）属于“营业外收入”，不在本行反映。

对于未按照权责发生制确认的收入相应的还要填入“未按权责发生制确认收入纳税调整明细表”（A105020）。

（4）利息收入。

《中华人民共和国企业所得税法实施条例》第十八条规定，企业所得税法第六条第（五）项所称利息收入，是指企业将资金提供他人使用但不构成权益性投资，或者因他人占用本企业资金取得的收入，包括存款利息、贷款利息、债券利息、欠款利息等收入。

税法第十八条规定的利息主要包括两种类型：

①企业将资金提供他人使用但不构成权益性投资。企业将资金提供他人使用，可能是借贷行为，也可能是股权投资行为。股权投资即权益性投资，是企业为取得对另一企业净资产的所有权而进行的投资。而利息收入则是债权投资取得的收益，即按照固定期限、固定利率实现的投资回报。利息根据法律规定或者合同约定，可以分期（每月或每年）收取、在收回本金时一并收取或合同约定的其他时间一次性收取。

②因企业的资金被他人占用而从他人取得的收入。实践中，一些企业不采取借贷形式，但因为其他原因占用了其他企业的资金，因而产生等同借贷行为的法律后果，即该企业应当按照法律规定或者双方约定的利率向提供资金的企业支付相当于利息的报酬。而这部分报酬也应属于企业所得税法第六条第（五）项所称的利息收入，应当依照规定缴纳企业所得税。

税法第十八条还具体列举了几种利息收入的形式，包括存款利息、贷款利息、债券利息、欠款利息等。存款利息是企业将自有资金存入银行，从而由银行向其定期支付的利息收入。贷款利息是企业将自有资金借贷给他人使用，由他人按约定利率和期限支付的利息收入。存款利息和贷款利息的区别在于借款人即资金使用人不同，前者是银行等办理吸收存款业务的金融机构，后者是有资金需求的其他企业或者个人。债券利息是指企业购买政府债券、金融机构或其他企业的债券，由这些债券发行主体按规定或约定期限支付的利息收入。欠款利息是其他企业或个人不能按期履行对该企业支付款项的义务，而使得本来应该属于该企业的资金在一段时间内仍属于有支付款项义务的企业或个人所有。

③利息收入的确认。会计准则规定，企业的利息收入同时满足下列条件的，应当确认收入：一是相关的经济利益能够流入企业；二是收入的金额能够合理地计量。

一般而言，企业利息收入金额，应当按照有关借款合同或协议约定的金额确定。对于企业持有到期的长期债券或发放长期贷款取得的利息收入，可按照实际利率法确认收入的实现。关于持有至到期投资（主要是债权性投资）、贷款等的利息收入或某些金融负债的利息费用的确认，新会计准则规定采用实际利率法进行计算确定。实际利率法，是指将金融资产或金融负债在预期存续期间或适用的更短期间内的未来现金流量，折现为该金融资产或金融负债当前账面价值，从而得出该金融资产或金融负债的实际利率（折现率），并按实际利率计算各期利息收入或利息费用的方法。考虑到实际利率法的处理结果与现行税法规定的名义利率法（合同利率法）差异较小，且能够反映有关资产的真实报酬率。所以，税法也认同企业采用实际利率法来确认利息收入的金额。

以委托贷款的会计处理为例，委托贷款是指委托人提供资金，由金融企业（受托人）根据委托人确定的贷款对象、金额、用途、期限、利率等代理发放、监督使用并协助收回的贷款，其风险由委托人承担。《企业会计制度》规定，委托贷款应按期计提利息，但是，如果应收利息到期未收回的，应当停止计提利息，立即将已确认的利息收入予以冲回，并在备查簿中登记冲回的利息金额；

以后收回已冲减利息收入的利息时，冲减委托贷款本金；只有待本金能够收回时，才能确认委托贷款的投资收益。这里体现的主要是会计核算的谨慎性原则。

【案例3】

北京今君洋财务公司座落北京市海淀区，2008年3月1日，委托银行贷款给北京金君洋公司1000000元，年利率为6%，贷款期限为1年，利息每3个月支付1次，于到期后的次月15日支付。6月15日，北京今君洋财务公司收到银行转来的扣除相关税款后的利息；12月15日，收到第二期利息；2009年3月15日收到贷款本金及第三、第四期利息。假定北京今君洋财务公司以3个月为一期计提利息。暂不考虑流转税及附加。

[会计处理] 2008年3月1日，委托银行发放贷款时：

借：委托贷款——本金　　1000000

　　贷：银行存款　　1000000

【业务计算】

5月底，计提利息。利息收入为15000元（1000000×6%÷4）。

【会计处理】

北京今君洋财务公司账务处理为：

借：委托贷款——利息　　15000

　　贷：投资收益——委托贷款利息收入　　15000

北京今君洋财务公司6月15日，收到银行转来的贷款利息：

借：银行存款　　15000

　　贷：委托贷款——利息　　15000

8月底，计提利息的分录与5月底相同。

9月15日，未收到委托贷款利息，应将8月底已确认的利息冲回：

借：投资收益——委托贷款利息收入　　15000

　　贷：委托贷款——利息　　15000

11底，由于未收到委托贷款利息，不再计提利息。

12月15日，北京今君洋财务公司收到银行转来第二期利息15000元，应冲减委托贷款本金。

借：银行存款　　15000

　　贷：委托贷款——本金　　15000

【专家解析】

2008年，会计上仅确认第一期利息收入15000元；而税务上按权责发生制原则应确认三期利息收入45000元（15000×3），会计比税务少计收益30000元（45000－15000）。

因此，北京今君洋财务公司申报2008年所得税时，应调增应纳税所得额30000元。

2009年2月底，由于未收到上期委托贷款利息，不得再计提利息。

3月15日，收到委托贷款本金和第三期、第四期利息1030000元。此时，“委托贷款——本金”科目的余额为985000元（1000000－15000），应确认的利息收入为45000元1030000－985000）。借：银行存款1030000，贷：委托贷款——本金985000，投资收益——委托贷款利息收入45000。

由上看出，2009年，会计上确认利息收入45000元；但税务上仅确认第四期利息收入15000元，会计比税务多计收入30000元（45000－15000）。

因此，北京今君洋财务公司申报2009年所得税时，应调减应纳税所得额30000元。

综上所述，北京今君洋财务公司2008年、2009年应分别调增、调减应纳税所得额30000元。如果将2008～2009年整个作为一个期间看，则委托贷款的会计处理与税务处理相一致。

【特别提示】

《中华人民共和国企业所得税法》第二十六条规定，企业的下列收入为免税收入：（一）国债利息收入。实施条例解释说企业所得税法第二十六条第（一）项所称国债利息收入，是指企业持有国务院财政部门发行的国债取得的利息收入。

【填报技巧】

上述收入在“企业所得税年度纳税申报表”附表A101010（1）“一般企业收入明细表”第15行“5.其他”中填列。本栏填报在“其他业务收入”会计科目核算的、上述未列举的其他业务收入，不包括已在主营业务收入中反映的让渡资产使用权取得的收入。

对于分年度未按照权责发生制确认的收入相应的还要填入“未按权责发生制确认收入纳税调整明细表”（A105020）。

（5）租金收入。

《中华人民共和国企业所得税法实施条例》第十九条规定，企业所得税法第六条第（六）项所称租金收入，是指企业提供固定资产、包装物或者其他有形资产的使用权取得的收入。

租金收入，按照合同约定的承租人应付租金的日期确认收入的实现。

①租金收入的来源范围。租金是以当事人双方存在租赁合同关系为前提的。根据《中华人民共和国合同法》第二百一十二条规定，租赁合同是出租人将租赁物交付承租人使用、收益，承租人支付租金的合同。租金是为取得租赁物的使用权而支付的代价，是租赁合同的必要条款。租金收入即企业将自己的财产出租给其他企业或个人使用并从中收取的费用。税法列举了固定资产和包装物两类通常作为租赁物的企业资产类型。固定资产，包括企业的厂房、生产设备、运输工具等，由于其物质形态较为稳定，可供长期使用，可作为租赁物提供给他人使用而发挥其经济价值。包装物是为产品提供包装的部分，也可作为租赁物。其他资产，包括除固定资产、包装物以外企业可作为租赁物的其他资产，如生物资产、原材料等。

②租金收入的确认。会计准则规定，企业的租金收入同时满足下列条件的，应当确认收入：一是相关的经济利益能够流入企业；二是收入的金额能够合理地计量。

而税法第十九条第二款规定，租金收入应当按照合同约定的承租人应付租金的日期确认实现。租金的支付时间是租赁合同的重要条款，承租人应当按照租赁合同约定的租金支付时间履行支付租金的义务，因此自合同约定支付租金之日起，该笔租金在法律上就属于出租人所有，发生财产转移的法律效力。

【专家提示】

按照性质的不同，企业租赁分为经营性租赁和融资性租赁。对经营租赁方式租入的固定资产发生的支出，按照租赁期限均匀扣除。一次支付的租金也分期扣除。融资方式租入的固定资产发生的的支出，按照规定构成融资租入固定资产价值的部分应当提取折旧费用，分期扣除。企业租金收入金额，应当按照有关租赁合同或协议约定的金额全额确定。

以下以融资租赁出租方的会计处理为例：

①租赁期开始日的会计处理。出租人在租赁期开始日，将租赁开始日最低租赁收款额与初始直接费用之和作为应收融资租赁款的入账价值，并同时记录未担保余值，将最低租赁收款额、初始直接费用与未担保余值之和与其现值之和的差额记录为未实现融资收益。

计算过程如下：

首先，计算租赁内含利率。租赁内含利率是指在租赁开始日，使最低租赁收款额的现值与未担保余值的现值之和等于租赁资产公允价值与出租人的初始直接费用之和的折现率。

第二步、计算租赁开始日最低租赁收款额及其现值和未实现融资收益，并编制会计分录。

计算“最低租赁收款额＋未担保余值”＝（最低租赁付款额＋无关第三方担保的余值）＋未担保余值

计算“最低租赁收款额的现值＋未担保余值的现值＋初始直接费用现值”＝租赁资产的公允价值＋初始直接费用

计算未实现融资收益＝（最低租赁收款额＋未担保余值＋初始直接费用）－（最低租赁收款额的现值＋未担保余值的现值＋初始直接费用的现值）＝（最低租赁收款额＋未担保余值＋初始直接费用）－（租赁资产的公允价值＋初始直接费用）＝（最低租赁收款额＋未担保余值）－租赁资产的公允价值

在租赁开始日其会计处理为：在租赁开始日，应按租赁开始日最低租赁收款额与初始直接费用之和，借记“长期应收款”科目；按未担保余值，借记“未担保余值”科目。按融资租赁资产的公允价值（最低租赁收款额和未担保余值的现值之和），贷记“融资租赁资产”科目；按融资租赁资产的公允价值与账面价值的差额，借记“营业外支出”科目或贷记“营业外收入”科目。按发生的初始直接费用，贷记“银行存款”科目；按其差额，贷记“未实现融资收益”科目。

②未实现融资收益的分配。根据租赁准则的规定，未实现融资收益应当在租赁期内各个期间进行分配，确认为各期的租赁收入。分配时，出租人应当采用实际利率法计算当期应当确认的租赁收入。出租人每期收到租金时，按收到的租金金额，借记“银行存款”科目，贷记“长期应收款一应收融资租赁款”科目。同时，每期确认租赁收入时，借记“未实现融资收益”科目，贷记“租赁收入”科目。

③初始直接费用的处理。在融资租赁下，出租人发生的初始直接费用应当资本化。出租人在租赁期内确认各期租赁收入时，应当按照各期确认的收入与未实现融资收益的比例，对初始直接费用进行分摊，冲减租赁期内各期确认的租赁收入。

④未担保余值发生变动时的处理。由于未担保余值的金额决定了租赁内含利率的大小，从而决定着未实现融资收益的分配，因此，为了真实地反映企业的资产和经营业绩，根据谨慎性原则的要求，在未担保余值发生减少和已确认损失的未担保余值得以恢复的情况下，均应当重新计算租赁内含利率，以后各期根据修正后的租赁投资净额和重新计算的租赁内含利率确定应确认的租赁收入。在未担保余值增加时，不做任何调整。其账务处理如下：

期末，出租人的未担保余值的预计可收回金额低于其账面价值的差额，借记“资产减值损失”科目，贷记“未担保余值减值准备”科目。同时，将未担保余值减少额与由此所产生的租赁投资净额减少额的差额，借记“未实现融资收益”科目，贷记“资产减值损失”科目。

如果已确认损失的未担保余值得以恢复，应在原已确认的损失金额内转回，借记“未担保余值减值准备”科目，贷记“资产减值损失”科目。同时，将未担保余值恢复额与由此所产生的租赁投资净额增加额的差额，借记“资产减值损失”科目，贷记“未实现融资收益”科目。

⑤或有租金的处理。出租人在融资租赁下收到的或有租金应计入当期损益。

⑥租赁期届满时的处理。租赁期届满时出租人应区别以下情况进行会计处理：

租赁期届满时，承租人将租赁资产交还出租人。这时有可能出现以下三种情况：

第一种情况，对资产余值全部担保的。出租人收到承租人交还的租赁资产时，应当借记“融资租赁资产”科目，贷记“长期应收款—应收融资租赁款”科目。如果收回租赁资产的价值低于担保余值，则应向承租人收取价值损失补偿金，借记“其他应收款”科目，贷记“营业外收入”科目。

对资产余值部分担保的，出租人收到承租人交还的租赁资产时，借记“融资租赁资产”科目，贷记“长期应收款—应收融资租赁款”“未担保余值”等科目。如果收回租赁资产的价值扣除未担保余值后的余额低于担保余值，则应向承租人收取价值损失补偿金，借记“其他应收款”科目，贷记“营业外收入”科目。

对资产余值全部未担保。出租人收到承租人交还的租赁资产时，借记“融资租赁资产”科目，贷记“未担保余值”科目。

第二种情况，优惠续租租赁资产。如果承租人行使优惠续租选择权，则出相人应视同该项租赁一直存在而作出相应的账务处理，如继续分配未实现融资收益等。

如果租赁期届满时承租人没有续租，根据租赁合同规定应向承租人收取违。约金时，应将其确认为营业外收入。同时，将收回的租赁资产按上述规定进行处理。

第三种情况，留购租赁资产。租赁期届满时，承租人行使了优惠购买选择权。出租人应按收到的承租人支付的购买资产的价款，借记“银行存款”等科目，贷记“长期应收款—应收融资租赁款”科目。

⑦出租人对融资租赁业务的税务处理。出租人将资产融资出租时，实质上资产的所有权已经转移，根据《中华人民共和国企业所得税法实施条例》第二十五条规定，应当视同转让财产处理，租赁资产的公允价值与其计税基础之间的差额，应当确认资产转让所得或损失。这与租赁期开始日，出租人按照租赁资产公允价值与账面价值之间的差额确认“营业外收入—处置非流动资产利得”或“营业外支出－处置非流动资产损失”是一致的。通常情况下，租赁资产的计税基础与账面价值是一致的，但如果出租人对租赁资产已计提减值准备，或者前期使用过程中，会计折旧与税法折旧不同，必然导致计税基础与账面价值发生差异，对该项差异应在年末申报所得税时进行纳税调整。

《中华人民共和国企业所得税法实施条例》第十九条规定：“租金收入，按照合同约定的承租人应付租金的日期确认收入的实现。”企业租金收入金额，应当按照有关租赁合同或协议约定的金额全额确定。租赁合同或协议约定的金额应当包括承租人行使优惠购买租赁资产的选择权所支付的价款。根据该规定，某一纳税年度按照合同约定应收租金即使没有收到，也应在当年确认计税收入。

显然，租金收入确认的时点和金额与会计准则是存在差异的。

由于或有租金金额具有不确定性，出租人在融资租赁下收到的或有租金，只有在实际收到时才能确认计税收入。这一点与会计准则一致。

租赁期届满时，不再确认所得或损失，但如果出租人向承租人收取了租赁资产价值补偿金、违约金，则应于实际收到时确认计税收入，这与会计上作为“营业外收入”处理的做法也是一致的。

由于融资租赁业务取得的租金收入，相当于以租赁资产的公允价值作为本金，贷给承租方取得的利息作为收入。因此，在按租赁费总额作为计税收入的同时，租赁资产的公允价值应当作为成本扣除。在融资租赁下，出租人发生的初始直接费用可以在发生的当期一次性扣除，如果金额较大，也可以根据配比原则，在租金收入确认的各期配比扣除。由于融资租赁的计税收入通常是根据租赁合同的约定分期平均收取的，因此，初始直接费用采用分期扣除办法时，也应当于确认计税收入的当期平均扣除。相应地，租赁资产的公允价值也应采取平均扣除的办法。

纳税年度应确认的所得额 = 本期应收租赁费 －（租赁资产公允价值 + 初始直接费用）÷租赁期

租赁期满，出租人收到的购买款在实际收到时确认计税收入，不再扣除租赁资产的成本和初始直接费用。

依据《中华人民共和国企业所得税法实施条例》第五十五条关于“不符合国务院财政、税务主管部门规定的各项资产减值准备、风险准备等准备金支出不得在税前扣除”的规定，未担保余值减值准备不得在税前扣除。

【案例 4】

2008 年 12 月 1 日，无锡荣昌公司（出租人）与南京晓红公司（承租人）签订了一份租赁合同。合同主要条款如下：

①租赁标的物：塑钢机。

②起租日：2009 年 1 月 1 日。

③租赁期：2009 年 1 月 1 日 ~2011 年 12 月 31 日，共 36 个月。

④租金支付：自 2009 年 1 月 1 日每隔 6 个月于月末支付租金 150000 元。

⑤无锡荣昌公司为签订租赁合同发生初始直接费用 10000 元。

⑥该机器在 2008 年 12 月 1 日的账面价值（计税基础等于账面价值）、公允价值分别为 695000 元、700000 元。

⑦租赁合同规定的利率为 7%（6 个月利率）（乙公司租赁内含利率未知）。

⑧租赁期届满时，甲公司享有优惠购买该机器的选择权，购买价为 100 元，估计该日租赁资产的公允价值为 80000 元。

⑨2010 年和 2011 年两年，甲公司每年按该机器所生产的产品——塑钢窗的年销售收入的 5% 向乙公司支付经营分享收入。

【会计处理 1】

租赁期开始日的处理。

第一步，计算租赁内含利率。

最低租赁收款额 = 租金 × 期数 + 优惠购买价格 = 150000 × 6 + 100 = 900100（元）因此有 150000 ×

(P/A, r, 6) +100×(P/F, r, 6) =710000(租赁资产的公允价值+初始直接费用)。

根据这一等式，可在多次测试的基础上，用插值法计算租赁内含利率为7.24%。

第二步，计算租赁开始日最低租赁收款额及其现值和未实现融资收益。

最低租赁收款额=最低租赁付款额+无关第三方对出租人担保的资产余值=各期租金之和+承租人或与其有关的第三方担保的资产余值+优惠购买价格=150000×6+0+100=900100(元)

应收融资租赁款入账价值=最低租赁收款额+初始直接费用=900100+10000=910100(元)

最低租赁收款额现值+未担保余值的现值=租赁开始日租赁资产公允价值=700000(元)

未实现融资收益=(最低租赁收款额+未担保余值)-租赁资产的公允价值=900100-700000=200100(元)

第三步，会计分录。

2009年1月1日：

借：长期应收款—应收融资租赁款　　910100

　贷：银行存款　　10000

　　融资租赁固定资产　　695000

　　未实现融资收益　　200100

　　营业外收入　　5000

【税务处理】

租赁资产的公允价值与计税基础之间的差额，应视同转让财产，确认资产转让所得5000元，与会计处理一致。租赁计税收入910100元本期暂不确认，应分别于租赁合同约定的收款日期的当天确认。出租人发生的初始直接费用，也应于计税收入确认的各期配比扣除。租赁期开始日不作纳税调整。

【会计处理2】

未实现融资收益的分配

第一步，计算租赁期内各期应分摊的融资收益。

第二步，会计分录

2009年6月30日收到第一期租金时

借：银行存款　　150000

　贷：长期应收款-应收融资租赁款　　150000

借：未实现融资收益　　50680

　贷：租赁收入　　50680

以后各期收到租金会计分录同上。

【会计处理3】

初始直接费用的处理。

会计处理：2009年6月30日收到第一期租金时，初始直接费用摊销额为：

2532.73=50680÷200100×10000

借：租赁收入　　2532.73

贷：长期应收款——应收融资租赁款 2532.73

2009年12月31日收到的第二期租金至2011年12月31日收到的第六期租金，处理同上，初始直接费用摊销额分别为2173.37、1788、1374.72、931.52、1199.66（元）。

【税务处理】

2009—2011年，每年均应按照租赁合同约定的应收租赁费金额确认计税收入扣除应分摊的初始直接费用后的差额并入应纳税所得总额征税。此金额与会计上确认的租赁收入有所不同。

通过上述计算，可以发现，会计收入与计税收入在总额上是相等的，只是由于会计和税务处理方法的不同，产生了暂时性差异。

【会计处理4】

或有租金的处理。

会计处理：假设2010年和2011年，甲公司分别实现塑钢窗年销售收入100000元和150000元。根据租赁合同的规定，两年应向甲公司收取的经营分享收入分别为5000元和7500元。

2010年：

借：银行存款（或应收账款） 5000

贷：租赁收入 5000

2011年：

借：银行存款（或应收账款） 7500

贷：租赁收入 7500

【税务处理】

或有租金收入在实际收到时确认，与会计处理一致。

【会计处理5】

租赁期届满时的处理

会计处理：假设2012年1月1日，乙公司收到甲公司支付的购买资产的价款100元。会计分录为：

借：银行存款 100

贷：长期应收款一应收融资租赁款 100

【税务处理】

出租人应于实际收到购买资产的价款时确认计税收入，该100元计税收入应予2009年度确认。

【专家提示】

根据《国家税务总局关于贯彻落实企业所得税法若干税收问题的通知》（国税函〔2010〕79号）第一条规定：如果交易合同或协议中规定租赁期限跨年度，且租金提前一次性支付的，根据《实施条例》第九条规定的收入与费用配比原则，出租人可对上述已确认的收入，在租赁期内，分期均匀计入相关年度收入。出租方如为在我国境内设有机构场所、且采取据实申报缴纳企业所得的非居民企业，也按本条规定执行。

【填报技巧】

上述收入在《企业所得税年度纳税申报表》附表一A101010“一般企业收入明细表”第7行

“4. 让渡资产使用权收入”中填列。本栏填报让渡无形资产使用权（如商标权、专利权、专有技术使用权、版权、专营权等）而取得的使用费收入以及以租赁业务为基本业务的出租固定资产、无形资产、投资性房地产在主营业务收入中核算取得的租金收入。

对于分年度未按照权责发生制确认的收入相应的还要填入“未按权责发生制确认收入纳税调整明细表”（A105020）。

2. 分期收款销售商品收入

分期收款销售是指商品已经交付，但货款分期收回的一种销售形式。由于会计制度和所得税的目标取向不同，分期收款销售的会计处理和所得税规定之间必然产生差异。协调两者的差异，企业不仅要正确进行会计处理，还要按照企业所得税法的规定进行纳税调整，以准确核算所得税的税基。

分期收款的特点是：销售产品价值较大，收款期较长，收取货款有一定的风险。

会计制度规定：采用分期收款方式销售商品、产品，按合同约定的收款日期作为收入的实现。

根据《消费税细则》第八条和《增值税细则》第三十三条规定：纳税人采取赊销和分期收款结算方式的，其纳税义务的发生时间，为销售合同规定的收款日期的当天。

虽然会计制度规定和税法规定在表述上不尽一致，但其内涵是相同的，即企业产品销售收入实现时间与税法规定的纳税义务发生时间是相同的。

（1）企业会计准则对分期收款销售的会计处理。

“企业会计准则第14号——收入”第五条规定，企业应当按照从购货方已收或应收的合同或协议价款确定商品销售收入金额，已收或应收的合同或协议价款显失公允的除外。在某种情况下，应收的合同或协议价款的收取采用递延方式，如分期收款销售货物，实质上具有融资性质的，应按照应收的合同或协议价款的公允价值确定销售商品收入金额，应收的合同或协议价款与其公允价值之间的差额，应当在合同或协议期间内采用实际利率法进行摊销，计入当期损益。

【案例5】

2008年1月1日，甲公司采用分期收款方式向乙公司销售1套大型设备，合同约定的销售价格为960000元，分3次于每年12月31日等额收取。该大型设备成本为690000元。

在现销方式下，该大型设备的销售价格为800000元。假设甲公司收取最后一笔货款时开出增值税专用发票，同时收取增值税税额163200元，不考虑增值税纳税时限等因素的影响。该公司每年的会计利润都是1000000元，无其他税收调整项目，所得税税率为25%。

【业务计算】

甲公司应当确认的销售收入金额为800000元；计算出现值为800000元、年金为320000元、期数为3年的折现率为9.70%。

本期摊销的融资收益＝（“长期应收款”科目期初余额－“未确认融资收益”科目期初余额）×折现率。

【会计处理】

从企业账务处理来看，分期收款销售的会计处理分为三个步骤：

①2008年1月1日销售实现：

借：长期应收款　　960000
　　贷：主营业务收入　　800000
　　　　未实现融资收益　　160000

②2008 年 1 月 1 日结转成本：

借：主营业务成本　　690000
　　贷：库存商品　　690000

③各年末收取货款的会计分录如下表：

各年末收取货款会计分录表：

会计分录	2008 年末	2009 年末	2010 年末
借：银行存款	320000	320000	483200
贷：长期应收款	320000	320000	320000
应交税费——应交增值税（销项税额）			163200
借：未实现融资收益	77600	54087.20	28312.80
贷：财务费用	77600	54087.20	28312.80

（2）企业所得税法对分期收款销售的税务规定。

《企业所得税法实施条例》第二十三规定，以分期收款方式销售货物的，按照合同约定的收款日期确认收入的实现。对分期收款方式销售货物的，按照合同或协议约定的金额确认销售收入金额。

按照合同约定的收款日期确认收入的实现，其实是对权责发生制原则的一个例外，接近于收付实现制原则，所得税法主要是出于纳税必要资金的考虑，同时考虑到与增值税政策的衔接。

本例中，甲公司在货款回收期内每年确认销售收入 320000 元，每年结转销售成本 230000 元。

（3）分期收款销售的会计处理与税法规定的差异和协调。

对于分期收款销售，企业所得税法的规定会计准则规定的会计处理不同，两者之间的差异体现在以下三个方面：

①销售收入确认的时限不同。会计准则规定分期收款销售在满足收入的确认条件时一次性确认收入的实现；而企业所得税法规定按照合同约定的收款日期分期确认收入的实现。

纳税调整的方法是，将本期未实现融资收益摊销额与本期会计确认的销售收入之和，与本期税法确认的销售收入对比，两者的差额调整应纳税所得额。

②每期确认的销售收入和收入总额不同，但在整个回收期内企业确认的收入总额是一致的。企业会计准则规定分期收款销售按应收合同或协议价款的公允价值（折现值）确认为收入的金额，按应收的合同或协议价款与其公允价值的差额，记入“未确认融资收益”，在合同或协议期间内采用实际利率法进行摊销，并冲减财务费用，但税法并不认可，以后各期摊销的未确认融资收益应调减应纳税所得额；而企业所得税法规定按照合同或协议约定的金额确认为收入的金额。

上述差异导致长期应收款及一年内到期的非流动资产的账面价值大于计税基础，形成了应纳税暂时性差异，在货款回收期内会计确认的销售收入与未实现融资收益摊销额之和，与税法确认的销售收入的差额，作纳税调整处理。

③销售成本结转的时限和金额不同。企业会计准则规定分期收款销售在确认收入时一次性结转销售成本；而企业所得税法规定按照合同约定的收款日期分期结转销售成本，与分期确认收入相配比。

上述差异导致存货的账面价值小于计税基础，形成了可抵扣暂时性差异。纳税调整的方法是，将本期会计结转的销售成本，与税法结转的销售成本对比，两者的差额调整应纳税所得额。

本例中，两者之间的差异和纳税调整如下表：

表 11－1　会计处理与税法规定之间的差异和纳税调整表

年度	会计确认的销售收入	会计确认的销售成本	未实现融资收益摊销额	税法确认的销售收入	税法确认的销售成本	纳税调整额
A	B	C	D	E	F	G＝E－（B＋D）－（F－C）
2008 年	800000	690000	77600	320000	230000	－97600
2009 年	0	0	54087.20	320000	230000	＋35912.80
2010 年	0	0	28312.80	320000	230000	＋61687.20
合计	800000	690000	160000	960000	6900000	0

④两者之间差异和协调的所得税会计处理。鉴于存在上述三方面的差异，所得税会计处理需要按照《企业会计准则第 18 号——所得税》的有关规定进行账务处理。企业会计准则规定，企业应采用资产负债表债务法核算所得税。各相关资产项目账面价值及其计税基础差异计算见后表。

依照会计准则和企业所得税法的规定，2008 年末长期应收款及一年内到期的非流动资产的账面价值 557600 元（即长期应收款余额 640000 元与未实现融资收益余额 82400 元的差额）与计税基础 0 元的差额构成应纳税暂时性差异，应确认相关的递延所得税负债 557600×25%＝139400（元）；

2009 年末其账面价值 291687.20 元（即长期应收款余额 320000 元与未实现融资收益余额 28312.80 元的差额）与计税基础 0 的差额构成应纳税暂时性差异，应确认相关的递延所得税负债 72921.80 元，但递延所得税负债的期初余额为 139400 元，当年应转回原已确认的递延所得税负债 66478.20 元。

表 11－2　分期收款业务相关资产项目账面价值及其计税基础差异表

项　目	账面价值	计税基础	差异	
			应纳税暂时性差异	可抵扣暂时性差异
2008 年末长期应收款及一年内到期的非流动资产	557600	0	557600	
2009 年末长期应收款及一年内到期的非流动资产	291687.20	0	291687.20	
2010 年末长期应收款及一年内到期的非流动资产	0	0	0	
2008 年末存货	0	460000		460000
2009 年末存货	0	230000		230000
2010 年末存货	0	0	0	

2010 年末其账面价值与计税基础均为 0，两者之间不存在暂时性差异，原已确认的与该资产相关的递延所得税负债应予全额转回。

存货项目构成的可抵扣暂时性差异及应确认、转回相关的递延所得税资产的分析及计算如上。两者之间的差异和协调的所得税会计处理的会计分录如下表：

表 11－3　差异与协调的所得税会计处理分录表

分　录	2008 年末	2009 年末	2010 年末	合计
借：所得税费用	250000	250000	250000	750000
借：递延所得税资产	115000	－57500	－575000	0
贷：应交税费——应交所得税	225600	258978.20	265421.80	750000
贷：递延所得税负债	139400	－66478.20	－72921.800	0

【填报技巧】

上述差异在“企业所得税年度纳税申报表”附表 A105000“纳税调整项目明细表”第 3 行“（二）未按权责发生制原则确认的收入”中填报。本栏填报会计上按照权责发生制原则确认收入，计税时按照收付实现制确认的收入，如分期收款销售商品销售收入的确认、税收规定按收付实现制确认的收入、持续时间超过 12 个月的收入的确认、利息收入的确认、租金收入的确认等企业财务会计处理办法与税收规定不一致应进行纳税调整产生的时间性差异的项目数据。

第 1 列“账载金额”填报会计核算确认的收入；第 2 列“税收金额”填报按税收规定确认的应纳税收入或可抵减收入；第 3 列“调增金额”填报按会计核算与税收规定确认的应纳税暂时性差异；第 4 列“调减金额”填报按会计核算与税收规定确认的可抵减暂时性差异。

相应的金额须填报在“未按权责发生制确认收入纳税调整明细表的理解与填报”（A105020）。

3. 持续时间超过 12 个月的建造合同收入

企业会计准则规定，建造合同，是指为建造一项或数项在设计、技术、功能、最终用途等方面密切相关的资产而订立的合同。建造合同分为固定造价合同和成本加成合同。固定造价合同，是指按照固定的合同价或固定单价确定工程价款的建造合同。成本加成合同，是指以合同约定或其他方式议定的成本为基础，加上该成本的一定比例或定额费用确定工程价款的建造合同。

《企业所得税法》没有单独的建造合同规定，但是，建造合同收入，应属于第六条第（二）项规定的提供劳务收入。企业受托加工制造大型机械设备、船舶、飞机等，以及从事建筑、安装、装配工程业务等而取得的建造合同收入，均应计入收入总额。企业的合同收入、合同成本、合同收入与合同费用的确认等方面，会计处理与税务处理存在着一定差异。

（1）合同收入的处理。

在会计处理上，合同收入应当包括下列内容：合同规定的初始收入。因合同变更、索赔、奖励等形成的收入。合同变更，是指客户为改变合同规定的作业内容而提出的调整。合同变更款同时满足下列条件的，才能构成合同收入：客户能够认可因变更而增加的收入；该收入能够可靠地计量。索赔款，是指因客户或第三方的原因造成的、向客户或第三方收取的、用以补偿不包括在合同造价成本中的款项。索赔款同时满足下列条件的，才能构成合同收入：根据谈判情况，预计对方能够同意该项索赔；对方同意接受的金额能够可靠地计量。奖励款，是指工程达到或超过规定的标准，客户同意支付的额外款项。奖励款同时满足下列条件的，才能构成合同收入：根据合同目前完成情况，足以判断工程进度和工程质量能够达到或超过规定的标准；奖励金额能够可靠地计量。

在税务处理上，根据《企业所得税法》第六条规定，企业以货币形式和非货币形式从各种来源取得的建造合同收入，都应计入收入总额，包括建造合同价款和价外费用。建造合同收入中因合同变更、索赔、奖励等形成的收入，都属于应税收入。

（2）合同成本的处理。

在会计处理上，合同成本应当包括从合同签订开始至合同完成止所发生的、与执行合同有关的直接费用和间接费用。合同的直接费用应当包括下列内容：耗用的材料费用，耗用的人工费用，耗用的机械使用费。其他直接费用，指其他可以直接计入合同成本的费用。间接费用是企业下属的施工单位或生产单位为组织和管理施工生产活动所发生的费用。直接费用在发生时直接计入合同成本，间接费用在资产负债表日按照系统、合理的方法分摊计入合同成本。合同完成后处置残余物资取得的收益等与合同有关的零星收益，应当冲减合同成本。合同成本不包括应当计入当期损益的管理费用、销售费用和财务费用。因订立合同而发生的有关费用，应当直接计入当期损益。

在税务处理上，根据《企业所得税法》第八条规定，企业实际发生的与取得建造合同收入有关的、合理的支出，包括成本、费用、税金、损失和其他支出，可以在计算应纳税所得额时扣除，但至少有以下差异：

第一，合同完成后处置残余物资取得的收益等与合同有关的收益，一般不能冲减合同成本，应计入收入总额。

第二，已计入合同成本的借款费用，不能再重复扣除财务费用，应作纳税调整。

第三，已在会计处理上计入合同成本，税法规定不允许扣除、有限额扣除的成本项目，应作纳税调整。

（3）合同收入与合同费用的确认。

第一，结果能够可靠估计的建造合同。

在会计处理上，在资产负债表日，建造合同的结果能够可靠估计的，应当根据完工百分比法确认合同收入和合同费用。完工百分比法，是指根据合同完工进度确认收入与费用的方法。

①固定造价合同的结果能够可靠估计，是指同时满足下列条件：合同总收入能够可靠地计量；与合同相关的经济利益很可能流入企业；实际发生的合同成本能够清楚地区分和可靠地计量；合同完工进度和为完成合同尚需发生的成本能够可靠地确定。

②成本加成合同的结果能够可靠估计，是指同时满足下列条件：与合同相关的经济利益很可能流入企业；实际发生的合同成本能够清楚地区分和可靠地计量。

③企业确定合同完工进度可以选用下列方法：累计实际发生的合同成本占合同预计总成本的比例；已经完成的合同工作量占合同预计总工作量的比例；实际测定的完工进度。

④采用累计实际发生的合同成本占合同预计总成本的比例确定合同完工进度的，累计实际发生的合同成本不包括下列内容：施工中尚未安装或使用的材料成本等与合同未来活动相关的合同成本；在分包工程的工作量完成之前预付给分包单位的款项。

⑤在资产负债表日，应当按照合同总收入乘以完工进度扣除以前会计期间累计已确认收入后的金额，确认为当期合同收入。同时，按照合同预计总成本乘以完工进度扣除以前会计期间累计已确认费用后的金额，确认为当期合同费用。

⑥当期完成的建造合同，应当按照实际合同总收入扣除以前会计期间累计已确认收入后的金

额，确认为当期合同收入。同时，按照累计实际发生的合同成本扣除以前会计期间累计已确认费用后的金额，确认为当期合同费用。

在税务处理上，企业受托加工制造大型机械设备、船舶、飞机等，以及从事建筑、安装、装配工程业务或者提供劳务等，持续时间超过一个纳税年度的，按照纳税年度内完工进度或者完成的工作量确认收入的实现。

第二，结果不能够可靠估计的建造合同。

在会计处理上，建造合同的结果不能可靠估计的，应当分别下列情况处理：

①合同成本能够收回的，合同收入根据能够收回的实际合同成本予以确认，合同成本在其发生的当期确认为合同费用。

②合同成本不可能收回的，在发生时立即确认为合同费用，不确认合同收入。

③使建造合同的结果不能可靠估计的不确定因素不复存在的，应当按照准则的规定确认与建造合同有关的收入和费用。

在税务处理上，税法不认同建造合同的结果不能可靠估计的处理，应区别情况进行纳税调整：

①合同成本能够收回的，合同收入应根据合同规定的建造合同收入计入收入总额。合同收入不能根据能够收回的实际合同成本予以确认，但合同成本在其发生的当期在计算应纳税所得额时扣除。

②合同成本不可能收回的，不能直接不确认合同收入。应根据合同规定先确认建造合同收入，计入收入总额，等经过法律程序认定合同成本不能收回后，经主管税务机关核准，方可作为损失扣除。

第三，合同预计损失的处理。

在会计处理上，合同预计总成本超过合同总收入的，则形成合同预计损失，应提取损失准备，将预计损失确认为当期费用。合同完工时，将已提取的损失准备冲减合同费用。

在税务处理上，根据《企业所得税法》第八条规定，合同预计总成本超过合同总收入形成合同预计损失，不属于实际发生的损失，在计算应纳税所得额时不得扣除。企业提取的损失准备，属于《企业所得税法》第十条第（七）项规定的未经核定的准备金支出，在计算应纳税所得额时不得扣除，不得将预计损失确认为当期费用，应按照税法的规定进行纳税调整。

对于跨年度的建造合同，在资产负债表日建造合同的结果能够可靠估计的，会计上按完工百分比法确认建造合同收入，税法上按完工进度或完成的工作量确认收入，两者的处理基本一致。但对于在资产负债表日建造合同的结果不能够可靠估计的，会计上强调企业经营中可能出现的风险，从谨慎性原则出发，根据预计已经收回或将要收回的款项能弥补多少已经发生的成本，确认部分、或者不确认建造合同收入；而税法坚持权责发生制原则，不考虑企业的经营风险，依然按完工进度确认建造合同收入。

【财税差异】

①交易结果能够可靠估计的跨年合同。《中华人民共和国企业所得税法实施条例》第二十三条第（二）款规定："企业受托加工制造大型机械设备、船舶、飞机以及从事建筑、安装、装配工程业务或者提供其他劳务等，持续时间超过12个月的，按照纳税年度内完工进度或者完成的工作量确认收入的实现。"《国家税务总局关于确认企业所得税收入若干问题的通知》第二条规定："企业

在各个纳税期末，提供劳务交易的结果能够可靠估计的，应采用完工进度（完工百分比）法确认提供劳务收入。”

②交易结果不能够可靠估计的跨年合同。《国家税务总局关于确认企业所得税收入若干问题的通知》第二条规定：如果建造合同的结果不能可靠预计的，应按主管税务机关确定的方法（例如，按上年的实际、计划数或者其他方法）先预缴所得税款，工程完成后再汇缴清算。可见，对于越年合同不管交易结果是否能够可靠估计，应于每个资产负债表日（即12月31日）确认合同收入，只不过前者是计算出来的收入数，后者是估计出来的收入数。

③所得税法与会计收入确认的差异。经过上述比较可以发现，对于在同一个年度开工和完工的建造合同，不会产生会税差异；如果建造合同跨年但合同结果能够可靠的估计，会计与税法均采用完工百分比法确认合同收入，会税也不会产生差异。只有当合同跨期且合同结果能够可靠的估计的时候，会税才会出现差异。

另外需要注意的是：税法在确认跨年建造合同收入的时候，设定了一个“12个月”的条件，即建造合同跨年且持续时间超过12个月的，才需要按照完工百分比法分年确认合同收入，否则只需要在完工时一次性地确认合同收入。也就是说，对于跨年合同，如果根据会计准则的规定，可以在资产负债表日确认收入，也可以不确认收入，这样取决于合同结果是不明能够可靠估计，如果合同结果能够可靠会计则确认收入，否则不需要确认收入；而按照税法规定，合同跨年且超过12个月的，才需要在资产负债表日确认合同收入，否则不需确认收入。

【案例6】

2007年初，甲建筑公司签订了一项总金额为10000000元的建造合同，为乙公司建造一座桥梁。工程已于2007年2月开工，将在2008年6月完工，预计工程总成本为8000000元。截至2007年12月31日，该项目已经发生的成本为5000000元，预计完成合同还将发生成本3000000元，已结算工程价款4000000元，实际收到2500000元。2007年12月31日，甲公司得知乙公司2007年出现了巨额亏损，生产经营发生严重困难，以后的款项很可能无法收回。

假设不考虑增值税及城建税和教育费附加，会计分录以汇总数反映，所得税税率为25%，无其他纳税调整项目，预计未来有足够的应纳税所得额予以抵扣相关的可抵扣暂时性差异。

【业务计算】

甲公司的税务处理：

根据税法规定，甲公司应按完工进度确认工程收入和成本。2007年，该项工程的完工进度为62.5%（5000000 ÷ 8000000），应确认收入6250000元（10000000 × 62.5%）、成本5000000元（8000000 ×62.5%）。

2007年，税务上确认建造合同所得1250000元（6250000 – 5000000）。

【会计处理】

甲公司的会计处理：

根据企业准则的规定，2007年12月31日，由于乙公司当年经营发生严重困难，甲公司今后很难收到工程价款，属于建造合同的结果不能可靠估计的情况，不能按完工百分比法确认合同收入。这时，甲公司只能将已经发生的成本中能够得到补偿的部分2500000元确认为收入，同时将发生的合同成本5000000元全部确认为当期费用。

实际发生合同成本时：

借：工程施工　5000000

　　贷：应付职工薪酬（原材料等）　5000000

结算工程价款时：

借：应收账款　4000000

　　贷：工程结算　4000000

收到工程价款时：

借：银行存款　2500000

　　贷：应收账款　2500000

确认建造合同的收入、费用时：

借：主营业务成本　5000000

　　贷：主营业务收入　2500000

　　　　工程施工——毛利　2500000

2007年，会计上确认建造合同的收益－25000000元（2500000－5000000）。

【差异分析】

2007年，对于此项建造合同，会计上确认收益－2500000元，税务上确认所得1250000元，会计处理比税务处理少计所得3750000元。因此，甲公司在申报2007年企业所得税时，应调增应纳税所得额3750000元。这时，根据《企业会计准则第18号——所得税》的规定，应当确认递延所得税资产937500元（3750000×25%）。

借：递延所得税资产　937500

　　贷：应交税费——应交所得税　937500

【填报技巧】

上述收入在"企业所得税年度纳税申报表"A101010"一般企业收入明细表"第6行"3. 建造合同收入"中填列。本栏填报纳税人建造房屋、道路、桥梁、水坝等建筑物，以及船舶、飞机、大型机械设备等的主营业务收入。

对于未按照权责发生制确认的收入相应的还要填入"未按权责发生制确认收入纳税调整明细表"（A105020）。

4. 政府补助递延收入

政府补助是指企业从政府无偿取得货币性资产或非货币性资产。其主要形式包括政府对企业的无偿拨款、税收返还、财政贴息，以及无偿给予非货币性资产等。直接免征、增加计税抵扣额、抵免部分税额等不涉及资产直接转移的经济资源，不适用政府补助准则。政府补助准则规定，企业不论通过何种形式取得的政府补助，在会计处理上应当划分为与资产相关的政府补助和与收益相关的政府补助。

《企业会计准则第16号——政府补助》规定，政府补助分为与资产相关的政府补助和与收益相关的政府补助。与资产相关的政府补助，应当确认为递延收益，并在相关资产使用寿命内平均分配，计入当期损益。与收益相关的政府补助，应当分别下列情况处理:）用于补偿企业以后期间的相关费用或损失的，确认为递延收益，并在确认相关费用的期间，计入当期损益；用于补偿企业已发生的相关费用或损失的，直接计入当期损益。

（1）总额法和净额法。

与资产相关的政府补助是指企业取得的、用于购建或以其他方式形成长期资产的政府补助。政府补助的无偿性决定了其应当最终计入损益而非直接计入所有者权益。其会计处理有两种方法：一是总额法，将政府补助全额确认为收益；二是净额法，将政府补助作为相关成本费用的扣减。

①与资产相关的政府补助。企业通常先收到补助资金在按照政府要求，将补助资金用于购建固定资产和无形资产等长期资产。其会计处理方法有两种可供选择：

总额法：

企业收到补助资金时

借：银行存款

　　贷：递延收益

在相关资产使用寿命内按合理系统的方法分期计入损益

借：递延收益

　　贷：其他收益

相关资产在使用寿命结束时和结束前被处置，尚未分摊的递延收益余额，应当一次性转入资产处置当期的资产处置收益，不再予以递延。

借：递延收益

　　贷：营业外收入

净额法

企业收到补助资金时

借：银行存款

　　贷：递延收益

将补助冲减相关资产账面价值。

借：固定资产、无形资产

　　贷：银行存款

同时：

借：递延收益

　　贷：固定资产、无形资产

企业对某项经济业务，选择总额法或净额法后，应当对该业务一贯的运用该方法，不得随意变更。

②与收益相关的政府补助。

用于补偿企业以后期间的相关成本费用或损失的，如果收到时，暂时无法确定判断企业能否满足政府补助所附条件。

借：银行存款

贷：其他应付款

客观情况表明企业能够满足政府补助所附条件后再确认递延收益。

借：其他应付款

贷：递延收益

如果收到时，客观情况表明企业能够满足政府补助所附条件，则应当确认为递延收益。

借：银行存款

贷：递延收益

并在确认费用和损失期间计入当期损益，或冲减相关成本。

借：递延收益

贷：管理费用或相关资产成本

（2）财税差异。

财政部、国家税务总局《关于专项用途财政性资金企业所得税处理问题的通知》（财税〔2011〕70号）文件，对企业取得的专项用途财政性资金企业所得税处理问题通知如下：

①企业从县级以上各级人民政府财政部门及其他部门取得的应计入收入总额的财政性资金，凡同时符合以下条件的，可以作为不征税收入，在计算应纳税所得额时从收入总额中减除：

a 企业能够提供规定资金专项用途的资金拨付文件；

b 财政部门或其他拨付资金的政府部门对该资金有专门的资金管理办法或具体管理要求；

c 企业对该资金以及以该资金发生的支出单独进行核算。

②根据实施条例第二十八条的规定，上述不征税收入用于支出所形成的费用，不得在计算应纳税所得额时扣除；用于支出所形成的资产，其计算的折旧、摊销不得在计算应纳税所得额时扣除。

③企业将符合本通知第一条规定条件的财政性资金作不征税收入处理后，在5年（60个月）内未发生支出且未缴回财政部门或其他拨付资金的政府部门的部分，应计入取得该资金第六年的应税收入总额；计入应税收入总额的财政性资金发生的支出，允许在计算应纳税所得额时扣除。

根据以上规定，在进行企业所得税纳税申报时要特别注意政府补贴的性质，如属于不征收收入需填写“专项用途财政性资金纳税调整明细表”（A105040），其中专项用于企业资本性支出的要填写“资产折旧、摊销情况及纳税调整明细表”（A105080）；属于征税收入则需填写“未按权责发生制确认收入纳税调整明细表”（A105020）。

【案例7】

甲企业于2014年6月收到政府拨付的扶持企业发展专项资金100万元，用于扶持甲企业的生产经营发展及补偿各项费用支出。企业当月购进1台不需安装设备，价值60万元（不含税价，使用寿命5年，采用直线法计提折旧，假定无残值），同年10月，支付相关费用15万元。2015年8月，支付相关费用25万元。（单位：万元）

会计处理如下：

2014年——

（1）6月收到政府补助100万元

借：银行存款　　100

贷：递延收益　　　　100

（2）6月购进设备

借：固定资产　　　　60

应交税费——应交增值税（进项税额）　　　　10.2

贷：银行存款　　　　70.2

（3）10月，支付相关费用15万元

借：管理费用　　　　15

贷：银行存款　　　　15

借：递延收益　　　　15

贷：其他收益　　　　15

（4）计提7月～12月折旧

借：管理费用——折旧　　　　6（60÷5×6/12）

贷：累计折旧　　　　6

借：递延收益　　　　10（100÷5×6/12）

贷：其他收益　　　　10

2015年——

（1）8月，支付相关费用25万元

借：管理费用　　　　2

贷：银行存款　　　　25

借：递延收益　　　　25

贷：其他收益　　　　25

（2）计提1月～12月折旧

借：管理费用——折旧　　　　12

贷：累计折旧　　　　12

借：递延收益　　　　20

贷：其他收益　　　　20

2. 税务上作为应税收入

《财政部、国家税务总局关于财政性资金、行政事业性收费、政府性基金有关企业所得税政策问题的通知》（财税〔2008〕151号）第一条第一款规定，企业取得的各类财政性资金，除属于国家投资和资金使用后要求归还本金的以外，均应计入企业当年收入总额。

《国家税务总局关于企业所得税应纳税所得额若干税务处理问题的公告》（国家税务总局公告2012年第15号）第七条规定，企业取得的不征税收入，应按照《财政部 国家税务总局关于专项用途财政性资金企业所得税处理问题的通知》（财税〔2011〕70号）的规定进行处理。

凡未按照《通知》规定进行管理的应作为企业应税收入计入应纳税所得额，依法缴纳企业所得税。假设此项政府补助不符合不征税受辱的条件，甲企业在办理2014年企业所得税汇算清缴时，填报下列表格：

表11－4　未按权责发生制确认收入纳税调整明细表（A105020）　单位：万元

行次	项　目	合同金额（交易金额）	账载金额		税收金额		纳税调整金额
			本年	累计	本年	累计	
		1	2	3	4	5	6（4－2）
9	三、政府补助递延收入（10＋11＋12）	100	25	25	100	100	50
10	（一）与收益相关的政府补助	15	15	15	15	15	0
11	（二）与资产相关的政府补助	60	10	10	60	60	50
12	（三）其他	25					
14	合计（1＋5＋9＋13）	100	25	25	100	100	50

（注：收到的财政补贴，无法准确区分与资产相关的政府补助和与收益相关的政府补助的金额填入“（三）其他”。）

表11－5　纳税调整项目明细表（A105000）　单位：万元

行次	项　目	账载金额	税收金额	调增金额	调减金额
		1	2	3	4
1	一、收入类调整项目（2＋3＋…8＋10＋11）	*	*		
3	（二）未按权责发生制原则确认的收入（填写A105020）	25	100	75	0

在办理2015年企业所得税汇算清缴时，填报下列表格：

表11－6　未按权责发生制确认收入纳税调整明细表（A105020）　单位：万元

行次	项　目	合同金额（交易金额）	账载金额		税收金额		纳税调整金额
			本年	累计	本年	累计	
		1	2	3	4	5	6（4－2）
9	三、政府补助递延收入（10＋11＋12）	100	45	70	0	100	－45
10	（一）与收益相关的政府补助	40	25	40	0	40	－25
11	（二）与资产相关的政府补助	60	20	30	0	60	－20
12	（三）其他						0
14	合计（1＋5＋9＋13）	100	45	70	0	100	－45

表11－7　纳税调整项目明细表（A105000）　单位：万元

行次	项　目	账载金额	税收金额	调增金额	调减金额
		1	2	3	4
1	一、收入类调整项目（2＋3＋…8＋10＋11）	*	*		
3	（二）未按权责发生制原则确认的收入（填写A105020）	45	0	0	45

二、“未按权责发生制确认收入纳税调整明细表”的理解与填报结构特点是什么

1. 跨期收取收入与分期确认收入有何异同

（1）跨期收取收入。

国家税务总局《关于贯彻落实企业所得税法若干税收问题的通知》（国税函〔2010〕79号）规定，企业提供固定资产、包装物或者其他有形资产的使用权取得的租金收入，应按交易合同或协议规定的承租人应付租金的日期确认收入的实现。其中，如果交易合同或协议中规定租赁期限跨年

度，且租金提前一次性支付的，根据收入与费用配比原则，出租人可对上述已确认的收入，租赁期内，分期均匀计入相关年度收入。

注意：

第一，符合条件的固定资产、包装物或者其他有形资产的使用权租金收入，可递延确认收入。

第二，可递延确认收入的条件包括两条：交易合同或协议中规定租赁期限跨年度；租金提前一次性支付的。

第三，递延确认收入。根据收入与费用配比原则，在租赁期内，分期均匀计入相关年度收入。

会计上对租金的处理坚持权责发生制原则和配比原则，所以对于诸如提前跨期取得的租金收入，财税处理都遵从权责发生制原则，没有财税差异。

（2）分期确认收入。

《企业所得税法实施条例》第二十三条规定，企业的下列生产经营业务可以分期确认收入的实现：

①以分期收款方式销售货物的，按照合同约定的收款日期确认收入的实现；

②企业受托加工制造大型机械设备、船舶、飞机，以及从事建筑、安装、装配工程业务或者提供其他劳务等，持续时间超过12个月的，按照纳税年度内完工进度或者完成的工作量确认收入的实现。

此规定实际上是对权责发生制原则的例外。根据本条的规定，可以分期确认收入实现的情形及具体方法主要有：

①以分期收款方式销售货物的，按照合同约定的收款日期确认收入的实现。按照合同约定的收款日期确认收入的实现，这其实是对权责发生制原则的一个例外，接近于收付实现制原则，主要是出于纳税必要资金的考虑。

新会计准则规定，对具有融资性质的分期收款销售货物（货款回收期一般超过3年），其实质相当于企业向购货方提供了一笔信贷资金，因而企业应按照应收的合同或协议价款的公允价值确定收入金额。应收的合同或协议价款与公允价值之间的差额应当在合同或协议期间按实际利率法进行摊销，并相应冲减财务费用。考虑到在整个回收期内企业确认的收入总额是一致的，同时考虑到与增值税政策的衔接，税法拟不采用会计准则的规定。对分期收款销售货物的，按照合同或协议约定的金额确认销售收入金额。

由于《企业会计准则第14号——收入》的规定，分期收款销售方式处理的产品在符合准则实现销售的五项条件后，产品已经发出、货款尚未收到时，可确认收入的实现，而税法基于企业纳税能力的考量，确认收入的时间为合同约定的收款日期分期进行确认。

由此产生的财税差异，需要在“未按权责发生制确认收入纳税调整明细表的理解与填报”（A105020）“分期确认收入”部分进行纳税调整。

②企业受托加工制造大型机械设备、船舶、飞机等，以及从事建筑、安装、装配工程业务或者提供劳务等，持续时间超过12个月的，按照纳税年度内完工进度或者完成的工作量确认收入的实现。企业确定提供劳务交易的完工进度，可以选用下列方法：

①已完工作的测量。

②已经提供的劳务占应提供劳务总量的比例。

③已经发生的成本占估计总成本的比例。企业受托加工制造大型机械设备、船舶、飞机等，以

及从事建筑、安装、装配工程业务或者提供劳务等，持续时间超过12个月的，应当在纳税年度结束时按照提供劳务收入总额乘以完工进度扣除以前会计期间累计已确认提供劳务收入后的金额，确认当期提供劳务收入；同时，按照提供劳务估计总成本乘以完工进度扣除以前会计期间累计已确认劳务成本后的金额，结转当期劳务成本。

【案例8】

房屋租赁合同中约定：A公司把一处闲置的房屋租赁给B公司，租赁期限为2017年1月1日至2018年12月31日，每年含税租金30000元，两年共计60000元。B公司应于2018年12月31日一次性支付租金。该房屋是A公司2016年6月取得的，位于公司机构所在地。

【案例解析】

《企业会计准则第21号——租赁》第二十六条规定，对于经营租赁的租金，出租人应当在租赁期内各个期间按照直线法确认为当期损益；其他方法更为系统合理的，也可以采用其他方法。

从企业会计准则的规定可知，虽然A公司租赁房屋租金在租赁期末一次性收取，但也应当按租赁期限各年度确认租赁收入，而不能在租赁期末一次性确认收入。因此，2017年末应确认含税租赁收入30000元，2018年末应确认含税租赁收入30000元。

财政部、国家税务总局《关于全面推开营业税改征增值税试点》的通知（财税〔2016〕36号）附件1规定：《营业税改征增值税试点实施办法》第四十五条第（一）项规定，增值税纳税义务发生时间为：纳税人发生应税行为并收讫销售款项或者取得索取销售款项凭据的当天；先开具发票的，为开具发票的当天。收讫销售款项，是指纳税人销售服务、无形资产、不动产过程中或者完成后收到款项。取得索取销售款项凭据的当天，是指书面合同确定的付款日期；未签订书面合同或者书面合同未确定付款日期的，为服务、无形资产转让完成的当天或者不动产权属变更的当天。

《中华人民共和国企业所得税法实施条例》第十九条规定，企业所得税法第六条第（六）项所称租金收入，是指企业提供固定资产、包装物或者其他有形资产的使用权取得的收入。租金收入，按照合同约定的承租人应付租金的日期确认收入的实现。

从税收上的规定可知，跨年度租赁、一次性收取租金，租金收入确认时间或者说纳税义务发生时间为租赁合同中确定的付款日期。即无论是增值税还是企业所得税，A公司租金收入确认时间均为2018年12月31日。

从上面会计与税收的分析可知，跨年度租赁、租赁期末一次性收取租金，有关租金收入确认时间、会计与税收规定不相同，会计确认收入在先，税收确认收入在后。

对于上面的案例，以A公司是一般纳税人进行会计与税务处理。

（1）2017年12月31日。

借：应收账款　　30000

　　贷：其他业务收入　　27027.03［30000/（1+11%）］

　　　　应交税费——待转销项税额　　2972.97（27027.03*11%）

由于税收上跨期租金收入按合同约定的付款日期确认，未按照权责发生制原则，而会计上按照权责发生制确认的租金收入应在企业所得税汇算清缴时作纳税调整，即在对2017年度企业所得税汇算清缴时应调减应纳税所得额27027.03元。并将其在“未按权责发生制确认收入纳税调整明细表的理解与填报”（A105020）进项调整。

（2）2018年12月31日，收到租金后开具增值税发票。

借：银行存款　60000

　　贷：应收账款　30000

　　　　其他业务收入　27027.03

　　　　应交税费——应交增值税（销项税额）　2972.97

同时，将上年度的“应交税费——待转销项税额”科目转入“应交税费——应交增值税（销项税额）”科目。

借：应交税费——待转销项税额　2972.97

　　贷：应交税费——应交增值税（销项税额）　2972.97

在对2018年度企业所得税汇算清缴时应调增应纳税所得额27027.03元。并将其在“未按权责发生制确认收入纳税调整明细表的理解与填报”（A105020）进项调整。

【案例9】

2012年初，A公司与B公司签订了一项总金额为500万元的建造合同，标的资产于2013年6月完工交付，预计合同总造价为400万元，至2012年12月31日，已发生的成本为250万元，预计完成合同还将发生成本150万元。已结算并收到工程价款200万元。假定暂不考虑增值税及附加，企业所得税税率为25%，不考虑其他相关税费。

【案例分析】

（1）会计收入的确认。2012年12月31日，A公司按完工百分比确认收入 = 250/400×500 = 312.5（万元）。

（2）所得税的计算。由于该建造合同跨年且超过12个月，则应当依照税法按照完工百分比法确认应税收入312.5（万元），扣除计税成本250万元，假定不考虑增值税附加，则应税所得为62.5（万元），按照25%的所得税率，计算应纳所得税15.625（万元），则财税没有差异。但需要填报“未按权责发生制确认收入纳税调整明细表”（A105020）。

假定已结算工程价款200万元，而实际收到125万元。2012年12月31日，A公司得知B公司2012年度出现了巨额亏损，A公司剩余合同价款75万元很可能无法收回。

分析：2012年12月31日，由于B公司当年发生严重亏损，甲公司估计很难收回建造合同余款，属于“建造合同”准则所规定的“合同结果不能可靠估计”的情形，即不具备“与合同相关的经济利益很可能流入企业”这一条件，故不能按完工百分比法确认合同收入。

此时，A公司只能将已经发生的合同成本250万元中能够得到补偿的125万元确认为合同收入，同时将本年发生的合同成本250万元全部确认为本年合同费用。

但是，税法上仍然要求按照完式百分比法确认收入，因为税法所指的交易结果不能可靠估计不包括“与合同相关的经济利益很可能流入企业”这一条件，不同于会计建造合同准则所中“合同结果能够可靠估计”所要求的条件。关于会计收入的确认，可以用会计分录表示如下：

（1）结算工程价款时：

借：应收账款　2000 000

贷：工程结算　2000 000

（2）确认建造合同收入、结转建造合同费用时：

借：主营业务成本　2500000

贷：主营业务收入　1250000

工程施工——毛利　1250000

“未按权责发生制确认收入纳税调整明细表的理解与填报”（A105020）“（二）持续时间超过12个月的建造合同收入”的第2列“账载金额”为125万元，第4列“税收金额”为312.5万元，第6列“纳税调整金额”为187.5万元。

【专家提示】

“合同建造持续时间是否超过12个月”是造成会计收入与企业所得税申报时计税收入有差异的主要原因。《企业所得税法实施条例》规定：“企业受托加工制造大型机械设备、船舶、飞机，以及从事建筑、安装、装配工程业务或者提供其他劳务等，持续时间超过12个月的，按照纳税年度内完工进度或者完成的工作量确认收入的实现。”

根据《企业会计准则第15号—— 建造合同》的规定，在资产负债表日尚未完工的在建合同，其结果若能够可靠地估计，应根据完工百分比法确认合同收入和合同费用，而《企业所得税法实施条例》要求按照纳税年度内完工进度或者完成的工作量确认收入一定要持续时间超过12个月。

《企业所得税法实施条例》规定，只要建造合同持续时间超过12个月的，就要求分期确定计税收入时，不考虑纳税人经济利益是否流入，即不以国家税收来承担企业潜在的经营风险。在纳税年度汇算清缴时，企业所得税计税收入=纳税年度内完工进度或者完成的工作量×合同总收入。如果此时会计核算中未分期确认收入，或只是按照能够收回的实际合同成本确认会计收入，则由此而产生时间性差异，需要在《未按权责发生制确认收入纳税调整明细表的理解与填报》（A105020）进行调整。

2. 合同金额与账载金额和税收金额三者的异同及其逻辑关系

账载金额是指记账时实际记录的金额，税收金额是指按税法规定可以记入的金额。合同金额就是合同上写明的数额。合同金额只是个参考，不影响应纳税所得额，账载金额大于税收金额时，需要将其差额进行纳税调减，反之要进行调增。

【案例10】

2014年1月1日，甲公司采用分期收款方式向乙公司销售一套大型设备，合同约定的销售价格为2000万元，分5次于每年12月31日等额收取。假设甲公司发出商品时开出增值税专用发票，注明的增值税额为340万元，并于当天收到增值税额340万元。该大型设备成本为1400万元，在现销方式下，该大型设备的销售价格为1600万元。假定各年年末应抵减财务费用的未确认融资收益分别为127、105、82、57、29万元。甲公司各期的会计处理及相应的纳税调整和表A105020的填报如下：

1. 2014年的会计处理：

(1) 2014年1月1日销售实现。

借：长期应收款　20000000

银行存款　3400000

贷：主营业务收入　16000000

应交税费——应交增值税（销项税额） 3400000
未实现融资收益 4000000
借：主营业务成本 14000000
贷：库存商品 14000000

（2）2014 年 12 月 31 日收取货款

借：银行存款 4000000
贷：长期应收款 4000000
借：未实现融资收益 1270000
贷：财务费用 12700000

2014 年度对分期收款方式销售货物税收上应确认销售收入 400 万元，会计核算的销售收入为 1600 万元，应调减所得 1200 万元［见附表“未按权责发生制确认收入纳税调整明细表”（2014 年度）］。

需要提醒的是，企业对主营业务成本还要通过表 A105000 第 26 行“跨期扣除项目”进行纳税调整，本年要调增所得 1120 万元。对抵减财务费用的未确认融资收益要通过表 A105000 第 22 行“与未实现融资收益相关在当期确认的财务费用”进行纳税调整，本年要调减所得 127 万元。

（2）2015 年 12 月 31 日、2016 年 12 月 31 日、2017 年 12 月 31 日、2018 年 12 月 31 日收取货款的会计处理：除抵减财务费用的未确认融资收益分别为 105、82、57、29 万元外，同 2014 年 12 月 31 日收取货款的会计处理。

2015、2016、2017、2018 年度对分期收款方式销售货物税收上各应确认销售收入 400 万元，会计上未核算销售收入，各应调增所得 400 万元。2015 年度的下表 A 105020 的填报。

2016、2017、2018 年度的表 A105020，除第 5 列“税收金额”“累计”分别为 1200 万元、1600 万元、2000 万元外，其他同 2015 年的填报。企业这四年对主营业务成本的纳税调整不是调增所得，而是通过表 A105000 第 26 行“跨期扣除项目”各调减所得 280 万元，对抵减财务费用的未确认融资收益依然通过表 A105000 第 22 行“与未实现融资收益相关在当期确认的财务费用”分别调减所得 105 万元、82 万元、57 万元、29 万元［见附表“未按权责发生制确认收入纳税调整明细表”（2015 年度）］。

综合上述分析，通过 5 年的分期纳税调整，税收上合计确认销售货物收入 2000 万元、成本 1400 万元，抵减财务费用的未确认融资收益 400 万元全部调减了所得。

表 11－8 未按权责发生制确认收入纳税调整明细表（2014 年度）（A105020）

行次	项 目	合同金额（交易金额）	账载金额		税收金额		纳税调整金额
			本年	累计	本年	累计	
		1	2	3	4	5	6（4－2）
5	二、分期确认收入（6＋7＋8）	20000000	16000000	16000000	4000000	4000000	－12000000
6	（一）分期收款方式销售货物收入	20000000	16000000	16000000	4000000	4000000	－12000000
14	合计（1＋5＋9＋13）	20000000	16000000	16000000	4000000	4000000	－12000000

表 11-9　未按权责发生制确认收入纳税调整明细表（2015 年度）（A105020）

行次	项　目	合同金额（交易金额）	账载金额		税收金额		纳税调整金额
			本年	累计	本年	累计	
		1	2	3	4	5	6（4-2）
5	二、分期确认收入（6+7+8）	20000000	0	16000000	4000000	8000000	4000000
6	（一）分期收款方式销售货物收入	20000000	0	16000000	4000000	8000000	4000000
14	合计（1+5+9+13）	20000000	0	16000000	4000000	8000000	4000000

3. 其他未按权责发生制确认收入还有哪些内容

企业会计核算应遵循权责发生制。所谓权责发生制原则是指凡是当期已经实现的收入和已经发生或应当负担的费用，不论款项是否收付，都应当作为当期的收入和费用；凡是不属于当期的收入和费用，即使款项已经当期收付，也不应该作为当期的收入和费用。虽然我国税制采取以权责发生制为主，但从纳税必要资金、横向配比等方面的考量，企业所得税对特殊情况下需要实施收付实现制。也就是说，不执行权责发生制原则的税收事项，须有明文规定，否则按权责发生制原则处理。

（1）企业搬迁资产处置收入。

总体来说，“未按权责发生制原则确认的收入”主要填报会计处理按权责发生制确认收入、税法规定未按权责发生制确认收入需纳税调整的收入类项目。例如，在政策性搬迁业务中，作为搬迁收入组成部分的企业搬迁资产处置收入，依据《国家税务总局关于发布〈企业政策性搬迁所得税管理办法〉的公告》（国家税务总局公告 2012 年第 40 号）的规定，暂不计入当期应纳税所得额，而在完成搬迁的年度参与汇总清算。在会计处理上，企业搬迁资产处置收入通过“固定资产清理”贷方核算，最终计入当期损益。因此，对计入企业当期损益的搬迁资产处置收入应通过表 A105020 进行纳税调减。

需要特别提醒的是，属于企业自行搬迁或商业性搬迁等非政策性搬迁的，或属于政策性搬迁但企业未单独进行税务管理和核算的，企业在搬迁期间取得的政府搬迁补偿款，应计入当期应纳税所得额，这与企业将取得的政府搬迁补偿款先记入“专项应付款”后转入“递延收益”的会计处理存在明显差异，应通过表 A105020 进行纳税调增。搬迁完成后，企业将递延收益随购建资产的使用或处置转入当期损益的，为避免收入的重复确认，应通过表 A105020 进行纳税调减。

（2）利息收入的确认。

对于利息收入的确认，会计上遵循的是权责发生制原则。即属于当期的收入，不论款项是否收到，均作为当期的收入。税法上，利息收入按照合同约定的债务人应付利息的日期确认收入的实现。例如，某企业将资金贷出，合同约定期限 3 年，每年利息 2 万元，按照合同约定开始日一次性支付利息 6 万元。会计上，该企业于贷款期开始日将 2 万元记入收入。但税法规定，第一年该企业应调增所得 4 万元，第二、三年各调减所得 2 万元。

（3）租金收入的确认。

会计上，对经营租赁租金收入按照权责发生制确认收入的实现。税法上，租金收入按照合同约定的承租人应付租金的日期，确认收入的实现。确认租金收入时，款项收取与否不是关键，只要合同约定了收款日期无论约定收款期是否收到款，也不管收入是在什么时候取得的，都要确认为当期收入，不能按租金收入的相应归属期间分期计算收入。

例如，某企业于2011年8月出租设备1台，合同约定租期2年，租赁期开始日一次性支付租金36000元。会计上，该企业2011年只确认租金收入5000元，2012年、2013年分别确认租金收入12000元、7000元。税法上，这笔租金36000元应全部记入2011年度，而不按受益年度进行分配。

因此，2011年度应调增所得31000元，2012年调减所得12000元，2013年调减所得7000元。另外，根据《国家税务总局关于贯彻落实企业所得税法若干税收问题的通知》（国税函〔2010〕79号）第十九条的规定，企业提供固定资产、包装物或者其他有形资产的使用权取得的租金收入，应按交易合同或协议规定的承租人应付租金的日期确认收入的实现。其中，如果交易合同或协议中规定租赁期限跨年度，且租金提前“一次性”支付的，出租人可对上述已确认的收入，在租赁期内，分期均匀计入相关年度收入，与会计收入确认一致。

（4）特许权使用费收入的确认。

会计上，对特许权使用费收入按照权责发生制确认收入的实现。税法上，特许权使用费收入按照合同约定的特许权使用人应付特许权使用费的日期确认收入的实现。会计上，特许权使用费收入的确认、计量同利息和租金收入基本一致，纳税调增时参照执行。

（5）捐赠收入的确认。

企业取得的货币性资产捐赠，应按实际取得的金额，借记“库存现金”或“银行存款”等科目，贷记“营业外收入——接受捐赠货币性资产价值”科目；企业取得的非货币性资产捐赠，应按会计制度及相关准则规定确定入账价值，借记“库存商品”“固定资产”“无形资产”“长期股权投资”等科目，一般纳税人如涉及可抵扣的增值税进项税额，按可抵扣的增值税进项税额，借记“应交税费——应交增值税（进项税额）”科目，按接受捐赠资产和税法规定确定的入账价值，贷记“营业外收入——接受捐赠非货币性资产价值”科目，按企业因接受捐赠资产支付或应付的金额，贷记“银行存款”“应交税费”等科目。

税法上，接受捐赠收入按照实际收到捐赠资产的日期确认收入的实现。即捐赠收入按照收付实现制原则确认，以款项的实际收付时间作为标准来确定当期收入和成本费用。

会计对捐赠收入的确认基本与税法一致，不需纳税调整，除非收入金额确认违背了公允价值原则。

（6）分期收款方式销售收入的确认。

税法上，企业以分期收款方式销售货物的，按照合同约定的收款日期确认收入的实现。会计准则规定，对具有融资性质的分期收款销售货物（货款回收期超过3年的），企业应按照应收的合同或协议价款的公允价值确定收入金额。应收的合同或协议价款与公允价值之间的差额应当在合同或协议期间按实际利率法进行摊销，并相应冲减财务费用。

例如，2011年1月1日，甲公司以分期收款方式向乙公司销售1台设备，合同约定销售价为3000万元，分3次于2011年12月31日、2012年12月31日、2013年12月31日支付货款，即每年年末支付1000万元，增值税的销项税额510万元于2011年1月1日一次付清。该设备现销价款为2624.3万元（即按年利率7%分3年付款，每年支付1000万元为所折算的年金现值），成本为

2100 万元。

甲公司在 2011 年 1 月 1 日商品发出时开具增值税专用发票。会计上，2011 年 1 月 1 日销售实现时确认收入 3000 万元，计提销项税金 510 万元。

税法上，企业应分别在 2011 年末、2012 年末和 2013 年末分期确认商品销售收入各 1000 万元，同时分 3 期确认产品销售成本各 700 万元。会计所确认的融资收益，税法不予确认，不计入纳税所得额。

（7）采取产品分成方式取得收入的确认。税法上，采取产品分成方式取得收入的，按照企业分得产品的日期确认收入的实现，其收入额按照产品的公允价值确定。

（8）会计上，按权责发生制和产品账面价值为收入额确定标准。因此，对产品公允价值与账面价值的差额调增所得，但企业转让或领用该产品时要以相同金额调减所得。

例如，某公司提供一块土地（市场价 500 万元）与某房地产公司提供资金进行合作建房，该工程于 2011 年 2 月开始动工，2013 年 10 月竣工，竣工结算后，该公司于 2013 年 11 月分得一栋楼作为办公楼使用，该楼的市场价 1000 万元。那么，该公司 2013 年 11 月应确认收入 1000 万元。

（9）授予客户奖励积分。

企业对该交易事项应当分别以下情况进行处理：

①根据《财政部关于做好执行会计准则企业 2008 年年报工作的通知》（财会函〔2008〕60 号）第九条的规定："企业在销售产品或提供劳务的同时授予客户奖励积分的，应当将销售取得的货款或应收货款在商品销售或劳务提供产生的收入与奖励积分之间进行分配，与奖励积分相关的部分应首先作为递延收益，待客户兑换奖励积分或失效时，结转计入当期损益。"

即在销售产品或提供劳务的同时，应当将销售取得的货款或应收货款在本次商品销售或劳务提供产生的收入与奖励积分的公允价值之间进行分配，将取得的货款或应收货款扣除奖励积分公允价值的部分确认为收入、奖励积分的公允价值确认为递延收益。

②获得奖励积分的客户满足条件时有权利取得授予企业的商品或服务，在客户兑换奖励积分时，授予企业应将原计入递延收益的与所兑换积分相关的部分确认为收入。

确认收入的金额 = 递延收益科目余额 ×（被兑换用于换取奖励的积分数额/预期将兑换用于换取奖励的积分总数）

③购货返积分销售方式的所得税处理，在目前税法对此没有明确规定的情况下，应当按照财会函〔2008〕60 号文件的规定执行。

【案例 11】

某大型超市为增值税一般纳税人。在 2016 年"双十一"商品零售旺季到来之际，开展了顾客购货奖励积分的促销活动。超市规定在 11 月 1 日至 12 月 1 日期间购物每满 100 元（含税）奖励积分 1 分，不足 100 元部分不积分，积分可在 1 年内在本超市兑换任何商品，截止有效期为 2017 年 11 月 1 日，1 个积分可返还现金 5 元。

（1）A 顾客在促销期间，以刷卡方式购买了售价 35 100 元（含税）的一批床上用品，并办理了积分卡，超市奖励 A 顾客积分 351 分。

该批床上用品适用增值税税率 17%，进货成本为 18 000 元。

A 顾客共获得积分 351 分，其价值为 1 755（351×5）元。

销售收入=35 100÷1.17－1 755=30 000－1755=28 245（元）。

借：银行存款　　35 100
　　贷：主营业务收入　　28 245
　　　　递延收益　　1 755
　　　　应交税费——应交增值税（销项税额）　　510

注：销售收入和递延收益，全额计算销项税额。

借：主营业务成本　　18 000
　　贷：库存商品　　18 000

（2）假定一，A 顾客在积分兑换期内（2017 年 1 月）在本超市选购一件零售价为 2 340 元（含税）的冲锋衣，要求以积分卡上积分 351 分抵付价款，并补付差价。该服装进货成本为 1 200 元，适用增值税税率为 17%。经超市确认，A 顾客满足兑换条件，同意 A 顾客以积分抵付形式购买冲锋衣。

销售收入全额计算销项税额；销售收入=2 340÷1.17=2 000（元），销项税额=2 000×0.17=340（元）。

借：银行存款　　（2 340－1 755）585
　　递延收益　　1 755
　　贷：主营业务收入　　2 000
　　　　应交税费——应交增值税（销项税额）　　340

借：主营业务成本　　1 200
　　贷：库存商品　　1 200

（3）假定二，A 顾客在积分兑换期结束仍然未兑换。

逾期失效的积分由于在奖励积分环节已按全额计算了销项税额，所以在积分逾期失效结转计入当期损益时，不需要计算销项税额，将失效时“递延收益”科目的余额，全额确认为当期收入缴纳企业所得税。

借：递延收益　　1 755
　　贷：营业外收入　　1 755

【专家提示】

企业所得税法对该项业务没有特殊规定的，应该以企业会计准则的规定为准，也就是说所得税的处理，也应该按照财会函〔2008〕60 号）第九条的规定确认收入、结转成本，确认所得，企业所得税和会计准则没有差异，不需要做纳税调整。

三、“未按权责发生制确认收入纳税调整明细表”的理解与填报重点栏目表填报说明

表 11－10　未按权责发生制确认收入纳税调整明细表

行次	项　目	合同金额（交易金额）	账载金额		税收金额		纳税调整金额
			本年	累计	本年	累计	
		1	2	3	4	5	6（4－2）
1	一、跨期收取的租金、利息、特许权使用费收入（2＋3＋4）						
2	（一）租金						
3	（二）利息						
4	（三）特许权使用费						
5	二、分期确认收入（6＋7＋8）						
6	（一）分期收款方式销售货物收入						
7	（二）持续时间超过 12 个月的建造合同收入						
8	（三）其他分期确认收入						
9	三、政府补助递延收入（10＋11＋12）						
10	（一）与收益相关的政府补助						
11	（二）与资产相关的政府补助						
12	（三）其他						
13	四、其他未按权责发生制确认收入						
14	合计（1＋5＋9＋13）						

本表适用于会计处理按权责发生制确认收入、税法规定未按权责发生制确认收入需纳税调整项目的纳税人填报。纳税人根据税法、《国家税务总局关于贯彻落实企业所得税法若干税收问题的通知》（国税函〔2010〕79 号）、《国家税务总局关于确认企业所得税收入若干问题的通知》（国税函〔2008〕875 号）等相关规定，以及国家统一企业会计制度，填报会计处理按照权责发生制确认收入、税法规定未按权责发生制确认收入的会计处理、税法规定，以及纳税调整情况。符合税法规定不征税收入条件的政府补助收入，本表不作调整，在“专项用途财政性资金纳税调整明细表”（A105040）中纳税调整。

（1）第 1 列“合同金额或交易金额”：填报会计处理按照权责发生制确认收入、税法规定未按权责发生制确认收入的项目的合同总额或交易总额。

（2）第 2 列“账载金额－本年”：填报纳税人会计处理按权责发生制在本期确认金额。

（3）第 3 列“账载金额－累计”：填报纳税人会计处理按权责发生制历年累计确认金额。

（4）第 4 列“税收金额－本年”：填报纳税人按税法规定未按权责发生制本期确认金额。

（5）第 5 列“税收金额－累计”：填报纳税人按税法规定未按权责发生制历年累计确认金额。

（6）第 6 列“纳税调整金额”：填报纳税人会计处理按权责发生制确认收入、税法规定未按权责发生制确认收入的差异需纳税调整金额，为第 4－2 列的余额。

四、“未按权责发生制确认收入纳税调整明细表”的理解与填报的表内、表间关系

1. 表内关系

（1）第1行=第2+3+4行；

（2）第5行=第6+7+8行；

（3）第9行=第10+11+12行；

（4）第14行=第1+5+9+13行；

（5）第6列=第4-2列。

2. 表间关系

（1）第14行第2列=表A105000第3行第1列；

（2）第14行第4列=表A105000第3行第2列；

（3）第14行第6列，若≥0，填入表A105000第3行第3列；若<0，将绝对值填入表A105000第3行第4列。

第12章 “投资收益纳税调整明细表”的理解与填报

“投资收益纳税调整明细表”（A105030）适用于发生投资收益纳税调整项目的纳税人及从事股权投资业务的纳税人填报。

纳税人应根据税法和相关法规之规定，以及国家统一企业会计制度，填报投资收益的会计处理、税收规定，以及纳税调整情况。

纳税人完成“投资收益纳税调整明细表”的填报工作，必须认真学习和领会下列税收文件：

（1）《中华人民共和国企业所得税法》；

（2）《中华人民共和国企业所得税法实施条例》；

（3）国家税务总局《关于贯彻落实企业所得税法若干税收问题的通知》（国税函〔2010〕79号）。

一、“投资收益纳税调整明细表”的焦点问题

1. 交易性金融资产持有收益和处置收益

根据《企业会计准则第 22 号——金融工具确认和计量》及其应用指南的规定，交易性金融资产是指企业持有的直接指定为以公允价值计量且其变动计入当期损益的金融资产，它包括企业以赚取差价为目的从二级市场购入的债券、股票、基金、权证和直接指定以公允价值计量且其变动计入当期损益的金融资产。

交易性金融资产的会计核算包括交易性金融资的取得、持有期间取得股利和利息的处理、交易性金融资产的期末计价和交易性金融资产的处置等方面的内容。由于会计准则和税法在规定上存在差异，以致纳税申报有所不同。

（1）交易性金融资产持有收益。

按照企业会计准则中公允价值计量的要求，交易性金融资产每到期末，我们需要根据当前的公允价值和当前的账面价值进行比较，如果公允价值和账面价值出现差额的时候，要及时的做出调整，确认相应的损益。但是根据《企业所得税法实施条例》第五十六条规定，企业持有各项资产期间产生资产增值或者减值，除国务院财政、税务主管部门规定可以确认损益外，不得调整该资产的计税基础。即税法上在持有期间以历史成本为基础，对于会计上公允价值的变动损益只有在处置时才能释放出来，由此形成的公允价值变动损益，计算应纳税所得额时应作纳税调增或调减处理。

（2）交易性金融资产处置收益。

按照企业会计准则的规定，处置交易性金融资产时，应当将该金融资产处置时的公允价值与初始入账金额之间的差额应当确认为投资收益，同时调整公允价值变动损益。而财政部、国家税务总局《关于执行〈企业会计准则〉有关企业所得税政策问题的通知》（财税〔2007〕80 号）规定，金融工具和投资性房地产的公允价值变动在持有期间不计入应纳税所得额，在实际处置或结算时，处置取得的价款扣除其历史成本后的差额应计入处置或结算期间的应纳税所得额。

（3）交易性金融资产增值税会计处理。

财政部国家税务总局《关于全面推开营业税改征增值税试点的通知》（财税〔2016〕36 号）文件规定：“金融商品转让，按照卖出价扣除买入价后的余额为销售额。转让金融商品出现的正负差，按盈亏相抵后的余额为销售额。若相抵后出现负差，可结转下一纳税期与下期转让金融商品销售额互抵，但年末时仍出现负差的，不得转入下一会计年度。金融商品转让时不得开具增值税专用发票。”即要求以卖出价扣除买入价后的余额为销售额计算增值税。

金融商品的买入价应该区分股票、债券分别进行处理。因为持有股票期间取得的分红不征收增值税，而债券持有期间的利息按照贷款服务缴纳增值税，在转让债券时，不应再从购入价中扣除持有期间的利息，不然就重复征税了，债券持有至到期赎回不缴纳增值税。在转让过程中支付的佣金及手续费能取得增值税发票，所以不计入买入价，且不能在卖出价中扣除。

根据以上的分析，金融商品转让时销售额的具体计算公式为：上市公司股票转让的销售额＝卖出价－购入价＋持有期间取得的股息红利；债券不到期转让的销售额＝卖出价－购入价。

【案例1】

一般纳税人C公司在2017年3月20日从二级市场购入甲公司股票100万股，共支付320万元（其中包含已宣告但尚未发放的股利10万元），另支付相关交易费用1万元、增值税0.06万元，该股票作为交易性金融资产处理，4月25日收到股利10万元。2017年6月30日，该股票每股市价为3.4元，到12月31日，该股票每股市价为3.25元。2018年3月15日，甲公司宣告发放现金股利每股0.1元，4月25日收到股利。2018年5月20日，该公司以每股3.28元将持有的甲公司股票全部出售，另支付交易费用与印花税1.53万元、增值税0.072万元。

（1）2017年3月20日购入股票时，交易费用取得增值税专用发票，进项税额可以抵扣。会计处理为：

	借方	贷方
借：交易性金融资产——甲公司股票（成本）	310	
应收股利	10	
投资收益	1	
应交税费——应交增值税（进项税额）	0.06	
贷：其他货币资金——存出投资款		321.06

（2）2017年4月25日收到股利，会计处理为：

	借方	贷方
借：其他货币资金——存出投资款	10	
贷：应收股利		10

（3）2017年6月30日股票公允价值发生变动，会计处理为：

	借方	贷方
借：交易性金融资产——甲公司股票（公允价值变动）	30	
贷：公允价值变动损益		30

（4）2017年12月31日股票公允价值发生变动，会计处理为：

	借方	贷方
借：公允价值变动损益	15	
贷：交易性金融资产——甲公司股票（公允价值变动）		15

（5）2018年3月15日甲公司宣告发放股利，会计处理为：

	借方	贷方
借：应收股利	10	
贷：投资收益		10

（6）2018年4月25日收到股利，会计处理同（2）。

（7）2018年2月20日出售股票，会计处理为：

	借方	贷方
借：投资收益	1.53	
应交税费——应交增值税（进项税额）	0.072	
贷：其他货币资金——存出投资款		1.602
借：公允价值变动损益	15	
贷：交易性金融资产——甲公司股票（公允价值变动）		15
借：其他货币资金——存出投资款	328	

贷：交易性金融资产——甲公司股票（成本） 310

投资收益 18

（8）转让该交易性金融资产的含税销售额为28万元［328－（310－10）］，应交增值税为1.58万元［28÷（1+6%）×6%］，纳税义务发生的时间为金融商品所有权转移的当天。会计处理为：

借：投资收益 1.58

贷：应交税费——转让金融商品应交增值税 1.58

【填报技巧】

2017年在持有阶段，公允价值变动损益15万元，需要填写“投资收益纳税调整明细表”（A105030）。此外，由于税法对股息、红利有免税待遇，因此需要进行纳税调减，该差异属于税收优惠的范畴，需要填写“符合条件的居民企业之间的股息、红利等权益性投资收益优惠明细表”（A107011），之后相应数字结转入“免税、减计收入及加计扣除优惠明细表”（A107010）的第3行“（二）符合条件的居民企业之间的股息、红利等权益性投资收益”，该项差异属于会计与税务处理的永久性差异。

2018年处置阶段，填写“投资收益纳税调整明细表”（A105030）。会计处理时，购入交易性金融资产发生的交易费用应借记“投资收益”科目；而税法要求计入投资的计税基础。

会计确认的处置收入328万元－处置投资账面价值310万元＝会计确认的处置所得18万元；

税法确认的处置收入328万元－处置投资计税基础311万元＝税法计算的处置所得17万元；

纳税调整额为18－17＝1（万元）。

2．权益性可供出售金融资产持有收益和处置收益

权益性可供出售金融资产的账务处理和权益性交易性金融资产的账务处理十分类似，其区别在于：一是权益性可供出售金融资产取得时按照公允价值加上交易手续费计量，权益性交易性金融资产取得时是按公允价值计量；二是权益性可供出售金融资产资产负债表日公允价值变动记入“其他综合收益”科目，而权益性交易性金融资产资产负债表日公允价值变动记入“公允价值变动损益”科目。

（1）购入权益性可供出售金融资产，入账价值为其公允价值加上相关交易手续费的价款，支付的交易手续费如果取得了增值税专用发票，其税款部分计入进项税额，会计分录为：借：可供出售金融资产—成本、—利息调整，投资收益，应交税费——转让金融商品应交增值税（进项税额），应收股利；贷：其他货币资金——存出投资款。

（2）持有权益性可供出售金融资产期间宣告分配现金股利，会计分录为：借：应收股利；贷：投资收益，应交税费——转让金融商品应交增值税（待转销项税额）。

（3）资产负债表日权益性可供出售金融资产公允价值发生变动，会计分录为：借：可供出售金融资产——公允价值变动；贷：其他综合收益。

（4）出售权益性可供出售金融资产。

①确认公允价值与账面价值不同而产生的投资收益，由于金融商品对外销售只能开具普通发票，需要将销项税额从价款中分离，会计分录为：借：其他货币资金——存出投资款；贷：可供出售金融资产——成本、——利息调整、——公允价值变动，投资收益，应交税费——转让金融商品应交增值税（销项税额）。

②将持有期间的潜在收益（其他综合收益）转化为现实收益（投资收益）中，由于公允价值

变动部分计入金融资产的账面价值中，所以转化为现实收益需要把投资收益进行价税分离，会计分录为：借：其他综合收益；贷：投资收益，应交税费——转让金融商品应交增值税（销项税额）。

③出售权益性可供出售金融资产支付的手续费，取得增值税专用发票，发票中的税款作为进项税额处理，会计分录为：借：投资收益，应交税费——转让金融商品应交增值税（进项税额）；贷：其他货币资金——存出投资款。

④实际对外出售权益性可供出售金融资产时，将持有期间的待转销项税额转入销项税额中，会计分录为：借：应交税费——转让金融商品应交增值税（待转销项税额）；贷：应交税费——转让金融商品应交增值税（销项税额）。

（5）月末计算出转让可供出售金融资产应交增值税账户余额，如果为贷方余额则是应交而未交的增值税，如果为借方余额则是多交增值税，都需转入“应交税费——转让金融商品未交增值税”账户中。会计分录为：借：应交税费——转让金融商品应交增值税（转出金融商品未交增值税）；贷：应交税费——转让金融商品未交增值税。借：应交税费——转让金融商品未交增值税；贷：应交税费——转让金融商品应交增值税（转出金融商品多交增值税）。

【案例2】

2017年4月15日，甲公司以10元/股的价格购入乙公司60万股股票作为金融资产，另发生手续费6万元（不含税）。6月30日，该股票市价为11元/股，7月15日，乙公司宣告发放现金股利，股利政策为0.1元/股，7月20日收到现金股利。7月30日，甲公司以12.5元/股的价格对外出售所有该股票，支付手续费8万（不含税）。

假设甲公司购入乙公司股票作为可供出售金融资产，相关会计处理如下：

（1）2017年4月15日，购入可供出售金融资产，发生的手续费6万元计入成本，会计处理为：

借：可供出售金融资产——成本　　600
　　　　　　　　　　——利息调整　　6
　　应交税费——转让金融商品应交增值税（进项税额）　　0.36
　　贷：其他货币资金——存出投资款　　606.36

（2）2017年6月30日，可供出售金融资产公允价值发生变动，会计处理为：

借：可供出售金融资产——公允价值变动　　54（11×60－606）
　　贷：其他综合收益　　54

（3）2017年7月15日，被投资企业宣告分配现金股利时所确认的投资收益应进行价税分离，会计处理为：

借：应收股利　　6
　　贷：投资收益　　5.66
　　　　应交税费——转让金融商品应交增值税（待转销项税额）　　0.34

7月20日收到现金股利时，会计处理为：

借：银行存款　　6
　　贷：应收股利　　6

（4）2017年7月30日，对外出售可供出售金融资产。

①确认公允价值与账面价值不同而产生的投资收益，需要将销项税额从价款中分离，会计处理为：

借：其他货币资金——存出投资款　750

贷：可供出售金融资产——成本　600

——利息调整　6

——公允价值变动　54

投资收益　84.9

应交税费——转让金融商品应交增值税（销项税额）　5.1

②将持有期间的其他综合收益转化为投资收益，投资收益需进行价税分离，会计处理为：借：其他综合收益 54

贷：投资收益　50.94

应交税费——转让金融商品应交增值税（销项税额）　3.06

③支付的手续费，取得增值税专用发票，会计处理为：

借：投资收益　8

应交税费——转让金融商品应交增值税（进项税额）　0.48

贷：其他货币资金——存出投资款　8.48

④将持有期间的待转销项税额转入销项税额中，会计处理为：

借：应交税费——转让金融商品应交增值税（待转销项税额）　0.34

贷：应交税费——转让金融商品应交增值税（销项税额）　0.34

（5）2017 年 7 月 31 日，计算出“应交税费——转让可供出售金融商品应交增值税”明细账户余额，其贷方发生额为 8.5 万元（5.1 + 3.06 + 0.34 - 0.34 + 0.34），借方发生额为 0.84 万元（0.36 + 0.48），贷方余额 7.66 万元，是应交而未交的增值税，会计处理为：

借：应交税费——转让金融商品应交增值税（转出金融商品未交增值税）　7.66

贷：应交税费——转让金融商品未交增值税　7.66

【填报技巧】

持有收益账载金额 50.94 万元，税收金额 0，需要填写“投资收益纳税调整明细表”（A105030）。

会计确认的处置收入 750 万元 - 处置投资账面价值 606 万元 = 会计确认的处置所得 144 万元；

税法确认的处置收入 750 万元 - 处置投资计税基础 606 = 会计确认的处置所得 144 万元；

没有财税差异。

3. 成本法下长期股权投资持有收益和处置收益

（1）持有阶段。

①会计规定。成本法下长期股权投资，被投资单位宣告分派的现金股利或利润，应当确认为当期投资收益。

②税法规定。投资方持有长期股权投资的过程中，除国务院财政、税务主管部门另有规定外，按照被投资方作出利润分配决定的日期确认收入的实现。同时，符合条件的居民企业之间的股息、红利等权益性投资收益属于免税收入。

③税会差异及纳税申报表的填写。在持有阶段，成本法下会计与税法对投资收益的确认时间是相同的，不存在税会差异，但需要填写“投资收益纳税调整明细表”（A105030）。此外，由于税法对股息、红利有免税待遇，因此需要进行纳税调减，该差异属于税收优惠的范畴，需要填写“符合条件的居民企业之间的股息、红利等权益性投资收益优惠明细表”（A107011），之后相应数字结转入“免税、减计收入及加计扣除优惠明细表”（A107010）的第3行“（二）符合条件的居民企业之间的股息、红利等权益性投资收益”，该项差异属于会计与税务处理的永久性差异。

（2）处置阶段。

① 会计规定。成本法下处置长期股权投资，其账面价值与实际取得价款之间的差额，应当计入当期损益。

②税法规定。企业可以采用转让股权、撤资或减少投资等方式收回股权投资。首先看一下转让股权方式。企业转让股权收入，应于转让协议生效且完成股权变更手续时，确认收入的实现。转让股权收入扣除为取得该股权发生的成本后，为股权转让所得。企业在计算股权转让所得时，不得扣除被投资单位未分配利润等股东留存收益中按该股权所可能分配的金额。其次看一下撤资或减少投资方式。投资企业从被投资企业撤回或减少投资，其取得的资产中，相当于初始出资的部分，应确认为投资收回；相当于被投资企业累计未分配利润和累计盈余公积按减少实收资本比例计算的部分，应确认为股息所得，享受免税待遇；其余部分确认为投资资产转让所得。

③税会差异及纳税申报表的填写。在处置阶段，如果投资方以转让股权的方式收回投资，则税会不存在差异，但需要填写“投资收益纳税调整明细表”（A105030）。如果投资方以撤资或减少投资的方式收回投资，由于收回投资中相当于被投资企业累计未分配利润和累计盈余公积按减少实收资本比例计算的部分，应确认为股息所得、享受免税待遇，需要纳税调减，该差异属于税收优惠的范畴，需要填写“符合条件的居民企业之间的股息、红利等权益性投资收益优惠明细表”（A107011），之后相应数字结转入“免税、减计收入及加计扣除优惠明细表”（A107010）的第3行“（二）符合条件的居民企业之间的股息、红利等权益性投资收益”，该项差异属于会计与税务处理的永久性差异。

在填写“投资收益纳税调整明细表”（A105030）时需要特别注意：

①发生持有期间投资收益并按税法规定为减免税收入的，如国债利息收入，符合条件的居民企业之间的股息、红利等权益性投资收益，不在“投资收益纳税调整明细表”（A105030）中进行调整，而应该在税收优惠类明细表中进行调整。

②处置投资项目按税法规定确认为损失的，不在“投资收益纳税调整明细表”（A105030）中进行调整，而应该在“资产损失税前扣除及纳税调整明细表”（A105090）进行纳税调整。在确定处置投资项目究竟是有所得还是有损失时，应该以税法而非以会计准则为标准进行判断。

【案例3】

2012年2月10日，丽华公司对美尚公司投资600万元，获得其60%的股份。2012年美尚公司实现税后利润300万元，2013年5月10日美尚公司宣告分配200万元的利润，丽华公司应该分得120万元；2013年5月15日丽华公司收到该笔款项。2014年8月15日，丽华公司撤回对美尚公司的投资，共收回750万元货币资金。收回投资时，美尚公司的累计盈余公积和累计未分配利润合计为180万元。请问丽华公司应如何进行财税处理？

（1）2012年2月投资时，账务处理为：

借：长期股权投资　　6 000 000

　　贷：银行存款　　6 000 000

此时税会无差异，无需填写纳税申报表。

（2）2012年美尚公司实现税后利润300万元时，由于被投资方并未作出利润分配决策，因此丽华公司无需进行账务处理，也无需进行税务处理。

（3）2013年5月10日美尚公司宣告分配200万元的利润时，丽华公司的账务处理为：

借：应收股利　　1 200 000

　　贷：投资收益　　1 200 000

此时，税收上确认的投资收益也是120万元，需要填写“投资收益纳税调整明细表”（A105030）。由于该项股息、红利符合免税收入的条件，因此需要填写“符合条件的居民企业之间的股息、红利等权益性投资收益优惠明细表”（A107011）。之后相应结转入“免税、减计收入及加计扣除优惠明细表”（A107010）的第3行“（二）符合条件的居民企业之间的股息、红利等权益性投资收益”。

收到股利时账务处理为：

借：银行存款　　1 200 000

　　贷：应收股利　　1 200 000

（4）2014年8月10日丽华公司撤资的账务处理为：

借：银行存款　　7 500 000

　　贷：长期股权投资　　6 000 000

　　　　投资收益　　1 500 000

此时，税收上也需要确认150万元投资收益，但是其中108万元（被投资单位累计盈余公积和累计未分配利润按持股比例享有的部分，即：180×60%享受免税待遇，因此不但需要填写“投资收益纳税调整明细表”（A105030），而且需要填写“符合条件的居民企业之间的股息、红利等权益性投资收益优惠明细表”（A107011），如表5所示。之后相应结转入“免税、减计收入及加计扣除优惠明细表”（A107010）的第3行“（二符合条件的居民企业之间的股息、红利等权益性投资收益”。从上述分析过程中我们可以看到，在成本法下，税会差异主要体现在税收优惠上，而且该项差异属于永久性差异。

4．权益法下长期股权投资持有收益和处置收益

（1）持有阶段。

①会计规定。权益法下投资方取得长期股权投资后，应当按照应享有或应分担的被投资单位实现的净损益和其他综合收益的份额，分别确认投资收益和其他综合收益，同时调整长期股权投资的账面价值；投资方按照被投资单位宣告分派的利润或现金股利计算应享有的部分，相应减少长期股权投资的账面价值；投资方对于被投资单位除净损益、其他综合收益和利润分配以外所有者权益的其他变动，应当调整长期股权投资的账面价值并计入所有者权益。换言之，会计上按照被投资方所有者权益的变动情况，分别确认投资收益和其他综合收益。

②税会差异及纳税申报表的填写。无论会计上采用何种核算方式，税法上仍旧按照被投资方作出利润分配决定的时间确认投资收益的实现。因此在权益法下，长期股权投资在持有阶段税会存在两项差异：第一项、由于投资收益确认时间不一致导致的差异。会计上按照被投资方所有者权益的变化确认投资收益，而税法则按照被投资方作出利润分配决定的时间确认投资收益的实现。该项差异属于时间性差异，当投资方处置长期股权投资时，该项差异消失。投资方需要通过填写“投资收益纳税调整明细表”（A105030）体现该差异，之后该项差异转入“纳税调整项目明细表”（A105000）的第4行“（三）投资收益”。第二项、由于符合条件的居民企业之间的股息、红利等权益性投资收益属于免税收入，因此税法要做纳税调减处理，该项差异属于永久性差异，差异一经形成，不会消失。

投资方需要通过填写“符合条件的居民企业之间的股息、红利等权益性投资收益优惠明细表”（A107011）体现该差异。

【案例4】

华芳公司于2012年1月取得信诚公司30%的股权，支付价款6 000万元。取得投资时被投资单位净资产账面价值为24 000万元，2012年12月31日信诚公司所有者权益总和为30 000万元，其中2012年实现的净损益为6 000万元。但信诚公司股东会尚未宣告分派股息、红利。请问华芳公司应如何进行财税处理？

华芳公司应该按照被投资方净损益6 000万元的30%，即1 800万元确认投资收益，账务处理为：

借：长期股权投资——损益调整　　18000000

　　贷：投资收益　　18000000

从账务处理我们可以看到，会计上需要确认投资收益1 800万元，但是由于被投资方尚未宣告利润分配，因此税收上不需要确认投资收益，应纳税调减1 800万元，需要填写“投资收益纳税调整明细表”（A105030）。之后该项差异转入“纳税调整项目明 细表”（A105000）的第5行“（四）按权益法核算长期股权投资对初始投资成本调整确认收益”。

【案例5】

接上例。2013年5月10日信诚公司股东会作出利润分配决策，分配2 500万元的利润，华芳公司可以获得750万元。5月15日华芳公司收到股息款。请问华芳公司应如何进行财税处理？

信诚公司作出利润分配决策时，华芳公司的账务处理为：

借：应收股利　　7500000

　　贷：长期股权投资——损益调整　　7500000

华芳公司收到股利时，账务处理为：

借：银行存款　　7500000

　　贷：应收股利　　7500000

从上述账务处理我们可以看到，当信诚公司作出利润分配决策时，会计上无需再确认投资收益750万元，但是税收上需要确认750万元投资收益，因此需要纳税调增750万，该项差异是由于投资收益的确认时间不一致导致的，需要填写“投资收益纳税调整明细表”（A105030）体现，之后该项差异转入“纳税调整项目明细表”（A105000）表的第5行“（四）按权益法核算长期股权投资对初始投资成本调整确认收益”，同时由于税法上对于符合条件的股息、红利有免税待遇，因此华芳公司还需要填写“符合条件的居民企业之间的股息、红利等权益性投资收益优惠明细表”（A107011）。之后该项信息转入“免税、减计收入及加计扣除优惠明细表”（A107010）。

（2）处置阶段。

①会计规定。权益法下处置长期股权投资，其账面价值与实际取得价款之间的差额，应当计入当期损益。

②税会差异及纳税申报表的填写。在处置阶段，大多数情况下，税法与会计对长期股权投资处置收入的确认是相同的，但是由于会计处置投资的账面价值与税法处置投资的计税基础不同，导致会计确认的处置所得或损失不同于税收计算的处置所得，需要进行纳税调整，此时需要通过填写“投资收益纳税调整明细表”（A105030）体现两者的差异，同时该项差异的出现也使得投资阶段和持有阶段税会时间性差异消失。在填写过程中需要注意以下两点：

第一，如果投资方以撤资或减少投资方式而非股权转让方式收回投资，则收回资产中相当于被投资单位累计盈余公积与累计未分配利润按减少实收资本的比例计算的部分应确认为股息所得，享受免税待遇，该项调整不体现在“投资收益纳税调整明细表”（A105030）中，而应该体现在税收优惠类明细表中。

第二，处置投资项目按税法规定确认为损失的，不在“投资收益纳税调整明细表”（A105030）中进行调整，而应该在“资产损失税前扣除及纳税调整明细表”（A105090）中进行纳税调整。在确定处置投资项目究竟是有所得还是有损失时，应该以税法为标准判断，而非以会计准则为标准进行判断。

【案例6】

（接上例）2014年8月20日，华芳公司以8 300万元的价格转让所持有的信诚公司30%股权。请问华芳公司应如何进行财税处理？

华芳公司的账务处理为：

借：银行存款　　83000000

　　贷：长期股权投资——投资成本　　72000000

　　　　长期股权投资——损益调整　　10500000

　　　　投资收益　　500 000

从账务处理上我们可以看到，对于该项处置业务，会计上确认的投资收益为50万元。税收上确认的处置收入为8300万元，税收上处置资产的计税基础以初始投资成本6 000万元确定，因此税收上确认的投资收益为2300万元，应该纳税调增2250万元，为此需要填写“投资收益纳税调整明细表”（A105030）。

【专家提示】

通过处置阶段的纳税调整，使得投资阶段与持有阶段的时间性差异消失。从上述分析过程可以看到，要对长期股权投资的税会差异进行分析与调整，需要做到：

①准确分清不同核算方法下税会差异的类型——是时间性差异，还是永久性差异；

②分别从投资阶段、持有阶段、处置阶段，全面分析税会时间性差异的产生、发展及消失过程，从总体上把握长期股权投资的税会差异。

二、“投资收益纳税调整明细表”的结构特点是什么

1. 持有收益和处置收益有何区别

根据税法规定，企业股权投资收益按取得方式不同可分为持有收益和处置收益。持有收益是指股权持有期间获得的收益，如股息等。处置收益是指股权投资收回或转让过程中取得的收益。持有收益和处置收益的税收待遇是不同的，持有收益即股息性所得是投资企业从被投资企业的税后利润中分配取得的，属于已征过企业所得税的税后所得。例如根据《企业所得税法》第二十六条的规定，对于符合条件的居民企业之间的股息、红利等权益性投资收益以及符合条件的非营利组织的收入免征企业所得税。而处置收益属于资本所得，是指企业因收回、转让或清理处置股权投资的收入减去股权投资成本后的余额，企业股权投资转让所得应全额并入企业的应纳税所得额，依法缴纳企业所得税。

2. 处置投资的账面价值与处置投资的计税基础有何区别

在处置阶段，大多数情况下，税法与会计对长期股权投资处置收入的确认是相同的，但是由于会计处置投资的账面价值与税法处置投资的计税基础不同，导致会计确认的处置所得或损失不同于税收计算的处置所得，需要进行纳税调整。

《企业会计准则第2号——长期股权投资》规定，处置长期股权投资，其账面价值与实际取得价款之间的差额，计入当期损益。采用权益法核算的长期股权投资，在处置该项股权投资时，采用与被投资单位直接处置相关资产或负债相同的基础，按相应比例对原计入其他综合收益的部分进行会计处理。

《企业所得税法》及其《实施条例》规定，企业转让投资资产所取得的收入，计入收入总额；投资资产的成本，准予扣除。

国家税务总局《关于贯彻落实企业所得税法若干税收问题的通知》（国税函〔2010〕79号）规定，企业转让股权收入，应于转让协议生效，且完成股权变更手续时，确认收入的实现。国家税务总局《关于企业股权投资损失所得税处理问题的公告》（国家税务总局公告2010年第6号）规定，从2010年1月1日起，企业对外进行权益性（股权）投资所发生的损失，在经确认的损失发生年度，作为企业损失在计算企业应纳税所得额时一次性扣除。

国家税务总局《关于企业所得税若干问题的公告》（国家税务总局公告2011年第34号）规定，投资企业从被投资企业撤回或减少投资，其取得的资产中，相当于初始出资的部分，应确认为投资收回；相当于被投资企业累计未分配利润和累计盈余公积按减少实收资本比例计算的部分，应确认为股息所得；其余部分确认为投资资产转让所得。

税务处理程序如下：

（1）确认投资收回；

（2）确认股息所得；

（3）确认股息转让所得或损失。

【案例7】

甲公司于2014年9月收回对乙公司的长期股权投资，取得价款1180万元。收回该项投资时，“长期股权投资——投资成本”账面余额1000万元（系实际投资成本），“长期股权投资——损益调整”账户借方余额150万元。甲公司持股比例为40%，采用权益法核算；乙公司“盈余公积”和“未分配利润”累计375万元。

（1）甲公司会计处理：

收回长期股权投资时，长期股权投资账面价值：

1000 + 150 = 1150（万元）

长期股权投资处置收益：118 - 1150 = 30（万元）

借：银行存款	11800000
贷：长期股权投资—投资成本	10000000
长期股权投资—损益调整	1500000
投资收益	300000

（2）甲公司纳税调整：

在税务处理上，甲公司取得价款1180万元，其中属于投资成本收回1000万元；按照税法规定确认的股息所得150万元（375×40%），属于免税收入；投资转让所得30万元（1180 - 1000 - 150），应全额计算缴纳企业所得税。

甲公司在企业所得税汇算清缴时，首先，将会计上未确认的股息所得150万元（其实，甲公司已在乙公司实现净利润时确认）调增应纳税所得额，然后，将税收上确认的免税收入150万元，调减应纳税所得额。这样，既反映“会计与税收”的差异调整情况，又反映享受税收优惠情况。

在填列“企业所得税年度纳税申报表”及附表时，按照以下办法填列：

①填列二级附表“投资收益纳税调整明细表”（A105030）“持有收益”栏目：“账载金额”0，“税收金额”150万元，“纳税调整金额”150万元（150 - 0）；然后，填列一级附表“纳税调整项目明细表”（A105000）第4行“投资收益”，调增应纳税所得额150万元。

②填列二级附表“投资收益纳税调整明细表”（A105030）“处置收益”栏目：“会计确认的处置收入”1180万元，“税收计算的处置收入”1030万元（1180 - 150），“处置投资的账面价值”1150万元，“处置投资的计税基础”1000万元，“会计确认的处置所得”30万元（1180 - 1150），“税收计算的处置所得”30万元（1030 - 1000），“纳税调整金额”0万元（30 - 30）。

③填列三级附表“符合条件的居民企业之间的股息、红利等权益性投资收益优惠明细表”（A107011）“撤回或减少投资确认金额”栏目：“从被投资企业撤回或减少投资取得的资产”1180万元，“减少投资比例”40%，“收回初始投资成本”1000万元，“取得资产中超过收回初始投资成本部分”180万元，“撤回或减少投资应享有被投资企业累计未分配利润和累计盈余公积”150万元，“应确认的股息所得”150万元。然后，填列二级附表“免税、减计收入及加计扣除优惠明细表”（A107010）第3行“符合条件的居民企业之间的股息、红利等权益性投资收益”150万元，最终过入主表“企业所得税年度纳税申报表”（A100000），调减应纳税所得额150万元。

3. 为什么会计确认的处置有所得或损失而税收计算的处置无损失呢

由于处置投资成本计税成本与账面价值一般不同，企业处置投资资产所取得的收入会计与税法相同，一般会出现会计确认的处置有所得或损失而税收计算的处置无损失。

【案例 8】

华芳公司于 2012 年 1 月取得信诚公司 30% 的股权，支付价款 6 000 万元。取得投资时被投资单位净资产账面价值为 24 000 万元（假设账面价值与公允价值相同）。请问华芳公司如何进行财税处理？

由于该项长期股权投资的初始投资成本 6000 万元小于取得投资时应享有被投资单位可辨认净资产公允价值份额 7200 万元，差额 1200 万元计入取得投资当期的损益（营业外收入）。所以华芳公司的账务处理为：

借：长期股权投资 —投资成本　　72000000

　　贷：银行存款　　60000000

　　　　营业外收入　　12000000

在税法上仍旧以初始投资成本 6000 万元作为计税基础，因此税法不承认 1200 万元的营业外收入，此时投资方需要通过填写“纳税调整项目明细表”（A105000）的第 5 行“（四）按权益法核算长期股权投资对初始投资成本调整”对税会差异进行纳税调整。

【专家提示】资产的处置损益等于处置收入减去处置成本，根据以上案例，由于长期股权投资初始投资成本的会计上的账面价值为 7200 万元，而税法上的计税基础为 6000 万元，假设处置收入为 6000 万元，则会出现税收计算的处置损益为 0，会计上计算的处置损失为 1200 万元。

三、“投资收益纳税调整明细表”重点栏目表填报说明

表 12－1　投资收益纳税调整明细表（A105030）

行次	项　目	持有收益			处置收益							纳税调整金额
		账载金额	税收金额	纳税调整金额	会计确认的处置收入	税收计算的处置收入	处置投资的账面价值	处置投资的计税基础	会计确认的处置所得或损失	税收计算的处置所得	纳税调整金额	
		1	2	3(2－1)	4	5	6	7	8(4－6)	9(5－7)	10(9－8)	11(3＋10)
1	一、交易性金融资产											
2	二、可供出售金融资产											
3	三、持有至到期投资											
4	四、衍生工具											
5	五、交易性金融负债											
6	六、长期股权投资											
7	七、短期投资											
8	八、长期债券投资											
9	九、其他											
10	合计（1＋2＋3＋4＋5＋6＋7＋8＋9）											

处置投资项目符合企业重组且适用特殊性税务处理规定的，本表不作调整，在“企业重组及递延纳税事项纳税调整明细表”（A105100）进行纳税调整。有关项目填报说明如下：

（1）第1列“账载金额”：填报纳税人持有投资项目，会计核算确认的投资收益。

（2）第2列“税收金额”：填报纳税人持有投资项目，按照税收规定确认的投资收益。

（3）第3列“纳税调整金额”：填报纳税人持有投资项目，会计核算确认投资收益与税收规定投资收益的差异需纳税调整金额，为第2－1列的余额。

（4）第4列“会计确认的处置收入”：填报纳税人收回、转让或清算处置投资项目，会计核算确认的扣除相关税费后的处置收入金额。

（5）第5列“税收计算的处置收入”：填报纳税人收回、转让或清算处置投资项目，按照税收规定计算的扣除相关税费后的处置收入金额。

（6）第6列“处置投资的账面价值”：填报纳税人收回、转让或清算处置的投资项目，会计核算的处置投资的账面价值。

（7）第7列“处置投资的计税基础”：填报纳税人收回、转让或清算处置的投资项目，按税收规定计算的处置投资的计税金额。

（8）第8列“会计确认的处置所得或损失”：填报纳税人收回、转让或清算处置投资项目，会计核算确认的处置所得或损失，为第4－6列的余额，损失以“－”号填列。

（9）第9列“税收计算的处置所得”：填报纳税人收回、转让或清算处置投资项目，按照税收规定计算的处置所得，为第5－7列的余额。

（10）第10列“纳税调整金额”：填报纳税人收回、转让或清算处置投资项目，会计处理与税收规定不一致需纳税调整金额，为第9－8列的余额。

（11）第11列“纳税调整金额”：填报第3＋10列金额。

四、“投资收益纳税调整明细表”的表内、表间关系

1. 表内关系

①第10行＝第1＋2＋3＋4＋5＋6＋7＋8＋9行；

②第3列＝第2－1列；

③第8列＝第4－6列；

④第9列＝第5－7列；

⑤第10列＝第9－8列；

⑥第11列＝第3＋10列。

2. 表间关系

①第10行1＋8列＝表A105000第4行第1列；

②第10行2＋9列＝表A105000第4行第2列；

③若第10行第11列≥0，第10行第11列＝表A105000第4行第3列；若第10行第11列＜0，第10行第11列绝对值＝表A105000第4行第4列。

第 13 章 “专项用途财政性资金纳税调整明细表”的理解与填报

“专项用途财政性资金纳税调整明细表”（A105040）适用于发生符合不征税收入条件的专项用途财政性资金纳税调整项目的纳税人填报。

纳税人应根据税法和相关法规之规定，填报本年专项用途财政性资金会计处理、税收规定，以及纳税调整情况。

纳税人完成“境外所得税收抵免明细表”的填报工作，必须认真学习和领会下列税收文件：

（1）《中华人民共和国企业所得税法》；

（2）《中华人民共和国企业所得税法实施条例》；

（3）财政部 国家税务总局《关于专项用途财政性资金企业所得税处理问题的通知》（财税〔2011〕70 号）。

一、“专项用途财政性资金纳税调整明细表”（A105040）的焦点问题

财政资金是指以国家财政为中心的预算资金、国债资金及其他财政性资金，既包括中央政府和地方政府的财政收支，还包括与国家财政有关系的企业、事业和行政单位的货币收支。《企业会计准则第 16 号——政府补助》规定政府补助是指企业从政府无偿取得货币性资产或非货币性资产，但不包括政府作为企业所有者投入的资本。因此，企业会计准则所规范的“政府补助”，仅限于属于费用补偿性质的财政资金，而不包括属于资本投入性质的财政资金。换言之，财政资金的范围大于政府补助准则规定核算的范围。

1. 取得财政拨款的会计处理与纳税调整

（1）在会计处理上，财政拨款属于政府补助的主要形式之一。政府补助分为与资产相关的政府补助和与收益相关的政府补助。与资产相关的政府补助是指企业取得的、用于构建或以其他方式形成长期资产的政府补助。

政府补助的无偿性决定了其应当最终计入损益而非直接计入所有者权益。其会计处理有两种方法：一是总额法，将政府补助全额确认为收益；二是净额法，将政府补助作为相关成本费用的扣减。

与企业日常活动相关的政府补助，应当按照经济业务实质计入其他收益或冲减相关成本费用。与企业日常活动无关的政府补助，计入营业外收入或冲减相关损失。通常情况下，若政府补助补偿成本费用是营业利润之中的项目，或该补助与日常销售行为密切相关，如增值税即征即退等，则认为该政府补助与日常活动相关。

（2）在税务处理上，《中华人民共和国企业所得税法》第七条规定，收入总额中的下列收入为不征税收入：（一）财政拨款；（二）依法收取并纳入财政管理的行政事业性收费、政府性基金；（三）国务院规定的其他不征税收入。

《中华人民共和国企业所得税法实施条例》第二十六条规定，企业所得税法第七条第（一）项所称财政拨款，是指各级政府对纳入预算管理的事业单位、社会团体等组织拨付的财政资金，但国务院和国务院财政、税务主管部门另有规定的除外。

财政部、国家税务总局《关于专项用途财政性资金企业所得税处理问题的通知》（财税〔2011〕70 号）文件，就企业取得的专项用途财政性资金企业所得税处理问题通知如下：企业从县级以上各级人民政府财政部门及其他部门取得的应计入收入总额的财政性资金，凡同时符合以下条件的，可以作为不征税收入，在计算应纳税所得额时从收入总额中减除：（一）企业能够提供规定资金专项用途的资金拨付文件；（二）财政部门或其他拨付资金的政府部门对该资金有专门的资金管理办法或具体管理要求；（三）企业对该资金以及以该资金发生的支出单独进行核算。根据实施条例第二十八条的规定，上述不征税收入用于支出所形成的费用，不得在计算应纳税所得额时扣除；用于支出所形成的资产，其计算的折旧、摊销不得在计算应纳税所得额时扣除。企业将符合本

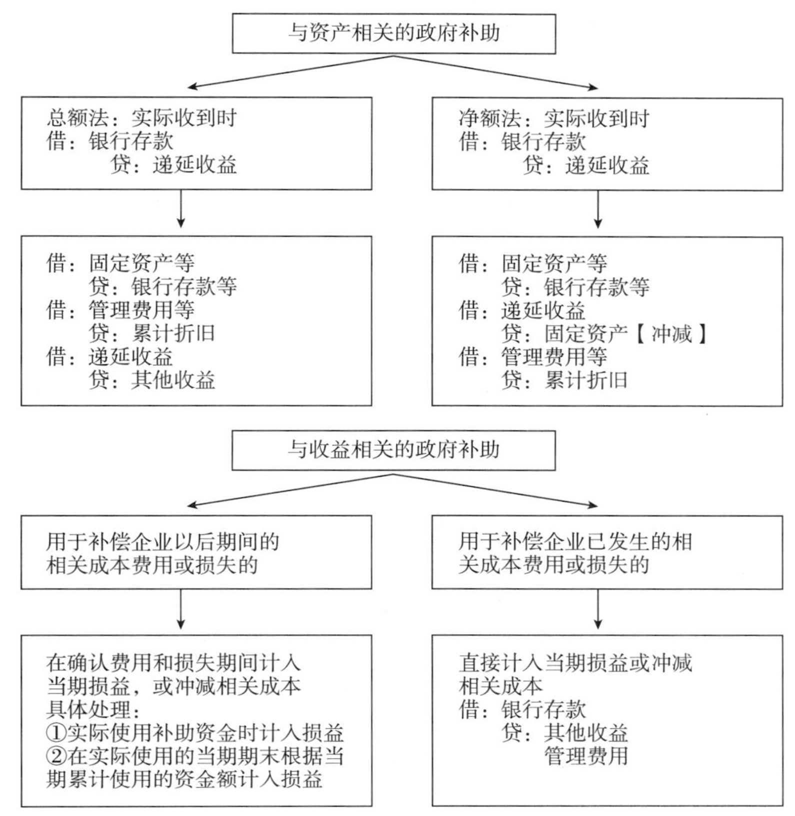

通知第一条规定条件的财政性资金作不征税收入处理后，在5年（60个月）内未发生支出且未缴回财政部门或其他拨付资金的政府部门的部分，应计入取得该资金第六年的应税收入总额；计入应税收入总额的财政性资金发生的支出，允许在计算应纳税所得额时扣除。

企业在汇算清缴时，应根据税法“企业每一纳税年度的收入总额，减除不征税收入、免税收入、各项扣除以及允许弥补的以前年度亏损后的余额，为应纳税所得额”的规定，将计入其他收益、营业外收入、递延收益或冲减的资产成本和费用中属于税收规定财政拨款予以减除处理。

【专家提示】

根据《企业会计准则第18号——所得税费用》的规定，财政补助只有属于应税收入时，才需考虑递延所得税所得税费用的影响，其余情况会计处理均不考虑所得税费用的影响。不征税财政拨款在会计上在某一个或某几个期间全额确认为收益，而在税法上将其列为不征税收入，造成会计利润和应税所得之间的永久性差异。永久性差异不存在跨期分摊问题，在收到财政拨款年度需作一次性调整：如果不征税财政拨款在会计上也作了不征税收入处理，则填至A105040“专项用途财政性资金纳税调整明细表”第3列的相应年度，表示不影响税收金额。如果会计上计入了当年损益，则需填至该表第4列。第4列的第7行就将作为纳税调减额转至A1050000“纳税调整项目明细表”的第9行第4列。不征税收入超过5年未使用完或者无法退回，按相关文件规定需计入第6年的应税收入，则需填至A105040“专项用途财政性资金纳税调整明细表 ”表第14列，本列第7行将形成A1050000“纳税调整项目明细表”的第9行、第3列的调增金额。

2. 与资产相关的专项用途的财政资金会计处理与纳税申报

财政资金的会计处理包含两个阶段的确认，一是收到财政资金时作为递延收益的确认，二是在资金使用过程中作为收支在利润表的确认。

【案例1】

2013年公司向政府申请财政资金资金600000元以购买1台专用仪器，550000元用于购买仪器，50000元用于支付专门的测试费。经过规定的流程，政府于2014年1月1日拨付资金到账。

（1）会计处理。

借：银行存款　　600000

　　贷：递延收益　　600000

企业在收到上述财政资金后，于2014年1月购买了550000元（不含税价）专用设备，假设当月开始计提折旧，折旧期限5年，不留残值。并于2014年度支付了20000元的测试费用。则2014年度的分录如下：

借：固定资产　　550000

　　应交税费——应交增值税（进项税额）　　93500

　　贷：银行存款　　643500

借：管理费用-折旧　　110000

　　贷：累计折旧　　110000

借：递延收益　　120000

　　贷：其他收益　　120000

借：管理费用-测试费　　20000

　　贷：银行存款　　20000

借：递延收益　　20000

　　贷：其他收益　　20000

总结上述分录，2014年度600000元的财政资金实际支出570，000.00元，其中资本化支出550000元，费用化支出20000元，结余30000元。会计上计入当年收入的金额为140000元，费用化支出金额为20000元（注：此处不包含折旧费用110000元）。

（2）税务处理。

①专项用途财政性资金和非专项用途财政性资金的区分。专项用途财政性资金和非专项用途财政性资金在会计处理上是一致的，适用上述的会计准则，但在税务处理上完全不同，适用的纳税申报表格也不一样，因此首先要区分是专项用途还是非专项用途，标准就是财政部、国家税务总局《关于专项用途财政性资金企业所得税处理问题的通知》（财税〔2011〕70号）文件。

若作为不征税收入，在计算应纳税所得额时从收入总额中减除，上述不征税收入用于支出所形成的费用，不得在计算应纳税所得额时扣除，用于支出所形成的资产，其计算的折旧、摊销不得在计算应纳税所得额时扣除。上述不征税收入在5年（60个月）内未发生支出且未缴回财政部门或其他拨付资金的政府部门的部分，应计入取得该资金第六年的应税收入总额；计入应税收入总额的财政性资金发生的支出，允许在计算应纳税所得额时扣除。

②专项用途财政性资金的年度申报。前述例，假设该项资金符合专项用途的定义。在企业所得税年度申报表中，则需要在A105040“专项用途财政性资金纳税调整明细表”进行申报，由于还有

资本化的专项支出所形成的折旧，因此还需要填写 A105080“资产折旧、摊销情况及纳税调整明细表”。具体如下：

“专项用途财政性资金纳税调整明细表”（A105040）中，本年为2014 年度，则第6 行第2 列填写 600000 元，第 6 行第 3 列也是 600000 元，第 6 行第 4 列填写 140000 元，第 6 行第 10 列填写 570000 元，第 6 行第 11 列填写 20000 元，第 7 行的合计数为自动加总。本例中，第 7 行第 4 列为 140000 元，第 7 行第 11 列为 20000 元，这两个数字会自动转入“纳税调整项目明细表”（A105000）第 9 行第 4 列和第 25 行第 3 列，分别作纳税调减和纳税调增。

资本化的专项支出所形成的折旧费用 110000 元，也需要做纳税调整，应填写“资产折旧、摊销情况及纳税调整明细表”（A105080）作纳税调增。

表 13－1 专项用途财政性资金纳税调整明细表（A105040） 单位：万元

行次	项 目	取得年度	财政性资金	其中：符合不征税收入条件的财政性资金		本年支出情况		本年结余情况		
				金额	其中：计入本年损益的金额	支出金额	其中：费用化支出金额	结余金额	其中：上缴财政金额	应计入本年应税收入金额
		1	2	3	4	10	11	12	13	14
6	本年	2014	60	60	14	57	2	3		
7	合计（1＋2＋…＋6）	*								

注：为方便，此表空白处行列有删减。

表 13－2 资产折旧、摊销及纳税调整明细表（A105080） 单位：万元

行次	项 目	账载金额			税收金额					纳税调整金额
		资产原值	本年折旧、摊销额	累计折旧、摊销额	资产计税基础	税收折旧额	享受加速折旧政策的资产按税收一般规定计算的折旧、摊销额	加速折旧统计额	累计折旧、摊销额	
		1	2	3	4	5	6	7＝5－6	8	9(2－5)
1	一、固定资产（2＋3＋4＋5＋6＋7）						*	*		
4	（三）与生产经营活动有关的器具、工具、家具等	55	11	11	0	0	*	*	0	11

注：资产计税基础是指企业收回资产账面价值过程中，计算应纳税所得额时按照税法规定可以自应税经济利益中抵扣的金额，即某项资产在未来期间计税时可以税前扣除的金额。资产计税基础用公式表示如下：资产计税基础＝未来可税前扣除的金额。不征税收入形成的资产计税基础应为 0 万元。

表 13－3 纳税调整项目明细表（A105000） 单位：万元

行次	项 目	账载金额	税收金额	调增金额	调减金额
		1	2	3	4
1	一、收入类调整项目（2＋3＋…8＋10＋11）	*	*		
8	（七）不征税收入	*	*		14
9	其中：专项用途财政性资金（填写 A105040）	*	*		14
12	二、扣除类调整项目（13＋14＋…24＋26＋27＋28＋29＋30）	*	*	2	
24	（十二）不征税收入用于支出所形成的费用	*	*	2	*
25	其中：专项用途财政性资金用于支出所形成的费用（填写 A105040）	*	*	2	*

续表

行次	项　目	账载金额	税收金额	调增金额	调减金额
		1	2	3	4
31	三、资产类调整项目（32+33+34+35）	*	*	11	
32	（一）资产折旧、摊销（填写A105080）	11	0	11	

③非专项用途财政性资金的年度申报。前述例，假设该项资金不符合专项用途的定义，则会计上不作收入，作递延收益处理，而税务上作征税收入处理。在企业所得税年度申报表中，则需要在“未按权责发生制确认收入纳税调整明细表”（A105020）进行申报。

【专家提示】

对于符合不征税收入条件的专项用途财政性资金，因为其特殊性，国家税务总局单独设计了表“A105040 专项用途财政性资金纳税调整明细表”，用于计算其各年支出和结余情况。且这张表的第7行第4列、第11列、第14列，与表“A105000 纳税调整明细表”具有勾稽关系。

【填报技巧】

第一种情况，假设政府补助被界定为征税收入，应于取得当年计税，即坚持收付实现制，形成税会暂时性差异，这一差异应填报在表“A105020 未按权责发生制确认收入纳税调整明细表”。

第二种情况，假设政府补助被界定为不征税收入，则需要在A105040“专项用途财政性资金纳税调整明细表”进行申报，由于还有资本化的专项支出所形成的折旧，因此还需要填写A105080“资产折旧、摊销情况及纳税调整明细表”。而会计处理最终一定记入其他收益等科目，二者形成永久性差异，这一差异应填在表“A105000 纳税调整项目明细表”第8行、第9行。

3. 专项用途财政性资金应关注的几个问题

①正确区分不征税收入和免税收入。在这里需要明确不征税收入和免税收入的两个概念，不征税收入是指从性质和根源上不属于企业营利性活动带来的经济利益、不负有纳税义务并不作为应纳税所得额组成部分的收入。免税收入是指属于企业的应税所得额按照税法规定免予征收企业所得税的收入。区别在于不征税收入是法律上规定不予征收的项目；免税收入是纳税人应该交税，但给予免税，实质是国家对纳税人的税收饶让。任何收入不作为应税收入或不申报纳税都需要有明确的法律依据，只要法律没有明确规定不征税或免税的，都应作为应税收入计征企业所得税。此外，《中华人民共和国企业所得税法实施条例》对财政拨款做出了详细的界定，其规定了财政拨款是指各级人民政府纳入财政预算管理的事业单位、社会团体的等组织的所支付的财政资金，但是将国务院以及国务院相关部门的财政和税务主管部门另有规定的除外。由此对不征税收入的财政拨款范围进行了限制，一方面财政拨款必须是各级人民政府支付的财政资金，另一方面不征税收入的对象必须是纳入预算管理的事业单位和社会团体等组织。如果不能同时符合这两个条件，就不在不征税收入的范围之内，但是国务院和国务院财政机构以及税收部门的另有规定除外。这种限制就将财政拨款和政府补助进行有效的区别，只有符合上述两个条件的财政拨款才属于不征税收入的范围。

在计算企业所得税时，企业取得的不征税收入应该从收入中扣减，但是用不征税收入支出所形成的成本费用或形成的资产，其进行折旧、摊销的，也不得在计算应纳税所得额时扣除。而企业取得的免税收入，不征收企业所得税，而且为取得免税收入而发生的成本、费用以及将免税收入用于支出形成的费用或购置资产进行的折旧、摊销，允许在企业所得税前扣除。因此，企业取得的一笔收入究竟是作为不征税收入处理，还是作为免税收入处理，存在一定的差异，企业应该进行准确的判断。

②注重不征税收入的管理工作。首先，企业应取得相关的资金取得文件和资金拨付证明材料，为企业作为不征税收入的财税处理做好准备。其次，资金使用应严格按照政府部门规定的用途进行，在国家的相关税务政策中都有不征税收入资金用途的规定，拨付资金的地方政府也对资金的具体使用制定有专门的管理办法，企业应严格遵守。

③应进行正确的会计核算。由于不征税收入的财税处理存在差异，财税规定不一致，所以，一定要进行正确的会计核算。企业在进行会计核算时，对于符合不征税收入条件的财政性资金及其发生的相关支出，应该设置专门的会计科目进行核算，与征税收入和能在税前扣除的成本费用进行区分，便于国家对企业不征税收入的取得情况、支出情况等进行监督检查。

二、“专项用途财政性资金纳税调整明细表”（A105040）结构特点是什么

1. 专项用途财政性资金的费用化支出与计入本年损益结构关系

结合企业取得的专项用途财政性资金的会计处理，其基本要点分析归纳如下：

第一，与资产相关的专项用途财政性资金，例如企业取得的用于购置设备的专项用途财政性资金，不应直接确认为当期损益，应确认为递延收益，自相关资产达到预定可使用状态时起，在该资产使用寿命内平均分配，分次计入以后各期的损益（其他收益科目），对应“专项用途财政性资金纳税调整明细表”（A105040）上的“计入本年损益的金额”。相关资产在使用寿命结束前被出售、转让、报废或发生毁损的，应将尚未分配的递延收益余额一次性转入资产处置当期的损益。

第二，与收益相关的专项用途财政性资金，应区分以下情形分别进行会计处理：专项用途财政性资金用于补偿企业以后期间的相关费用或损失的，确认为递延收益，并在确认相关费用的期间，计入当期损益（其他收益科目）；专项用途财政性资金用于补偿企业已发生的相关费用或损失的，直接计入当期损益（其他收益科目）。这部分费用对应“专项用途财政性资金纳税调整明细表”（A105040）上的“费用化支出金额”。

【案例2】

2014年1月1日，甲公司收到当地市政府补助120万元，用于科学研究，期限为2014年1月1日～2016年12月31日。这3年每年与研究相关的支出为40万元。

甲公司作如下账务处理（单位：万元）：

2014年1月1日：

借：银行存款　　120

　　贷：递延收益　　120

发生费用支出时：

借：管理费用（费用类支出）　　40

　　贷：银行存款　　40

2014—2016年每年年末：

借：递延收益　　40

　　贷：其他收益　　40

假设该补助满足不征税条件。2014—2016 年每年汇算清缴时对确认的营业外收入 40 万元进行纳税调减处理，相对应的费用支出 40 万元进行纳税调增处理。

与政府补助业务相关的企业所得税年度纳税申报表填列情况如下：

2014 年度：

确认的 40 万元其他收益直接填列在 A101010“一般企业收入明细表”中第 20 行“（四）政府补助利得”中。

纳税调整情况：首先填列 A105040“专项用途财政性资金纳税调整明细表”，第 6 行次“本年”项目对应的第 1 列次“取得年度”中填列 2014 年度，第 2 列次“财政性资金”中填列 120 万元，“其中：符合不征税收入条件的财政性资金”下第 3 列次“金额”中填列 120 万元、第 4 列次“其中：计入本年损益的金额”中填列 40 万元，“本年支出情况”下第 10 列次“支出金额”中填列 40 万元、第 11 列次“其中：费用化支出金额”中填列 40 万元，“本年结余情况”下第 12 列次“结余金额”中填列 80 万元。

再填列 A105000“纳税调整项目明细表”，第 9 行次“其中：专项用途财政性资金（填写 A105040）”对应的第 4 列次“调减金额”中填列 40 万元，第 25 行次“其中：专项用途财政性资金用于支出所形成的费用（填写 A105040）”对应的第 3 列次“调增金额”中填列 40 万元。

2015 年度：

A101010“一般企业收入明细表”的填列方法同 2014 年。

纳税调整情况：A105040“专项用途财政性资金纳税调整明细表”中，第 5 行次“前一年度”项目对应的第 1 列次“取得年度”中填列 2014 年度，第 2 列次“财政性资金”中填列 120 万元，“其中：符合不征税收入条件的财政性资金”下第 3 列次“金额”中填列 120 万元、第 4 列次“其中：计入本年损益的金额”填列 40 万元，“以前年度支出情况”下第 9 列次“前一年度”中填列 40 万元，“本年支出情况”下第 10 列次“支出金额”中填列 40 万元、第 11 列次“其中：费用化支出金额”中填列 40 万元，“本年结余情况”下第 12 列次“结余金额”中填列 40 万元。

A105000“纳税调整项目明细表”的填列方法同 2014 年。

2016 年度：

A101010“一般企业收入明细表”的填列方法同 2014 年。

纳税调整情况：A105040“专项用途财政性资金纳税调整明细表”中，第 4 行次“前二年度”项目对应的第 1 列次“取得年度”中填列 2014 年度，第 2 列次“财政性资金”中填列 120 万元，“其中：符合不征税收入条件的财政性资金”下第 3 列次“金额”中填列 120 万元、第 4 列次“其中：计入本年损益的金额”中填列 40 万元，“以前年度支出情况”下第 8 列次“前二年度”中填列 40 万元、第 9 列次“前一年度”中填列 40 万元，“本年支出情况”下第 10 列次“支出金额”中填列 40 万元、第 11 列次“其中：费用化支出金额”中填列 40 万元，“本年结余情况”下第 12 列次“结余金额”中填列 0 万元。

A105000“纳税调整项目明细表”的填列方法同 2014 年。

【专家提示】

会计上属于与收益相关的政府补助，无论是一次性还是分年度计入“其他收益”科目，确认收入的当年应调减应纳税所得额，如果有相对应的费用，还需调增应纳税所得额。“计入本年损益的金额”便等于分年度计入“其他收益”科目的发生额。“费用化支出金额”便等于每年度实际发生的损益类科目，例如管理费用等费用类支出科目。

2. 专项用途财政性资金征税与不征税收入的条件

①《企业所得税法实施条例》的界定。《企业所得税法实施条例》第二十六条企业所得税法第七条第（一）项所称财政拨款，是指各级政府对纳入预算管理的事业单位、社会团体等组织拨付的财政资金，但国务院和国务院财政、税务主管部门另有规定的除外。

企业所得税法第七条第（二）项所称行政事业性收费，是指企业根据法律法规等有关规定，依照国务院规定程序批准，在实施社会公共管理，以及在向公民、法人或者其他组织提供特定公共服务过程中，向特定对象收取并纳入财政管理的费用。

企业所得税法第七条第（二）项所称政府性基金，是指企业根据法律、行政法规等有关规定，代政府收取的具有专项用途的财政资金。

企业所得税法第七条第（三）项所称国务院规定的其他不征税收入，是指企业取得的，经国务院批准的国务院财政、税务主管部门规定专项用途的财政性资金。

企业所得税法第七条规定：“收入总额中的下列收入为不征税收入：（一）财政拨款；（二）依法收取并纳入财政管理的行政事业性收费、政府性基金；（三）国务院规定的其他不征税收入。”企业所得税法的这一条规定，虽然从原则上规定了不征税收入的范围，但是对于其中的一些具体范围，比如到底什么是财政拨款？什么是行政事业性收费？什么是政府性基金？“其他不征税收入”到底又包括哪些？并没有明确界定，这就是本条规定需要进一步明确的问题。

“不征税收入”是我国企业所得税法中新创设的一个概念，是指从企业所得税原理上讲应永久不列入征税范围的收入范畴。这一概念可与国际税法中的“所得不予计列项目”相对应。美国税法中的所得不予计列项目都是法定优惠概念的结果。按照这一概念，只有国会才可以提供税收减免。国会规定的任何税收减免必须被严格地应用和解释。在应用所得不予计列项目这一规定时，这意味着一个所得项目在不予计列之前，必须能在税法中找到专门的规定。所得不予计列项目通常是用来避免双重征税或用来鼓励纳税人进行税法鼓励的交易。美国《国内收入法典》中规定的所得不予计列项目主要包括：州和地方公债的利息（103 节）、来自负债豁免的所得（108 节）、某些军方成员的战争赔款（112 节）、州、市等政府的所得（115 节）、对公司资本的投入（118 节）、某些军事收益（134 节）、政府公用事业部门提供的节约能源津贴（136 节）。

我国税法规定不征税收入，其主要目的是对非经营活动或非营利活动带来的经济利益流入从应税总收入中排除。目前，我国组织形式多样，除企业外，有的以半政府机构（比如事业单位）的形式存在，有的以公益慈善组织形式存在，还有其他复杂的社会团体和民办非企业单位等等。这些机构严格讲是不以营利活动为目的的，其收入的形式主要靠财政拨款以及为承担行政性职能所收取的行政事业性收费等等，对这类组织取得的非营利性收入征税没有实际意义。税法中规定的“不征税收入”概念，不属于税收优惠的范畴，这些收入不属于营利性活动带来的经济利益，是专门从事特定目的的收入，这些收入从企业所得税原理上讲应永久不列为征税范围的收入范畴。这与美国税法中的“所得不予计列项目”有所区别，后者属于法定税收优惠的范畴。

本条的规定，主要明确了以下几个涉及不征税收入的具体范围的概念：

第一，财政拨款。需要具备的条件：一是主体为各级政府，即负有公共管理职责的各级国家行政机关；二是拨款对象为纳入预算管理的事业单位、社会团体等组织，关键在于“纳入预算管理”；三是拨款为财政资金，被列入预算支出的。同时，考虑到财政拨款界定标准的复杂性，本条专门明确，授权国务院和国务院财政、税务主管部门可以对一些特殊情形另作规定。

企业实际收到的财政补贴和税收返还等，按照现行会计准则的规定，属于政府补助的范畴，被排除在税法所谓的“财政拨款”之外，会计核算中计入企业的“营业外收入”科目，除企业取得的出口退税（增值税进项）外，一般作为应税收入征收企业所得税。这主要有以下考虑：一是企业从政府取得的补贴收入符合收入总额的立法精神。企业取得的财政补贴形式多种多样，既有减免的流转税，也有给予企业从事特定事项的财政补贴。无论企业取得何种形式的财政补贴，都导致企业净资产增加和经济利益流入，符合收入总额的立法精神。二是为了规范财政补贴收入和加强减免税的管理。从 1994 年分税制财政体制改革实行后，中央集中管理税权，各地不得自行或擅自减免税。地方政府为促进地区经济发展，不得不采取各种财政补贴等变相“减免税”形式给予企业优惠，进行招商引资，造成财政补贴收入的不规范，破坏了全国统一的公平税负的环境，也是对中央税权的严重侵蚀。为此，对企业从政府取得的财政补贴收入征税，有利于加强对财政补贴收入和减免税的规范管理。三是出于尽量减少税法与财务会计制度差异的考虑，也没有必要在这一问题上保持二者之间的差异，这有利于降低纳税遵从成本和税收管理成本。

第二，行政事业性收费。本条的规定是根据 2002 年国务院发布的《违反行政事业性收费和罚没收入收支两条线管理规定行政处分暂行规定》而作的界定。该暂行规定明确，行政事业性收费是指下列属于财政性资金的收入：（一）依据法律、行政法规、国务院有关规定、国务院财政部门与计划部门共同发布的规章或者规定以及省、自治区、直辖市的地方性法规、政府规章或者规定和省、自治区、直辖市人民政府财政部门与计划（物价）部门共同发布的规定所收取的各项收费；（二）法律、行政法规和国务院规定的以及国务院财政部门按照国家有关规定批准的政府性基金、附加。此外，事业单位因提供服务收取的经营服务性收费不属于行政事业性收费。

按照本条的规定，行政事业性收费主要具备这样几个条件：（一）根据法律法规等有关规定，并依照国务院规定程序批准，这就保证了行政事业性收费在实体上和程序上有据可依。（二）以实施社会公共管理为目的，并在向公民、法人或者其他组织提供特定公共服务过程中收取的，这表明行政事业性收费是为社会提供公共服务的企业，为补偿其公共服务的成本费用而收取的。（三）向特定对象收取，即收取对象只限于直接从该公共服务中受益的特定群体，而不是像税收一样对广大纳税人普遍进行征收。（四）纳入财政管理，即执行收支两条线管理，收费上缴国库，不得坐收坐支。

第三，政府性基金。按照本条规定，政府性基金主要应当具备这样几个条件：（一）有法律、行政法规等有关规定作为依据；（二）企业代政府收取的；（三）具有专项用途，政府性基金通常是国家为对某一领域进行支持而征收的一笔资金，因此必须专款专用，不得挪用他途；（四）性质为财政资金，即上缴国库，纳入预算管理。政府性基金和行政事业性收费都属于非税收入，所不同的是行政事业性收费是企业提供公共服务的补偿，属于先支出后收入；而政府性基金则是企业为用于某项事业而收取的，属于先收入后支出。

规定行政事业性收费和政府性基金为不征税收入，主要基于以下考虑：一是行政事业性收费和政府性基金的组织或机构一般是承担行政性职能或从事公共事务的，不以营利为目的，一般不作为应税收入的主体；二是行政事业性收费和政府性基金一般通过财政的"收支两条线"管理，封闭运行，对其征税没有实际意义。

第四，国务院规定的其他不征税收入。本条明确，其他不征税收入是指企业取得的，由国务院财政、税务主管部门报国务院批准的有专门用途的财政性资金。即需要具备两方面的条件：一是在设定主体上，应当经国务院批准，由国务院财政、税务主管部门规定，实践中通常是由国务院财政、税务主管部门制定，报国务院批准后执行；二是属于具有专项用途的财政性资金。设置"其他不征税收入"这一兜底条款，主要是为了适应社会发展的需要，承担公共管理职能的非营利性组织可能会取得一些新的不征税收入。

②财政性资金作为不征税收入的具体规定。《财政部、国家税务总局关于专项用途财政性资金企业所得税处理问题的通知》（财税〔2011〕70）规定：

一、企业从县级以上各级人民政府财政部门及其他部门取得的应计入收入总额的财政性资金，凡同时符合以下条件的，可以作为不征税收入，在计算应纳税所得额时从收入总额中减除：

（一）企业能够提供规定资金专项用途的资金拨付文件；

（二）财政部门或其他拨付资金的政府部门对该资金有专门的资金管理办法或具体管理要求；

（三）企业对该资金以及以该资金发生的支出单独进行核算。

二、根据实施条例第二十八条的规定，上述不征税收入用于支出所形成的费用，不得在计算应纳税所得额时扣除；用于支出所形成的资产，其计算的折旧、摊销不得在计算应纳税所得额时扣除。

三、企业将符合本通知第一条规定条件的财政性资金作不征税收入处理后，在5年（60个月）内未发生支出且未缴回财政部门或其他拨付资金的政府部门的部分，应计入取得该资金第六年的应税收入总额；计入应税收入总额的财政性资金发生的支出，允许在计算应纳税所得额时扣除。

3. 专项拨款划入的资产的所得税处理

根据《国家税务总局关于企业所得税应纳税所得额若干问题的公告》（国家税务总局公告2014年第29号）规定，企业接收政府划入资产的企业所得税处理如下："（一）企业接收政府投资资产的企业所得税处理。县级以上人民政府及其有关部门将国有资产作为股权投资划入企业，属于政策性划转（投资）行为，按现行企业所得税规定，不属于收入范畴，因此，企业应将其作为国家资本金（资本公积）进行企业所得税处理。另外，由于该项资产价值通常由政府在划转时直接确定，因此，该项资产的计税基础可以按其实际接收价值确定。

（二）企业接收政府指定用途资产的企业所得税处理。县级以上人民政府及其有关部门将国有资产无偿划入企业，凡划出单位或业务监管部门指定了专门用途，且企业已按《财政部国家税务总局关于专项用途财政性资金企业所得税处理问题的通知》（财税〔2011〕70号）规定进行了管理，就具备了财政性资金性质，因此，根据《企业所得税法》第七条规定，可以作为不征税收入进行税务处理。其中，无偿划入资产属于非货币性资产的，应按该项资产实际接收价值确定不征税收入。

（三）企业接收政府无偿划入资产的企业所得税处理。企业无偿接受县级以上人民政府及其有关部门无偿划入资产，属于上述（一）、（二）项情形以外的（税法另有规定除外），企业应按政府确定的该项资产的实际接收价值，并入当期应税收入，计算缴纳企业所得税。如果政府没有确定接收价值的，应按资产的公允价值确定应税收入。上述处理的政策依据是：现行企业所得税法将企业收入总额分为免税收入、不征税收入和应税收入三类，显然，该项收入如果不属于免税收入或不征税收入，就应当属于应税收入。”

另外，根据《国家税务总局关于企业研究开发费用税前加计扣除政策有关问题的公告》（国家税务总局公告2015年第97号）关于财政性资金的处理，企业取得作为不征税收入处理的财政性资金用于研发活动所形成的费用或无形资产，不得计算加计扣除或摊销。

4. 纳税申报不征税收入的要件

根据《企业所得税年度纳税申报准备业务规则（试行）》第十六条规定，不征税收入包括：财政拨款、行政事业性收费、政府性基金和其他，复核和填报时重点关注：

①不征税收入是否符合税法规定的条件；

②专项用途财政性资金五年内的使用情况，并对满五年内未使用资金应进行调整；

③不征税收入用于支出形成的资产，在资产类调整项目中进行调整。

三、“专项用途财政性资金纳税调整明细表”（A105040）重点栏目表填报说明

表13－4　专项用途财政性资金纳税调整明细表（A105040）

行次	项　目	取得年度	财政性资金	其中：符合不征税收入条件的财政性资金		以前年度支出情况					本年支出情况		本年结余情况		
				金额	其中：计入本年损益的金额	前五年度	前四年度	前三年度	前二年度	前一年度	支出金额	其中：费用化支出金额	结余金额	其中：上缴财政金额	应计入本年应税收入金额
		1	2	3	4	5	6	7	8	9	10	11	12	13	14
1	前五年度														
2	前四年度					*									
3	前三年度					*	*								
4	前二年度					*	*	*							
5	前一年度					*	*	*	*						
6	本　　年					*	*	*	*	*					
7	合计（1＋2＋…＋6）	*				*	*	*	*	*					

本表对不征税收入用于费用化的支出进行调整，资本化支出通过“资产折旧、摊销及纳税调整明细表”（A105080）进行纳税调整。有关事项说明如下：

（1）第 1 列“取得年度”：填报取得专项用途财政性资金的公历年度。第 5 行至第 1 行依次从 6 行往前倒推，第 6 行为申报年度。

（2）第 2 列“财政性资金”：填报纳税人相应年度实际取得的财政性资金金额。

（3）第 3 列“其中：符合不征税收入条件的财政性资金”：填报纳税人相应年度实际取得的符合不征税收入条件且已作不征税收入处理的财政性资金金额。

（4）第 4 列“其中：计入本年损益的金额”：填报第 3 列“其中：符合不征税收入条件的财政性资金”中，会计处理时计入本年（申报年度）损益的金额。本列第 7 行金额为“纳税调整项目明细表”（A105000）第 9 行“其中：专项用途财政性资金”的第 4 列“调减金额”。

（5）第 5 列至第 9 列“以前年度支出情况”：填报纳税人作为不征税收入处理的符合条件的财政性资金，在申报年度的以前的 5 个纳税年度发生的支出金额。前一年度，填报本年的上一纳税年度，以此类推。

（6）第 10 列“支出金额”：填报纳税人历年作为不征税收入处理的符合条件的财政性资金，在本年（申报年度）用于支出的金额。

（7）第 11 列“其中：费用化支出金额”：填报纳税人历年作为不征税收入处理的符合条件的财政性资金，在本年（申报年度）用于支出计入本年损益的费用金额，本列第 7 行金额为“纳税调整项目明细表”（A105000）第 25 行“其中：专项用途财政性资金用于支出所形成的费用”的第 3 列“调增金额”。

（8）第 12 列“结余金额”：填报纳税人历年作为不征税收入处理的符合条件的财政性资金，减除历年累计支出（包括费用化支出和资本化支出）后尚未使用的不征税收入余额。

（9）第 13 列“其中：上缴财政金额”：填报第 12 列“结余金额”中向财政部门或其他拨付资金的政府部门缴回的金额。

（10）第 14 列“应计入本年应税收入金额”：填报企业以前年度取得财政性资金且已作为不征税收入处理后，在 5 年（60 个月）内未发生支出且未缴回财政部门或其他拨付资金的政府部门，应计入本年应税收入的金额。本列第 7 行金额为“纳税调整项目明细表”（A105000）第 9 行“其中：专项用途财政性资金”的第 3 列“调增金额”。

四、“专项用途财政性资金纳税调整明细表”（A105040）的表内、表间关系

1. 表内关系

①第 1 行第 12 列 = 第 1 行第 3 − 5 − 6 − 7 − 8 − 9 − 10 列；

②第 2 行第 12 列 = 第 2 行第 3 − 6 − 7 − 8 − 9 − 10 列；

③第 3 行第 12 列 = 第 3 行第 3 − 7 − 8 − 9 − 10 列；

④第 4 行第 12 列 = 第 4 行第 3 − 8 − 9 − 10 列；

⑤第 5 行第 12 列 = 第 5 行第 3 − 9 − 10 列；

⑥第 6 行第 12 列 = 第 6 行第 3 − 10 列；

⑦第 7 行 = 第 1 + 2 + 3 + 4 + 5 + 6 行。

2. 表间关系

①第 7 行第 4 列 = 表 A105000 第 9 行第 4 列;

②第 7 行第 11 列 = 表 A105000 第 25 行第 3 列;

③第 7 行第 14 列 = 表 A105000 第 9 行第 3 列。

第 14 章 “职工薪酬支出及纳税调整明细表”的理解与填报

“职工薪酬支出及纳税调整明细表”（A105050）适用于纳税人只要发生相关支出，不论是否纳税调整，均需填报。

纳税人应根据税法和相关法规之规定，以及国家统一企业会计制度，填报纳税人职工薪酬会计处理、税收规定，以及纳税调整情况。

纳税人完成“职工薪酬支出及纳税调整明细表”的填报工作，必须认真学习和领会下列税收文件：

（1）《中华人民共和国企业所得税法》；

（2）《中华人民共和国企业所得税法实施条例》；

（3）国家税务总局《关于企业工资薪金及职工福利费扣除问题的通知》（国税函〔2009〕3号）；

（4）财政部、国家税务总局《关于扶持动漫产业发展有关税收政策问题的通知》（财税〔2009〕65 号）；

（5）财政部、国家税务总局《关于进一步鼓励软件产业和集成电路产业发展企业所得税政策的通知》（财税〔2012〕27 号）；

（6）国家税务总局《关于我国居民企业实行股权激励计划有关企业所得税处理问题的公告》（2012 年第 18 号）；

（7）财政部、国家税务总局、商务部、科技部国家发展改革委《关于完善技术先进型服务企业有关企业所得税政策问题的通知》（财税〔2014〕59 号）；

（8）国家税务总局《关于企业工资薪金和职工福利费等支出税前扣除问题的公告》（2015 年第 34 号）；

（9）财政部、国家税务总局《关于高新技术企业职工教育经费税前扣除政策的通知》（财税〔2015〕63 号）。

一、“职工薪酬支出及纳税调整明细表”的焦点问题

1. 什么是税收口径下合理的工资薪酬支出

《企业所得税法实施条例》第三十四条规定：“企业发生的合理的工资薪金支出，准予扣除。前款所称工资薪金，是指企业每一纳税年度支付给在本企业任职或者受雇的员工的所有现金形式或者非现金形式的劳动报酬，包括基本工资、奖金、津贴、补贴、年终加薪、加班工资，以及与员工任职或者受雇有关的其他支出。”

为进一步规范企业工资薪金及职工福利费扣除问题，国家税务总局《关于企业工资薪金及职工福利费扣除问题的通知》（国税函〔2009〕3 号）第一条明确有规定：“《实施条例》第三十四条所称的‘合理工资薪金’，是指企业按照股东大会、董事会、薪酬委员会或相关管理机构制订的工资薪金制度规定实际发放给员工的工资薪金。税务机关在对工资薪金进行合理性确认时，可按以下原则掌握：

①企业制订了较为规范的员工工资薪金制度；

②企业所制订的工资薪金制度符合行业及地区水平；

③企业在一定时期所发放的工资薪金是相对固定的，工资薪金的调整是有序进行的；

④企业对实际发放的工资薪金，已依法履行了代扣代缴个人所得税义务；

⑤有关工资薪金的安排，不以减少或逃避税款为目的。”

由此可见，符合上述规定的即为合理的工资薪金。

2. 税收口径下的工资薪金总额

国税函〔2009〕3 号对所得税实施条例进一步明确：“《实施条例》第四十、四十一、四十二条所称的‘工资薪金总额’，是指企业按照本通知第一条规定实际发放的工资薪金总和，不包括企业的职工福利费、职工教育经费、工会经费以及养老保险费、医疗保险费、失业保险费、工伤保险费、生育保险费等社会保险费和住房公积金。

属于国有性质的企业，其工资薪金，不得超过政府有关部门给予的限定数额；超过部分，不得计入企业工资薪金总额，也不得在计算企业应纳税所得额时扣除。”

3. 税收口径下工资的内涵与支付

为公平税负，规范工作薪金税前扣除的口径，根据现行企业工资制度的实践，企业所得税法统一了企业的工资薪金扣除政策。对现行税法对工资的内涵和支付可以从以下四方面来理解：

（1）必须是实际已经支付的工资薪金。

准予税前扣除的工资薪金，应该是企业实际发生的工资薪金支出。这一点强调的是，作为企业税前扣除项目的工资薪金支出，应该是企业已经实际支付给其职工的那部分工资薪金，尚未实际支付的所谓应付工资薪金的支出，不能在其仅是账面挂应付工资实际并未支付的纳税年度扣除，只有

等到实际发生后，才准予在实际支付的当年度税前扣除。

（2）工资薪金的发放对象必须是在本企业任职或者受雇的员工。

也就是说，只有为企业提供特定劳务，能为企业带来经济利益流入的员工，才能作为企业工资薪金的支付对象，企业因此而发生的工资薪金支出，才是符合生产经营活动常规，是企业取得收入的必要与正常的支出。

所谓任职或者雇用关系，一般是指所有连续性的服务关系，提供服务的任职者或者雇员的主要收入或者很大一部分收入来自于任职的企业，并且这种收入基本上代表了提供服务人员的劳动。

所谓连续性服务并不排除临时工的使用，临时工可能是由于季节性经营活动需要雇佣的，虽然对某些临时工的使用是一次性的，但从企业生产经营活动的整体来看，又具有周期性，其服务的连续性应足以对提供劳动的人确定计时或者计件工资，足以与对个人劳务的支出相区别。

职工在企业任职过程中，企业一般需根据国家政策的要求，为其支付一定的养老、失业等基本社会保障缴款；按照劳动保障法律的要求支付劳动保护费；职工调动工作时支付一定的旅费和安家费；按照国家计划生育政策的要求，支付独生子女补贴；按照国家住房制度改革的要求，为职工承担一定的住房公积金；按照离退休政策规定支付给离退休人员的支出等，这些支出虽然是支付给职工的，但与职工的劳动并没有必然关联，因此，实施条例专门作出规定，将这部分成本费用排除在工资薪金支出范围之外。

（3）工资薪金的表现形式包括所有现金和非现金形式。

工资薪金的形式多种多样，但主要可分为现金（包括通过银行转账形式发放的）和非现金形式。尽管目前发放工资薪金主要以现金形式为主，但也存在许多以非现金形式发放的工资薪金。对于这些非现金形式的工资薪金，也允许扣除，只不过应通过恰当的方式，将其换算成等额现金，以便会计账面正确计量后，才可以在企业所得税税前扣除。

（4）工资薪金的种类。

工资薪金的种类包括基本工资、奖金、津贴、补贴、年终加薪、加班工资，以及与任职或者受雇有关的其他支出。实务中，企业支付给其员工的工资薪金，名目繁多，称呼各异，也没有一个统一的标准，但只要把握一点，即这类支出的本质是因为职工在企业任职或者受雇于企业，是企业因其提供劳动或服务而必须支付的报酬，就属于工资薪金支出，不应拘泥于形式上的名称。

4. 股权激励的种类及会计和税务差异

《企业会计准则第11号——股份支付》对股权激励的概念、种类及会计处理有较为明确的规定。股份支付，是指企业为获取职工和其他方提供服务而授予权益工具或者承担以权益工具为基础确定的负债的交易。对企业授予后立即可行权的换取职工服务的以权益结算的股份支付，应当在授予日按照权益工具的公允价值计入相关成本或费用，相应增加资本公积。

对完成等待期内的服务或达到规定业绩条件才可行权的换取职工服务的以权益结算的股份支付，在等待期内的每个资产负债表日，应当以对可行权权益工具数量的最佳估计为基础，按照权益工具授予日的公允价值，将当期取得的服务计入相关成本或费用和资本公积。而在资产负债表日，后续信息表明可行权权益工具的数量与以前估计不同的，应当进行调整，并在可行权日调整至实际可行权的权益工具数量。企业在可行权日之后不再对已确认的相关成本或费用和所有者权益总额进行调整。

而国家税务总局《关于我国居民企业实行股权激励计划有关企业所得税处理问题的公告》（2012 年第 18 号）则对股权激励种类及涉税处理更是有明确规定。该公告规定，股权激励是指上市公司以本公司股票为标的，对其董事、监事、高级管理人员及其他员工进行的长期性激励。股权激励实行方式主要包括授予限制性股票和授予股票期权。授予激励对象限制性股票，即按照股权激励计划规定的条件，让激励对象从上市公司获得一定数量的本公司股票；授予激励对象股票期权，即上市公司按照股权激励计划授予激励对象在未来一定期限内，以预先确定的价格和条件购买本公司一定数量股票的权利。

上市公司应依照《上市公司股权激励管理办法（试行）》要求建立职工股权激励计划，并按我国企业会计准则的有关规定，在股权激励计划授予激励对象时，按照该股票的公允价格及数量，计算确定作为上市公司相关年度的成本或费用，作为换取激励对象提供服务的对价。上述企业建立的职工股权激励计划，其企业所得税的处理，按以下规定执行：

（1）对股权激励计划实行后立即可以行权的，上市公司可以根据实际行权时该股票的公允价格与激励对象实际行权支付价格的差额和数量，计算确定作为当年上市公司工资薪金支出，依照税法规定进行税前扣除。

（2）对股权激励计划实行后，需待一定服务年限或者达到规定业绩条件（以下简称等待期）方可行权的。上市公司等待期内会计上计算确认的相关成本费用，不得在对应年度计算缴纳企业所得税时扣除。在股权激励计划可行权后，上市公司方可根据该股票实际行权时的公允价格与当年激励对象实际行权支付价格的差额及数量，计算确定作为当年上市公司工资薪金支出，依照税法规定进行税前扣除。

（3）本条所指股票实际行权时的公允价格，以实际行权日该股票的收盘价格确定。

从以上规定可以看出，对股权激励计划实行后立即行权的，可以根据实际行权时该股票的公允价格与激励对象实际行权支付价格的差额和数量，计算确定作为上市公司当年度工资薪金的支出，并依照税法规定进行税前扣除，此情况下不产生会计税务差异。

而如果需有一定等待期方可行权，上市公司在等待期内会计上计算确认的相关成本费用，不得在等待期内各年度的企业所得税税前扣除，由此形成可抵扣暂时性差异。待实际行权后，根据实际行权时该股票的公允价格与激励对象实际行权支付价格的差额和数量，才可以计算确定作为当年上市公司工资薪金的实际支出，并依照规定进行税前扣除，同时转回可抵扣暂时性差异。

二、"职工薪酬支出及纳税调整明细表"结构特点是什么

1. 新"职工薪酬支出及纳税调整明细表"作了哪些修改，为什么

本表填报纳税人发生的职工薪酬（包括工资薪金、职工福利费、职工教育经费、工会经费、各类基本社会保障性缴款、住房公积金、补充养老保险、补充医疗保险等支出），当会计处理与税法规定不一致，出现需要进行纳税调整的项目和金额时，纳税人需填报此表。

新"职工薪酬支出及纳税调整明细表"较原表增加了"实际发生额"一列，该栏需分析填报纳税人实际发放的工资薪金、职工福利费用、职工教育经费、工会经费和各类基本社会保障性缴款、住

房公积金以及补充养老保险、补充医疗保险等在“应付职工薪酬”会计账户借方的发生额，即实际发放的工资薪金，增加这一栏数据后，将使得“职工薪酬支出及纳税调整明细表”的内容更加完整、清晰、实用、可读。

2. 职工教育经费与职工培训费用的区别

职工教育经费是指企业按工资总额的一定比例提取并用于职工教育事业的一项费用，是企业为职工学习先进技术、提高业务技能和文化水平而应该支付的费用。单位职工不但有取得劳动报酬的权利、享有集体福利的权利，还有接受岗位培训、后续教育的权利，为此需要一定的教育经费。

根据《企业所得税法实施条例》的规定，企业发生的职工教育经费支出，不超过工资薪金总额2.5%的部分，准予扣除；超过部分，准予在以后纳税年度结转扣除。提取的职工教育经费也是企业的一项流动负债，而职工培训费仅是指企业培训或委托培训员工所支出的费用。由此可见，职工教育经费不等于职工培训费，但职工培训费属于职工教育经费列支的范围，职工教育经费主要用于职工培训。职工教育培训经费列支范围包括：

（1）上岗和转岗培训；

（2）各类岗位适应性培训；

（3）岗位培训、职业技术等级培训、高技能人才培训；

（4）专业技术人员继续教育；

（5）特种作业人员培训；

（6）企业组织的职工外送培训的经费支出；

（7）职工参加的职业技能鉴定、职业资格认证等经费支出；

（8）购置教学设备与设施；

（9）职工岗位自学成才奖励费用；

（10）职工教育培训管理费用；

（11）有关职工教育的其他开支。

但企业必须注意的是，一定要将职工教育经费与职工培训费用在企业所得税处理上区别清楚。《关于进一步鼓励软件产业和集成电路产业发展企业所得税政策的通知》（财税〔2012〕27号）第六条规定：“集成电路设计企业和符合条件软件企业的职工培训费用，应单独进行核算并按实际发生额在计算应纳税所得额时扣除。”因此，软件生产企业要准确划分职工教育经费中的职工培训费支出，对于不能准确划分的，以及准确划分后职工教育经费中扣除职工培训费用的余额，一律按《企业所得税法实施条例》第四十二条规定的比例扣除，即不超过工资薪金总额2.5%的部分准予扣除；超过部分，准予在以后纳税年度结转扣除。

3. 补充养老保险与补充医疗保险的异同

企业补充养老保险是企业在国家统一制订的基本养老保险之外，根据自身的经济实力，在履行了缴纳基本养老保险费义务之后，专门为本企业职工建立的附加保险。企业补充养老保险在我国多层次的养老保险体系中处于第二层次，是企业对国家为企业职工实行基本养老保险的补充和完善。

补充医疗保险是相对于基本医疗保险而言的，包括企业补充医疗保险、商业医疗保险、社会互助和社区医疗保险等多种形式，是基本医疗保险的有力补充，也是多层次医疗保障体系的重要组成部分。

根据财政部、国家税务总局《关于补充养老保险费补充医疗保险费有关企业所得税政策问题的通知》（财税（2009）27号）规定，自2008年1月1日起，企业根据国家有关政策规定，为在本企业任职或者受雇的全体员工的补充养老保险费、补充医疗保险费，分别在不超过职工工资总额5%标准内的部分，在计算应纳税所得额时准予扣除，超出的部分，不予扣除。

三、“职工薪酬支出及纳税调整明细表”重点栏目表填报说明

表14－1　职工薪酬支出及纳税调整明细表（A105050）

行次	项　目	账载金额	实际发生额	税收规定扣除率	以前年度累计结转扣除额	税收金额	纳税调整金额	累计结转以后年度扣除额
		1	2	3	4	5	6(1－5)	7（1＋4－5）
1	一、工资薪金支出			*	*			*
2	其中：股权激励			*	*			*
3	二、职工福利费支出				*			*
4	三、职工教育经费支出			*				
5	其中：按税收规定比例扣除的职工教育经费							
6	按税收规定全额扣除的职工培训费用				*			*
7	四、工会经费支出				*			*
8	五、各类基本社会保障性缴款			*	*			*
9	六、住房公积金			*	*			*
10	七、补充养老保险				*			*
11	八、补充医疗保险				*			*
12	九、其他			*	*			*
13	合计（1＋3＋4＋7＋8＋9＋10＋11＋12）			*				

新“职工薪酬支出及纳税调整明细表”共有15行7列（13行7列），共有九大项内容需要填报，与2016年度企业所得税申报表相比，新表增加了1列“实际发生额”。重点有3列。

（1）第1列“账载金额”的填报一般只需根据企业账面相关账户借方记载的数据填列，即根据企业账面记载的计入成本、费用相应项目的金额填列。但需注意的是，如果账面有调整，要进行必要的分析判断，必须是当年度实际计入、成本费用的金额。

（2）第2列“实际发生额”的填报相对复杂，主要来源于账面借方记载的实际发放或发生的数额。由于账面记载计入成本费用的金额不等于一定会实际发放或发生，所以，必须做必要的分析和计算。但需注意的是，“股权激励”的第2列“实际发生额”应填报纳税人根据本年实际行权时股权的公允价格与激励对象实际行权支付价格的差额和数量计算确定的金额，其中对实际行权时股权的公允价格需要以实际行权日该股票的收盘价格确定。

（3）第5列“税收金额”填报纳税人按照税法规定允许税前扣除的金额，并按照第1列和第2列孰小填报。但必须注意的是，当“工资薪金支出/纳税调整金额”第2列“实际发生额”大于第1列“账载金额”且以前年度该行第6列大于0的，则分析填报该行第5列“税收金额”。

四、“职工薪酬支出及纳税调整明细表”的表内、表间关系

1. 表内关系

（1）第4行=第5行或第5+6行；

（2）第12行=第13+14行；

（3）第15行=第1+3+4+7+8+9+10+11+12行；

（4）第6列=第1－5列；

（5）第7列=第1+4－5列。

2. 表间关系

（1）第15行第1列=表A105000第14行第1列；

（2）第15行第5列=表A105000第14行第2列；

（3）第15行第6列，若≥0，填入表A105000第14行第3列；若<0，将其绝对值填入表A105000第14行第4列。

第15章 “广告费和业务宣传费跨年度纳税调整明细表”的理解与填报

“广告费和业务宣传费跨年度纳税调整明细表”（A105060）适用于发生广告费和业务宣传费纳税调整项目（含广告费和业务宣传费结转）的纳税人填报。

纳税人应根据税法和相关法规之规定，以及国家统一企业会计制度，填报广告费和业务宣传费会计处理、税收规定，以及跨年度纳税调整情况。

纳税人完成“广告费和业务宣传费跨年度纳税调整明细表”的填报工作，必须认真学习和领会下列税收文件：

（1）《中华人民共和国企业所得税法》；

（2）《中华人民共和国企业所得税法实施条例》；

（3）财政部、国家税务总局《关于广告费和业务宣传费支出税前扣除政策的通知》（财税〔2017〕41号）。

一、什么是合理的广告费，什么是合理的业务宣传费，两者的区别是什么

广告费是指企业通过各种媒体向公众宣传本企业商品、劳务和企业信息等，激发消费者对其产品或劳务的购买欲望，以达到促销目的支付给广告经营者、发布者的费用。而业务宣传费是指企业开展业务宣传活动所支付的费用，主要是指未通过媒体传播的广告性支出，包括企业发放的印有企业标志的礼品、纪念品等。

业务宣传费与广告费的区别主要在承接业务对象和取得票据方面，要看具体业务是否通过广告公司、专业媒体在电视、网站、电台、报纸、户外广告牌等发布，并取得广告业专用发票，如果具备这些条件，则可以作为广告费，否则作为业务宣传费。但现行税法已对广告费和业务宣传费实行税前合并扣除，因此，划分两者的区别已没有意义，今后企业无论是通过媒体发布广告取得广告业专用发票，还是通过各类印刷、制作单位制作各类礼品、纪念品等印有企业标志的宣传物品，所支付的费用均可合并在统一扣除比例内计算扣除。

《企业所得税法实施条例》第四十四条规定：企业发生的符合条件的广告费和业务宣传费支出，除国务院财政、税务主管部门另有规定外，不超过当年销售（营业）收入15%的部分，准予扣除；超过部分，准予在以后纳税年度结转扣除。

从上述规定可以看出，税法提出了“符合条件的广告费和业务宣传费支出”这一概念，那什么是符合条件的广告费和业务宣传费支出呢？当然是符合税法规定扣除条件的支出，主要有两点，一是合法票据，二是发生额在税法规定的扣除比例内。但烟草企业的烟草广告费和业务宣传费支出一律不得在计算应纳税所得额时扣除。

财政部、税务总局《关于广告费和业务宣传费支出税前扣除政策的通知》（财税〔2017〕41号）规定：

“根据《企业所得税法实施条例》（国务院令第512号）第四十四条规定，现就有关广告费和业务宣传费支出税前扣除政策通知如下：

（1）对化妆品制造或销售、医药制造和饮料制造（不含酒类制造）企业发生的广告费和业务宣传费支出，不超过当年销售（营业）收入30%的部分，准予扣除；超过部分，准予在以后纳税年度结转扣除。

（2）对签订广告费和业务宣传费分摊协议（以下简称分摊协议）的关联企业，其中一方发生的不超过当年销售（营业）收入税前扣除限额比例内的广告费和业务宣传费支出可以在本企业扣除，也可以将其中的部分或全部按照分摊协议归集至另一方扣除。另一方在计算本企业广告费和业务宣传费支出企业所得税税前扣除限额时，可将按照上述办法归集至本企业的广告费和业务宣传费不计算在内。

（3）烟草企业的烟草广告费和业务宣传费支出，一律不得在计算应纳税所得额时扣除。

（4）本通知自2016年1月1日起至2020年12月31日止执行。”

由此可见，符合上述规定的广告费和业务宣传费支出才为合理的支出。也只有合理的广告费和业务宣传费在实际发生时才可以计入当期应纳税所得额并按规定比例扣除，超过规定比例的部分可结转到以后年度扣除。但必须注意的是，超过规定比例产生的税会差异属《企业会计准则第18号——所得税》规定的暂时性差异，企业应采用资产负债表债务法核算此差异。

二、“广告费和业务宣传费跨年度纳税调整明细表”结构特点是什么

本表适用于填报纳税人发生的广告费和业务宣传费纳税调整项目（含广告费和业务宣传费结转）的纳税人填报。

纳税人根据税法，财政部、国家税务总局《关于广告费和业务宣传费支出税前扣除政策的通知》（财税〔2012〕48号）等相关规定，以及国家统一企业会计制度，填报本年度会计处理与税收规定不一致，需要进行纳税调整的金额，以及跨年度纳税调整的情况。

该表根据会计核算和税法对广告费和业务宣传费税前扣除及跨年度纳税调整不同的规定，要求对相关数据从上到下进行有序填列，结构科学、数据齐全，完整、清晰体现了纳税调整的过程。

三、“广告费和业务宣传费跨年度纳税调整明细表”重点栏目表填报说明

表15－1　广告费和业务宣传费跨年度纳税调整明细表（A105060）

行次	项　目	金额
1	一、本年广告费和业务宣传费支出	
2	减：不允许扣除的广告费和业务宣传费支出	
3	二、本年符合条件的广告费和业务宣传费支出（1－2）	
4	三、本年计算广告费和业务宣传费扣除限额的销售（营业）收入	
5	乘：税收规定扣除率	
6	四、本企业计算的广告费和业务宣传费扣除限额（4×5）	
7	五、本年结转以后年度扣除额（3＞6，本行＝3－6；3≤6，本行＝0）	
8	加：以前年度累计结转扣除额	
9	减：本年扣除的以前年度结转额 ［3＞6，本行＝0；3≤6，本行＝8与（6－3）孰小值］	
10	六、按照分摊协议归集至其他关联方的广告费和业务宣传费（10≤3与6孰小值）	
11	按照分摊协议从其他关联方归集至本企业的广告费和业务宣传费	
12	七、本年广告费和业务宣传费支出纳税调整金额 （3＞6，本行＝2＋3－6＋10－11；3≤6，本行＝2＋10－11－9）	
13	八、累计结转以后年度扣除额（7＋8－9）	

本表有八大项目共13行，重点有五行。

（1）第1行“一、本年广告费和业务宣传费支出”：该行填报纳税人会计核算计入本年损益的广告费和业务宣传费用金额。对该行填报时，需注意将可能分散在销售费用、管理费用等账户的广告费和业务宣传费进行全面汇集，避免遗漏产生税务风险。

（2）第2行“减：不允许扣除的广告费和业务宣传费支出”：该行填报税收规定不允许扣除的广告费和业务宣传费支出金额。对该项数据的填列需要企业严格对照税法规定，认真审核已经发生的广告费和业务宣传费是否符合税法税前扣除的规定。

（3）第4行“三、本年计算广告费和业务宣传费扣除限额的销售（营业）收入”：填报按照税收规定计算广告费和业务宣传费扣除限额的当年销售（营业）收入，计算广告费和业务宣传费扣除限额的销售（营业）收入包括企业销售货物、提供劳务收入等主营业务收入、其他业务收入和视同销售收入等。但不包含营业外收入、转让固定资产或无形资产所有权收入、投资收益（从事股权投资业务的企业除外）。

（4）第9行“减：本年扣除的以前年度结转额”：对该项的填报需要进行必要的比较、分析，以确保扣除的本年度广告费和业务宣传费与扣除的以前年度结转额之和不超过当年可以税前扣除的限额。但还需注意的是，结转以后年度扣除的广告费和业务宣传费没有年限限制。

（5）第12行“七、本年广告费和业务宣传费支出纳税调整金额”：对该项的填报需要必要的比较、分析，并根据比较结果进行相应的计算。

四、“广告费和业务宣传费跨年度纳税调整明细表”的表内、表间关系

1. 表内关系

（1）第3行=第1－2行。

（2）第6行=第4×5行。

（3）若第3>6行，第7行=第3－6行；若第3≤6行，第7行=0。

（4）若第3>6行，第9行=0；若第3≤6行，第9行=第8行与第6－3行的孰小值。

（5）若第3>6行，第12行=2+3－6+10－11行；若第3≤6行，第12行=第2－9+10－11行。

（6）第13行=第7+8－9行。

2. 表间关系

若第12行≥0，第12行=表A105000第16行第3列；若第12行<0，第12行的绝对值=表A105000第16行第3列。

五、广告费和业务宣传费税前扣除案例及分析

【案例1】

甲贸易公司2015“主营业务收入”账户贷方发生额为32万元，“其他业务收入”账户贷方发生额为3万元，以物抵债商品的同期同类商品的不含税销售价格为15万元，“营业外收入”账户贷方发生额为5万元，全部为出售固定资产收入，“销售费用——广告费”账户支出为6万元，账面实现会计利润10万元。

【会计处理】

甲公司涉税处理如下：

（1）2015广告费计提基数：320000+30000+150000=500000（元）。

（注：计提基数不再包括5万元出售固定资产的收入）

广告费税前允许列支数：500000×15%=75000（元），实际发生95000元，从而形成20000元的可抵扣暂时性差异，记入备查账簿中。

由此产生的递延所得税资产（发生额）：20000×25%=5000（元）

应交企业所得税额为（假设无其他调整事项）：

[（100000+20000）]×25%=30000（元）

会计处理为：

借：所得税费用　25000

　　递延所得税资产（广告费项目）　5000

　　贷：应交税费－应交所得税　30000

（2）2016年末，假设税前会计利润为－50000元，广告费实际发生数比按照税法规定允许列支的多1万元。由于当期亏损，根据《企业会计准则》规定，企业对于能够结转以后年度的可抵扣亏损和税款抵减，应当以很可能获得用来抵扣可抵扣亏损和税款抵减的未来税款和应纳税所得额为限，确认相应的递延所得税资产。

因此，甲公司本年因亏损形成的可抵扣暂时性差异为5万元，由此形成的“递延所得税资产”（弥补亏损项目）应为50000×25%=12500（元）

借：递延所得税资产（弥补亏损项目）　12500

　　贷：所得税费用　12500

另外，对于广告费形成的暂时性差异，因企业会计准则采用资产负债表债务法，企业所得税的累计暂时性差异已为3万元，由此形成的递延所得税资产（广告费项目）应为7500元，应增加递延所得税资产（广告费项目）账户余额2500（7500－5000）元。

借：递延所得税资产（广告费项目）　2500（10000×25%）

　　贷：所得税费用　2500

（3）2017年末，假设实现会计利润20万元，广告费实际发生数比可税前列支数少1万元，无其他纳税调整事项。

此时，以前年度可抵扣可抵扣暂时性差异将减少1万元，广告费备查簿上累计时间性差异应为20000（2015年）+10000（2016年）－10000（2017年）=20000（元），在资产负债表债务法下，“递延所得税资产”账户余额应为5000元（累计时间性差异20000×25%），“递延所得税资产”账户原有余额7500元，应转回2500元。

另外，由于2017年盈利，足以弥补2016年亏损5万元，可抵扣的暂时性差异将为0万元，递延所得税资产（弥补亏损项目）的余额也应为0，应转回递延所得税资产12500元。

应交所得税：（200000－10000－50000）×25%=35000（元）

则2017年会计处理如下：

借：所得税费用　50000

　　贷：递延所得税资产　15000

应交税费－应交所得税　　35000

（4）2018年末，假设实现利润20万元，广告费实际发生数比可税前列支数少3万元，无其他纳税调整事项。

此时备查簿登记的可抵扣暂时性性差异余额仅为2万元，应全部转销以抵减当期应交所得税，“递延所得税资产”账户余额5000元应全部转销，转销后余额应为0。

应交所得税：（200000－20000）×25%＝45000

会计处理为：

借：所得税费用　　50000

　贷：应交税费－应交所得税　　45000

　　递延所得税资产　　5000

【专家提示】

在资产负债表债务法下，如果前后期间税率发生变化，则应当将原税率下已经确认的“递延所得税资产”或“递延所得税负债”按照新税率计算调整其账面价值。

【案例2】

承上例，假设2016年及以前所得税税率为15%，2017年及以后所得税税率为25%，则：

（1）广告费税前允许列支数：500000×15%＝75000（元），实际发生95000元，从而形成20000元的可抵扣的暂时性差异，登入备查账簿中。

递延所得税资产（发生额）：20000×15%＝3000（元）

应交所得税：（100000＋20000）×15%＝18000（元）

会计处理为：

借：所得税费用　　15000

　递延所得税资产（广告费项目）　　5000

　贷：应交税费－应交所得税　　18000

（2）2016年末，由于亏损形成的可抵扣的暂时性差异为5万元，“递延所得税资产”（弥补亏损项目）账户的余额应为50000×15%＝7500（元）

借：递延所得税资产（弥补亏损项目）　　7500

　贷：所得税费用　　7500

同时，广告费形成累计暂时性差异为3万元，递延所得税资产（广告费项目）账户余额应为4500元，则应增加递延所得税资产（广告费项目）的账户余额1500（4500－3000）元。

借：递延所得税资产（广告费项目）　　1500（10000×15%）

　贷：所得税费用　　1500

（3）2017年末，由于所得税税率调整为25%，因此，应对递延所得税资产账面价值按照新税率进行调整。

此时广告费备查簿上期初累计时间性差异应为20000（20015年）＋10000（2016年）＝30000（元），“递延所得税资产”账户余额应为7500元（累计时间性差异30000×25%），“递延所得税资产”账户已有余额为4500元，应对“递延所得税资产”账面价值按新税率进行调整，调整金额＝

7500 - 4500 = 3000 元，调整后余额为 7500 元。应进行会计处理如下：

借：递延所得税资产（广告费项目） 3000

贷：所得税费用 3000

同时，由于 2017 年广告费税前列支可比实际发生数多抵扣 1 万元，形成暂时性差异 10000 万元，应转回递延所得税资产 2500 元（10000 × 25% = 2500）

另外，2017 年盈利，弥补 2016 年亏损 5 万元，可抵扣的暂时性差异为 0 万元，递延所得税资产（弥补亏损项目）的余额应为 0 元，应将递延所得税资产全部转回 7500 元。

应交所得税：（200000 - 10000 - 50000） × 25% = 35000（元）

则 2017 年会计处理如下：

借：所得税费用 45000

贷：递延所得税资产（广告费项目） 2500

递延所得税资产（弥补亏损项目） 7500

应交税费 - 应交所得税 35000

（4）2018 年末会计处理同前述案例。

第16章 “捐赠支出纳税调整明细表”的理解与填报

“捐赠支出及纳税调整明细表”（A105070）适用于发生捐赠支出（含捐赠支出结转）的纳税人填报。

纳税人应根据税法和相关法规之规定，以及国家统一企业会计制度，填报捐赠支出会计处理、税收规定的税前扣除额、捐赠支出结转额以及纳税调整额。纳税人发生相关支出（含捐赠支出结转），无论是否纳税调整，均应填报本表。

纳税人完成“捐赠支出及纳税调整明细表”的填报工作，必须认真学习和领会下列税收文件：

（1）《中华人民共和国企业所得税法》；

（2）《中华人民共和国企业所得税法实施条例》；

（3）财政部、国家税务总局、民政部《关于公益性捐赠税前扣除有关问题的通知》（财税〔2008〕160号）；

（4）财政部、国家税务总局《关于广告费和业务宣传费支出税前扣除政策》的通知（财税〔2012〕48号）。

一、“捐赠支出纳税调整明细表”的焦点问题

1. 什么是公益性捐赠

捐赠是指企业自愿无偿将其有权处分的合法财产赠送给合法受赠人的行为。捐赠可以分为三类：一是公益性捐赠。即向教育、科学、文化、卫疗生生、体育事业和环境保护、社会公共设施建设的捐赠。二是救济性捐赠。即向遭受自然灾害或者国家确认的“老、少、边、穷”等地区以及慈善协会、红十字会、残疾人联合会、青少年基金会等社会团体或者困难的社会弱势群体和个人提供的生产、生活救济、救助的捐赠。三是其他捐赠。即上述捐赠以外的企业出于弘扬人道主义目的或者促进社会发展与进步的其他社会公共福利事业的捐赠。

《企业所得税法实施条例》第五十一条规定：“企业所得税法第九条所称公益性捐赠，是指企业通过公益性社会团体或者县级以上人民政府及其部门，用于《中华人民共和国公益事业捐赠法》规定的公益事业的捐赠。”

第五十二条还规定：“本条例第五十一条所称公益性社会团体，是指同时符合下列条件的基金会、慈善组织等社会团体：

（1）依法登记，具有法人资格；

（2）以发展公益事业为宗旨，且不以营利为目的；

（3）全部资产及其增值为该法人所有；

（4）收益和营运结余主要用于符合该法人设立目的的事业；

（5）终止后的剩余财产不归属任何个人或者营利组织；

（6）不经营与其设立目的无关的业务；

（7）有健全的财务会计制度；

（8）捐赠者不以任何形式参与社会团体财产的分配；

（9）国务院财政、税务主管部门会同国务院民政部门等登记管理部门规定的其他条件。”

财政部、国家税务总局、民政部《关于公益性捐赠税前扣除有关问题的通知》（财税〔2008〕160号）规定，所称的用于公益事业的捐赠支出，是指《中华人民共和国公益事业捐赠法》规定的向公益事业的捐赠支出，具体范围包括：

（1）救助灾害、救济贫困、扶助残疾人等困难的社会群体和个人的活动；

（2）教育、科学、文化、卫生、体育事业；

（3）环境保护、社会公共设施建设；

（4）促进社会发展和进步的其他社会公共和福利事业。

所称的公益性社会团体和第二条所称的社会团体均指依据国务院发布的《基金会管理条例》《社会团体登记管理条例》的规定，经民政部门依法登记、符合以下条件的基金会、慈善组织等公益性社会团体：

（1）符合《企业所得税法实施条例》第五十二条第（一）项到第（八）项规定的条件。

（2）申请前3年内未受到行政处罚。

（3）基金会在民政部门依法登记3年以上（含3年）的，应当在申请前连续2年年度检查合格，或最近1年年度检查合格且社会组织评估等级在3A以上（含3A），登记3年以下1年以上（含1年）的，应当在申请前1年年度检查合格或社会组织评估等级在3A以上（含3A），登记1年以下的基金会具备本款第（一）项、第（二）项规定的条件。

（4）公益性社会团体（不含基金会）在民政部门依法登记3年以上，净资产不低于登记的活动资金数额，申请前连续2年年度检查合格，或最近1年年度检查合格且社会组织评估等级在3A以上（含3A），申请前连续3年每年用于公益活动的支出不低于上年总收入的70%（含70%），同时需达到当年总支出的50%以上（含50%）。

前款所称年度检查合格是指民政部门对基金会、公益性社会团体（不含基金会）进行年度检查，作出年度检查合格的结论；社会组织评估等级在3A以上（含3A）是指社会组织在民政部门主导的社会组织评估中被评为3A、4A、5A级别，且评估结果在有效期内。

所称的县级以上人民政府及其部门和第二条所称的国家机关均指县级（含县级，下同）以上人民政府及其组成部门和直属机构。

2. 捐赠资产价值的确定

公益性社会团体和县级以上人民政府及其组成部门和直属机构在接受捐赠时，捐赠资产的价值，按以下原则确认：

（1）接受捐赠的货币性资产，应当按照实际收到的金额计算；

（2）接受捐赠的非货币性资产，应当以其公允价值计算。捐赠方在向公益性社会团体和县级以上人民政府及其组成部门和直属机构捐赠时，应当提供注明捐赠非货币性资产公允价值的证明，如果不能提供上述证明，公益性社会团体和县级以上人民政府及其组成部门和直属机构不得向其开具公益性捐赠票据。

3. 什么是非公益性捐赠

公益性捐赠之外的捐赠则是非公益性捐赠。公益性捐赠和非公益性捐赠都计入“营业外支出”列支，公益性捐赠可以税前扣除，但有比例限制，非公益性捐赠不可以税前扣除，需要全额进行纳税调整。

二、“捐赠支出纳税调整明细表”结构特点是什么

1. “捐赠支出纳税调整明细表”为什么要重新设置

为落实捐赠支出涉税扣除政策，全面清晰反映公益性捐赠和非公益性捐赠税前扣除和纳税调整的具体情况和相关数据，新“捐赠支出及纳税调整明细表”对原“捐赠支出及纳税调整明细表”的结构和内容进行了较大幅度的调整，使新“捐赠支出及纳税调整明细表”的内容更加全面、清晰、丰富、实用。

尽管原“捐赠支出及纳税调整明细表”按全部受赠单位名称以过程反映的方法体现了捐赠支出纳税调整的情况，但仅是对当年度的捐赠情况进行的反映，未能反映或清晰反映以往年度限额扣除

的公益性捐赠、以前年度结转可扣除的捐赠额以及可结转以后年度扣除的捐赠额，而且反映各受赠单位捐赠名称及明细情况意义不大。

所以，新“捐赠支出及纳税调整明细表”不再列示受赠单位名称及明细，取之以非公益性捐赠、全额和限额公益性捐赠等不同性质的捐赠项目来反映整个企业涉及捐赠支出纳税调整的内容，而且更是全面、清晰反映了以往年度限额扣除的公益性捐赠、以前年度结转可扣除的捐赠额以及可结转以后年度扣除的捐赠额，从而使得新“捐赠支出及纳税调整明细表”的内容更加丰富、可读、实用，充分体现并顺应了《慈善法》和新修订《企业所得税法》的要求。

本表适用于发生捐赠支出（含捐赠支出结转）的纳税人填报。

纳税人根据税法，财政部、国家税务总局《关于公益性捐赠税前扣除有关问题的通知》（财税〔2008〕160号）等相关规定，以及国家统一企业会计制度，填报捐赠支出会计处理、税收规定的税前扣除额、捐赠支出结转额以及纳税调整额。纳税人发生相关支出（含捐赠支出结转），无论是否纳税调整，均应填报本表。

2. 可结转以后年度扣除的捐赠额，以前年度结转可扣除的捐赠额

由于《企业所得税法》第九条规定：“企业发生的公益性捐赠支出，在年度利润总额12%以内的部分，准予在计算应纳税所得额时扣除。超过年度利润总额12%的部分，准予结转以后三年内在计算应纳税所得额时扣除。”所以，对企业当年度发生的公益性捐赠支出超过年度利润总额12%的部分，可以结转以后年度，并在以后3个年度内的企业所得税税前扣除，由此形成可结转并在以后3个年度内扣除的公益性捐赠额。但反过来，待到以后年度，企业就面临以前年度结转的可在税前扣除的公益性捐赠额，但最多是前3个年度的结转额，因为结转额只允许在以后的3个年度内抵扣完毕，抵扣不完的不得再抵扣。

但必须注意的是，结转的能够在以后3个年度内得到扣除的公益性捐赠额系时间性差异。3个年度内未得到扣除的公益性捐赠额，则成为永久性差异。

【案例1】

甲公司2016年发生的公益性捐赠额超过当年度利润总额12%的部分为20万元，对于2016年而言，该20万即为可结转以后年度扣除的公益性捐赠额，可结转至2017年至2019年3个年度扣除，但必须注意的是，结转以后年度在以后年度利润总额12%内允许扣除的公益性捐赠额，必须在先扣除当年发生的公益性捐赠额后，仍有余额时，才可以扣除上年结转扣除的捐赠额，超过部分不足3年的，继续结转下年扣除，但超过3年仍未扣除完毕的，则不得扣除。

至2017年，该20万即为以前年度结转的可税前扣除的公益性捐赠额，如甲公司2017年发生的公益性捐赠额加上该20万未超过当年度利润总额的12%，即能够全部抵扣，则该20万在2017年度抵扣完毕，不需要再结转至2018年扣除。而如果2017年甲公司当年度按年度利润总额12%计算的可税前扣除的公益性捐赠额为30万元，但2017年实际发生的公益性捐赠额为25万元，则2016年度结转的可以在2017年度税前扣除的公益性捐赠额仅为5万元，剩余的15万元将继续结转以后年度扣除，但最多只可以结转到2019年的汇算清缴中抵扣。假设到2019年累计仅抵扣了17万元，则未能抵扣的3万元不可以再抵扣。很明显，已经得到抵扣的17万元为时间性差异，未能得到抵扣的3万元为永久性差异。

三、“捐赠支出纳税调整明细表”重点栏目表填报说明

表 16－1 捐赠支出及纳税调整明细表（A105070）

行次	项 目	账载金额	以前年度结转可扣除的捐赠额	按税收规定计算的扣除限额	税收金额	纳税调增金额	纳税调减金额	可结转以后年度扣除的捐赠额
		1	2	3	4	5	6	7
1	一、非公益性捐赠		*	*	*		*	*
2	二、全额扣除的公益性捐赠		*	*		*	*	*
3	三、限额扣除的公益性捐赠（4+5+6+7）							
4	前三年度（ 年）	*		*	*	*		*
5	前二年度（ 年）	*		*	*	*		
6	前一年度（ 年）	*		*	*	*		
7	本 年（ 年）		*				*	
8	合计（1+2+3）							

本表共有8行7列，需对三大项目捐赠支出的纳税调整内容进行填报，重点有5行。

（1）第3行“限额扣除的公益性捐赠支出”：该行填报纳税人本年发生的限额扣除的公益性捐赠支出、纳税调整额、以前年度结转扣除捐赠支出等。该3行等于第4+5+6+7行。需要注意的是，本行第4列“税收金额”需分析填列：当本行第1列+第2列大于第3列时，第4列=第3列；当本行第1列+第2列小于等于第3列时，第4列=第1列+第2列。

（2）第4行“前三年度”：填报纳税人前三年度发生的未税前扣除的公益性捐赠支出在本年度扣除的金额。具体如下：

①第2列“以前年度结转可扣除的捐赠额”：填报前三年度发生的尚未税前扣除的公益性捐赠支出金额。

②第6列“纳税调减额”：根据本年扣除限额以及前三年度未扣除的公益性捐赠支出分析填报。

需注意的是，至该年末，如果仍有未扣除的公益性捐赠支出，第四年年度起不得扣除，未扣除的作为永久性差异。

（3）第5行“前二年度”：填报纳税人前二年度发生的未税前扣除的公益性捐赠支出在本年度扣除的捐赠额以及结转以后年度扣除的捐赠额。具体如下：

①第2列“以前年度结转可扣除的捐赠额”：填报前二年度发生的尚未税前扣除的公益性捐赠支出金额。

②第6列“纳税调减额”：根据本年剩余扣除限额、本年扣除前三年度捐赠支出、前二年度未扣除的公益性捐赠支出分析填报。

③第7列“可结转以后年度扣除的捐赠额”：填报前二年度未扣除、结转以后年度扣除的公益性捐赠支出金额。

（4）第6行“前一年度”：填报纳税人前一年度发生的未税前扣除的公益性捐赠支出在本年度扣除的捐赠额以及结转以后年度扣除的捐赠额。具体如下：

①第 2 列“以前年度结转可扣除的捐赠额”：填报前一年度发生的尚未税前扣除的公益性捐赠支出金额。

②第 6 列“纳税调减额”：根据本年剩余扣除限额、本年扣除前三年度捐赠支出、本年扣除前二年度捐赠支出、前一年度未扣除的公益性捐赠支出分析填报。

③第 7 列“可结转以后年度扣除的捐赠额”：填报前一年度未扣除、结转以后年度扣除的公益性捐赠支出金额。

（5）第 7 行“本年”：填报纳税人本年度发生、本年税前扣除、本年纳税调增以及结转以后年度扣除的公益性捐赠支出。具体如下：

①第 1 列“账载金额”：填报本年会计核算计入本年损益的公益性捐赠支出金额。

②第 3 列“按税收规定计算的扣除限额”：填报按照本年利润总额乘以 12% 的金额，若利润总额为负数，则以 0 填报。

③第 4 列“税收金额”：填报本年实际发生的公益性捐赠支出以及结转扣除以前年度公益性捐赠支出情况分析填报。

④第 5 列“纳税调增额”：填报本年公益性捐赠支出账载金额超过税收规定的税前扣除额的部分。

四、“捐赠支出纳税调整明细表”的表内、表间关系

1. 表内关系

（1）第 1 行第 5 列 = 第 1 行第 1 列；

（2）第 2 行第 4 列 = 第 2 行第 1 列；

（3）第 3 行 = 第 4 + 5 + 6 + 7 行；

（4）第 8 行 = 第 1 + 2 + 3 行。

2. 表间关系

（1）第 7 行第 3 列 = 表 A100000 第 13 行 × 12%（当表 A100000 第 13 行≤0，第 7 行第 3 列 = 0）。

（2）第 8 行第 1 列 = 表 A105000 第 17 行第 1 列；第 8 行第 4 列 = 表 A105000 第 17 行第 2 列；第 8 行第 5 列 = 表 A105000 第 17 行第 3 列；第 8 行第 6 列 = 表 A105000 第 17 行第 4 列。

五、公益性捐赠税前扣除案例及分析

《企业所得税法》第九条规定：“企业发生的公益性捐赠支出，在年度利润总额 12% 以内的部分，准予在计算应纳税所得额时扣除。超过年度利润总额 12% 的部分，准予结转以后三年内在计算应纳税所得额时扣除。”《企业所得税法实施条例》第五十三条还规定：年度利润总额，是指企业依照国家统一会计制度的规定计算的大于零的数额。

企业将实物资产用于捐赠，应分解为按公允价值视同对外销售和捐赠两项业务进行所得税处理。

【案例2】

乙公司用本单位生产的W产品，通过"红十字会"向希望工程小学进行捐赠，W产品账面价值80万元，公允价值为100万元，乙公司为增值税一般纳税人，适用税率为17%，乙公司当年实现利润总额500万元，乙公司取得"红十字会"开具的捐赠票据。

【会计处理】

按照企业会计准则的要求，其会计分录为：

借：营业外支出——捐赠支出　　1170000

　　贷：主营业务收入　　1000000

　　　　应交税费——应交增值税（销项税额）　　170000

借：主营业务成本　　800000

　　贷：库存商品　　800000

救济性捐赠税前扣除限额=500×12%=60万元；应调整应纳税所得额=117-60=57万元。

注意：按财会〔2003〕29号规定，企业将自产、委托加工的产成品和外购的商品、原材料、固定资产、无形资产和有价证券等用于捐赠，应将捐赠资产的账面价值及应交纳的流转税等相关税费，作为营业外支出处理。会计分录为：

借：营业外支出　　970000

　　贷：库存商品　　800000

　　　　应交税费——应交增值税（销项税额）　　170000

因此，在执行会计制度的企业进行纳税调整时，应当以其公允价值计算捐赠金额并据以进行纳税调整，而不是账面价值。

纳税人应按规定将"捐赠"区分为"公益救济性捐赠""非公益救济性捐赠"，并分别计算填报。"非公益救济性捐赠"填报不符合税法规定的公益救济性捐赠范围的捐赠，包括直接向受赠人的捐赠、各种赞助支出（广告性的赞助支出按广告费的规定处理）等，属于非公益救济性的捐赠支出，不得在税前扣除。

企业填报纳税申报表时，按照"营业外支出"账户中实际发生的捐赠额分项、分户填列；对应计入"营业外支出"账户的捐赠，纳税人列入其他成本、费用账户的，纳税申报时应作调整。

第17章 “资产折旧、摊销情况及纳税调整明细表”的理解与填报

“资产折旧、摊销及纳税调整明细表”（A105080）适用于发生资产折旧、摊销的纳税人，无论是否纳税调整，均须填报。

纳税人应根据税法和相关法规之规定，填报资产折旧、摊销的会计处理、税收规定，以及纳税调整情况。

纳税人完成“资产折旧、摊销及纳税调整明细表”的填报工作，必须认真学习和领会下列税收文件：

（1）《中华人民共和国企业所得税法》；

（2）《中华人民共和国企业所得税法实施条例》；

（3）国家税务总局《关于企业固定资产加速折旧所得税处理有关问题的通知》（国税发〔2009〕81号）；

（4）国家税务总局《关于融资性售后回租业务中承租方出售资产行为有关税收问题的公告》（2010年第13号）；

（5）国家税务总局《关于企业所得税若干问题的公告》（2011年第34号）；

（6）国家税务总局《关于发布〈企业所得税政策性搬迁所得税管理办法〉的公告》（2012年第40号）；

（7）财政部 国家税务总局《关于进一步鼓励软件产业和集成电路产业发展企业所得税政策的通知》（财税〔2012〕27号）；

（8）国家税务总局《关于企业所得税应纳税所得额若干问题的公告》（2014年第29号）；

（9）财政部 国家税务总局《关于完善固定资产加速折旧税收政策有关问题的通知》（财税〔2014〕75号）；

（10）财政部 国家税务总局《关于进一步完善固定资产加速折旧企业所得税政策的通知》（财税〔2015〕106号）；

（11）国家税务总局关于《全民所有制企业公司制改制企业所得税处理问题的公告》（2017年第34号）。

一、“资产折旧、摊销情况及纳税调整明细表”的焦点问题

1. 资产计税基础如何确定

资产是企业拥有或者控制的能以货币来计量，且能为企业带来经济效益的经济资源，包括各种有形资产、无形资产、债权和其他资产。

资产是会计最基本的要素之一，与负债、所有者权益共同构成会计等式，成为财务会计的基础。

资产分为流动资产、长期投资、固定资产、无形资产、生物资产、其他资产等类别。

资产计量是指会计要素量化的过程和方法。计量，也就是对资产加以量化表述的理论依据与具体方法。他涉及到计量属性与量度单位的选择。

理论的资产计量属性，应该体现了资产的本质特征。如果认为资产的本质特征是未来的经济利益，相应的计量属性应该体现：反映产出，而不是过去的历史投入。这样，最恰当地反映未来经济利益的计量属性，应该是未来现金流量现值。但是，这一属性无法满足可靠性和可验证性的要求，因此，具体会计实务往往是投入角度确定计量属性，要求排除人为估计等因素，较为客观，可以验证。而所有计量属性中，只有资产的取得成本（即历史成本）符合上述要求。因此，目前的会计实务中，资产的计量仍以历史成本属性为主。

量度单位的选择，较为简单。在物价基本稳定的环境下，名义货币单位可以较准确地反映企业资产的真实价值；而在物价变动幅度较大的环境下，不变购买力单位更为合理。

资产的确认经历了从收付实现制发展到权责发生制，再向现金流动制转变的反复。

《中华人民共和国企业所得税法实施条例》第五十八条规定：固定资产按照以下方法确定计税基础：

（1）外购的固定资产，以购买价款和支付的相关税费以及直接归属于使该资产达到预定用途发生的其他支出为计税基础；

（2）自行建造的固定资产，以竣工结算前发生的支出为计税基础；

（3）融资租入的固定资产，以租赁合同约定的付款总额和承租人在签订租赁合同过程中发生的相关费用为计税基础，租赁合同未约定付款总额的，以该资产的公允价值和承租人在签订租赁合同过程中发生的相关费用为计税基础；

（4）盘盈的固定资产，以同类固定资产的重置完全价值为计税基础；

（5）通过捐赠、投资、非货币性资产交换、债务重组等方式取得的固定资产，以该资产的公允价值和支付的相关税费为计税基础；

（6）改建的固定资产，除企业所得税法第十三条第（一）项和第（二）项规定的支出外，以改建过程中发生的改建支出增加计税基础。

《中华人民共和国企业所得税法实施条例》第六十二条规定：生产性生物资产按照以下方法确定计税基础：

（1）外购的生产性生物资产，以购买价款和支付的相关税费为计税基础；

（2）通过捐赠、投资、非货币性资产交换、债务重组等方式取得的生产性生物资产，以该资产的公允价值和支付的相关税费为计税基础。

前款所称生产性生物资产，是指企业为生产农产品、提供劳务或者出租等而持有的生物资产，包括经济林、薪炭林、产畜和役畜等。

《中华人民共和国企业所得税法实施条例》第六十六条规定：无形资产按照以下方法确定计税基础：

（1）外购的无形资产，以购买价款和支付的相关税费以及直接归属于使该资产达到预定用途发生的其他支出为计税基础；

（2）自行开发的无形资产，以开发过程中该资产符合资本化条件后至达到预定用途前发生的支出为计税基础；

（3）通过捐赠、投资、非货币性资产交换、债务重组等方式取得的无形资产，以该资产的公允价值和支付的相关税费为计税基础。

《中华人民共和国企业所得税法实施条例》第七十一条规定：投资资产按照以下方法确定成本：

（1）通过支付现金方式取得的投资资产，以购买价款为成本；

（2）通过支付现金以外的方式取得的投资资产，以该资产的公允价值和支付的相关税费为成本。

《中华人民共和国企业所得税法实施条例》第七十二条规定：存货按照以下方法确定成本：

（1）通过支付现金方式取得的存货，以购买价款和支付的相关税费为成本；

（2）通过支付现金以外的方式取得的存货，以该存货的公允价值和支付的相关税费为成本；

（3）生产性生物资产收获的农产品，以产出或者采收过程中发生的材料费、人工费和分摊的间接费用等必要支出为成本。

《中华人民共和国企业所得税法实施条例》第七十五条规定：除国务院财政、税务主管部门另有规定外，企业在重组过程中，应当在交易发生时确认有关资产的转让所得或者损失，相关资产应当按照交易价格重新确定计税基础。

2. 资产折旧、摊销的年限到底谁说了算

固定资产的折旧年限按《中华人民共和国企业所得税法实施条例》规定：

第五十九条　固定资产按照直线法计算的折旧，准予扣除。

企业应当自固定资产投入使用月份的次月起计算折旧；停止使用的固定资产，应当自停止使用月份的次月起停止计算折旧。

企业应当根据固定资产的性质和使用情况，合理确定固定资产的预计净残值。固定资产的预计净残值一经确定，不得变更。

第六十条　除国务院财政、税务主管部门另有规定外，固定资产计算折旧的最低年限如下：

（1）房屋、建筑物，为20年；

（2）飞机、火车、轮船、机器、机械和其他生产设备，为10年；

（3）与生产经营活动有关的器具、工具、家具等，为5年；

（4）飞机、火车、轮船以外的运输工具，为4年；

（5）电子设备，为3年。

第六十一条　从事开采石油、天然气等矿产资源的企业，在开始商业性生产前发生的费用和有关固定资产的折耗、折旧方法，由国务院财政、税务主管部门另行规定。

第六十四条　生产性生物资产计算折旧的最低年限如下：

（1）林木类生产性生物资产，为10年；

（2）畜类生产性生物资产，为3年。

（3）无形资产的摊销年限。

《中华人民共和国企业所得税法实施条例》规定：

第六十七条　无形资产按照直线法计算的摊销费用，准予扣除。

无形资产的摊销年限不得低于10年。

作为投资或者受让的无形资产，有关法律规定或者合同约定了使用年限的，可以按照规定或者约定的使用年限分期摊销。

外购商誉的支出，在企业整体转让或者清算时，准予扣除。

3. 关于固定资产折旧的企业所得税处理

国家税务总局《关于企业所得税应纳税所得额若干税务处理问题》的公告（国家税务总局公告2012年第15号）第八条规定：企业依据财务会计制度规定，并在实际会计处理上已确认的支出，凡未超过税法和有关税收法规规定的税前扣除范围和标准的，可按企业实际会计处理确认的支出，在企业所得税前扣除，计算其应纳税所得额。之所以做出上述规定，主要目的是为了减少税会差异，尽可能使税收与会计协调一致，方便纳税人纳申报和税务机关税收征管。

但15公告施行后，部分税务机关与纳税人在固定资产折旧税会差异的处理上存在分歧，公告对这类问题进行了明确。

（1）企业会计折旧年限短于税法最低折旧年限的协调。

《企业所得税法》第八条规定：企业实际发生的与取得应税收入相关的、合理的成本、费用准予在税前扣除。企业会计折旧提足后，在剩余的税收折旧年限已没有会计折旧，但由于前期已提折旧按税法规定进行了纳税调增，也就是说，税收与会计之间差异部分已实际进行了会计处理，因此，应当准予将前期纳税调增的部分在后期按税法规定进行纳税调减。这样处理，符合企业所得税税前扣除基本原则，也与15号公告第八条规定不冲突。

（2）企业会计折旧年限长于税法最低折旧年限的协调。

如果企业固定资产采用的会计折旧年限长于税法规定的最低折旧年限，视同会计与税法无差异，按15号公告规定应按会计年限计算折旧扣除，不需要在年度汇算清缴时进行纳税调减。这样处理，大大减少纳税调整成本，符合15公告的立法精神。

（3）会计上提取减值准备的固定资产折旧的税会差异协调。

根据税法规定，企业计提的固定资产减值准备应进行纳税调增。另根据税法规定，企业持有固定资产期间资产增值或者减值，除国务院财政、税务主管部门规定可以确认损益外，不得调整该资产的计税基础。由于企业计提的固定资产减值准备已进行纳税调增，并未税前扣除，所以，尽管固定资产的账面净值已经减少，但此时该固定资产的计税基础并未调整，仍可按税法确定的计税基础计算折旧扣除。这样处理，符合税法和15号公告的立法意图。

（4）会计与税法折旧方法不同导致的税会差异协调。

一种情况是，企业按《企业所得税法》第三十二条规定实行加速折旧的，公告明确其按加速折旧办法计算的折旧额可全额在税前扣除，而不必按15公告规定看会计上是否已按加速折旧处理。

另一种情况是，《财政部国家税务总局关于开采油（气）资源企业费用和有关固定资产折耗摊销折旧税务处理问题的通知》（财税〔2009〕49号）规定油气企业在开始商业性生产之前形成的开发资产，准予按直线法计提折旧扣除，最低折旧年限为8年。

按会计准则规定，企业可以采用产量法或年限平均法对油气资产计提折耗。在采用产量法计提资产折耗的情况下，会形成税会差异，如果单纯套用15公告的规定，会导致折耗（折旧）得不到及时扣除，违背《企业所得税法》第八条规定。

基于此，公告明确，石油天然气开采企业在计提油气资产折耗（折旧）时，由于会计与税法规定计算方法不同导致的折耗（折旧）差异，应按税法规定进行纳税调整。

4. 企业固定资产折旧的纳税调整

（1）企业应当根据固定资产的性质和使用情况，合理确定固定资产的预计净残值。

（2）固定资产按照直线法计算的折旧，在不低于税法规定的最低折旧年限内准予税前扣除。因此，高于税法规定的最低折旧年限即为符合税收政策的要求。

（3）对企业按会计规定已进行会计处理的折旧，如果没有超过税法规定的范围和标准，按会计处理的折旧额税前扣除。如：企业按8年对某些固定资产计提折旧，超过税法规定5年的最低折旧年限，可以按会计核算8年计提的折旧额税前扣除。

【问题1】

固定资产折旧的纳税处理：

一是企业折旧年限>税法最低折旧年限，会计核算符合税法规定的标准，可以按企业会计核算的折旧年限计算并税前扣除；

二是企业折旧年限<税法最低折旧年限，应按税法规定的最低折旧年限计算折旧额并进行纳税调整。

【问题2】

按折旧年限孰高原则：

税法规定的是最低折旧年限，因此，依据会计政策确定的企业会计折旧年限高于税法最低折旧年限，是符合税法规定的。如税法规定最低折旧年限5年，会计实际计提折旧年限为8年，会计上确定的8年符合税法规定。

这种情况下，会计折旧年限与税法折旧年限是一致的，纳税申报时可按会计计算的折旧额在税前扣除，无须纳税调整。

税法规定：企业应当根据固定资产的性质和使用情况，合理确定固定资产的预计净残值。

《北京市国家税务局2009年度企业所得税汇算清缴政策问题解答（二）》规定，企业可以根据职业判断按照税法的规定确定固定资产的预计净残值，预计的净残值可以为零，不再受原政策规定的比例限制。因此，企业固定资产折旧的纳税处理时，残值率可以为零。

5. 会计与税务在固定资产上的差异

（1）固定资产折旧范围的差异。

在会计处理上，固定资产准则规定，企业除已提足折旧仍继续使用的固定资产和按规定单独估价作为固定资产入账的土地外，应对所有固定资产计提折旧。同时应根据固定资产的性质和使用情况，合理确定固定资产的使用寿命和预计净残值。固定资产的使用寿命和预计净残值一经确定，不得随意变更。

在税务处理上，税法不允许所有固定资产都计提折旧。新《企业所得税法》第十一条规定，下列固定资产不得计算折旧扣除：房屋、建筑物以外未投入使用的固定资产；以经营租赁方式租入的固定资产；以融资租赁方式租出的固定资产；已提足折旧仍继续使用的固定资产；与经营活动无关的固定资产；单独估价作为固定资产入账的土地；其他不得计算折旧的固定资产。

由此产生会计税前利润与应纳税所得额之间的永久性差异，在每年计算应交所得税时，应调增当期税前会计利润。

（2）固定资产折旧时间的差异。

在会计处理上，固定资产应当按月计提折旧，当月增加的固定资产，当月不得计提折旧，从下月起计提折旧；当月减少的固定资产，当月仍计提折旧，从下月起不计提折旧。固定资产提足折旧后，不论能否继续使用，均不再计提折旧；提前报废的固定资产，也不再补提折旧。已达到预定可使用状态但尚未办理竣工决算的固定资产，应当按照估计价值确定其成本，并计提折旧；待办理竣工决算后，再按实际成本调整原来的暂估价值，但不需要调整原已计提的折旧额。

在税务处理上，企业应当从固定资产使用月份的次月起计算折旧；停止使用的固定资产，应当从停止使用月份的次月起停止计算折旧。对已达到预定可使用状态但尚未办理竣工决算的固定资产，按照估计价值确定其成本计提折旧，不符合税法的确定性原则，不得税前扣除，应进行纳税调整；必须在办理竣工决算后，再按实际成本确定其计税基础，计提折旧在税前扣除。

（3）固定资产折旧年限的差异。

在会计处理上，按照新会计准则规定折旧年限是由企业根据固定资产的性质和使用情况合理确定的，应考虑使用过程中的维护、修理，以及有形、无形损耗等相关因素。因此会计上折旧年限的估计，应当按以下方式进行设定：

一是使用时间；

二是工作时间、时效；

三是生产产品产量。

在税务处理上，税法就每一类固定资产的最低折旧年限作出了规定：房屋、建筑物为20年；火车、轮船、机械和其他生产设备为10年；火车、轮船以外的运输工具以及与生产经营有关的器具，工具等为5年；飞机、火车、轮船以外的运输工具，为4年；电子设备，为3年。根据《企业所得税法》第三十二规定，企业的固定资产由于技术进步等原因，确需加速折旧的可以缩短折旧年限。

（4）固定资产折旧方法的差异。

在会计处理上，企业应当根据与固定资产有关的经济利益的预期实现方式，合理选择固定资产折旧方法。可选用的折旧方法包括年限平均法、工作量法、双倍余额递减法和年数总和法等。固定资产的折旧方法一经确定，不得随意变更。固定资产应当按月计提折旧，并根据用途计入相关资产的成本或者当期损益。企业至少应当于每年年度终了，对固定资产的使用寿命、预计净残值和折旧方法进行复核。与固定资产有关的经济利益预期实现方式有重大改变的，应当改变固定资产折旧方法，固定资产使用寿命、预计净残值和折旧方法的改变应当作为会计估计变更。

在税务处理上，税法规定除了某些特例，企业固定资产由于技术进步等原因，确需加速折旧的，可以采用加速折旧方法外，一般只允许企业按照直线法计算提取的折旧，才可在计算应纳税所得额时扣除。

（5）计提减值准备的差异。

在会计处理上，企业期末固定资产的计价按账面价值与可收回金额孰低法计量，对可收回金额低于账而价值的差额计提固定资产减值准备，并将其计入当期损益。已计提固定资产减值准备的在计提折旧时，应当按固定资产账面价值原值减去累计折旧和计提减值准备后以及尚可使用年限、重新计算确定折旧率或折旧额，对于已全额计提固定资产减值的，不再计提折旧。因此计提固定资产减值准备会影响折旧额的计提，从而会对会计利润产生影响。

在税务处理上，企业各项资产计价应遵循历史成本原则，不允许企业计提固定资产减值准备，在计算应纳税所得额时，不得扣除固定资产减值准备，不允许企业将固定资产减值准备计入当期损益。企业只有在实际处置固定资产时，方可计算确认当期损益

二、“资产折旧、摊销情况及纳税调整明细表”结构特点是什么

1. 资产折旧、摊销情况及纳税调整明细表作了哪些重大修改

此表属于本次重点修改内容，删除了国家税务总局公告2016年第3号公布的“固定资产加速折旧、扣除明细表”（A105081），将相关内容压缩后增补为“资产折旧、摊销情况及纳税调整明细表”（A105080）的第8—17行，行次也相应的由27行增加到了39行。

将旧版表头中的第5、6、7列进行了修改，删除了第10列“调整原因”，设置了一行附列资料即“全民所有制改制资产评估增值政策资产”。

表17－1　资产折旧、摊销及纳税调整明细表（2017新版）

行次	项　目	账载金额			税收金额					纳税调整金额
		资产原值	本年折旧、摊销额	累计折旧、摊销额	资产计税基础	税收折旧额	享受加速折旧政策的资产按税收一般规定计算的折旧、摊销额	加速折旧统计额	累计折旧、摊销额	
		1	2	3	4	5	6	7＝5－6	8	9(2－5)

表17－2　资产折旧、摊销及纳税调整明细表（2014旧版）

行次	项目	账载金额			税收金额					纳税调整	
		资产账载金额	本年折旧、摊销额	累计折旧、摊销额	资产计税基础	按税收一般规定计算的本年折旧、摊销额	本年加速折旧额	其中：2014年及以后年度新增固定资产加速折旧额（填写A105081）	累计折旧、摊销额	金额	调整原因
		1	2	3	4	5	6	7	8	9（2－5－6）	10

表 17－3　资产折旧、摊销及纳税调整明细表（2017 新版）

8	其中：享受固定资产加速折旧及一次性扣除政策的资产加速折旧额大于一般折旧额的部分	（一）重要行业固定资产加速折旧（不含一次性扣除）									*
9		（二）其他行业研发设备加速折旧									*
10		（三）允许一次性扣除的固定资产（11＋12＋13）									*
11		1. 单价不超过 100 万元专用研发设备									*
12		2. 重要行业小型微利企业单价不超过 100 万元研发生产共用设备									*
13		3. 5000 元以下固定资产									*
14		（四）技术进步、更新换代固定资产									*
15		（五）常年强震动、高腐蚀固定资产									*
16		（六）外购软件折旧									*
17		（七）集成电路企业生产设备									*

2. 加速折旧的方式与选择

（1）《中华人民共和国企业所得税法》规定：

第三十二条 企业的固定资产由于技术进步等原因，确需加速折旧的，可以缩短折旧年限或者采取加速折旧的方法。

第九十八条 采取缩短折旧年限方法的，最低折旧年限不得低于本条例第六十条规定折旧年限的60%；采取加速折旧方法的，可以采取双倍余额递减法或者年数总和法。

（2）《中华人民共和国企业所得税法实施条例》规定：

第九十八条　企业所得税法第三十二条所称可以采取缩短折旧年限或者采取加速折旧的方法的固定资产，包括：

①由于技术进步，产品更新换代较快的固定资产；

②常年处于强震动、高腐蚀状态的固定资产。

（3）财政部、国家税务总局《关于完善固定资产加速折旧企业所得税政策》的通知（财税〔2014〕75 号）规定：

①对生物药品制造业，专用设备制造业，铁路、船舶、航空航天和其他运输设备制造业，计算机、通信和其他电子设备制造业，仪器仪表制造业，信息传输、软件和信息技术服务业等 6 个行业的企业 2014 年 1 月 1 日后新购进的固定资产，可缩短折旧年限或采取加速折旧的方法。

对上述 6 个行业的小型微利企业 2014 年 1 月 1 日后新购进的研发和生产经营共用的仪器、设备，单位价值不超过 100 万元的，允许一次性计入当期成本费用在计算应纳税所得额时扣除，不再分年度计算折旧；单位价值超过 100 万元的，可缩短折旧年限或采取加速折旧的方法。

②对所有行业企业 2014 年 1 月 1 日后新购进的专门用于研发的仪器、设备，单位价值不超过 100 万元的，允许一次性计入当期成本费用在计算应纳税所得额时扣除，不再分年度计算折旧；单位价值超过 100 万元的，可缩短折旧年限或采取加速折旧的方法。

③对所有行业企业持有的单位价值不超过 5000 元的固定资产，允许一次性计入当期成本费用在计算应纳税所得额时扣除，不再分年度计算折旧。

（4）财政部 国家税务总局《关于进一步完善固定资产加速折旧企业所得税政策的通知》（财税

〔2015〕106 号）规定：

①对轻工、纺织、机械、汽车等四个领域重点行业（具体范围见附件）的企业 2015 年 1 月 1 日后新购进的固定资产，可由企业选择缩短折旧年限或采取加速折旧的方法。

②对上述行业的小型微利企业 2015 年 1 月 1 日后新购进的研发和生产经营共用的仪器、设备，单位价值不超过 100 万元的，允许一次性计入当期成本费用在计算应纳税所得额时扣除，不再分年度计算折旧；单位价值超过 100 万元的，可由企业选择缩短折旧年限或采取加速折旧的方法。

③企业按本通知第一条、第二条规定缩短折旧年限的，最低折旧年限不得低于企业所得税法实施条例第六十条规定折旧年限的 60%；采取加速折旧方法的，可采取双倍余额递减法或者年数总和法。

按照企业所得税法及其实施条例有关规定，企业根据自身生产经营需要，也可选择不实行加速折旧政策。

④会计处理采取正常折旧方法，税法规定采取缩短年限方法的，按税法规定折旧完毕后，该项固定资产不再填写本表；会计处理采取正常折旧方法，税法规定采取年数总和法、双倍余额递减法方法的，从按税法规定折旧金额小于按会计处理折旧金额的年度起，该项固定资产不再填写本表；会计处理、税法规定均采取加速折旧方法的，合计栏项下“正常折旧额”，按该类固定资产税法最低折旧年限和直线法估算“正常折旧额”，与税法规定的“加速折旧额”的差额，填报加速折旧的优惠金额。

三、“资产折旧、摊销情况及纳税调整明细表”重点栏目表填报说明

表 17－4 资产折旧、摊销及纳税调整明细表（A105080）

行次	项目		账载金额			税收金额					纳税调整金额
			资产原值	本年折旧、摊销额	累计折旧、摊销额	资产计税基础	税收折旧额	享受加速折旧政策的资产按税收一般规定计算的折旧、摊销额	加速折旧统计额	累计折旧、摊销额	
			1	2	3	4	5	6	7＝5－6	8	9(2－5)
1	一、固定资产（2＋3＋4＋5＋6＋7）							*	*		
2	所有固定资产	（一）房屋、建筑物						*	*		
3		（二）飞机、火车、轮船、机器、机械和其他生产设备						*	*		
4		（三）与生产经营活动有关的器具、工具、家具等						*	*		
5		（四）飞机、火车、轮船以外的运输工具						*	*		
6		（五）电子设备						*	*		
7		（六）其他						*	*		

续表

行次	项目		账载金额			税收金额					纳税调整金额
			资产原值	本年折旧、摊销额	累计折旧、摊销额	资产计税基础	税收折旧额	享受加速折旧政策的资产按税收一般规定计算的折旧、摊销额	加速折旧统计额	累计折旧、摊销额	
			1	2	3	4	5	6	7=5-6	8	9(2-5)
8	其中：享受固定资产加速折旧及一次性扣除政策的资产加速折旧额大于一般折旧额的部分	（一）重要行业固定资产加速折旧（不含一次性扣除）									*
9		（二）其他行业研发设备加速折旧									*
10		（三）允许一次性扣除的固定资产（11+12+13）									*
11		1. 单价不超过100万元专用研发设备									*
12		2. 重要行业小型微利企业单价不超过100万元研发生产共用设备									*
13		3. 5000元以下固定资产									*
14		（四）技术进步、更新换代固定资产									*
15		（五）常年强震动、高腐蚀固定资产									*
16		（六）外购软件折旧									*
17		（七）集成电路企业生产设备									*
18	二、生产性生物资产（19+20）							*	*		
19	（一）林木类							*	*		
20	（二）畜类							*	*		
21	三、无形资产（22+23+24+25+26+27+28+30）							*	*		
22	（一）专利权							*	*		
23	（二）商标权							*	*		
24	（三）著作权							*	*		
25	（四）土地使用权							*	*		
26	（五）非专利技术							*	*		
27	（六）特许权使用费							*	*		
28	（七）软件							*	*		
29	其中：享受企业外购软件加速摊销政策										*
30	（八）其他							*	*		
31	四、长期待摊费用（32+33+34+35+36）							*	*		
32	（一）已足额提取折旧的固定资产的改建支出							*	*		
33	（二）租入固定资产的改建支出							*	*		
34	（三）固定资产的大修理支出							*	*		
35	（四）开办费							*	*		
36	（五）其他							*	*		
37	五、油气勘探投资							*	*		
38	六、油气开发投资							*	*		
39	合计（1+18+21+31+37+38）										
附列资料	全民所有制改制资产评估增值政策资产							*	*		

本表属于“纳税调整项目明细表”项下的资产类调整明细表，适用于发生资产折旧、摊销的纳税人，无论是否纳税调整，均须填报。

1. 列次填报

（1）第1列“资产原值”：填报纳税人会计处理计提折旧、摊销的资产原值（或历史成本）的金额。

（2）第2列“本年折旧、摊销额”：填报纳税人会计核算的本年资产折旧、摊销额。

（3）第3列“累计折旧、摊销额”：填报纳税人会计核算的历年累计资产折旧、摊销额。

（4）第4列“资产计税基础”：填报纳税人按照税法规定据以计算折旧、摊销的资产原值（或历史成本）的金额。

（5）第5列“税收折旧额”：填报纳税人按照税法规定计算的允许税前扣除的本年资产折旧、摊销额。

对于不征税收入形成的资产，其折旧、摊销额不得税前扣除。第4～8列税收金额不包含不征税收入所形成资产的折旧、摊销额。

对于8～17行、29行对应的“税收折旧额”，填报享受各种加速折旧政策的资产，当年享受加速折旧后的税法折旧额合计。本列仅填报加速后的税法折旧额大于一般折旧额月份的金额。即对于本年度某些月份，享受加速折旧政策的固定资产，其加速后的税法折旧额大于一般折旧额、某些月份税法折旧额小于一般折旧额的，仅填报税法折旧额大于一般折旧额月份的税法折旧额。

（6）第6列“享受加速折旧政策的资产按税收一般规定计算的折旧、摊销额”：仅适用于8～17行、29行，填报纳税人享受加速折旧政策的资产按照税法一般规定计算的允许税前扣除的本年资产折旧、摊销额。按照税法一般规定计算的折旧额，是指该资产在不享受加速折旧情况下，按照税法规定的最低折旧年限以直线法计算的折旧额。本列仅填报加速后的税法折旧额大于按照税法一般规定计算折旧额对应月份的金额。

（7）第7列“加速折旧统计额”：用于统计纳税人享受各类固定资产加速折旧政策的优惠金额。

（8）第8列“累计折旧、摊销额”：填报纳税人按照税法规定计算的历年累计资产折旧、摊销额。

（9）第9列“纳税调整额”：填报第2～5列的余额。

2. 行次填报

（1）第2～7行、第19～20行、第22～28行、第30行、第32～38行，根据资产类别填报对应的行次。

（2）第8～17行、第29行：用于填报享受各类固定资产加速折旧政策的资产加速折旧情况，分类填报各项固定资产加速折旧政策优惠情况。

（3）第8行“1. 重要行业固定资产加速折旧”：填报按照财税〔2014〕75号和财税〔2015〕106号文件规定，生物药品制造业，专用设备制造业，铁路、船舶、航空航天和其他运输设备制造业，计算机、通信和其他电子设备制造业，仪器仪表制造业，信息传输、软件和信息技术服务业6

个行业，以及轻工、纺织、机械、汽车四大领域18个行业的纳税人（简称“重要行业”），对于新购进固定资产在税收上采取加速折旧的情况。该行次不填报重要行业纳税人按照两个文件规定，享受一次性扣除政策的资产。

（4）第9行“2. 其他行业研发设备加速折旧”：由重要行业以外的其他企业填报。填写单位价值超过100万元以上专用研发设备采取缩短折旧年限或加速折旧方法的纳税调减或者加速折旧优惠统计情况。

（5）第10行“3. 允许一次性扣除的固定资产”：填报新购进单位价值不超过100万元研发设备和单位价值不超过5000元固定资产，按照税法规定一次性在当期扣除金额。本行＝11＋12＋13行。

（6）第11行“（1）单价不超过100万元专用研发设备”：填报“重要行业”非小型微利企业和“重要行业”以外的企业，对新购进专门用于研发活动的仪器、设备，单位价值不超过100万元的，享受一次性扣除政策的有关情况。

（7）第12行“（2）重要行业小型微利企业单价不超过100万元研发生产共用设备”：填报“重要行业”中的小型微利企业，对其新购进研发和生产经营共用的仪器、设备，单位价值不超过100万元的，享受一次性扣除政策的有关情况。

（8）第13行“（3）5000元以下固定资产”：填写纳税人单位价值不超过5000元的固定资产，按照政策规定一次性在当期税前扣除的有关情况。

（9）第14行“4. 技术进步、更新换代固定资产”：填写企业固定资产因技术进步，产品更新换代较快，按税法规定享受固定资产加速折旧的有关情况。

（10）第15行“5. 常年强震动、高腐蚀固定资产”：填写常年处于强震动、高腐蚀状态的固定资产，按税法规定享受固定资产加速折旧有关情况。

（11）第16行“6. 外购软件折旧”：填写企业外购软件作为固定资产处理，按财税〔2012〕27号文件规定享受加速折旧的有关情况。

（12）第17行“7. 集成电路企业生产设备”：填报集成电路生产企业的生产设备，按照财税〔2012〕27号文件规定享受加速折旧政策的有关情况。

（13）第29行“其中：享受企业外购软件加速摊销政策”：填写企业外购软件作无形资产处理，按财税〔2012〕27号文件规定享受加速摊销的有关情况。

（14）附列资料“享受全民所有制改制资产评估增值政策资产”：填写企业按照国家税务总局公告2017年第34号文件规定，执行“改制中资产评估增值不计入应纳税所得额；资产的计税基础按其原有计税基础确定；资产增值部分的折旧或者摊销不得在税前扣除”政策的情况。本行不参与计算，仅用于列示享受全民所有制改制资产评估增值政策资产的有关情况，相关资产折旧（摊销）及调整情况在本表1～39行按规定填报 。

四、“资产折旧、摊销情况及纳税调整明细表”的表内、表间关系

1. 表内关系

（1）第1行＝第2＋3＋…＋7行。

（2）第10行=第11+12+13行。

（3）第18行=第19+20行。

（4）第21行=第22+23+24+25+26+27+28+30行。

（5）第31行=第32+33+34+35+36行。

（6）第39行=第1+18+21+31+37+38行。（其中第39行第6列=第8+9+10+14+15+16+17+29行第6列；第39行第7列=第8+9+10+14+15+16+17+29行第7列）

（7）第7列“加速折旧统计额”=第5列税收折旧额-6列享受加速折旧政策的资产按税收一般规定计算的本年折旧、摊销额。

（8）第9列纳税调整额=第2本年折旧、摊销额-5列税收折旧额。

2. 表间关系

（1）第39行第2列=表A105000第32行第1列。

（2）第39行第5列=表A105000第32行第2列。

（3）第39行第9列，若≥0，填入表A105000第32行第3列；若<0，将绝对值填入表A105000第32行第4列。

五、资产折旧、摊销及纳税调整的案例分析

【案例1】

日丽化妆品制造公司2015年12月1日成立，增值税一般纳税人，增值税率为17%，执行《企业会计准则》，部分固定资产情况如下：

（1）2015年12月10日，购入办公楼，价值3000万元，会计核算按15年折旧年限，直线法计提折旧，不考虑残值；

（2）2016年12月30日，购入管理用电脑一台，价值4800元，会计按3年直线法计提折旧，不考虑残值；

（3）2016年12月31日，购入货车1辆，价值20万元，会计核算按5年折旧年限，直线法计提折旧，不考虑残值；

（4）2015年12月20日，购入一台管理部门用不需要安装的电子设备，支付价款150万元，增值税进项税额25.5万元。该设备预计使用寿命5年，净残值5万元，采用直线法计提折旧。2016年12月31日，由于与该设备相关的经济因素发生不利变化，致使该设备发生减值，估计可收回金额为85万元。2017年12月31日，该设备估计可收回金额为77万元。假设该公司每年实现的利润均为100万元，所提折旧全部影响当期损益，不考虑企业所得税以外的其他税费，无其他纳税调整事项。在每年末均预计未来期间能够产生足够的应纳税所得额用来抵扣已发生的可抵扣暂时性差异。

（5）2017年6月30日，购入生产设备1台，价值180万元，会计核算按10年直线法计提折旧，不考虑残值；

假设不考虑其他资产情况，试填写日丽公司2017年度所得税汇算“资产折旧、摊销情况及纳税调整明细表”。

【解析】

(1) 办公楼会计按15年计提折旧，税法规定折旧年限不低于20年。2017年会计提取折旧3000/15=20万元，每月提取折旧1.66万元。，税法折旧额3000/20=15万元。

每月计提折旧会计分录：

借：管理费用　16600

　贷：累计折旧　16600

到2017年底，会计累计提取折旧40万元，税法累计折旧金额30万元。

明细表填写如下：

行次	项　目		账载金额			税收金额					纳税调整金额
			资产原值	本年折旧、摊销额	累计折旧、摊销额	资产计税基础	税收折旧额	享受加速折旧政策的资产按税收一般规定计算的折旧、摊销额	加速折旧统计额	累计折旧、摊销额	
			1	2	3	4	5	6	7=5-6	8	9(2-5)
1	一、固定资产(2+3+4+5+6+7)							*	*		
2	所有固定资产	(一)房屋、建筑物	3000	20	40	3000	15	*	*	30	5

(2) 管理用电脑会计每月计提折旧133.33元，2017年计提折旧1600元，累计计提折旧1600元。税法按照财税〔2014〕75号文件规定，企业持有的单位价值不超过5000元的固定资产，允许一次性计入当期成本费用在计算应纳税所得额时扣除，不再分年度计算折旧。

每月计提折旧会计分录：

借：管理费用　133.33

　贷：累计折旧　133.33

(3) 交通工具货车会计按5年计提折旧，每月计提折旧3333.33元，累计提取4万元。税法规定最低折旧年限为4年，会计核算符合税法规定，根据《国家税务总局关于企业所得税应纳税所得额若干税务处理问题的公告》(2012年第15号)的规定，可以不做纳税调减。

每月计提折旧会计分录：

借：销售费用　3333.33

　贷：累计折旧　3333.33

(4) 企业按照会计准则规定，对发生减值的固定资产可以计提减值准备，并按照计提减值准备后的净值按照剩余折旧年限计提折旧。税法规定，企业持有固定资产期间资产增值或者减值，通常不得调整其计税基础，企业计提的固定资产减值准备应进行纳税调增。尽管固定资产的账面净值已经减少，但其计税基础并未调整，仍应按税法确定的计税基础计算折旧并扣除。

①2015年12月，购进设备

借：固定资产　1500000

　应交税费——应交增值税（进项税额）　255000

　贷：银行存款　1755000

②2016年度会计每月计提折旧24166元，全年提取折旧（150－5）÷5＝29万元。

每月计提折旧会计分录

借：管理费用　　24166

　　贷：累计折旧　　24166

本例中，电子设备会计上按5年计提折旧，税法规定最低折旧年限为3年，企业在会计核算时确定的折旧年限符合税法规定的标准，根据《国家税务总局关于企业所得税应纳税所得额若干税务处理问题的公告》（2012年第15号）的规定，可以不做纳税调减。

③2016年12月31日，该设备账面价值＝150－29＝121万元，可收回金额为85万元，发生减值＝121－85＝36万元。

借：资产减值损失——固定资产减值损失　　360000

　　贷：固定资产减值准备　　360000

④由于税法不允许在所得税前扣除固定资产减值准备，因此，2016年应调增应纳税所得额36万元，应交企业所得税＝（100＋36）×25%＝34万元。

2016年12月31日，该设备账面价值为85万元，计税基础＝150－29＝121万元，根据《企业会计准则第18号——所得税》的规定，两者之间的差额会减少未来期间的应纳税所得额和应交所得税，属于可抵扣暂时性差异，应当确认递延所得税资产＝36×25%＝9万元。

借：所得税费用　　250000

　　递延所得税资产　　90000

　　贷：应交税费——应交所得税　　340000

⑤2017年12月31日，该设备已计提减值准备的设备，应当按照账面价值以及尚可使用寿命重新计算确定折旧率和折旧额。当年应计提折旧＝（85－5）÷4＝20万元，每月计提20万元÷4＝16666.67元。

每月计提折旧会计分录

借：管理费用　　16666.67

　　贷：累计折旧　　16666.67

⑥2017年12月31日，该设备的账面价值＝85－20＝65万元，可收回金额为77万元，超过了其账面价值，但根据会计准则的有关规定，已计提的固定资产减值准备不允许转回。2017年，会计折旧为20万元，税法折旧为29万元，应调减应纳税所得额9万元，应交企业所得税＝（100－9）×25%＝22.75万元。计税基础＝121－29＝92万元，与账面价值之间的差额92－65＝27万元，为累计应确认的可抵扣暂时性差异，应保留的递延所得税资产余额＝27×25%＝6.75万元，该科目年初余额9万元，应转回＝9－6.75＝2.25万元。

借：所得税费用　　250000

贷：递延所得税资产　　22500

　　应交税费——应交所得税　　227500

（5）生产设备会计按10年计提折旧，每月计提1.5万元，2017年累计提取9万元。税法按照财税〔2015〕106号文件规定，化妆品制造属于四大领域中的轻工领域，2015年1月1日后新购进的固定资产，可选择缩短折旧年限或采取加速折旧的方法。假设本例中选择缩短折旧年限方法即按照6年计提折旧，则2017年累计可扣除折旧15万元。

每月计提折旧会计分录：

借：制造费用　　15000

　贷：累计折旧　　15000

该公司2017年度所得税汇算清缴时，“资产折旧、摊销情况及纳税调整明细表”填写如下：

行次	项目		账载金额			税收金额					纳税调整金额
			资产原值	本年折旧、摊销额	累计折旧、摊销额	资产计税基础	税收折旧额	享受加速折旧政策的资产按税收一般规定计算的折旧、摊销额	加速折旧统计额	累计折旧、摊销额	
			1	2	3	4	5	6	7=5-6	8	9(2-5)
1	一、固定资产（2+3+4+5+6+7）		3350.48	53.16	102.16	3350.5	64.48	*	*	107.48	-10.32
2	所有固定资产	（一）房屋、建筑物	3000	20	40	3000	15	*	*	30	5
3		（二）飞机、火车、轮船、机器、机械和其他生产设备	180	9	9	180	15	*	*	15	-6
4		（三）与生产经营活动有关的器具、工具、家具等						*	*		
5		（四）飞机、火车、轮船以外的运输工具	20	4	4	20	4	*	*	4	0
6		（五）电子设备	150.48	20.16	49.16	150.48	29.48	*	*	59.48	-9.32
7		（六）其他						*	*		
8	其中：享受固定资产加速折旧及一次性扣除政策的资产加速折旧额大于一般折旧额的部分	（一）重要行业固定资产加速折旧（不含一次性扣除）	180	9	9	180	15	9	6	15	*
9		（二）其他行业研发设备加速折旧									*
10		（三）允许一次性扣除的固定资产（11+12+13）									*
11		1. 单价不超过100万元专用研发设备									*
12		2. 重要行业小型微利企业单价不超过100万元研发生产共用设备									*
13		3. 5000元以下固定资产	0.48	0.16	0.16	0.48	0.48	0.16	0.32	0.48	*
14		（四）技术进步、更新换代固定资产									*
38	六、油气开发投资							*	*		
39	合计（1+18+21+31+37+38）										-10.32
附列资料	全民所有制改制资产评估增值政策资产							*	*		

A105000“纳税调整项目明细表”填写如下：

31	三、资产类调整项目（32+33+34+35）	*	*		
32	（一）资产折旧、摊销（填写A105080）	53.16	63.48		10.32

第18章 “资产损失税前扣除及纳税调整明细表”的理解与填报

“资产损失税前扣除及纳税调整明细表”（A105090）适用于发生资产损失税前扣除项目及纳税调整项目的纳税人填报。

纳税人应根据税法和相关法规之规定，及国家统一企业会计制度，填报资产损失的会计处理、税收规定，以及纳税调整情况。

纳税人完成“资产损失税前扣除及纳税调整明细表”的填报工作，必须认真学习和领会下列税收文件：

（1）《中华人民共和国企业所得税法》；

（2）《中华人民共和国企业所得税法实施条例》；

（3）财政部 国家税务总局《关于企业资产损失税前扣除政策的通知》（财税〔2009〕57号）；

（4）国家税务总局《关于发布〈企业资产损失所得税税前扣除管理办法〉的公告》（国家税务总局公告2011年第25号）；

（5）《国家税务总局关于商业零售企业存货损失税前扣除问题的公告》（国家税务总局公告2014年第3号）；

（6）《国家税务总局关于企业因国务院决定事项形成的资产损失税前扣除问题的公告》（国家税务总局公告2014年第18号）。

《企业所得税法》第八条所称的损失，一般是指企业发生的与经营活动有关的资产损失。企业的各项财产损失：

按财产的性质分为货币资金损失、坏账损失、存货损失、投资转让或清算损失、固定资产损失、在建工程和工程物资损失、无形资产损失和其他资产损失；

按申报扣除程序分为自行申报扣除财产损失和经审批扣除财产损失；

按损失原因分为正常损失（包括正常转让、报废、清理等）、非正常损失（包括因战争、自然灾害等不可抗力造成损失，因人为管理责任毁损、被盗造成损失，政策因素造成损失等）、发生改组等评估损失和永久实质性损害。

《企业所得税法实施条例》第三十二条进一步明确："企业所得税法第八条所称损失，是指企业在生产经营活动中发生的固定资产和存货的盘亏、毁损、报废损失，转让财产损失，呆账损失，坏账损失，自然灾害等不可抗力因素造成的损失以及其他损失。

企业发生的损失，减除责任人赔偿和保险赔款后的余额，依照国务院财政、税务主管部门的规定扣除。"对企业资产损失的理解主要有以下几个方面：

一是限于生产经营活动中发生的损失。

企业发生的允许税前扣除的损失，限于企业在生产经营活动过程中所发生的损失。在非生产经营活动过程中所发生的损失，不得作为企业的生产经营损失予以认定。也就是说，企业所发生的损失，必须是企业在生产产品、提供劳务、销售商品等过程中的支出和耗费。

二是损失的类别。

准予税前扣除的损失种类包括，固定资产和存货的盘亏、毁损、报废损失，转让财产损失，呆账损失，坏账损失，自然灾害等不可抗力因素造成的损失以及其他损失。其中：

固定资产和存货的盘亏损失，是指企业在年末或者特定时期盘点清查固定资产、存货时，所发现固定资产和存货的减少而产生的损失，因为有时候企业账簿上所记载的固定资产和存货的数量，可能多于企业的实际拥有量，而企业在记账时，可能没有发现两者的差异，等到年末或者特定时期进行盘点、清查时，发现两者存在差异，这些差异在企业所得税制度中就被确认为固定资产和存货的盘亏损失。

固定资产和存货的毁损损失，是指企业因遭受自然灾害、工人操作过程中的操作和使用失误等所引起的损失。

固定资产和存货的报废损失，则是指因磨损、技术进步等原因引起固定资产和存货的使用寿命缩短等造成的这些资产的预计使用价值降低而产生的损失。

转让财产损失，是指企业转让财产的所得，不足以全部抵免企业因获得该项财产而发生的对价支出，两者之间的差额就属于企业的转让财产损失。

呆账是3年以上既不增加也不减少的无法收回的往来账，并且不能确定将来是否能收回的往来账。

坏账是指企业无法收回或者收回的可能性极小的应收款项。企业由于发生呆账、坏账而产生的损失，就是呆账、坏账损失，如债务人被依法宣告破产、撤销，其剩余财产确实不足清偿的应收账款；债务人死亡或者依法被宣告死亡、失踪，其财产或者遗产确实不足清偿的应收账款；债务人遭受重大自然灾害或者意外事故，损失巨大，以及财产（包括保险赔款等）确实无法清偿的应收账款；债务人逾期未履行偿债义务，经法院裁决，确实无法清偿的应收账款；逾期3年以上仍未收回的应收账款等。

自然灾害等不可抗力因素造成的损失，是指企业在生产经营活动过程中，非人力所能抗拒或者阻止的因素等，而发生的自身财产的损失，如发生火灾将厂房烧毁、地震造成房屋塌陷而发生的损失等等。

最后是其他损失，这是一个兜底条款，以防止前面列举的不全面，因为企业生产经营活动形态多样，变化多端，纯粹的列举可能无法穷尽企业生产经营活动所发生的各种损失类别。增加这个兜底规定，意在表明凡是企业在生产经营活动中发生的损失，在计算应纳税所得额时都允许扣除。

三是净损失及其扣除规定。

根据本条第二款的规定，准予税前扣除的损失，必须是减除责任人赔偿和保险赔款后的余额，并按照国务院财政、税务主管部门的规定扣除。为了分散或者减少损失，企业就自身可能遭受的，又无法明确预测的事项，向保险机构投保，以期在损失发生时，从保险机构获取相应的补偿。另外，企业所发生的损失，很多情况下是存在责任人的，即这些损失是由其他责任人所造成的，责任人对这些损失负有相应的赔偿等民事责任，企业可以从责任人那里获取相应的赔偿款。而企业所得税法税前扣除所称的损失，是企业的实际损失，企业获得相应保险赔款或者责任人赔偿部分，不属于企业所实际承担的损失，不应允许税前扣除。所以，允许税前扣除的损失，就限于企业发生的减除责任人赔偿和保险赔款后的余额。

另外，企业实际所发生的损失，如同企业所实际发生的成本、费用一样，需要根据收入与支出配比原则等的要求，做相应地税务处理，并非一律都是允许在发生当期予以扣除，其具体扣除的方式、范围、条件等等，都需要根据国务院财政、税务主管部门的规定来确定，所以本条强调企业所实际发生的损失，减除责任人赔偿和保险赔款后的余额，按照国务院财政、税务主管部门的规定扣除。

四是收回已作为损失处理的资产的税务处理。

根据本条第三款的规定，企业已经作为损失处理的资产，在以后纳税年度全部收回或者部分收回时，应当计入当期收入。税务上对有关资产的处理是一种法律上认可的虚拟化处置，可能并非与实际物理意义上的资产状态一致，所以经常会发生这么一种现象，就是在税务处理上已经被作为损失处理的资产，却可能因某种因素的出现，导致这些已被作为损失处理的资产，重新为企业所掌握，成为企业的资产，或者给企业带来经济利益的流入，如已被作为坏账损失处理的资产，可能出现债务人又重新具备了偿债能力并予以偿债；因其他人造成的企业损失，原以为不存在责任人而将其作为难以偿还的损失来处理，后来发现存在责任人，且责任人赔付了相应损失。由于这部分资产，之前的税务处理中，已经将其作为损失处理，已予以相应扣除。

那么，当这个已被扣除的损失重新被确认为资产时，就应该视为企业的收入，计算应纳税所得额，否则将导致企业这部分资产被重复扣除。需要注意的是，计入当期收入的具体数额，要看企业所实际收回的数额，如果是全部收回时，则以全部收回的资产额确认收入；如果只是部分收回时，就以收回的部分资产额确认收入。

“资产损失税前扣除及纳税调整明细表”（A105090）适用于发生资产损失税前扣除项目及纳税调整项目的纳税人填报。纳税人根据企业所得税法、《财政部 国家税务总局关于企业资产损失税前扣除政策的通知》（财税〔2009〕57 号）、国家税务总局关于《发布〈企业资产损失所得税税前扣除管理办法〉的公告》（国家税务总局公告 2011 年第 25 号条款修改）、国家税务总局《关于商业零售企业存货损失税前扣除问题的公告》（国家税务总局公告 2014 年第 3 号）、国家税务总局《关于企业因国务院决定事项形成的资产损失税前扣除问题的公告》（国家税务总局公告 2014 年第 18 号）等相关规定，及国家统一企业会计制度，填报资产损失的会计处理、税法规定，以及纳税调整情况。

一、“资产损失税前扣除及纳税调整明细表”的焦点问题

根据国家税务总局公告 2011 年第 25 号文件规定，准予在企业所得税税前扣除的资产损失，是指企业在实际处置、转让上述资产过程中发生的合理损失（以下简称实际资产损失），以及企业虽未实际处置、转让上述资产，但符合《通知》和本办法规定条件计算确认的损失（以下简称法定资产损失）。

企业实际资产损失，应当在其实际发生且会计上已作损失处理的年度申报扣除；法定资产损失，应当在企业向主管税务机关提供证据资料证明该项资产已符合法定资产损失确认条件，且会计上已作损失处理的年度申报扣除。

1. 申报扣除规定

根据国家税务总局公告 2011 年第 25 号文件第五条规定，企业发生的资产损失，应按规定的程序和要求向主管税务机关申报后方能在税前扣除。未经申报的损失，不得在税前扣除。

企业以前年度发生的资产损失未能在当年税前扣除的，可以按照本办法的规定，向税务机关说明并进行专项申报扣除。其中，属于实际资产损失，准予追补至该项损失发生年度扣除，其追补确认期限一般不得超过五年，但因计划经济体制转轨过程中遗留的资产损失、企业重组上市过程中因权属不清出现争议而未能及时扣除的资产损失、因承担国家政策性任务而形成的资产损失以及政策定性不明确而形成资产损失等特殊原因形成的资产损失，其追补确认期限经国家税务总局批准后可适当延长。属于法定资产损失，应在申报年度扣除。

企业因以前年度实际资产损失未在税前扣除而多缴的企业所得税税款，可在追补确认年度企业所得税应纳税款中予以抵扣，不足抵扣的，向以后年度递延抵扣。

企业实际资产损失发生年度扣除追补确认的损失后出现亏损的，应先调整资产损失发生年度的亏损额，再按弥补亏损的原则计算以后年度多缴的企业所得税税款，并按前款办法进行税务处理。

国家税务总局公告 2011 年第 25 号文件第七条明确，企业在进行企业所得税年度汇算清缴申报时，可将资产损失申报材料和纳税资料作为企业所得税年度纳税申报表的附件一并向税务机关报送。

2. 清单申报的要求

国家税务总局公告2011年第25号第八条明确：“企业资产损失按其申报内容和要求的不同，分为清单申报和专项申报两种申报形式。其中，属于清单申报的资产损失，企业可按会计核算科目进行归类、汇总，然后再将汇总清单报送税务机关，有关会计核算资料和纳税资料留存备查；属于专项申报的资产损失，企业应逐项（或逐笔）报送申请报告，同时附送会计核算资料及其他相关的纳税资料。”

下列资产损失，应以清单申报的方式向税务机关申报扣除：

（1）企业在正常经营管理活动中，按照公允价格销售、转让、变卖非货币资产的损失；

（2）企业各项存货发生的正常损耗；

（3）企业固定资产达到或超过使用年限而正常报废清理的损失；

（4）企业生产性生物资产达到或超过使用年限而正常死亡发生的资产损失；

（5）企业按照市场公平交易原则，通过各种交易场所、市场等买卖债券、股票、期货、基金以及金融衍生产品等发生的损失。

【案例1】

某大型商业零售企业在2017年12月底对商品进行盘点时发现库存商品短缺500000元，经查明原因属于零星失窃所致。经过归类、汇总后经企业有权部门审核决定，应当由相关责任人赔偿20000元，并认定为正常损失。请对该企业存货盘亏的税收和会计事项做出处理（假设该企业全年仅发生此项损失业务，不考虑其他税费因素）。

【会计处理】

应当转出增值税进项税额 =500000×17% =85000（元）

（1）批准处理前。

借：待处理财产损溢——待处理流动资产损溢　585000

　　贷：库存商品　500000

　　　　应交税费——应交增值税（进项税额转出）　85000

（2）批准处理后。

借：管理费用　565000

　　其他应收款　20000（应由保管人员赔偿的部分）

　　贷：待处理财产损溢——待处理流动资产损溢　585000

后续核算的会计分录略。

【税收处理】

（1）增值税申报（略）。

（2）企业所得税处理。

根据《国家税务总局关于商业零售企业存货损失税前扣除问题的公告》（国家税务总局公告2014年第3号）规定：“一、商业零售企业存货因零星失窃、报废、废弃、过期、破损、腐败、鼠咬、顾客退换货等正常因素形成的损失，为存货正常损失，准予按会计科目进行归类、汇总，然后再将汇总数据以清单的形式进行企业所得税纳税申报，同时出具损失情况分析报告。”该大型商业零售企业存货正常损失应当以清单申报的方式进行申报扣除。

【填报技巧】

（1）资产损失金额的确认：该大型商业零售企业的存货损失确认为565000元。

（2）填报“资产损失税前扣除及纳税调整明细表”（A105090）。

表18－1　资产损失税前扣除及纳税调整明细表（A105090）

行次	项　目	资产损失账载金额	资产处置收入	赔偿收入	资产计税基础	资产损失税收金额	纳税调整金额
	1	2	3	4	5	6（5－3－4）	7（2－6）
1	一、清单申报资产损失（2＋3＋4＋5＋6＋7＋8）	565000				565000	0
8	（七）其他	565000				565000	0
14	合计（1＋9）	565000				565000	0

在第8行“（七）其他”填565000，“资产损失税收金额”填565000，“纳税调整金额”填0；

在第1行“一、清单申报资产损失”中的“资产损失账载金额”填565000，“资产损失税收金额”填565000，“纳税调整金额”填0；

在第14行“合计”中的“资产损失账载金额”填“565000”，“资产损失税收金额”填565000，“纳税调整金额”填0。

（3）填报“纳税调整项目明细表”（A105090）。

表18－2　纳税调整项目明细表（A105000）

行次	项　目	账载金额	税收金额	调增金额	调减金额
		1	2	3	4
33	（二）资产减值准备金		*		
34	（三）资产损失（填写A105090）	565000	565000	0	0

在第33行“（三）资产损失”中的“账载金额”填565000，“税收金额”填565000，“调增金额”填0，“调减金额”填0；

在第30行“三、资产类调整项目”中的“账载金额”中不填数（打“*”项目），“税收金额”不填数（打“*”项目），“调增金额”填0，“调减金额”填0；

在第44行“合计”中的“账载金额”中不填数（打“*”项目），“税收金额”不填数（打“*”项目），“调增金额”填0，“调减金额”填0。

（4）填报“中华人民共和国企业所得税年度纳税申报表（A类）”（A100000）。

表18－3 中华人民共和国企业所得税年度纳税申报表（A类）（A100000）

行次	类 别	项 目	金 额
1	利润总额计算	一、营业收入（填写A101010＼101020＼103000）	
2		减：营业成本（填写A102010＼102020＼103000）	
3		税金及附加	
4		销售费用（填写A104000）	
5		管理费用（填写A103000＼A104000）	565000
6		财务费用（填写A103000＼A104000）	
7		资产减值损失	
8		加：公允价值变动收益	
9		投资收益	
10		二、营业利润（1－2－3－4－5－6－7＋8＋9）	－565000
11		加：营业外收入（填写A101010＼101020＼103000）	
12		减：营业外支出（填写A102010＼102020＼103000）	
13		三、利润总额（10＋11－12）	
14	应纳税所得额计算	减：境外所得（填写A108010）	
15		加：纳税调整增加额（填写A105000）	0
16		减：纳税调整减少额（填写A105000）	0
17		减：免税、减计收入及加计扣除（填写A107010）	
18		加：境外应税所得抵减境内亏损（填写A108000）	
19		四、纳税调整后所得（13－14＋15－16－17＋18）	－565000
20		减：所得减免（填写A107020）	
21		减：弥补以前年度亏损（填写A106000）	
22		减：抵扣应纳税所得额（填写A107030）	
23		五、应纳税所得额（19－20－21－22）	－565000

在第5行“管理费用”中填565000；

在第13行“三、利润总额”中填－565000；

在第15行“加：纳税调整增加额”中填0；

在第16行“减：纳税调整减少额”中填0；

在第19行“四、纳税调整后所得”中填－565000；

在第23行“五、应纳税所得额”中填－565000。

3. 专项申报要求

根据国家税务总局公告2011年第25号文件规定，除第九条规定以外的资产损失，应以专项申报的方式向税务机关申报扣除。企业无法准确判别是否属于清单申报扣除的资产损失，可以采取专项申报的形式申报扣除。

国家税务总局公告2011年第25号还明确“在中国境内跨地区经营的汇总纳税企业发生的资产损失，应按以下规定申报扣除：

（1）总机构及其分支机构发生的资产损失，除应按专项申报和清单申报的有关规定，各自向当地主管税务机关申报外，各分支机构同时还应上报总机构；

（2）总机构对各分支机构上报的资产损失，除税务机关另有规定外，应以清单申报的形式向当地主管税务机关进行申报；

（3）总机构将跨地区分支机构所属资产捆绑打包转让所发生的资产损失，由总机构向当地主管税务机关进行专项申报。”

国家税务总局公告2014年第3号规定：“二、商业零售企业存货因风、火、雷、震等自然灾害，仓储、运输失事，重大案件等非正常因素形成的损失，为存货非正常损失，应当以专项申报形式进行企业所得税纳税申报。三、存货单笔（单项）损失超过500万元的，无论何种因素形成的，均应以专项申报方式进行企业所得税纳税申报。”

根据国家税务总局公告2011年第25号规定，企业现金损失、银行存款损失和应收及预付款项损失等属于货币资产损失，而企业发生的货币资产损失应当作为专项申报进行税前扣除。

企业应收及预付款项坏账损失应依据以下相关证据材料确认：

（1）相关事项合同、协议或说明；

（2）属于债务人破产清算的，应有人民法院的破产、清算公告；

（3）属于诉讼案件的，应出具人民法院的判决书或裁决书或仲裁机构的仲裁书，或者被法院裁定终（中）止执行的法律文书；

（4）属于债务人停止营业的，应有工商部门注销、吊销营业执照证明；

（5）属于债务人死亡、失踪的，应有公安机关等有关部门对债务人个人的死亡、失踪证明；

（6）属于债务重组的，应有债务重组协议及其债务人重组收益纳税情况说明；

（7）属于自然灾害、战争等不可抗力而无法收回的，应有债务人受灾情况说明以及放弃债权申明。

对于企业发生的坏账损失应通过“资产损失税前扣除及纳税调整明细表”（A105090）进行填报，在第10行“（一）货币资产损失”：

填报企业当年发生的货币资产损失（包括现金损失、银行存款损失和应收及预付款项损失等）账载金额、资产处置收入、赔偿收入、资产计税基础、货币资产损失税收金额以及纳税调整金额，同时填报“纳税调整项目明细表”（A105090）及“中华人民共和国企业所得税年度纳税申报表（A类）”（A100000）的相关数据。

【案例2】

2012年12月31日，A公司对应收B公司的应收账款500万元计提了坏账准备25万元。2013年10月31日，因B公司发生严重的财务困难，A公司对应收B公司的应收账款500万元补提了坏账准备475万元。2013年12月31日A公司经管理层批准，将应收B公司500万元账款进行核销。

【会计处理】

2013年10月31日：

借：资产减值损失—坏账损失　　4750000

　　贷：坏账准备　　4750000

2013年12月31日：

借：坏账准备　　5000000

贷：应收账款—乙企业　　5000000

【税法规定】

《企业资产损失所得税税前扣除管理办法》规定，企业实际资产损失，应当在其实际发生且会计上已作损失处理的年度，按规定的程序和要求向主管税务机关申报后方能在税前扣除。对于应收款项坏账损失应依据符合规定的证据材料确认，并采取专项申报的方式向税务机关申报扣除。对于不符合规定证据的损失或未经申报的损失，不得扣除。

【填报技巧】

假设A公司2013年12月31日坏账准备期初余额25万元，期末余额0，会计利润总额2000万元，发生的500万元坏账损失不符合税法规定的资产损失条件，无其他纳税调整事项。则A公司进行2013年度所得税纳税申报时，准备金项目应调减纳税所得额25万元，财产损失项目应调增纳税所得额500万元，按调整后的纳税所得额2450万元计算确认应缴纳的所得税税额。具体申报方法如下：

（1）附表A105090“资产损失税前扣除及纳税调整明细表”第9行“专项申报资产损失”的第2列“资产损失账载金额”应填列500万元，第6列“资产损失税收金额”应填列0，第7列“纳税调整金额”应填列500万元。第10行“货币资产损失”的第2列“资产损失账载金额”应填列500万元，第6列“资产损失税收金额”应填列0，第7列“纳税调整金额”应填列500万元。

（2）附表A105000“纳税调整项目明细表”，第33行“资产减值准备金”的第1列“账载金额”应填列－25万元，第4列“调减金额”应填列25万元。第34行“资产损失”的第1列“账载金额”应填列500万元，第2列“税收金额”应填列0，第3列“调增金额”应填列500万元。

【案例3】

A公司2016年度坏账准备的期初余额为100万元，存货跌价准备期初余额为150万元（存货账面价值为0元，存货历史成本为150万元）。2016年度因客户信誉条件好转，转回已计提的坏账准备80万元，存货报废并按相应内外部资料上报，无其他资产减值损失事项。

A公司会计分录如下：（单位：万元）

（1）转回已计提坏账准备：

借：坏账准备 80

贷：资产减值损失 80

（2）存货报废：

借：存货跌价准备 150

贷：存货 150

A公司在做2016年度企业所得税申报时，转回80万元减值准备应做纳税调减，会计上确认存货报废损失为0元，可税前扣除资产损失为150万元。企业所得税申报表填列如下表。

表18－4　纳税调整项目明细表（A105000）

行次	项　目	账载金额	税收金额	调增金额	调减金额
		1	2	3	4
33	（二）资产减值准备金	－800000	*		800000
34	（三）资产损失（填写A105090）	0	1500000		1500000

表 18－5 资产损失税前扣除及纳税调整明细表（A105090）

行次	项 目	资产损失账载金额	资产处置收入	赔偿收入	资产计税基础	资产损失税收金额	纳税调整金额
	1	2	3	4	5	6（5－3－4）	7（2－6）
9	二、专项申报资产损失（10＋11＋12＋13）						
11	（二）非货币资产损失	0	0	0	1500000	1500000	－1500000

【案例 4】

A 公司为一家 2014 年新成立的商业企业，期末应收账款余额 5000000 元，公司采取备抵法核算坏账，按期末应收账款余额的 5% 计提坏账准备；2015 年期末应收账款余额 3000000 元；假定 2016 年应收 B 公司的账款 90000 元无法收回，符合税法税前扣除条件，期末应收账款余额 5500000 元。2014 年至 2016 年汇算清缴时，A 公司应如何进行纳税申报?

（1）2014 年的相关处理。

①会计处理。本期应计提的坏账准备为 250000 元（5000000 ×5%）。

借：资产减值损失　　250000

　　贷：坏账准备　　250000

②纳税申报。《企业所得税法》第十条第（七）项规定，未经核定的准备金支出不得扣除。《企业所得税法实施条例》第五十五条规定，《企业所得税法》第十条第（七）项所称未经核定的准备金支出，是指不符合国务院财政、税务主管部门规定的各项资产减值准备、风险准备等准备金支出。

A 公司计提的坏账准备属于未经核定的准备金支出，不得税前扣除。汇算清缴时，通过表 A105000 进行纳税调增申报。

表 18－6　纳税调整项目明细表（A105000）

行次	项 目	账载金额	税收金额	调增金额	调减金额
		1	2	3	4
33	（二）资产减值准备金	250000	*	250000	

（2）2015 年的相关处理。

①会计处理。本期应计提的坏账准备为 150000 元（3000000 ×5%），小于坏账准备账面余额（250000 元），应按其差额 100000 元作相反的会计分录。

借：坏账准备　　100000

　　贷：资产减值损失　　100000

②纳税申报汇算清缴时，通过表 A105000 进行纳税调减申报。

表 18－7　纳税调整项目明细表（A105000）

行次	项 目	账载金额	税收金额	调增金额	调减金额
		1	2	3	4
33	（二）资产减值准备金	－100000	*		100000

（3）2016 年的相关处理。

①会计处理。

借：坏账准备　　90000

　　贷：应收账款——B 公司　　90000

本期应计提的坏账准备为 275000 元（5500000 ×5%），大于坏账准备账面余额 60000 元（150000 －90000），应按其差额 215000 元计提。

借：资产减值损失　　215000

　　贷：坏账准备　　215000

②纳税申报《企业所得税法》第八条规定，企业实际发生的与取得收入有关的、合理的支出，包括成本、费用、税金、损失和其他支出，准予在计算应纳税所得额时扣除。

A 公司实际发生的坏账损失 900000 元，计提的坏账准备 215000 元，汇算清缴时，通过表 A105090、A105000 进行纳税申报。

表 18－8　资产损失税前扣除及纳税调整明细表（A105090）

行次	项　目	资产损失账载金额	资产处置收入	赔偿收入	资产计税基础	资产损失税收金额	纳税调整金额
	1	2	3	4	5	6（5－3－4）	7（2－6）
9	二、专项申报资产损失（10＋11＋12＋13）						
10	（一）货币资产损失	0	0	0	90000	90000	－90000

表 18－9　纳税调整项目明细表（A105000）

行次	项　目	账载金额	税收金额	调增金额	调减金额
		1	2	3	4
33	（二）资产减值准备金	215000	*	215000	
34	（三）资产损失（填写 A105090）	0	90000		90000

二、“资产损失税前扣除及纳税调整明细表”结构特点是什么

虽然本表有所修改，但总的设计思路、总体结构和体系未作多大的变动，合并调整后的新报表，更加简洁易懂。

修订后的“资产损失税前扣除及纳税调整明细表”（A105090）是原 A105090 表和 A105091 表的整合。行次设置保留了原 A105090 表的内容，其中专项申报行次按损失大类填报，减轻纳税人填报负担。列次设置充分考虑资产损失税会差异纳税调整过程，引导纳税人准确填报。纳税人只需要按照资产损失财务核算情况及资产计税基础填报本表前 4 列数据后，系统自动计算第 6 列“资产损失税收金额”和第 7 列“纳税调整金额”，减少纳税人错报风险。

“资产损失税前扣除及纳税调整明细表”（A105090）填报纳税人发生资产损失，以及由于会计处理与税法规定不一致，需要进行纳税调整的项目和金额。从结构上来看，纵栏由原来的 3 栏增加到现在的 6 栏，增加了“资产处置收入”“赔偿收入”“资产计税基础”3 个栏目。

1．资产损失税前扣除及纳税调整明细表作了哪些重大修改

在“资产损失税前扣除及纳税调整明细表”（A105090）中，第1行“一、清单申报资产损失”：填报以清单申报的方式向税务机关申报扣除的资产损失账载金额、资产处置收入、赔偿收入、资产计税基础、资产损失税收金额以及纳税调整金额。

其中，第3列“资产处置收入”：填报纳税人处置发生损失的资产可收回的残值或处置收益。

第4列“赔偿收入”：填报纳税人发生的资产损失，取得的相关责任人、保险公司赔偿的金额。

第5列“资产计税基础”：填报按税法规定计算的发生损失时资产的计税基础，含损失资产涉及的不得抵扣增值税进项税额。

第6列“资产损失税收金额”：填报按税法规定确定的允许当期税前扣除的资产损失金额，为第5－3－4列的余额。

（1）资产处置收入。

《企业所得税法》第十六条规定：“企业转让资产，该项资产的净值，准予在计算应纳税所得额时扣除。这是新增加的条款，是对原税法的补充和完善，也是资产的税务处理这一部分的重要内容。资产的税务处理包括资产的确认、计价、折旧或摊销、处置等几部分，资产的处置是资产税务处理的最后一个环节，也是重要的一个环节。因此，税法有必要对资产处置环节所得的确认规则进行明确。

在《企业所得税法》中有若干条款是在说明资产持有期间的税务处理，企业在持有资产期间，会依靠对资产的经营和使用，取得相应的经营所得和投资收益，同时其合理的折旧或摊销（投资资产除外）也允许在税前扣除。在企业不准备继续持有资产时，即在转让或处置资产环节，也会取得相应的收益。按照成本收入配比原则，也应该扣减相应的成本和费用，最后实现的所得或亏损，称为资本利得或资本利亏。税法中作出这条规定，即是对资本利得或利亏计算规则的说明，根据其所得税前扣除的相关性原则和配比原则，企业转让资产时，该项资产的净值和转让费用，可以在计算应纳税所得额时扣除。

根据《国家税务总局关于企业处置资产所得税处理问题的通知》（国税函〔2008〕828号）规定，企业发生下列情形的处置资产，除将资产转移至境外以外，由于资产所有权属在形式和实质上均不发生改变，可作为内部处置资产，不视同销售确认收入，相关资产的计税基础延续计算：

①将资产用于生产、制造、加工另一产品；

②改变资产形状、结构或性能；

③改变资产用途（如，自建商品房转为自用或经营）；

④将资产在总机构及其分支机构之间转移；

⑤上述两种或两种以上情形的混合；

⑥其他不改变资产所有权属的用途。

企业将资产移送他人的下列情形，因资产所有权属已发生改变而不属于内部处置资产，应按规定视同销售确定收入。

①用于市场推广或销售；

②用于交际应酬；

③用于职工奖励或福利；

④用于股息分配；

⑤用于对外捐赠；

⑥其他改变资产所有权属的用途。

《国家税务总局关于企业所得税有关问题的公告》（国家税务总局公告2016年第80号）明确企业移送资产所得税处理问题时强调：“企业发生《国家税务总局关于企业处置资产所得税处理问题的通知》（国税函〔2008〕828号）第二条规定情形的，除另有规定外，应按照被移送资产的公允价值确定销售收入。”

视同销售，是区别于一般销售的特殊销售行为，虽没有给企业带来直接的现金流，但在税收的角度认为已实现了销售后的功能，也就是说视同销售分为会计和税收两条线，在进行会计处理时。其销售成果会作为销售业绩来看；而当进行税收处理时，则并不当做销售业绩来看。二者在本质上并没有太大区别，但是在税收意义上差别较大。在这里，需要注意企业所得税的“视同销售”确定收入与增值税的“视同销售”的区别。

一是对视同销售行为界定的依据不同。增值税的视同销售货物有自产的，委托加工的，购买的，而企业所得税主要对自产的产品才视同销售，与货物的来源无关。根据《中华人民共和国增值税暂行条例》，对于增值税视同销售行为的规定，可归纳为：

①将货物（有形动产）用于在建工程、无形资产开发、职工福利、个人消费等非生产性用途，要考虑货物的来源，如果货物是外购的，为进项税额不得抵扣的行为，需要将进项税额转出；如果货物是自产或者委托加工收回的，则视同销售行为。

②将货物用于投资、偿债、捐赠、利润分配、非货币性资产交换，包括总公司将货物移送分公司销售等，无论货物的来源如何，均为增值税的视同销售行为。

二是企业所得税和增值税核算的范围和方法不同。增值税视同销售的货物是特定的八种视同销售货物的具体行为，此外的均不是需要缴纳增值税的视同销售行为；而新企业所得税法则规定了企业发生非货币性资产交换，以及将货物、财产、劳务用于捐赠、偿债、赞助、集资、广告、样品、职工福利或者利润分配等用途的，都应当视同销售货物、转让财产或者提供劳务；而将自产的货物、劳务用于在建工程、管理部门、非生产性机构，不再列入视同销售，不再需要缴纳企业所得税。这里的货物包括外购、委托加工和自产的货物，如用外购货物用于交际应酬或职工福利，增值税是进项税额转出，企业所得税则视同销售，并计入“业务招待费”或“职工福利费”，按规定比例扣除。可以看出对外捐赠货物增值税与企业所得税方面的处理差异：

①增值税根据视同销售计算销项税额。

②所得税在年终进行所得税汇算清缴时，要进行纳税调整，确认视同销售收入和视同销售成本。企业所得税法规定，企业发生的公益性捐赠支出，不超过年度利润总额12%的部分，准予扣除。如果超过，则超过部分不能税前扣除，需纳税调整。

如某企业将自产的产品货车投入基本建设中，并没有出售。根据上述规定，该业务不确认收入，由于资产所有权属在形式和实质上均不发生改变，可作为内部处置资产，发生上述业务时不再视同销售确认收入。

三是所有权是否转移是关键。在增值税视同销售的几种情形中不一定都要求货物的所有权发生转移，如新《中华人民共和国增值税暂行条例实施细则》第四条规定的将货物交付他人代销，销售代销货物，设有两个以上机构并实行统一核算的纳税人将货物从一个机构移送其他机构（两机构实行统一核算）用于销售，但相关机构设在同一县（市）的除外，用于非应税项目等所有权未发生转移的情形均需作增值税的视同销售。而国税函〔2008〕828 号文件第一条明确规定："企业发生下列情形的处臵资产，除将资产转移至境外以外，由于资产所有权属在形式和实质上均不发生改变，可作为内部处臵资产，不视同销售确认收入，相关资产的计税基础延续计……"由此可见，企业所得税视同销售要求资产的所有权必须发生转移，如果所有权没有发生转移，则不能视同销售，所以，资产所有权是否发生转移是判断是否需进行企业所得税视同销售的重要标志。

总之，对在税法上认为是视同销售的行为，无论是针对哪种税种，进行会计处理时存在一些需要明确的概念。企业在判断经济行为是不是同时存在需要进行增值税和企业所得税视同销售处理时，切不可一概而论，应当分别从增值税和企业所得税不同的规定进行分析，准确进行税务和账务处理。

（2）赔偿收入。

"资产损失税前扣除及纳税调整明细表"（A105090）第 4 列"赔偿收入"：填报纳税人发生的资产损失，取得的相关责任人、保险公司赔偿的金额。

（3）资产损失申报的时间。

企业应在办理企业所得税年度汇算清缴申报时，填写"企业资产损失清单申报表"或"企业资产损失专项申报表"，连同按规定应提交的资产损失证据材料向主管税务机关申报扣除（证据材料详见《国家税务总局关于发布〈资产损失所得税税前扣除管理办法〉的公告》（2011 年第 25 号））。未经申报的损失，不得在税前扣除。特别要注意的是，采取所得税电子申报的企业，其资产损失申报材料和纳税资料应于汇算清缴申报前向主管税务机关报送，主管税务机关签章受理后，企业方能进行汇算清缴申报。

（4）资产损失确认证据。

企业资产损失相关的证据，包括具有法律效力的外部证据和特定事项的企业内部证据。具有法律效力的外部证据，是指司法机关、行政机关、专业技术鉴定部门等依法出具的与本企业资产损失相关的具有法律效力的书面文件，主要包括：司法机关的判决或者裁定；公安机关的立案结案证明、回复；工商部门出具的注销吊销及停业证明；企业的破产清算公告或清偿文件；行政机关的公文；专业技术部门的鉴定报告；具有法定资质的中介机构的经济鉴定证明；仲裁机构的仲裁文书；保险公司对投保资产出具的出险调查单、理赔计算单等保险单据；符合法律规定的其他证据。特定事项的企业内部证据，是指会计核算制度健全、内部控制制度完善的企业，对各项资产发生毁损、报废、盘亏、死亡、变质等内部证明或承担责任的声明。主要包括：有关会计核算资料和原始凭证；资产盘点表；相关经济行为的业务合同；企业内部技术鉴定部门的鉴定文件或资料；企业内部核批文件及有关情况说明；对责任人由于经营管理责任造成损失的责任认定及赔偿情况说明；法定代表人、企业负责人和企业财务负责人对特定事项真实性承担法律责任的声明。

税务机关有权对企业申报扣除的资产损失相关证据资料进行检查，企业应当做好资产损失证据资料的备查准备，建立健全资产损失内部核销管理制度，及时收集、整理、编制、审核、申报、保存资产损失税前扣除的证据材料，以避免税务风险。企业采用伪造、变造有关资料证明等手段多列多报资产损失，或未按规定申报造成少缴税款的，税务机关根据《税收征管法》的有关规定进行处理。

2. 存货发生的正常损耗

根据国家税务总局公告2011年第25号规定，企业各项存货发生的正常损耗，应以清单申报的方式向税务机关申报扣除。

【案例5】

华泰公司是增值税一般纳税人，2016年12月在财产清查中盘亏材料1 000千克，实际单位成本60元，适用增值税税率17%，经查属于材料收发计量方面的错误。则华泰公司应作的会计和税法处理：

盘亏是由于计量错误的，会计上据实调减相关科目的金额即可。从实务的角度看，增值税进项税额必须认证后才可以申报抵扣，收发计量错误导致的账实不符不会影响实际认证抵扣的增值税进项税额，会计处理时可以不考虑增值税进项税额。

【会计处理】

批准前：

借：待处理财产损溢——待处理流动资产损　　60000

　　贷：原材料　　60000

经批准后：

借：管理费用　　60000

　　贷：待处理财产损溢——待处理流动资产损溢　　60000

【税务处理】

资产损失涉及增值税进项税额转出的只有六种非正常损失情况：因管理不善造成货物被盗、丢失、霉烂变质，以及因违反法律法规造成货物或者不动产被依法没收、销毁、拆除的情形。

增值税进项税转出处理要慎重，批准前如果能准确判断不需要转出的可以不转出，并且要等批准后才能把进项转出数额体现在增值税申报表上，不然一旦转出错误很难再转回来。

“资产损失税前扣除及纳税调整明细表”（A105090）相关数据填报如下。

表18－10　资产损失税前扣除及纳税调整明细表（A105090）

行次	项　目	资产损失账载金额	资产处置收入	赔偿收入	资产计税基础	资产损失税收金额	纳税调整金额
	1	2	3	4	5	6（5－3－4）	7（2－6）
1	一、清单申报资产损失（2＋3＋4＋5＋6＋7＋8）						
2	（一）正常经营管理活动中，按照公允价格销售、转让、变卖非货币资产的损失						
3	（二）存货发生的正常损耗	60000	0	0	60000	60000	0

3. 分支机构上报的资产损失

国家税务总局公告2011年第25号第十一条明确规定：“在中国境内跨地区经营的汇总纳税企业发生的资产损失，应按以下规定申报扣除：

①总机构及其分支机构发生的资产损失，除应按专项申报和清单申报的有关规定，各自向当地主管税务机关申报外，各分支机构同时还应上报总机构；

②总机构对各分支机构上报的资产损失，除税务机关另有规定外，应以清单申报的形式向当地主管税务机关进行申报；

③总机构将跨地区分支机构所属资产捆绑打包转让所发生的资产损失，由总机构向当地主管税务机关进行专项申报。”

根据上述文件精神，按照“资产损失税前扣除及纳税调整明细表”（A105090）填报要求，对分支机构上报的资产损失的会计处理、税法规定及纳税调整情况进行相关的数据处理。

根据《国家税务总局关于印发〈跨地区经营汇总纳税企业所得税征收管理办法〉的公告》（国家税务总局公告2012年第57号）第二十五条进一步明确规定：“汇总纳税企业发生的资产损失，应按以下规定申报扣除：

①总机构及二级分支机构发生的资产损失，除应按专项申报和清单申报的有关规定各自向所在地主管税务机关申报外，二级分支机构还应同时上报总机构；三级及以下分支机构发生的资产损失不需向所在地主管税务机关申报，应并入二级分支机构，由二级分支机构统一申报。

②总机构对各分支机构上报的资产损失，除税务机关另有规定外，应以清单申报的形式向所在地主管税务机关申报。

③总机构将分支机构所属资产捆绑打包转让所发生的资产损失，由总机构向所在地主管税务机关专项申报。

二级分支机构所在地主管税务机关应对二级分支机构申报扣除的资产损失强化后续管理。”

因此，总机构所在地主管税务机关应加强对汇总纳税企业申报缴纳企业所得税的管理，可以对企业自行实施税务检查，也可以与二级分支机构所在地主管税务机关联合实施税务检查。二级分支机构所在地主管税务机关应配合总机构所在地主管税务机关对其主管二级分支机构实施税务检查，也可以自行对该二级分支机构实施税务检查。

二级分支机构所在地主管税务机关自行对其主管二级分支机构实施税务检查，可对查实项目按照《企业所得税法》的规定自行计算查增的应纳税所得额和应纳税额。

国家税务总局公告2012年第57号文件明确规定，税务机关应将汇总纳税企业总机构、分支机构的税务登记信息、备案信息、总机构出具的分支机构有效证明情况及分支机构审核鉴定情况、企业所得税月（季）度预缴纳税申报表和年度纳税申报表、汇总纳税企业分支机构所得税分配表、财务报表（或年度财务状况和营业收支情况）、企业所得税款入库情况、资产损失情况、税收优惠情况、各分支机构参与企业年度纳税调整情况的说明、税务检查及查补税款分摊和入库情况等信息，定期分省汇总上传至国家税务总局跨地区经营汇总纳税企业管理信息交换平台。因此，对总、分支机构上报的资产损失情况要进行规范的税务处理，规避涉税风险。

【专家提示】

各地对汇总纳税企业的资产损失申报扣除规定有细化规定，具体规定需要咨询其主管税务机关。如《山东省国家税务局关于企业资产损失所得税税前扣除有关问题的公告》（山东省国家税务局公告〔2012〕4号）和《山东省国家税务局关于汇总纳税企业资产损失申报扣除有关问题的公告》（山东省国家税务局公告2013年第21号）明确，跨地区经营汇总纳税企业发生的资产损失，应按以下规定申报扣除：总机构及其所属分支机构应按25号《公告》及本《公告》第二条、第三条规定，分别向当地主管税务机关报送“企业资产损失税前扣除清单申报汇总表”“企业资产损失税前扣除专项申报汇总表”“资产损失专项申请报告表”及相关资料。

分支机构应将主管税务机关签章受理的“企业资产损失税前扣除清单申报汇总表”“企业资产损失税前扣除专项申报汇总表”“资产损失专项申请报告表”，在总机构年度申报之前上报总机构。

总机构收到经分支机构主管税务机关签章受理的资产损失相关申报资料后，连同自身发生的资产损失，分别按清单申报和专项申报项目汇总填入“企业资产损失税前扣除清单申报汇总表”“企业资产损失税前扣除专项申报汇总表”，同时填报“汇总纳税企业分支机构资产损失清单申报汇总表”（附表4），一并报送总机构主管税务机关。

分支机构上报的经主管税务机关签章受理的资产损失相关申报资料，由总机构留存备查。

跨地区经营汇总纳税企业二级及二级以下分支机构发生的资产损失，由二级分支机构汇总办理申报。二级以下分支机构发生的资产损失不需向所在地主管税务机关申报，应并入二级分支机构。

三、“资产损失税前扣除及纳税调整明细表”（A105090）重点栏目表填报说明

表18－11　资产损失税前扣除及纳税调整明细表（A105090）

行次	项　目	资产损失的账载金额	资产处置收入	赔偿收入	资产计税基础	资产损失的税收金额	纳税调整金额
		1	2	3	4	5(4－2－3)	6（1－5）
1	一、清单申报资产损失（2＋3＋4＋5＋6＋7＋8）						
2	（一）正常经营管理活动中，按照公允价格销售、转让、变卖非货币资产的损失						
3	（二）存货发生的正常损耗						
4	（三）固定资产达到或超过使用年限而正常报废清理的损失						
5	（四）生产性生物资产达到或超过使用年限而正常死亡发生的资产损失						
6	（五）按照市场公平交易原则，通过各种交易场所、市场等买卖债券、股票、期货、基金以及金融衍生产品等发生的损失						
7	（六）分支机构上报的资产损失						
8	（七）其他						
9	二、专项申报资产损失（10＋11＋12＋13）						
10	（一）货币资产损失						
11	（二）非货币资产损失						
12	（三）投资损失						
13	（四）其他						
14	合计（1＋9）						

纳税人根据企业所得税法等相关规定，以及国家统一企业会计制度，填报资产损失的会计处

理、税法规定，以及纳税调整情况。

1. 行次填报

（1）第1行“一、清单申报资产损失”：填报以清单申报的方式向税务机关申报扣除的资产损失账载金额、资产处置收入、赔偿收入、资产计税基础、资产损失税收金额以及纳税调整金额。本行金额等于第2行至第8行的合计数。

（2）第2行至第8行，分别填报相应清单申报资产损失类型的会计处理、税法规定及纳税调整情况。

（3）第9行“二、专项申报资产损失”：填报以专项申报的方式向税务机关申报扣除的资产损失账载金额、资产处置收入、赔偿收入、资产计税基础、资产损失税收金额以及纳税调整金额。本行金额等于第10行至第13行的合计数。

（4）第10行“（一）货币资产损失”：填报企业当年发生的货币资产损失（包括现金损失、银行存款损失和应收及预付款项损失等）账载金额、资产处置收入、赔偿收入、资产计税基础、货币资产损失税收金额以及纳税调整金额。

（5）第11行“（二）非货币资产损失”：填报应进行专项申报扣除的非货币资产损失账载金额、资产处置收入、赔偿收入、资产计税基础、非货币资产损失税收金额以及纳税调整金额。

（6）第12行“（三）投资损失”：填报应进行专项申报扣除的投资损失账载金额、资产处置收入、赔偿收入、资产计税基础、投资损失税收金额以及纳税调整金额。

（7）第13行“（四）其他”：填报应进行专项申报扣除的其他资产损失账载金额、资产处置收入、赔偿收入、资产计税基础、其他资产损失税收金额以及纳税调整金额。

（8）第14行“合计”行次：填报第1+9行的金额。

2. 列次填报

（1）第1列“项目”：填报纳税人发生资产损失的具体项目名称。

（2）第2列“资产损失账载金额”：填报纳税人会计核算计入本年损益的资产损失金额。

（3）第3列“资产处置收入”：填报纳税人处置发生损失的资产可收回的残值或处置收益。

（4）第4列“赔偿收入”：填报纳税人发生的资产损失，取得的相关责任人、保险公司赔偿的金额。

（5）第5列“资产计税基础”：填报按税法规定计算的发生损失时资产的计税基础，含损失资产涉及的不得抵扣增值税进项税额。

（6）第6列“资产损失税收金额”：填报按税法规定确定的允许当期税前扣除的资产损失金额，为第5－3－4列的余额。

（7）第7列“纳税调整金额”：填报第2－6列的余额。

四、“资产损失税前扣除及纳税调整明细表”（A105090）的表内、表间关系

1. 表内关系

（1）第1行＝第2＋3＋…＋8行；

（2）第9行=第10行+第11行+第12行+第13行；

（3）第14行=第1+9行；

（4）第6列=第5－3－4列；

（5）第7列=第2－6列。

2. 表间关系

（1）第14行第2列=表A105000第33行第1列。

（2）第14行第6列=表A105000第33行第2列。

（3）第14行第7列，若≥0，填入表A105000第33行第3列；若<0，将绝对值填入表A105000第33行第4列。

第19章 “企业重组及递延纳税事项纳税调整明细表”的理解与填报

“企业重组及递延纳税事项纳税调整明细表”（A105100）适用于发生企业重组、非货币性资产对外投资、技术入股等业务的纳税人填报。

纳税人应根据税法和相关法规之规定，填报企业重组、非货币资产对外投资、技术入股等业务的会计核算及税收规定，以及纳税调整情况。

纳税人完成“企业重组及递延纳税事项纳税调整明细表”的填报工作，必须认真学习和领会下列税收文件：

（1）《中华人民共和国企业所得税法》；

（2）《中华人民共和国企业所得税法实施条例》；

（3）财政部 国家税务总局《关于企业重组业务企业所得税处理若干问题的通知》（财税〔2009〕59号）；

（4）国家税务总局《关于发布企业重组业务企业所得税管理办法的公告》（2010年第4号）；

（5）财政部 国家税务总局《关于中国（上海）自由贸易试验区内企业以非货币性资产对外投资等资产重组行为有关企业所得税政策问题的通知》（财税〔2013〕91号）；

（6）财政部 国家税务总局《关于非货币性资产投资企业所得税政策问题的通知》（财税〔2014〕116号）；

（7）财政部 国家税务总局《关于促进企业重组有关企业所得税处理问题的通知》（财税〔2014〕109号）；

（8）国家税务总局《关于非货币性资产投资企业所得税有关征管问题的公告》（2015年第33号）；

（9）国家税务总局《关于资产（股权）划转企业所得税征管问题的公告》（2015年第40号）；

（10）国家税务总局《关于企业重组业务企业所得税征收管理若干问题的公告》（2015年第48号）；

（11）财政部 国家税务总局《关于完善股权激励和技术入股有关所得税政策的通知》（财税〔2016〕101号）；

（12）国家税务总局《关于股权激励和技术入股所得税征管问题》的公告（2016年第62号）。

一、“企业重组及递延纳税事项纳税调整明细表”的焦点问题

1. 企业基础信息表中对企业重组及递延纳税事项信息要求

企业发生重组事项，根据情况选择税务处理方式，并填报 204 －1 至 204 －4 及表 A105100；未发生选择“否”。

<table>
<tr><th colspan="7">200 企业重组及递延纳税事项</th></tr>
<tr><td colspan="3">201 发生资产（股权）划转特殊性税务处理事项</td><td colspan="2">□是</td><td colspan="2">□否</td></tr>
<tr><td colspan="3">202 发生非货币性资产投资递延纳税事项</td><td colspan="2">□是</td><td colspan="2">□否</td></tr>
<tr><td colspan="3">203 发生技术入股递延纳税事项</td><td colspan="2">□是</td><td colspan="2">□否</td></tr>
<tr><td colspan="3">204 发生企业重组事项</td><td colspan="4">是（□一般性税务处理　□特殊性税务处理）　□否</td></tr>
<tr><td>204 －1 重组开始时间</td><td colspan="2">年　月　日</td><td colspan="3">204 －2 重组完成时间</td><td>年　月　日</td></tr>
<tr><td>204 －3 重组交易类型</td><td>□法律形式改变</td><td>□债务重组</td><td>□股权收购</td><td>□资产收购</td><td>□合并</td><td>□分立</td></tr>
<tr><td>204 －4 企业在重组业务中所属当事方类型</td><td>*</td><td>□债务人
□债权人</td><td>□收购方
□转让方
□被收购企业</td><td>□收购方
□转让方</td><td>□合并企业
□被合并企业
□被合并企业股东</td><td>□分立企业
□被分立企业
□被分立企业股东</td></tr>
</table>

2. 企业基础信息表中企业重组及递延纳税事项信息填报或勾选中的注意事项

随着经济全球化的日益发展，企业重组现象日趋常态化，原来“企业重组纳税调整明细表”（A105100）所反映的信息较为简单。为更加全面反映纳税人在重组中涉及的相关税收情况以及税收风险管理需要，将“企业重组纳税调整明细表”（A105100）中无法反映，而税收管理又需要的信息挪至“企业基础信息表”（A000000）中，通过增加勾选，进一步掌握企业重组的相关情况。

（1）“201 发生资产（股权）划转特殊性税务处理事项”。

①“资产（股权）划转特殊性税务处理事项”。根据财政部、国家税务总局《关于促进企业重组有关企业所得税处理问题的通知》（财税〔2014〕109 号）、国家税务总局《关于资产（股权）划转企业所得税征管问题的公告》（2015 年第 40 号）规定：“对 100% 直接控制的居民企业之间，以及受同一或相同多家居民企业 100% 直接控制的居民企业之间按账面净值划转股权或资产，凡具有合理商业目的、不以减少、免除或者推迟缴纳税款为主要目的，股权或资产划转后连续 12 个月内不改变被划转股权或资产原来实质性经营活动，且划出方企业和划入方企业均未在会计上确认损益的，可以选择按以下规定进行特殊性税务处理：1）划出方企业和划入方企业均不确认所得。2）划入方企业取得被划转股权或资产的计税基础，以被划转股权或资产的原账面净值确定。3）划入方企业取得的被划转资产，应按其原账面净值计算折旧扣除。”

②“100% 直接控制的居民企业之间，以及受同一或相同多家居民企业 100% 直接控制的居民企业之间按账面净值划转股权或资产”，限于以下情形：

A. 100%直接控制的母子公司之间，母公司向子公司按账面净值划转其持有的股权或资产，母公司获得子公司100%的股权支付。母公司按增加长期股权投资处理，子公司按接受投资（包括资本公积，下同）处理。母公司获得子公司股权的计税基础以划转股权或资产的原计税基础确定。

B. 100%直接控制的母子公司之间，母公司向子公司按账面净值划转其持有的股权或资产，母公司没有获得任何股权或非股权支付。母公司按冲减实收资本（包括资本公积，下同）处理，子公司按接受投资处理。

C. 100%直接控制的母子公司之间，子公司向母公司按账面净值划转其持有的股权或资产，子公司没有获得任何股权或非股权支付。母公司按收回投资处理，或按接受投资处理，子公司按冲减实收资本处理。母公司应按被划转股权或资产的原计税基础，相应调减持有子公司股权的计税基础。

D. 受同一或相同多家母公司100%直接控制的子公司之间，在母公司主导下，一家子公司向另一家子公司按账面净值划转其持有的股权或资产，划出方没有获得任何股权或非股权支付。划出方按冲减所有者权益处理，划入方按接受投资处理。

③“股权或资产划转后连续12个月内不改变被划转股权或资产原来实质性经营活动”，是指自股权或资产划转完成日起连续12个月内不改变被划转股权或资产原来实质性经营活动。

④“划入方企业取得被划转股权或资产的计税基础，以被划转股权或资产的原账面净值确定”，是指划入方企业取得被划转股权或资产的计税基础，以被划转股权或资产的原计税基础确定。

⑤“划入方企业取得的被划转资产，应按其原账面净值计算折旧扣除”，是指划入方企业取得的被划转资产，应按被划转资产的原计税基础计算折旧扣除或摊销。

⑥其他事项：

A. 特殊性税务处理的股权或资产划转，交易双方应在协商一致的基础上，采取一致处理原则统一进行特殊性税务处理。

B. 交易双方应在企业所得税年度汇算清缴时，分别向各自主管税务机关报送“居民企业资产（股权）划转特殊性税务处理申报表”（详见附件）和相关资料（一式两份）。

相关资料包括：

a. 股权或资产划转总体情况说明，包括基本情况、划转方案等，并详细说明划转的商业目的；

b. 交易双方或多方签订的股权或资产划转合同（协议），需有权部门（包括内部和外部）批准的，应提供批准文件；

c. 被划转股权或资产账面净值和计税基础说明；

d. 交易双方按账面净值划转股权或资产的说明（需附会计处理资料）；

e. 交易双方均未在会计上确认损益的说明（需附会计处理资料）；

f. 12个月内不改变被划转股权或资产原来实质性经营活动的承诺书。

C. 交易双方应在股权或资产划转完成后的下一年度的企业所得税年度申报时，各自向主管税务机关提交书面情况说明，以证明被划转股权或资产自划转完成日后连续12个月内，没有改变原来的实质性经营活动。

D. 交易一方在股权或资产划转完成日后连续12个月内发生生产经营业务、公司性质、资产或股权结构等情况变化，致使股权或资产划转不再符合特殊性税务处理条件的，发生变化的交易一方应在情况发生变化的30日内报告其主管税务机关，同时书面通知另一方。另一方应在接到通知后30日内将有关变化报告其主管税务机关。

【专家提示】

根据国家税务总局稽查局《关于2017年股权转让检查工作的指导意见》（税总稽便函〔2017〕165号）规定：因国资委并不是企业，国资委100%控股企业间的股权无偿划拨的情况，不适用《财政部 国家税务总局关于促进企业重组有关企业所得税处理问题的通知》（财税〔2014〕109号）政策。

（2）“202 发生非货币性资产投资递延纳税事项”。

①“非货币性资产投资递延纳税事项”。

A. 根据财政部 国家税务总局《关于中国［上海］自由贸易试验区内企业以非货币性资产对外投资等资产重组行为有关企业所得税政策问题的通知》（财税〔2013〕91号）、财政部 国家税务总局《关于非货币性资产投资企业所得税政策问题的通知》（财税〔2014〕116号）、国家税务总局《关于非货币性资产投资企业所得税有关征管问题的公告》（国家税务总局公告2015年第33号）规定：从2014年1月1日起，实行查账征收的居民企业（以下简称企业）以非货币性资产对外投资确认的非货币性资产转让所得，可自确认非货币性资产转让收入年度起不超过连续5个纳税年度的期间内，分期均匀计入相应年度的应纳税所得额，按规定计算缴纳企业所得税。

B. 企业在对外投资5年内转让上述股权或投资收回的，应停止执行递延纳税政策，并就递延期内尚未确认的非货币性资产转让所得，在转让股权或投资收回当年的企业所得税年度汇算清缴时，一次性计算缴纳企业所得税；企业在计算股权转让所得时，可按财税〔2014〕116号第三条第一款规定将股权的计税基础一次调整到位。

C. 企业在对外投资5年内注销的，应停止执行递延纳税政策，并就递延期内尚未确认的非货币性资产转让所得，在注销当年的企业所得税年度汇算清缴时，一次性计算缴纳企业所得税。

②“非货币性资产”“非货币性资产投资”。

A. 非货币性资产，是指现金、银行存款、应收账款、应收票据以及准备持有至到期的债券投资等货币性资产以外的资产。

B. 非货币性资产投资，限于以非货币性资产出资设立新的居民企业，或将非货币性资产注入现存的居民企业。

③“转让所得”“计税基础”“确认非货币性资产转让收入”。

A. 企业以非货币性资产对外投资，应对非货币性资产进行评估并按评估后的公允价值扣除计税基础后的余额，计算确认非货币性资产转让所得。

B. 企业以非货币性资产对外投资而取得被投资企业的股权，应以非货币性资产的原计税成本为计税基础，加上每年确认的非货币性资产转让所得，逐年进行调整。

被投资企业取得非货币性资产的计税基础，应按非货币性资产的公允价值确定。

C. 企业以非货币性资产对外投资，应于投资协议生效并办理股权登记手续时，确认非货币性资产转让收入的实现。

关联企业之间发生的非货币性资产投资行为，投资协议生效后 12 个月内尚未完成股权变更登记手续的，于投资协议生效时，确认非货币性资产转让收入的实现。

④其他。

A. 符合财税〔2014〕116 号文件规定的企业非货币性资产投资行为，同时又符合财政部 国家税务总局《关于企业重组业务企业所得税处理若干问题的通知》（财税〔2009〕59 号）、财政部 国家税务总局《关于促进企业重组有关企业所得税处理问题的通知》（财税〔2014〕109 号）等文件规定的特殊性税务处理条件的，可由企业选择其中一项政策执行，且一经选择，不得改变。

B. 企业选择适用国家税务总局公告 2015 年第 33 号第一条规定进行税务处理的，应在非货币性资产转让所得递延确认期间每年企业所得税汇算清缴时，填报“中华人民共和国企业所得税年度纳税申报表”（A 类，2017 年版）中“A105100 企业重组纳税调整明细表”第 13 行“其中：以非货币性资产对外投资”的相关栏目，并向主管税务机关报送“非货币性资产投资递延纳税调整明细表”（详见附件）。

C. 企业应将股权投资合同或协议、对外投资的非货币性资产（明细）公允价值评估确认报告、非货币性资产（明细）计税基础的情况说明、被投资企业设立或变更的工商部门证明材料等资料留存备查，并单独准确核算税法与会计差异情况。

（3）“203 发生技术入股递延纳税事项”。

财政部 国家税务总局《关于完善股权激励和技术入股有关所得税政策的通知》（财税〔2016〕101 号）、国家税务总局《关于股权激励和技术入股所得税征管问题的公告》（2016 年第 62 号）规定：自 2016 年 9 月 1 日起实施。

①企业或个人以技术成果投资入股到境内居民企业，被投资企业支付的对价全部为股票（权）的，企业或个人可选择继续按现行有关税收政策执行，也可选择适用递延纳税优惠政策。

选择技术成果投资入股递延纳税政策的，经向主管税务机关备案，投资入股当期可暂不纳税，允许递延至转让股权时，按股权转让收入减去技术成果原值和合理税费后的差额计算缴纳所得税。

②企业或个人选择适用上述任一项政策，均允许被投资企业按技术成果投资入股时的评估值入账并在企业所得税前摊销扣除。

③技术成果是指专利技术（含国防专利）、计算机软件著作权、集成电路布图设计专有权、植物新品种权、生物医药新品种，以及科技部、财政部、国家税务总局确定的其他技术成果。

④技术成果投资入股，是指纳税人将技术成果所有权让渡给被投资企业、取得该企业股票（权）的行为。

⑤持有递延纳税的股权期间，因该股权产生的转增股本收入，以及以该递延纳税的股权再进行非货币性资产投资的，应在当期缴纳税款。

⑥选择适用上述递延纳税政策的，应当为实行查账征收的居民企业以技术成果所有权投资。

⑦企业适用递延纳税政策的，应在投资完成后首次预缴申报时，将相关内容填入下表：“技术成果投资入股企业所得税递延纳税备案表”。

技术成果投资入股企业所得税递延纳税备案表

纳税人名称（盖章）：　　　　　　　　纳税人识别号：

申报所属期：＿＿＿＿＿＿年度　　　　　　　　金额单位：人民币元（列至角分）

行次	投资企业信息							被投资企业信息				备注
	技术成果名称	技术成果类型	技术成果编号	公允价值	计税基础	取得股权时间	递延所得	企业名称	纳税人识别号	主管税务机关	与投资方是否为关联企业	
	1	2	3	4	5	6	7=4-5	8	9	10	11	
1												
2												
3												
4												
5												
6												
7												
8												
…												
合计												

谨声明：本人知悉并保证本表填报内容及所附证明材料真实、完整，并承担因资料虚假而产生的法律和行政责任。

法定代表人签章：　　　　　　年　月　日

填表人：	填报日期：

国家税务总局监制

【填报说明】

（1）适用范围。

本表适用于执行企业所得税技术成果投资递延政策的纳税人填报。

（2）报送期限。

纳税人应在投资完成后首次预缴申报时向主管税务机关报送本表。

（3）表内各栏。

①第2列“技术成果类型”：是指专利技术（含国防专利）、计算机软件著作权、集成电路布图设计权、植物新品种、生物医药新品种，以及科技部、财政部、国家税务总局确定的其他技术成果。

②第4列“公允价值”：是指企业以技术成果投资入股时，技术成果按照协议确定的评估值。

③第5列“计税基础”：是指企业以技术成果投资入股时，技术成果的税收金额。

④第6列“取得股权时间”：是指技术成果投资协议生效并办理股权登记手续的时间。关联企业之间非货币性资产投资，投资协议生效后12个月尚未完成股权变更登记手续的，确认年度为投资协议生效年度。

⑤第7列“递延所得”=第4列“公允价值”－第5列“计税基础”。

⑥第11列“与投资方是否为关联企业”：是指企业以技术成果投资入股前，投资企业与被投资企业是否为《中华人民共和国企业所得税法》及其实施条例中明确的关联企业。

（4）本表一式二份。

主管税务机关受理后，由纳税人和主管税务机关分别留存。

企业接受技术成果投资入股，技术成果评估值明显不合理的，主管税务机关有权进行调整。

（5）“204 发生企业重组事项”。

①关于企业重组的税收政策。根据《财政部国家税务总局关于企业重组业务企业所得税处理若干问题的通知》（财税〔2009〕59 号）规定，企业重组，是指企业在日常经营活动以外发生的法律结构或经济结构重大改变的交易，包括企业法律形式改变、债务重组、股权收购、资产收购、合并、分立等。

A. 企业法律形式改变，是指企业注册名称、住所以及企业组织形式等的简单改变，但符合本通知规定其他重组的类型除外。

B. 债务重组，是指在债务人发生财务困难的情况下，债权人按照其与债务人达成的书面协议或者法院裁定书，就其债务人的债务作出让步的事项。

C. 股权收购，是指一家企业（以下称为收购企业）购买另一家企业（以下称为被收购企业）的股权，以实现对被收购企业控制的交易。收购企业支付对价的形式包括股权支付、非股权支付或两者的组合。

D. 资产收购，是指一家企业（以下称为受让企业）购买另一家企业（以下称为转让企业）实质经营性资产的交易。受让企业支付对价的形式包括股权支付、非股权支付或两者的组合。

［实质经营性资产，是指企业用于从事生产经营活动、与产生经营收入直接相关的资产，包括经营所用各类资产、企业拥有的商业信息和技术、经营活动产生的应收款项、投资资产等。］

E. 合并，是指一家或多家企业（以下称为被合并企业）将其全部资产和负债转让给另一家现存或新设企业（以下称为合并企业），被合并企业股东换取合并企业的股权或非股权支付，实现两个或两个以上企业的依法合并。

F. 分立，是指一家企业（以下称为被分立企业）将部分或全部资产分离转让给现存或新设的企业（以下称为分立企业），被分立企业股东换取分立企业的股权或非股权支付，实现企业的依法分立。

②关于企业重组的财务规定。根据《财政部关于企业重组有关职工安置费用财务管理问题的通知》（财企〔2009〕117 号）规定，国家出资企业实施重组方式包括改制、产权转让、合并、分立、托管等。

③企业重组的一般性税务处理及具体规定。企业重组的一般性税务处理，是指除符合财政部 国家税务总局《关于企业重组业务企业所得税处理若干问题的通知》（财税〔2009〕59 号）规定适用特殊性税务处理规定外的企业重组。

具体按以下规定进行税务处理：

A. 企业由法人转变为个人独资企业、合伙企业等非法人组织，或将登记注册地转移至中华人民共和国境外（包括港澳台地区），应视同企业进行清算、分配，股东重新投资成立新企业。企业的全部资产以及股东投资的计税基础均应以公允价值为基础确定。

企业发生其他法律形式简单改变的，可直接变更税务登记，除另有规定外，有关企业所得税纳税事项（包括亏损结转、税收优惠等权益和义务）由变更后企业承继，但因住所发生变化而不符合税收优惠条件的除外。

国家税务总局《关于全民所有制企业公司制改制企业所得税处理问题的公告》（2017 年第 34 号）规定：（1）全民所有制企业改制为国有独资公司或者国有全资子公司，属于财税〔2009〕59 号文件第四条规定的“企业发生其他法律形式简单改变”的，可依照以下规定进行企业所得税处理：改制中资产评估增值不计入应纳税所得额；资产的计税基础按其原有计税基础确定；资产增值部分的折旧或者摊销不得在税前扣除。（2）全民所有制企业资产评估增值相关材料应由改制后的企业留存备查。（3）本公告适用于 2017 年度及以后年度企业所得税汇算清缴。此前发生的全民所有制企业公司制改制，尚未进行企业所得税处理的，可依照本公告执行。

B. 企业债务重组，相关交易应按以下规定处理：

a. 以非货币资产清偿债务，应当分解为转让相关非货币性资产、按非货币性资产公允价值清偿债务两项业务，确认相关资产的所得或损失。

b. 发生债权转股权的，应当分解为债务清偿和股权投资两项业务，确认有关债务清偿所得或损失。

c. 债务人应当按照支付的债务清偿额低于债务计税基础的差额，确认债务重组所得；债权人应当按照收到的债务清偿额低于债权计税基础的差额，确认债务重组损失。

d. 债务人的相关所得税纳税事项原则上保持不变。

C. 企业股权收购、资产收购重组交易，相关交易应按以下规定处理：

a. 被收购方应确认股权、资产转让所得或损失。

b. 收购方取得股权或资产的计税基础应以公允价值为基础确定。

c. 被收购企业的相关所得税事项原则上保持不变。

D. 企业合并，当事各方应按下列规定处理：

a. 合并企业应按公允价值确定接受被合并企业各项资产和负债的计税基础。

b. 被合并企业及其股东都应按清算进行所得税处理。

c. 被合并企业的亏损不得在合并企业结转弥补。

E. 企业分立，当事各方应按下列规定处理：

a. 被分立企业对分立出去资产应按公允价值确认资产转让所得或损失。

b. 分立企业应按公允价值确认接受资产的计税基础。

c. 被分立企业继续存在时，其股东取得的对价应视同被分立企业分配进行处理。

d. 被分立企业不再继续存在时，被分立企业及其股东都应按清算进行所得税处理。

e. 企业分立相关企业的亏损不得相互结转弥补。

3. 境内企业重组特殊性税务处理事项

根据财政部国家税务总局《关于企业重组业务企业所得税处理若干问题的通知》（财税〔2009〕59 号）规定，企业重组同时符合下列条件的，适用特殊性税务处理规定：

①具有合理的商业目的，且不以减少、免除或者推迟缴纳税款为主要目的。

②被收购、合并或分立部分的资产或股权比例符合本通知规定的比例。

③企业重组后的连续12个月内不改变重组资产原来的实质性经营活动。

④重组交易对价中涉及股权支付金额符合本通知规定比例。

⑤企业重组中取得股权支付的原主要股东，在重组后连续12个月内，不得转让所取得的股权。

注：

A. 上述“连续12个月内”，是指自重组日起计算的连续12个月内。

B. 上述“原主要股东”，是指原持有转让企业或被收购企业20%以上股权的股东。

4. 跨境企业重组特殊性税务处理事项

企业发生涉及中国境内与境外之间（包括港澳台地区）的股权和资产收购交易，除应符合境内企业重组特殊性税务处理事项规定的条件外，还应同时符合下列条件，才可选择适用特殊性税务处理规定：

①非居民企业向其100%直接控股的另一非居民企业转让其拥有的居民企业股权，没有因此造成以后该项股权转让所得预提税负担变化，且转让方非居民企业向主管税务机关书面承诺在3年（含3年）内不转让其拥有受让方非居民企业的股权；

②非居民企业向与其具有100%直接控股关系的居民企业转让其拥有的另一居民企业股权；

③居民企业以其拥有的资产或股权向其100%直接控股的非居民企业进行投资；

④财政部、国家税务总局核准的其他情形。

5. “企业重组特殊性税务处理事项”具体规定

①企业债务重组确认的应纳税所得额占该企业当年应纳税所得额50%以上，可以在5个纳税年度的期间内，均匀计入各年度的应纳税所得额。

企业发生债权转股权业务，对债务清偿和股权投资两项业务暂不确认有关债务清偿所得或损失，股权投资的计税基础以原债权的计税基础确定。企业的其他相关所得税事项保持不变。

②股权收购，收购企业购买的股权不低于被收购企业全部股权的75%（自2014年1月1日起调整为50%），且收购企业在该股权收购发生时的股权支付金额不低于其交易支付总额的85%，可以选择按以下规定处理：

A. 被收购企业的股东取得收购企业股权的计税基础，以被收购股权的原有计税基础确定。

B. 收购企业取得被收购企业股权的计税基础，以被收购股权的原有计税基础确定。

C. 收购企业、被收购企业的原有各项资产和负债的计税基础和其他相关所得税事项保持不变。

③资产收购，受让企业收购的资产不低于转让企业全部资产的75%（自2014年1月1日起调整为50%），且受让企业在该资产收购发生时的股权支付金额不低于其交易支付总额的85%，可以选择按以下规定处理：

A. 转让企业取得受让企业股权的计税基础，以被转让资产的原有计税基础确定。

B. 受让企业取得转让企业资产的计税基础，以被转让资产的原有计税基础确定。

④企业合并，企业股东在该企业合并发生时取得的股权支付金额不低于其交易支付总额的85%，以及同一控制下且不需要支付对价的企业合并，可以选择按以下规定处理：

A. 合并企业接受被合并企业资产和负债的计税基础，以被合并企业的原有计税基础确定。

B. 被合并企业合并前的相关所得税事项由合并企业承继。

C. 可由合并企业弥补的被合并企业亏损的限额 = 被合并企业净资产公允价值 × 截至合并业务发生当年年末国家发行的最长期限的国债利率。

D. 被合并企业股东取得合并企业股权的计税基础，以其原持有的被合并企业股权的计税基础确定。

注：上述“同一控制”，是指参与合并的企业在合并前后均受同一方或相同的多方最终控制，且该控制并非暂时性的。能够对参与合并的企业在合并前后均实施最终控制权的相同多方，是指根据合同或协议的约定，对参与合并企业的财务和经营政策拥有决定控制权的投资者群体。在企业合并前，参与合并各方受最终控制方的控制在 12 个月以上，企业合并后所形成的主体在最终控制方的控制时间也应达到连续 12 个月。

⑤企业分立，被分立企业所有股东按原持股比例取得分立企业的股权，分立企业和被分立企业均不改变原来的实质经营活动，且被分立企业股东在该企业分立发生时取得的股权支付金额不低于其交易支付总额的 85%，可以选择按以下规定处理：

A. 分立企业接受被分立企业资产和负债的计税基础，以被分立企业的原有计税基础确定。

B. 被分立企业已分立出去资产相应的所得税事项由分立企业承继。

C. 被分立企业未超过法定弥补期限的亏损额可按分立资产占全部资产的比例进行分配，由分立企业继续弥补。

D. 被分立企业的股东取得分立企业的股权（以下简称“新股”），如需部分或全部放弃原持有的被分立企业的股权（以下简称“旧股”），“新股”的计税基础应以放弃“旧股”的计税基础确定。如不需放弃“旧股”，则其取得“新股”的计税基础可从以下两种方法中选择确定：直接将“新股”的计税基础确定为零；或者以被分立企业分立出去的净资产占被分立企业全部净资产的比例先调减原持有的“旧股”的计税基础，再将调减的计税基础平均分配到“新股”上。

⑥重组交易各方按上述（1）至（5）项规定对交易中股权支付暂不确认有关资产的转让所得或损失的，其非股权支付仍应在交易当期确认相应的资产转让所得或损失，并调整相应资产的计税基础。

非股权支付对应的资产转让所得或损失 =（被转让资产的公允价值 - 被转让资产的计税基础）×（非股权支付金额 ÷ 被转让资产的公允价值）

⑦根据财税〔2009〕59 号文件第十条规定，若同一项重组业务涉及在连续 12 个月内分步交易，且跨两个纳税年度，当事各方在首个纳税年度交易完成时预计整个交易符合特殊性税务处理条件，经协商一致选择特殊性税务处理的，可以暂时适用特殊性税务处理，并在当年企业所得税年度申报时提交书面申报资料。

在下一纳税年度全部交易完成后，企业应判断是否适用特殊性税务处理。如适用特殊性税务处理的，当事各方应按本公告要求申报相关资料；如适用一般性税务处理的，应调整相应纳税年度的企业所得税年度申报表，计算缴纳企业所得税。

同一重组业务的当事各方应采取一致税务处理原则，即统一按一般性或特殊性税务处理。

“204 - 1 重组开始时间”“204 - 2 重组完成时间”“204 - 3 重组交易类型”“企业在重组业务中所属当事方类型”。

（1）“204 - 1 重组开始时间”：填报企业本次重组交易开始时间。

【专家观点】实务中是以什么时点为准，第一次签约还是其他什么时点。

（2）“204－2 重组完成时间”：填报企业本次重组完成时间或预计完成时间。

重组业务完成当年，是指重组日所属的企业所得税纳税年度。

实务中“重组完成时间”的确认有以下几个：

①“股权或资产划转完成日”，是指股权或资产划转合同（协议）或批复生效，且交易双方已进行会计处理的日期。

【提示】《中华人民共和国物权法》第九条、十五条对不动产“法定所有权转移”有如下规定：

第九条 不动产物权的设立、变更、转让和消灭，应当登记；未经登记，不发生物权效力，但法律另有规定的除外。依法属于国家所有的自然资源，所有权可以不登记。

第十五条 当事人之间订立有关设立、变更、转让和消灭不动产物权的合同，除法律另有规定或者合同另有约定外，自合同成立时生效；未办理物权登记的，不影响合同效力。

②债务重组。

【税收规定】《国家税务总局关于贯彻落实企业所得税法若干税收问题的通知》（国税函〔2010〕79号）规定，企业发生债务重组，应在债务重组合同或协议生效时确认收入的实现。

《国家税务总局关于企业重组业务企业所得税征收管理若干问题的公告》（国家税务总局公告2015年第48号）规定，以债务重组合同（协议）或法院裁定书生效日为重组日。

【会计准则】债务重组日是指履行协议或法院裁决，将相关资产转让给债权人、将债务转为资本或修改后的偿债条件开始执行的日期。

③股权收购。以转让合同（协议）生效且完成股权变更手续日为重组日。关联企业之间发生股权收购，转让合同（协议）生效后12个月内尚未完成股权变更手续的，应以转让合同（协议）生效日为重组日。

④资产收购。以转让合同（协议）生效且当事各方已进行会计处理的日期为重组日。

⑤企业合并。以合并合同（协议）生效、当事各方已进行会计处理且完成工商新设登记或变更登记日为重组日。按规定不需要办理工商新设或变更登记的合并，以合并合同（协议）生效且当事各方已进行会计处理的日期为重组日。

⑥企业分立。以分立合同（协议）生效、当事各方已进行会计处理且完成工商新设登记或变更登记日为重组日。

重组业务完成年度的确定，可以按各当事方适用的会计准则确定，具体参照各当事方经审计的年度财务报告。由于当事方适用的会计准则不同导致重组业务完成年度的判定有差异时，各当事方应协商一致，确定同一个纳税年度作为重组业务完成年度。

【专家观点】重组完成时间并不等同于重组业务涉税处理结束，特别是涉及跨年度涉税调整事项。

6. “204－4 企业在重组业务中所属当事方类型”

（1）企业重组的当事各方是指：

①债务重组中当事各方，指债务人、债权人；

②股权收购中当事各方，指收购方、转让方及被收购企业；

③资产收购中当事各方，指收购方、转让方；

④合并中当事各方，指合并企业、被合并企业及被合并企业股东；

⑤分立中当事各方，指分立企业、被分立企业及被分立企业股东。

上述重组交易中，股权收购中转让方、合并中被合并企业股东和分立中被分立企业股东，可以是自然人。

（2）当事各方中的自然人应按个人所得税的相关规定进行税务处理。

（3）企业重组业务适用特殊性税务处理的，除财税〔2009〕59号文件第四条第（一）项所称企业发生其他法律形式简单改变情形外，重组各方应在该重组业务完成当年，办理企业所得税年度申报时，分别向各自主管税务机关报送“企业重组所得税特殊性税务处理报告表及附表”（详见附件1）和申报资料（详见附件2）。合并、分立中重组一方涉及注销的，应在尚未办理注销税务登记手续前进行申报。

（4）重组主导方申报后，其他当事方向其主管税务机关办理纳税申报。申报时还应附送重组主导方经主管税务机关受理的“企业重组所得税特殊性税务处理报告表及附表”（复印件）。

（5）重组当事各方企业适用特殊性税务处理的（指重组业务符合财税〔2009〕59号文件和财税〔2014〕109号文件第一条、第二条规定条件并选择特殊性税务处理的，下同），应按如下规定确定重组主导方：

①债务重组：债务人；

②股权收购：股权转让方，涉及两个或两个以上股权转让方，由转让被收购企业股权比例最大的一方作为主导方（转让股权比例相同的可协商确定主导方）；

③资产收购：资产转让方；

④吸收合并：为被合并企业，涉及同一控制下多家被合并企业的，以净资产最大的一方为主导方；

⑤分立：被分立企业。

【案例1】

2014年4月29日，三一重工发布《关于三一重工股份有限公司业绩承诺实现情况说明的专项审核报告》，对三一重工定向增发业绩承诺时限情况作了回顾。

2008年三一重工对梁稳根（上市公司实际控制人）等10位自然人定向增发股票1.18亿股，购买其持有的三一重机100%股份，三一重工作价19.8亿元，发行价格16.80元/股。

梁稳根等人承诺，三一重机2009年实现净利润不低于3.8亿元，2010年实现净利润4.5亿元，2011—2013年平均实现利润不低于5亿元，如果达不到实现利润，梁稳根等就承诺利润与实际利润的差额补足，如果梁稳根等人无法不足现金的，则可以以人民币1元的名义价格回购一定数量的股票

当年回购股份数量＝（承诺人承诺三一重机的该年度净利润－三一重机该年度实现净利润－承诺人当年现金补偿金额）×本次购买资产市盈率÷股份发行价格

至2014年，梁稳根等人承诺的三一重机5年利润全部大幅度超额完成，估值调整协议就此失效。

【案例分析】

梁稳根等人承诺如果当年利润低于预计利润，则以现金补偿上市公司三一重工，这种补偿方式同前述“苏宁环球“案例相同，如果出现这种情况，三一重工对收到的现金不作为收入，不缴纳企

业所得税。在三一重工的业绩承诺条款中，出现了新形式，如果梁稳根等人现金补偿不足，三一重工可以1钱的名义价格回购一部分股份，这其实是现金补偿条款的变形。

假设三一重机2011年业绩只有3亿元，低于承诺利润的5亿元，梁稳根等人决定以股票作为补偿，假设折合股份比例为1800万股，则三一重工以1元价格回购1800万元股票后，做账：

借：股本　　1800万

　　贷：资本公积 股票溢价　　-1800万

此时增加的资本公积1800万元，实际是三一重工定向增发购买资产估值的调整，不属于接受捐赠收入，不计入应纳税所得额。

当然，由于三一重工的实际业绩远远超过承诺，所以上述条款也不会实际执行。

【案例结论】

股东放弃本企业股权往往也是出于“估值调整协议”，按照29号公告规定，不属于接受捐赠收入，不应缴纳企业所得税。

二、“企业重组及递延纳税事项纳税调整明细表”结构特点

1. “企业重组及递延纳税事项纳税调整明细表”（A105100）简介

表19－1　企业重组及递延纳税事项纳税调整明细表（A105100）

行次	项　目	一般性税务处理			特殊性税务处理（递延纳税）			纳税调整金额
		账载金额	税收金额	纳税调整金额	账载金额	税收金额	纳税调整金额	
		1	2	3(2－1)	4	5	6（5－4）	7（3＋6）
1	一、债务重组							
2	其中：以非货币性资产清偿债务							
3	债转股							
4	二、股权收购							
5	其中：涉及跨境重组的股权收购							
6	三、资产收购							
7	其中：涉及跨境重组的资产收购							
8	四、企业合并（9＋10）							
9	（一）同一控制下企业合并							
10	（二）非同一控制下企业合并							
11	五、企业分立							
12	六、非货币性资产对外投资							
13	七、技术入股							
14	八、股权划转、资产划转							
15	九、其他							
16	合计（1＋4＋6＋8＋11＋12＋13＋14＋15）							

从“企业重组及递延纳税事项纳税调整明细表（2017 版）”（A105100）与“企业重组纳税调整明细表（2014 版）”（A105100）对比来看，增加了“技术入股”以及“股权划转、资产划转”，是由于近年来相关税收政策陆续出台，而对表中个别栏目所进行的修改。

国家税务总局《关于加强企业所得税后续管理的指导意见》（税总发〔2013〕55 号）规定：后续管理的主要内容包括：重点对跨年度事项、重大事项、高风险事项和重点行业。其中跨年度事项是指对企业以后年度的应纳税所得额和应纳税额造成实际影响的事项。跨年度事项主要包括：债务重组递延所得、跨境重组递延收入，等等。鉴于跨年度事项的递延性质，需要通过台账管理等方法准确记录该类事项对以后年度的税收影响，便于跟踪管理。重大事项涵盖了税务行政审批制度改革后管理方式发生重大改变的事项，以及一些对企业所得税影响重大的、复杂的交易事项。前者主要包括企业所得税优惠事项和资产损失税前扣除事项，这类事项由审批改为备案或自行申报后，必须加强对其真实性和合法性的后续管理。后者包括企业重组、股权转让等重点事项，这些事项交易过程复杂、交易方较多、交易信息不透明，有的还涉及税源跨地区转移，需要利用专家团队、结合第三方信息等加强后续管理。高风险事项是企业所得税管理中风险发生概率较高、易造成重大税款流失的事项，如适用特殊性税务处理的企业重组等交易事项。要将风险管理理念贯穿税源专业化管理全过程，选取体现税种特征的关键风险指标值，分地区、分企业规模、分行业类型建立风险预警指标体系、评估模型和风险特征库，通过分析识别和等级排序，将高风险事项纳入后续管理范围。

【专家建议】

鉴于税总发〔2013〕55 号文件的规定，建议凡涉及企业重组纳税人均需要设立相关台账，加强内部核算管理。

2. 一般性税务处理与特殊性税务处理的区别

（1）一般性税务处理与特殊性税务处理形式上的区别。

①提交资料的要求不同。

重组方式	一般性税务处理提交资料	特殊性税务处理提交资料
由法人转变为个人独资企业、合伙企业等非法人组织，或将登记注册地转移至中华人民共和国境外（包括港澳台地区）	应按照《财政部国家税务总局关于企业清算业务企业所得税处理若干问题的通知》（财税〔2009〕60 号）规定进行清算。 企业在报送《企业清算所得纳税申报表》时，应附送以下资料： （一）企业改变法律形式的工商部门或其他政府部门的批准文件； （二）企业全部资产的计税基础以及评估机构出具的资产评估报告； （三）企业债权、债务处理或归属情况说明； （四）主管税务机关要求提供的其他资料证明。	企业发生其他法律形式的简单改变，属于重组的特殊性税务处理，但不需要进行单独申报。

续表

重组方式	一般性税务处理提交资料	特殊性税务处理提交资料
债务重组	债务重组，应准备以下相关资料，以备税务机关检查。 （一）以非货币资产清偿债务的，应保留当事各方签订的清偿债务的协议或合同，以及非货币资产公允价格确认的合法证据等； （二）债权转股权的，应保留当事各方签订的债权转股权协议或合同。	发生债务重组所产生的应纳税所得额占该企业当年应纳税所得额 50% 以上的，债务重组所得要求在 5 个纳税年度的期间内，均匀计入各年度应纳税所得额的，应准备以下资料： 1. 当事方的债务重组的总体情况说明（如果采取申请确认的，应为企业的申请，下同），情况说明中应包括债务重组的商业目的； 2. 当事各方所签订的债务重组合同或协议； 3. 债务重组所产生的应纳税所得额、企业当年应纳税所得额情况说明； 4. 税务机关要求提供的其他资料证明。
		发生债权转股权业务，债务人对债务清偿业务暂不确认所得或损失，债权人对股权投资的计税基础以原债权的计税基础确定，应准备以下资料： 1. 当事方的债务重组的总体情况说明，情况说明中应包括债务重组的商业目的； 2. 双方所签订的债转股合同或协议； 3. 企业所转换的股权公允价格证明； 4. 工商部门及有关部门核准相关企业股权变更事项证明材料； 5. 税务机关要求提供的其他资料证明。
股权收购、资产收购	股权收购、资产收购重组业务，应准备以下相关资料，以备税务机关检查。 （一）当事各方所签订的股权收购、资产收购业务合同或协议； （二）相关股权、资产公允价值的合法证据。	股权收购业务，应准备以下资料： （一）当事方的股权收购业务总体情况说明，情况说明中应包括股权收购的商业目的； （二）双方或多方所签订的股权收购业务合同或协议； （三）由评估机构出具的所转让及支付的股权公允价值； （四）证明重组符合特殊性税务处理条件的资料，包括股权比例，支付对价情况，以及 12 个月内不改变资产原来的实质性经营活动和原主要股东不转让所取得股权的承诺书等； （五）工商等相关部门核准相关企业股权变更事项证明材料； （六）税务机关要求的其他材料。
		资产收购业务，应准备以下资料： （一）当事方的资产收购业务总体情况说明，情况说明中应包括资产收购的商业目的； （二）当事各方所签订的资产收购业务合同或协议； （三）评估机构出具的资产收购所体现的资产评估报告； （四）受让企业股权的计税基础的有效凭证； （五）证明重组符合特殊性税务处理条件的资料，包括资产收购比例，支付对价情况，以及 12 个月内不改变资产原来的实质性经营活动、原主要股东不转让所取得股权的承诺书等； （六）工商部门核准相关企业股权变更事项证明材料； （七）税务机关要求提供的其他材料证明。

续表

重组方式	一般性税务处理提交资料	特殊性税务处理提交资料
合并	合并，应按照财税〔2009〕60号文件规定进行清算。 被合并企业在报送“企业清算所得纳税申报表”时，应附送以下资料： （一）企业合并的工商部门或其他政府部门的批准文件； （二）企业全部资产和负债的计税基础以及评估机构出具的资产评估报告； （三）企业债务处理或归属情况说明； （四）主管税务机关要求提供的其他资料证明。	合并，应准备以下资料： （一）当事方企业合并的总体情况说明，情况说明中应包括企业合并的商业目的； （二）企业合并的政府主管部门的批准文件； （三）企业合并各方当事人的股权关系说明； （四）被合并企业的净资产、各单项资产和负债及其账面价值和计税基础等相关资料； （五）证明重组符合特殊性税务处理条件的资料，包括合并前企业各股东取得股权支付比例情况，以及12个月内不改变资产原来的实质性经营活动、原主要股东不转让所取得股权的承诺书等； （六）工商部门核准相关企业股权变更事项证明材料； （七）主管税务机关要求提供的其他资料证明。
分立	分立，被分立企业不再继续存在，应按照财税〔2009〕60号文件规定进行清算。 被分立企业在报送“企业清算所得纳税申报表”时，应附送以下资料： （一）企业分立的工商部门或其他政府部门的批准文件； （二）被分立企业全部资产的计税基础以及评估机构出具的资产评估报告； （三）企业债务处理或归属情况说明； （四）主管税务机关要求提供的其他资料证明。	分立，应准备以下资料： （一）当事方企业分立的总体情况说明，情况说明中应包括企业分立的商业目的； （二）企业分立的政府主管部门的批准文件； （三）被分立企业的净资产、各单项资产和负债账面价值和计税基础等相关资料； （四）证明重组符合特殊性税务处理条件的资料，包括分立后企业各股东取得股权支付比例情况，以及12个月内不改变资产原来的实质性经营活动、原主要股东不转让所取得股权的承诺书等； （五）工商部门认定的分立和被分立企业股东股权比例证明材料；分立后，分立和被分立企业工商营业执照复印件；分立和被分立企业分立业务账务处理复印件； （六）税务机关要求提供的其他资料证明。

②未享受完的税收优惠规定不同。适用特殊性处理规定的合并（分立）企业可以承继被合并（分立）企业未享受完的税收优惠，适用一般性税务处理规定的合并（分立）企业仅就存续企业未享受完的税收优惠继续执行。

根据通知及办法的规定，适用特殊性处理的合并（分立），凡属于依照企业所得税法第五十七条规定中就企业整体（即全部生产经营所得）享受税收优惠过渡政策的，合并或分立后的企业性质及适用税收优惠条件未发生改变的，可以继续享受合并前各企业或分立前被分立企业剩余期限的税收优惠。合并前各企业剩余的税收优惠年限不一致的，合并后企业每年度的应纳税所得额，应统一按合并日各合并前企业资产占合并后企业总资产的比例进行划分，再分别按相应的剩余优惠计算应纳税额。

适用一般性税务处理的企业合并（分立），合并或分立各方企业涉及享受企业所得税法第五十七条规定中的税收优惠过渡政策尚未期满的，仅就存续企业未享受完的税收优惠继续执行。注销的被合并或被分立企业未享受完的税收优惠，不再由存续企业承继，合并或分立而新设的企业不得再承继或重新享受上述优惠。具体是指：在企业吸收合并中，合并后的存续企业可以继续享受合并前该企业剩余期限的税收优惠，其优惠金额按存续企业合并前一年的应纳税所得额（亏损计为零）计算。在企业存续分立中，分立后的存续企业可以继续享受分立前该企业剩余期限的税收优惠，其优惠金额按该企业分立前一年的应纳税所得额（亏损计为零）乘以分立后存续企业资产占分立前该企业全部资产的比例计算。

需要注意的是，就合并前，各企业或分立前被分立企业按照企业所得税法的税收优惠规定，以及税收优惠过渡政策中就有关生产经营项目所得享受的税收优惠承继处理问题，特殊性税务处理和一般性税务处理的原则是一致的，即在减免税期限内的，受让项目的存续企业自受让之日起，可以在剩余期限内享受规定的减免税优惠。

③亏损弥补的规定不同。适用特殊性处理规定的合并（分立）企业可以继续弥补被合并（分立）企业未超过法定弥补期限的亏损额，适用一般性税务处理规定的合并（分立）企业亏损不得在企业间结转弥补。

根据通知及办法的规定，适用特殊性处理的合并，可由合并企业弥补的被合并企业亏损的限额（每年）=被合并企业净资产公允价值×截至合并业务发生当年年末国家发行的最长期限的国债利率。可见，适用特殊性税务处理的企业合并，需要结转弥补亏损的，被合并企业净资产公允价值还需要由企业提供相关评估报告等证明资料。适用特殊性税务处理的企业分立，被分立企业未超过法定弥补期限的亏损额可按分立资产占全部资产的比例进行分配，由分立企业继续弥补。

3. 一般性税务处理与特殊性税务处理本质性区别

根据企业重组满足的条件不同，企业所得税处理方面，将企业重组区分为一般重组和特殊重组。两种不同性质的重组适用的企业所得税处理方法不一致。除符合特殊重组条件，可以选择特殊性税务处理外，企业重组应作为一般性税务处理。在企业重组的六种形式中，除企业法律形式改变不适用于特殊性税务处理外，债务重组、股权收购、资产收购、合并、分立等均可适用于特殊性税务处理。

总体而言，如果企业重组适用一般性税务处理规定，则相应的交易或事项应当确认损益或利得，并计入当期应纳税所得额计征企业所得税，同时取得的相应资产一般按照公允价值确认为计税基础。因此，一般性税务处理方法下的企业重组业务与具有商业实质的非货币性资产交换事项的企业所得税处理在本质上是一致的。

三、“企业重组纳税调整明细表”的填报

表19－2　企业重组及递延纳税事项纳税调整明细表（A105100）

行次	项　目	一般性税务处理			特殊性税务处理（递延纳税）			纳税调整金额
		账载金额	税收金额	纳税调整金额	账载金额	税收金额	纳税调整金额	
		1	2	3(2－1)	4	5	6(5－4)	7（3＋6）
1	一、债务重组							
2	其中：以非货币性资产清偿债务							
3	债转股							
4	二、股权收购							
5	其中：涉及跨境重组的股权收购							
6	三、资产收购							
7	其中：涉及跨境重组的资产收购							

续表

行次	项　目	一般性税务处理			特殊性税务处理（递延纳税）			纳税调整金额
		账载金额	税收金额	纳税调整金额	账载金额	税收金额	纳税调整金额	
		1	2	3(2－1)	4	5	6(5－4)	7（3＋6）
8	四、企业合并（9＋10）							
9	（一）同一控制下企业合并							
10	（二）非同一控制下企业合并							
11	五、企业分立							
12	六、非货币性资产对外投资							
13	七、技术入股							
14	八、股权划转、资产划转							
15	九、其他							
16	合计（1＋4＋6＋8＋11＋12＋13＋14＋15）							

【填报说明】

本表适用于发生企业重组、非货币性资产对外投资、技术入股等业务的纳税人填报。纳税人发生企业重组事项的，在企业重组日所属纳税年度分析填报。纳税人根据税法、财政部 国家税务总局《关于企业重组业务企业所得税处理若干问题的通知》（财税〔2009〕59号）、国家税务总局《关于发布〈企业重组业务企业所得税管理办法〉的公告》（2010年第4号）、财政部 国家税务总局《关于中国（上海）自由贸易试验区内企业以非货币性资产对外投资等资产重组行为有关企业所得税政策问题的通知》（财税〔2013〕91号）、财政部 国家税务总局《关于非货币性资产投资企业所得税政策问题的通知》（财税〔2014〕116号）、财政部 国家税务总局《关于促进企业重组有关企业所得税处理问题的通知》（财税〔2014〕109号）、国家税务总局《关于非货币性资产投资企业所得税有关征管问题的公告》（2015年第33号）、国家税务总局《关于资产（股权）划转企业所得税征管问题的公告》（2015年第40号）、国家税务总局《关于企业重组业务企业所得税征收管理若干问题的公告》（2015年第48号）、财政部 国家税务总局《关于完善股权激励和技术入股有关所得税政策的通知》（财税〔2016〕101号）、国家税务总局《关于股权激励和技术入股所得税征管问题的公告》（2016年第62号）等相关规定，以及国家统一企业会计制度，填报企业重组、非货币资产对外投资、技术入股等业务的会计核算及税收规定，以及纳税调整情况。

对于发生债务重组业务且选择特殊性税务处理（即债务重组所得可以在5个纳税年度均匀计入应纳税所得额）的纳税人，重组日所属纳税年度的以后纳税年度，也在本表进行债务重组的纳税调整。除上述债务重组所得可以分期确认应纳税所得额的企业重组外，其他涉及资产计税基础与会计核算成本差异调整的企业重组，本表不作调整，在“资产折旧、摊销及纳税调整明细表”（A105080）进行纳税调整。

【专家观点】

本表难点在于企业重组中因税会差异而发生纳税调整项目的分析、计算、填列。建议结合国家税务总局《关于企业重组业务企业所得税征收管理若干问题的公告》（2015年第48号）文件中“企业重组所得税特殊性税务处理报告表及附表”。

此外，国家税务总局《关于企业混合性投资业务企业所得税处理问题的公告》（2013 年第 41 号）规定，对于被投资企业赎回的投资，投资双方应于赎回时将赎价与投资成本之间的差额确认为债务重组损益，分别计入当期应纳税所得额，而不能适用企业重组相关税收政策。

分期确认应纳税所得额的企业重组以后年度确认时也填报本表，企业法律形式改变不涉及其他列举重组类型不填报。

（1）行次填报。

①第 1 行“一、债务重组”：填报企业发生债务重组业务的相关金额。

②第 2 行“其中：以非货币性资产清偿债务”：填报企业发生以非货币性资产清偿债务的债务重组业务的相关金额。

③第 3 行“债转股”：填报企业发生债权转股权的债务重组业务的相关金额。

④第 4 行“二、股权收购”：填报企业发生股权收购重组业务的相关金额。

⑤第 5 行“其中：涉及跨境重组的股权收购”：填报企业发生涉及中国境内与境外之间、内地与港澳之间、大陆与台湾地区之间的股权收购交易重组业务的相关金额。

⑥第 6 行“三、资产收购”：填报企业发生资产收购重组业务的相关金额。

⑦第 7 行“其中：涉及跨境重组的资产收购”：填报企业发生涉及中国境内与境外之间、内地与港澳之间、大陆与台湾地区之间的资产收购交易重组业务的相关金额。

⑧第 8 行“四、企业合并”：填报第 9 行和第 10 行的合计金额。

⑨第 9 行“（一）同一控制下企业合并”：填报企业发生同一控制下企业合并重组业务的相关金额。

⑩第 10 行“（二）非同一控制下企业合并”：填报企业发生非同一控制下企业合并重组业务的相关金额。

⑪第 11 行“五、企业分立”：填报企业发生非同一控制下企业分立重组业务的相关金额。

⑫第 12 行“六、非货币性资产对外投资”：填报企业发生非货币性资产对外投资的相关金额，符合财政部 国家税务总局《关于非货币性资产投资企业所得税政策问题的通知》（财税〔2014〕116 号）和国家税务总局《关于非货币性资产投资企业所得税有关征管问题的公告》（国家税务总局公告 2015 年第 33 号）规定执行递延纳税政策的填写“特殊性税务处理（递延纳税）”相关列次。

⑬第 13 行“七、技术入股”：填报企业以技术成果投资入股到境内居民企业，被投资企业支付对价全部为股票（权）的技术入股业务的相关金额，符合财政部 国家税务总局《关于完善股权激励和技术入股有关所得税政策的通知》（财税〔2016〕101 号）、国家税务总局《关于股权激励和技术入股所得税征管问题的公告》（国家税务总局公告 2016 年第 62 号）规定适用递延纳税政策的填写“特殊性税务处理（递延纳税）”相关列次。

⑭第 14 行“八、股权划转、资产划转”：填报企业发生资产（股权）划转业务的相关金额。

（2）列次填报。

本表数据栏设置“一般性税务处理”“特殊性税务处理（递延纳税）”两大栏次，纳税人应根据企业重组所适用的税务处理办法，分别按照企业重组类型进行累计填报，损失以“－”号填列。

①第1列“一般性税务处理－账载金额”：填报企业重组适用一般性税务处理或企业未发生递延纳税业务，会计核算确认的企业损益金额。

②第2列“一般性税务处理－税收金额”：填报企业重组适用一般性税务处理或企业未发生递延纳税业务，按税收规定确认的所得（或损失）。

③第3列“一般性税务处理－纳税调整金额”：填报企业重组适用一般性税务处理或企业未发生递延纳税业务，按税收规定确认的所得（或损失）与会计核算确认的损益金额的差。为第2－1列的余额。

④第4列“特殊性税务处理（递延纳税）－账载金额”：填报企业重组适用特殊性税务处理或企业发生递延纳税业务，会计核算确认的损益金额。

⑤第5列“特殊性税务处理（递延纳税）－税收金额”：填报企业重组适用特殊性税务处理或企业发生递延纳税业务，按税收规定确认的所得（或损失）。

⑥第6列“特殊性税务处理（递延纳税）－纳税调整金额”：填报企业重组适用特殊性税务处理或企业发生递延纳税业务，按税收规定确认的所得（或损失）与会计核算确认的损益金额的差额。为第5－4列的余额。

⑦第7列“纳税调整金额”：填报第3＋6列的合计金额。

（3）表内、表间关系。

①表内关系。

A. 第8行＝第9＋10行；

B. 第16行＝第1＋4＋6＋8＋11＋12＋13＋14＋15行；

C. 第3列＝第2－1列；

D. 第6列＝第5－4列；

E. 第7列＝第3＋6列。

②表间关系。

A. 第16行第1＋4列＝表A105000第37行第1列。

B. 第16行第2＋5列＝表A105000第37行第2列。

C. 若第16行第7列≥0，第16行第7列＝表A105000第37行第3列；若第16行第7列＜0，第16行第7列的绝对值＝表A105000第37行第4列。

四、债务重组的会计处理与纳税调整案例

1. 税会差异——会计规定

①会计规定。《企业会计准则第12号——债务重组》规定，债务重组是指在债务人发生财务困难的情况下，债权人按照其与债务人达成的协议或者法院的裁定做出让步的事项。这一规定与财税〔2009〕59号的规定是一致的。债务重组强调了债务人处于财务困难的前提条件，并突出了债权人做出“让步”的实质条件。这样，排除了债务人不处于财务困难条件下的、处于清算或改组时的债务重组，以及虽修改了债务条件，但实质上债权人并未做出让步的债务重组事项，如在债务人发生困难时，债权人同意债务人用库存商品抵偿到期债务，且不调整偿还金额和时间，实质上债权人并

未做出让步，则不属于债务重组。因此，债务重组≠抵偿债务。其中，“让步”指债权人同意发生财务困难的债务人现在或将来以低于重组债务账面价值的金额偿还债务。

②债务重组的主要方式。

A. 以现金清偿债务。

B. 以非现金资产清偿债务。这是指债务人转让其非现金资产给债权人以清偿债务。

C. 债务转为资本。是指债务人将债务转为资本，同时债权人将债权转为股权。《公司注册资本登记管理规定》（工商总局令第 64 号）第七条　债权人可以将其依法享有的对在中国境内设立的公司的债权，转为公司股权。转为公司股权的债权应当符合下列情形之一：（一）债权人已经履行债权所对应的合同义务，且不违反法律、行政法规、国务院决定或者公司章程的禁止性规定；（二）经人民法院生效裁判或者仲裁机构裁决确认；（三）公司破产重整或者和解期间，列入经人民法院批准的重整计划或者裁定认可的和解协议。用以转为公司股权的债权有两个以上债权人的，债权人对债权应当已经作出分割。债权转为公司股权的，公司应当增加注册资本。

D. 修改其他债务条件，如延长债务偿还期限、延长债务偿还期限并加收利息。延长债务偿还期限并减少债务本金或债务利息等。

E. 以上两种或两种以上方式的组合，这种重组方式简称为“混合重组方式”。例如，以转让资产、债务转为资本等方式的组合清偿某项债务。再如，以转让资产清偿某项债务的一部分，并对该项债务的另一部分以修改其他债务条件进行债务重组。

③债务人的会计处理。

A. 以现金清偿债务的，债务人应当将重组债务的账面价值与实际支付现金之间的差额，计入当期损益。

B. 以非现金资产清偿债务的，债务人应当将重组债务的账面价值与转让的非现金资产公允价值之间的差额，计入当期损益；转让的非现金资产公允价值与其账面价值之间的差额，计入当期损益。

C. 将债务转为资本的，债务人应当将债权人因放弃债权而享有股份的面值总额确认为股本（或者实收资本），股份的公允价值总额与股本（或者实收资本）之间的差额确认为资本公积。重组债务的账面价值与股份的公允价值总额之间的差额，计入当期损益。

D. 修改其他债务条件的，债务人应当将修改其他债务条件后债务的公允价值作为重组后债务的入账价值。重组债务的账面价值与重组后债务的入账价值之间的差额，计入当期损益。

E. 债务重组以现金清偿债务、非现金资产清偿债务、债务转为资本、修改其他债务条件等方式的组合进行的，债务人应当依次以支付的现金、转让的非现金资产公允价值、债权人享有股份的公允价值冲减重组债务的账面价值，再按照本准则的规定处理。

④债权人的会计处理。

A. 以现金清偿债务的，债权人应当将重组债权的账面余额与收到的现金之间的差额，计入当期损益。债权人已对债权计提减值准备的，应当先将该差额冲减减值准备，减值准备不足以冲减的部分，计入当期损益。

B. 以非现金资产清偿债务的，债权人应当对受让的非现金资产按其公允价值入账，重组债权的账面余额与受让的非现金资产的公允价值之间的差额，计入当期损益。债权人已对债权计提减值准备的，应当先将该差额冲减减值准备，减值准备不足以冲减的部分，计入当期损益。

C. 债务转为资本方式的，债权人应当将享有股份的公允价值确认为对债务人的投资，重组债权的账面余额与股份的公允价值之间的差额，计入当期损益。债权人已对债权计提减值准备的，应当先将该差额冲减减值准备，减值准备不足以冲减的部分，计入当期损益。

D. 修改其他债务条件的，债权人应当将修改其他债务条件后的债权的公允价值作为重组后债权的账面价值，重组债权的账面余额与重组后债权的账面价值之间的差额，计入当期损益。债权人已对债权计提减值准备的，应当先将该差额冲减减值准备，减值准备不足以冲减的部分，计入当期损益。

E. 债务重组采用以现金清偿债务、非现金资产清偿债务、债务转为资本、修改其他债务条件等方式的组合进行的，债权人应当依次以收到的现金、接受的非现金资产公允价值、债权人享有股份的公允价值冲减重组债权的账面余额，再按前款规定处理。

2. *税会差异——税收规定*

《中华人民共和国企业所得税法实施条例》第七十五条规定：除国务院财政、税务主管部门另有规定外，企业在重组过程中，应当在交易发生时确认有关资产的转让所得或者损失，相关资产应当按照交易价格重新确定计税基础。

2009 年 4 月 30 日，财政部、国家税务总局颁布财政部国家税务总局《关于企业重组业务企业所得税处理若干问题的通知》（财税〔2009〕59 号）。“财税〔2009〕59 号”规定，本通知所称企业重组，是指企业在日常经营活动以外发生的法律结构或经济结构重大改变的交易，包括企业法律形式改变、债务重组、股权收购、资产收购、合并、分立等。所称债务重组，是指在债务人发生财务困难的情况下，债权人按照其与债务人达成的书面协议或者法院裁定书，就其债务人的债务作出让步的事项。该债务重组定义，与会计准则的中债务重组定义完全一致。依据财税〔2009〕59 号规定，企业债务重组的税务处理应区分不同条件，分别适用一般性税务处理规定和特殊性税务处理规定。企业债务重组，除符合本通知规定适用特殊性税务处理规定的外，按以下规定进行税务处理：

①以非货币资产清偿债务，应当分解为转让相关非货币性资产、按非货币性资产公允价值清偿债务两项业务，确认相关资产的所得或损失。

②发生债权转股权的，应当分解为债务清偿和股权投资两项业务，确认有关债务清偿所得或损失。

③债务人应当按照支付的债务清偿额低于债务计税基础的差额，确认债务重组所得；债权人应当按照收到的债务清偿额低于债权计税基础的差额，确认债务重组损失。

④债务人的相关所得税纳税事项原则上保持不变。

在一般性税务处理规定下，由于分解为转让相关非货币性资产、按非货币性资产公允价值清偿债务两项业务，确认相关资产的所得或损失。即以公允价值作为计税基础，将债务重组利得与损失计入当期损益，该规定与企业会计准则规定一致，无需进行纳税调整。

3. 以资产清偿债务，符合一般性税务处理

【案例2】

甲公司欠乙公司货款250000元，因甲公司财务困难，经双方协商，乙公司同意甲公司以A商品偿还，该商品账面价值190000元，公允价值200000元，增值税额为34000元。

【会计处理】

甲、乙两公司均为增值税一般纳税人，适用增值税税率为17%，甲乙公司均执行企业会计准则。假设债务重组中没有发生增值税以外的其他税费，则甲公司的会计处理为：

借：应付账款——乙公司　　250000

　　贷：主营业务收入——A商品　　200000

　　　　应交税费——应交增值税（销项税额）　　34000

　　　　营业外收入——债务重组利得　　16000

借：主营业务成本——A商品　　190000

　　贷：库存商品——A商品　　190000

【涉税分析】

甲公司在计算企业所得税时，确认转让商品的所得为10000元（200000－190000），债务重组所得为16000（250000－200000－34000），均已经计入当期损益，不存在纳税调整的问题。

应当注意，如果甲企业采用《小企业会计准则》，由于债务重组利得和公允价值与账面价值的差额26000元均计入“营业外收入”，期末所得税纳税申报时，该26000元应调增当年的应纳税所得额。

乙企业的会计处理为：

借：库存商品——A商品　　200000

　　应交税费——应交增值税（进项税额）　　34000

　　营业外支出——债务重组损失　　16000

　　贷：应收账款　　250000

从会计处理来看，乙企业债务重组取得资产已经按公允价值作为计税基础，债务重组损失已经计入当期损益。依据财政部 国家税务总局《关于企业资产损失税前扣除政策的通知》（财税〔2009〕57号）规定，“企业除贷款类债权外的应收、预付账款符合下列条件之一的，减除可收回金额后确认的无法收回的应收、预付款项，可以作为坏账损失在计算应纳税所得额时扣除：

（1）债务人依法宣告破产、关闭、解散、被撤销，或者被依法注销、吊销营业执照，其清算财产不足清偿的；

（2）债务人死亡，或者依法被宣告失踪、死亡，其财产或者遗产不足清偿的；

（3）债务人逾期3年以上未清偿，且有确凿证据证明已无力清偿债务的；

（4）与债务人达成债务重组协议或法院批准破产重整计划后，无法追偿的；

（5）因自然灾害、战争等不可抗力导致无法收回的；

（6）国务院财政、税务主管部门规定的其他条件。”

国家税务总局《关于发布〈企业资产损失所得税税前扣除管理办法〉的公告》（2011年第25号）

第二十二条 “企业应收及预付款项坏账损失应依据以下相关证据材料确认：

（一）相关事项合同、协议或说明；

（二）属于债务人破产清算的，应有人民法院的破产、清算公告；

（三）属于诉讼案件的，应出具人民法院的判决书或裁决书或仲裁机构的仲裁书，或者被法院裁定终（中）止执行的法律文书；

（四）属于债务人停止营业的，应有工商部门注销、吊销营业执照证明；

（五）属于债务人死亡、失踪的，应有公安机关等有关部门对债务人个人的死亡、失踪证明；

（六）属于债务重组的，应有债务重组协议及其债务人重组收益纳税情况说明；

（七）属于自然灾害、战争等不可抗力而无法收回的，应有债务人受灾情况说明以及放弃债权申明。

第二十三条 企业逾期三年以上的应收款项在会计上已作为损失处理的，可以作为坏账损失，但应说明情况，并出具专项报告。

第二十四条 企业逾期一年以上，单笔数额不超过五万或者不超过企业年度收入总额万分之一的应收款项，会计上已经作为损失处理的，可以作为坏账损失，但应说明情况，并出具专项报告。”

逾期不能收回的应收款项中，单笔数额较小、不足以弥补清收成本的，由企业作出专项说明，对确实不能收回的部分，认定为损失。

逾期三年以上的应收款项，企业有依法催收磋商记录，确认债务人已资不抵债、连续三年亏损或连续停止经营三年以上的，并能认定三年内没有任何业务往来，可以认定为损失。

因此，乙企业债务重组损失，能否在税前扣除，关键看能否获得主管税务机关审批同意。如果获得审批，同意允许税前扣除，则会计核算与税法一致，不需进行纳税调整；如果该项债务重组损失不能获得税务机关审批同意，则不允许税前扣除，应当依据税法规定，进行应纳税所得额的调整。

4. 以债权转股权，符合一般性税务处理

【案例3】

甲公司2017年6月1日将一批材料销售给乙公司，同时收到乙公司签发并承兑的一张面值为800000元、年利率12%、2个月期、到期还本付息的票据。同年8月1日，乙公司发生财务困难，无法兑现票据，经双方协议，甲公司同意乙公司以其普通股抵偿该票据。假设普通股的面值为1元/股，乙公司以80000股抵偿该债权，股票市价9.5元/股。

乙公司会计处理：

借：应付票据 816000

　　贷：股本 80000

　　　　资本公积——股本溢价 680000

　　　　营业外收入——债务重组利得 56000

甲公司会计处理：

借：长期股权投资 760000

　　营业外支出——债务重组损失 56000

　　贷：应收票据 816000

【涉税分析】

根据会计准则，乙公司在会计核算时已将发行 80 000 股普通股的公允价值 760000 元与负债 816000 元的差额即 56000 元计入应纳税所得额；而甲公司的债权 816000 元与拥有股权的公允价值 760000 元之间的差额，即 56000 元直接计入当期损失，在甲企业的债务重组损失获得审批且允许在计算应纳税所得额时扣除的情况下，甲、乙公司此笔业务均无须进行纳税调整。

企业债务重组适用特殊性税务处理规定的，可以按以下规定进行处理：

企业债务重组确认的应纳税所得额占该企业当年应纳税所得额 50% 以上，可以在 5 个纳税年度的期间内，均匀计入各年度的应纳税所得额。企业发生债权转股权业务，对债务清偿和股权投资两项业务暂不确认有关债务清偿所得或损失，股权投资的计税基础以原债权的计税基础确定。企业的其他相关所得税事项保持不变。

①在 5 个纳税年度均匀计入各年度的应纳税所得额的特殊税务处理。

【案例 4】

A 公司欠 B 公司购货款 350000 元。由于 A 公司财务发生困难，短期内不能支付 B 公司已于 2017 年 6 月 1 日到期的货款。2017 年 9 月 1 日，经双方协商，B 公司同意 A 公司以其生产的产品偿还债务。该产品的公允价值为 200000 元，实际成本为 120000 元。A、B 两公司均为增值税一般纳税人，适用的增值税税率为 17%。B 公司于 2017 年 10 月 1 日收到 A 公司抵债的产品，并作为库存商品入库。

A 公司的税务处理：

计算债务重组利得：

应付账款的账面余额 350000

减：所转让产品的公允价值 200000

增值税销项税额（200 000 × 17%）34000

债务重组利得 116000

会计处理：

借：应付账款　　350000

　　贷：主营业务收入　　200000

　　应交税费——应交增值税（销项税额）　　34000

　　营业外收入——债务重组利得　　116000

借：主营业务成本　　120000

　　贷：库存商品　　120000

因该重组事项应确认应纳税所得额：

200000—120000 + 116000 = 196000

假定初步计算 2017 年应纳税所得额为 35 万元，因为重组确认的应纳税所得额占 2017 年应纳税所得额的 50% 以上，企业可以选择在 5 个纳税年度内均匀计入应纳税所得额。即 2017 年计入应纳税所得额 39200 元，留待以后年度计入应纳税所得额的为 156800 元。

以后年度计入的应纳税所得额 156800 元，虽然不是因资产、负债的账面价值和计税基础不同产生的，但与应纳税暂时性差异具有同样的作用，即增加未来期间的应纳税所得额，进而增加未来期间的应交所得税，会计处理上视同应纳税暂时性差异，应确认与其相关的递延所得税负债。

借：所得税费用　　39200（156800×25%）

　　贷：递延所得税负债　　39200

以后年度转回时：

借：递延所得税负债　　9800（39200÷4）

　　贷：应交税费——应交所得税　　9800

②债权转股权的特殊性税务处理。

【案例5】

（见以债权转股权，符合一般性税务处理举例）

在上述例中，债权人和债务人会计上分别确认了债务重组损失和债务重组利得56000元，当适用特殊性税务重组时，由于对债务清偿和股权投资两项业务暂不确认有关债务清偿所得或损失，股权投资的计税基础以原债权的计税基础确定。该债务重组利得和债务重组损失均应当进行纳税调整。

【专家解读1】

在判断企业债务重组是否适用特殊性税务处理时，需要厘清一对关键概念——股权支付与非股权支付。股权支付，是指企业重组中购买、换取资产的一方支付的对价中，以本企业或其控股企业的股权、股份作为支付的形式；非股权支付，是指以本企业的现金、银行存款、应收款项、本企业或其控股企业股权和股份以外的有价证券、存货、固定资产、其他资产以及承担债务等作为支付的形式。

【专家解读2】

财税〔2009〕59号文件出台后，税务机关不再对企业重组实行事先审核确认，企业发生符合规定的特殊性重组条件并选择特殊性税务处理的，当事各方应在该重组业务完成当年企业所得税年度申报时，向主管税务机关提交书面备案资料，证明其符合各类特殊性重组规定的条件。企业未按规定书面备案的，一律不得按特殊重组业务进行税务处理。对于特殊性税务处理，税法不强制企业必须选择，如果企业认为特殊处理并非明智之选，亦可自行放弃。

5. 资产收购的税务处理

资产收购是企业重组的重要方式之一，是指一家企业（以下称为受让企业）购买另一家企业（以下称为转让企业）实质经营性资产的交易。受让企业支付对价的形式包括股权支付、非股权支付或两者的组合。资产收购应当注意以下两点：

资产收购不同于一般的资产买卖。财税〔2009〕59号文件的资产收购是指企业间实质经营性资产的交易，与《企业会计准则第20号——企业合并》第三条中所称的业务合并相类似，即受让企业必须是购买转让企业内部某些生产经营业务单元与资产的组合，该业务单元与资产组合一般具有投入、加工处理过程和产出能力，能够独立计算其成本费用或所产生的收入，但不构成独立法人实体。同时，受让企业在购买这些资产组合后，必须实际经营该业务单元与资产或资产组，以保持经营上的连续性。如甲企业单纯购买乙企业的房产、土地就不是资产收购，而是一般的资产买卖；如2005年8月11日，阿里巴巴宣布收购雅虎在中国的全部资产及业务则是一个具有法律意义的资产收购过程。

资产收购不同于企业合并。资产收购是一场企业与企业之间的资产交易，交易的双方都是企业。而企业合并是一场企业与企业股东之间的交易，即合并方企业与被合并方企业的股东之间就被合并企业进行的一场交易。因此，相对于企业合并而言，资产收购不涉及法律主体资格的变更或者法律权利义务的概括承受，可以避免被收购方向收购方转嫁债务。在资产收购中，只要购买方对所购资产支付了合理对价，就不再承担被收购方的任何债务。这样就可有效避免因出卖方债务不如实告知或者发生或有债务带来的债务风险。

（1）资产收购重组交易的一般性税务处理规定。

《财政部国家税务总局关于企业重组业务企业所得税处理若干问题的通知》（财税〔2009〕59号）规定，资产收购重组交易的税务处理不符合特殊性税务处理条件的适用一般性税务处理规定。

【案例6】

2017年12月，乙企业将非现金资产（见下表1）转让给甲企业，甲企业支付乙企业控股子公司股权和非股权支付额（见下表2），完成资产转让，其他税费忽略不计。

表1 乙企业（转让企业）非现金资产 单位：万元

项 目	账面价值	计税基础	公允价值	备 注
不动产	500	500	800	转让
设备	300	400	300	转让
转让资产小计	800	900	1100	
现金	100	100	100	不转让
应收账款	200	200	150	不转让
资产合计	1100	1200	1350	

注：设备的计税基础与账面价值的差额为企业采用较短的折旧年限造成，该差额已于以前年度进行纳税调整。

表2 甲企业（受让企业）股权与非股权支付额 单位：万元

项 目	账面价值	计税基础	公允价值	备 注
控股子公司股权	700	700	900	
债券	200	200	200	
支付额合计	900	900	1100	

甲企业（受让方）会计处理：

借：固定资产——不动产 8000000
　　　　　——设备 3000000
　贷：长期股权投资 7000000
　　　可供出售金融资产 2000000
　　　投资收益 2000000

甲企业税务处理：

甲企业（收购方）取得股权或资产的计税基础应以公允价值为基础确定，即甲企业取得的固定资产——不动产和设备的计税基础分别为800万元和300万元。

乙企业（转让方）会计处理：

借：长期股权投资　　9000000

　　可供出售金融资产　　2000000

　　贷：固定资产—不动产　　5000000

　　　　固定资产—设备　　3000000

　　　　营业外收入　　3000000

乙企业税务处理：会计确认营业外收入300万元，其中100万元为设备转让计税基础与账面差异，因以前年度多计提的折旧已作纳税调整，故可在当年度汇算清缴时作纳税调减100万元处理，另200万元为资产转让所得，税法上确认为应税所得。

（2）资产收购重组交易的特殊性税务处理规定。

对于适用特殊性处理的资产收购重组交易，依据财政部国家税务总局《关于企业重组业务企业所得税处理若干问题的通知》（财税〔2009〕59号）规定，应同时符合以下5个条件：

①具有合理的商业目的，且不以减少、免除或者推迟缴纳税款为主要目的；

②被收购、合并或分立部分的资产或股权比例符合本通知规定的比例；

③企业重组后的连续12个月内不改变重组资产原来的实质性经营活动；

④重组交易对价中涉及股权支付金额符合本通知规定比例；

⑤企业重组中取得股权支付的原主要股东，在重组后连续12个月内，不得转让所取得的股权。

在符合上述前提的情况下，如果受让企业收购的资产不低于转让企业全部资产的75%［自2014年1月1日起调整为50%”］，且受让企业在该资产收购发生时的股权支付金额不低于其交易支付总额的85%，可以选择按以下规定处理：

①转让企业取得受让企业股权的计税基础，以被转让资产的原有计税基础确定；

②受让企业取得转让企业资产的计税基础，以被转让资产的原有计税基础确定；

③重组交易各方对交易中股权支付暂不确认有关资产的转让所得或损失的；

④非股权支付仍应在交易当期确认相应的资产转让所得或损失，并调整相应资产的计税基础。

非股权支付对应的资产转让所得或损失＝（被转让资产的公允价值－被转让资产的计税基础）×（非股权支付金额÷被转让资产的公允价值）

【案例7】 A公司于2017年3月1日将账面价值800万元的经营性资产（明细见表）转让给B公司，B公司支付了对价1080万元，具体见下表：

A公司（转让企业）转让时点资产负债简表　　单位：万元

项　目	账面价值	计税基础	公允价值	备　注
设备	250	300	200	转让
不动产	500	800	1000	转让
转让资产合计	750	1100	1200	转让资产占总资产92.31%
货币资金	50	50	50	不转让
应收账款	40	60	40	不转让
其他资产	10	15	10	不转让
资产合计	850	1225	1300	

B公司（受让企业）支付对价构成情况表

单位：万元

项 目	账面价值	计税基础	公允价值	备 注
股权支付	800	1000	1100	转让
短期债券	100	100	100	转让
转让资产合计	900	1100	1200	股权支付比例91.67%

A公司会计处理：

借：长期股权投资　　11000000

　　交易性金融资产　　1000000

　　贷：固定资产—不动产　　5000000

　　　　固定资产—设备　　2500000

　　　　营业外收入——固定资产处置利得　　4500000

A公司获得股权投资的账面价值大于计税基础91.67万元（91.67＝1100－1008.33），增加未来期间的应纳税所得额，进而增加未来期间的应交所得税，会计处理上视同应纳税暂时性差异，应确认与其相关的递延所得税负债。

确认递延所得税负债：

借：所得税费用　　229175

　　贷：递延所得税负债　　229175

上述营业外收入450万元。其中：100（100＝1200－1100）为特殊资产收购，暂不确认有关资产的转让所得，但8.33万元为非股份支付所得，所以在当年度汇算清缴时可作纳税调减91.67万元（91.67＝100－8.33）处理（暂时性差异）；350万元（350＝1100－750）为转让不动产和设备计税基础与账面价值差异，因以前年度纳税调整，可在当年度汇算清缴时作纳税调减处理。

如果股权和债券今后卖出或清理，则应在账面会计处理的基础上同时应作纳税调增91.67万元（暂时性差异）。

A公司税务处理：

（1）判断是否适用特殊性税务处理。

①B公司收购的资产比例不低于A公司全部资产的50%。

1200÷1300＝92.31%＞50%

②B公司支付的股权支付额不低于交易总额的85%。

1100÷1200＝91.67%＞85%

假定其他条件也符合文件规定，则该资产收购重组适用特殊性税务处理。

（2）计算非股权支付额应纳税所得额。

非股权支付对应的资产转让所得或损失＝（被转让资产的公允价值－被转让资产的计税基础）×（非股权支付金额÷被转让资产的公允价值）＝（1200—1100）×100÷1200＝8.33（万元）

计算非股权支付额应纳所得税：8.33×25%＝2.08（万元）

（3）确定收到股权和非股权支付的计税基础。

非股权支付实质为非货币性资产交换（补价），视同销售，因此短期债券按公允价100万元作为计税基础。

股权计税基础＝1100（转让资产的计税基础）－100（补价）＋8.33（补价确认的所得）＝1008.33（万元）

B公司账务处理：

会计分录：

借：固定资产——不动产　10000000

　　固定资产——设备　2000000

　　贷：长期股权投资　8000000

　　　　持有至到期投资　1000000

　　　　投资收益　3000000

投资收益300中，其中100万元（股权公允价值1100与计税基础1000万元的差额）为特殊重组收益，暂不确认有关资产的转让所得（可理解为税收上不确认收入的会计收益），因此在当年度汇算清缴时可作纳税调减100万元。另外200万元为账面价值与计税基础的差额，如以前年度已进行纳税调整，可在所得税汇算清缴时调减应税所得。

B公司税务处理：

不动产计税基础＝原计税基础800万元；设备计税基础＝原计税基础300万元。

【专家提示】

在填报“企业所得税年度纳税申报表”及其附表时，要特别注意将投资收益或营业外收入进行分解，即对特殊资产收购税收收益与资产处置时计税基础与账面价值差异进行区分，防止重复填列。

6. 股权收购的税务处理

股权收购是指一家企业（以下称为收购企业）购买另一家企业（以下称为被收购企业）的股权，以实现对被收购企业控制的交易。收购企业支付对价的形式包括股权支付、非股权支付或两者的组合。

（1）资产收购和股权收购的主要差异分析。

①主客体不同。股权收购的主体是收购公司和目标公司的股东，客体是目标公司的股权。资产收购的主体是收购公司和目标公司，客体是目标公司的资产。

②负债风险不同。股权收购后，收购公司成为目标公司控股股东，收购公司仅在出资范围内承担责任，目标公司的原有债务仍然由目标公司承担，但因为目标公司的原有债务对今后股东的收益有着巨大的影响，因此在股权收购之前，收购公司必须调查清楚目标公司的债务状况。对于目标公司的或有债务在收购时往往难以预料，因此，股权收购存在一定的负债风险。

而在资产收购中，资产的债权债务状况一般比较清晰，除了一些法定责任，如环境保护、职工安置外，基本不存在或有负债的问题。因此，收购公司只要关注资产本身的债权债务情况就基本可以控制收购风险。

③税收差异。

A. 股权收购涉税问题。在股权收购中，纳税义务人是收购公司和目标公司股东，而与目标公司无关。除了合同印花税，根据《中华人民共和国所得税法》及其实施条例的规定，目标公司股东可能因股权转让所得缴纳所得税。具体所涉及的税费包括：

印花税。交易双方各按股权转让合同（协议）所记载的转让价格的0.05%计算交纳、贴花。

所得税。转让方股权转让收入高于股权投资计税成本的，应当并入应纳税所得额中，计算交纳所得税，反之，可以从应纳税所得额中依法扣除（但分年有扣除上限规定）。对于一些特殊的股权转让业务有特殊的税收优惠计算方法。

股权转让交易，是否属于增值税应税范围，暂无明确规定。各地税务部门的答复不一致，如深圳国税局的答复，如是上市公司的股权转让属于金融商品转让，否则，不予计征增值税。

B. 资产收购涉税问题。资产收购中，纳税义务人是收购公司和目标公司本身。根据目标资产的不同，纳税义务人需要缴纳不同的税种，主要有增值税、企业所得税、土地增值税、契税和印花税等。

（2）股权收购的一般税务处理。

根据财政部国家税务总局关于《企业重组业务企业所得税处理若干问题》的通知（财税〔2009〕59号）规定，股权收购重组交易的税务处理不符合特殊性税务处理条件的适用一般性税务处理规定，即企业股权收购除符合规定适用特殊性税务处理规定的外，按以下规定进行税务处理：

①被收购方应确认股权、资产转让所得或损失；

②收购方取得股权或资产的计税基础应以公允价值为基础确定；

③被收购企业的相关所得税事项原则上保持不变。

【案例8】

某有限责任公司（被收购方，以下简称“甲集团”）与某股份有限公司（收购方，以下简称“乙股份”）于2017年11月21日签订的“股权转让协议”约定，乙股份受让甲集团持有丙公司70%及丁公司80.63%的全部股权，协议交易价格依据某资产评估有限公司出具的“某评报字（2017）第021、022号”评估报告为作价依据，评估基准日为2017年8月31日根据协议约定，公司以评估净资产价值8806.92万元受让甲集团持有丙公司的全部股权，以评估净资产价值5476.93万元受让甲集团持有丁公司的全部股权，合计价款14283.85万元。上述两公司的工商变更手续已分别于2017年12月31日和2018年1月5日办理完毕，根据协议，公司应向甲集团支付股权收购价款。为支持公司发展，减少公司现金支付压力，甲集团同意公司以经北京某资产评估有限责任公司评估的等价（含税）存货支付收购价款（京某评报字〔2017〕118号）。公司董事会同意公司以经评估的等价存货支付上述股权收购价款。

收购方（乙股份）的会计与税务处理：

根据《企业会计准则第7号——非货币性资产交换》的规定，企业在按照公允价值和应支付的相关税费作为换入资产成本的情况下，发生补价的，应当分别下列情况处理：

①支付补价的，换入资产成本与换出资产账面价值加支付的补价、应支付的相关税费之和的差额，应当计入当期损益。

②收到补价的，换入资产成本加收到的补价之和与换出资产账面价值加应支付的相关税费之和的差额，应当计入当期损益。

③非货币性资产交换具有商业实质，且换入资产的公允价值能够可靠计量的，应当按照换入各

项资产的公允价值占换入资产公允价值总额的比例，对换入资产的成本总额进行分配，确定各项换入资产的成本。

会计处理：假设存货成本为账面价值1.20亿元，增值税税率为17%，不考虑其他税费。

借：长期股权投资——丙公司　　88069200

　　　　　　　　——丁丰公司　　54769300

　贷：主营业务收入　　122084188

　　　应交税费——应交增值税（销项税额）　　20754312

借：主营业务成本　　120000000

　贷：存货　　120000000

税务处理：《企业所得税法实施条例》第二十五条：企业发生非货币性资产交换，以及将货物、劳务用于捐赠、偿债、赞助、集资、广告、样品、职工福利或者利润分配等用途的，应当视同销售货物、转让财产或者提供劳务，但国务院财政、税务主管部门另有规定的除外。

①以公允价值确认长期股权投资的计税基础；

②将作为支付对价的存货做视同销售处理，计入当期应纳税所得额；

③由于存货销售收入已经计入当期损益，相应成本已经结转，因此，不存在纳税调整问题。

丙公司、丁公司（被收购企业）的会计与税务处理：

由于丙公司、丁公司在甲集团与乙股份在“股权转让协议”签署并履行相应手续后，股东已经变更，将“实收资本”账户的股权结构做相应调整记录即可。因被收购企业的相关所得税事项原则上保持不变，不需做任何调整。

甲集团（被收购方）的会计与税务处理：

由于甲集团持有丙公司70%及丁公司80.63%的股权，平时账务处理采用成本法，假设账面价值分别为6000万元、4000万元，不考虑其他税费。

会计处理：

借：存货　　122084188

　　应交税费——应交增值税（进项税额）　　20754312

　贷：长期股权投资——银丰公司　　60000000

　　　　　　　　　——西丰公司　　40000000

　　　投资收益　　42838500

税务处理：

由于被收购方已经按照公允价值确认存货的价值，且将当期股权转让所得或损失计入当期损益。

①受让存货的以公允价值作为计税基础；

②确认股权转让所得（或损失）；

③由于股权转让所得（或损失）已经计入当期损益，无纳税调整事项。

【专家提示】

由于《中华人民共和国企业所得税法》第二十六条第二款明确规定，符合条件的居民企业之间的股息、红利等权益性投资收益为免税收入。因此股权转让方拟转让所投资企业的股份时，应当先对被投资企业以前年度实现的税后利润尽可能向股东分配后，再对被投资企业进行资产评估，并以此为基础对所持股份进行公允价值计价，防止持有收益转化为转让收益而增加税负。

（3）股权收购的特殊税务处理。

根据《财政部国家税务总局关于企业重组业务企业所得税处理若干问题的通知》（财税〔2009〕59 号）规定，企业重组同时符合下列条件的，适用特殊性税务处理规定：

①具有合理的商业目的，且不以减少、免除或者推迟缴纳税款为主要目的；

②被收购、合并或分立部分的资产或股权比例符合本通知规定的比例；

③企业重组后的连续 12 个月内不改变重组资产原来的实质性经营活动；

④重组交易对价中涉及股权支付金额符合本通知规定比例；

⑤企业重组中取得股权支付的原主要股东，在重组后连续 12 个月内，不得转让所取得的股权。

在上述条件的基础上，收购企业购买的股权不低于被收购企业全部股权的 75%［自 2014 年 1 月 1 日起调整为 50%”］，且收购企业在该股权收购发生时的股权支付金额不低于其交易支付总额的 85%，可以选择按以下规定处理：

①被收购企业的股东取得收购企业股权的计税基础，以被收购股权的原有计税基础确定；

②收购企业取得被收购企业股权的计税基础，以被收购股权的原有计税基础确定；

③收购企业、被收购企业的原有各项资产和负债的计税基础和其他相关所得税事项保持不变。

【案例 9】

2017 年，A 公司为了收购 B 公司所持有的 C 企业 100% 股权，故决议 A 公司向 B 公司定向增发股票 5000 万股，每股增发价格为 1.8 元，同时 A 公司向 B 公司支付现金 1000 万元。A 公司和 B 公司为非同一控制下的独立交易方。B 公司所持有的 C 企业 100% 股权，B 公司账载对 C 企业长期投资账面价值为 5000 万元，计税基础为 5000 万元，公允价值为 10000 万元。

【涉税分析】

①收购企业 A 公司购买的股权占被收购企业 C 公司全部股权 = 100% > 50%；

②收购企业在该股权收购发生时的股权支付金额占其交易支付总额比例 = 9000 ÷ 10000 × 100% = 90% > 85%；

③假设还同时符合文件规定的五项条件，上述 A 公司交易中的股权支付部分适用企业重组的特殊性税务处理；

④其非股权支付仍应在交易当期确认相应的资产转让所得或损失，并调整相应资产的计税基础。

A 公司（收购方）的会计处理：

根据《企业会计准则第 20 号——企业合并》非同一控制下的控股合并中长期股权投资的初始投资成本确定的规定：购买方为取得长期股权投资，企业合并成本包括购买方付出的资产、发生或者承担的负债、发行的权益性证券的公允价值以及为进行企业合并发生的各项直接相关费用之和。根据前述规定，其会计处理为：

借：长期股权投资 – C 企业　　　　100000000

贷：实收资本　50000000

资本公积　40000000

银行存款　10000000

A公司（收购方）的税务处理：

①A公司定向增发，不涉税。

②收购企业取得被收购企业股权的计税基础，以被收购股权的原有计税基础确定，因此，A公司取得C；企业的股权的计税基础为5000万元。

③收购企业的原有各项资产和负债的计税基础和其他相关所得税事项保持不变。

B公司（被收购方）的会计处理：

借：长期股权投资－A企业　90000000

银行存款　10000000

贷：长期股权投资－C企业　50000000

投资收益　50000000

B公司（被收购方）的税务处理：

①B企业（被收购方）取得收购企业股权的计税基础，以被收购股权的原有计税基础确定即5000万元；

②其非股权支付仍应在交易当期确认相应的资产转让所得或损失：非股权支付（1000万元现金部分）确认所得＝（10000－5000）×1000÷10000＝500万元；

③调整取得A公司股权的计税基础：B公司取得收购企业股权的计税基础＝5000（被收购股权的原有计税基础）－1000（收到的非股权支付金额）＋500（非股权支付确认的所得）＝4500万元；

④当期纳税调整的处理：当期会计确认投资收益为5000万元，税法确认非股权支付的所得为500万元，应调减应纳税所得额4500万元。从另一个角度来看，资产的账面价值为9000万元，计税基础为4500万元，账面价值与计税基础存在差异4500万元，形成应纳税时间性差异。

借：所得税费用　11250000

贷：递延所得税负债　11250000

7. 企业合并业务的税务处理

企业合并是指两个或两个以上的公司订立合并协议，依照公司法的规定，不经过清算程序，直接合并为一个公司的法律行为。

企业合并具有以下几个法律特征：

①企业合并是数个公司之间的共同法律行为，须以当事人之间订立有合并协议为前提。

②企业合并是当事人之间的一种自由行为，其合并与否及合并的方式完全取决于当事人的意志。

③企业合并是一种毋须通过解散、清算程序即可消灭和变更公司的行为。企业合并可以在不进行清算的前提下改变公司的存在、财产结构和股权结构等。

（1）企业合并的方式。

企业合并可以分吸收合并和新设合并两种方式。依据《公司法》第184条第2款，一个公司吸收其他公司为吸收合并，被吸收的公司解散。两个以上企业合并并设立一个新的公司为新设合并，合并各方解散。

企业合并与不同于企业资产的收购。从法律性质上看，企业合并的本质是公司人格的合并；而资产收购的性质是资产买卖行为，不影响公司的人格。企业合并也不同于企业股权收购。企业合并实质上是公司人格的合并；而股权收购的本质是股权的买卖行为，不影响公司的人格。从本质上讲，股权收购和资产收购都是买卖行为，而非企业合并的本质——公司人格的合并。

（2）企业合并的操作方法。

吸收合并是最常见的合并类型。在吸收合并中，被兼并的公司将消灭。公司的要素主要有三个方面：公司的资产、公司的股权和公司的人格。公司的消灭最终表现为公司人格的消灭，而在公司人格消灭之前，可以先将被吸收公司的资产转移给吸收公司，或者将被吸收公司的股权转移给吸收公司，而无论资产转移还是股权转移，吸收公司可以支付的对价一般是现金或者公司股份，这样可以划分出两类四种吸收合并的方式。

①资产先转移。

A. 以现金购买资产的方式。吸收公司以现金购买被吸收公司的全部资产，包括全部权利和义务（债权和债务），被吸收公司失去原有的全部资产，而仅拥有吸收公司支付的现金，被吸收公司解散，因债权和债务已全部转移，无须清算，被吸收公司股东依据其股权分配现金，被吸收公司消灭。

B. 以股份购买资产的方式。吸收公司以自身的股份购买被吸收公司的全部资产，包括全部权利和义务，被吸收公司失去原有的全部资产，而仅拥有吸收公司支付的自身的股份，被吸收公司解散，因债权和债务已全部转移，无须清算，被吸收公司的股东分配被吸收公司所持有的吸收公司的股份，并因此成为吸收公司的股东，被吸收公司消灭。

②股权先转移。

A. 以现金购买股份的方式。吸收公司以现金购买被吸收公司股东的股份，而成为被吸收公司的惟一股东，然后，解散被吸收公司，被吸收公司的全部权利和义务由吸收公司承受，而无须清算，被吸收公司消灭。

B. 以股份购买股份的方式。吸收公司以自身的股份换取被吸收公司股东所持有的被吸收公司的股份，而使被吸收公司的股东成为吸收公司的股东，吸收公司成为被吸收公司的惟一股东，然后，解散被吸收公司，被吸收公司的全部权利和义务由吸收公司承受，而无须清算，被吸收公司消灭。

不论上述哪类方式，吸收公司接受被吸收公司的资产或股权而支付的现金或股份，均直接分配给被吸收公司的股东，被吸收公司的股东因此获得现金或成为吸收公司的股东。

（3）企业合并业务一般性税务处理。

财政部国家税务总局《关于企业重组业务企业所得税处理若干问题的通知》（财税〔2009〕59号）规定的合并，是指一家或多家企业（以下称为被合并企业）将其全部资产和负债转让给另一家现存或新设企业（以下称为合并企业），被合并企业股东换取合并企业的股权或非股权支付，实现两个或两个以上企业的依法合并。企业合并除符合规定适用特殊性税务处理规定的外，当事各方应按下列规定处理：

①合并企业应按公允价值确定接受被合并企业各项资产和负债的计税基础；

②被合并企业及其股东都应按清算进行所得税处理；

③被合并企业的亏损不得在合并企业结转弥补。

【案例 10】

假设 A 公司与 B 公司属于非同一控制下的两独立核算企业。2017 年 9 月 30 日，A 公司向 B 公司的股东支付银行存款 1000 万元对 B 公司进行吸收合并，并于当日取得 B 公司净资产。假定 B 公司在 2017 年 6 月 30 日资产账面价值 2500 万元，公允价值 3000 万元，负债账面价值 1500 万元，公允价值 2000 万元。

单位：万元

项　目	账面价值	计税基础	公允价值	备　注
应收账款	800	800	800	
存货	500	500	400	
固定资产	1000	500	1500	
无形资产	200	200	300	
资产合计	2500	2000	3000	
应付账款	1000	1000	1000	
长期借款	500	500	1000	
负债合计	1500	1500	2000	

由于属于非同一控制下的企业合并，会计处理应当采用购买法核算：

A 公司（合并企业）会计处理

借：应收账款　8000000
　　存货　4000000
　　固定资产　15000000
　　无形资产　3000000
　　贷：应付账款　10000000
　　　　长期借款　10000000
　　　　银行存款　10000000

A 公司（合并企业）税务处理：

①A 公司（合并企业）按公允价值确定接受被合并企业各项资产和负债的计税基础。

②B 公司（被合并企业）的亏损不得并入 A 公司（合并企业）结转弥补。

【专家提示】

应当注意，存在非货币性资产支付对价时，货币性资产在购买日的公允价值与账面价值的差额，应作为资产处置损益处理并计入合并当期利润表；确定的企业合并成本与所取得的被购买方可辨认净资产公允价值之间的差额，视情况分别确认为商誉或计入企业合并当期的损益。

B公司（被合并企业）

以公允价值调整企业账面价值：

借：固定资产　　5000000

　　无形资产　　1000000

　　贷：长期借款　　5000000

　　　　存货　　1000000

进行企业合并会计处理：

借：银行存款　　10000000

　　应付账款　　10000000

　　长期借款　　10000000

　　贷：应收账款资产　　8000000

　　　　存货　　4000000

　　　　固定资产　　15000000

　　　　无形资产　　3000000

【专家提示】

非同一控制下的企业合并中，购买方通过企业合并取得被购买方100%股权的，被购买方可以按照合并确定的可辨认资产、负债的公允价值调整其账面价值。除此之外，其他情况下被购买方不应因企业合并改计资产、负债的账面价值。

由于B公司被吸收合并，公司的资产、负债全部由A公司承继，其法人地位将丧失。因此，B公司股东对A公司给付的对价按公司章程进行分配后，公司消亡。

B公司税务处理：“财税〔2009〕59号”明确规定，被合并企业及其股东都应按清算进行所得税处理。根据《财政部国家税务总局关于企业清算业务企业所得税处理若干问题的通知》（财税〔2009〕60号）的规定，按《公司法》《企业破产法》等规定需要进行清算的企业以及企业重组中需要按清算处理的企业应进行清算的所得税处理。

企业清算的所得税处理包括以下内容：

①全部资产均应按可变现价值或交易价格，确认资产转让所得或损失；

②确认债权清理、债务清偿的所得或损失；

③改变持续经营核算原则，对预提或待摊性质的费用进行处理；

④依法弥补亏损，确定清算所得；

⑤计算并缴纳清算所得税；

⑥确定可向股东分配的剩余财产、应付股息等。

企业的全部资产可变现价值或交易价格，减除资产的计税基础、清算费用、相关税费，加上债务清偿损益等后的余额，为清算所得。企业应将整个清算期作为一个独立的纳税年度计算清算所得。

企业全部资产的可变现价值或交易价格减除清算费用，职工的工资、社会保险费用和法定补偿金，结清清算所得税、以前年度欠税等税款，清偿企业债务，按规定计算可以向所有者分配的剩余资产。

被清算企业的股东分得的剩余资产的金额，其中相当于被清算企业累计未分配利润和累计盈余公积中按该股东所占股份比例计算的部分，应确认为股息所得；剩余资产减除股息所得后的余额，超过或低于股东投资成本的部分，应确认为股东的投资转让所得或损失。

被清算企业的股东从被清算企业分得的资产应按可变现价值或实际交易价格确定计税基础。

根据上述规定：

确认清算所得。假设清算费用为10万元，因处置存货、固定资产、无形资产等应交税费200万元。

清算所得＝全部资产可变现价值－资产的计税基础－清算费用－相关税费＋债务清偿损益

＝3000－2000－10－200＋（1500－2000）＝290万元。

清算所得税＝290×25%＝72.5万元。

【专家提示】

①从公允价值和账面价值两者来看，净资产价值均与交易价格相等，即不存在净资产增值问题，不应当存在清算所得，为何？上述清算所得，可以从另一角度分析，即由于以前年度形成的账面价值与计税基础存在500万元的应纳税暂时性差异，由于公司清算，必须予以调整，但应当允许先扣除清算费用和清算相关税费。

②企业全部资产的可变现价值或交易价格减除清算费用，职工的工资、社会保险费用和法定补偿金，结清清算所得税、以前年度欠税等税款，清偿企业债务，按规定计算可以向所有者分配的剩余资产。

③被清算企业的股东分得的剩余资产的金额，其中相当于被清算企业累计未分配利润和累计盈余公积中按该股东所占股份比例计算的部分，应确认为股息所得；剩余资产减除股息所得后的余额，超过或低于股东投资成本的部分，应确认为股东的投资转让所得或损失。

④被清算企业的股东从被清算企业分得的资产应按可变现价值或实际交易价格确定计税基础。

⑤若属于同一控制下的企业合并，则由于会计处理采用权益结合法，即按被并购企业的账面价值入账；而根据文件规定，由于不符合特殊税务处理条件而采用一般性税务处理，应按公允价值确定接受被合并企业各项资产和负债的计税基础，计税基础与账面价值会形成新的企业合并差异。

承前例，B公司资产、负债在同一控制合并下的计税基础与账面价值的差异如下。

单位：万元

项　目	合并前		合并后计入A公司	
	账面价值	计税基础	账面价值	计税基础
应收账款	800	800	800	800
存货	500	500	500	400
固定资产	1000	500	1000	1500
无形资产	200	200	200	300
资产合计	2500	2000	2500	3000
应付账款	1000	1000	1000	1000
长期借款	500	500	500	1000
负债合计	1500	1500	1500	2000

因此，对于 A 企业（并购方）来讲，在合并日后务必根据账面价值与计税基础的差异，进行进行有效管理并确认递延所得税资产或负债。

（4）企业合并业务特殊性税务处理。

【案例 11】

C 公司、D 公司、E 公司同属 M 公司控制下的企业（上述公司均属中国境内的居民企业），其中：C 公司属 M 公司的全资子公司、M 公司持 D 公司 90% 的股份，E 公司属 D 公司的全资子公司，D 公司设立 E 公司时的初始投资成本为 1.8 亿元（期间没有追加投资）；M、D、E 公司的法定企业所得税税率均为 25%，C 公司的法定企业所得税税率为 15%，C、D、E 公司均为增值税的一般纳税企业，适用的增值税税率均为 17%，C、E、D 公司均执行企业会计准则。

因经营需要，C 公司拟对 E 公司进行吸收合并，合并后由 C 公司承接 E 公司的所有的资产、负债及安置 E 公司所有员工；合并日 E 公司有关资产、负债、所有者权益的账面价值及相关资料如下（注：不考虑增值税等其他税种）：

单位：万元

项目	账面价值	公允价值	备注
存货	5000	4000	存货所涉及的增值税的进项税额已抵扣
机器设备	8000	8000	机器设备均系 2009 年 1 月 1 日前购入
不动产	16000	31000	购买的建筑物 6000 万元、自建建筑物 7000 万元、土地使用权 3000 万元、自建建筑物与土地使用权一并反映在固定资产账户，以上不动产不属于投资性房地产，均已办理权属证明
其他资产	9000	9000	
资产合计	38000	52000	
应付账款	15000	15000	
其他债务	4000	4000	
实收资本	18000	18000	
资本公积	3000	17000	
未分配利润	-2000	-2000	法定弥补期内的亏损
权益合计	38000	52000	

C 公司吸收合并支付给 D 公司的对价为：定向增发普通股 1 亿股，每股面值 1 元，市价 3.5 元，使 D 公司持有 C 公司 10% 的股份，D 公司对 C 公司无重大影响（券商收取 500 万元的费用，直接冲减溢价收入）；转让商用物业（属投资性房地产，采用公允价值计量模式）给 D 公司，该物业属自建物业（有权属证明），账面建造成本 3000 万元（最初取得时的成本），经确认的公允价值 8000 万元（转让该物业的相关税费计入当期损益）；假设截至合并业务发生当年年末最长期限的国债利率为 5%。

C 公司（合并企业）会计处理：

借：固定资产－不动产　　160000000

　　　　　　－机器设备　　80000000

存货　　50000000

其他资产有关科目　　90000000

贷：应付账款　　150000000

其他债务　　40000000

股本　　100000000

投资性房地产　　80000000

资本公积　　5000000

银行存款　　5000000

资本公积＝股本溢价（3.5－1）×10000－公允价值与净资产差异（43000－19000）－发行费用500＝500（万元）

C公司的税务处理：

①合并企业接受被合并企业资产和负债的计税基础，以被合并企业的原有计税基础确定；

②E公司（被合并企业）合并前的相关所得税事项由合并企业承继；

③计算可由合并企业弥补的被合并企业亏损的限额。

尽管D公司账载可以弥补的亏损为2000万元，但并能直接用合并后的税前利润弥补，而应当根据税法规定计算合并企业可以税前弥补亏损的限额，在限额范围内用税前利润弥补。

可由合并企业弥补的被合并企业亏损的限额＝被合并企业净资产公允价值×截至合并业务发生当年年末国家发行的最长期限的国债利率＝33000×5%＝1650万元。超限额部分350万元应当由C企业用税后利润弥补。

④合并后的存续企业性质及适用税收优惠的条件未发生改变的，可以继续享受合并前该企业剩余期限的税收优惠，其优惠金额按存续企业合并前一年的应纳税所得额（亏损计为零）计算。

D公司（被合并企业股东）会计处理：

D公司采用权益法进行核算且拥有E公司100%股权，其原长期投资账面价值应等于E公司账面净资产，即1900万元。

借：长期股权投资——C公司　　350000000

投资性房地产　　80000000

贷：长期股权投资——E公司　　190000000

投资收益　　24000000

D公司获得长期股权投资的账面价值大于计税基础2400万元（2400＝35000－19000），增加未来期间的应纳税所得额，进而增加未来期间的应交所得税，会计处理上视同应纳税暂时性差异，应确认与其相关的递延所得税负债。

借：所得税费用　　6000000（24000000×25%）

贷：递延所得税负债　　6000000

D公司的税务处理：

①D公司（被合并企业股东）取得合并企业股权的计税基础，以其原持有的被合并企业股权的计税基础确定，即原持有的股权计税基础1900万元。

②股权支付暂不确认有关资产的转让所得或损失，因此，应对当期确认的股权投资收益进行纳税调减处理。

E公司（被合并企业）的税务处理：

①E公司被合并企业合并前的相关所得税事项由合并企业承继。

②E公司的不动产发生了评估增值，由于不确认有关资产的转让所得或损失，不涉及企业所得税。

③国家税务总局关于《纳税人资产重组有关增值税问题的公告》（2011年第13号）规定：纳税人在资产重组过程中，通过合并、分立、出售、置换等方式，将全部或者部分实物资产以及与其相关联的债权、负债和劳动力一并转让给其他单位和个人，不属于增值税的征税范围，其中涉及的货物转让，不征收增值税。

④财政部、国家税务总局《关于全面推开营业税改征增值税试点的通知》（财税〔2016〕36号）规定：在资产重组过程中，通过合并、分立、出售、置换等方式，将全部或者部分实物资产以及与其相关联的债权、负债和劳动力一并转让给其他单位和个人，其中涉及的不动产、土地使用权转让行为，属于不征收增值税范围。

【专家提示】

企业发生符合本通知规定的特殊性重组条件并选择特殊性税务处理的，当事各方应在该重组业务完成当年企业所得税年度申报时，向主管税务机关提交书面备案资料，证明其符合各类特殊性重组规定的条件。企业未按规定书面备案的，一律不得按特殊重组业务进行税务处理；企业在重组发生前后连续12个月内分步对其资产、股权进行交易，应根据实质重于形式原则将上述交易作为一项企业重组交易进行处理；对企业在重组过程中涉及的需要特别处理的企业所得税事项，由国务院财政、税务主管部门另行规定。

8. 企业分立业务的税务处理

分立是指被分立企业将部分或全部资产分离转让给现存或新设的分立企业，被分立企业股东换取分立企业的股权或非股权支付，实现企业的依法分立。被分立企业失去的是标的资产，标的资产的接受者是分立企业。被分立企业本身不会获得转让资产标的的对价，标的资产对价的接受者是被分立企业的股东。

（1）企业分立的方式。

企业分立方式按被分立企业可以继续存在与否划分为派生分立和新设分立。

①派生分立，即被分立企业法律主体依然存在，并且不改变企业名称和法人地位，但将其部分业务划出去另设一个新公司。同时分立企业作为另一个独立法人而存在。派生分立后分立企业的股份由被分立企业的股东持有。派生分立通常采用让产分股式和让产赎股式两种方式。

A. 让产分股式分立是指将部分资产分离转让出去成立新的公司或转让给现存的公司，将接受资产的子公司的股权分给被分立企业的全部股东。同时，全部股东在被分立企业的股本按比例减少，有时也可以保持不变。一般情况下，让产分股式分立的后果是企业分家但股东不分家，分立后被分立企业和分立企业的股东是一致的。

B. 让产赎股式分立是指将被分立企业部分资产分立出去成立新的子公司或现存的公司，将新公司的股权分配给被分立企业的部分股东，换回其在被分立企业的股份，从而使这部分股东在被分立企业不再持有股份。一般情况下，让产赎股式分立的后果不仅是企业业务分家，股东也随同分家。即一部分股东持有被分立企业股份，另一部分股东占有分立企业股份。由于股东分家，股权结构一般会发生变化。

C. 新设分立则是将被分立企业分设成两个或两个以上的企业，被分立企业依法注销。新设分立通常采用股本分割式分立，即将公司分割组成两家以上新的公司，原公司解散。股本分割可分为两种典型做法：

a. 被分立企业的全部股东按原持股比例均衡地同时取得全部分立企业的股权，原持有的被分立企业依法注销，被分立企业依公司法规定解散。但由于股东按原持股比例均衡地同时取得全部分立企业的股权，实际是企业分家，股东不分家。

b. 被分立企业的不同部分股东取得不同分立企业的股权，被分立企业依据公司法规定依法注销。实际是企业分家、股东也分家。

在实践中，总公司为了实现资产扩张，降低投资风险，往往把其分公司改组成具有法人资格的全资子公司。此时总公司亦转化为母公司。母公司仅以其投资额为限对新设子公司债务负有限责任。

为防止企业借合并或者分立转移债务、逃避责任，我国《民法通则》第44条规定："企业法人分立、合并，它的权利和义务由变更后的法人享有和承担。"《中华人民共和国合同法》第90条规定："当事人订立合同后合并的，由合并后的法人或者其他组织行使合同权利，履行合同义务。当事人订立合同后分立的，除债权人和债务人另有约定外，由分立的法人或者其他组织对合同的权利和义务享有连带债权，承担连带债务。"因此，当事人分立后，不仅原有的一切债权债务依法由分立后的法人或者其他组织承担，而且原有的财产所有权、经营权、知识产权等也都转移给分立后的企业。如未与债权人达成协议，则分立后的各法人对原债务承担连带责任，具体数额根据分立时的财产分配情况及分立后各法人的注册资金数额来确定。

（2）企业分立的涉税收益分析。

企业分立中的税收利益主要体现在两个方面：

①从流转税方面来看，各税种减免税的特定项目都有一定的筹划空间。在流转税中，一些特定产品是免税的，或者适用税率较低，这类产品在税收核算上有一些特殊要求，而企业往往由于种种原因不能满足这些核算要求而丧失了税收上的一些利益。如果将这些特定产品的生产部门分立为独立的企业，也许会获得流转税免税或税负降低的好处。

《中华人民共和国增值税暂行条例》以及财政部 国家税务总局《关于全面推开营业税改征增值税试点的通知》（财税〔2016〕36号）等相关文件规定的小规模纳税人增值税征收率为3%以及简易计税方法下的低税率等，企业可以通过企业分立造就增值税低税率的适用条件。

《中华人民共和国增值税暂行条例》、财政部 国家税务总局《关于全面推开营业税改征增值税试点的通知》（财税〔2016〕36号）等相关文件规定的免征增值税以及不征收增值税项目。

如果能够对增值税应税项目与免税、简易计税等项目的实际税负进行准确测算，然后通过企业分立将相应业务分别由不同的公司缴纳，从而造就允许抵扣进项税额条件，获得税收筹划效益。

此外，通过企业分立规避混合销售和兼营活动中的高税率；通过前向分立合理利用纳税环节进行纳税管理；通过企业分立为享受税收优惠创造条件等等，都是常用的税收筹划手段。

②从财产行为税等方面来看，企业重组中可能还会涉及到土地增值税、契税等方面的一些优惠政策。

土地增值税方面的优惠政策：

财政部国家税务总局《关于企业改制重组有关土地增值税政策的通知》（财税〔2015〕5 号）规定：

A. 按照《中华人民共和国公司法》的规定，非公司制企业整体改建为有限责任公司或者股份有限公司，有限责任公司（股份有限公司）整体改建为股份有限公司（有限责任公司)。对改建前的企业将国有土地、房屋权属转移、变更到改建后的企业，暂不征土地增值税。本通知所称整体改建是指不改变原企业的投资主体，并承继原企业权利、义务的行为。

B. 按照法律规定或者合同约定，两个或两个以上企业合并为一个企业，且原企业投资主体存续的，对原企业将国有土地、房屋权属转移、变更到合并后的企业，暂不征土地增值税。

C. 按照法律规定或者合同约定，企业分设为两个或两个以上与原企业投资主体相同的企业，对原企业将国有土地、房屋权属转移、变更到分立后的企业，暂不征土地增值税。

D. 单位、个人在改制重组时以国有土地、房屋进行投资，对其将国有土地、房屋权属转移、变更到被投资的企业，暂不征土地增值税。

E. 上述改制重组有关土地增值税政策不适用于房地产开发企业。

F. 企业改制重组后再转让国有土地使用权并申报缴纳土地增值税时，应以改制前取得该宗国有土地使用权所支付的地价款和按国家统一规定缴纳的有关费用，作为该企业“取得土地使用权所支付的金额”扣除。企业在重组改制过程中经省级以上（含省级）国土管理部门批准，国家以国有土地使用权作价出资入股的，再转让该宗国有土地使用权并申报缴纳土地增值税时，应以该宗土地作价入股时省级以上（含省级）国土管理部门批准的评估价格，作为该企业“取得土地使用权所支付的金额”扣除。办理纳税申报时，企业应提供该宗土地作价入股时省级以上（含省级）国土管理部门的批准文件和批准的评估价格，不能提供批准文件和批准的评估价格的，不得扣除。

G. 企业按本通知有关规定享受相关土地增值税优惠政策的，应及时向主管税务机关提交相关房产、国有土地权证、价值证明等书面材料。

H. 本通知执行期限为 2015 年 1 月 1 日至 2017 年 12 月 31 日。

印花税方面的优惠政策：

财政部 国家税务总局《关于企业改制过程中有关印花税政策的通知》(财税〔2003〕183 号）规定：

A. 实行公司制改造的企业在改制过程中成立的新企业（重新办理法人登记的)，其新启用的资金账簿记载的资金或因企业建立资本纽带关系而增加的资金，凡原已贴花的部分可不再贴花，未贴花的部分和以后新增加的资金按规定贴花。

公司制改造包括国有企业依《公司法》整体改造成国有独资有限责任公司；企业通过增资扩股或者转让部分产权，实现他人对企业的参股，将企业改造成有限责任公司或股份有限公司；企业以其部分财产和相应债务与他人组建新公司；企业将债务留在原企业，而以其优质财产与他人组建的新公司。

B. 以合并或分立方式成立的新企业，其新启用的资金账簿记载的资金，凡原已贴花的部分可不再贴花，未贴花的部分和以后新增加的资金按规定贴花。合并包括吸收合并和新设合并。分立包括存续分立和新设分立。

C. 企业债权转股权新增加的资金按规定贴花。

D. 企业改制中经评估增加的资金按规定贴花。

E. 企业其他会计科目记载的资金转为实收资本或资本公积的资金按规定贴花。

F. 企业改制前签订但尚未履行完的各类应税合同，改制后需要变更执行主体的，对仅改变执行主体、其余条款未作变动且改制前已贴花的，不再贴花。

G. 企业因改制签订的产权转移书据免予贴花。

契税方面的优惠政策：

财政部 国家税务总局《关于进一步支持企业事业单位改制重组有关契税政策的通知》（财税〔2015〕37号）规定：

A. 企业改制。

企业按照《中华人民共和国公司法》有关规定整体改制，包括非公司制企业改制为有限责任公司或股份有限公司，有限责任公司变更为股份有限公司，股份有限公司变更为有限责任公司，原企业投资主体存续并在改制（变更）后的公司中所持股权（股份）比例超过75%，且改制（变更）后公司承继原企业权利、义务的，对改制（变更）后公司承受原企业土地、房屋权属，免征契税。

B. 事业单位改制。

事业单位按照国家有关规定改制为企业，原投资主体存续并在改制后企业中出资（股权、股份）比例超过50%的，对改制后企业承受原事业单位土地、房屋权属，免征契税。

C. 公司合并。

两个或两个以上的公司，依照法律规定、合同约定，合并为一个公司，且原投资主体存续的，对合并后公司承受原合并各方土地、房屋权属，免征契税。

D. 公司分立。

公司依照法律规定、合同约定分立为两个或两个以上与原公司投资主体相同的公司，对分立后公司承受原公司土地、房屋权属，免征契税。

E. 企业破产。

企业依照有关法律法规规定实施破产，债权人（包括破产企业职工）承受破产企业抵偿债务的土地、房屋权属，免征契税；对非债权人承受破产企业土地、房屋权属，凡按照《中华人民共和国劳动法》等国家有关法律法规政策妥善安置原企业全部职工，与原企业全部职工签订服务年限不少于三年的劳动用工合同的，对其承受所购企业土地、房屋权属，免征契税；与原企业超过30%的职工签订服务年限不少于三年的劳动用工合同的，减半征收契税。

F. 资产划转。

对承受县级以上人民政府或国有资产管理部门按规定进行行政性调整、划转国有土地、房屋权属的单位，免征契税。

同一投资主体内部所属企业之间土地、房屋权属的划转，包括母公司与其全资子公司之间，同一公司所属全资子公司之间，同一自然人与其设立的个人独资企业、一人有限公司之间土地、房屋权属的划转，免征契税。

G. 债权转股权。

经国务院批准实施债权转股权的企业，对债权转股权后新设立的公司承受原企业的土地、房屋权属，免征契税。

H. 划拨用地出让或作价出资。

以出让方式或国家作价出资（入股）方式承受原改制重组企业、事业单位划拨用地的，不属上述规定的免税范围，对承受方应按规定征收契税。

I. 公司股权（股份）转让。

在股权（股份）转让中，单位、个人承受公司股权（股份），公司土地、房屋权属不发生转移，不征收契税。

J. 有关用语含义。

本通知所称企业、公司，是指依照我国有关法律法规设立并在中国境内注册的企业、公司。

本通知所称投资主体存续，是指原企业、事业单位的出资人必须存在于改制重组后的企业，出资人的出资比例可以发生变动；投资主体相同，是指公司分立前后出资人不发生变动，出资人的出资比例可以发生变动。

本通知自 2015 年 1 月 1 日起至 2017 年 12 月 31 日执行。本通知发布前，企业、事业单位改制重组过程中涉及的契税尚未处理的，符合本通知规定的可按本通知执行。

③从企业所得税方面来看，虽然目前我国的所得税采用的是比例税率，而不是累进税率，企业分立对降低整体税负的作用不大。但是，为了照顾利润水平比较低的小型企业和高新技术企业，我国的企业所得税法在 25% 的基本税率外，又规定了 20%、15% 两档照顾性税率。这种差别税率给纳税人提供了税收筹划的空间。通过分立可以使原本适用高税率的企业，分化成两个或者两个以上适用低税率的企业；通过企业分立合理增加企业所得税税前扣除金额，从而降低企业的总体税负。但应当注意的是，这种税收筹划方法必须充分考虑成本和收益。

（3）企业分立的所得税处理。

一般性税务处理：

【案例 12】

A 公司由 5 个投资者（甲、乙、丙、丁、戊）分别投资 200 万元，各占股份的 20%，共计 1000 万元组成。2017 年该公司有亏损 100 万元未在税前弥补。2018 年 1 月该公司决定分立成为 B 公司和 C 公司，A 公司注销。分立时资产负债情况如下：

单位：万元

项　目	A 公司		B 公司	C 公司
	计税基础	公允价值	公允价值	公允价值
应收账款	100	100	40	60
存货	450	600（含税）	240	360

续表

项　目	A 公司		B 公司	C 公司
	计税基础	公允价值	公允价值	公允价值
固定资产	450	600（含税）	240	360
无形资产（免税）	200	200	80	120
资产合计	1200	1500	600	900
应付账款	160	160	64	96
其他应付款	140	140	56	84
实收资本	1000	1000	400	600
资本公积	0	0	80	120
未分配利润	-100	200		
权益合计	1200	1500	600	900

假设 A 公司的账面价值和计税基础一致，增值税税率为17%，固定资产均为2009 年以前购入。

A 公司会计处理：

在新设分立方式下，应先对被分立公司进行全面清查登记，编制分立日的资产负债表及财产清册，并对全部资产和负债进行整体资产评估，以获得公平交易的公允价值。按照财税〔2009〕59号规定，由于 A 公司需要注销法人资格，应按财税〔2009〕60 号的规定，进行清算处理，因此，应当在分立后对其账务进行核销。

借：固定资产　1500000.00

　　存货　1500000.00

　　贷：应交税费——应交增值税（销项税额）

　　　　116504.85（6000000.00/（1+3%）×2%

　　　　应交税费——应交增值税（销项税额）

　　　　871794.87（6000000.00/（1+17%）×17%

　　　　应交税费——应交城市维护建设税　69180.98

　　　　其他应付款——教育费附加（含地方2%）　49414.99

　　　　清算所得　1893104.31

依法弥补亏损，计算清算所得=1893104.31

计算并缴纳清算所得税=1893104.31×25%=473276.08

缴纳税款并结束账务：

借：实收资本　10000000.00

　　应付账款　1600000.00

　　其他应付款　1449414.99

　　应付利润　893104.31

　　应交税费　1057480.70

　　贷：应收账款　1000000.00

　　　　存货　6000000.00

固定资产 6000000.00

无形资产 2000000.00

对于A公司股东，应当将分回的利润，根据股东不同情况进行所得税处理。

B公司会计处理：

对于分立后的两个或两个以上的分立企业，其股东权益均以评估确认值作为入账价值，按确认并注册登记的股本贷记“实收资本”，将评估确认的价值高于注册登记的股本部分记录为“资本公积”。

借：应收账款 400000.00

存货 2051282.05

应交税费——应交增值税（进项税额） 348717.95

固定资产 2400000.00

无形资产 800000.00

贷：应付账款 640000.00

其他应付款 560000.00

实收资本 4000000.00

资本公积 800000.00

C公司会计处理：

借：应收账款 600000.00

存货 3076923.08

应交税费——应交增值税（进项） 523076.92

固定资产 3600000.00

无形资产 1200000.00

贷：应付账款 960000.00

其他应付款 840000.00

实收资本 6000000.00

资本公积 1200000.00

【税务处理】

①对于A公司应按分立出去资产应按公允价值确认资产转让所得或损失，同时计算存货和固定资产的应缴纳的流转税；

②A公司及其股东都应按清算进行所得税处理；

③B公司和C公司应按公允价值确认接受资产的计税基础；

④B公司和C公司不得承继A公司亏损并税前弥补。

特殊性税务处理规定：

【案例13】

A公司由5个投资者（甲、乙、丙、丁、戊）分别投资200万元，各占股份的20%，共计1000万元组成。2017年该公司有亏损100万元未在税前弥补。2018年1月该公司决定分立成为两个公司（假定账面价值与计税基础一致）。

【涉税分析】

①假设A公司分立部分资产出去成立B公司；A公司保留部分资产与全部负债。

经过了解，本次分拆出去的B公司实际上是原A公司的软件分公司，分立的目的是为了以此软件业务为基础，组建新的公司，在创业板市场上市。可以认为企业分立不具有避税目的，而具有合理商业目的。如果B公司支付给A公司股东的是B公司100%的股份，没有非股权支付额，在同时满足其他条件的情况下，则可以选择适用特殊性税务处理规定。

金额单位：万元

项目	A公司（分立前）		B公司	
	计税基础	公允价值	账面价值	公允价值
应收账款	100	100		
存货	450	600	50	60
固定资产	200	300	100	340
无形资产（免税）	450	600	450	600
资产合计	1200	1600	600	1000
应付账款	200	200		
其他负债	100	100		
实收资本	1000	1000	650	650
未分配利润	-100	300	-50	
资本公积				350
权益合计	1200	1600	600	1000

按照特殊分立处理时，B公司在分立中取得的存货、固定资产、无形资产都以A公司的原有计税基础。即账面价值确定，则分别为50万元、100万元和450万元。A公司在分立业务中，不计算财产转让所得和损失。

A公司账务处理：

本例中，被分立企业将进入分立企业的资产、负债以原账面价值为基础结转确定，借记负债类科目，贷记资产类科目，差额借记权益类科目。分立企业接受被分立企业的全部资产和负债的成本，需以被分立企业的账面面净值为基础结转确定，与已分离资产相对应的纳税事项由接受资产的分立企业继承，借记资产类科目，贷记负债类科目，差额贷记权益类科目。

借：实收资本　　6500000.00

　　利润分配—未分配利润　　-500000.00

　　贷：存货　　500000.00

　　　　固定资产　　1000000.00

　　　　无形资产　　4500000.00

B公司账务处理：

借：存货　　500000.00

　　固定资产　　1000000.00

　　无形资产　　4500000.00

贷：实收资本 6500000.00

利润分配—未分配利润 -500000.00（-100×600/1200）

由于属于派生分立，A（被分立企业）存续，B公司的有关资产由B公司继续计提折旧并在税前扣除。如果有关资产享受投资抵免等所得税优惠政策，可以由分立企业B公司继承。在该例题，A公司未超过法定弥补期限的亏损额可按分立资产占全部资产的比例进行分配，由B公司继续弥补。

【专家解读】

根据税法规定，由于被分立企业已分立出去资产相应的所得税事项由分立企业承继，如果资产的计税基础与账面价值存在差异，则应当按相应比例计算并确认被分立企业和分立企业的“递延所得税资产”或“递延所得税负债”。这种按照比例分配亏损额的方法被称为“资产比较测试”。从法理上讲，在企业分立交易中，亏损的结转应该与经营资产的转让相联系。例如，在例题中，假定A公司继续原有的基本经营活动，而B公司得到资产后，从事其他完全不同的经营活动，此时A公司的分立前亏损不能分配给B公司。采用“资产比较测试”确定企业分立可结转的亏损可能导致扭曲，因为被分立企业的全部债务可能被“集中存放”在没有利润的分立企业，可能将其公允价值降得很低，甚至为零。而把全部被分立企业的亏损由有利润的分立企业继续使用。考虑到财税〔2009〕59号文件已经明确“分立企业和被分立企业在12个月内均不改变原来的实质经营活动”作为适用特殊性税务处理规定的前提条件，上述不利影响并不大，因此该文件依然采用“资产比较测试”来按比例分摊亏损额。但是，财税〔2009〕59号文件，并未明确在计算上述比例时是依据分立资产的计税基础还是公允价值。在例题中，如果依据公允价值计算上述比例，B公司分得的亏损额=100×（1000÷1600）=62.5万元可以用以后年度的盈利弥补。余下37.5万元由A公司用以后年度的盈利弥补。如为新设分立则由新成立的分立公司用以后年度的盈利弥补。

被分立企业的股东取得分立企业的股权的计税基础。被分立企业的股东取得分立企业的股权（以下简称“新股”），如需部分或全部放弃原持有的被分立企业的股权（以下简称“旧股”），“新股”的计税基础应以放弃“旧股”的计税基础确定。如不需放弃“旧股”，则其取得“新股”的计税基础可从以下两种方法中选择确定：直接将“新股”的计税基础确定为零；或者以被分立企业分立出去的净资产占被分立企业全部净资产的比例先调减原持有的“旧股”的计税基础，再将调减的计税基础平均分配到“新股”上。

上述案例是以“股本分割”式分立来处理的，由于被分立企业的股东无论是按原持股比例取得全部新设企业的股份，或部分股东取得一个分立企业的股份，另外的股东取得别的分立企业的股份。由于“旧股”注销，所有股东取得的“新股”的成本都应以放弃的“旧股”的成本为基础确定。

但在“让产分股式分立”情况下，由于所有股东都不放弃“旧股”，可以直接将“新股”总投资成本确定为零；或者，以被分立企业分离出去的净资产占被分立企业全部净资产的比例先调整减低原持有的“旧股”的成本，再将调整减低的投资成本平均分配到“新股”上。

新股的总计税成本=被分立企业股东持有旧股的总计税成本×被分立企业分离出去的净资产的公允价值÷被分立企业全部净资产的公允价值。

在“让产赎股式分立”情况下，由于部分股东放弃“旧股”，所以这部分股东取得的“新股”的成本应以放弃的“旧股”的成本为基础确定；持有“旧股”的股东成本不变。

【案例14】

A公司系由甲、乙两个投资者共同投资设立的一家有限责任公司，每位股东均出资500万元，A公司注册资本1000万元。现拟将A公司的一个分部设立为B公司，A公司存续经营且股东不变。B公司成立后，除向A公司原股东支付股权外，未向A公司及其股东支付其他任何利益，甲乙两股东仍按1：1比例对B公司持股。A公司分立前资产、负债和净资产和分立后B公司资产、负债和净资产的情况见下表。A公司和B公司均不改变原来的实质经营活动。

A公司分立前　　金额单位：万元

项　目	账面价值	计税基础	公允价值	备　注
资产	3800	3600	4500	
负债	2500	2500	2500	
净资产	1300	1100	2000	

分立成立的B公司　　金额单位：万元

项　目	账面价值	计税基础	公允价值	备　注
资产	1600	1500	1800	
负债	900	900	900	
净资产	700	600	900	

【涉税分析】

（1）因分立时未发生非股权支付额，股东甲乙及持股比例未发生变化，A和B经营活动未发生变化，若还能满足其他相关条件，应按特殊性税务处理的规定进行税务处理。

（2）被分立企业A公司不计算分立资产的转让所得，即分立出去的净资产公允价值虽然高于计税基础300，但不需要交纳企业所得税。同时，A公司在分立时如果有未超过法定补亏期限的亏损，可按B公司分立资产占A公司资产的比例进行分配，由B公司在分立后的剩余补亏年限内弥补。

（3）B公司建账时可按原资产和负债的计税基础确定计税基础。但对于B公司，要注意账面价值与计税基础差异所形成的“递延所得税资产”和“递延所得税负债”的确认；如果按公允价值进行会计处理，则应当对资产的公允价值与计税基础形成的差异分情况重新调整“递延所得税资产”和“递延所得税负债”。

上述重组中对A公司的两位股东未计算股权转让所得或损失，为防止有关各方利用分立业务进行避税，财税〔2009〕59号文对被分立公司股东的股权投资计税基础的变化作了限制规定。简单来说，原股东分立后各相关企业的股权投资计税基础应与分立前持平。甲、乙两位股东在A、B公司股权的计税基础可从下列两种方法中选择：

①甲、乙两位股东在B公司股权投资的计税基础为零，在A公司股权投资的计税基础仍为各500万元。

②调整计算。首先计算在B公司股权投资的计税基础总额为：股东持有的旧股（A公司）的总成本×B公司分立的净资产（公允价值）/A公司原总净资产（公允价值）=1 000×900/2 000=450（万元）；然后计算A公司股权投资的计税基础总额为：股东持有的旧股（A公司）的总成本－B公司股权投资的计税成本=1 000－450=550（万元）。

（4）存在非股权支付情况下的税务处理

分立交易各方按上述规定对交易中股权支付暂不确认有关资产的转让所得或损失的，其非股权支付仍应在交易当期确认相应的资产转让所得或损失，并调整相应资产的计税基础。

非股权支付对应的资产转让所得或损失＝（被转让资产的公允价值 － 被转让资产的计税基础）×（非股权支付金额÷被转让资产的公允价值）

（5）企业存续的税收优惠的处理

在企业存续分立中，分立后的存续企业性质及适用税收优惠的条件未发生改变的，可以继续享受分离前该企业剩余期限的税收优惠，其优惠金额按该企业分立前一年的应纳税所得额（亏损计为零）乘以分立后存续企业资产占分立前该企业全部资产的比例计算。

假设上例题中A公司2017年实现盈利100万元，并按国家有关规定享受企业所得税两免三减半的定期优惠（2017年为第一年），分立后的存续企业A公司可以依据法定比例计算出可以享受的优惠金额＝100×［（1200－600）÷1200］＝50，也就是说，即使分立后存续公司实际盈利高于50万元，其享受减免优惠的金额仍应以50万元为限。比如，分立后2018年度A公司盈利70万元，其2018年继续享受免税，但该免税只能适用于其中的50万元，其余的20万元不适用免税。

【专家解读】

如果企业分立业务不符合特殊分立的条件，或者分立业务的当事各方未选择申请按免税分立处理，企业分立作为一般分立进行所得税处理，需要正常计税。被分立企业对分立出去资产应按公允价值确认资产转让所得或损失。分立企业应按公允价值确认接受资产的计税基础。如果被分立企业继续存在时，其股东取得的对价应视同被分立企业分配进行处理。被分立企业不再继续存在时，被分立企业及其股东都应按清算进行所得税处理。企业分立相关企业的亏损不得相互结转弥补，即企业的未超过法定弥补期限的亏损额只能由本企业继续弥补。

国家税务总局《关于企业所得税若干问题的公告》（国家税务总局公告2011年第34号）规定：投资企业从被投资企业撤回或减少投资，其取得的资产中，相当于初始出资的部分，应确认为投资收回；相当于被投资企业累计未分配利润和累计盈余公积按减少实收资本比例计算的部分，应确认为股息所得；其余部分确认为投资资产转让所得。被投资企业发生的经营亏损，由被投资企业按规定结转弥补；投资企业不得调整减低其投资成本，也不得将其确认为投资损失。

【专家提示】

在填报“企业所得税年度纳税申报表”及其附表时，要特别注意在不同分立方式下，被分立企业资产账面价值与计税基础差异的分配处理，并调整应纳税所得额。

由于在被分立企业不再继续存在时，被分立企业及其股东都应按清算进行所得税处理，根据财税〔2009〕60号的规定，被清算企业的股东分得的剩余资产的金额，其中相当于被清算企业累计未分配利润和累计盈余公积中按该股东所占股份比例计算的部分，应确认为股息所得；剩余资产减除股息所得后的余额，超过或低于股东投资成本的部分，应确认为股东的投资转让所得或损失。被清算企业的股东从被清算企业分得的资产应按可变现价值或实际交易价格确定计税基础。

9. 跨境重组的税务处理

根据财税〔2009〕59号文规定，对涉外的股权和资产收购交易，同样应当区分按照一般性税务处理和特殊性税务处理两种不同情况。

（1）跨境重组的一般性税务处理。

①企业将登记注册地转移至中华人民共和国境外（包括港澳台地区），应视同企业进行清算、分配，股东重新投资成立新企业。企业的全部资产以及股东投资的计税基础均应以公允价值为基础确定。

②属于企业跨境股权收购、资产收购的重组交易，相关交易应按以下规定处理：

A. 被收购方应确认股权、资产转让所得或损失；

B. 收购方取得股权或资产的计税基础应以公允价值为基础确定；

C. 被收购企业的相关所得税事项原则上保持不变。

③属于企业跨境合并的，当事各方应按下列规定处理：

A. 合并企业应按公允价值确定接受被合并企业各项资产和负债的计税基础；

B. 被合并企业及其股东都应按清算进行所得税处理；

C. 被合并企业的亏损不得在合并企业结转弥补。

④属于跨境债务重组的，相关交易应按以下规定处理：

A. 以非货币资产清偿债务，应当分解为转让相关非货币性资产、按非货币性资产公允价值清偿债务两项业务，确认相关资产的所得或损失。

B. 发生债权转股权的，应当分解为债务清偿和股权投资两项业务，确认有关债务清偿所得或损失。

C. 债务人应当按照支付的债务清偿额低于债务计税基础的差额，确认债务重组所得；债权人应当按照收到的债务清偿额低于债权计税基础的差额，确认债务重组损失。

D. 债务人的相关所得税纳税事项原则上保持不变。

⑤属于跨境分立的，当事各方应按下列规定处理：

A. 被分立企业对分立出去资产应按公允价值确认资产转让所得或损失。

B. 分立企业应按公允价值确认接受资产的计税基础。

C. 被分立企业继续存在时，其股东取得的对价应视同被分立企业分配进行处理。

D. 被分立企业不再继续存在时，被分立企业及其股东都应按清算进行所得税处理。

E. 企业分立相关企业的亏损不得相互结转弥补。

（2）跨境重组的特殊性税务处理。

①跨境重组符合特殊性税务处理的条件。如果企业跨境重组采用特殊性税务处理，应首先符合：

A. 具有合理的商业目的，且不以减少、免除或者推迟缴纳税款为主要目的。

B. 被收购、合并或分立部分的资产或股权比例符合本通知规定的比例。

C. 企业重组后的连续 12 个月内不改变重组资产原来的实质性经营活动。

D. 重组交易对价中涉及股权支付金额符合本通知规定比例。

E. 企业重组中取得股权支付的原主要股东，在重组后连续 12 个月内，不得转让所取得的股权。

此外，企业发生涉及中国境内与境外之间（包括港澳台地区）的股权和资产收购交易，还应同时符合下列条件，才可选择适用特殊性税务处理规定：

A. 非居民企业向其 100% 直接控股的另一非居民企业转让其拥有的居民企业股权，没有因此造成以后该项股权转让所得预提税负担变化，且转让方非居民企业向主管税务机关书面承诺在 3 年（含 3 年）内不转让其拥有受让方非居民企业的股权；

B. 非居民企业向与其具有 100% 直接控股关系的居民企业转让其拥有的另一居民企业股权；

C. 居民企业以其拥有的资产或股权向其 100% 直接控股的非居民企业进行投资；

D. 财政部、国家税务总局核准的其他情形。

【专家解读】

（1）跨境重组可分为三类业务。

①"境外—境外"模式主要是指境外非居民企业将其持有的境内居民企业股权转让给境外另一非居民企业。根据财政部、国家税务总局《关于企业重组业务企业所得税处理若干问题的通知》（财税〔2009〕59 号）第七条第（一）项的规定，此类跨境重组如享受特殊重组待遇，除应满足第五条规定的境内特殊重组 5 个条件外，还须符合以下 3 项要求：收购方为被收购方 100% 直接持股子公司；重组未导致股权转让所得预提税负担变化；转让方非居民企业向主管税务机关书面承诺在 3 年（含 3 年）内不转让其拥有受让方非居民企业的股权。

②"境外—境内"模式是指境外非居民企业将其持有的我国居民企业股权转让给我国境内的居民企业。根据财税〔2009〕59 号文件第七条第（二）项的规定，此种模式如适用特殊重组，除应满足第五条规定外，还须符合收购方为被收购方 100% 直接持股子公司这一规定。

③"境内—境外"模式是指境内居民企业将其拥有的资产或股权向境外非居民企业投资。根据财税〔2009〕59 号文件第七条第（三）项的规定，此种模式如适用特殊重组，除应满足第五条规定外，同样须符合受让方为转让方 100% 直接持股子公司的规定。

（2）将收购双方为间接拥有和被同一人拥有两种情形排除在特殊重组适用范围外。

（3）为了防止跨国集团利用重组避税，导致我国税款流失，财税〔2009〕59 号文件将股权转让所得预提税税负未发生变化作为适用特殊重组条件之一。提醒企业测算预提所得税税负时，须考虑税收协定因素。例如，某日本公司将持有的中国公司 100% 股权转让给位于韩国的直接持股全资子公司。根据中日双边税收协定，日本公司转让中国公司股权所得，中国拥有征税权，即按 10% 税率征收预提所得税。而根据中韩双边税收协定，韩国公司转让中国居民企业股权所得仅在韩国征税。因此，该重组交易导致股权转让所得预提税实际税负的变化，不能适用特殊重组。

（4）为了防止交易方以获得税收优惠为目的，人为设计符合特殊重组条件的交易框架，重组后再迅速变卖股权套现以避税，财税〔2009〕59 号文件强调转让方取得的受让方股权 3 年内不得转让。

（5）考虑到跨境重组中存在境外当事方，要享受特殊重组待遇，除满足"特殊重组"的一般条件外，还应该保证被重组企业资产所隐含增值的税收管辖权仍保留在中国境内。

（6）跨境重组的特殊性税务处理：

①上述股权转让的，被收购企业股东取得收购企业股权的计税基础，以被收购股权的原有计税基础确定；收购企业取得被收购企业股权的计税基础，以被收购股权的原有计税基础确定。收购企业、被收购企业的原有各项资产和负债的计税基础和其他相关所得税事项保持不变。

②居民企业以其拥有的资产或股权向其 100% 直接控股关系的非居民企业进行投资，其资产或股权转让收益如选择特殊性税务处理，可以在 10 个纳税年度内均匀计入各年度应纳税所得额。

10. 其他

（1）非货币性资产对外投资等资产重组。

某企业以存货对外投资，企业在会计核算上作为主营业务收入，按照财税〔2014〕116号规定，该收入部分可以分5年进行递延纳税，如存货收入500万元，成本400万元，毛利100万元（假设不考虑其他调整因素），该企业对外投资当年的《企业重组纳税调整明细表》（A105100）填报如下：

表19－3　企业重组纳税调整明细表（部分摘录）　　单位：万元

行次	项　目	一般性税务处理			特殊性税务处理			纳税调整金额
		账载金额	税收金额	纳税调整金额	账载金额	税收金额	纳税调整金额	
		1	2	3（2－1）	4	5	6（5－4）	7（3＋6）
12	六、非货币性资产对外投资				100	20	－80	－80
13	七、技术入股				—	—	—	—
14	八、股权划转、资产划转				—	—	—	—
15	九、其他	—	—	—	—	—	—	—
16	合计（1＋4＋6＋8＋11＋12＋13＋14＋15）				100	20	－80	－80

【专家提示】

在今后连续4个年度内，每年必须进行纳税调增20万元应纳税所得额。

（2）资产（股权）划转税务处理事项。

①企业接收政府划入资产的企业所得税处理。国家税务总局关于《企业所得税应纳税所得额若干问题》的公告（2014年第29号）规定：

A. 县级以上人民政府（包括政府有关部门，下同）将国有资产明确以股权投资方式投入企业，企业应作为国家资本金（包括资本公积）处理。该项资产如为非货币性资产，应按政府确定的接收价值确定计税基础。

B. 县级以上人民政府将国有资产无偿划入企业，凡指定专门用途并按财政部 国家税务总局《关于专项用途财政性资金企业所得税处理问题的通知》（财税〔2011〕70号）规定进行管理的，企业可作为不征税收入进行企业所得税处理。其中，该项资产属于非货币性资产的，应按政府确定的接收价值计算不征税收入。

县级以上人民政府将国有资产无偿划入企业，属于上述（1）、（2）项以外情形的，应按政府确定的接收价值计入当期收入总额计算缴纳企业所得税。政府没有确定接收价值的，按资产的公允价值计算确定应税收入。

国家税务总局《关于烟叶生产投入补贴和烟草行业内资产无偿划转企业所得税处理问题的通知》（国税函〔2008〕755号）规定：中国烟草总公司依照《国务院办公厅转发发展改革委等部门关于进一步理顺烟草行业资产管理体制深化烟草行业改革意见的通知》（国办发〔2005〕57号）和财政部的有关批复，对全行业烟草单位之间国有资产的无偿划转（含持有的上市公司股权），不属于企业间的捐赠和股权交易行为，资产接收方接受的资产不计入应纳税所得额。如划出方以净值划出资产，接收方以账面值为计税基础；如划出资产价值超过账面净值，接受方以接受资产价值为计税基础，划出方超过账面净值的部分应计入应纳税所得额，依法缴纳企业所得税。

②企业接受股东划入资产的企业所得税处理。

A. 企业接收股东划入资产（包括股东赠予资产、上市公司在股权分置改革过程中接收原非流通股股东和新非流通股股东赠予的资产、股东放弃本企业的股权，下同），凡合同、协议约定作为资本金（包括资本公积）且在会计上已做实际处理的，不计入企业的收入总额，企业应按公允价值确定该项资产的计税基础。

B. 企业接收股东划入资产，凡作为收入处理的，应按公允价值计入收入总额，计算缴纳企业所得税，同时按公允价值确定该项资产的计税基础。

第20章 “政策性搬迁纳税调整明细表”的理解与填报

“政策性搬迁纳税调整明细表”（A105110）适用于发生政策性搬迁纳税调整项目的纳税人在完成搬迁年度及以后进行损失分期扣除的年度填报。

纳税人应根据税法和相关法规之规定，填报企业政策性搬迁项目的相关会计处理、税收规定及纳税调整情况。

纳税人完成“政策性搬迁纳税调整明细表”的填报工作，必须认真学习和领会下列税收文件：

（1）《中华人民共和国企业所得税法》；

（2）《中华人民共和国企业所得税法实施条例》；

（3）国家税务总局《关于发布〈企业政策性搬迁所得税管理办法〉的公告》（2012年第40号）；

（4）国家税务总局《关于企业政策性搬迁所得税有关问题的公告》（2013年第11号）。

一、“政策性搬迁纳税调整明细表”的焦点问题

1. 政策性搬迁税收政策是如何演变的

随着新农村建设和“城中村”改造的不断深化，越来越多的企业面临着企业拆迁补偿收入的财务与税务处理问题。2003 年，国家税务总局《关于外商投资企业和外国企业取得搬迁补偿费收入税务处理问题的批复》（国税函〔2003〕115 号），对外商投资企业获得的搬迁补偿费收入进行了明确。2007 年 5 月 18 日，财政部、国家税务总局《关于企业政策性搬迁收入有关企业所得税处理问题的通知》（财税〔2007〕61 号），对企业政策性搬迁收入有关企业所得税处理问题进行了明确。

随着《中华人民共和国企业所得税法》《中华人民共和国企业所得税法实施条例》的颁布实施，为更好地体现税法规定的原则和精神，规范内、外资企业取得政策性搬迁和处置收入的税收管理，2009 年 3 月 12 日，国家税务总局下发《关于企业政策性搬迁或处置收入有关企业所得税处理问题的通知》（国税函〔2009〕118 号），对企业取得的政策性搬迁和处置收入的税收处理作了进一步明确。118 号文件仅对企业政策性搬迁的税务处理做出了一些原则性规定，税务机关、纳税人和涉税中介服务机构等税收征管参与人对政策理解不一，进而产生争议，不仅降低了税收工作效率，也对税收征管产生影响。

为了提高税法遵从度，维护国家的税收权益，国家税务总局在 118 号文件基础上做出了必要的调整和完善，于 2012 年 8 月 10 日，印发《企业政策性搬迁所得税管理办法》（国家税务总局公告 2012 年第 40 号）。与之前的政策相比，40 号公告内容更加完善，逐步趋于严格。

40 号公告有一个附表，即“中华人民共和国企业政策性搬迁清算损益表”，A105110“政策性搬迁纳税调整明细表”就是根据 40 号公告的附表设计的。2013 年 3 年 12 日，国家税务总局《关于企业政策性搬迁所得税有关问题的公告》（2013 年第 11 号），对 2012 年第 40 号公告贯彻落实过程中的有关问题进行了明确。

2. 哪些企业可以享受政策性搬迁税收政策

《企业政策性搬迁所得税管理办法》（国家税务总局公告 2012 年第 40 号）规定：

“第二条　本办法执行范围仅限于企业政策性搬迁过程中涉及的所得税征收管理事项，不包括企业自行搬迁或商业性搬迁等非政策性搬迁的税务处理事项。

第三条　企业政策性搬迁，是指由于社会公共利益的需要，在政府主导下企业进行整体搬迁或部分搬迁。企业由于下列需要之一，提供相关文件证明资料的，属于政策性搬迁：

（1）国防和外交的需要；

（2）由政府组织实施的能源、交通、水利等基础设施的需要；

（3）由政府组织实施的科技、教育、文化、卫生、体育、环境和资源保护、防灾减灾、文物保护、社会福利、市政公用等公共事业的需要；

（4）由政府组织实施的保障性安居工程建设的需要；

（5）由政府依照《中华人民共和国城乡规划法》有关规定组织实施的对危房集中、基础设施落后等地段进行旧城区改建的需要；

（6）法律、行政法规规定的其他公共利益的需要。

第四条　企业应按本办法的要求，就政策性搬迁过程中涉及的搬迁收入、搬迁支出、搬迁资产税务处理、搬迁所得等所得税征收管理事项，单独进行税务管理和核算。不能单独进行税务管理和核算的，应视为企业自行搬迁或商业性搬迁等非政策性搬迁进行所得税处理，不得执行本办法规定。”

3. 搬迁收入如何确认

40号文件规定：

“第五条　企业的搬迁收入，包括搬迁过程中从本企业以外（包括政府或其他单位）取得的搬迁补偿收入，以及本企业搬迁资产处置收入等。

第六条　企业取得的搬迁补偿收入，是指企业由于搬迁取得的货币性和非货币性补偿收入。具体包括：

（1）对被征用资产价值的补偿；

（2）因搬迁、安置而给予的补偿；

（3）对停产停业形成的损失而给予的补偿；

（4）资产搬迁过程中遭到毁损而取得的保险赔款；

（5）其他补偿收入。

第七条　企业搬迁资产处置收入，是指企业由于搬迁而处置企业各类资产所取得的收入。

企业由于搬迁处置存货而取得的收入，应按正常经营活动取得的收入进行所得税处理，不作为企业搬迁收入。”

4. 搬迁支出如何确认

40号文件规定：

“第八条　企业的搬迁支出，包括搬迁费用支出以及由于搬迁所发生的企业资产处置支出。

第九条　搬迁费用支出，是指企业搬迁期间所发生的各项费用，包括安置职工实际发生的费用、停工期间支付给职工的工资及福利费、临时存放搬迁资产而发生的费用、各类资产搬迁安装费用以及其他与搬迁相关的费用。

第十条　资产处置支出，是指企业由于搬迁而处置各类资产所发生的支出，包括变卖及处置各类资产的净值、处置过程中所发生的税费等支出。

企业由于搬迁而报废的资产，如无转让价值，其净值作为企业的资产处置支出。

第十四条　企业搬迁期间新购置的各类资产，应按《企业所得税法》及其实施条例等有关规定，计算确定资产的计税成本及折旧或摊销年限。

企业发生的购置资产支出，不得从搬迁收入中扣除。”

5. 搬迁所得如何确认

40号文件规定：

“第十五条　企业在搬迁期间发生的搬迁收入和搬迁支出，可以暂不计入当期应纳税所得额，而在完成搬迁的年度，对搬迁收入和支出进行汇总清算。

第十六条　企业的搬迁收入，扣除搬迁支出后的余额，为企业的搬迁所得。

企业应在搬迁完成年度，将搬迁所得计入当年度企业应纳税所得额计算纳税。

第十七条　下列情形之一的，为搬迁完成年度，企业应进行搬迁清算，计算搬迁所得：

（1）从搬迁开始，5 年内（包括搬迁当年度）任何一年完成搬迁的。

（2）从搬迁开始，搬迁时间满 5 年（包括搬迁当年度）的年度。”

6. 政策性拆迁补偿如何进行会计处理

对政策性拆迁补偿可以依据《企业会计准则第 16 号——政府补助》及有关规定处理，企业会计准则及有关解释规定：企业取得与资产相关的政府补助，不能直接确认为当期损益，应当确认为递延收益，自相关资产达到预定可使用状态时起，在该资产使用寿命内平均分配，分次计入以后各期的损益（营业外收入），相关资产在使用寿命结束前被出售、转让、报废或发生毁损的，应将尚未分配的递延收益余额一次性转入资产处置当期的损益（营业外收入）；企业取得与收益相关的政府补助，用于补偿企业以后期间的相关费用或损失的，取得时确认为递延收益，在确认相关费用的期间计入当期损益（营业外收入），用于补偿企业已发生的相关费用或损失的，取得时直接计入当期损益（营业外收入）；企业收取的综合性项目的政府补助需要分解为与资产相关的部分和与收益相关的部分，分别进行处理，难以区分的，将政府补助整体归类为与收益相关的政府补助，视情况不同计入当期损益，或者在项目期内分期确认为当期收益。

二、“政策性搬迁纳税调整明细表”结构特点是什么

1. 搬迁所得或损失的计算逻辑

政策性搬迁所得税算法有些类似于土地增值税清算，将企业所得税的清算期确定为整个搬迁期。如果企业搬迁为净所得，将所得从取得所得年度递延到搬迁完成年度，取得了递延纳税的利益；如果整个搬迁期间前期有所得后期有损失，则汇总计算后所得与损失相抵，避免“前期盈利，后期亏损”的不合理现象出现。

2. 搬迁损失一次性扣除和分期扣除如何判断

40 号文件规定：

“第十八条　企业搬迁收入扣除搬迁支出后为负数的，应为搬迁损失。搬迁损失可在下列方法中选择其一进行税务处理：

（一）在搬迁完成年度，一次性作为损失进行扣除。

（二）自搬迁完成年度起分 3 个年度，均匀在税前扣除。

上述方法由企业自行选择，但一经选定，不得改变。”

3. 应计入本年的搬迁所得或损失与计入当期损益的搬迁收益或损失有何区别

“应计入本年的搬迁所得或损失”指的是按照税法规定计入本年应纳税所得额的金额；“计入当期损益的搬迁收益或损失”指的是会计核算计入当期损益的金额。

三、“政策性搬迁纳税调整明细表”重点栏目表填报说明

表20－1　政策性搬迁纳税调整明细表（A105110）

行 次	项 目	金 额
1	一、搬迁收入（2+8）	
2	（一）搬迁补偿收入（3+4+5+6+7）	
3	1. 对被征用资产价值的补偿	
4	2. 因搬迁、安置而给予的补偿	
5	3. 对停产停业形成的损失而给予的补偿	
6	4. 资产搬迁过程中遭到毁损而取得的保险赔款	
7	5. 其他补偿收入	
8	（二）搬迁资产处置收入	
9	二、搬迁支出（10+16）	
10	（一）搬迁费用支出（11+12+13+14+15）	
11	1. 安置职工实际发生的费用	
12	2. 停工期间支付给职工的工资及福利费	
13	3. 临时存放搬迁资产而发生的费用	
14	4. 各类资产搬迁安装费用	
15	5. 其他与搬迁相关的费用	
16	（二）搬迁资产处置支出	
17	三、搬迁所得或损失（1－9）	
18	四、应计入本年应纳税所得额的搬迁所得或损失（19+20+21）	
19	其中：搬迁所得	
20	搬迁损失一次性扣除	
21	搬迁损失分期扣除	
22	五、计入当期损益的搬迁收益或损失	
23	六、以前年度搬迁损失当期扣除金额	
24	七、纳税调整金额（18－22－23）	

本表第1行“一、搬迁收入”至第21行“搬迁损失分期扣除”的金额，按照税法规定确认的政策性搬迁清算累计数填报。

（1）第1行“一、搬迁收入”：填报第2+8行的合计数。

（2）第2行“（一）搬迁补偿收入”：填报按税法规定确认的，纳税人从本企业以外取得的搬迁补偿收入金额，此行为第3行至第7行的合计金额。

（3）第3行“1. 对被征用资产价值的补偿”：填报按税法规定确认的，纳税人被征用资产价值补偿收入累计金额。

（4）第4行“2. 因搬迁、安置而给予的补偿”：填报按税法规定确认的，纳税人因搬迁、安置而取得的补偿收入累计金额。

（5）第5行“3. 对停产停业形成的损失而给予的补偿”：填报按税法规定确认的，纳税人停产

停业形成损失而取得的补偿收入累计金额。

（6）第6行“4. 资产搬迁过程中遭到毁损而取得的保险赔款”：填报按税法规定确认，纳税人资产搬迁过程中遭到毁损而取得的保险赔款收入累计金额。

（7）第7行“5. 其他补偿收入”：填报按税收规定确认，纳税人其他补偿收入累计金额。

（8）第8行“（二）搬迁资产处置收入”：填报按税法规定确认，纳税人由于搬迁而处置各类资产所取得的收入累计金额。

（9）第9行“二、搬迁支出”：填报第10＋16行的金额。

（10）第10行“（一）搬迁费用支出”：填报按税法规定确认，纳税人搬迁过程中发生的费用支出累计金额，为第11行至15行的合计金额。

（11）第11行“1. 安置职工实际发生的费用”：填报按税法规定确认，纳税人安置职工实际发生费用支出的累计金额。

（12）第12行“2. 停工期间支付给职工的工资及福利费”：填报按税法规定确认，纳税人因停工支付给职工的工资及福利费支出累计金额。

（13）第13行“3. 临时存放搬迁资产而发生的费用”：填报按税法规定确认，纳税人临时存放搬迁资产发生的费用支出累计金额。

（14）第14行“4. 各类资产搬迁安装费用”：填报按税法规定确认，纳税人各类资产搬迁安装费用支出累计金额。

（15）第15行“5. 其他与搬迁相关的费用”：填报按税法规定确认，纳税人其他与搬迁相关的费用支出累计金额。

（16）第16行“（二）搬迁资产处置支出”：填报按税法规定确认的，纳税人搬迁资产处置支出累计金额。符合《国家税务总局关于企业政策性搬迁所得税有关问题的公告》（国家税务总局公告2013年第11号）规定的资产购置支出，填报在本行。

（17）第17行“三、搬迁所得或损失”：填报政策性搬迁所得或损失，填报第1－9行的余额。

（18）第18行“四、应计入本年应纳税所得额的搬迁所得或损失”：填报政策性搬迁所得或损失按照税法规定计入本年应纳税所得额的金额，填报第19行至21行的合计金额。

（19）第19行“其中：搬迁所得”：填报按税法相关规定，搬迁完成年度政策性搬迁所得的金额。

（20）第20行“搬迁损失一次性扣除”：由选择一次性扣除搬迁损失的纳税人填报，填报搬迁完成年度按照税法规定计算的搬迁损失金额，损失以负数填报。

（21）第21行“搬迁损失分期扣除”：由选择分期扣除搬迁损失的纳税人填报，填报搬迁完成年度按照税法规定计算的搬迁损失在本年扣除的金额，损失以负数填报。

（22）第22行“五、计入当期损益的搬迁收益或损失”：填报政策性搬迁项目会计核算计入当期损益的金额，损失以负数填报。

（23）第23行“六、以前年度搬迁损失当期扣除金额”：以前年度完成搬迁形成的损失，按照税法规定在当期扣除的金额。

（24）第24行“七、纳税调整金额”：填报第18－22－23行的余额。

四、“政策性搬迁纳税调整明细表”的表内、表间关系

1. 表内关系

①第1行=第2+8行。

②第2行=第3+4+…+7行。

③第9行=第10+16行。

④第10行=第11+12+…+15行。

⑤第17行=第1-9行。

⑥第18行=第19+20+21行。

⑦第24行=第18-22-23行。

2.表间关系

本表是A105000“纳税调整项目明细表”的附表。若第24行≥0，填入表A105000第37行第3列；若第24行<0，将绝对值填入表A105000第37行第4列。

五、政策性搬迁纳税调整案例分析

【案例】

2016年9月，甲企业发生政策性搬迁业务，取得搬迁补偿收入5000万元（其中征用土地补偿4000万元，安置职工补偿250万元，停业补偿750万元）。

搬迁中拆除厂房净值、灭失土地使用权折余价值共3000万元；2017年支付搬迁设备拆卸、运输、安装费用330万元，临时存放搬迁设备20万元；职工安置费100万元，停工期间支付给职工的工资及福利费50万元。2017年12月10日用搬迁补偿资金重置固定资产1000万元。2017年12月完成搬迁，当月开始生产。

重置固定资产税法按5年直线法计提折旧，预计净残值为零。假设以前年度均盈利且已按规定向主管税务机关报送政策性搬迁相关资料。

【分析】

（1）2016年9月取得搬迁补偿收入。

①会计处理：

借：银行存款　　5000

　　贷：专项应付款　　5000

②税务处理：

搬迁收入暂不计入当期应纳税所得额，不存在税会差异，不需要纳税调整。

（2）拆除厂房净值、灭失土地使用权处理。

①会计处理：

借：营业外支出　　3000

　　贷：固定资产清理、无形资产　　3000

借：专项应付款　　3000

　　贷：递延收益　　3000

借：递延收益　　3000

　　贷：营业外收入　　3000

②税务处理：搬迁支出暂不计入当期应纳税所得额，因此，拆除厂房等形成的资产损失3000万不得税前扣除，应作调增处理。通过A105000“纳税调整明细表”第26行“跨期扣除项目”实现纳税调增所得3000万元；搬迁收入暂不计入当期应纳税所得额，因此递延收益形成的3000万元营业外收入作纳税调减处理。通过表A105020第13行“其他未按权责发生制原则确认收入”和A105000“纳税调整明细表”第3行“未按权责发生制原则确认的收入”调减所得3000万元。

（3）支付搬迁设备存放、拆卸运输安装费和职工安置、停工福利费用。

①会计处理：

借：管理费用　　500

　　贷：银行存款　　500

借：专项应付款　　500

　　贷：递延收益　　500

借：递延收益　　500

　　贷：营业外收入　　500

②税务处理：搬迁支出暂不计入当期应纳税所得额，拆除厂房等形成的资产损失500万元不得税前扣除，应作调增处理。通过A105000“纳税调整明细表”第26行“跨期扣除项目”实现纳税调增所得500万元；搬迁收入暂不计入当期应纳税所得额，递延收益形成的500万元营业收入作纳税调减处理。通过表A105020第13行“其他未按权责发生制原则确认收入”和A105000“纳税调整明细表”第3行“未按权责发生制原则确认的收入”调减所得500万元。

（4）2017年12月重置固定资产。

①会计处理：

借：固定资产　　1000

　　贷：银行存款　　1000

借：专项应付款　　1000

　　贷：递延收益　　1000

②税务处理：会计处理未产生损益，不需要纳税调整。

（5）2017年12月结转搬迁补偿收入余额。

①会计处理：

借：专项应付款　　500

　　贷：资本公积　　500

②税务处理：

2017年为搬迁项目完成年度，结算搬迁所得为：5000－3000－500＝1500（万元）；

确定重置固定资产计税基础为1000万元。

（6）2018年计提折旧。

①会计处理：

借：管理费用　　200

　　贷：累计折旧　　200

借：递延收益　　200

　　贷：营业外收入　　200

②税务处理：在计算搬迁损益时不允许扣除重置资产价值，用补偿收入购置的资产计提的折旧可以税前扣除；但递延收益形成的200万元营业外收入应作纳税调减，通过表A105020第13行"其他未按权责发生制原则确认收入"和A105000"纳税调整明细表"第3行"未按权责发生制原则确认的收入"调减所得200万元。

（7）2019—2022年折旧的财税处理同（6）。

明细表填写如下：

表20－2　政策性搬迁纳税调整明细表（A105110）

行　次	项　目	金　额
1	一、搬迁收入（2＋8）	5000
2	（一）搬迁补偿收入（3＋4＋5＋6＋7）	5000
3	1. 对被征用资产价值的补偿	4000
4	2. 因搬迁、安置而给予的补偿	250
5	3. 对停产停业形成的损失而给予的补偿	750
6	4. 资产搬迁过程中遭到毁损而取得的保险赔款	
7	5. 其他补偿收入	
8	（二）搬迁资产处置收入	
9	二、搬迁支出（10＋16）	3500
10	（一）搬迁费用支出（11＋12＋13＋14＋15）	500
11	1. 安置职工实际发生的费用	100
12	2. 停工期间支付给职工的工资及福利费	50
13	3. 临时存放搬迁资产而发生的费用	
14	4. 各类资产搬迁安装费用	350
15	5. 其他与搬迁相关的费用	
16	（二）搬迁资产处置支出	3000
17	三、搬迁所得或损失（1－9）	1500
18	四、应计入本年应纳税所得额的搬迁所得或损失（19＋20＋21）	1500
19	其中：搬迁所得	1500
20	搬迁损失一次性扣除	
21	搬迁损失分期扣除	
22	五、计入当期损益的搬迁收益或损失	0
23	六、以前年度搬迁损失当期扣除金额	
24	七、纳税调整金额（18－22－23）	1500

表 20－3　纳税调整项目明细表（A105000）

36	四、特殊事项调整项目（37＋38＋…＋42）	*	*		1500
37	（一）企业重组及递延纳税事项（填写 A105100）				
38	（二）政策性搬迁（填写 A105110）	*	*		1500
39	（三）特殊行业准备金（填写 A105120）				
40	（四）房地产开发企业特定业务计算的纳税调整额（填写 A105010）	*			

第21章 “特殊行业准备金情况及纳税调整明细表”的理解与填报

“特殊行业准备金及纳税调整明细表”（A105120）适用于发生特殊行业准备金的纳税人填报。

纳税人应根据税法相关规定，以及国家统一企业会计制度，填报特殊行业准备金会计处理、税收规定及纳税调整情况。

纳税人完成“一般企业收入明细表”的填报工作，必须认真学习和领会下列财税文件：

（1）《中华人民共和国企业所得税法》；

（2）《中华人民共和国企业所得税法实施条例》；

（3）财政部 国家税务总局《关于小额贷款公司有关税收政策的通知》（财税〔2017〕48号）；

（4）财政部 国家税务总局《关于中小企业融资（信用）担保机构有关准备金企业所得税税前扣除政策的通知》（财税〔2017〕22号）；

（5）财政部 国家税务总局《关于保险公司准备金支出企业所得税税前扣除有关政策问题的通知》（财税〔2016〕114号）；

（6）财政部 国家税务总局《关于金融企业贷款损失准备金企业所得税税前扣除有关政策的通知》（财税〔2015〕9号）；

（7）财政部 国家税务总局《关于金融企业涉农贷款和中小企业贷款损失准备金税前扣除有关问题的通知》（财税〔2015〕3号）；

（8）财政部 国家税务总局《关于保险公司准备金支出企业所得税税前扣除有关问题的通知》（财税〔2012〕23号）；

（9）财政部 国家税务总局《关于保险公司农业巨灾风险准备金企业所得税税前扣除政策的通知》（财税〔2012〕45号）。

一、“特殊行业准备金情况及纳税调整明细表”的焦点问题

1. 保险公司税收政策有哪些新调整

2016 年 12 月，财政部 国家税务总局发布《关于保险公司准备金支出企业所得税税前扣除有关政策问题的通知》（财税〔2016〕114 号），自 2016 年 1 月 1 日至 2020 年 12 月 31 日执行。该文件是财政部 国家税务总局《关于保险公司准备金支出企业所得税税前扣除有关问题的通知》（财税〔2012〕23 号）和财政部 国家税务总局《关于保险公司农业巨灾风险准备金企业所得税税前扣除政策的通知》（财税〔2012〕45 号）的延续，对保险公司农业巨灾风险准备金企业所得税税前扣除进行了调整，将财税〔2012〕45 号文件规定的：

“（1）保险公司经营财政给予保费补贴的种植业险种（以下简称补贴险种）的，按不超过补贴险种当年保费收入 25% 的比例计提的巨灾风险准备金，准予在企业所得税前据实扣除。

具体计算公式如下：本年度扣除的巨灾风险准备金 = 本年度保费收入 × 25% – 上年度已在税前扣除的巨灾风险准备金结存余额。按上述公式计算的数额如为负数，应调增当年应纳税所得额。

（2）补贴险种是指各级财政部门根据财政部关于种植业保险保费补贴管理的相关规定确定，且各级财政部门补贴比例之和不低于保费 60% 的种植业险种”，调整为“保险公司经营财政给予保费补贴的农业保险，按不超过财政部门规定的农业保险大灾风险准备金（简称大灾准备金）计提比例，计提的大灾准备金，准予在企业所得税前据实扣除。具体计算公式如下：本年度扣除的大灾准备金 = 本年度保费收入 × 规定比例 – 上年度已在税前扣除的大灾准备金结存余额。按上述公式计算的数额如为负数，应调增当年应纳税所得额。财政给予保费补贴的农业保险，是指各级财政按照中央财政农业保险保费补贴政策规定给予保费补贴的种植业、养殖业、林业等农业保险。规定比例，是指按照《财政部关于印发 <农业保险大灾风险准备金管理办法> 的通知》（财金〔2013〕129 号）确定的计提比例”。

2. 证券行业税收政策有哪些重点内容

财政部 国家税务总局《关于证券行业准备金支出企业所得税税前扣除有关政策问题的通知》（财税〔2017〕23 号），对证券类准备金企业所得税税前扣除按单位分别作出了具体规定：

（1）证券交易所风险基金。

上海、深圳证券交易所依据《证券交易所风险基金管理暂行办法》（证监发〔2000〕22 号）的有关规定，按证券交易所交易收取经手费的 20%、会员年费的 10% 提取的证券交易所风险基金，在各基金净资产不超过 10 亿元的额度内，准予在企业所得税税前扣除。

（2）证券结算风险基金。

①中国证券登记结算公司所属上海分公司、深圳分公司依据《证券结算风险基金管理办法》（证监发〔2006〕65 号）的有关规定，按证券登记结算公司业务收入的 20% 提取的证券结算风险基

金，在各基金净资产不超过30亿元的额度内，准予在企业所得税税前扣除。

②证券公司依据《证券结算风险基金管理办法》（证监发〔2006〕65号）的有关规定，作为结算会员按人民币普通股和基金成交金额的十万分之三、国债现货成交金额的十万分之一、1天期国债回购成交额的千万分之五、2天期国债回购成交额的千万分之十、3天期国债回购成交额的千万分之十五、4天期国债回购成交额的千万分之二十、7天期国债回购成交额的千万分之五十、14天期国债回购成交额的十万分之一、28天期国债回购成交额的十万分之二、91天期国债回购成交额的十万分之六、182天期国债回购成交额的十万分之十二逐日交纳的证券结算风险基金，准予在企业所得税税前扣除。

（3）证券投资者保护基金。

①上海、深圳证券交易所依据《证券投资者保护基金管理办法》（证监会令第27号、第124号）的有关规定，在风险基金分别达到规定的上限后，按交易经手费的20%缴纳的证券投资者保护基金，准予在企业所得税税前扣除。

②证券公司依据《证券投资者保护基金管理办法》（证监会令第27号、第124号）的有关规定，按其营业收入0.5% ~5%缴纳的证券投资者保护基金，准予在企业所得税税前扣除。

3. 期货行业税收政策有哪些重点内容

财政部、国家税务总局《关于证券行业准备金支出企业所得税税前扣除有关政策问题》的通知（财税〔2017〕23号），对证券类准备金企业所得税税前扣除按单位分别作出了具体规定：

（1）期货类准备金。

①期货交易所风险准备金。大连商品交易所、郑州商品交易所和中国金融期货交易所依据《期货交易管理条例》（国务院令第489号）、《期货交易所管理办法》（证监会令第42号）和《商品期货交易财务管理暂行规定》（财商字〔1997〕44号）的有关规定，上海期货交易所依据《期货交易管理条例》（国务院令第489号）、《期货交易所管理办法》（证监会令第42号）和《关于调整上海期货交易所风险准备金规模的批复》（证监函〔2009〕407号）的有关规定，分别按向会员收取手续费收入的20%计提的风险准备金，在风险准备金余额达到有关规定的额度内，准予在企业所得税税前扣除。

②期货公司风险准备金。期货公司依据《期货公司管理办法》（证监会令第43号）和《商品期货交易财务管理暂行规定》（财商字〔1997〕44号）的有关规定，从其收取的交易手续费收入减去应付期货交易所手续费后的净收入的5%提取的期货公司风险准备金，准予在企业所得税税前扣除。

③期货投资者保障基金。

A. 上海期货交易所、大连商品交易所、郑州商品交易所和中国金融期货交易所依据《期货投资者保障基金管理办法》（证监会令第38号、第129号）和《关于明确期货投资者保障基金缴纳比例有关事项的规定》（证监会 财政部公告〔2016〕26号）的有关规定，按其向期货公司会员收取的交易手续费的2%（2016年12月8日前按3%）缴纳的期货投资者保障基金，在基金总额达到有关规定的额度内，准予在企业所得税税前扣除。

B. 期货公司依据《期货投资者保障基金管理办法》（证监会令第38号、第129号）和《关于明确期货投资者保障基金缴纳比例有关事项的规定》（证监会 财政部公告〔2016〕26 号）的有关规定，从其收取的交易手续费中按照代理交易额的亿分之五至亿分之十的比例（2016 年 12 月 8 日前按千万分之五至千万分之十的比例）缴纳的期货投资者保障基金，在基金总额达到有关规定的额度内，准予在企业所得税税前扣除。

上述准备金如发生清算、退还，应按规定补征企业所得税。

对照《中华人民共和国企业所得税法》第十条“在计算应纳税所得额时，下列支出不得扣除：（七）未经核定的准备金支出”；《中华人民共和国企业所得税法实施条例》第五十五条“企业所得税法第十条第（七）项所称未经核定的准备金支出，是指不符合国务院财政、税务主管部门规定的各项资产减值准备、风险准备等准备金支出”的规定，结合上述税收政策以及金融企业、中小企业融资（信用）担保机构、小额贷款公司等金融单位各项准备金企业所得税税前扣除政策可以看出，各项文件主要是对金融单位准备金税前扣除出台标准，即“特殊行业准备金及纳税调整明细表”的第 2 列“税收金额”列内容，金融单位账载金额与税收金额的差异即第 3 列“纳税调整金额”的内容。

二、“特殊行业准备金情况及纳税调整明细表”结构特点是什么

1. “特殊行业准备金情况及纳税调整明细表”作了哪些重大修改

“特殊行业准备金及纳税调整明细表”由 30 行调整为 43 行，填报的特殊行业新增了小额贷款公司，由六类行业企业增加到七类行业企业；调整了保险公司各项准备金的填报顺序，根据《农业保险大灾风险准备金管理办法》将巨灾风险准备金名称统一为大灾风险准备金，将未到期责任准备金、未决赔款准备金、巨灾风险准备金、寿险责任准备金、长期健康险责任准备金、保险保障基金、其他按照重要性程度和普遍适用性调整为保险保障基金、未到期责任准备金、寿险责任准备金、长期健康险责任准备金、未决赔款准备金、大灾风险准备金和其他顺序；并且对保险保障基金按照业务类别分别填报。对小额贷款公司的准备金调整内容分为贷款损失准备金和其他两项。

2. 中小企业融资担保机构如何确认纳税调整

财政部 国家税务总局《关于中小企业融资（信用）担保机构有关准备金企业所得税税前扣除政策的通知》（财税〔2017〕22 号）对中小企业融资（信用）担保机构有关准备金企业所得税税前扣除政策规定：

（1）符合条件的中小企业融资（信用）担保机构按照不超过当年年末担保责任余额 1% 的比例计提的担保赔偿准备，允许在企业所得税税前扣除，同时将上年度计提的担保赔偿准备余额转为当期收入。

（2）符合条件的中小企业融资（信用）担保机构按照不超过当年担保费收入 50% 的比例计提的未到期责任准备，允许在企业所得税税前扣除，同时将上年度计提的未到期责任准备余额转为当期收入。

（3）中小企业融资（信用）担保机构实际发生的代偿损失，符合税收法律法规关于资产损失税前扣除政策规定的，应冲减已在税前扣除的担保赔偿准备，不足冲减部分据实在企业所得税税前扣除。

3. 小额贷款公司如何确认纳税调整

财政部、国家税务总局《关于小额贷款公司有关税收政策》的通知（财税〔2017〕48 号）对小额贷款公司贷款损失准备金规定：自 2017 年 1 月 1 日至 2019 年 12 月 31 日，对经省级金融管理部门（金融办、局等）批准成立的小额贷款公司按年末贷款余额的 1% 计提的贷款损失准备金准予在企业所得税税前扣除。具体政策口径按照财政部国家税务总局《关于金融企业贷款损失准备金企业所得税税前扣除有关政策的通知》（财税〔2015〕9 号）执行。即“一、准予税前提取贷款损失准备金的贷款资产范围包括：

（1）贷款（含抵押、质押、担保等贷款）；

（2）银行卡透支、贴现、信用垫款（含银行承兑汇票垫款、信用证垫款、担保垫款等）、进出口押汇、同业拆出、应收融资租赁款等各项具有贷款特征的风险资产；

（3）由金融企业转贷并承担对外还款责任的国外贷款，包括国际金融组织贷款、外国买方信贷、外国政府贷款、日本国际协力银行不附条件贷款和外国政府混合贷款等资产。

金融企业准予当年税前扣除的贷款损失准备金计算公式如下：

准予当年税前扣除的贷款损失准备金 = 本年末准予提取贷款损失准备金的贷款资产余额 ×1% - 截至上年末已在税前扣除的贷款损失准备金的余额。

金融企业按上述公式计算的数额如为负数，应当相应调增当年应纳税所得额。

（4）金融企业的委托贷款、代理贷款、国债投资、应收股利、上交央行准备金以及金融企业剥离的债权和股权、应收财政贴息、央行款项等不承担风险和损失的资产，不得提取贷款损失准备金在税前扣除。

（5）金融企业发生的符合条件的贷款损失，应先冲减已在税前扣除的贷款损失准备金，不足冲减部分可据实在计算当年应纳税所得额时扣除。”

三、“特殊行业准备金情况及纳税调整明细表”重点栏目表填报说明

表 21 -1 特殊行业准备金及纳税调整明细表（A105120）

<table>
<tr><th rowspan="2">行次</th><th colspan="3" rowspan="2">项 目</th><th>账载金额</th><th>税收金额</th><th>纳税调整金额</th></tr>
<tr><th>1</th><th>2</th><th>3（1 -2）</th></tr>
<tr><td>1</td><td colspan="3">一、保险公司（2 +13 +14 +15 +16 +19 +20）</td><td></td><td></td><td></td></tr>
<tr><td>2</td><td colspan="3">（一）保险保障基金（3 +4 +5 +… +12）</td><td></td><td></td><td></td></tr>
<tr><td>3</td><td rowspan="3">1. 财产保险业务</td><td colspan="2">非投资型</td><td></td><td></td><td></td></tr>
<tr><td>4</td><td rowspan="2">投资型</td><td>保证收益</td><td></td><td></td><td></td></tr>
<tr><td>5</td><td>无保证收益</td><td></td><td></td><td></td></tr>
<tr><td>6</td><td rowspan="2">2. 人寿保险业务</td><td colspan="2">保证收益</td><td></td><td></td><td></td></tr>
<tr><td>7</td><td colspan="2">无保证收益</td><td></td><td></td><td></td></tr>
<tr><td>8</td><td rowspan="2">3. 健康保险业务</td><td colspan="2">短期</td><td></td><td></td><td></td></tr>
<tr><td>9</td><td colspan="2">长期</td><td></td><td></td><td></td></tr>
</table>

续表

行次	项　目			账载金额	税收金额	纳税调整金额
				1	2	3（1－2）
10	4. 意外伤害保险业务	非投资型				
11		投资型	保证收益			
12			无保证收益			
13	（二）未到期责任准备金					
14	（三）寿险责任准备金					
15	（四）长期健康险责任准备金					
16	（五）未决赔款准备金（17＋18）					
17	1. 已发生已报案未决赔款准备金					
18	2. 已发生未报案未决赔款准备金					
19	（六）大灾风险准备金					
20	（七）其他					
21	二、证券行业（22＋23＋24＋25）					
22	（一）证券交易所风险基金					
23	（二）证券结算风险基金					
24	（三）证券投资者保护基金					
25	（四）其他					
26	三、期货行业（27＋28＋29＋30）					
27	（一）期货交易所风险准备金					
28	（二）期货公司风险准备金					
29	（三）期货投资者保障基金					
30	（四）其他					
31	四、金融企业（32＋33＋34）					
32	（一）涉农和中小企业贷款损失准备金					
33	（二）贷款损失准备金					
34	（三）其他					
35	五、中小企业融资（信用）担保机构（36＋37＋38）					
36	（一）担保赔偿准备					
37	（二）未到期责任准备					
38	（三）其他					
39	六、小额贷款公司（40＋41）					
40	（一）贷款损失准备金					
41	（二）其他					
42	七、其他					
43	合计（1＋21＋26＋31＋35＋39＋42）					

对照财政部 国家税务总局《关于保险公司准备金支出企业所得税税前扣除有关政策问题的通知》（财税〔2016〕114号）、财政部 国家税务总局《关于证券行业准备金支出企业所得税税前扣除有关政策问题的通知》（财税〔2017〕23号）、财政部 国家税务总局《关于金融企业涉农贷款和

中小企业贷款损失准备金税前扣除有关问题的通知》（财税〔2015〕3号）、财政部 国家税务总局《关于金融企业贷款损失准备金企业所得税税前扣除有关政策的通知》（财税〔2015〕9号）、财政部 国家税务总局《关于中小企业融资（信用）担保机构有关准备金企业所得税税前扣除政策的通知》（财税〔2017〕22号）、财政部 税务总局《关于小额贷款公司有关税收政策的通知》（财税〔2017〕48号），各个文件对各项准备金的税前扣除稍有不同。

1. 保险公司

（1）保险保障基金：保险公司按标准据实缴纳不是计提的准予据实税前扣除，但财产保险公司的保险保障基金余额达到公司总资产6%的、人身保险公司的保险保障基金余额达到公司总资产1%的，其缴纳的保险保障基金不得在税前扣除。

（2）未到期责任准备金、寿险责任准备金、长期健康险责任准备金、已发生已报案未决赔款准备金和已发生未报案未决赔款准备金：保险公司在规定标准之内计提的准予在税前扣除。其中：未到期责任准备金、寿险责任准备金、长期健康险责任准备金依据经中国保监会核准任职资格的精算师或出具专项审计报告的中介机构确定的金额提取；已发生已报案未决赔款准备金，按最高不超过当期已经提出的保险赔款或者给付金额的100%提取；已发生未报案未决赔款准备金按不超过当年实际赔款支出额的8%提取。上述符合标准的提取都可以在当年扣除，文件没有规定计算提取扣除时与上年的计提金额之间的关系，只是规定保险公司实际发生的各种保险赔款、给付，应首先冲抵按规定提取的准备金，不足冲抵部分，准予在当年税前扣除。

（3）大灾准备金：保险公司按不超过财政部门规定的农业保险大灾风险准备金（简称大灾准备金）计提比例，计提的大灾准备金，准予在企业所得税前据实扣除。同时文件规定了具体计算公式：本年度扣除的大灾准备金 = 本年度保费收入 × 规定比例 − 上年度已在税前扣除的大灾准备金结存余额；并且按上述公式计算的数额如为负数，应调增当年应纳税所得额。

大灾风险准备金计算提取扣除，并且要结合上年度已在税前扣除的大灾准备金结存余额计算当年提取的允许税前扣除数。

2. 证券行业

（1）证券交易所风险基金，上海、深圳证券交易所依据《证券交易所风险基金管理暂行办法》（证监发〔2000〕22号）的有关规定，按证券交易所交易收取经手费的20%、会员年费的10%提取的证券交易所风险基金，在各基金净资产不超过10亿元的额度内，准予在企业所得税税前扣除。证券交易所风险基金也是计算提取扣除，按当年收取的经手费和会员年费计算提取。

（2）证券结算风险基金：一是中国证券登记结算公司所属上海分公司、深圳分公司依据《证券结算风险基金管理办法》（证监发〔2006〕65号）的有关规定，按证券登记结算公司业务收入的20%提取的证券结算风险基金，在各基金净资产不超过30亿元的额度内，准予在企业所得税税前扣除。即计算提取，按当年业务收入20%计算提取。二是证券公司依据《证券结算风险基金管理办法》（证监发〔2006〕65号）的有关规定，按相关比例逐日交纳的证券结算风险基金，准予在企业所得税税前扣除。

（3）证券投资者保护基金：上海、深圳证券交易按交易经手费的20%缴纳的证券投资者保护基金，准予在企业所得税税前扣除；证券公司按其营业收入0.5%～5%缴纳的证券投资者保护基金，准予在企业所得税税前扣除，即按实际缴纳数税前扣除。

3. 期货行业

（1）期货交易所风险准备金：大连商品交易所、郑州商品交易所和中国金融期货交易所、上海期货交易所依据《期货交易管理条例》（国务院令第489号）等规定分别按向会员收取手续费收入的20%计提的风险准备金，在风险准备金余额达到有关规定的额度内，准予在企业所得税税前扣除。即计算提取，按当年会员手续费的20%计提扣除。

（2）期货公司风险准备金：期货公司依据《期货公司管理办法》（证监会令第43号）等规定，从其收取的交易手续费收入减去应付期货交易所手续费后的净收入的5%提取的期货公司风险准备金，准予在企业所得税税前扣除。即计算提取扣除，按当年的净收入。

（3）期货投资者保障基金：上海期货交易所、大连商品交易所、郑州商品交易所和中国金融期货交易所依据《期货投资者保障基金管理办法》等规定，按其向期货公司会员收取的交易手续费的2%（2016年12月8日前按3%）缴纳的期货投资者保障基金，在基金总额达到有关规定的额度内，准予在企业所得税税前扣除；期货公司依据《期货投资者保障基金管理办法》（证监会令第38号、第129号）等有关规定，从其收取的交易手续费中按照代理交易额的亿分之五至亿分之十的比例（2016年12月8日前按千万分之五至千万分之十的比例）缴纳的期货投资者保障基金，在基金总额达到有关规定的额度内，准予在企业所得税税前扣除。即计算提取扣除，按当年收取的手续费计算。

4. 金融企业

（1）涉农和中小企业贷款损失准备金：金融企业根据《贷款风险分类指导原则》（银发〔2001〕416号），对其涉农贷款和中小企业贷款进行风险分类后，按照关注类贷款2%、次级类贷款25%、可疑类贷款50%、损失类贷款100%的比例计提的贷款损失准备金，准予在计算应纳税所得额时扣除。同时规定金融企业发生的符合条件的涉农贷款和中小企业贷款损失，应先冲减已在税前扣除的贷款损失准备金，不足冲减部分可据实在计算应纳税所得额时扣除，即计算提取扣除。

（2）贷款损失准备金：财政部 国家税务总局《关于金融企业贷款损失准备金企业所得税税前扣除有关政策的通知》（财税〔2015〕9号）规定金融企业准予当年税前扣除的贷款损失准备金计算公式如下：

准予当年税前扣除的贷款损失准备金 = 本年末准予提取贷款损失准备金的贷款资产余额 × 1% − 截至上年末已在税前扣除的贷款损失准备金的余额。金融企业按上述公式计算的数额如为负数，应当相应调增当年应纳税所得额。金融企业发生的符合条件的贷款损失，应先冲减已在税前扣除的贷款损失准备金，不足冲减部分可据实在计算当年应纳税所得额时扣除。即计算提取扣除，并且考虑截至上年末已在税前扣除的贷款损失准备金的余额。

5. 中小企业融资（信用）担保机构

（1）担保赔偿准备：符合条件的中小企业融资（信用）担保机构按照不超过当年年末担保责任余额1%的比例计提的担保赔偿准备，允许在企业所得税税前扣除，同时将上年度计提的担保赔偿准备余额转为当期收入。实际发生的代偿损失，符合税收法律法规关于资产损失税前扣除政策规定的，应冲减已在税前扣除的担保赔偿准备，不足冲减部分据实在企业所得税税前扣除。即计算提取扣除，同时将上年度计提的担保赔偿准备余额转为当期收入。

（2）未到期责任准备：中小企业融资（信用）担保机构按照不超过当年担保费收入50%的比例计提的未到期责任准备，允许在企业所得税税前扣除，同时将上年度计提的未到期责任准备余额转为当期收入。即计算提取扣除，同时将上年度计提的未到期责任准备余额转为当期收入。

6. 小额贷款公司

贷款扣除准备金，执行金融企业贷款损失准备税前扣除政策。

从上述可以看出，部分准备金是按标准缴纳的金额允许税前扣除，部分准备金是按标准计算提取扣除且不考虑上年因素，部分准备金是按标准计算提取扣除且考虑上年因素。对上年因素又有上年准备金结存金额、上年计提的准备金余额、截止上年末已在税前扣除的准备金余额的不同表述，实际工作中容易引发不同理解。

四、“特殊行业准备金情况及纳税调整明细表”的表内、表间关系

表内关系：“特殊行业准备金及纳税调整明细表”表内关系较清晰，一般一个企业作为某一行业企业，只需填列所属于的行业项目栏次，如果涉及多个行业项目栏次，会计核算上也需按《企业会计准则》等规定分行业项目进行核算，根据会计核算结果填列。

表间关系：“特殊行业准备金及纳税调整明细表”第1列账载金额对应A105000“纳税调整项目表”第39行“（三）特殊行业准备金（填写A105120）”第1列账载金额；

“特殊行业准备金及纳税调整明细表”第2列税收金额对应A105000“纳税调整项目表”第39行“（三）特殊行业准备金（填写A105120）”第2列税收金额；

若“特殊行业准备金及纳税调整明细表”第43行“合计”第3列“纳税调整金额”≥0，第43行“合计”第3列“纳税调整金额”=表A105000“纳税调整项目表”第39行“（三）特殊行业准备金（填写A105120）”第3列“调增金额”；第43行“合计”第3列“纳税调整金额”<0，第43行第3列的绝对值=表A105000第39行“（三）特殊行业准备金（填写A105120）”第4列“调减金额”。

第22章 企业所得税弥补亏损明细的理解与填报

“企业所得税弥补亏损明细表”（A106000）适用于有年度亏损的纳税人填报。

纳税人应根据税法规定，填报在本纳税年度及本纳税年度前5个可弥补亏损年度的可弥补亏损所得、合并、分立转入（转出）可弥补的亏损额、当年可弥补的亏损额、以前年度亏损已弥补额、本年度实际弥补的以前年度亏损额、可结转以后年度弥补的亏损额。

纳税人完成“企业所得税弥补亏损明细表”的填报工作，必须认真学习和领会下列财税文件：

（1）《中华人民共和国企业所得税法》；

（2）《中华人民共和国企业所得税法实施条例》。

一、“企业所得税弥补亏损明细表”的焦点问题

1. 弥补亏损的政策规定

（1）《中华人民共和国企业所得税法》：

第十八条：企业纳税年度发生的亏损，准予向以后年度结转，用以后年度的所得弥补，但结转年限最长不得超过五年。

（2）《国家税务总局关于查增应纳税所得额弥补以前年度亏损处理问题的公告》（国家税务总局2010年第20号公告）：

根据《中华人民共和国企业所得税法》（以下简称企业所得税法）第五条的规定，税务机关对企业以前年度纳税情况进行检查时调增的应纳税所得额，凡企业以前年度发生亏损、且该亏损属于企业所得税法规定允许弥补的，应允许调增的应纳税所得额弥补该亏损。

弥补该亏损后仍有余额的，按照企业所得税法规定计算缴纳企业所得税。对检查调增的应纳税所得额应根据其情节，依照《中华人民共和国税收征收管理法》有关规定进行处理或处罚。

（3）国家税务总局关于发布《企业政策性搬迁所得税管理办法》的公告（国家税务总局2012年第40号公告）第二十一条　企业以前年度发生尚未弥补的亏损的，凡企业由于搬迁停止生产经营无所得的，从搬迁年度次年起，至搬迁完成年度前一年度止，可作为停止生产经营活动年度，从法定亏损结转弥补年限中减除；企业边搬迁、边生产的，其亏损结转年度应连续计算。

（4）上述规定中，本纳税年度前五年度发生的税前尚未弥补的亏损额，且可以弥补的以前年度亏损必须已经申报。

2. 可弥补亏损所得

这是本表这次修改后的重大变化，2014版本表第2列名称与主表中第19行“纳税调整后所得”名称一样，填报时容易产生歧义，有时不注意经常会把主表第19行数据填写到这里，其实主表第19行后面，还有第20行“所得减免”。因此，本表中的“可弥补亏损所得”是一个计算分析值，这次修改后可以避免上述问题发生。

第2列“可弥补亏损所得”第6行的确定：

表A100000第19行“纳税调整后所得”>0：

第一，如果第20行“所得减免”>0，则本表第2列第6行=本年度表A100000第19－20行，且减至0为止。

第二，如果第20行“所得减免”<0，填报此处时，“所得减免”以0计算，即本表第2列第6行=主表A100000第19行。

表A100000第19行“纳税调整后所得”<0，则本表第2列第6行=本年度表A100000第19行。

3. 合并、分立转入（转出）可弥补亏损额

企业合并业务适用特殊性税务处理时，可由合并企业弥补的被合并企业亏损；企业分立业务适用特殊性税务处理时，被分立企业未超过法定弥补期限的亏损额可按分立资产占全部资产的比例进行分配，由分立企业继续弥补。

二、“企业所得税弥补亏损明细表”结构特点是什么

《中华人民共和国企业所得税法》第十七条规定，境外营业机构的亏损不得抵减境内营业机构的盈利，此处弥补亏损是境内所得的亏损，境外所得亏损填写“境外分支机构弥补亏损明细表”（A108020）。此表属于台账式申报表，纳税人不但需要填报本年度弥补以前年度亏损的金额，还需要填报以前5个纳税年度的亏损的弥补情况。

三、“企业所得税弥补亏损明细表”重点栏目表填报说明

企业所得税弥补亏损明细表（A106000）

行次	项目	年度	可弥补亏损所得	合并、分立转入（转出）可弥补的亏损额	当年可弥补的亏损额	以前年度亏损已弥补额					本年度实际弥补的以前年度亏损额	可结转以后年度弥补的亏损额
						前四年度	前三年度	前二年度	前一年度	合计		
		1	2	3	4	5	6	7	8	9	10	11
1	前五年度											*
2	前四年度					*						
3	前三年度					*	*					
4	前二年度					*	*	*				
5	前一年度					*	*	*	*	*		
6	本年度					*	*	*	*	*		
7	可结转以后年度弥补的亏损额合计											

（1）第1列“年度”：填报公历年度。纳税人应首先填报第6行本年度，再依次从第5行往第1行倒推填报以前年度。纳税人发生政策性搬迁事项，如停止生产经营活动年度可以从法定亏损结转弥补年限中减除，则按可弥补亏损年度进行填报。

【案例1】

企业2015年开始政策性搬迁，2017年结束搬迁，期间企业停止生产经营活动，根据上述规定，2016年可以从法定亏损结转弥补年限减除，2017年度申报时，第1列年度可以如下填写：

行 次	项 目	年 度
		1
1	前五年度	2011
2	前四年度	2012
3	前三年度	2013

续表

行　次	项　目	年　度
		1
4	前二年度	2014
5	前一年度	2015
6	本年度	2017

（2）第3列“合并、分立转入（转出）可弥补亏损额”：填报按照企业重组特殊性税务处理规定因企业被合并、分立而允许转入可弥补亏损额，以及因企业分立转出的可弥补亏损额（转入亏损以“－”号表示，转出亏损以正数表示）。

（3）第4列“当年可弥补的亏损额”：当第2列小于零时金额等于第2+3列，否则等于第3列（亏损以“－”号表示）。

“以前年度亏损已弥补额”：填报以前年度盈利已弥补金额，其中：前四年度、前三年度、前二年度、前一年度与“项目”列中的前四年度、前三年度、前二年度、前一年度相对应。

（4）第10列“本年度实际弥补的以前年度亏损额”第1至5行：填报本年度盈利时，用第6行第2列本年度“纳税调整后所得”依次弥补前5年度尚未弥补完的亏损额。第6行：金额等于第10列第1至5行的合计数，该数据填入本年度表A100000第22行。

（5）第11列“可结转以后年度弥补的亏损额”第2至6行：填报本年度前4年度尚未弥补完的亏损额，以及本年度的亏损额。第7行：填报第11列第2至6行的合计数。

四、“企业所得税弥补亏损明细表”的表内、表间关系

1. 表内关系

（1）若第2列可弥补亏损所得<0，第4列=第2列可弥补亏损所得+第3列合并、分立转入（转出）可弥补的亏损额，否则第4列=第3列合并、分立转入（转出）可弥补的亏损额。

（2）若第3列合并、分立转入（转出）可弥补的亏损额>0且第2列可弥补亏损所得<0，第3列合并、分立转入（转出）可弥补的亏损额<第2列可弥补亏损所得的绝对值。

（3）第9列以前年度亏损已弥补额合计=第5+6+7+8列。

（4）若第2列可弥补亏损所得第6行>0，第10列本年度实际弥补的以前年度亏损额第1至5行同一行次≤第4列当年可弥补的亏损额1至5行同一行次的绝对值－第9列以前年度亏损已弥补额1至5行同一行次；若第2列可弥补亏损所得第6行≤0，第10列本年度实际弥补的以前年度亏损额第1行至第5行=0。

（5）若第2列可弥补亏损所得第6行>0，第10列本年度实际弥补的以前年度亏损额第6行=第10列第1+2+3+4+5行且≤第2列可弥补亏损所得第6行；若第2列可弥补亏损所得第6行≤0，第10列本年度实际弥补的以前年度亏损额第6行=0。

（6）第4列为负数的行次，第11列可结转以后年度弥补的亏损额同一行次=第4列当年可弥补的亏损额该行的绝对值－第9列该行－第10列该行。否则第11列同一行次填“0”。

（7）第11列第7行=第11列第2+3+4+5+6行。

2. 表间关系

（1）第 6 行第 2 列可弥补亏损所得 = 表 A100000 第 19 纳税调整后所得 - 20 行所得减免。

（2）第 6 行第 10 列本年度实际弥补的以前年度亏损额 = 表 A100000 第 21 行弥补以前年度亏损。

【案例 2】

甲企业 20012 年 4 月成立，假设没有企业重组特殊性税务处理事项转入或转出的亏损，2012 年至 2017 年的应纳税所得额的情况如下：

2012	2013	2014	2015	2016	2017
亏损	营利	亏损	营利	亏损	营利
-200	100	-400	240	-260	500

【解析】

各项目填列如下：

行次	项　目	年度	可弥补亏损所得	合并、分立转入（转出）可弥补的亏损额	当年可弥补的亏损额	以前年度亏损已弥补额					本年度实际弥补的以前年度亏损额	可结转以后年度弥补的亏损额
						前四年度	前三年度	前二年度	前一年度	合计		
		1	2	3	4	5	6	7	8	9	10	11
1	前五年度	2012	-200	0	-200	100	0	100	0	200	0	*
2	前四年度	2013	100	0	0	*	0	0	0	0	0	0
3	前三年度	2014	-400	0	-400	*	*	140	0	140	260	0
4	前二年度	2015	240	0	0	*	*	*	0	0	0	0
5	前一年度	2016	-260	0	-260	*	*	*	*	*	240	20
6	本年度	2017	500	0	0	*	*	*	*	*	500	0
7	可结转以后年度弥补的亏损额合计											20

假设企业 2017 年纳税调整后所得与营利相等，无所得减免，则：

中华人民共和国企业所得税年度纳税申报表（A 类）（A100000）

19		四、纳税调整后所得（13 - 14 + 15 - 16 - 17 + 18）	500
20		减：所得减免（填写 A107020）	
21		减：弥补以前年度亏损（填写 A106000）	500
22		减：抵扣应纳税所得额（填写 A107030）	

第23章 “免税、减计收入及加计扣除优惠明细表”的理解与填报

“免税、减计收入及加计扣除优惠明细表”适用于享受免税收入、减计收入和加计扣除优惠的纳税人填报。

纳税人根据税法及相关税收政策规定，填报本年发生的免税收入、减计收入和加计扣除优惠情况。

纳税人完成“免税、减计收入及加计扣除优惠明细表”的填报工作，必须认真学习和领会下列财税文件：

（1）《中华人民共和国企业所得税法》；

（2）《中华人民共和国企业所得税法实施条例》；

（3）财政部 税务总局 海关总署《关于北京2022年冬奥会和冬残奥会税收政策的通知》（财税〔2017〕60号）；

（4）财政部 国家税务总局《关于铁路债券利息收入所得税政策问题的通知》（财税〔2016〕30号）；

（5）财政部 国家税务总局《关于保险保障基金有关税收政策问题的通知》（财税〔2016〕10号）；

（6）财政部 国家税务总局《关于中央电视台广告费和有线电视费收入企业所得税政策问题的通知》（财税〔2016〕80号）；

（7）财政部 国家税务总局《关于科技企业孵化器税收政策的通知》（财税〔2016〕89号）；

（8）财政部 国家税务总局《关于国家大学科技园税收政策的通知》（财税〔2016〕98号）；

（9）财政部 国家税务总局《关于非营利组织免税资格认定管理有关问题的通知》（财税〔2014〕13号）；

（10）财政部 国家税务总局《关于2014 2015年铁路建设债券利息收入企业所得税政策的通知》（财税〔2014〕2号）；

（11）财政部 国家税务总局《关于地方政府债券利息免征所得税问题的通知》（财税〔2013〕5号）；

（12）财政部 国家税务总局《关于铁路建设债券利息收入企业所得税政策的通知》（财税〔2011〕99号）；

（13）财政部 国家税务总局《关于地方政府债券利息所得免征所得税问题的通知》（财税〔2011〕76号）；

（14）财政部 国家税务总局《关于中国清洁发展机制基金及清洁发展机制项目实施企业有关企业所得税政策问题的通知》（财税〔2009〕30号）；

（15）财政部 国家税务总局《关于非营利组织企业所得税免税收入问题的通知》（财税〔2009〕122号）。

一、“免税、减计收入及加计扣除优惠明细表”的焦点问题

1. 什么是免税收入，有何特征，如何把握

免税收入指属于企业的应税所得但按照税法规定免予征收企业所得税的收入。《中华人民共和国企业所得税法》所称的免税收入包括：（1）国债利息收入；（2）符合条件的居民企业之间的股息、红利等权益性投资收益；（3）在中国境内设立机构、场所的非居民企业从居民企业取得与该机构、场所有实际联系的股息、红利等权益性投资收益；（4）符合条件的非营利组织的收入。

其特征，主要是国家对特定项目的收入，给一定的免税扶持。具体体现在两个方面：（1）与应税收入相比，免税收入在会计上虽作为收入，但在税收上给予免税；（2）与不征税收入相比，两者虽然都不征收企业所得税，但是不征税收入一般是财政拨款、行政事业性收费或政府性基金；其取得收入所发生的成本、费用、损失等，也不可税前扣除，而免税收入一般属于企业经营收入，由于属于国家鼓励发展的类别，才给予免税的优惠，免税收入所发生的成本、费用、损失，除税法有特别规定（比如，对非营利组织的非营利收入，所发生的成本、费用，也不可进行税前扣除，这是税法对此的一项特殊安排）外，仍可税前扣除。对纳税人而言，免税收入产生的减税效果，更“解渴”。

在免税收入的把握上，一定要注意法定性原则。只有税法明文规定的免税项目，才可享受免税优惠。企业要准确核算不征税项目、免税项目、应税项目的收入，否则，不可享受免税的税收优惠。

比如：财政部、国家税务总局《关于企业所得税若干优惠政策的通知》（财税［2008］1 号）第二条第（二）项目规定：投资者从证券投资基金分配中取得的收入，免征企业所得税。企业投资于其他理财项目的投资收益，就不能享受免税优惠。如果在核算上划分不清，则都不可享受税收优惠。这对纳税人而言，就是“税收损失”。

2. 什么是减计收入，有何特征，如何把握

减计收入指按照税法规定准予对企业某些经营活动取得的应税收入，按一定比例减少计入收入总额，进而减少应纳税所得额的一种税收优惠措施。

例如，企业经营某一项目的收入为 100 万元，对此收入可以减按 90% 即 90 万元计入其应税收入，而这一项目的成本费用为 95 万元，则企业在这一项目上的应税所得为 −5 万元，由于企业的应纳税所得额是综合计算的，这 −5 万元可用来抵减企业在其他项目上的应税所得，从而不仅相当于对这一项目免税，还免掉了一部分其他项目应缴的所得税，企业从这一项目上得到的收入越多，最终得到的优惠力度就越大。

（1）目前，国家规定减计的收入项目主要有：

①综合利用资源生产产品取得的收入；

②金融、保险等机构取得的涉农利息、保费收入；

③小额贷款公司取得的农户小额贷款利息收入。

（2）与免税收入相比，两者的相同点：

①都是国家实施减免税，进行宏观经济调控的一种方式；

②都需要有税收法律的明文规定，否则，不可适用税收优惠。

（3）两者的不同点：

①减税力度不一样，免税更彻底、更“解渴”；

②减税方式不一样，免税是直接的减免，减税是间接的减免。

3. 什么是加计扣除，有何特征，如何把握

加计扣除指按照税法规定在实际发生数额的基础上，再加成一定比例，作为计算应纳税所得额时的扣除数额的一种税收优惠措施。

例如，假定税法规定研发费用可实行50%加计扣除政策，那么如果企业当年开发新产品研发费用实际支出为100元，就可按150元（100×150%）数额在税前进行扣除，以体现鼓励研发政策。

（1）目前，国家规定的加计扣除项目有：

①开发新技术、新产品、新工艺发生的研究开发费用；

②科技型中小企业开发新技术、新产品、新工艺发生的开发费用；

③企业为获得创新性、创意性、突破性的产品进行创新设计活动而发生的相关费用；

④安置残疾人中所支付的工资。

（2）与减计收入相似，加计扣除也是一种间接式的税收优惠，也必须符合法律的规定；否则，不可申请加计扣除。

（3）与减计收入不同的是，在优惠的方向上有所区别，减计收入是从收入上的给予的优惠，加计扣除是对成本费用支出上给予的优惠。对企业而言，二者有“异曲同工”之效。

二、“免税、减计收入及加计扣除优惠明细表”结构特点是什么

本表的最大特点，就是分项归类，逐项列示，分类汇总。

具体地说，就是分为“免税收入”“减计收入”“加计扣除”三大类，每类内又细分不同项目。

1. “免税、减计收入及加计扣除优惠明细表”作了哪些重大修改

从总体上，与原表相比，本表是“大稳定、小调整”。变化之处，主要是各板块项目内容的增删。

（1）在“一、免税收入”板块，变化有两点：

①在“（二）符合条件的居民企业之间的股息、红利等权益性投资收益免征企业所得税”下，新增“其中：内地居民企业通过沪港通投资且连续持有H股满12个月取得的股息红利所得免征企业所得税”“内地居民企业通过深港通投资且连续持有H股满12个月取得的股息红利所得免征企

业所得税”两行。

②将原表“（四）其他专项优惠”下所列的 8 项，进行了“独立”，并删除了“2、证券投资基金从证券市场取得的收入”“4、证券投资基金管理运用基金买卖股票、债券的差价收入”“6、受灾地区企业取得的救灾和灾后恢复重建款项等收入”“7、中国期货保证金监控中心有限公司取得的银行存款利息等收入”共 4 项，新增了“（四）符合条件的非营利组织（科技企业孵化器）的收入免征企业所得税”“（五）符合条件的非营利组织（国防大学科技园）的收入免征企业所得税”“（十）中央电视台的广告费和有线电视费收入免征企业所得税”“（十一）中国奥委会取得北京冬奥组委支付的收入免征企业所得税”“（十二）中国残奥委会取得北京冬奥组委分期支付的收入免征企业所得税”。

（2）在“二、减计收入”板块，变化有两点：

①综合利用资源生产产品取得的收入，不再另行填报 A107012 表，金融、保险等机构取得的涉农利息、保费收入不再另行填报 A107013 表，这是对综合利用资源生产产品的企业和金融、保险等机构的“大减负”，是这两个行业是本次报表修订的“最大受益者”；

②新增了“小额贷款公司取得的农户小额贷款利息收入在计算应纳税所得额时减计收入”的行次。

（3）在“三、加计扣除”板块，变化有两点：

①删除了“国家鼓励的其他就业人员工资加计扣除”；

②新增了“（二）科技型中小企业开发新技术、新产品、新工艺发生的研究开发费用加计扣除”“企业为获得创新性、创意性、突破性的产品进行创新设计活动而发生的相关费用加计扣除”两行。

2. 怎样判别符合条件的非营利组织的收入

（1）非营利组织应同时符合下列条件，并经政府相关部门的认定：

①依法履行非营利组织登记手续；

②从事公益性或者非营利性活动；

③取得的收入除用于与该组织有关的、合理的支出外，全部用于登记核定或者章程规定的公益性或者非营利性事业；

④财产及其孳息不用于分配；

⑤按照登记核定或者章程规定，该组织注销后的剩余财产用于公益性或者非营利性目的，或者由登记管理机关转赠给与该组织性质、宗旨相同的组织，并向社会公告；

⑥投入人对投入该组织的财产不保留或者享有任何财产权利；

⑦工作人员工资福利开支控制在规定的比例内，不变相分配该组织的财产。

（2）非营利收入的范围：

①接受其他单位或者个人捐赠的收入；

②除《中华人民共和国企业所得税法》第七条规定的财政拨款以外的其他政府补助收入，但不包括因政府购买服务取得的收入；

③按照省级以上民政、财政部门规定收取的会费；

④不征税收入和免税收入孳生的银行存款利息收入；

⑤财政部、国家税务总局规定的其他收入。

3. 综合利用资源生产产品减计的收入

资源综合利用，主要指在矿产资源开采过程中对共生、伴生矿进行综合开发与合理利用；对生产过程中产生的废渣、废水（液）、废气、余热余压等进行回收和合理利用；对社会生产和消费过程中产生的各种废物进行回收和再生利用。

资源综合利用主要包括：

（1）在矿产资源开采过程中对共生矿、伴生矿进行综合开发和合理利用，对尾矿的再次开发利用；

（2）对生产过程中产生的废渣、废水（液）、废气、余热、余压等进行回收和合理利用；

（3）对城市垃圾、农林废弃物等资源进行综合利用；

（4）对社会生产和消费过程中产生的其他废旧物资进行回收和再生利用。

在企业所得税优惠上，指企业自2008年1月1日起以《资源综合利用企业所得税优惠目录（2008年版）》财税〔2008〕117号（以下简称《目录》）规定的资源作为主要原材料，生产国家非限制和非禁止并符合国家及行业相关标准的产品取得的收入，减按90%计入企业当年收入总额。

4. 什么是科技型中小企业

（1）科技型中小企业是指依托一定数量的科技人员从事科学技术研究开发活动，取得自主知识产权并将其转化为高新技术产品或服务，从而实现可持续发展的中小企业。

（2）科技型中小企业须同时满足以下条件：

①在中国境内（不包括港、澳、台地区）注册的居民企业。

②职工总数不超过500人、年销售收入不超过2亿元、资产总额不超过2亿元。

③企业提供的产品和服务不属于国家规定的禁止、限制和淘汰类。

④企业在填报上一年及当年内未发生重大安全、重大质量事故和严重环境违法、科研严重失信行为，且企业未列入经营异常名录和严重违法失信企业名单。

⑤企业根据科技型中小企业评价指标进行综合评价所得分值不低于60分，且科技人员指标得分不得为0分。

（3）科技型中小企业评价工作采取企业自主评价、省级科技管理部门组织实施、科技部服务监督的工作模式，坚持服务引领、放管结合、公开透明的原则。

5. 什么是创新性设计活动

创意设计活动是指多媒体软件、动漫游戏软件开发，数字动漫、游戏设计制作；房屋建筑工程设计（绿色建筑评价标准为三星）、风景园林工程专项设计；工业设计、多媒体设计、动漫及衍生产品设计、模型设计等。

三、“免税、减计收入及加计扣除优惠明细表”重点栏目表填报说明

表23－1 免税、减计收入及加计扣除优惠明细表（A107010）

行次	项目	金额
1	一、免税收入（2+3+6+7+…+16）	
2	（一）国债利息收入免征企业所得税	
3	（二）符合条件的居民企业之间的股息、红利等权益性投资收益免征企业所得税（填写A107011）	
4	其中：内地居民企业通过沪港通投资且连续持有H股满12个月取得的股息红利所得免征企业所得税（填写A107011）	
5	内地居民企业通过深港通投资且连续持有H股满12个月取得的股息红利所得免征企业所得税（填写A107011）	
6	（三）符合条件的非营利组织的收入免征企业所得税	
7	（四）符合条件的非营利组织（科技企业孵化器）的收入免征企业所得税	
8	（五）符合条件的非营利组织（国家大学科技园）的收入免征企业所得税	
9	（六）中国清洁发展机制基金取得的收入免征企业所得税	
10	（七）投资者从证券投资基金分配中取得的收入免征企业所得税	
11	（八）取得的地方政府债券利息收入免征企业所得税	
12	（九）中国保险保障基金有限责任公司取得的保险保障基金等收入免征企业所得税	
13	（十）中央电视台的广告费和有线电视费收入免征企业所得税	
14	（十一）中国奥委会取得北京冬奥组委支付的收入免征企业所得税	
15	（十二）中国残奥委会取得北京冬奥组委分期支付的收入免征企业所得税	
16	（十三）其他	
17	二、减计收入（18+19+23+24）	
18	（一）综合利用资源生产产品取得的收入在计算应纳税所得额时减计收入	
19	（二）金融、保险等机构取得的涉农利息、保费减计收入（20+21+22）	
20	1. 金融机构取得的涉农贷款利息收入在计算应纳税所得额时减计收入	
21	2. 保险机构取得的涉农保费收入在计算应纳税所得额时减计收入	
22	3. 小额贷款公司取得的农户小额贷款利息收入在计算应纳税所得额时减计收入	
23	（三）取得铁路债券利息收入减半征收企业所得税	
24	（四）其他	
25	三、加计扣除（26+27+28+29+30）	
26	（一）开发新技术、新产品、新工艺发生的研究开发费用加计扣除（填写A107012）	
27	（二）科技型中小企业开发新技术、新产品、新工艺发生的研究开发费用加计扣除（填写A107012）	
28	（三）企业为获得创新性、创意性、突破性的产品进行创意设计活动而发生的相关费用加计扣除	
29	（四）安置残疾人员所支付的工资加计扣除	
30	（五）其他	
31	合计（1+17+25）	

1. 第2行“（一）国债利息收入免征企业所得税”

填报纳税人根据《国家税务总局关于企业国债投资业务企业所得税处理问题的公告》（国家税

务总局公告2011年第36号）等相关税收政策规定，持有国务院财政部门发行的国债取得的利息收入。

风险点：

（1）免税的国债利息收入，不包括持有外国政府国债取得的利息收入，也不包括持有企业发行的债券取得的利息收入，而仅限于持有中国中央政府发行的国债取得的利息收入。

（2）应以国债发行时约定应付利息的日期，确认利息收入的实现。

（3）企业从发行者直接投资购买的国债持有至到期，从发行者取得的国债利息收入，全额填报在该行，免征企业所得税。

（4）企业到期前转让国债，或者从非发行者投资购买的国债，按下述计算的国债利息收入，填报在该行，免征企业所得税。计算公式为：

国债利息收入＝国债票面金额×（票面利率÷365）×持有天数

企业如在不同时间多次购买同一品种国债的，“持有天数”可按平均持有天数计算确定。

（5）超过国债利息收入的转让所得，不免征企业所得税，不能填报在该行。

（6）应留存备查的资料：

①国债净价交易交割单；

②购买、转让国债的证明，包括持有时间，票面金额，利率等相关材料；

③应收利息（投资收益）科目明细账或按月汇总表。

减免税计算过程的说明案例：

【案例】

A企业多次购买同一品种的国债，2017年1月1日购买面值1000万元，2017年2月1日购买面值300万元，2017年3月1日购买面值2000万元。A企业于2017年5月1日转让面值1500万元国债，取得转让收入2000万元，发生手续费支出50万元；2017年6月1日转让剩余100万元国债，取得转让收入2000万元，发生手续费支出50万元。该国债票面年利率4%，到期日为2026年10月3日。

（1）2017年5月1日转让面值1500万元的国债时。

持有天数＝（120＋90＋60）÷3＝90天；

国债利息收入＝1500×（4%÷365）×90＝14.79万元。

（2）2017年6月1日转让面值1500万元的国债时。

持有天数＝90天；

国债利息收入＝1800×（4%÷365）×90＝17.75万元。

（3）填报的国债利息收入＝14.79＋17.75＝32.54万元。

（4）国债转让收益＝（2000＋2000）－（1500＋1800）－（14.79＋17.75）－（50＋50）＝567.46万元，不能填报在该行。

2. 第3行“（二）符合条件的居民企业之间的股息、红利等权益性投资收益免征企业所得税”

填报“符合条件的居民企业之间的股息、红利等权益性投资收益明细表”（A107011）第8行第17列金额。

风险点：留存备查资料。

（1）被投资企业出具的股东名册和持股比例（企业在证券交易市场购买上市公司股票获得股权的，提供相关记账凭证、本公司持股比例以及持股时间超过12个月情况说明）；

（2）被投资企业董事会（或股东大会）利润分配决议；

（3）若企业取得的是被投资企业未按股东持股比例分配的股息、红利等权益性投资收益，还需提供被投资企业的最新公司章程；

（4）被投资企业进行清算所得税处理的，留存被投资企业填报的加盖主管税务机关受理章的“中华人民共和国清算所得税申报表”及附表三“剩余财产计算和分配明细表”复印件。

3. 第4行“其中：内地居民企业通过沪港通投资且连续持有H股满12个月取得的股息红利所得免征企业所得税”

填报根据财政部 国家税务总局 证监会《关于沪港股票市场交易互联互通机制试点有关税收政策的通知》（财税〔2014〕81号）等相关税收政策规定的，内地居民企业连续持有H股满12个月取得的股息红利所得。本行=表A107011第9行第17列。

风险点：留存备查资料。

（1）相关记账凭证、本公司持股比例以及持股时间超过12个月的情况说明；

（2）被投资企业董事会（或股东大会）利润分配决议。

4. 第5行“内地居民企业通过深港通投资且连续持有H股满12个月取得的股息红利所得免征企业所得税”

填报根据财政部 国家税务总局 证监会《关于深港股票市场交易互联互通机制试点有关税收政策的通知》（财税〔2016〕127号）等相关税收政策规定的，内地居民企业连续持有H股满12个月取得的股息红利所得。本行=表A107011第10行第17列。

风险点：留存备查资料。

（1）相关记账凭证、本公司持股比例以及持股时间超过12个月的情况说明；

（2）被投资企业董事会（或股东大会）利润分配决议。

5. 第6行“（三）符合条件的非营利组织的收入免征企业所得税”

填报纳税人根据财政部 国家税务总局《关于非营利组织企业所得税免税收入问题的通知》（财税〔2009〕122号）、财政部 国家税务总局《关于非营利组织免税资格认定管理有关问题的通知》（财税〔2014〕13号）等相关税收政策规定的，同时符合条件并依法履行登记手续的非营利组织，取得的捐赠收入等免税收入，不包括从事营利性活动所取得的收入。

风险点：

（1）非营利组织应同时符合相关条件，并经政府相关部门的认定。

（2）区分免税收入和非免税收入。

（3）应留存备查的资料：

①非营利组织资格有效认定文件或其他相关证明；

②登记管理机关出具的事业单位、社会社会团体、基金会、民办非企业单位对应汇缴年度的检查结论（新设立的非营利组织不需提供）；

③应税收入及其他有关的成本费用、损失，与免税收入及其有关的成本、费用、损失分别核算的情况说明；

④取得各类免税收入的情况说明。

6. 第7行“（四）符合条件的非营利组织（科技企业孵化器）的收入免征企业所得税”

填报根据《中华人民共和国企业所得税法》《中华人民共和国企业所得税法实施条例》《财政部 国家税务总局关于非营利组织企业所得税免税收入问题的通知》（财税〔2009〕122号）、《财政部 国家税务总局关于非营利组织免税资格认定管理有关问题的通知》（财税〔2014〕13号）及《财政部 国家税务总局关于科技企业孵化器税收政策的通知》（财税〔2016〕89号）等相关税收政策规定的，符合非营利组织条件的科技企业孵化器的收入。

风险点：留存备查资料。

（1）有效认定文件或其他相关证明；

（2）应税收入及其他有关的成本费用、损失，与免税收入及其有关的成本、费用、损失分别核算的情况说明；

（3）取得各类免税收入的情况说明。

7. 第8行“（五）符合条件的非营利组织（国家大学科技园）的收入免征企业所得税”

填报根据《中华人民共和国企业所得税法》《中华人民共和国企业所得税法实施条例》和财政部、国家税务总局《关于非营利组织企业所得税免税收入问题的通知》（财税〔2009〕122号）、财政部、国家税务总局《关于非营利组织免税资格认定管理有关问题的通知》（财税〔2014〕13号）及财政部、国家税务总局《关于国家大学科技园税收政策的通知》（财税〔2016〕98号）等相关税收政策规定的，符合非营利组织条件的科技园的收入。

风险点：留存备查资料。

（1）有效认定文件或其他相关证明；

（2）应税收入及其他有关的成本费用、损失，与免税收入及其有关的成本、费用、损失分别核算的情况说明；

（3）取得各类免税收入的情况说明。

8. 第9行“（六）中国清洁发展机制基金取得的收入免征企业所得税”

填报纳税人根据财政部 国家税务总局《关于中国清洁发展机制基金及清洁发展机制项目实施企业有关企业所得税政策问题的通知》（财税〔2009〕30号）等相关税收政策规定的，中国清洁发展机制基金取得的CDM项目温室气体减排量转让收入上缴国家的部分，国际金融组织赠款收入，基金资金的存款利息收入、购买国债的利息收入，国内外机构、组织和个人的捐赠收入。

留存备查资料：免税收入核算情况。

9. 第10行“（七）投资者从证券投资基金分配中取得的收入免征企业所得税”

填报纳税人根据财政部、国家税务总局《关于企业所得税若干优惠政策的通知》（财税〔2008〕1

号）第二条第（二）项等相关税收政策规定的，投资者从证券投资基金分配中取得的收入。

风险点：

（1）企业购买的不属于证券投资基金的理财产品，不可享受此项优惠；

（2）留存备查资料：

①有关购买证券投资基金记账凭证；

②证券投资基金分配公告。

10. 第 11 行“（八）取得的地方政府债券利息收入免征企业所得税”

填报纳税人根据财政部、国家税务总局《关于地方政府债券利息所得免征所得税问题的通知》（财税〔2011〕76 号）、财政部、国家税务总局《关于地方政府债券利息免征所得税问题的通知》（财税〔2013〕5 号）等相关税收政策规定的，取得的 2009 年、2010 年和 2011 年发行的地方政府债券利息所得，2012 年及以后年度发行的地方政府债券利息收入。

风险点：留存备查资料。

（1）购买地方政府债券证明，包括持有时间，票面金额，利率等相关材料；

（2）应收利息（投资收益）科目明细账或按月汇总表；

（3）减免税计算过程的说明。

11. 第 12 行“（九）中国保险保障基金有限责任公司取得的保险保障基金等收入免征企业所得税”

填报中国保险保障基金有限责任公司根据财政部、国家税务总局《关于保险保障基金有关税收政策问题的通知》（财税〔2016〕10 号）等相关税收政策规定的，根据《保险保障基金管理办法》取得的境内保险公司依法缴纳的保险保障基金；依法从撤销或破产保险公司清算财产中获得的受偿收入和向有关责任方追偿所得，以及依法从保险公司风险处置中获得的财产转让所得；捐赠所得；银行存款利息收入；购买政府债券、中央银行、中央企业和中央级金融机构发行债券的利息收入；国务院批准的其他资金运用取得的收入。

留存备查资料：

（1）免税收入核算情况；

（2）省税务机关规定的其他资料。

12. 第 13 行“（十）中央电视台的广告费和有线电视费收入免征企业所得税”

填报按照财政部、国家税务总局《关于中央电视台广告费和有线电视费收入企业所得税政策问题的通知》（财税〔2016〕80 号）等相关税收政策规定的，中央电视台的广告费和有线电视费收入。

13. 第 14 行“（十一）中国奥委会取得北京冬奥组委支付的收入免征企业所得税”

填报按照财政部、税务总局、海关总署《关于北京 2022 年冬奥会和冬残奥会税收政策的通知》（财税〔2017〕60 号）等相关税收政策规定的，对按中国奥委会、主办城市签订的《联合市场开发计划协议》和中国奥委会、主办城市、国际奥委会签订的《主办城市合同》规定，中国奥委会取得的由北京冬奥组委分期支付的收入、按比例支付的盈余分成收入。

14. 第 15 行“（十二）中国残奥委会取得北京冬奥组委分期支付的收入免征企业所得税”

填报按照财政部、税务总局、海关总署《关于北京 2022 年冬奥会和冬残奥会税收政策的通知》

（财税〔2017〕60号）等相关税收政策规定的，中国残奥委会根据《联合市场开发计划协议》取得的由北京冬奥组委分期支付的收入。

15. 第18行“（一）综合利用资源生产产品取得的收入在计算应纳税所得额时减计收入”

填报纳税人综合利用资源生产产品取得的收入总额乘以10%的金额。

风险点：

（1）综合利用资源生产产品的范围：以《资源综合利用企业所得税优惠目录（2008年版）》（以下简称《目录》）规定的资源作为主要原材料，生产国家非限制和非禁止并符合国家及行业相关标准的产品取得的收入；

（2）企业从事非资源综合利用项目取得的收入，与生产资源综合利用产品取得的收入，应分开核算；否则，不得享受该项优惠；

（3）留存备查资料：

①企业实际资源综合利用情况（包括综合利用的资源、技术标准、产品名称等）的说明；

②省税务机关规定的其他资料。

16. 第19行“（二）金融、保险等机构取得的涉农利息、保费减计收入”

填报金融、保险等机构取得的涉农利息、保费收入减计收入的金额。本行填报第20+21+22行的合计金额。

风险点：

（1）未单独核算不得享受。

（2）留存备查资料：

①相关保费收入、利息收入的核算情况；

②相关保险合同、贷款合同；

③省税务机关规定的其他资料。

17. 第20行“1. 金融机构取得的涉农贷款利息收入在计算应纳税所得额时减计收入”

填报纳税人取得农户小额贷款利息收入总额乘以10%的金额。

18. 第21行“2. 保险机构取得的涉农保费收入在计算应纳税所得额时减计收入”

填报保险公司为种植业、养殖业提供保险业务取得的保费收入总额乘以10%的金额，其中保费收入总额=原保费收入+分包费收入-分出保费收入。

19. 第22行“3. 小额贷款公司取得的农户小额贷款利息收入在计算应纳税所得额时减计收

填报按照财政部、国家税务总局《关于小额贷款公司有关税收政策的通知》（财税〔2017〕48号）等相关税收政策规定的，对经省级金融管理部门（金融办、局等）批准成立的小额贷款公司取得的农户小额贷款利息收入乘以10%的金额。

20. 第23行“（三）取得铁路债券利息收入减半征收企业所得税”

填报纳税人根据财政部国家税务总局《关于铁路建设债券利息收入企业所得税政策的通知》（财税〔2011〕99号）、财政部国家税务总局《关于2014 2015年铁路建设债券利息收入企业所得税政策的通知》（财税〔2014〕2号）及财政部国家税务总局《关于铁路债券利息收入所得税政策问题的通知》（财税〔2016〕30 号）等相关税收政策规定的，对企业持有中国铁路建设铁路债券等企业债券取得的利息收入，减半征收企业所得税。本行填报政策规定减计 50% 收入的金额。

留存备查资料：

（1）购买铁路建设债券、其他企业债券证明。包括持有时间，票面金额，利率等相关材料；

（2）应收利息（投资收益）科目明细账或按月汇总表；

（3）减免税计算过程的说明。

21. 第 26 行“（一）开发新技术、新产品、新工艺发生的研究开发费用加计扣除”

当“研发费加计扣除优惠明细表”（A107012）中“□一般企业 □科技型中小企业”选“一般企业”时，填报“研发费用加计扣除优惠明细表”（A107012）第 50 行金额。

留存备查资料：

（1）自主、委托、合作研究开发项目计划书和企业有权部门关于自主、委托、合作研究开发项目立项的决议文件；

（2）自主、委托、合作研究开发专门机构或项目组的编制情况和研发人员名单；

（3）经国家有关部门登记的委托、合作研究开发项目的合同；

（4）从事研发活动的人员和用于研发活动的仪器、设备、无形资产的费用分配说明；

（5）集中开发项目研发费决算表、《集中研发项目费用分摊明细情况表》和实际分享比例等资料；

（6）研发项目辅助明细账和研发项目汇总表；

（7）省税务机关规定的其他资料。

22. 第 27 行“（二）科技型中小企业开发新技术、新产品、新工艺发生的研究开发费用加计扣除”

当“研发费加计扣除优惠明细表”（A107012）中“□一般企业 □科技型中小企业”选“科技型中小企业”时，填报“研发费用加计扣除优惠明细表”（A107012）第 50 行金额。

23. 第 28 行“（三）企业为获得创新性、创意性、突破性的产品进行创意设计活动而发生的相关费用加计扣除”

填报纳税人根据财政部国家税务总局科技部《关于完善研究开发费用税前加计扣除政策的通知》（财税〔2015〕119 号）第二条第四项规定，为获得创新性、创意性、突破性的产品进行创意设计活动而发生的相关费用按照规定进行税前加计扣除的金额。

24. 第 29 行“（四）安置残疾人员所支付的工资加计扣除”

填报纳税人根据财政部国家税务总局《关于安置残疾人员就业有关企业所得税优惠政策问题的通知》（财税〔2009〕70 号）等相关税收政策规定的，安置残疾人员的，在支付给残疾职工工资据实扣除的基础上，按照支付给残疾职工工资的 100% 加计扣除的金额。

风险点：

（1）应同时具备的条件：

①依法与安置的每位残疾人签订了 1 年以上（含 1 年）的劳动合同或服务协议，并且安置的每

位残疾人在企业实际上岗工作。

②为安置的每位残疾人按月足额缴纳了企业所在区县人民政府根据国家政策规定的基本养老保险、基本医疗保险、失业保险和工伤保险等社会保险。

③定期通过银行等金融机构向安置的每位残疾人实际支付了不低于企业所在区县适用的经省级人民政府批准的最低工资标准的工资。

④具备安置残疾人上岗工作的基本设施。

（2）留存备查资料：

①为安置的每位残疾人按月足额缴纳了企业所在区县人民政府根据国家政策规定的基本养老保险、基本医疗保险、失业保险和工伤保险等社会保险证明资料；

②通过非现金方式支付工资薪酬的证明；

③残疾职工名单及其“残疾人证”或“残疾军人证（1至8级）”；

④与残疾人员签订的劳动合同或服务协议。

（3）企业就支付给残疾职工的工资，在进行企业所得税预缴申报时，允许据实计算扣除，不得加计扣除；在年度终了进行企业所得税年度申报和汇算清缴时，再依照规定计算加计扣除。

四、“免税、减计收入及加计扣除优惠明细表”的表内、表间关系

1. 表内关系

（1）第1行=第2+3+6+7+…+16行；

（2）第17行=第18+19+23+24行；

（3）第19行=第20+21+22行；

（4）第25行=第26+27+28+29+30行；

（5）第31行=第1+17+25行。

2. 表间关系

（1）第31行=表A100000第17行；

（2）第3行=表A107011第8行第17列；

（3）第4行=表A107011第9行第17列；

（4）第5行=表A107011第10行第17列；

（5）当“研发费加计扣除优惠明细表”（A107012）中“□一般企业 □科技型中小企业”选“一般企业”时，第26行=表A107012第50行，第27行不得填报；

（6）当“研发费加计扣除优惠明细表”（A107012）中“□一般企业 □科技型中小企业”选“科技型中小企业”时，第27行=表A107012第50行，第26行不得填报。

第24章 "符合条件的居民企业之间的股息、红利等权益性投资收益优惠明细表"的理解与填报

"符合条件的居民企业之间的股息、红利等权益性投资收益优惠明细表"（A107011）适用于享受符合条件的居民企业之间的股息、红利等权益性投资收益优惠的纳税人填报。

纳税人应根据税法和相关法规之规定，填报本年发生的符合条件的居民企业之间的股息、红利（包括H股）等权益性投资收益优惠情况，不包括连续持有居民企业公开发行并上市流通的股票不足12个月取得的投资收益。

纳税人完成"符合条件的居民企业之间的股息、红利等权益性投资收益优惠明细表"的填报工作，必须认真学习和领会下列税收文件：

（1）《中华人民共和国企业所得税法》；

（2）《中华人民共和国企业所得税法实施条例》；

（3）财政部　国家税务总局《关于企业清算业务企业所得税处理若干问题的通知》（财税〔2009〕60号）；

（4）财政部　国家税务总局《关于执行企业所得税优惠政策若干问题的通知》（财税〔2009〕69号）；

（5）国家税务总局《关于贯彻落实企业所得税法若干税收问题的通知》（国税函〔2010〕79号）；

（6）国家税务总局《关于企业所得税若干问题的公告》（国家税务总局公告2011年第34号）；

（7）财政部 国家税务总局 证监会《关于沪港股票市场交易互联互通机制试点有关税收政策的通知》（财税〔2014〕81号）；

（8）财政部 国家税务总局 证监会《关于深港股票市场交易互联互通机制试点有关税收政策的通知》（财税〔2016〕127号）。

一、“符合条件的居民企业之间的股息、红利等权益性投资收益优惠明细表”的焦点问题

1. 什么是符合条件的居民企业

符合条件的居民企业是指：依照我国法律、法规在我国境内成立，或者实际管理机构、总机构在我国境内，并依法缴纳企业所得税的企业，包括依照中国法律、行政法规在中国境内成立的企业、事业单位、社会团体以及其他取得收入的组织。

实际管理机构是指对企业的生产经营、人员、账务、财产等实施实质性全面管理和控制的机构。

2. 什么是不符合条件的居民企业

（1）不符合条件的居民企业，包括两类：

①未依我国法律法规在我国境内成立，或者实际管理机构、总机构不在我国境内的企业，比如外国公司、港澳台企业等；

②虽在我国境内成立，但不缴纳企业所得税的企业，比如私营企业、合伙企业、个人独资企业、个体户等。

（2）与个人独资企业、私营企业、合伙企业不同，一个自然人独资的有限责任公司，因其属于企业所得税的征收范围，因此属于符合条件的居民企业。

3. 什么是撤回或减少投资确认金额

（1）撤回或减少投资确认金额，指按原投资时的计税价格为基础，撤回或减少投资比例计算的金额。

（2）投资资产按照以下方法确定成本：

①通过支付现金方式取得的投资资产，以购买价款为成本；

②通过支付现金以外的方式取得的投资资产，以该资产的公允价值和支付的相关税费为成本。

例：2015 年，甲企业投资于乙，投入资金 400 万元，占乙企业股份的 40%，投资时乙企业的所有者权益为 1100 万元。则甲企业投资的计税成本为 400 万元，享有的所有者权益为 440 万元。

2017 年，甲企业收回对乙企业投资的一半，收回资金 300 万元。则撤回或减少投资确认金额 = 400 × 50% = 200 万元。

二、“符合条件的居民企业之间的股息、红利等权益性投资收益优惠明细表”结构特点是什么

本表结构的特点，就是按被投资企业进行分别填写。针对每个被投资企业，除填列“被投资企业名称”“统一社会信用代码（或纳税人识别号”“投资性质”“投资成本”“投资比例”等基础性信息外，还要分清取得的股息红利收入究竟属于“被投资企业利润分配确认金额”“被投资企业清算确认金额”“撤回或减少投资确认”中的哪一种。

1. 免税、减计收入及加计扣除优惠明细表作了哪些修改

本表仅有两处增加：一是增加了第二列“被投资企业统一社会信用代码（纳税人识别号）；二是增加了“其中：股票投资—沪港通 H 股”、“股票投资—深港通 H 股”两行。

在填列方法和要求上，基本不变。

2. 怎样判别撤回或减少投资应享有被投资企业累计未分配利润

按撤回投资或减少投资时，被投资企业累计未分配利润，乘以减少实收资本比例计算。

比如，A 企业将对 B 企业持股 30% 的股份收回，收回金额 800 万元，其中，B 企业有 1000 万元的累计未分配利润，另有 200 万元的盈余公积。则，撤回或减少投资应享有被投资企业累计未分配利润 = 1000 × 30% = 300 万元。

3. 怎样判别撤回或减少投资应享有被投资企业累计盈余公积

按撤回投资或减少投资时，被投资企业累计盈余公积，乘以减少实收资本比例计算。

如上例，撤回或减少投资应享有被投资企业累计盈余公积 = 200 × 30% = 60 万元。

三、“符合条件的居民企业之间的股息、红利等权益性投资收益优惠明细表”重点栏目表填报说明

表 24－1 符合条件的居民企业之间的股息、红利等权益性投资收益优惠明细表（A107011）

行次	被投资企业	被投资企业统一社会信用代码（纳税人识别号）	投资性质	投资成本	投资比例	被投资企业利润分配确认金额		被投资企业清算确认金额			撤回或减少投资确认金额						合计
						被投资企业做出利润分配或转股决定时间	依决定归属于本公司的股息、红利等权益性投资收益金额	分得的被投资企业清算剩余资产	被清算企业累计未分配利润和累计盈余公积应享有部分	应确认的股息所得	从被投资企业撤回或减少投资取得的资产	减少投资比例	收回初始投资成本	取得资产中超过收回初始投资成本部分	撤回或减少投资应享有被投资企业累计未分配利润和累计盈余公积	应确认的股息所得	
	1	2	3	4	5	6	7	8	9	10（8与9孰小）	11	12	13（4×12）	14（11－13）	15	16（14与15孰小）	17（7＋10＋16）
1																	
2																	
3																	
4																	
5																	
6																	
7																	
8	合计																
9	其中：股票投资—沪港通 H 股																
10	股票投资—深港通 H 股																

本表只适用于居民企业与居民企业之间直接投资的股息、红利等权益性投资收益。

1. 第9行“其中：股票投资—沪港通H股”

填报第1+2…+7行中，“投资性质”列选择“（3）股票投资（沪港通H股投资）”的行次，第17列合计金额。

风险点：

（1）不包括持有沪港通H股不足12个月取得的投资收益。

（2）居民对非居民企业，特别是执行“一带一路”战略，对外投资收益不适用本表；居民企业对私营企业、个人独资企业、合伙企业的投资，也不适用本表。

（3）居民企业对外间接投资取得的收益，比如债券收益、委托贷款利息收入等，不适用本表。

（4）居民企业对外直接投资后，转让股权所取得的转让收益，不适用本表。

2. 第10行“股票投资—深港通H股”

填报第1+2…+7行中，“投资性质”列选择“（4）股票投资（深港通H股投资）”的行次，第17列合计金额。

3. 第3列“投资性质”

按选项填报：（1）直接投资、（2）股票投资（不含H股）、（3）股票投资（沪港通H股投资）、（4）股票投资（深港通H股投资）。

符合《财政部 国家税务总局 证监会关于沪港股票市场交易互联互通机制试点有关税收政策的通知》（财税〔2014〕81号）文件第一条第（四）项第1目规定，享受沪港通H股股息红利免税政策的企业，选择“（3）股票投资（沪港通H股投资）”。

符合《财政部 国家税务总局 证监会关于深港股票市场交易互联互通机制试点有关税收政策的通知》（财税〔2016〕127号）文件第一条第（四）项第1目规定，享受深港通H股股息红利免税政策的企业，选择“（4）股票投资（深港通H股投资）”。

4. 第4列“投资成本”

填报纳税人投资于被投资企业的计税成本。

5. 第5列“投资比例”

填报纳税人投资于被投资企业的股权比例。若购买公开发行股票的，此列可不填报。

6. 第7列“依决定归属于本公司的股息、红利等权益性投资收益金额”

填报纳税人按照投资比例或者其他方法计算的，实际归属于本公司的股息、红利等权益性投资收益金额。若被投资企业将股权（票）溢价所形成的资本公积转为股本的，不作为投资方企业的股息、红利收入，投资方企业也不得增加该项长期投资的计税基础。

风险点：

（1）居民企业直接投资于其他居民企业取得的股息、红利才是免税收入。间接投资取得的股息、红利不能免税；投资于非居民企业、个人独资企业、合伙企业，取得的收益，不能免税；

（2）连续持有上市公司不足12个月取得的投资收益，不能免税；

（3）股权转让被投资企业股东留存收益不免税。（文件依据：《国家税务总局关于贯彻落实企业所得税法若干税收问题的通知》（国税函〔2010〕79号第三条）。

（4）留存备查资料：

①相关记账凭证、本公司持股比例以及持股时间超过12个月的情况说明；

②被投资企业董事会（或股东大会）利润分配决议。

7. 第8列“分得的被投资企业清算剩余资产”

填报纳税人分得的被投资企业清算后的剩余资产。

8. 第9列“被清算企业累计未分配利润和累计盈余公积应享有部分”

填报被清算企业累计未分配利润和累计盈余公积中本企业应享有的金额。

【案例1】

B企业清算，A企业分回清算资产同上。

清算损失 = 800 - 1000 × 30% - 600 = 100万元

则：第8列“分得的被投资企业清算剩余财产”，填“800万元”；第9列“被清算企业累计未分配利润和累计盈余应享有部分”，填300。

9. 第11列“从被投资企业撤回或减少投资取得的资产”

填报纳税人从被投资企业撤回或减少投资时取得的资产。

风险点：

转让被投资企业股权取得的收入，不属于免税收入，不得填入本表本列。

【案例2】

A企业将对B企业持有30%的股权，以800万元的价格（原投资成本为600万元），转让给C企业，其中B企业有1000万元的累计未分配利润。

股权转让所得 = 800 - 600 = 200万元

该200万元不免税，不能填入本表。

10. 第12列“减少投资比例”

填报纳税人撤回或减少的投资额占投资方在被投资企业持有总投资比例。

11. 第15列“撤回或减少投资应享有被投资企业累计未分配利润和累计盈余公积”

填报被投资企业累计未分配利润和累计盈余公积按减少实收资本比例计算的部分。

【案例3】

A企业将对B企业持股30%的股份收回，收回金额800万元，其中B企业有1000万元的累计未分配利润。A企业的投资成本600万元。

则：第11列“从被投资企业撤回或减少投资取得的资产”，填“800万元”；第12列“减少投资比例”，填100%；第13列“收回初始投资成本”，填600万元；第14列“取得资产中超过收回初始投资成本部分”，填200万元；第15列“撤回或减少投资应享有被投资企业累计未分配利润和累计盈余公积”，填300万元；第16列“应确认的股息所得”，填200万元。

四、"符合条件的居民企业之间的股息、红利等权益性投资收益优惠明细表"的表内、表间关系

1. 表内关系

（1）第13列=第4×12列；

（2）第14列=第11-13列；

（3）第17列=第7+10+16列；

（4）第10列=第8列与第9列孰小值；

（5）第16列=第14列与第15列孰小值；

（6）第8行（"合计"行）=第1+2+…+7行第17列合计。

（7）第9行（"股票投资—沪港通H股"合计行）=第1+2+…+7行中，各行第3列选择"（3）股票投资（沪港通H股投资）"的行次第17列合计金额；

（8）第10行（"股票投资—深港通H股"合计行）=第1+2…+7行中，各行第3列选择"（4）股票投资（深港通H股投资）"的行次第17列合计金额。

2. 表间关系

（1）第8行第17列=表A107010第3行；

（2）第9行第17列=表A107010第4行；

（3）第10行第17列=表A107010第5行。

第25章 “研发费用加计扣除优惠明细表”的理解与填报

“研发费用加计扣除优惠明细表”（A107012）适用于享受研发费用加计扣除优惠（含结转）的纳税人填报。

纳税人根据税法和相关法规之规定，填报本年发生的研发费用加计扣除优惠情况及以前年度结转情况。

纳税人完成“研发费用加计扣除优惠明细表”的填报工作，必须认真学习和领会下列税收文件：

（1）《中华人民共和国企业所得税法》；

（2）《中华人民共和国企业所得税法实施条例》；

（3）财政部、国家税务总局、科技部《关于完善研究开发费用税前加计扣除政策的通知》（财税〔2015〕119号）；

（4）国家税务总局《关于企业研究开发费用税前加计扣除政策有关问题的公告》（2015年第97号）；

（5）财政部税务总局科技部《关于提高科技型中小企业研究开发费用税前加计扣除比例的通知》（财税〔2017〕34号）；

（6）科技部财政部国家税务总局《关于印发〈科技型中小企业评价办法〉的通知》（国科发政〔2017〕115号）；

（7）国家税务总局《关于提高科技型中小企业研究开发费用税前加计扣除比例有关问题的公告》（2017年第18号）；

（8）国家税务总局《关于研发费用税前加计扣除归集范围有关问题的公告》（2017年第40号）。

一、国家关于研发费用加计扣除的总体方向

1. 2015 年 3 月 13 日发布的《中共中央 国务院关于深化体制机制改革加快实施创新驱动发展战略的若干意见》（以下简称《意见》）

《意见》指出：创新是推动一个国家和民族向前发展的重要力量，也是推动整个人类社会向前发展的重要力量。面对全球新一轮科技革命与产业变革的重大机遇和挑战，面对经济发展新常态下的趋势变化和特点，面对实现“两个一百年”奋斗目标的历史任务和要求，必须深化体制机制改革，加快实施创新驱动发展战略。

《意见》要求“提高普惠性财税政策支持力度”：坚持结构性减税方向，逐步将国家对企业技术创新的投入方式转变为以普惠性财税政策为主；统筹研究企业所得税加计扣除政策，完善企业研发费用计核方法，调整目录管理方式，扩大研发费用加计扣除优惠政策适用范围。完善高新技术企业认定办法，重点鼓励中小企业加大研发力度。

2. 《国家税务总局 科技部关于加强企业研发费用税前加计扣除政策贯彻落实工作的通知》（税总发〔2017〕106 号，以下简称《通知》）

（1）提高思想认识，加强组织领导。各级税务部门和科技部门应提高思想认识，站在贯彻落实创新驱动发展战略、深化供给侧结构性改革、促进新旧动能转换的高度，通过落实好研发费用税前加计扣除政策，积极主动谋创新、促发展。要把落实好研发费用税前加计扣除政策作为本单位的一项重要工作，加强组织领导，增强服务观念，精心谋划部署，夯实管理责任，依据相关政策及管理规定，强化有关事项的事前、事中、事后管理和服务，积极、稳妥地做好研发费用税前加计扣除政策的贯彻落实工作。要将研发费用税前加计扣除等创新支持政策落实情况作为对各级税务和科技部门绩效考核的重要内容。

（2）强化合作意识，完善合作机制。各级税务部门和科技部门要紧密配合，建立和完善研发费用税前加计扣除政策部门间的联合工作机制。就涉及企业切身利益的研发项目鉴定问题，包括事中异议项目鉴定以及事后核查异议项目鉴定，统一政策口径，明确专门协调机制，制定异议研发项目鉴定实施细则，规范办理流程。

（3）简化管理方式，优化操作流程。各级税务部门和科技部门要简化管理方式，优化操作流程，确保政策落地。优化委托研发与合作研发项目合同登记管理方式，坚持“实质重于形式”的原则。凡研发项目合同具备技术合同登记的实质性要素，仅在形式上与技术合同示范文本存在差异的，也应予以登记，不得要求企业重新按照技术合同示范文本进行修改报送。

（4）加大宣传力度，实现“应知尽知”。各地要充分利用官方网站、微信、微博、APP 等方式开展多维度、多渠道的宣传，提醒纳税人及时申报享受研发费用税前加计扣除政策。税务部门和科技部门要联合开展宣传活动，精准锁定政策受惠企业群体，通过开展“键对键”的网上沟通，“面

对面”的精准辅导，印发宣传资料等多种方式，扩大宣传辅导覆盖面，方便企业及时了解政策和管理要求。在宣传辅导工作中，要规范政策解答，及时为企业答疑解惑。

（5）加强政策辅导，确保“应享尽享”。各级税务部门和科技部门要通过各种方式为企业提供研发项目管理和研发费用归集等政策辅导，切实加大政策落实力度。对尚处于亏损期的企业，进一步加大宣传及服务力度，引导企业及时办理税务备案等相关手续。要督促广大科技型中小企业按照《科技型中小企业评价办法》（国科发政〔2017〕115 号文件印发）规定，到“全国科技型中小企业信息服务平台”进行自主评价和登记，及时取得登记编号确保纳税人政策落实“应享尽享”。

（6）强化督导检查，确保落地见效。各省税务部门和科技部门要开展联合督导检查，加大对政策落实的督导力度，密切跟踪政策执行情况，随时收集基层和纳税人政策落实情况的反馈和工作建议，并加强部门间的信息沟通，确保优惠政策落地见效。税务总局和科技部将视情况适时联合开展督导检查。

二、“研发费用加计扣除优惠明细表”的焦点问题

1. 什么是自主研发

自主开发是一种独创性的新产品开发方法。它要求企业根据市场情况和用户需求，或针对原有产品存在的问题，从根本上探讨产品的层次与结构，进行有关新技术、新材料和新工艺等方面的研究，并在此基础上开发出具有本企业特色的新产品，特别是开发出更新换代型新产品或全新产品。

自主研发，关键是要有相应的机械、设备，科技人员、研究人员和辅助人员等。

如果自有设备、人员力量不足，可租赁相关设备、外聘相关人员。租赁的设备、外聘的人员，同自有设备和人员一样，可加计扣除，但要提供相应的费用支出凭证。

2. 什么是委托研发

委托研发，指企业委托外部机构或个人进行研发活动所发生的费用。

3. 什么是合作研发

合作研发，指企业、科研院所、高等院校、行业基金会和政府等组织机构，为了克服研发中的高额投入和不确定性、规避风险、缩短产品的研发周期，应对紧急事件的威胁，节约交易成本而组成的伙伴关系，它以合作创新为目的，以组织成员的共同利益为基础，以优势资源互补为前提，通过契约或者隐形契约的约束联合行动而自愿形成的研发组织体。

该组织体在形成之后，有明确的合作目标和合作期限，共同遵守契约规定的合作行为规则、成果分配规则、风险承担规则。

合作研发，由研发各方根据各自承担的研发费用，分别加计扣除。关键是不仅要有研发费用合理归集的相关证据，还应有合理分配的相关凭证。

4. 什么是集中研发

集中研发，指企业集团根据生产经营和科技开发的实际情况，对技术要求高、投资数额大，需要集中研发的项目，其实际发生的研发费用，可以按照权利和义务相一致、费用支出和收益分享相配比的原则，合理确定研发费用的分摊方法，在受益成员企业间进行分摊，由相关成员企业分别计

算加计扣除。

与合作研发相似，集中研发的关键是不仅要有集团总部研发费用合理归集的相关证据，还应有合理分配的相关依据和凭证。

注意：如果分配的依据不合理，会影响集团成员企业的加计扣除。

三、研发费用核算常见问题、原因分析及纠正方法

1. 常见问题

大部分企业在日常核算中，没有把以下发生的费用在有关总账科目下的“研究开发费用”二级科目进行核算反映：

（1）研发部门（技术中心）员工的工资。大部分企业列入管理费用下的工资。

（2）研究设备的折旧。大部分企业列入管理费用下的折旧。

（3）新产品试制失败材料损失。企业一般计入制造费用或者产品材料成本。

（4）咨询费中的技术咨询费。企业一般计入管理费用下的咨询费。

（5）研究部门人员的福利费支出。部分企业列入管理费用下的福利费。

（6）未纳入国家计划的中间试验费。

2. 原因分析

产生偏差的主要原因有：

（1）企业没有准确把握和理解“企业研究开发经费支出”的核算范围。

（2）研发部门（技术中心）未建立内部的独立核算，部分企业尚未建立完善的项目管理辅助账。

（3）研发部门（技术中心）与财务部门缺乏良好的沟通，可能导致企业研究开发经费支出的汇总统计上的偏差。

3. 调整方法

由于企业在核算有关总账科目下的“研究开发费用”二级科目时存在上述不规范的地方，所以，当企业把没有通过调整修正的有关总账科目下的“研究开发费用”二级科目的年度借方累计发生额填列时，必然存在着较大的统计偏差现象。企业在填列该项指标时，需要结合企业会计核算的实际情况，从不同的会计科目下剥离出属于“研究开发费用”核算范围的费用后，调整汇总填列。

（1）工资。把研发部门（技术中心）人员的工资从“管理费用—工资”中分离出来，汇总到“研究开发经费支出”。分离归集时可以按研发部门（技术中心）人员的员工名单进行统计工资。企业在编制工资表时一般是按照部门进行编制的，分离的难度不大。研究部门（技术中心）人员的福利费的分离调整办法与工资相同。研发部门（技术中心）人员的范围包括直接从事技术开发的人员、研发部门的管理人员和提供直接服务的人员。企业根据实际情况，考虑是否把研发部门（技术中心）人员的工资扩展到劳务费，计入到企业研究开发经费支出。

（2）研究开发设备。把研究开发设备（研发部门或技术中心）的年度折旧额从“管理费用—折旧”中分离出来，汇总到“研究开发经费支出”。分离的方法可以按设备等固定资产的使用部门

进行分类，首先统计属于企业研发部门（技术中心）所使用的设备固定资产，然后对该部分用于研究开发和中间试验等目的的设备固定资产的年度折旧额进行统计，汇总到“研究开发经费支出”。

（3）材料损失。把新产品试制试验失败的材料损失从生产成本中分离后汇总到“研究开发经费支出”。大部分企业把该部分损失计入到制造费用或者产品材料成本中。

（4）咨询费。把“管理费用—咨询费”中的技术咨询费分离出来，汇总到“研究开发经费支出”。

（5）差旅费。研发部门（技术中心）人员的差旅费或者用于技术开发与中间试验目的的差旅费从“管理费用—差旅费中”分离出来，汇总到“研究开发经费支出”。

（6）办公费。用于研发部门（技术中心）的一些办公费、物料消耗等费用（例：水电费、维修费、信息费、行政管理费等），结合实际，可以按照研发部门（技术中心）员工的人数占行政管理人员的总人数的比例，从“管理费用—办公费”、“管理费用—物料消耗”中分离出来，或者按照受益的大小，进行分离后，汇总到“研究开发经费支出”。

（7）中间试验费。未纳入国家计划的中间试验费，如果没有计入企业的研究开发费用中，剥离后汇总到“研究开发经费支出”。

（8）其他费用。把属于研究开发经费支出范围的其他费用分离后，汇总到“研究开发经费支出”。

为正确填报“研发投入”指标和准确评估该指标，在研发部门（技术中心）建立内部独立核算和项目辅助核算的管理方法，是对目前企业研究开发经费管理的有效可行方法。

4. 建立研发费用规范核算的长效机制

（1）企业研究开发经费支出的科目设置及核算规范。企业在核算研究开发经费支出时，结合财政部的有关财税规定，可以在管理费用下设置三级科目对企业的研究开发活动进行核算，对于一些管理比较完善的企业，应进行专业科目设置和规范核算。

对于企业在研究开发过程中所形成的专利和专有技术，由于二者的收益的不确定性，只有部分专利有较大的经济价值，所以，企业在进行会计处理时，只把具有巨大经济价值的专利，从管理费用中转出作为无形资产核算，予以本金化；对其他专利和专有技术，一般不从管理费用中转出作本金化处理。

（2）项目核算辅助账的管理方法。为加强研究开发经费的管理，明晰研究开发经费的支出结构，配合经费预算的执行，逐步在企业内建立起符合企业实际情况、可操作的研究开发项目的事前、事中、事后评估管理体系和模型，建议企业以“研究开发经费支出”科目明细子目为经脉，以研究开发项目为纵纬，建立“经费支出子目 - 项目”管理模式。对于财务管理比较先进的企业，也可直接引入研究开发机构的部门管理模式，建立“经费支出子目 - 项目 - 部门”的三维管理模式。

对于实施计算机集成化管理系统（或者会计电算化）的单位，在“研发费支出”科目的子目的基础上，通过设置辅助管理的部门核算和项目辅助帐核算的方法，实现对企业技术中心的经费支出的准确核算和有效管理，为进一步建立起完善的研究开发项目的评估管理体系和评估模型做好基础工作。

（3）设立《销售研发活动直接形成产品（包括组成部分）对应材料部分扣减台账》。随着企业研发活动的频繁化、持久化，企业还应设立《销售研发活动直接形成产品（包括组成部分）对应材料部分扣减台账》，以滚动登记各研发项目销售研发活动直接形成产品（包括组成部分）对应材料部分上年留抵金额、本年新增金额、本年抵减金额、期末留抵金额。

四、"研发费用加计扣除优惠明细表"结构特点是什么

1. 研发费用加计扣除优惠明细表作了哪些重大修改

"研发费用加计扣除优惠明细表"是本次修改幅度最大的一种表格，富有"颠覆性""创造性"，充分体现了设计者的"独具匠心"。

总体上看，共有四大变化，主要是：

（1）实现了"一表两用"。该表既适用于一般企业的研发费用加计扣除，也适用于科技型中小企业的研发费用加计扣除。只是在填报上进行勾选，若为科技型中小企业，再加填"企业型中小企业登记编号"即可。

（2）表格编排体例有重大修改。由以前的横排表式，全面改为竖排表式，更符合思维与阅读习惯。

（3）表格的内容，更加详尽、细化。由以前的19列，激增到51行，拆分或新增了32个项目，精细到研发费用的每项内容。适应了研发费用加计扣除正列举的要求，更为税收监管提供了精准的"大数据"。

比如，在"人员人工费用"中，进一步细分为3种："1. 直接从事研发活动人员工资薪金""2. 直接从事研发活动人员五险一金""3. 外聘研发人员的劳务费用"。在"直接投入费用"中，进一步细分为8种："1. 研发活动直接消耗材料""2. 研发活动直接消耗燃料""3. 研发活动直接消耗动力费用""4. 用于中间试验和产品试制的模具、工艺装备开发及制造费""5. 用于不构成固定资产的样品、样机及一般测试手段购置费""6. 用于试制产品的检验费""7. 用于研发．活动的仪器、设备的运行维护、调整、检验、维修等费用""8. 通过经营租赁方式租入的用于研发活动的仪器、设备租赁费"，等等。

（4）板块分类更加科学。除表头基本信息外，正表共分十大板块。分别是："一、自主研发、合作研发、集中研发""二、委托研发""年度研发费用小计""四、本年形成无形资产摊销额""五、以前年度形成无形资产本年摊销额""六、允许扣除的研发费用合计""七、允许扣除的研发费用抵减特殊收入后的金额""八、加计扣除比例""九、本年研发费用加计扣除总额""十、销售研发活动直接形成产品）包括组成部分）对应材料部分以后年度扣减金额。

特别是将"自主研发、合作研发、集中研发"归为一类，并与"委托研发"分开，体现了分类的科学与合理。

另外，将费用化与资本化的划分，本年无形资产摊销与以前年度无形资产摊销的划分，特殊收入与当年销售研发活动直接形成产品（包括组成部分）对应的材料部分的划分，都符合文件要求的规定，符合计算过程的逻辑法则，体现了编者的严谨构思。

2. 怎样判别委托研发

涉及委托、合作研究开发的合同需经科技主管部门登记，该资料需要留存备查。

3. 怎样判别本年费用化金额和本年资本化金额

按企业所得税法的规定，研究开发费用的具体加计扣除的方式，应分两个阶段进行。

（1）研究开发费用未形成无形资产。对于未形成无形资产的研究开发费用，应当计入当期损益，在按规定实行 100% 扣除的基础上，在计算应纳税所得额时，再按研究开发费用的 50% 加计扣除。

（2）研究开发费用形成无形资产。形成无形资产的研究开发费用，则属于资本化支出，构成无形资产成本，应允许加计后作为无形资产的成本，按照规定摊销，也就是说形成无形资产的研究开发费用，按无形资产成本的 150% 从无形资产使用的月份起，按其使用寿命平均进行摊销。

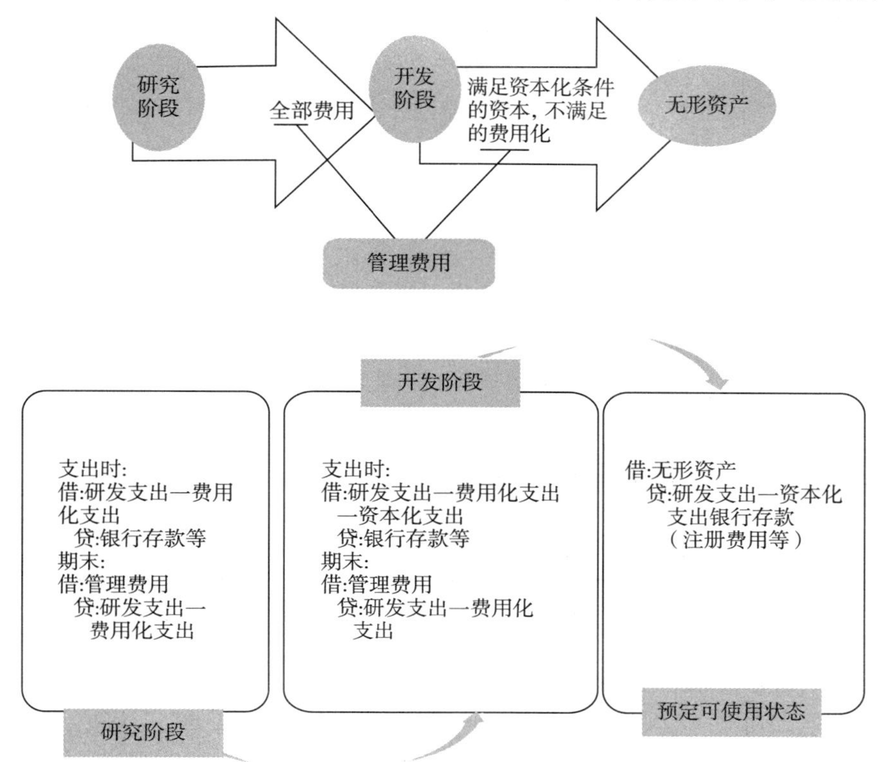

【案例 1】

A 公司自行研究开发一项技术，截至 2017 年 6 月 30 日，发生研发支出合计 1000 万元，经测试该项研发活动完成了研究阶段，从 2017 年 7 月 1 日开始进入开发阶段。该阶段发生研发支出 1200 万元，假定符合无形资产准则规定的开发支出资本化的条件。2017 年 12 月 31 日，该项研发活动结束，最终开发出一项非专利技术。

【会计处理】相关会计处理如下：

（1）2017 年 6 月 30 日前发生的研发支出：

借：研发支出—费用化支出　　10000000

　　贷：银行存款等　　10000000

（2）2017 年 6 月 30 日前发生的研发支出全部属于研究阶段的支出：

借：管理费用　　10000000

贷：研发支出—费用化支出　　10000000

（3）2017 年下半年，发生开发支出并满足资本化确认条件：

借：研发支出—资本化支出　　12000000

贷：银行存款等　　12000000

（4）2017 年 12 月 31 日，该技术研发完成并形成无形资产：

借：无形资产—非专利技术　　12000000

贷：研发支出—资本化支出　　12000000

从上例企业研究开发费用的会计处理来看，企业在期末转账时并没有做加计扣除的会计处理，如上例第 2 笔分录，将不满足资本化条件的研究阶段的支出 100 万元，100% 计入了当期损益。再如第 4 笔分录，将满足资本化条件的开发阶段的研发支出 120 万元，也 100% 转入了无形资产，未实行 150% 的加计扣除或加计摊销处理，这样使得企业对于自行开发无形资产发生的研究开发费用，就没有享受到税前加计扣除的税收优惠。

【案例 2】

仍以上例资料，A 公司 2017 年度按会计准则核算的会计利润为 3000 万元，假定按企业所得税法规定没有其他调整事项，则该公司 2008 年度的应纳所得税额应为：

应纳税所得额 $=3000-1000\times50\%=2500$（万元）；

应纳所得税额 $=2500\times25\%=625$（万元）。

五、“研发费用加计扣除优惠明细表”重点栏目表填报说明

表 25－1　研发费用加计扣除优惠明细表（A107012）

基本信息			
1	□一般企业　　□科技型中小企业	科技型中小企业登记编号	
2	本年可享受研发费用加计扣除项目数量		
研发活动费用明细			
3	一、自主研发、合作研发、集中研发（4+8+17+20+24+35）		
4	（一）人员人工费用（5+6+7）		
5	1. 直接从事研发活动人员工资薪金		
6	2. 直接从事研发活动人员五险一金		
7	3. 外聘研发人员的劳务费用		
8	（二）直接投入费用（9+10+…+16）		
9	1. 研发活动直接消耗材料		
10	2. 研发活动直接消耗燃料		
11	3. 研发活动直接消耗动力费用		
12	4. 用于中间试验和产品试制的模具、工艺装备开发及制造费		
13	5. 用于不构成固定资产的样品、样机及一般测试手段购置费		
14	6. 用于试制产品的检验费		
15	7. 用于研发活动的仪器、设备的运行维护、调整、检验、维修等费用		

续表

基本信息			
16	8. 通过经营租赁方式租入的用于研发活动的仪器、设备租赁费		
17	（三）折旧费用（18+19）		
18	1. 用于研发活动的仪器的折旧费		
19	2. 用于研发活动的设备的折旧费		
20	（四）无形资产摊销（21+22+23）		
21	1. 用于研发活动的软件的摊销费用		
22	2. 用于研发活动的专利权的摊销费用		
23	3. 用于研发活动的非专利技术（包括许可证、专有技术、设计和计算方法等）的摊销费用		
24	（五）新产品设计费等（25+26+27+28）		
25	1. 新产品设计费		
26	2. 新工艺规程制定费		
27	3. 新药研制的临床试验费		

风险点：

与高新技术申报的项目不同，研发费用加计扣除具有普惠制性质，不再受《国家重点支持的高新技术领域》《当前倚发展的高新技术产业化重点领域指南（2007）年度》2个目录的限制。

1. 第1行“□一般企业 □科技型中小企业”

纳税人按照科技部、财政部、国家税务总局《关于印发〈科技型中小企业评价办法〉的通知》（国科发政〔2017〕115号）的相关规定，取得相应年度科技型中小企业登记编号的，选择“科技型中小企业”，并填写“科技型中小企业登记编号”，否则选择“一般企业”。

风险点：

下列不适用加计扣除的行业，不可填报此表：

（1）烟草制造业；

（2）食宿和餐饮业；

（3）批发和零售业；

（4）房地产业；

（5）租赁和商务服务业；

（6）娱乐业；

（7）财政部和国家税务总局规定的其他行业。

兼营行业的划分：不适用税前国计扣除政策行业的企业，是指以上述所列行业业务为主营业务，其研发费用发生当年的主营业务收入占企业按税法第六条规定计算的收入总额减除不征税收入和投资收益的余额50%（不含）以上的企业。

2. 第2行“本年可享受研发费用加计扣除项目数量”

填报纳税人本年研发项目中可享受研发费用加计扣除优惠政策的项目数量。

风险点：

（1）本表所填项目数量，应为自主研发、合作研发、集中研发、委托研发数量的合计。但不包括“企业为获得创新性、创意性、突破性的产品进行创新设计活动而发生的相关费用加计扣除”（此在 A107010“免税、减计收入及加计扣除优惠明细表”第 28 行填写金额，不填数量）。

（2）本表所填数量，为本年度实际发生的研发活动数量，不包括追溯扣除的以前年度的数量。

财税〔2015〕119 号第五条第 5 款规定的“2016 年 1 月 1 日以后，本年度以前未享受研发费用加计扣除的，可追溯 3 年享受”。该追溯，只是追溯到研发费用实际发生的当年的扣除，而不是在本年度扣除。

（3）本表统计的数量，不应包括下列不适用于加计扣除政策的活动：

①企业产品（服务）的常规性升级；

②对某项科研成果的直接应用，如直接采用公开的新工艺、材料、装置、产品、服务或知识等；

③企业在商品化后为顾客提供的技术支持活动；

④对现存产品、服务、技术、材料或工艺流程进行的重复或简单改变；

⑤市场调查研究、效率调查或管理；

⑥作为工业（服务）流程环节或常规的质量控制、测试分析、维修维护；

⑦社会科学、艺术或人文方面的研究。

（4）在填报本表的同时，应按项目设置辅助账。

企业应按国家财务会计制度要求，对研发支出进行会计处理；同时，对享受加计扣除的研发费用按研发项目设置辅助账，准确归集核算当年可加计扣除的各项研发费用实际发生额。企业在一个纳税年度内进行多项研发活动的，应按照不同研发项目分别归集可加计扣除的研发费用。将“专账管理”改为“设置辅助账”。

（5）备案资料：企业应当不迟于年度汇算清缴纳税申报时，向税务机关报送《企业所得税优惠事项备案表》和研发项目文件完成备案。

（6）留存备查资料：

①自主、委托、合作研究开发项目计划书和企业有权部门关于自主、委托、合作研究开发项目立项的决议文件；

②自主、委托、合作研究开发专门机构或项目组的编制情况和研发人员名单；

③经科技行政主管部门登记的委托、合作研究开发项目的合同；

④从事研发活动的人员和用于研发活动的仪器、设备、无形资产的费用分配说明（包括工作使用情况记录）；

⑤集中研发项目研发费决算表、集中研发项目费用分摊明细情况表和实际分享收益比例等资料；

⑥“研发支出”辅助账；

⑦企业如果已取得地市级（含）以上科技行政主管部门出具的鉴定意见，应作为资料留存

备查；

⑧省税务机关规定的其他资料。

【案例 3】

2017 年底发现 2016 年应享受研发费用加计扣除而未享受，不可在 2017 年度享受，而只是追溯到 2016 年度享受。

通过补充申报的方式完成追溯调整和享受。

3. 第 3 行“一、自主研发、合作研发、集中研发”

填报第 4 +8 +17 +20 +24 +35 行的合计金额。

风险点：

（1）在加计扣除应严格对照政策规定的研发费用范围，仅就正列举的费用允许加计扣除。不在政策规定范围内的，不得加计扣除。

例如：用于研发活动的无形资产，其摊销可加计扣除；而用于研发活动的房屋，其折旧就不在加计扣除范围。

不得加计扣除的项目，还有商业医疗保险、移动通讯费、工作餐费、部门活动费、福利费、人才服务公司服务费、外包服务费，等等。

（2）共用设备，未记录用于研发活动的时间、工作量的，不得加计扣除。

（3）无法划分不同项目研发费用的，不得加计扣除。

4. 第 4 行“（一）人员人工费用”

填报第 5 +6 +7 行的合计金额。

直接从事研发活动的人员、外聘研发人员同时从事非研发活动的，填报按实际工时占比等合理方法分配的用于研发活动的相关费用。

5. 第 5 行“1. 直接从事研发活动人员工资薪金”

填报纳税人直接从事研发活动人员包括研究人员、技术人员、辅助人员发生的工资、薪金、奖金、津贴、补贴以及按规定可以在税前扣除的对研发人员股权激励的支出。

风险点：

（1）注意把握直接从事研发活动的人员范围。

研究人员是指主要从事研究开发项目的专业人员；技术人员是指具有工程技术、自然科学和生命科学中一个或一个以上领域的技术知识和经验，在研究人员指导下参与研发工作的人员；辅助人员是指参与研究开发活动的技工。

外聘研发人员是指与本企业或劳务派遣企业签订劳务用工协议（合同）和临时聘用的研究人员、技术人员、辅助人员。

（2）研发人员的非税前扣除的股份支付奖励，不可加计扣除。

6. 第 6 行“2. 直接从事研发活动人员五险一金”

填报纳税人直接从事研发活动人员包括研究人员、技术人员、辅助人员发生的基本养老保险费、基本医疗保险费、失业保险费、工伤保险费、生育保险费和住房公积金。

风险点：

本行不包括直接从事研发活动人员的职工福利费、补充养老保险、补充医疗保险、商业保险。其中，职工福利费、补充养老保险、补充医疗保险，应填列在本表第33行。

7. 第7行“3. 外聘研发人员的劳务费用”

填报纳税人外聘研发人员发生的劳务费用或纳税人与劳务派遣企业签订研发人员劳务用工协议（合同）发生的劳务费用，以及临时聘用研发人员发生的劳务费用。

8. 第8行“（二）直接投入费用”

填报第9＋10＋…＋16行的合计金额。

9. 第9行“1. 研发活动直接消耗材料”

填报纳税人研发活动直接消耗材料。

10. 第10行“2. 研发活动直接消耗燃料”

填报纳税人研发活动直接消耗燃料。

11. 第11行“3. 研发活动直接消耗动力费用”

填报纳税人研发活动直接消耗的动力费用。

12. 第12行“4. 用于中间试验和产品试制的模具、工艺装备开发及制造费”

填报纳税人研发活动中用于中间试验和产品试制的模具、工艺装备开发及制造费。

13. 第13行“5. 用于不构成固定资产的样品、样机及一般测试手段购置费”

填报纳税人研发活动中用于不构成固定资产的样品、样机及一般测试手段购置费。

风险点：

构成固定资产的样品、样机，不可在此填列，而按其折旧或摊销，在本表第18行或第19行填列。

14. 第14行“6. 用于试制产品的检验费”

填报纳税人研发活动中用于试制产品的检验费。

15. 第15行“7. 用于研发活动的仪器、设备的运行维护、调整、检验、维修等费用”

填报纳税人用于研发活动的仪器、设备的运行维护、调整、检验、维修等费用。

16. 第16行“8. 通过经营租赁方式租入的用于研发活动的仪器、设备租赁费”

填报纳税人经营租赁方式租入的用于研发活动的仪器、设备租赁费。以经营租赁方式租入的用于研发活动的仪器、设备，同时用于非研发活动的，填报按实际工时占比等合理方法分配的用于研发活动的相关费用。

风险点：

通过融资租赁方式租入的用于研发活动的仪器、设备的租赁费，不可在此填列，而是将其折旧额，在第18行或第19行填列。

17. 第17行“（三）折旧费用”

填报第18＋19行的合计金额。

用于研发活动的仪器、设备，同时用于非研发活动的，填报按实际工时占比等合理方法分配的用于研发活动的相关费用。

纳税人用于研发活动的仪器、设备，符合税收规定且选择加速折旧优惠政策的，在享受研发费用税前加计扣除政策时，就税前扣除的折旧部分填报。

财政部和国家税务总局为鼓励企业加大技术开发活动的投入，对以下发生的费用，可以一次或者分次摊入企业的管理费用中的技术开发费用支出：企业为开发新技术、研制新产品所购置的试制用关键设备、测试仪器，单台价值在30万元以下的，可一次或者分次摊入管理费用（其中达到固定资产标准的应单独管理，不再计提折旧）。

风险点：

（1）企业从事研发活动的人员和用于研发活动的仪器、设备、无形资产，同时从事或用于非研发活动的，应对其人员活动及仪器设备、无形资产使用情况做必要记录，并将其实际发生的相关费用按实际工时占比等合理方法在研发费用和生产经营费用间分配，未分配的不得加计扣除。

（2）企业用于研发活动的仪器、设备，符合税法规定且选择加速折旧优惠政策的，在享受研发费用税前加计扣除时，应就已进行会计处理计算的折旧、费用的部分加计扣除，并不得超过按税法规定计算的金额。如未进行处理处理的折旧，不可选择加计扣除。

【案例4】

甲汽车制造企业于2016年12月购入并投入使用一台用于研发活动的设备，单位价值为1200万元，税法规定的最低折旧年限为10年，不考虑残值。

甲企业对该项设备选择缩短折旧年限的方式加速折旧，折旧年限缩短为6年（10年×60%）。

2016年会计处理计提的折旧额＝1200÷6＝200万元

该设备折旧可申请加计扣除的金额＝200×50%＝100万元

18. 第18行“1. 用于研发活动的仪器的折旧费”

填报纳税人用于研发活动的仪器的折旧费。

19. 第19行“2. 用于研发活动的设备的折旧费”

填报纳税人用于研发活动的设备的折旧费。

20. 第20行“（四）无形资产摊销”

填报第21＋22＋23行的合计金额。

用于研发活动的无形资产，同时用于非研发活动的，填报按实际工时占比等合理方法在研发费用和生产经营费用间分配的用于研发活动的相关费用。

纳税人用于研发活动的无形资产，符合税收规定且选择加速摊销优惠政策的，在享受研发费用税前加计扣除政策时，就税前扣除的摊销部分填报。

21. 第21行“1. 用于研发活动的软件的摊销费用”

填报纳税人用于研发活动的软件的摊销费用。

22. 第22行“2. 用于研发活动的专利权的摊销费用”

填报纳税人用于研发活动的专利权的摊销费用。

23. 第23行“3. 用于研发活动的非专利技术（包括许可证、专有技术、设计和计算方法等）的摊销费用”

填报纳税人用于研发活动的非专利技术（包括许可证、专有技术、设计和计算方法等）的摊销费用。

24. 第24行“（五）新产品设计费等”

填报第25+26+27+28行的合计金额。新产品设计费、新工艺规程制定费、新药研制的临床试验费、勘探开发技术的现场试验费等。由辅助生产部门提供的，期末按照一定的分配标准分配给研发项目的金额填报。

25. 第25行“1. 新产品设计费”

填报纳税人研发活动中发生的新产品设计费。

26. 第26行“2. 新工艺规程制定费”

填报纳税人研发活动中发生的新工艺规程制定费。

27. 第27行“3. 新药研制的临床试验费”

填报纳税人研发活动中发生的新药研制的临床试验费。

28. 第28行“4. 勘探开发技术的现场试验费”

填报纳税人研发活动中发生的勘探开发技术的现场试验费。

29. 第29行“（六）其他相关费用”

填报第30+31+32+33+34行的合计金额。

风险点：

（1）该项费用限定：与研发活动直接相关的其他费用，如技术图书资料费、资料翻译费、专家咨询费、高新科技研发保险费，研发成果的检索、分析、评议、论证、鉴定、评审、评估、验收费用，知识产权的申请费、注册费、代理费，差旅费、会议费，职工福利费、补充养老保险费、补充医疗保险费。（文件依据：《国家税务总局关于研发费用税前加计扣除归集范围有关问题的公告》（2017年第40号第六条第一款）。

（2）该项费用限额，不得超过可加计扣除研发费用总额的10%。

特别提示：本申报表对此项目，未按财税〔2009〕119号文件第一条第（一）项第6目和国家税务总局公告2017年第40号第六条的要求，进行10%的限制。这是设计者的疏失，还是国家税务总局以此放宽限额的要求，值得进一步研究和关注。

（3）各个研发费用分别计算限额，不得合并计算累计限额。

【案例5】

某企业2017年进行研究了两项研发活动A和B，A项目共发生研发费用100万元，其中与研发活动直接相关的其他费用为12万元，B项目共发生研发费用100万元，其中与研发活动直接相关的其他费用为8万元，假设研发活动均符合加计扣除相关规定。

A项目其他相关费用限额＝（100－12）×10%÷（1－10%）＝9.78万元。A项目其他相关费用限额小于实际发生数12万元，则A项目允许加计扣除的其他相关研发费用为9.78万元（A项目累计允许加计扣除的研发费用总额＝100－12－9.78＝97.78万元)。

B项目其他相关费用限额＝（100－8）×10%÷（1－10%）＝10.22万元。B项目其他相关费用限额大于实际发生数8万元，则A项目允许加计扣除的其他相关研发费用为8万元（B项目累计允许加计扣除的研发费用总额＝100万元)。

该企业2017年可享受的研发费用加计扣除额＝97.78＋100＝98.89万元。

30. 第30行“1. 技术图书资料费、资料翻译费、专家咨询费、高新科技研发保险费”

填报纳税人研发活动中发生的技术图书资料费、资料翻译费、专家咨询费、高新科技研发保险费。

31. 第31行“2. 研发成果的检索、分析、评议、论证、鉴定、评审、评估、验收费用”

填报纳税人研发活动中发生的对研发成果的检索、分析、评议、论证、鉴定、评审、评估、验收费用。

32. 第32行“3. 知识产权的申请费、注册费、代理费”

填报纳税人研发活动中发生的知识产权的申请费、注册费、代理费。

33. 第33行“4. 职工福利费、补充养老保险费、补充医疗保险费”

填报纳税人研发活动人员发生的职工福利费、补充养老保险费、补充医疗保险费。

34. 第34行“5. 差旅费、会议费”

填报纳税人研发活动发生的差旅费、会议费。

35. 第35行“（七）经限额调整后的其他相关费用”

根据研发活动分析汇总填报。

【特别提示】本申报表设计此项目，似已超出财税［2009］119号文件和国家税务总局公告2017年第40号规定的六大类项目。这将引发两个问题：一是该项目究竟包括哪些内容；二是该项目执行限额的标准是什么?

对此，需要进一步研究和关注。

36. 第36行“二、委托研发”

填报（37－38）行×80%的金额。

风险点：

(1) 委托研发，受托方不得再进行加计扣除。

(2) 委托外部研究开发费用实际发生额应按独立交易原则确定。

(3) 委托方与受托方存在关联关系的，受托方应向委托方提供研发项目费用支出明细。

(4) 备查资料：

①委托开发合同；

②受托方为联系企业的，受托方提供的用于该项目的研发费用支出明细等。

37. 第37行“委托外部机构或个人进行研发活动所发生的费用”

填报纳税人研发项目委托外部机构或个人所发生的费用。

38. 第38行“其中：委托境外进行研发活动所发生的费用”

填报纳税人研发项目委托境外进行研发活动所发生的费用。

39. 第39行“三、年度可加计扣除的研发费用小计”

填报第3+36行的合计金额。

40. 第40行“（一）本年费用化金额”

填报按第39行归集的本年费用化部分金额。

41. 第41行“（二）本年资本化金额”

填报纳税人研发活动本年结转无形资产的金额。

42. 第42行“四、本年形成无形资产摊销额”

填报纳税人研发活动本年形成无形资产的摊销额。

43. 第43行“五、以前年度形成无形资产本年摊销额”

填报纳税人研发活动以前年度形成无形资产本年摊销额。

44. 第44行“六、允许扣除的研发费用合计”

填报第40+42+43行的合计金额。

45. 第45行“减：特殊收入部分”

填报纳税人已归集计入研发费用，但在当期取得的研发过程中形成的下脚料、残次品、中间试制品等特殊收入。

风险点：

（1）该行的“特殊收入部分”，除上述列举的“当期取得的研发过程中形成的下脚料、残次品、中间试制品的收入”；还应包括“取得用于研发活动的财政性资金或政府补助”。

（2）该行的特殊收入，不包括“当年销售研发活动直接形成产品（包括组成部分）对应的材料部分”（此应填入第47行）。

46. 第46行“七、允许扣除的研发费用抵减特殊收入后的金额”

填报第44-45行的余额。

风险点：

当第44-45行为负数时，本行可直接填列为负数，不可填写为0。

47. 第47行“减：当年销售研发活动直接形成产品（包括组成部分）对应的材料部分”

填报纳税人当年销售研发活动直接形成产品（包括组成部分）对应的材料部分。

48. 第48行“以前年度销售研发活动直接形成产品（包括组成部分）对应材料部分结转金额”

填报纳税人以前年度销售研发活动直接形成产品（包括组成部分）对应材料部分结转金额。

49. 第49行“八、加计扣除比例”

纳税人为科技型中小企业的填报75%，其他企业填报50%。

50. 第50行“九、本年研发费用加计扣除总额”

填报第（46-47-48）×49行的金额，当46-47-48<0时，本行=0。

51. 第51行“十、销售研发活动直接形成产品（包括组成部分）对应材料部分结转以后年度扣减金额”

若第46-47-48行≥0，本行=0；若第46-47-48行<0，本行=第46-47-48行的绝对值。

六、“研发费用加计扣除优惠明细表”的表内、表间关系

1. 表内关系

（1）第3行=第4+8+17+20+24+35行。

（2）第4行=第5+6+7行。

（3）第8行=第9+10+…+16行。

（4）第17行=第18+19行。

（5）第20行=第21+22+23行。

（6）第24行=第25+26+27+28行。

（7）第29行=第30+31+32+33+34行。

（8）第36行=第（37-38）行×80%。

（9）第39行=第3+36行。

（10）第44行=第40+42+43行。

（11）第46行=第44-45行。

（12）第50行=第（46-47-48）×49行，当46-47-48<0时，本行=0。

（13）若第46-47-48行≥0，第51行=0；若第46-47-48行<0，第51行=第46-47-48行的绝对值。

2. 表间关系

（1）当“□一般企业 □科技型中小企业”选“一般企业”时，第50行=表A107010第26行。

（2）当“□一般企业 □科技型中小企业”为“科技型中小企业”时，第50行=表A107010第27行。

第26章 “所得减免优惠明细表”的理解与填报

“所得减免优惠明细表”（A107020）适用于享受所得减免优惠的纳税人填报。

纳税人应根据税法及相关税收政策规定，填报本年发生的所得减免优惠情况，本期纳税调整后所得（表A100000第19行）为负数的不需填报本表。

纳税人完成“所得减免优惠明细表”的填报工作，必须认真学习和领会下列税法及相关税收文件：

（1）《中华人民共和国企业所得税法》；

（2）《中华人民共和国企业所得税法实施条例》；

（3）国家税务总局关于印发《税收减免管理办法（试行）》的通知（国税发〔2005〕129号）；

（4）国家税务总局《关于企业所得税减免税管理问题》的通知（国税发〔2008〕111号）；

（5）国家税务总局《关于企业所得税税收优惠管理问题》的补充通知（国税函〔2009〕255号）；

（6）国家税务总局《关于“公司+农户”经营模式企业所得税优惠问题》的公告（2010年第2号）；

（7）国家税务总局《关于实施农、林、牧、渔业项目企业所得税优惠问题》的公告（2011年第48号）；

（8）国家税务总局《关于纳税人采取“公司+农户”经营模式销售畜禽有关增值税问题》的公告（2013年第8号）；

（9）国家税务总局关于发布《企业所得税优惠政策事项办理办法》的公告（2015年第76号）。

一、“所得减免优惠明细表”的焦点问题

税收优惠政策，是指税法对某些纳税人和征税对象给予鼓励和照顾的一种特殊规定。

国家为了扶持某些特定地区、行业、企业和业务的发展，或者对某些具有实际困难的纳税人给予照顾，在税法中作出某些特殊规定，比如免除其应缴纳的全部或者部分税款，或者按照其缴纳税款的一定比例给予返还等等，从而减轻其税收负担。这种在税法中规定的用以减轻某些特定纳税人税收负担的规定，就是税收优惠政策。从严格意义上讲，税收优惠是税法组成部分，属于法的范畴，不属于政策的范畴。但是在实际生活中，我们总是将税收优惠叫做税收优惠政策，这是因为：

首先，我国税法本身就是党和国家政策的具体落实和体现。为了保证党和国家制定的各项政策得到贯彻执行，国家有关部门制定相应的税收法律、法规和规章，使各项政策能落到实处。

其次，国家确定的某些税收优惠方面的政策，直接被赋予以法的含义，直接构成税法的一部分。

税收优惠政策正是税收调节经济职能的具体手段。国家通过税收优惠政策，可以扶持某些特殊地区、产业和产品的发展促进产业结构的调整和社会经济的协调发展；国家通过税收优惠政策，可以增加某些特殊社会成员的收入，提高其收入水平，实现社会公平，促进共同富裕；国家通过税收优惠政策，可以促进某些特殊产品和服务的流通，促进商品交换的发展和市场的繁荣；国家通过税收优惠政策，可以刺激某些特殊产品和服务的消费，促进消费结构的合理化和消费水平的不断提高。

1. 企业所得税减免税管理

2008 年 12 月 1 日，国家税务总局《关于企业所得税减免税管理问题》的通知（国税发〔2008〕111 号）文件，对享受企业所得税优惠政策的管理，作出明确规定，并自 2008 年 1 月 1 日起执行。

（1）企业所得税的各类减免税应按照国家税务总局《关于印发〈税收减免管理办法（试行）〉》的通知（国税发〔2005〕129 号）的相关规定办理。

国税发〔2005〕129 号文件规定与《中华人民共和国企业所得税法》及其实施条例规定不一致的，按《中华人民共和国企业所得税法》及其实施条例的规定执行。

（2）企业所得税减免税实行审批管理的，必须是《中华人民共和国企业所得税法》及其实施条例等法律法规和国务院明确规定需要审批的内容。

对列入备案管理的企业所得税减免的范围、方式，由各省、自治区、直辖市和计划单列市国家税务局、地方税务局（企业所得税管理部门）自行研究确定，但同一省、自治区、直辖市和计划单列市范围内必须一致。

（3）企业所得税减免税期限超过一个纳税年度的，主管税务机关可以进行一次性确认，但每年必须对相关减免税条件进行审核，对情况变化导致不符合减免税条件的，应停止享受减免税政策。

(4) 企业所得税减免税有资质认定要求的，纳税人须先取得有关资质认定，税务部门在办理减免税手续时，可进一步简化手续，具体认定方式由各省、自治区、直辖市和计划单列市国家税务局、地方税务局研究确定。

(5) 对各类企业所得税减免税管理，税务机关应本着精简、高效、便利的原则，方便纳税人，减少报送资料，简化手续。

2. 企业所得税税收优惠管理

2009 年 5 月 15 日，国家税务总局《关于企业所得税税收优惠管理问题的补充通知》（国税函〔2009〕255 号）文件，对（国税发〔2008〕111 号）文件有关问题作了进一步明确，并自 2008 的 1 月 1 日起执行。补充明细如下：

(1) 列入企业所得税优惠管理的各类企业所得税优惠包括免税收入、定期减免税、优惠税率、加计扣除、抵扣应纳税所得额、加速折旧、减计收入、税额抵免和其他专项优惠政策。

(2) 除国务院明确的企业所得税过渡类优惠政策、执行新税法后继续保留执行的原企业所得税优惠政策、新企业所得税法第二十九条规定的民族自治地方企业减免税优惠政策，以及国务院另行规定实行审批管理的企业所得税优惠政策外，其他各类企业所得税优惠政策，均实行备案管理。

(3) 备案管理的具体方式分为事先备案和事后报送相关资料两种。具体划分除国家税务总局确定的外，由各省、自治区、直辖市和计划单列市国家税务局和地方税务局在协商一致的基础上确定。

列入事先备案的税收优惠，纳税人应向税务机关报送相关资料，提请备案，经税务机关登记备案后执行。对需要事先向税务机关备案而未按规定备案的，纳税人不得享受税收优惠；经税务机关审核不符合税收优惠条件的，税务机关应书面通知纳税人不得享受税收优惠。

列入事后报送相关资料的税收优惠，纳税人应按照新企业所得税法及其实施条例和其他有关税收规定，在年度纳税申报时附报相关资料，主管税务机关审核后如发现其不符合享受税收优惠政策的条件，应取消其自行享受的税收优惠，并相应追缴税款。

(4) 今后国家制定的各项税收优惠政策，凡未明确为审批事项的，均实行备案管理。

目前，国家税务总局关于发布《企业所得税优惠政策事项办理办法》的公告（2015 年第 76 号）规定企业所得税优惠采用吧备案制不再执行审批制。

3. 农、林、牧、渔业项目减免税优惠

根据《中华人民共和国企业所得税法》第二十七条规定：“企业的下列所得，可以免征、减征企业所得税：从事农、林、牧、渔业项目的所得。根据《中华人民共和国企业所得税法实施条例》（中华人民共和国国务院令第 512 号）第八十六条规定：“企业所得税法第二十七条第（一）项规定的企业从事农、林、牧、渔业项目的所得，可以免征、减征企业所得税，是指：企业从事下列项目的所得，免征企业所得税：

①蔬菜、谷物、薯类、油料、豆类、棉花、麻类、糖料、水果、坚果的种植；

②农作物新品种的选育；

③中药材的种植；

④林木的培育和种植；

⑤牲畜、家禽的饲养；

⑥林产品的采集；

⑦灌溉、农产品初加工、兽医、农技推广、农机作业和维修等农、林、牧、渔服务业项目；

⑧远洋捕捞。

企业从事下列项目的所得，减半征收企业所得税：

①花卉、茶以及其他饮料作物和香料作物的种植；

②海水养殖、内陆养殖。

企业从事国家限制和禁止发展的项目，不得享受本条规定的企业所得税优惠。

国家税务总局《关于实施农、林、牧、渔业项目企业所得税优惠问题》的公告（2011 年第 48 号）补充规定，企业从事下列项目所得的税务处理：

①猪、兔的饲养，按“牲畜、家禽的饲养”项目处理；【享受免税优惠】

②饲养牲畜、家禽产生的分泌物、排泄物，按“牲畜、家禽的饲养”项目处理；【享受免税优惠】

③观赏性作物的种植，按“花卉、茶及其他饮料作物和香料作物的种植”项目处理；【享受减半征收】

④“牲畜、家禽的饲养”以外的生物养殖项目，按“海水养殖、内陆养殖”项目处理。【享受减半征收】

（1）公司加农户模式。

公式加农户模式享受减免优惠。国家税务总局《关于“公司 + 农户”经营模式企业所得税优惠问题》的通知（2010 年第 2 号）规定：目前，一些企业采取“公司 + 农户”经营模式从事牲畜、家禽的饲养，即公司与农户签订委托养殖合同，向农户提供畜禽苗、饲料、兽药及疫苗等（所有权〈产权〉仍属于公司），农户将畜禽养大成为成品后交付公司回收。鉴于采取“公司 + 农户”经营模式的企业，虽不直接从事畜禽的养殖，但系委托农户饲养，并承担诸如市场、管理、采购、销售等经营职责及绝大部分经营管理风险，公司和农户是劳务外包关系。为此，对此类以“公司 + 农户”经营模式从事农、林、牧、渔业项目生产的企业，可以按照《中华人民共和国企业所得税法实施条例》第八十六条的有关规定，享受减免企业所得税优惠政策。

（2）家庭职工内部承包模式减免优惠。

国家税务总局《关于黑龙江垦区国有农场土地承包费缴纳企业所得税问题的批复》（国税函〔2009〕779 号）规定：黑龙江垦区国有农场实行以家庭承包经营为基础、统分结合的双层经营体制。国有农场作为法人单位，将所拥有的土地发包给农场职工经营，农场职工以家庭为单位成为家庭承包户，属于农场内部非法人组织。农场对家庭承包户实施农业生产经营和企业行政的统一管理，统一为农场职工上交养老、医疗、失业、工伤、生育五项社会保险和农业保险费；家庭承包户按内部合同规定承包，就其农、林、牧、渔业生产取得的收入，以土地承包费名义向农场上缴。

上述承包形式属于农场内部承包经营的形式，黑龙江垦区国有农场从家庭农场承包户以“土地承包费”形式取得的从事农、林、牧、渔业生产的收入，属于农场“从事农、林、牧、渔业项目”的所得，可以适用《中华人民共和国企业所得税法》第二十七条及《中华人民共和国企业所得税法实施细则》第八十六条规定的企业所得税优惠政策。

（3）企业性质的农民专业合作社减免优惠。

国家税务总局《关于实施农、林、牧、渔业项目企业所得税优惠问题》的公告（2011 年第 48 号）规定：根据《中华人民共和国企业所得税法》（以下简称企业所得税法）及《中华人民共和国企业所得税法实施条例》（以下简称实施条例）的规定，现对企业（含企业性质的农民专业合作社，下同）从事农、林、牧、渔业项目的所得，实施企业所得税优惠政策

（4）农林牧渔业项目税收优惠的标准。

国家税务总局《关于实施农、林、牧、渔业项目企业所得税优惠问题》的公告（2011 年第 48 号）规定：企业从事实施条例第八十六条规定的享受税收优惠的农、林、牧、渔业项目，除另有规定外，参照《国民经济行业分类》（GB ÷ T4754 – 2002）的规定标准执行。

企业从事农、林、牧、渔业项目，凡属于《产业结构调整指导目录（2011 年版）》（国家发展和改革委员会令第 9 号）中限制和淘汰类的项目，不得享受实施条例第八十六条规定的优惠政策。

（5）农作物新品种选育的免税所得。

国家税务总局《关于实施农、林、牧、渔业项目企业所得税优惠问题》的公告（2011 年第 48 号）规定：企业从事农作物新品种选育的免税所得，是指企业对农作物进行品种和育种材料选育形成的成果，以及由这些成果形成的种子（苗）等繁殖材料的生产、初加工、销售一体化取得的所得。

（6）林木的培育和种植的免税所得。

国家税务总局《关于实施农、林、牧、渔业项目企业所得税优惠问题》的公告（2011 年第 48 号）规定：企业从事林木的培育和种植的免税所得，是指企业对树木、竹子的育种和育苗、抚育和管理以及规模造林活动取得的所得，包括企业通过拍卖或收购方式取得林木所有权并经过一定的生长周期，对林木进行再培育取得的所得。

（7）农产品初加工减免优惠。

国家税务总局《关于实施农、林、牧、渔业项目企业所得税优惠问题》的公告（2011 年第 48 号）规定，农产品初加工相关事项的税务处理是：

①企业根据委托合同，受托对符合《财政部、国家税务总局关于发布享受企业所得税优惠政策的农产品初加工范围（试行）的通知》（财税〔2008〕149 号）和《财政部、国家税务总局关于享受企业所得税优惠的农产品初加工有关范围的补充通知》（财税〔2011〕26 号）规定的农产品进行初加工服务，其所收取的加工费，可以按照农产品初加工的免税项目处理。

②财税〔2008〕149 号文件规定的“油料植物初加工”工序包括“冷却、过滤”等：“糖料植物初加工”工序包括“过滤、吸附、解析、碳脱、浓缩、干燥”等，其适用时间按照财税〔2011〕26 号文件规定执行。

③企业从事实施条例第八十六条第（二）项适用企业所得税减半优惠的种植、养殖项目，并直接进行初加工且符合农产品初加工目录范围的，企业应合理划分不同项目的各项成本、费用支出，分别核算种植、养殖项目和初加工项目的所得，并各按适用的政策享受税收优惠。

④企业对外购茶叶进行筛选、分装、包装后进行销售的所得，不享受农产品初加工的优惠

政策。

（8）从事远洋捕捞业务取得的所得免征企业所得税。

国家税务总局《关于实施农、林、牧、渔业项目企业所得税优惠问题》的公告（2011年第48号）规定：对取得农业部颁发的“远洋渔业企业资格证书”并在有效期内的远洋渔业企业，从事远洋捕捞业务取得的所得免征企业所得税。

（9）购入农产品进行再种植养殖减免优惠。

国家税务总局《关于实施农、林、牧、渔业项目企业所得税优惠问题》的公告（2011年第48号）规定：企业将购入的农、林、牧、渔产品，在自有或租用的场地进行育肥、育秧等再种植、养殖，经过一定的生长周期，使其生物形态发生变化，且并非由于本环节对农产品进行加工而明显增加了产品的使用价值的，可视为农产品的种植、养殖项目享受相应的税收优惠。

主管税务机关对企业进行农产品的再种植、养殖是否符合上述条件难以确定的，可要求企业提供县级以上农、林、牧、渔业政府主管部门的确认意见。

（10）受托从事农林牧渔业项目取得的收入也享受减免优惠。

国家税务总局《关于实施农、林、牧、渔业项目企业所得税优惠问题》的公告（2011年第48号）规定：企业委托其他企业或个人从事实施条例第八十六条规定农、林、牧、渔业项目取得的所得，可享受相应的税收优惠政策。

企业受托从事实施条例第八十六条规定农、林、牧、渔业项目取得的收入，比照委托方享受相应的税收优惠政策。

（11）单独计算优惠项目。

国家税务总局《关于实施农、林、牧、渔业项目企业所得税优惠问题》的公告（2011年第48号）规定：企业同时从事适用不同企业所得税政策规定项目的，应分别核算，单独计算优惠项目的计税依据及优惠数额；分别核算不清的，可由主管税务机关按照比例分摊法或其他合理方法进行核定。

（12）备案资料。

国家税务总局关于发布《企业所得税优惠政策事项办理办法》的公告（2015年第76号）规定，享受税收优惠备案资料如下：

①企业所得税优惠事项备案表；

②有效期内的远洋渔业企业资格证书（从事远洋捕捞业务的）；

③从事农作物新品种选育的认定证书（从事农作物新品种选育的）。

（13）备查资料。

国家税务总局关于发布《企业所得税优惠政策事项办理办法》的公告（2015年第76号）规定，享受税收优惠备查资料如下：

①有效期内的远洋渔业企业资格证书（从事远洋捕捞业务的）；

②从事农作物新品种选育的认定证书（从事农作物新品种选育的）；

③与农户签订的委托养殖合同（“公司+农户”经营模式的企业）；

④与家庭承包户签订的内部承包合同（国有农场实行内部家庭承包经营）；

⑤农产品初加工项目及工艺流程说明（二个或二个以上的分项目说明）；

⑥同时从事适用不同企业所得税待遇项目的，每年度单独计算减免税项目所得的计算过程及其相关账册，期间费用合理分摊的依据和标准；

⑦省税务机关规定的其他资料。

（14）享受税收优惠与备案资料时间。

国家税务总局关于发布《企业所得税优惠政策事项办理办法》的公告（2015 年第 76 号）规定，预缴环节汇算清缴环节均可以享受税收优惠，不迟于汇算清缴前办理备案。

4. 国家重点扶持的公共基础设施项目税收优惠

根据《中华人民共和国企业所得税法》（以下简称企业所得税法）和《中华人民共和国企业所得税法实施条例》（国务院令第 512 号）的有关规定，经国务院批准，财政部 税务总局发展改革委公布了《公共基础设施项目企业所得税优惠目录》规定：对居民企业（以下简称企业）经有关部门批准，从事符合《公共基础设施项目企业所得税优惠目录》（以下简称《目录》）规定范围、条件和标准的公共基础设施项目的投资经营所得，自该项目取得第一笔生产经营收入所属纳税年度起，第一年至第三年免征企业所得税，第四年至第六年减半征收企业所得税。

财政部、国家税务总局《关于支持农村饮水安全工程建设运营税收政策》的通知（财税〔2012〕30 号）规定：对饮水工程运营管理单位从事《公共基础设施项目企业所得税优惠目录》规定的饮水工程新建项目投资经营的所得，自项目取得第一笔生产经营收入所属纳税年度起，第一年至第三年免征企业所得税，第四年至第六年减半征收企业所得税。本文所称饮水工程，是指为农村居民提供生活用水而建设的供水工程设施。本文所称饮水工程运营管理单位是指负责农村饮水安全工程运营管理的自来水公司、供水公司、供水（总）站（厂、中心）、村集体、在民政部门注册登记的用水户协会等单位。对于既向城镇居民供水，又向农村居民供水的饮水工程运营管理单位，依据向农村居民供水收入占总供水收入的比例免征增值税；依据向农村居民供水量占总供水量的比例免征契税、印花税、房产税和城镇土地使用税。无法提供具体比例或所提供数据不实的，不得享受上述税收优惠政策。

（1）第一笔收入的界定。

国家税务总局《关于实施国家重点扶持的公共基础设施项目企业所得税优惠问题》的通知（国税发〔2009〕80 号）规定：所称第一笔生产经营收入，是指公共基础设施项目建成并投入运营（包括试运营）后所取得的第一笔主营业务收入。

财政部、国家税务总局《关于执行公共基础设施项目企业所得税优惠目录有关问题》的通知（财税〔2008〕46 号）规定：

第一笔生产经营收入，是指公共基础设施项目已建成并投入运营后所取得的第一笔收入。

【案列分析】

年限	会计利润	应纳税所得	减免税情况	备　注
2015 年 9 月 第一笔收入开始	-10000	-12000	第一年免税	亏损年度也算 优惠期一年指标
2016	10000	12000	第二年免税	免税

续表

年限	会计利润	应纳税所得	减免税情况	备　注
2017	10000	13000	第三年免税	免税
2018	10000	14000	第四年减半征收	14000×50%×25%
2019	10000	11000	第五年减半征收	11000×50%×25%
2020	10000	12000	第六年减半征收	12000×50%×25%

（2）采用一次核准分批次建设时分别享受优惠。

财政部、国家税务总局《关于公共基础设施项目享受企业所得税优惠政策问题的补充通知》（财税〔2014〕55号）规定：企业投资经营符合《公共基础设施项目企业所得税优惠目录》规定条件和标准的公共基础设施项目，采用一次核准、分批次（如码头、泊位、航站楼、跑道、路段、发电机组等）建设的，凡同时符合以下条件的，可按每一批次为单位计算所得，并享受企业所得税"三免三减半"优惠：

①不同批次在空间上相互独立；

②每一批次自身具备取得收入的功能；

③以每一批次为单位进行会计核算，单独计算所得，并合理分摊期间费用。

案例：甲公司采用一次核准、分批次建设的前后两个符号条件的码头项目对外经营，A项目2015年第一笔收入开始【无论是否盈亏】；B项目2017年第一笔收入开始【无论是否盈亏】，其享受优惠年度如下：

项目	2015	2016	2017	2018	2019	2020	2021	2022
A	免税	免税	免税	减半	减半	减半		
B			免税	免税	免税	减半	减半	减半

（3）承包经营承包建设和内部自建自用不能享受优惠。

《中华人民共和国企业所得税法》（以下简称企业所得税法）和《中华人民共和国企业所得税法实施条例》（国务院令第512号）的有关规定企业从事承包经营、承包建设和内部自建自用《目录》规定项目的所得，不得享受前款规定的企业所得税优惠。

国家税务总局《关于实施国家重点扶持的公共基础设施项目企业所得税优惠问题》的通知（国税发〔2009〕80号）规定：所称承包经营，是指与从事该项目经营的法人主体相独立的另一法人经营主体，通过承包该项目的经营管理而取得劳务性收益的经营活动。所称承包建设，是指与从事该项目经营的法人主体相独立的另一法人经营主体，通过承包该项目的工程建设而取得建筑劳务收益的经营活动。所称内部自建自用，是指项目的建设仅作为本企业主体经营业务的设施，满足本企业自身的生产经营活动需要，而不属于向他人提供公共服务业务的公共基础设施建设项目。

（4）期间费用分摊。

国家税务总局《关于实施国家重点扶持的公共基础设施项目企业所得税优惠问题》的通知（国税发〔2009〕80号）规定：企业同时从事不在《目录》范围的生产经营项目取得的所得，应与享受优惠的公共基础设施项目经营所得分开核算，并合理分摊企业的期间共同费用；没有单独核算的，不得享受上述企业所得税优惠。

期间共同费用的合理分摊比例可以按照投资额、销售收入、资产额、人员工资等参数确定。上述比例一经确定，不得随意变更。凡特殊情况需要改变的，需报主管税务机关核准。

国家税务总局《关于电网企业电网新建项目享受所得税优惠政策问题》的公告（2013 年第 26 号）规定：根据《中华人民共和国企业所得税法》及其实施条例的有关规定，居民企业从事符合《公共基础设施项目企业所得税优惠目录（2008 年版）》规定条件和标准的电网（输变电设施）的新建项目，可依法享受“三免三减半”的企业所得税优惠政策。基于企业电网新建项目的核算特点，暂以资产比例法，即以企业新增输变电固定资产原值占企业总输变电固定资产原值的比例，合理计算电网新建项目的应纳税所得额，并据此享受“三免三减半”的企业所得税优惠政策。电网企业新建项目享受优惠的具体计算方法如下：

①对于企业能独立核算收入的 330 千伏以上跨省及长度超过 200 千米的交流输变电新建项目和 500 千伏上直流输变电新建项目，应在项目投运后，按该项目营业收入、营业成本等单独计算其应纳税所得额；该项目应分摊的期间费用，可按照企业期间费用与分摊比例计算确定，计算公式为：

应分摊的期间费用 = 企业期间费用 × 分摊比例

第一年分摊比例 = 该项目输变电资产原值 ÷［（当年企业期初总输变电资产原值 + 当年企业期末总输变电资产原值）÷2］×（当年取得第一笔生产经营收入至当年底的月份数 ÷12）

第二年及以后年度分摊比例 = 该项目输变电资产原值 ÷［（当年企业期初总输变电资产原值 + 当年企业期末总输变电资产原值）÷2］

对于企业符合优惠条件但不能独立核算收入的其他新建输变电项目，可先依照企业所得税法及相关规定计算出企业的应纳税所得额，再按照项目投运后的新增输变电固定资产原值占企业总输变电固定资产原值的比例，计算得出该新建项目减免的应纳税所得额。享受减免的应纳税所得额计算公式为：

当年减免的应纳税所得额 = 当年企业应纳税所得额 × 减免比例

减免比例 =［当年新增输变电资产原值 ÷（当年企业期初总输变电资产原值 + 当年企业期末总输变电资产原值）÷2］×1 ÷2 +（符合税法规定、享受到第二年和第三年输变电资产原值之和 ÷［（当年企业期初总输变电资产原值 + 当年企业期末总输变电资产原值）÷2］+［符合税法规定、享受到第四年至第六年输变电资产原值之和 ÷（当年企业期初总输变电资产原值 + 当年企业期末总输变电资产原值）÷2］×1 ÷2

依照本公告规定享受有关企业所得税优惠的电网企业，应对其符合税法规定的电网新增输变电资产按年建立台账，并将相关资产的竣工决算报告和相关项目政府核准文件的复印件于次年 3 月 31 日前报当地主管税务机关备案。

（5）新企业所得税法实施前的老项目符合条件的继续享受优惠。

财政部、国家税务总局《关于公共基础设施项目和环境保护节能节水项目企业所得税优惠政策问题》的通知（财税〔2012〕10 号）规定：企业从事符合《公共基础设施项目企业所得税优惠目录》规定、于 2007 年 12 月 31 日前已经批准的公共基础设施项目投资经营的所得，以及从事符合《环境保护、节能节水项目企业所得税优惠目录》规定、于 2007 年 12 月 31 日前已经批准的环境保护、节能节水项目的所得，可在该项目取得第一笔生产经营收入所属纳税年度起，按新税法规定计算的企业所得税“三免三减半”优惠期间内，自2008年1月1日起享受其剩余年限的减免企业所得税优惠。

如企业既符合享受上述税收优惠政策的条件，又符合享受《国务院关于实施企业所得税过渡优惠政策的通知》（国发〔2007〕39号）第一条规定的企业所得税过渡优惠政策的条件，由企业选择最优惠的政策执行，不得叠加享受。

（6）减免优惠期间转让项目。

国家税务总局《关于实施国家重点扶持的公共基础设施项目企业所得税优惠问题》的通知（国税发〔2009〕80号）规定：企业在减免税期限内转让所享受减免税优惠的项目，受让方承续经营该项目的，可自受让之日起，在剩余优惠期限内享受规定的减免税优惠；减免税期限届满后转让的，受让方不得就该项目重复享受减免税优惠。

（7）后续管理。

国家税务总局《关于实施国家重点扶持的公共基础设施项目企业所得税优惠问题》的通知（国税发〔2009〕80号）规定：企业因生产经营发生变化或因《目录》调整，不再符合本办法规定减免税条件的，企业应当自发生变化15日内向主管税务机关提交书面报告并停止享受优惠，依法缴纳企业所得税。税务机关应结合纳税检查、执法检查或其他专项检查，每年定期对企业享受公共基础设施项目企业所得税减免税款事项进行核查，核查的主要内容包括：

①企业是否继续符合减免所得税的资格条件，所提供的有关情况证明材料是否真实。

②企业享受减免企业所得税的条件发生变化时，是否及时将变化情况报送税务机关，并根据本办法规定对适用优惠进行了调整。

企业实际经营情况不符合企业所得税减免税规定条件的或采取虚假申报等手段获取减免税的、享受减免税条件发生变化未及时向税务机关报告的，以及未按本办法规定程序报送备案资料而自行减免税的，企业主管税务机关应按照税收征管法有关规定进行处理。

（8）享受税收优惠备案资料。

①企业所得税优惠事项备案表；

②有关部门批准该项目文件。

（9）享受税收优惠备查资料。

①有关部门批准该项目文件；

②公共基础设施项目建成并投入运行后取得的第一笔生产经营收入凭证（原始凭证及账务处理凭证）；

③公共基础设施项目完工验收报告；

④公共基础设施项目投资额验资报告；

⑤同时从事适用不同企业所得税待遇项目的，每年度单独计算减免税项目所得的计算过程及其相关账册，合理分摊期间共同费用的核算办法；

⑥项目权属变动情况及转让方已享受优惠情况的说明及证明资料（优惠期间项目权属发生变动时准备）；

⑦省税务机关规定的其他资料。

（10）享受税收优惠与备案时间。

国家税务总局关于发布《企业所得税优惠政策事项办理办法》的公告（2015 年第 76 号）规定：预缴环节汇算清缴环节均可以享受税收优惠，不迟于汇算清缴前办理备案。

5. 符合条件的环境保护节能节水项目税收优惠

《中华人民共和国企业所得税法》第二十七条第三款，《中华人民共和国企业所得税法实施条例》第八十八条、第八十九条规定：企业从事《环境保护、节能节水项目企业所得税优惠目录》所列项目的所得，自项目取得第一笔生产经营收入所属纳税年度起，第一年至第三年免征企业所得税，第四年至第六年减半征收企业所得税。（定期减免税）。

（1）企业所得税优惠目录。

财政部、国家税务总局、国家发展改革委《关于公布环境保护节能节水项目企业所得税优惠目录（试行)》的通知（财税〔2009〕166 号）规定：《环境保护、节能节水项目企业所得税优惠目录（试行)》，已经国务院批准，现予以公布，自 2008 年 1 月 1 日起施行。环境保护 节能节水项目企业所得税优惠目录（试行）见原文，此处不再累述。

自 2016 年 1 月 1 日起执行，财政部、国家税务总局、国家发展改革委关于垃圾填埋沼气发电列入《环境保护、节能节水项目企业所得税优惠目录（试行)》的通知（财税〔2016〕131 号）规定：将垃圾填埋沼气发电项目列入《财政部 国家税务总局 国家发展改革委关于公布环境保护节能节水项目企业所得税优惠目录（试行）的通知》（财税〔2009〕166 号）规定的“沼气综合开发利用”范围。企业从事垃圾填埋沼气发电项目取得的所得，符合《环境保护、节能节水项目企业所得税优惠目录（试行)》规定优惠政策条件的，可依照规定享受企业所得税优惠。

（2）新企业所得税法实施前的老项目符合条件的继续享受优惠。

财政部、国家税务总局《关于公共基础设施项目和环境保护节能节水项目企业所得税优惠政策问题》的通知（财税〔2012〕10 号）规定：企业从事符合《公共基础设施项目企业所得税优惠目录》规定、于 2007 年 12 月 31 日前已经批准的公共基础设施项目投资经营的所得，以及从事符合《环境保护、节能节水项目企业所得税优惠目录》规定、于 2007 年 12 月 31 日前已经批准的环境保护、节能节水项目的所得，可在该项目取得第一笔生产经营收入所属纳税年度起，按新税法规定计算的企业所得税“三免三减半”优惠期间内，自 2008 年 1 月 1 日起享受其剩余年限的减免企业所得税优惠。

如企业既符合享受上述税收优惠政策的条件，又符合享受《国务院关于实施企业所得税过渡优惠政策的通知》（国发〔2007〕39 号）第一条规定的企业所得税过渡优惠政策的条件，由企业选择最优惠的政策执行，不得叠加享受。

（3）享受税收优惠备案资料。

国家税务总局关于发布《企业所得税优惠政策事项办理办法》的公告（2015 年第 76 号）规定：提供企业所得税优惠事项备案表。

（4）享受税收优惠备查资料。

①该项目符合《环境保护、节能节水项目企业所得税优惠目录》的相关证明；

②环境保护、节能节水项目取得的第一笔生产经营收入凭证；

③环境保护、节能节水项目所得单独核算资料，以及合理分摊期间共同费用的核算资料；

④项目权属变动情况及转让方已享受优惠情况的说明及证明资料（优惠期间项目权属发生变动）；

⑤省税务机关规定的其他资料。

（5）享受税收优惠与备案资料时间。

国家税务总局关于发布《企业所得税优惠政策事项办理办法》的公告（2015年第76号）规定，预缴环节汇算清缴环节均可以享受税收优惠，不迟于汇算清缴前办理备案。

6. 符合条件的技术转让项目税收优惠

《中华人民共和国企业所得税法》第二十七条第四款；《中华人民共和国企业所得税法实施条例》第九十条；国家税务总局《关于技术转让所得减免企业所得税有关问题》的通知（国税函〔2009〕212号）；财政部、国家税务总局《关于居民企业技术转让有关企业所得税政策问题》的通知（财税〔2010〕111号）；国家税务总局《关于技术转让所得减免企业所得税有关问题》的公告（2013年第62号）；财政部、国家税务总局《关于将国家自主创业示范区有关税收试点政策推广到全国范围实施》的通知（财税〔2015〕116号）规定：一个纳税年度内，居民企业技术转让所得不超过500万元的部分，免征企业所得税；超过500万元的部分，减半征收企业所得税。

【案例1】

【基本情况】

甲公司高新技术企业，2017年3月技术转让收入1000万元，无形资产原值1500万元，直到转让是已经累计摊销1300万元；全年含技术转让销售收入10000万元，期间费用1500万元。2017年当季度含技术转让销售收入3000万元，一季度期间费用400万元。

【计算分析】

甲公司全年只有一次技术转让业务。

技术转让所得额=1000－（1500－1300）－1000÷10000×1500=650万元。

650万元所得额中500万元部分享受免税优惠，超过500万元的150万元享受减半征收，技术转让应纳税额=150×50%×25%=18.75万元。

应为技术转让是以年为计算，因此上述公式计算数据不能采用季度数据。技术转让属于项目优惠，减半征收是指所得额减半不是税率25%减半后的12.5%。

（1）技术转让的界定。

国家税务总局《关于技术转让所得减免企业所得税有关问题》的通知（国税函〔2009〕212号）规定：根据企业所得税法第二十七条第（四）项规定，享受减免企业所得税优惠的技术转让应符合以下条件：

①享受优惠的技术转让主体是企业所得税法规定的居民企业；

②技术转让属于财政部、国家税务总局规定的范围；

③境内技术转让经省级以上科技部门认定；

④向境外转让技术经省级以上商务部门认定；

⑤国务院税务主管部门规定的其他条件。

财政部、国家税务总局《关于居民企业技术转让有关企业所得税政策问题》的通知（财税〔2010〕111号）规定：技术转让的范围，包括居民企业转让专利技术、计算机软件著作权、集成电路布图设计权、植物新品种、生物医药新品种，以及财政部和国家税务总局确定的其他技术。其中：专利技术，是指法律授予独占权的发明、实用新型和非简单改变产品图案的外观设计。

财政部、国家税务总局《关于将国家自主创新示范区有关税收试点政策推广到全国范围实施》的通知（财税〔2015〕116号）规定：所称技术，包括专利（含国防专利）、计算机软件著作权、集成电路布图设计专有权、植物新品种权、生物医药新品种，以及财政部和国家税务总局确定的其他技术。其中，专利是指法律授予独占权的发明、实用新型以及非简单改变产品图案和形状的外观设计。

国家税务总局《关于许可使用权技术转让所得企业所得税有关问题》的公告（2015年第82号）补充规定：技术所有权的权属由国务院行政主管部门确定。其中，专利由国家知识产权局确定权属；国防专利由总装备部确定权属；计算机软件著作权由国家版权局确定权属；集成电路布图设计专有权由国家知识产权局确定权属；植物新品种权由农业部确定权属；生物医药新品种由国家食品药品监督管理总局确定权属。

（2）所有权转让。

《企业所得税法实施条例》第九十条规定：企业所得税法第二十七条第（四）项所称符合条件的技术转让所得免征、减征企业所得税，是指一个纳税年度内，居民企业技术转让所得不超过500万元的部分，免征企业所得税；超过500万元的部分，减半征收企业所得税。

财政部、国家税务总局《关于居民企业技术转让有关企业所得税政策问题》的通知（财税〔2010〕111号）规定：称技术转让，是指居民企业转让其拥有符合本通知第一条规定技术的所有权或5年以上（含5年）全球独占许可使用权的行为。

财政部、国家税务总局《关于将国家自主创新示范区有关税收试点政策推广到全国范围实施》的通知（财税〔2015〕116号）规定：自2015年10月1日起，全国范围内的居民企业转让5年以上非独占许可使用权取得的技术转让所得，纳入享受企业所得税优惠的技术转让所得范围。居民企业的年度技术转让所得不超过500万元的部分，免征企业所得税；超过500万元的部分，减半征收企业所得税。

【案例2】

【基本情况】

甲高新技术企业2015年自己研发成功并计入无形资产专利原值5000万元，税法会计均按10年摊销，该专利2017年自己使用同时又特许使用权给乙企业5年，每年特许使用费800万元，2017年含特许使用收入的销售收入合计16000万元，其中自用该技术生产产品销售收入7200万元，全年期间费用2000万元。

【计算分析】

根据财税〔2016〕36号规定技术转让免征增值税，因此特许使用费收入在企业所得税上确认收入800万元，该无形资产专利每年摊销5000÷10=500万元，用于特许使用费收入与自用该专利生产产品收入8000万元，计算得出特许使用费收入对应应分摊专利摊销成本为800÷（800+7200）×每年摊销500万元=50万元。同时应分摊期间费用为800÷16000×2000=100万元。

特许使用费应纳税所得额 = 特许使用费收入 800—分摊专利摊销成本 50—分摊的期间费用 100 = 650万元。

其中500万元所得额免税，超过500万元部分所得额150减半征收，此部分应纳税为150 × 50% ×25% =18.756万元。

（3）许可使用权转让优惠政策。

国家税务总局《关于许可使用权技术转让所得企业所得税有关问题》的公告（2015年第82号）补充规定：自2015年10月1日起，全国范围内的居民企业转让5年（含，下同）以上非独占许可使用权取得的技术转让所得，纳入享受企业所得税优惠的技术转让所得范围。居民企业的年度技术转让所得不超过500万元的部分，免征企业所得税；超过500万元的部分，减半征收企业所得税。企业转让符合条件的5年以上非独占许可使用权的技术，限于其拥有所有权的技术。技术所有权的权属由国务院行政主管部门确定。其中，专利由国家知识产权局确定权属；国防专利由总装备部确定权属；计算机软件著作权由国家版权局确定权属；集成电路布图设计专有权由国家知识产权局确定权属；植物新品种权由农业部确定权属；生物医药新品种由国家食品药品监督管理总局确定权属。

（4）技术转让收入。

国家税务总局《关于技术转让所得减免企业所得税有关问题》的公告（2013年第62号）规定：自2013年11月1日起，可以计入技术转让收入的技术咨询、技术服务、技术培训收入，是指转让方为使受让方掌握所转让的技术投入使用、实现产业化而提供的必要的技术咨询、技术服务、技术培训所产生的收入，并应同时符合以下条件：

①在技术转让合同中约定的与该技术转让相关的技术咨询、技术服务、技术培训；

②技术咨询、技术服务、技术培训收入与该技术转让项目收入一并收取价款。

（5）技术转让不能享受优惠的情况。

①未分摊期间费用。国家税务总局《关于技术转让所得减免企业所得税有关问题》的通知（国税函〔2009〕212号）规定：享受技术转让所得减免企业所得税优惠的企业，应单独计算技术转让所得，并合理分摊企业的期间费用；没有单独计算的，不得享受技术转让所得企业所得税优惠。

②居民企业从直接或间接持有股权之和达到100%的关联方取得的技术转让所得。财政部、国家税务总局《关于居民企业技术转让有关企业所得税政策问题》的通知（财税〔2010〕111号）规定：居民企业从直接或间接持有股权之和达到100%的关联方取得的技术转让所得，不享受技术转让减免企业所得税优惠政策。

③居民企业取得禁止出口和限制出口技术转让所得。财政部、国家税务总局《关于居民企业技术转让有关企业所得税政策问题》的通知（财税〔2010〕111号）规定：居民企业技术出口应由有关部门按照商务部、科技部发布的《中国禁止出口限制出口技术目录》（商务部、科技部令2008年第12号）进行审查。居民企业取得禁止出口和限制出口技术转让所得，不享受技术转让减免企业所得税优惠政策。

④未按规定办理备案的，不能享受税收优惠。

（6）技术转让要分摊期间费用。

《企业所得税法实施条例》第九十条规定：企业所得税法第二十七条第（四）项所称符合条件

的技术转让所得免征、减征企业所得税，是指一个纳税年度内，居民企业技术转让所得不超过500万元的部分，免征企业所得税；超过500万元的部分，减半征收企业所得税。

国家税务总局《关于技术转让所得减免企业所得税有关问题》的通知（国税函〔2009〕212号）规定：符合条件的技术转让所得应按以下方法计算：

技术转让所得＝技术转让收入－技术转让成本－相关税费

技术转让收入是指当事人履行技术转让合同后获得的价款，不包括销售或转让设备、仪器、零部件、原材料等非技术性收入。不属于与技术转让项目密不可分的技术咨询、技术服务、技术培训等收入，不得计入技术转让收入。

技术转让成本是指转让的无形资产的净值，即该无形资产的计税基础减除在资产使用期间按照规定计算的摊销扣除额后的余额。相关税费是指技术转让过程中实际发生的有关税费，包括除企业所得税和允许抵扣的增值税以外的各项税金及其附加、合同签订费用、律师费等相关费用及其他支出。

国家税务总局《关于许可使用权技术转让所得企业所得税有关问题》的公告（2015年第82号）补充规定：符合条件的5年以上非独占许可使用权技术转让所得应按以下方法计算：

技术转让所得＝技术转让收入－无形资产摊销费用－相关税费－应分摊期间费用

技术转让收入是指转让方履行技术转让合同后获得的价款，不包括销售或转让设备、仪器、零部件、原材料等非技术性收入。不属于与技术转让项目密不可分的技术咨询、服务、培训等收入，不得计入技术转让收入。技术许可使用权转让收入，应按转让协议约定的许可使用权人应付许可使用权使用费的日期确认收入的实现。

无形资产摊销费用是指该无形资产按税法规定当年计算摊销的费用。涉及自用和对外许可使用的，应按照受益原则合理划分。

相关税费是指技术转让过程中实际发生的有关税费，包括除企业所得税和允许抵扣的增值税以外的各项税金及其附加、合同签订费用、律师费等相关费用。

应分摊期间费用（不含无形资产摊销费用和相关税费）是指技术转让按照当年销售收入占比分摊的期间费用。

（7）技术投资递延纳税优惠。

财政部、国家税务总局《关于完善股权激励和技术入股有关所得税政策》的通知（财税〔2016〕101号）规定：企业或个人以技术成果投资入股到境内居民企业，被投资企业支付的对价全部为股票（权）的，企业或个人可选择继续按现行有关税收政策执行，也可选择适用递延纳税优惠政策。

选择技术成果投资入股递延纳税政策的，经向主管税务机关备案，投资入股当期可暂不纳税，允许递延至转让股权时，按股权转让收入减去技术成果原值和合理税费后的差额计算缴纳所得税。

企业或个人选择适用上述任一项政策，均允许被投资企业按技术成果投资入股时的评估值入账并在企业所得税前摊销扣除。

技术成果是指专利技术（含国防专利）、计算机软件著作权、集成电路布图设计专有权、植物新品种权、生物医药新品种，以及科技部、财政部、国家税务总局确定的其他技术成果。

技术成果投资入股，是指纳税人将技术成果所有权让渡给被投资企业、取得该企业股票（权）的行为。

（8）享受税收优惠备案资料。

国家税务总局关于发布《企业所得税优惠政策事项办理办法》的公告（2015 年第 76 号）规定：①企业所得税优惠事项备案表；②所转让技术产权证明。

（9）享受税收优惠备查资料。

国家税务总局关于发布《企业所得税优惠政策事项办理办法》的公告（2015 年第 76 号）规定：

①所转让的技术产权证明。

②企业发生境内技术转让。

A. 技术转让合同（副本）；

B. 省级以上科技部门出具的技术合同登记证明；

C. 技术转让所得归集、分摊、计算的相关资料；

D. 实际缴纳相关税费的证明资料。

③企业向境外转让技术：

A. 技术出口合同（副本）；

B. 省级以上商务部门出具的技术出口合同登记证书或技术出口许可证；

C. 技术出口合同数据表；

D. 技术转让所得归集、分摊、计算的相关资料；

E. 实际缴纳相关税费的证明资料；

F. 有关部门按照商务部、科技部发布的《中国禁止出口限制出口技术目录》出具的审查意见。

④转让技术所有权的，其成本费用情况；转让使用权的，其无形资产摊销费用情况。

⑤技术转让年度，转让双方股权关联情况。

（10）享受税收优惠与备案时间。

国家税务总局关于发布《企业所得税优惠政策事项办理办法》的公告（2015 年第 76 号）规定：预缴环节汇算清缴环节均可以享受税收优惠，不迟于汇算清缴前办理备案。

7. 实施清洁机制发展项目税收优惠

财政部、国家税务总局《关于中国清洁发展机制基金及清洁发展机制项目实施企业有关企业所得税政策问题》的通知（财税〔2009〕30 号）规定：清洁发展机制项目（以下简称 CDM 项目）实施企业将温室气体减排量转让收入的65%上缴给国家的 HFC 和 PFC 类 CDM 项目，以及将温室气体减排量转让收入的 30%上缴给国家的 N2O 类 CDM 项目，其实施该类 CDM 项目的所得，自项目取得第一笔减排量转让收入所属纳税年度起，第一年至第三年免征企业所得税，第四年至第六年减半征收企业所得税。（定期减免税）

（1）享受税收优惠条件。

财政部、国家税务总局《关于中国清洁发展机制基金及清洁发展机制项目实施企业有关企业所得税政策问题》的通知（财税〔2009〕30 号）规定：关于 CDM 项目实施企业的企业所得税政策，CDM 项目实施企业按照《清洁发展机制项目运行管理办法》（发展改革委、科技部、外交部、财政部令第37号）的规定，将温室气体减排量的转让收入，按照以下比例上缴给国家的部分，准予在计算应纳税所得额时扣除：

①氢氟碳化物（HFC）和全氟碳化物（PFC）类项目，为温室气体减排量转让收入的65%；

②氧化亚氮（N2O）类项目，为温室气体减排量转让收入的30%；

③《清洁发展机制项目运行管理办法》第四条规定的重点领域以及植树造林项目等类清洁发展机制项目，为温室气体减排量转让收入的2%。

（2）享受税收优惠的计算。

企业实施CDM项目的所得，是指企业实施CDM项目取得的温室气体减排量转让收入扣除上缴国家的部分，再扣除企业实施CDM项目发生的相关成本、费用后的净所得。

企业应单独核算其享受优惠的CDM项目的所得，并合理分摊有关期间费用，没有单独核算的，不得享受上述企业所得税优惠政策。

（3）备案资料。

国家税务总局关于发布《企业所得税优惠政策事项办理办法》的公告（2015年第76号）规定：1. 企业所得税优惠事项备案表；2. 清洁发展机制项目立项有关文件。

（4）备查资料。

国家税务总局关于发布《企业所得税优惠政策事项办理办法》的公告（2015年第76号）规定：

①清洁发展机制项目立项有关文件；

②企业将温室气体减排量转让的HFC和PFC类CDM项目，及将温室气体减排量转让的N20类CDM项目的证明材料；

③将温室气体减排量转让收入上缴给国家的证明资料；

④清洁发展机制项目第一笔减排量转让收入凭证；

⑤清洁发展机制项目所得单独核算资料，以及合理分摊期间共同费用的核算资料。

（5）享受税收优惠与备案时间。

国家税务总局关于发布《企业所得税优惠政策事项办理办法》的公告（2015年第76号）规定：预缴环节汇算清缴环节均可以享受税收优惠，不迟于汇算清缴前办理备案。

8. 符合条件的节能服务公司实施合同能源管理项目税收优惠

（1）第一笔生产经营收入所属纳税年度起三免三减半。

财政部、国家税务总局《关于促进节能服务产业发展增值税营业税和企业所得税政策问题》的通知（财税〔2010〕110号）第二条、国家税务总局、国家发展改革委《关于落实节能服务企业合同能源管理项目企业所得税优惠政策有关征收管理问题》的公告（国家税务总局 国家发展改革委公告2013年第77号）规定：对符合条件的节能服务公司实施合同能源管理项目，符合企业所得税税法有关规定的，自项目取得第一笔生产经营收入所属纳税年度起，第一年至第三年免征企业所得税，第四年至第六年按照25%的法定税率减半征收企业所得税。（定期减免税）

（2）短于6年时按实际分享期享受优惠。

国家税务总局、国家发展改革委《关于落实节能服务企业合同能源管理项目企业所得税优惠政策有关征收管理问题》的公告（国家税务总局 国家发展改革委公告2013年第77号）规定：对实施节能效益分享型合同能源管理项目（以下简称项目）的节能服务企业，凡实行查账征收所得税的居民企业并符合企业所得税法和本公告有关规定的，该项目可享受财税〔2010〕110号规定的企业所得税“三免三减半”优惠政策。如节能服务企业的分享型合同约定的效益分享期短于6年的，按实际分享期享受优惠。

（3）项目转让优惠过渡。

国家税务总局、国家发展改革委《关于落实节能服务企业合同能源管理项目企业所得税优惠政策有关征收管理问题》的公告（国家税务总局 国家发展改革委公告2013年第77号）规定：节能服务企业享受“三免三减半”项目的优惠期限，应连续计算。对在优惠期限内转让所享受优惠的项目给其他符合条件的节能服务企业，受让企业承续经营该项目的，可自项目受让之日起，在剩余期限内享受规定的优惠；优惠期限届满后转让的，受让企业不得就该项目重复享受优惠。

（4）合同能源管理项目有关资产处理。

财政部、国家税务总局《关于促进节能服务产业发展增值税营业税和企业所得税政策问题》的通知（财税〔2010〕110号）规定：对符合条件的节能服务公司，以及与其签订节能效益分享型合同的用能企业，实施合同能源管理项目有关资产的企业所得税税务处理按以下规定执行：

①用能企业按照能源管理合同实际支付给节能服务公司的合理支出，均可以在计算当期应纳税所得额时扣除，不再区分服务费用和资产价款进行税务处理；

②能源管理合同期满后，节能服务公司转让给用能企业的因实施合同能源管理项目形成的资产，按折旧或摊销期满的资产进行税务处理，用能企业从节能服务公司接受有关资产的计税基础也应按折旧或摊销期满的资产进行税务处理；

③能源管理合同期满后，节能服务公司与用能企业办理有关资产的权属转移时，用能企业已支付的资产价款，不再另行计入节能服务公司的收入。

国家税务总局、国家发展改革委《关于落实节能服务企业合同能源管理项目企业所得税优惠政策有关征收管理问题》的公告（国家税务总局 国家发展改革委公告2013年第77号）规定：节能服务企业投资项目所发生的支出，应按税法规定作资本化或费用化处理。形成的固定资产或无形资产，应按合同约定的效益分享期计提折旧或摊销。

节能服务企业应分别核算各项目的成本费用支出额。对在合同约定的效益分享期内发生的期间费用划分不清的，应合理进行分摊，期间费用的分摊应按照项目投资额和销售（营业）收入额两个因素计算分摊比例，两个因素的权重各为50%。

（5）符合条件应同时满足的条件。

财政部、国家税务总局《关于促进节能服务产业发展增值税营业税和企业所得税政策问题》的通知（财税〔2010〕110号）规定：所称“符合条件”是指同时满足以下条件：

①具有独立法人资格，注册资金不低于100万元，且能够单独提供用能状况诊断、节能项目设计、融资、改造（包括施工、设备安装、调试、验收等）、运行管理、人员培训等服务的专业化节能服务公司；

②节能服务公司实施合同能源管理项目相关技术应符合国家质量监督检验检疫总局和国家标准

化管理委员会发布的《合同能源管理技术通则》（GB ÷ T24915 – 2010）规定的技术要求；

③节能服务公司与用能企业签订《节能效益分享型》合同，其合同格式和内容，符合《合同法》和国家质量监督检验检疫总局和国家标准化管理委员会发布的《合同能源管理技术通则》（GB ÷ T24915 – 2010）等规定；

④节能服务公司实施合同能源管理的项目符合财政部、国家税务总局、国家发展改革委《关于公布环境保护节能节水项目企业所得税优惠目录（试行）》的通知（财税〔2009〕166号）中的“4. 节能减排技术改造”类中第一项至第八项规定的项目和条件；

⑤节能服务公司投资额不低于实施合同能源管理项目投资总额的70%；

⑥节能服务公司拥有匹配的专职技术人员和合同能源管理人才，具有保障项目顺利实施和稳定运行的能力。

国家税务总局、国家发展改革委《关于落实节能服务企业合同能源管理项目企业所得税优惠政策有关征收管理问题》的公告（国家税务总局 国家发展改革委公告2013年第77号）补充规定：享受企业所得税优惠政策的项目应属于《财政部国家税务总局国家发展改革委关于公布环境保护节能节水项目企业所得税优惠目录（试行）的通知》（财税〔2009〕166号）规定的节能减排技术改造项目，包括余热余压利用、绿色照明等节能效益分享型合同能源管理项目。

（6）后续管理。

财政部、国家税务总局《关于促进节能服务产业发展增值税营业税和企业所得税政策问题》的通知（财税〔2010〕110号）规定：

①节能服务公司与用能企业之间的业务往来，应当按照独立企业之间的业务往来收取或者支付价款、费用。不按照独立企业之间的业务往来收取或者支付价款、费用，而减少其应纳税所得额的，税务机关有权进行合理调整。

②用能企业对从节能服务公司取得的与实施合同能源管理项目有关的资产，应与企业其他资产分开核算，并建立辅助账或明细账。

③节能服务公司同时从事适用不同税收政策待遇项目的，其享受税收优惠项目应当单独计算收入、扣除，并合理分摊企业的期间费用；没有单独计算的，不得享受税收优惠政策。

国家税务总局、国家发展改革委《关于落实节能服务企业合同能源管理项目企业所得税优惠政策有关征收管理问题》的公告（国家税务总局 国家发展改革委公告2013年第77号）补充规定：企业享受优惠条件发生变化的，应当自发生变化之日起15日内向主管税务机关书面报告。如不再符合享受优惠条件的，应停止享受优惠，并依法缴纳企业所得税。对节能服务企业采取虚假手段获取税收优惠的、享受优惠条件发生变化而未及时向主管税务机关报告的以及未按本公告规定报送备案资料而自行减免税的，主管税务机关应按照税收征管法等有关规定进行处理。税务部门应设立节能服务企业项目管理台账和统计制度，并会同节能主管部门建立监管机制。

合同能源管理项目确认由国家发展改革委、财政部公布的第三方节能量审核机构负责，并出具“合同能源管理项目情况确认表”，或者由政府节能主管部门出具合同能源管理项目确认意见。第三方机构在合同能源管理项目确认过程中应严格按照国家有关要求认真审核把关，确保审核结果客观、真实。对在审核过程中把关不严、弄虚作假的第三方机构，一经查实，将取消其审核资质，并按相关法律规定追究责任。

（7）享受税收优惠备案资料。

国家税务总局关于发布《企业所得税优惠政策事项办理办法》的公告（2015年第76号）规定：①企业所得税优惠事项备案表；②国家发展改革委、财政部公布的第三方机构出具的合同能源管理项目情况确认表，或者政府节能主管部门出具的合同能源管理项目确认意见。

（8）享受税收优惠备查资料。

国家税务总局关于发布《企业所得税优惠政策事项办理办法》的公告（2015年第76号）规定：

①能源管理合同；

②国家发展改革委、财政部公布的第三方机构出具的合同能源管理项目情况确认表，或者政府节能主管部门出具的合同能源管理项目确认意见；

③项目转让合同、项目原享受优惠的备案文件（项目发生转让的，受让节能服务企业）；

④项目第一笔收入的发票及作收入处理的会计凭证；

⑤合同能源管理项目应纳税所得额计算表；

⑥合同能源管理项目所得单独核算资料，以及合理分摊期间共同费用的核算资料；

⑦省税务机关规定的其他资料。

（9）享受税收优惠与备案时间。

国家税务总局关于发布《企业所得税优惠政策事项办理办法》的公告（2015年第76号）规定：预缴环节汇算清缴环节均可以享受税收优惠，不迟于汇算清缴前办理备案。

二、“所得减免优惠明细表”结构特点是什么

“所得减免优惠明细表”与主表第19含有直接关系。

“所得减免优惠明细表”属于项目优惠分为七大部分：

（1）农、林、牧、渔业项目；

（2）国家重点扶持的公共基础设施项目；

（3）符合条件的环境保护、节能节水项目；

（4）符合条件的技术转让项目；

（5）实施清洁机制发展项目；

（6）符合条件的节能服务公司实施合同能源管理项目；

（7）其他。

三、“所得减免优惠明细表”重点栏目表填报说明

表 26－1 所得减免优惠明细表（A107020）

行次	减免项目	项目名称	优惠事项名称	优惠方式	项目收入	项目成本	相关税费	应分摊期间费用	纳税调整额	项目所得额		减免所得额
										免税项目	减半项目	
		1	2	3	4	5	6	7	8	9	10	11(9+10×50%)
1	一、农、林、牧、渔业项目											
2												
3		小计	*	*								
4	二、国家重点扶持的公共基础设施项目											
5												
6		小计	*	*								
7	三、符合条件的环境保护、节能节水项目											
8												
9		小计	*	*								
10	四、符合条件的技术转让项目		*	*						*	*	*
11			*	*						*	*	*
12		小计	*	*								
13	五、实施清洁机制发展项目		*									
14			*									
15		小计	*	*								
16	六、符合条件的节能服务公司实施合同能源管理项目		*									
17			*									
18		小计	*	*								
19	七、其他											
20												
21		小计	*	*								
22	合计	*	*	*								

有关填表说明如下：

（1）第 1 列“项目名称”：填报纳税人享受减免所得优惠的项目在会计核算上的名称。项目名称以纳税人内部规范称谓为准。

（2）第 2 列“优惠事项名称”：按照该项目享受所得减免企业所得税优惠事项的具体政策内容选择填报。具体说明如下：

①“一、农、林、牧、渔业项目”。

在以下优惠事项中选择填报：1）蔬菜、谷物、薯类、油料、豆类、棉花、麻类、糖料、水果、坚果的种植；2）农作物新品种的选育；3）中药材的种植；4）林木的培育和种植；5）牲畜、家禽的饲养；6）林产品的采集；7）灌溉、兽医、农技推广、农机作业和维修等农、林、牧、渔服务

业项目；8）农产品初加工；9）远洋捕捞；10）花卉、茶以及其他饮料作物和香料作物的种植；11）海水养殖、内陆养殖；12）其他。

②“二、国家重点扶持的公共基础设施项目”。

在以下优惠事项中选择填报：1）港口码头项目；2）机场项目；3）铁路项目；4）公路项目；5）城市公共交通项目；6）电力项目；7）水利项目；8）其他项目。

③“三、符合条件的环境保护、节能节水项目”。

在以下优惠事项中选择填报：1）公共污水处理项目；2）公共垃圾处理项目；3）沼气综合开发利用项目；4）节能减排技术改造项目；5）海水淡化项目；6）其他项目。

④“四、符合条件的技术转让项目”：本列不需填报。

⑤“五、实施清洁发展机制”：本列不需填报。

⑥“六、符合条件的节能服务公司实施合同能源管理项目”：本列不需填报。

⑦“七、其他”：填报上述所得减免优惠项目以外的其他所得减免优惠政策具体名称。

（3）第3列“优惠方式”：填报该项目享受所得减免企业所得税优惠的具体方式。该项目享受免征企业所得税优惠的，选择填报“免税”；项目享受减半征税企业所得税优惠的，选择填报“减半征收”。

（4）第4列“项目收入”：填报享受所得减免企业所得税优惠项目取得的收入总额。

（5）第5列“项目成本”：填报享受所得减免企业所得税优惠项目发生的成本总额。

（6）第6列“相关税费”：填报享受所得减免企业所得税优惠项目实际发生的有关税费，包括除企业所得税和允许抵扣的增值税以外的各项税金及其附加、合同签订费用、律师费等相关费用及其他支出。

（7）第7列“应分摊期间费用”：填报享受所得减免企业所得税优惠项目合理分摊的期间费用。合理分摊比例可以按照投资额、销售收入、资产额、人员工资等参数确定。上述比例一经确定，不得随意变更。

（8）第8列“纳税调整额”：填报纳税人按照税收规定需要调整减免税项目收入、成本、费用的金额，调整减少的金额以负数填报。

（9）第9列“项目所得额—免税项目”：填报享受所得减免企业所得税优惠的纳税人计算确认的本期免税项目所得额。本列根据第3列分析填报，第3列填报内容为“免税”的，第4－5－6－7＋8列的值填入本列；若第4－5－6－7＋8列的值小于零的，本列按零填报。

第9列“四、符合条件的技术转让项目”的“小计”行，第4－5－6－7＋8列的值小于等于500万元的，填入本列，超出部分金额填入第10列；若第4－5－6－7＋8列的值小于零的，本列按零填报。

（10）第10列“项目所得额—减半项目”：填报享受所得减免企业所得税优惠的纳税人本期经计算确认的减半征收项目所得额。本列根据第3列分析填报，第3列填报内容为“减半征税”的，第4－5－6－7＋8列的金额填入本列；若第4－5－6－7＋8列的值小于零的，本列按零填报。

第10列“四、符合条件的技术转让项目”的“小计”行，第4－5－6－7＋8列的值超过500万元的部分，填入本列。

（11）第11列“减免所得额”：填报享受所得减免企业所得税优惠的企业，该项目按照税收规定实际可以享受免征、减征的所得额。本列等于第9列＋第10列×50%。

（12）第1行至第3行“一、农、林、牧、渔业项目”：按农、林、牧、渔业项目的优惠政策具体内容分别填报，一个项目填报一行，纳税人有多个项目的，可自行增加行次填报。各行相应列次填报金额的合计金额填入“小计”行。纳税人根据财政部、国家税务总局《关于发布享受企业所得税优惠政策的农产品初加工范围（试行）》的通知（财税〔2008〕149号）、国家税务总局《关于黑龙江垦区国有农场土地承包费缴纳企业所得税问题的批复》（国税函〔2009〕779号）、国家税务总局《关于“公司＋农户”经营模式企业所得税优惠问题》的公告（2010年第2号）、财政部、国家税务总局《关于享受企业所得税优惠的农产品初加工有关范围的补充通知》（财税〔2011〕26号）、国家税务总局《关于实施农林牧渔业项目企业所得税优惠问题》的公告（2011年第48号）等相关税收政策规定，填报该项目本纳税年度发生的减征、免征企业所得税项目的所得额。

（13）第4行至第6行“二、国家重点扶持的公共基础设施项目”：按国家重点扶持的公共基础设施项目具体内容分别填报，一个项目填报一行，纳税人有多个项目的，可自行增加行次填报。各行相应列次填报金额的合计金额填入“小计”行。纳税人根据财政部国家税务总局《关于执行公共基础设施项目企业所得税优惠目录有关问题》的通知（财税〔2008〕46号）、《财政部 国家税务总局 国家发展改革委关于公布公共基础设施项目企业所得税优惠目录（2008年版）》的通知（财税〔2008〕116号）、国家税务总局《关于实施国家重点扶持的公共基础设施项目企业所得税优惠问题》的通知（国税发〔2009〕80号）、财政部、国家税务总局《关于公共基础设施项目和环境保护节能节水项目企业所得税优惠政策问题》的通知（财税〔2012〕10号）、财政部、国家税务总局《关于支持农村饮水安全工程建设运营税收政策》的通知（财税〔2012〕30号）第五条、国家税务总局《关于电网企业电网新建项目享受所得税优惠政策问题》的公告（2013年第26号）、财政部国家税务总局《关于公共基础设施项目享受企业所得税优惠政策问题的补充通知》（财税〔2014〕55号）等相关税收政策规定，填报从事《公共基础设施项目企业所得税优惠目录》规定的港口码头、机场、铁路、公路、城市公共交通、电力、水利等项目的投资经营的所得，自项目取得第一笔生产经营收入所属纳税年度起，第一年至第三年免征企业所得税，第四年至第六年减半征收企业所得税。不包括企业承包经营、承包建设和内部自建自用该项目的所得。

（14）第7行至第9行“三、符合条件的环境保护、节能节水项目”：按符合条件的环境保护、节能节水项目的具体内容分别填报，一个项目填报一行。纳税人有多个项目的，可自行增加行次填报。各行相应列次填报金额的合计金额填入“小计”行。

纳税人根据《财政部 国家税务总局 国家发展改革委关于公布环境保护节能节水项目企业所得税优惠目录（试行）》的通知（财税〔2009〕166号）、财政部国家税务总局《关于公共基础设施项目和环境保护 节能节水项目企业所得税优惠政策问题》的通知（财税〔2012〕10号）等相关税收政策规定，填报从事符合条件的公共污水处理、公共垃圾处理、沼气综合开发利用、节能减排技术改造、海水淡化等环境保护、节能节水项目的所得，自项目取得第一笔生产经营收入所属纳税年度起，第一年至第三年免征企业所得税，第四年至第六年减半征收企业所得税。

（15）第10行至第12行“四、符合条件的技术转让项目”：按照不同技术转让项目分别填报，一个项目填报一行，纳税人有多个项目的，可自行增加行次填报。各行相应列次填报金额的合计金额填入“小计”行。

纳税人根据国家税务总局《关于技术转让所得减免企业所得税有关问题》的通知（国税函〔2009〕212号）、财政部国家税务总局《关于居民企业技术转让有关企业所得税政策问题》的通知（财税〔2010〕111号）、国家税务总局《关于技术转让所得减免企业所得税有关问题》的公告（2013年第62号）、国家税务总局《关于许可使用权技术转让所得企业所得税有关问题》的公告（2015年第82号）等相关税收政策规定，填报一个纳税年度内，居民企业将其拥有的专利技术、计算机软件著作权、集成电路布图设计权、植物新品种、生物医药新品种，以及财政部和国家税务总局确定的其他技术的所有权或5年以上（含5年）全球独占许可使用权、5年以上（含5年）非独占许可使用权转让取得的所得，不超过500万元的部分，免征企业所得税；超过500万元的部分，减半征收企业所得税。居民企业从直接或间接持有股权之和达到100%的关联方取得的技术转让所得，不享受技术转让减免企业所得税优惠政策。

（16）第13行至第15行“五、实施清洁机制发展项目”：按照实施清洁发展机制的不同项目分别填报，一个项目填报一行，纳税人有多个项目的，可自行增加行次填报。各行相应列次填报金额的合计金额填入“小计”行。

纳税人根据财政部、国家税务总局《关于中国清洁发展机制基金及清洁发展机制项目实施企业有关企业所得税政策问题》的通知（财税〔2009〕30号）等相关税收政策规定，填报对企业实施的将温室气体减排量转让收入的65%上缴给国家的HFC和PFC类CDM项目，以及将温室气体减排量转让收入的30%上缴给国家的N2O类CDM项目，其实施该类CDM项目的所得，自项目取得第一笔减排量转让收入所属纳税年度起，第一年至第三年免征企业所得税，第四年至第六年减半征收企业所得税。

（17）第16行至第18行“六、符合条件的节能服务公司实施合同能源管理项目”：按照节能服务公司实施合同能源管理的不同项目分别填报，一个项目填报一行，纳税人有多个项目的，可自行增加行次填报。各行相应列次填报金额的合计金额填入“小计”行。

纳税人根据财政部国家税务总局《关于促进节能服务产业发展增值税营业税和企业所得税政策问题》的通知（财税〔2010〕110号）、国家税务总局国家发展改革委《关于落实节能服务企业合同能源管理项目企业所得税优惠政策有关征收管理问题》的公告（国家税务总局 国家发展改革委公告2013年第77号）等相关税收政策规定，填报对符合条件的节能服务公司实施合同能源管理项目，符合企业所得税税法有关规定的，自项目取得第一笔生产经营收入所属纳税年度起，第一年至第三年免征企业所得税，第四年至第六年按照25%的法定税率减半征收企业所得税。

（18）第19行至第21行“七、其他”：填报纳税人享受的其他专项减免项目名称、优惠事项名称及减免税代码、项目收入等。按照享受所得减免企业所得税优惠的其他项目内容分别填报，一个项目填报一行，纳税人有多个项目的，可自行增加行次填报。各行相应列次填报金额的合计金额填入“小计”行。

（19）第22行“合计”：填报第一至第七项“小计”行的合计金额。

四、“所得减免优惠明细表”的表内、表间关系

1. 表内关系

（1）第 3 行 = 第 1 + 2 行。

（2）第 6 行 = 第 4 + 5 行。

（3）第 9 行 = 第 7 + 8 行。

（4）第 12 行 = 第 10 + 11 行。

（5）第 15 行 = 第 13 + 14 行。

（6）第 18 行 = 第 16 + 17 行。

（7）第 21 行 = 第 19 + 20 行。

（8）第 22 行 = 第 3 + 6 + 9 + 12 + 15 + 18 + 21 行。

（9）第 9 列 = 第 4 − 5 − 6 − 7 + 8 列（当第 3 列 = “免税”时）；第 9 列“四、符合条件的技术转让项目”的“小计”行 = 第 4 − 5 − 6 − 7 + 8 列（当第 4 − 5 − 6 − 7 + 8 列≤5000000 时）；若第 4 − 5 − 6 − 7 + 8 列 < 0，第 9 列 = 0。

（10）第 10 列 = 第 4 − 5 − 6 − 7 + 8 列（当第 3 列 = “减半征税”时）；第 10 列“四、符合条件的技术转让项目”的“小计”行 = 第 4 − 5 − 6 − 7 + 8 列 − 5000000（当第 4 − 5 − 6 − 7 + 8 列 > 5000000 时）；若第 4 − 5 − 6 − 7 + 8 列 < 0，第 10 列 = 0。

（11）第 11 列 = 第 9 列 + 第 10 列 × 50%；当（第 9 列 + 第 10 列 × 50%）< 0 时，第 11 列 = 0。

2. 表间关系

（1）当本表合计行第 11 列≥0，且本表合计行第 11 列≤表 A100000 第 19 行时，表 A100000 第 20 行 = 合计行第 11 列。

（2）当本表合计行第 11 列≥0，且本表合计行第 11 列 > 表 A100000 第 19 行时，表 A100000 第 20 行 = 表 A100000 第 19 行。

第 27 章 “抵扣应纳税所得额明细表”的理解与填报

“抵扣应纳税所得额明细表”（A107030）适用于享受创业投资企业抵扣应纳税所得额优惠（含结转）的纳税人填报。

纳税人应根据税法和相关法规之规定，填报本年度发生的创业投资企业抵扣应纳税所得额优惠情况。

纳税人完成“抵扣应纳税所得额明细表”的填报工作，必须认真学习和领会下列税收文件：

（1）《中华人民共和国企业所得税法》；

（2）《中华人民共和国企业所得税法实施条例》；

（3）国家税务总局“关于实施创业投资企业所得税优惠问题的通知”（国税发〔2009〕87号）；

（4）财政部 国家税务总局《关于执行企业所得税优惠政策若干问题的通知》（财税〔2009〕69 号）；

（5）财政部 国家税务总局《关于将国家自主创新示范区有关税收试点政策推广到全国范围实施的通知》（财税〔2015〕116 号）；

（6）国家税务总局《关于有限合伙制创业投资企业法人合伙人企业所得税有关问题的公告》（2015 年第 81 号）；

（7）财政部 税务总局《关于创业投资企业和天使投资个人有关税收试点政策的通知》（财税〔2017〕38 号）；

（8）国家税务总局《关于创业投资企业和天使投资个人税收试点政策有关问题的公告》（2017 年第 20 号）。

一、直接投资中小高新技术企业投资抵扣

企业所得税法对创业投资企业实行以企业投资额的一定比例抵扣应纳税所得额的办法，属于间接税收优惠，便于有效控制税收减免额度。

1. 创业投资企业投资抵扣应纳税所得额

（1）创业投资企业投资抵扣应纳税所得额。

企业所得税法第三十一条规定，创业投资企业从事国家需要重点扶持和鼓励的创业投资，可以按投资额的一定比例抵扣应纳税所得额。

抵扣应纳税所得额，根据企业所得税法实施条例第九十七条的规定，是指创业投资企业采取股权投资方式投资于未上市的中小高新技术企业 2 年以上的，可以按照其投资额的 70% 在股权持有满 2 年的当年抵扣该创业投资企业的应纳税所得额；当年不足抵扣的，可以在以后纳税年度结转抵扣。

（2）中小高新技术企业的界定。

中小高新技术企业是指按照《高新技术企业认定管理办法》《高新技术企业认定管理工作指引》取得高新技术企业资格，且年销售额和资产总额均不超过 2 亿元、从业人数不超过 500 人的企业。

（3）投资满 2 年的界定。

根据财政部 国家税务总局《关于执行企业所得税优惠政策若干问题的通知》（财税〔2009〕69 号）的规定，投资于未上市的中小高新技术企业 2 年以上的，包括发生在 2008 年 1 月 1 日以前满 2 年的投资。

2007 年底前按原有规定取得高新技术企业资格的中小高新技术企业，且在 2008 年继续符合新的高新技术企业标准的，向其投资满 24 个月的计算，可自创业投资企业实际向其投资的时间起计算。

中小企业接受创业投资之后，经认定符合高新技术企业标准的，应自其被认定为高新技术企业的年度起，计算创业投资企业的投资期限。该期限内中小企业接受创业投资后，企业规模超过中小企业标准，但仍符合高新技术企业标准的，不影响创业投资企业享受有关税收优惠。

举例说明，AB 创业投资有限责任公司属于创业投资企业，2017 年 2 月以 1000 万元向甲中小企业进行股权直接投资，但甲中小企业直到 2017 年 8 月才被认定为高新技术企业，同时在 2018 年又超过中小企业标准，且仍属高新技术企业。这种情况下，该创业投资企业股权投资的 70% 即 700 万元，仍可在 2019 年抵扣当年的应纳税所得额。

2. 创业投资与创业投资企业

（1）创业投资。

创业投资，系指向创业企业进行股权投资，以期所投资创业企业发育成熟或相对成熟后主要通

过股权转让获得资本增值收益的投资方式。

创业企业，系指在中华人民共和国境内注册设立的处于创建或重建过程中的成长性企业，但不含已经在公开市场上市的企业。

（2）创业投资企业。

创业投资企业是指依照《创业投资企业管理暂行办法》（国家发展和改革委员会等10部委令2005年第39号）和《外商投资创业投资企业管理规定》（商务部等5部委令2003年第2号）在中华人民共和国境内设立的专门从事创业投资活动的企业或其他经济组织。

（3）外商投资创业投资企业。

①外商投资创业投资企业的界定。外商投资创业投资企业是指外国投资者或外国投资者与根据中国法律注册成立的公司、企业或其他经济组织（以下简称中国投资者），根据《外商投资创业投资企业管理规定》在中国境内设立的以创业投资为经营活动的外商投资企业。

这里所称创业投资是指主要向未上市高新技术企业（以下简称所投资企业）进行股权投资，并为之提供创业管理服务，以期获取资本增值收益的投资方式。

外商投资创业投资企业可以采取非法人制组织形式，也可以采取公司制组织形式。采取非法人制组织形式的创投企业（以下简称非法人制创投企业）的投资者对创投企业的债务承担连带责任。非法人制创投企业的投资者也可以在创投企业合同中约定在非法人制创投企业资产不足以清偿该债务时由《外商投资创业投资企业管理规定》第七条所述的必备投资者承担连带责任，其他投资者以其认缴的出资额为限承担责任。采用公司制组织形式的创投企业（以下简称公司制创投企业）的投资者以其各自认缴的出资额为限对创投企业承担责任。

②设立外商投资创业投资企应具备的条件。设立创投企业应具备下列条件：

A. 投资者人数在2人以上50以下；且应至少拥有一个本规定第七条所述的必备投资者。

B. 非法人制创投企业投资者认缴出资总额的最低限额为1000万美元；公司制创投企业投资者认缴资本总额的最低限额为500万美元。除必备投资者外，其他每个投资者的最低认缴出资额不得低于100万美元。外国投资者以可自由兑换的货币出资，中国投资者以人民币出资。

C. 有明确的组织形式。

D. 有明确合法的投资方向。

E. 除了将本企业经营活动授予一家创业投资管理公司进行管理的情形外，创投企业应有3名以上具备创业投资从业经验的专业人员。

F. 法律、行政法规规定的其他条件。

③必备投资者应当具备的条件。根据《外商投资创业投资企业管理规定》第七条的规定，必备投资者应当具备下列条件：

A. 以创业投资为主营业务。

B. 在申请前三年其管理的资本累计不低于1亿美元，且其中至少5000万美元已经用于进行创业投资。在必备投资者为中国投资者的情形下，本款业绩要求为：在申请前三年其管理的资本累计不低于1亿元人民币，且其中至少5000万元人民币已经用于进行创业投资。

C. 拥有3名以上具有3年以上创业投资从业经验的专业管理人员。

D. 如果某一投资者的关联实体满足上述条件，则该投资者可以申请成为必备投资者。关联实体是指该投资者控制的某一实体、或控制该投资者的某一实体、或与该投资者共同受控于某一实体的另一实体。控制是指控制方拥有被控制方超过50%的表决权。

E. 必备投资者及其上述关联实体均应未被所在国司法机关和其他相关监管机构禁止从事创业投资或投资咨询业务或以欺诈等原因进行处罚。

F. 非法人制创投企业的必备投资者，对创投企业的认缴出资及实际出资分别不低于投资者认缴出资总额及实际出资总额的1%，且应对创投企业的债务承担连带责任；公司制创投企业的必备投资者，对创投企业的认缴出资及实际出资分别不低于投资者认缴出资总额及实际出资总额的30%。

外商投资创投企业应当在名称中加注创业投资字样。除创投企业外，其他外商投资企业不得在名称中使用创业投资字样。

3. 抵扣应纳税所得额的条件

创业投资企业采取股权投资方式投资于未上市的中小高新技术企业2年（24个月）以上的，凡符合以下条件的，可以按照其对中小高新技术企业投资额的70%，在股权持有满2年的当年抵扣该创业投资企业的应纳税所得额；当年不足抵扣的，可以在以后纳税年度结转抵扣。

（1）经营范围符合《创业投资企业管理暂行办法》规定，且工商登记为“创业投资有限责任公司”“创业投资股份有限公司”等专业性法人创业投资企业。对合伙企业等非法人创业投资企业，除另有规定外不能享受此项优惠。

创业投资企业的经营范围限于：

①创业投资业务。

②代理其他创业投资企业等机构或个人的创业投资业务。

③创业投资咨询业务。

④为创业企业提供创业管理服务业务。

⑤参与设立创业投资企业与创业投资管理顾问机构。

根据《创业投资企业管理暂行办法》的规定，创业投资企业不得从事担保业务和房地产业务，但是购买自用房地产除外。创业投资企业可以以全额资产对外投资。其中，对企业的投资，仅限于未上市企业。但是所投资的未上市企业上市后，创业投资企业所持股份的未转让部分及其配售部分不在此限。其他资金只能存放银行、购买国债或其他固定收益类的证券。

经与被投资企业签订投资协议，创业投资企业可以以股权和优先股、可转换优先股等准股权方式对未上市企业进行投资。创业投资企业对单个企业的投资不得超过创业投资企业总资产的20%。

（2）按照《创业投资企业管理暂行办法》规定的条件和程序完成备案，经备案管理部门年度检查核实，投资运作符合有关规定。

①备案管理。国家对创业投资企业实行备案管理。创业投资企业的备案管理部门分国务院管理部门和省级（含副省级城市）管理部门两级。国务院管理部门为国家发展和改革委员会；省级（含副省级城市）管理部门由同级人民政府确定，报国务院管理部门备案后履行相应的备案管理职责，并在创业投资企业备案管理业务上接受国务院管理部门的指导。

在国家工商行政管理部门注册登记的创业投资企业，向国务院管理部门申请备案。在省级及省级以下工商行政管理部门注册登记的创业投资企业，向所在地省级（含副省级城市）管理部门申请备案。

②备案应具备的条件。创业投资企业向管理部门备案应当具备下列条件：

A. 已在工商行政管理部门办理注册登记。

B. 经营范围符合规定。

C. 实收资本不低于 3000 万元人民币，或者首期实收资本不低于 1000 万元人民币且全体投资者承诺在注册后的 5 年内补足不低于 3000 万元人民币实收资本。

D. 投资者不得超过 200 人。其中，以有限责任公司形式设立创业投资企业的，投资者人数不得超过 50 人。单个投资者对创业投资企业的投资不得低于 100 万元人民币。所有投资者应当以货币形式出资。

E. 有至少 3 名具备 2 年以上创业投资或相关业务经验的高级管理人员承担投资管理责任。委托其他创业投资企业、创业投资管理顾问企业作为管理顾问机构负责其投资管理业务的，管理顾问机构必须有至少 3 名具备 2 年以上创业投资或相关业务经验的高级管理人员对其承担投资管理责任。

这里所称“高级管理人员”，系指担任副经理及以上职务或相当职务的管理人员。

③备案文件。创业投资企业向管理部门备案时，应当提交下列文件：

A. 公司章程等规范创业投资企业组织程序和行为的法律文件。

B. 工商登记文件与营业执照的复印件。

C. 投资者名单、承诺出资额和已缴出资额的证明。

D. 高级管理人员名单、简历。

由管理顾问机构受托其投资管理业务的，还应提交下列文件：

A. 管理顾问机构的公司章程等规范其组织程序和行为的法律文件。

B. 管理顾问机构的工商登记文件与营业执照的复印件。

C. 管理顾问机构的高级管理人员名单、简历。

D. 委托管理协议。

（3）创业投资企业投资的中小高新技术企业，除应按照《高新技术企业认定管理办法》《高新技术企业认定管理工作指引》的规定，通过高新技术企业认定以外，还应符合职工人数不超过 500 人，年销售（营业）额不超过 2 亿元，资产总额不超过 2 亿元的条件。

（4）财政部、国家税务总局规定的其他条件。

4. 备案管理

（1）备案资料。

创业投资企业按投资额的 70% 抵扣应纳税所得额属于汇算清缴才可享受的优惠事项。纳税人享受创业投资企业按投资额的 70% 抵扣应纳税所得额优惠，需向主管税务机关提交如下备案资料，办理备案手续。

①企业所得税优惠事项备案表；

②创业投资企业经备案管理部门核实后出具的年检合格通知书。

（2）留存备查资料。

享受创业投资企业按投资额的一定比例抵扣应纳税所得额优惠的纳税人，需要将如下资料留存备查。

①创业投资企业经备案管理部门核实后出具的年检合格通知书；

②中小高新技术企业投资合同或章程、实际所投资金验资报告等相关材料；

③由省、自治区、直辖市和计划单列市高新技术企业认定管理机构出具的中小高新技术企业有效的高新技术企业证书复印件（注明“与原件一致”，并加盖公章）；

④中小高新技术企业基本情况（包括企业职工人数、年销售（营业）额、资产总额等）说明；

⑤关于创业投资企业投资运作情况的说明；

⑥省税务机关规定的其他资料。

5. 抵扣应纳税所得额明细表及其填报

（1）“抵扣应纳税所得额明细表”。

“抵扣应纳税所得额明细表”（A107030）适用于享受创业投资企业抵扣应纳税所得额优惠的纳税人填报。纳税人根据税法、国家税务总局《关于实施创业投资企业所得税优惠问题的通知》（国税发〔2009〕87号）、财政部 国家税务总局《关于执行企业所得税优惠政策若干问题的通知》（财税〔2009〕69号）、财政部 国家税务总局《关于将国家自主创新示范区有关税收试点政策推广到全国范围实施的通知》（财税〔2015〕116号）、国家税务总局《关于有限合伙制创业投资企业法人合伙人企业所得税有关问题的公告》（2015年第81号）、财政部 税务总局《关于创业投资企业和天使投资个人有关税收试点政策的通知》（财税〔2017〕38号）、国家税务总局《关于创业投资企业和天使投资个人税收试点政策有关问题的公告》（2017年第20号）等规定，填报本年度发生的创业投资企业抵扣应纳税所得额优惠情况。企业只要本年有新增符合条件的投资额或者从有限合伙企业应分得的应纳税所得额，无论本年是否抵扣应纳税所得额，均需填报本表。

“抵扣应纳税所得额明细表”（A107030）分三部分内容：一是创业投资企业直接投资按投资额的70%抵扣应纳税所得额，二是通过有限合伙制创业投资企业投资按一定比例抵扣分得的应纳税所得额，三是上述两项目抵扣应纳税所得额合计。当企业同时存在创业投资企业直接投资和通过有限合伙制创业投资企业投资两种情形的，应先填写第二部分通过有限合伙制创业投资企业投资按一定比例抵扣分得的应纳税所得额。

该表数据列设置3列，分别是“投资于未上市中小高新技术企业”“投资于种子期、初创期科技型企业”，以及合计金额。第1列“合计金额”填报抵扣应纳税所得额的整体情况，第2列“投资于未上市中小高新技术企业”填报投资于未上市中小高新技术企业部分，第3列“投资于种子期、初创期科技型企业”填报投资于种子期、初创期科技型企业部分。且第1列=第2列+第3列。

表 27－1 抵扣应纳税所得额明细表（A107030）

行次	项 目	合计金额	投资于未上市中小高新技术企业	投资于种子期、初创期科技型企业
		1＝2＋3	2	3
一、创业投资企业直接投资按投资额一定比例抵扣应纳税所得额				
1	本年新增的符合条件的股权投资额			
2	税收规定的抵扣率	70%	70%	70%
3	本年新增的可抵扣的股权投资额（1×2）			
4	以前年度结转的尚未抵扣的股权投资余额		*	*
5	本年可抵扣的股权投资额（3＋4）		*	*
6	本年可用于抵扣的应纳税所得额		*	*
7	本年实际抵扣应纳税所得额			
8	结转以后年度抵扣的股权投资余额		*	*
二、通过有限合伙制创业投资企业投资按一定比例抵扣分得的应纳税所得额				
9	本年从有限合伙创投企业应分得的应纳税所得额			
10	本年新增的可抵扣投资额			
11	以前年度结转的可抵扣投资额余额		*	*
12	本年可抵扣投资额（10＋11）		*	*
13	本年实际抵扣应分得的应纳税所得额			
14	结转以后年度抵扣的投资额余额		*	*
三、抵扣应纳税所得额合计				
15	合计（7＋13）			

（2）有关项目的填报。

企业同时存在创业投资企业直接投资和通过有限合伙制创业投资企业投资两种情形的，应先填写本表的“二、通过有限合伙制创业投资企业投资按一定比例抵扣分得的应纳税所得额”。

①创业投资企业直接投资按投资额一定比例抵扣应纳税所得额。“一、创业投资企业直接投资按投资额一定比例抵扣应纳税所得额”：由创业投资企业（非合伙制）纳税人填报其以股权投资方式直接投资未上市的中小高新技术企业和投资于种子期、初创期科技型企业2年（24个月，下同）以上限额抵免应纳税所得额的金额。对于通过有限合伙制创业投资企业间接投资未上市的中小高新技术企业和投资于种子期、初创期科技型企业享受优惠政策填写本表第9行至14行。具体行次如下：

A. 本年新增的符合条件的股权投资额。

第1行“本年新增的符合条件的股权投资额”：填报创业投资企业采取股权投资方式投资于未上市的中小高新技术企业和投资于种子期、初创期科技型企业满2年的，本年新增的符合条件的股权投资额。本行第1列＝本行第2列＋本行第3列。无论企业本年是否盈利，有符合条件的投资额即填报本表，以后年度盈利时填写第4行“以前年度结转的尚未抵扣的股权投资余额”。

B. 本年新增的可抵扣的股权投资额。

第3行“本年新增的可抵扣的股权投资额”：本行填报第1×2行金额。即：第3行＝第1×2行。

本行第1列“本年新增的可抵扣的股权投资额”合计=本行第2列“投资于未上市中小高新技术企业”+本行第3列“投资于种子期、初创期科技型企业”。

C. 以前年度结转的尚未抵扣的股权投资余额。

第4行“以前年度结转的尚未抵扣的股权投资余额”：填报以前年度符合条件的尚未抵扣的股权投资余额。

D. 本年可抵扣的股权投资额。

第5行“本年可抵扣的股权投资额”：本行填报第3+4行的金额。

即：第5行“本年可抵扣的股权投资额”=第3“本年新增的可抵扣的股权投资额”+4行“以前年度结转的尚未抵扣的股权投资余额”。

E. 本年可用于抵扣的应纳税所得额合计金额。

第6行“本年可用于抵扣的应纳税所得额合计金额”：本行第1列填报表A100000第19－20－21行－本表第13行第1列“本年实际抵扣应分得的应纳税所得额”的金额，若金额小于零，则填报零。即：

第6行第1列=表A100000第19－20－21行－本表第13行第1列，若小于0，则填报0。即本年可用于抵扣的应纳税所得额，是企业的用“纳税调整后所得”享受“所得减免”优惠和弥补以前年度亏损后，再享受作为法人合伙人通过有限合伙制创投企业投资抵扣应分得的应纳税所得额后的余额。

来源于有限合伙制创业投资企业的应纳税所得额，首先用于法人合伙人享受免税减计收入及加计扣除和所得减免优惠、弥补以前年度亏损后，如有余额的用于抵扣通过合伙制创投企业投资抵扣。再有余额的，可用于法人合伙人直接投资抵扣应纳税所得额的来源。

F. 本年实际抵扣应纳税所得额。

第7行“本年实际抵扣应纳税所得额”：若第5行第1列≤第6行第1列，则本行第1列=第5行第1列；第5行第1列>第6行第1列，则本行第1列=第6行第1列。即“本年实际抵扣应纳税所得额”为“本年可抵扣的股权投资额”与“本年可用于抵扣的应纳税所得额”的孰小值。

并且，本行第1列=本行第2列+本行第3列。

G. 结转以后年度抵扣的股权投资余额。

第8行“结转以后年度抵扣的股权投资余额”：本年可抵扣的股权投资额大于本年实际抵扣应纳税所得额时，抵扣后余额部分结转以后年度抵扣的金额。

第5行>第6行时，第8行=第5－7行；第5行≤第6行时，第8行=0。

②通过有限合伙制创业投资企业投资按一定比例抵扣分得的应纳税所得额。“二、通过有限合伙制创业投资企业投资按一定比例抵扣分得的应纳税所得额”：企业作为有限合伙制创业投资企业的合伙人，通过合伙企业间接投资未上市中小高新技术企业和种子期、初创期科技型企业，享受有限合伙制创业投资企业法人合伙人按投资额的一定比例抵扣应纳税所得额政策，在本部分填报。

A. 本年从有限合伙创投企业应分得的应纳税所得额。

第9行“本年从有限合伙创投企业应分得的应纳税所得额”：填写企业作为法人合伙人，通过有限合伙制创业投资企业投资未上市的中小高新技术企业或者投资于种子期、初创期科技型企业，无论本年是否盈利、是否抵扣应纳税所得额，只要本年从有限合伙制创业投资企业中分配归属于该法人合伙人的应纳税所得额，需填写本行。本行第1列=本行第2列+本行第3列。

B. 本年新增的可抵扣投资额。

第10行“本年新增的可抵扣投资额”：填写企业作为法人合伙人，通过有限合伙制创业投资企业投资未上市中小高新技术企业和种子期、初创期科技型企业，本年投资满2年符合条件的可抵扣投资额中归属于该法人合伙人的本年新增可抵扣投资额。无论本年是否盈利、是否需要抵扣应纳税所得额，均需填写本行。本行第1列=本行第2列+本行第3列。

有限合伙制创业投资企业的法人合伙人对未上市中小高新技术企业和种子期、初创期科技型企业的投资额，按照有限合伙制创业投资企业的投资额和合伙协议约定的法人合伙人占有限合伙制创业投资企业的出资比例计算确定。其中，有限合伙制创业投资企业的投资额按实缴投资额计算；法人合伙人占有限合伙制创业投资企业的出资比例按法人合伙人对有限合伙制创业投资企业的实缴出资额占该有限合伙制创业投资企业的全部实缴出资额的比例计算。

C. 以前年度结转的可抵扣投资额。

第11行“以前年度结转的可抵扣投资额”：填写法人合伙人上年度未抵扣，可以结转到本年及以后年度抵扣的投资额。金额等于上一年度的第14行“结转以后年度抵扣的投资额余额”。

D. 本年可抵扣投资额。

第12行“本年可抵扣投资额”：填写本年法人合伙人可用于抵扣的投资额合计，包括本年新增和以前年度结转两部分，等于第10行+第11行。即：

第12行“本年可抵扣投资额”=第10“本年新增的可抵扣投资额”+11行“以前年度结转的可抵扣投资额”。

E. 本年实际抵扣应分得的应纳税所得额。

第13行“本年实际抵扣应分得的应纳税所得额”：填写本年法人合伙人享受优惠实际抵扣的投资额，本行第1列为第9行第1列“本年从有限合伙创投企业应分得的应纳税所得额”、第12行第1列“本年可抵扣投资额”、主表第19-20-21行的三者孰小值，若金额小于零，则填报零。本行第1列=第2+3列。

第13行第1列=本表第9行第1列、第12行第1列、表A100000第19-20-21行三者的孰小值，若金额小于0，则填报0。

这就是说，来源于合伙创投企业的所得，法人合伙人首先用于享受免税减计收入及加计扣除和所得减免优惠，其次用于弥补法人合伙人以前年度的亏损，如有余额的再用于法人合伙人享受直接投资抵扣应纳税所得额的所得来源。

F. 结转以后年度抵扣的投资额余额。

第14行“结转以后年度抵扣的投资额余额”：本年可抵扣投资额大于应分得的应纳税所得额时，抵扣后余额部分结转以后年度抵扣的金额。即：

第14行“结转以后年度抵扣的投资额余额”=第12“本年可抵扣投资额”-13行“本年实际抵扣应分得的应纳税所得额”。

③抵扣应纳税所得额合计。“三、抵扣应纳税所得额合计”：上述优惠合计额，带入A100000表

计算应纳税所得额。即第15行第1列＝表A100000第22行。

第15行“合计”＝7行＋13行。本行第1列＝本行第2列＋本行第3列。

【抵扣应纳税所得额案例分析】

【案例1】

2015年12月10日，A创业投资有限责任公司向B有限公司投资1000万元（B有限公司于2015年10月20日取得高新技术企业证书，2015年末资产总额12000万元，职工人数480人，当年销售收入为18000万元），股权持有到2017年12月底，仍未出售。A创投公司2016年底结转的尚未抵扣的股权投资余额为200万元。A公司2017年度企业所得税相关数据如下表所示：

企业所得税年度纳税申报表		
行号	项目	金额（万元）
19	纳税调整后所得	2000
20	所得减免	400
21	以前年度结转的尚未弥补的亏损	750

要求：计算A公司2017年度应缴的企业所得税并填报“抵扣应纳税所得额明细表”。

【解析】

（1）应纳税额的计算。

本年可用于抵扣的应纳税所得额＝纳税调整后所得－所得减免－以前年度结转的尚未弥补的亏损＝2000－400－750＝850（万元）。

本年可抵扣的股权投资额＝本年新增的可抵扣的股权投资额＋以前年度结转的尚未抵扣的股权投资余额＝700＋200＝900（万元）。

本年实际抵扣应纳税所得额为：850万元。

可结转以后年度抵扣的股权投资余额＝900－850＝50（万元）。

本年应纳税所得额为0。

（2）“抵扣应纳税所得额明细表”的填报。

抵扣应纳税所得额明细表（A107030）

行次	项　目	合计金额	投资于未上市中小高新技术企业	投资于种子期、初创期科技型企业
		1＝2＋3	2	3
一、创业投资企业直接投资按投资额一定比例抵扣应纳税所得额				
1	本年新增的符合条件的股权投资额	1000	1000	
2	税收规定的抵扣率	70%	70%	70%
3	本年新增的可抵扣的股权投资额（1×2）	700	700	
4	以前年度结转的尚未抵扣的股权投资余额	200	*	*
5	本年可抵扣的股权投资额（3＋4）	900	*	*
6	本年可用于抵扣的应纳税所得额	850	*	*
7	本年实际抵扣应纳税所得额	850	850	
8	结转以后年度抵扣的股权投资余额	50	*	*

续表

行次	项　目	合计金额	投资于未上市中小高新技术企业	投资于种子期、初创期科技型企业
		1=2+3	2	3
二、通过有限合伙制创业投资企业投资按一定比例抵扣分得的应纳税所得额				
9	本年从有限合伙创投企业应分得的应纳税所得额			
10	本年新增的可抵扣投资额			
11	以前年度结转的可抵扣投资额余额		*	*
12	本年可抵扣投资额（10+11）		*	*
13	本年实际抵扣应分得的应纳税所得额			
14	结转以后年度抵扣的投资额余额		*	*
三、抵扣应纳税所得额合计				
15	合计（7+13）			

（3）“企业所得税年度纳税申报表”主表的填报。

表27－2　中华人民共和国企业所得税年度纳税申报表（A类）（A100000）

行次	类别	项　　目	金额
1	利润总额计算	一、营业收入（填写A101010\101020\103000）	
2		减：营业成本（填写A102010\102020\103000）	
3		税金及附加	
4		销售费用（填写A104000）	
5		管理费用（填写A104000）	
6		财务费用（填写A104000）	
7		资产减值损失	
8		加：公允价值变动收益	
9		投资收益	
10		二、营业利润（1－2－3－4－5－6－7＋8＋9）	
11		加：营业外收入（填写A101010\101020\103000）	
12		减：营业外支出（填写A102010\102020\103000）	
13		三、利润总额（10＋11－12）	
14	应纳税所得额计算	减：境外所得（填写A108010）	
15		加：纳税调整增加额（填写A105000）	
16		减：纳税调整减少额（填写A105000）	
17		减：免税、减计收入及加计扣除（填写A107010）	
18		加：境外应税所得抵减境内亏损（填写A108000）	
19		四、纳税调整后所得（13－14＋15－16－17＋18）	2000
20		减：所得减免（填写A107020）	400
21		减：弥补以前年度亏损（填写A106000）	750
22		减：抵扣应纳税所得额（填写A107030）	850
23		五、应纳税所得额（19－20－21－22）	0

续表

行次	类别	项目	金额
24	应纳税额计算	税率（25%）	
25		六、应纳所得税额（23×24）	
26		减：减免所得税额（填写 A107040）	
27		减：抵免所得税额（填写 A107050）	
28		七、应纳税额（25－26－27）	
29		加：境外所得应纳所得税额（填写 A108000）	
30		减：境外所得抵免所得税额（填写 A108000）	
31		八、实际应纳所得税额（28＋29－30）	
32		减：本年累计实际已预缴的所得税额	
33		九、本年应补（退）所得税额（31－32）	
34		其中：总机构分摊本年应补（退）所得税额（填写 A109000）	
35		财政集中分配本年应补（退）所得税额（填写 A109000）	
36		总机构主体生产经营部门分摊本年应补（退）所得税额（填写 A109000）	

二、通过合伙创投企业投资高新技术企业抵扣

2015 年 10 月 21 日，国务院第 109 次常务会议做出决定，将国家自主创新示范区有限合伙制创业投资企业法人合伙人企业所得税试点政策推广至全国。根据国务院决定，2015 年 10 月 28 日，财政部和国家税务总局制定下发了财政部 国家税务总局《关于将国家自主创新示范区有关税收试点政策推广到全国范围实施的通知》（财税〔2015〕116 号），对有限合伙制创业投资企业法人合伙人企业所得税优惠政策问题进行了规定。为进一步明确政策执行口径，保证优惠政策的贯彻实施，根据现行企业所得税法及其实施条例和财税〔2015〕116 号文件的规定，国家税务总局制订了国家税务总局《关于有限合伙制创业投资企业法人合伙人企业所得税有关问题的公告》（2015 年第 81 号），自 2015 年 10 月 1 日起执行。2015 年度符合优惠条件的企业，可统一在 2015 年度汇算清缴时办理相关手续。

1. 法人合伙人投资抵扣应纳税所得额

（1）法人合伙人投资抵扣应纳税所得额。

自 2015 年 10 月 1 日起，全国范围内的有限合伙制创业投资企业采取股权投资方式投资于未上市的中小高新技术企业满 2 年（24 个月）的，该有限合伙制创业投资企业的法人合伙人可按照其对未上市中小高新技术企业投资额的 70% 抵扣该法人合伙人从该有限合伙制创业投资企业分得的应纳税所得额，当年不足抵扣的，可以在以后纳税年度结转抵扣。

（2）投资于多个合伙创投企业的处理。

有限合伙制创业投资企业采取股权投资方式投资于未上市的中小高新技术企业满 2 年（24 个月，下同）的，其法人合伙人可按照对未上市中小高新技术企业投资额的 70% 抵扣该法人合伙人从该有限合伙制创业投资企业分得的应纳税所得额，当年不足抵扣的，可以在以后纳税年度结转抵扣。

如果法人合伙人投资于多个符合条件的有限合伙制创业投资企业，可合并计算其可抵扣的投资额和应分得的应纳税所得额。当年不足抵扣的，可结转以后纳税年度继续抵扣；当年抵扣后有结余的，应按照企业所得税法的规定计算缴纳企业所得税。

这就明确了法人合伙人投资于多家有限合伙制创业投资企业，可以合并计算可抵扣的投资额和分得的应纳税所得额。这是考虑到法人合伙人可能会投资多家符合条件的有限合伙制创业投资企业，而有限合伙制创业投资企业的分配可能会有所差别，有些会有应纳税所得额的分配，有些则没有，因创业投资企业的投资活动本身具有一定的风险，有些项目可能永远没有回报。如果限定其可抵扣的投资额仅能抵减从其对应投资的有限合伙制创业投资企业分得的应纳税所得额，则会造成法人合伙人的可抵扣投资额无法完全得到抵减，从而削弱该项优惠的政策效应。

（3）投资满2年的界定。

投资满2年是指2015年10月1日起，有限合伙制创业投资企业投资于未上市中小高新技术企业的实缴投资满2年，同时，法人合伙人对该有限合伙制创业投资企业的实缴出资也应满2年。

举例说明：A企业于2012年10月2日投资于某有限合伙制创业投资企业，该有限合伙制创业投资企业又于2013年10月2日投资于某中小高新技术企业，至2015年10月2日该投资满2年，A企业满足优惠政策条件。

2. 合伙制创业投资企业及法人合伙人

（1）有限合伙制创业投资企业。

有限合伙制创业投资企业是指依照《中华人民共和国合伙企业法》《创业投资企业管理暂行办法》（国家发展和改革委员会令第39号）和《外商投资创业投资企业管理规定》（外经贸部、科技部、工商总局、税务总局、外汇管理局令2003年第2号）设立的专门从事创业投资活动的有限合伙企业。

（2）法人合伙人。

财政部 国家税务总局《关于合伙企业合伙人所得税问题的通知》（财税〔2008〕159号）规定：“合伙企业以每一个合伙人为纳税义务人。合伙企业合伙人是自然人的，缴纳个人所得税；合伙人是法人和其他组织的，缴纳企业所得税。”即只有依法应缴纳企业所得税的法人和其他组织才能享受企业所得税优惠政策，因此，《国家税务总局关于有限合伙制创业投资企业法人合伙人企业所得税有关问题的公告》（国家税务总局公告2015年第81号）规定，有限合伙制创业投资企业的法人合伙人，是指依照《中华人民共和国企业所得税法》及其实施条例以及相关规定，实行查账征收企业所得税的居民企业。

3. 法人合伙人对未上市中小高新技术企业的投资额

有限合伙制创业投资企业的法人合伙人对未上市中小高新技术企业的投资额，按照有限合伙制创业投资企业对中小高新技术企业的投资额和合伙协议约定的法人合伙人占有限合伙制创业投资企业的出资比例计算确定。

国家税务总局《关于有限合伙制创业投资企业法人合伙人企业所得税有关问题的公告》（2015年第81号）第四条进一步规定，有限合伙制创业投资企业的法人合伙人对未上市中小高新技术企业的投资额，按照有限合伙制创业投资企业对中小高新技术企业的投资额和合伙协议约定的法人合伙人占有限合伙制创业投资企业的出资比例计算确定。其中，有限合伙制创业投资企业对中小高新技术企业的投资额按实缴投资额计算；法人合伙人占有限合伙制创业投资企业的出资比例按法人合伙人对有限合伙制创业投资企业的实缴出资额占该有限合伙制创业投资企业的全部实缴出资额的比例计算。

这是明确有限合伙制创业投资企业的法人合伙人对未上市中小高新技术企业的投资额的计算方法。为避免法人合伙人变动影响优惠政策的享受，国家税务总局2015年第81号公告规定法人合伙人应在满足优惠条件的当年按照规定计算确定其对未上市中小高新技术企业的投资额。为适应公司注册资本登记制度改革，国家税务总局2015年第81号公告还规定有限合伙制创业投资企业对中小高新技术企业的投资额按实缴投资额计算；法人合伙人占有限合伙制创业投资企业的出资比例按法人合伙人对创业投资企业的实缴出资额占该创业投资企业的全部实缴出资额的比例计算。

4. 合伙企业应纳税所得额的确定及分配

（1）合伙制创投企业应纳税所得额的确定及分配。

有限合伙制创业投资企业应纳税所得额的确定及分配，按照财政部 国家税务总局《关于合伙企业合伙人所得税问题的通知》（财税〔2008〕159号）相关规定执行。

企业所得税法自2008年实施以来，有关合伙制企业所得税问题，在财税〔2008〕159号文件中确立了“先分后税”的基本原则，也规定了合伙企业应纳税所得额的计算及分配原则，为此，目前仍以此文件作为国家税务总局2015年第81号公告的配套征收管理工作的依据。

（2）合伙企业应纳税所得额的确定。

财政部 国家税务总局《关于合伙企业合伙人所得税问题的通知》（财税〔2008〕159号自2008年1月1日起执行）第三条规定，合伙企业生产经营所得和其他所得采取“先分后税”的原则。具体应纳税所得额的计算按照《关于个人独资企业和合伙企业投资者征收个人所得税的规定》（财税〔2000〕91号）及财政部 国家税务总局《关于调整个体工商户 个人独资企业和合伙企业个人所得税税前扣除标准有关问题的通知》（财税〔2008〕65号）的有关规定执行。

前款所称生产经营所得和其他所得，包括合伙企业分配给所有合伙人的所得和企业当年留存的所得（利润）。

（3）合伙人应纳税所得额的确定。

合伙企业的合伙人按照下列原则确定应纳税所得额：

①合伙企业的合伙人以合伙企业的生产经营所得和其他所得，按照合伙协议约定的分配比例确定应纳税所得额。

②合伙协议未约定或者约定不明确的，以全部生产经营所得和其他所得，按照合伙人协商决定的分配比例确定应纳税所得额。

③协商不成的，以全部生产经营所得和其他所得，按照合伙人实缴出资比例确定应纳税所得额。

④无法确定出资比例的，以全部生产经营所得和其他所得，按照合伙人数量平均计算每个合伙人的应纳税所得额。

合伙协议不得约定将全部利润分配给部分合伙人。

（4）不得用合伙企业的亏损抵减合伙人的盈利。

合伙企业的合伙人是法人和其他组织的，合伙人在计算其缴纳企业所得税时，不得用合伙企业的亏损抵减其盈利。

5. 应纳税所得额分配情况明细表及其填报

有限合伙制创业投资企业法人合伙人符合享受优惠条件的，应在符合条件的年度终了后3个月内向其主管税务机关报送“有限合伙制创业投资企业法人合伙人应纳税所得额分配情况明细表”。

（1）法人合伙人应纳税所得额分配情况明细表。

“有限合伙制创业投资企业法人合伙人应纳税所得额分配情况明细表”（如后面表样所示）一式四份（可根据法人合伙人数量递增），有限合伙制创业投资企业、法人合伙人、创投企业和法人合伙人主管税务机关各执一份。

（2）应纳税所得额分配情况明细表的填报。

①表头项目。“所属期间”填报公历当年1月1日至12月31日。

②合伙制创投企业信息项目。

A. 纳税人识别号、名称和主管税务机关。

“创投企业纳税人识别号”、“创投企业名称”和“主管税务机关”，填写有限合伙制创业投资企业的税号、名称和主管税务机关。

B. 本期新增符合优惠条件的实缴投资额合计。

“本期新增符合优惠条件的实缴投资额合计”，填写有限合伙制创业投资企业本期新增符合财税〔2015〕116号文件和国税发〔2009〕87号文件规定优惠条件的（本期新增满足投资于未上市的中小高新技术企业满2年的条件的）投资额，不是本期新增的对外投资额，也不包括本期不符合优惠条件的投资额。

C. 本期应纳税所得额。

“本期应纳税所得额”填写有限合伙制创业投资企业本期按规定计算并亏损弥补后的应纳税所得额。

③法人合伙人信息项目。

A. 纳税人识别号、名称和主管税务机关。

“法人合伙人纳税人识别号”、“法人合伙人企业名称”和“主管税务机关”，填写有限合伙制创业投资企业的法人合伙人的税号、名称和企业所得税主管税务机关。

B. 实缴出资额及其占比。

“实缴出资额”、“实缴出资额占全部实缴出资额比例”填写法人合伙人投资有限合伙制创业投资企业的实缴出资额和其占全部实缴出资额的比例。

C. 投资持有时间。

“投资持有时间”填写法人合伙人对有限合伙制创业投资企业的投资持有时间，填至月数。

D. 本期新增符合优惠条件的投资额。

“本期新增符合优惠条件的投资额”填写“本期新增符合优惠条件的实缴投资额合计”×“出资比例”计算得到的金额。

表 27 – 3　有限合伙制创业投资企业法人合伙人应纳税所得额分配情况明细表

所属期间：　　　　　　年　月　日至　年　月　日　　　　　　单位：元

<table>
<tr><td>创投企业纳税人识别号</td><td>创投企业名称</td><td>主管税务机关</td><td colspan="5">本期新增符合优惠条件的实缴投资额合计(a)</td><td colspan="4">本期应纳税所得额(b)</td></tr>
<tr><td></td><td></td><td></td><td colspan="5"></td><td colspan="4"></td></tr>
<tr><td rowspan="2">法人合伙人纳税人识别号</td><td rowspan="2">法人合伙人企业名称</td><td rowspan="2">主管税务机关</td><td rowspan="2">实缴出资额</td><td rowspan="2">投资持有时间</td><td>实缴出资额占全部实缴出资额比例</td><td>本期新增符合优惠条件的投资额</td><td>本期新增可抵扣的投资额</td><td colspan="2">应纳税所得额的分配比例</td><td colspan="2">法人合伙人应分得的应纳税所得额</td></tr>
<tr><td>1</td><td>2 = a * 1</td><td>3 = 2 * 70%</td><td colspan="2">4</td><td colspan="2">5 = b * 4</td></tr>
<tr><td></td><td></td><td></td><td></td><td></td><td></td><td></td><td></td><td colspan="2"></td><td colspan="2"></td></tr>
<tr><td></td><td></td><td></td><td></td><td></td><td></td><td></td><td></td><td colspan="2"></td><td colspan="2"></td></tr>
<tr><td></td><td></td><td></td><td></td><td></td><td></td><td></td><td></td><td colspan="2"></td><td colspan="2"></td></tr>
<tr><td>被投资高新技术企业纳税人识别号</td><td>高新技术企业名称</td><td>投资日期</td><td>投资额</td><td>投资持有时间</td><td>投资年度职工人数</td><td>投资年度年销售(营业)额</td><td>投资年度资产总额</td><td>认定高新技术企业年度</td><td>是否已上市</td><td>上市日期</td><td>是否符合优惠条件</td></tr>
<tr><td></td><td></td><td></td><td></td><td></td><td></td><td></td><td></td><td></td><td></td><td></td><td></td></tr>
<tr><td></td><td></td><td></td><td></td><td></td><td></td><td></td><td></td><td></td><td></td><td></td><td></td></tr>
<tr><td></td><td></td><td></td><td></td><td></td><td></td><td></td><td></td><td></td><td></td><td></td><td></td></tr>
<tr><td>企业声明</td><td colspan="5">我单位已知悉本事项全部相关政策和管理要求。此表是根据《中华人民共和国企业所得税法》及其实施条例和国家税收规定填报的，是真实、完整的，提交的资料真实、合法、有效。
（企业公章）
财务负责人：　　执行事务合伙人：　　年　月　日</td><td>税务机关回执</td><td colspan="5">您单位于　　年　月　日向我机关提交本表及相关资料。
我机关意见：　　。特此告知。
（税务机关印章）
经办人：　　年　月　日</td></tr>
</table>

E. 本期新增可抵扣的投资额。

“本期新增可抵扣的投资额”填写“本期新增符合优惠条件的实缴投资额”×70%计算得到的金额。

F. 应纳税所得额的分配比例。

“应纳税所得额的分配比例”填写有限合伙制创业投资企业该法人合伙人对本期应纳税所得额的分配比例。

G. 法人合伙人应分得的应纳税所得额。

“法人合伙人应分得的应纳税所得额”填写“本期应纳税所得额”×“应纳税所得额的分配比例”计算得到的金额。

④被投资企业信息项目。

A. 纳税人识别号及其名称。

“被投资中小高新技术企业纳税人识别号”、“高新技术企业名称”填写该有限合伙制创业投资企业通过股权投资方式投资满2年的中小高新技术企业的税号和名称。

B. 投资日期。

“投资日期”填写被投资企业接受投资、完成工商变更登记的日期。

C. 投资持有时间。

“投资持有时间”填写有限合伙制创业投资企业持有中小高新技术企业股权的累计时间，填至月份。

D. 职工人数、年销售额和资产总额。

“投资年度职工人数”、“投资年度年销售额”和“投资年度资产总额”均填写被投资中小高新技术企业获得有限合伙制创业投资企业股权投资当年期末的数据。

E. 认定高新技术企业年度。

“认定高新技术企业年度”填写被投资企业获得高新技术企业证书的年度。

F. 是否已上市和上市日期。

“是否已上市”、“上市日期”填写被投资企业是否已在公开证券市场上市和具体的上市日期，如未上市，则上市日期不需填写。

G. 是否符合优惠条件。

“是否符合优惠条件”填写是否符合税法规定的优惠条件，填写“是”或“否”。

6. 应纳税所得额抵扣情况明细表及其填报

（1）“法人合伙人应纳税所得额抵扣情况明细表”。

表 27－4　法人合伙人应纳税所得额抵扣情况明细表

法人合伙人纳税人识别号：　　　　　　　　　　　法人合伙人企业名称：

所属期间：　　　　　　　　　　　　　　　　　　　　　　　　　　　　　　　单位：元

创投企业纳税人识别号	创投企业名称	主管税务机关	本期新增的可抵扣投资额	本期应分得的应纳税所得额	上期结转的可抵扣投资额	本期实际可抵扣投资额	结转下期可抵扣投资额
			1	2	3	4（若1＋3＜2，则4＝1＋3；若1＋3＞2，则4＝2）	5＝1＋3－4
					－	－	－
					－	－	－
					－	－	－
	合　计						
企业声明	我单位已知悉本事项全部相关政策和管理要求。此表是根据《中华人民共和国企业所得税法》及其实施条例和国家税收规定填报的，是真实、完整的，提交的资料真实、合法、有效。 （企业公章） 财务负责人：　　　　法定代表人（负责人）：　　　　年　月　日						
税务机关回执	您单位于　　年　　月　　日向我机关提交本表及相关资料。 我机关意见：　　　　。 特此告知。 （税务机关印章） 经办人：　　　　年　　月　　日						

（2）应纳税所得额抵扣情况明细表的填报。

①所属期间。“所属期间”填报公历当年1月1日至12月31日。

②企业名称、识别号和主管税务机关。“创投企业纳税人识别号”、“创投企业名称”“主管税务机关”填写法人合伙人投资的有限合伙制创业投资企业的税号、名称和主管税务机关。

③本期新增的可抵扣投资额。“本期新增的可抵扣投资额”填写“有限合伙制创业投资企业法人合伙人应纳税所得额分配情况明细表”中归属于该法人合伙人的新增可抵扣投资额。

④本期应分得的应纳税所得额。“本期应分得的应纳税所得额”填写“有限合伙制创业投资企业法人合伙人应纳税所得额分配情况明细表”中分配的归属于该法人合伙人的应纳税所得额。

⑤上期结转的可抵扣投资额。“上期结转的可抵扣投资额”填写法人合伙人上年度结转以后年度的可抵扣投资额。

⑥本期实际可抵扣投资额。“本期实际可抵扣投资额”填写本期法人合伙人享受优惠可以抵扣的投资额，如“本期新增的可抵扣投资额”＋“上期结转的可抵扣投资额”＜“本期应分得的应纳税所得额”，则填写“本期新增的可抵扣投资额”＋“上期结转的可抵扣投资额”计算得到的金额；如“本期新增的可抵扣投资额”＋“上期结转的可抵扣投资额”＞“本期应分得的应纳税所得额”，则填写“本期应分得的应纳税所得额”的金额。

⑦结转下期可抵扣投资额。“结转下期可抵扣投资额”按“本期新增的可抵扣投资额”＋“上期结转的可抵扣投资额”－　“本期实际可抵扣投资额”计算得到的金额填列。

7. 备案管理

（1）备案资料。

有限合伙制创业投资企业法人合伙人按投资额的一定比例抵扣应纳税所得额优惠，属于汇算清缴时才可享受的优惠事项。纳税人办理有限合伙制创业投资企业法人合伙人按投资额的一定比例抵扣应纳税所得额优惠事项时，需要提供如下备案资料：

①企业所得税优惠事项备案表；

②法人合伙人应纳税所得额抵扣情况明细表；

③有限合伙制创业投资企业法人合伙人应纳税所得额分配情况明细表。

（2）留存备查资料。

需要留在备查的资料包括：

①创业投资企业年检合格通知书；

②中小高新技术企业投资合同或章程、实际所投资金的验资报告等相关材料；

③省、自治区、直辖市和计划单列市高新技术企业认定管理机构出具的中小高新技术企业有效的高新技术企业证书复印件（注明"与原件一致"，并加盖公章）；

④中小高新技术企业基本情况（职工人数、年销售（营业）额、资产总额等）说明；

⑤"法人合伙人应纳税所得额抵扣情况明细表"；

⑥"有限合伙制创业投资企业法人合伙人应纳税所得额分配情况明细表"；

⑦省税务机关规定的其他资料。

（3）享受法人合伙人投资抵扣优惠手续。

法人合伙人向其所在地主管税务机关备案享受投资抵扣应纳税所得额时，应提交"法人合伙人应纳税所得额抵扣情况明细表"以及有限合伙制创业投资企业所在地主管税务机关受理后的"有限合伙制创业投资企业法人合伙人应纳税所得额分配情况明细表"，同时将规定的相关资料留存备查。

这是有关法人合伙人备案享受优惠政策的手续规定。由于有限合伙制创业投资企业的经营所得和其他所得采取"先分后税"的原则，且有限合伙制创业投资企业主管税务机关与有限合伙制创业投资企业的法人合伙人的主管税务机关有可能不一致，为便于法人合伙人主管税务机关加强监管，在苏州工业园区政策试点的基础上，简化原备案资料为留存企业备查，增加"法人合伙人应纳税所得额抵扣情况明细表"，以便于企业核算和税务机关核实应纳税所得额结转抵扣情况。同时，要求报送"有限合伙制创业投资企业法人合伙人应纳税所得额分配情况明细表"，有利于法人合伙人主管税务机关及时获得抵扣信息的详细资料，兑现优惠政策。

【案例2】

2014年12月1日，A创业投资有限责任公司与他人合伙成立甲有限合伙制创业投资企业，合伙人合计认缴出资20000万元，A创业投资有限责任公司出资占比为75%，合伙协议约定A有限公司按60%分享利润（承担亏损）。

2015年1月1日，A创业投资有限责任公司实缴出资15000万元，其他合伙人实缴出资5000万元。

2015年10月1日，甲有限合伙制创业投资企业向乙有限公司投资20000万元，10月18日办好工商登记手续。2015年2月18日，乙公司取得高新技术企业证书。其他相关资料如下表所示：

乙公司相关资料 单位：人、万元

项目	2015年1月1日	2015年12月31日	2016年12月31日	2017年12月31日
职工人数	520	480	490	510
资产总额	21000	18000	22000	26000
销售收入	15000	16000	20000	22000

2015年12月10日，A创业投资有限责任公司向B有限公司投资1000万元（B有限公司于2015年10月20日取得高新技术企业资格证书，2015年末资产总额12000万元，职工人数480人，当年销售收入为18000万元），股权持有到2017年12月底，仍未出售。A创投公司2016年底结转的尚未抵扣的股权投资余额为200万元。A创业投资公司2017年度企业所得税相关数据如下表所示。

企业所得税年度纳税申报表

行号	项　目	金额
1	纳税调整后所得	2000
2	所得减免	400
3	以前年度结转的尚未弥补的亏损	1300

甲有限合伙制创业投资企业2015年、2016年和2017年三年经营所得与分配利润情况如下表所示：

单位：万元

年份	甲合伙企业应纳税所得	实际分配利润
2015	-100	0
2016	10100	0
2017	10000	5000

要求：计算A创业投资有限责任公司当年应缴纳的企业所得税，并填报相关企业所得税年度纳税申报表。

【解析】

1. 2017年度A创业投资有限责任公司应缴纳的企业所得税的计算：

（1）法人合伙人投资抵扣应纳税所得额及应补企业所得税计算。

从甲合伙企业应分得的应纳税所得额为：10000×60%=6000（万元）；

本年新增的可抵扣投资额：20000×75%×70%=10500（万元）；

本年实际抵扣应分得的应纳税所得额为：6000（万元）；

结转以后年度抵扣的投资额余额：4500万元。

（2）A创业投资有限责任公司投资抵扣。

本年可用于抵扣的应纳税所得额=

纳税调整后所得-所得减免-以前年度结转的尚未弥补的亏损=2000-400-1300=300（万元）。

本年可抵扣的股权投资额=本年新增的可抵扣的股权投资额+以前年度结转的尚未抵扣的股权投资余额=700+200=900（万元）。

本年实际抵扣应纳税所得额为：300万元。

可结转以后年度抵扣的股权投资余额=900-300=600（万元）。

本年自身业务应纳税所得额为0。

2. “有限合伙制创业投资企业法人合伙人应纳税所得额分配情况明细表”的填报。

表 27－5 有限合伙制创业投资企业法人合伙人应纳税所得额分配情况明细表

2017 年 1 月 1 日至 2017 年 12 月 31 日

所属期间： 单位：万元

<table>
<tr><td>创投企业纳税人识别号</td><td>创投企业名称</td><td>主管税务机关</td><td colspan="5">本期新增符合优惠条件的实缴投资额合计(a)</td><td colspan="4">本期应纳税所得额(b)</td></tr>
<tr><td>* * *</td><td>甲有限合伙制创业投资企业</td><td>* * *</td><td colspan="5">20000</td><td colspan="4">10000</td></tr>
<tr><td rowspan="2">法人合伙人纳税人识别号</td><td rowspan="2">法人合伙人企业名称</td><td rowspan="2">主管税务机关</td><td rowspan="2">实缴出资额</td><td rowspan="2">投资持有时间</td><td>实缴出资额占全部实缴出资额比例</td><td>本期新增符合优惠条件的投资额</td><td>本期新增可抵扣的投资额</td><td colspan="2">应纳税所得额的分配比例</td><td colspan="2">法人合伙人应分得的应纳税所得额</td></tr>
<tr><td>1</td><td>2 = a * 1</td><td>3 = 2 * 70%</td><td colspan="2">4</td><td colspan="2">5 = b * 4</td></tr>
<tr><td></td><td>A 创业投资有限责任公司</td><td></td><td>15000</td><td>36 月</td><td>75%</td><td>15000</td><td>10500</td><td colspan="2">60%</td><td colspan="2">6000</td></tr>
<tr><td></td><td></td><td></td><td></td><td></td><td></td><td></td><td></td><td colspan="2"></td><td colspan="2"></td></tr>
<tr><td></td><td></td><td></td><td></td><td></td><td></td><td></td><td></td><td colspan="2"></td><td colspan="2"></td></tr>
<tr><td>被投资高新技术企业纳税人识别号</td><td>高新技术企业名称</td><td>投资日期</td><td>投资额</td><td>投资持有时间</td><td>投资年度职工人数</td><td>投资年度年销售(营业)额</td><td>投资年度资产总额</td><td>认定高新技术企业年度</td><td>是否已上市</td><td>上市日期</td><td>是否符合优惠条件</td></tr>
<tr><td></td><td>乙有限公司</td><td>2015 年 10 月 18 日</td><td>20000</td><td>26 月</td><td>480</td><td>160000000</td><td>180000000</td><td>2015</td><td>否</td><td></td><td>符合</td></tr>
<tr><td></td><td></td><td></td><td></td><td></td><td></td><td></td><td></td><td></td><td></td><td></td><td></td></tr>
<tr><td></td><td></td><td></td><td></td><td></td><td></td><td></td><td></td><td></td><td></td><td></td><td></td></tr>
<tr><td>企业声明</td><td colspan="5">我单位已知悉本事项全部相关政策和管理要求。此表是根据《中华人民共和国企业所得税法》及其实施条例和国家税收规定填报的，是真实、完整的，提交的资料真实、合法、有效。
（企业公章）
财务负责人： 执行事务合伙人： 年 月 日</td><td>税务机关回执</td><td colspan="5">您单位于 年 月 日向我机关提交本表及相关资料。我机关意见：
。特此告知。
（税务机关印章）
经办人： 年 月 日</td></tr>
</table>

3. “法人合伙人应纳税所得额抵扣情况明细表”的填报

表 27－6　法人合伙人应纳税所得额抵扣情况明细表

法人合伙人纳税人识别号：＊＊＊　法人合伙人企业名称：A 公司

所属期间：　　2017 年 1 月 1 日至 2017 年 12 月 31 日　　单位：元

创投企业纳税人识别号	创投企业名称	主管税务机关	本期新增的可抵扣投资额	本期应分得的应纳税所得额	上期结转的可抵扣投资额	本期实际可抵扣投资额	结转下期可抵扣投资额
			1	2	3	4（若 1＋3＜2，则 4＝1＋3；若 1＋3＞2，则 4＝2）	5＝1＋3－4
＊＊＊	甲创投企业	＊＊＊	10500	6000	–	–	–
					–	–	–
					–	–	–
合　计			10500	6000	0	6000	4500
企业声明	我单位已知悉本事项全部相关政策和管理要求。此表是根据《中华人民共和国企业所得税法》及其实施条例和国家税收规定填报的，是真实、完整的，提交的资料真实、合法、有效。 （企业公章） 财务负责人：　法定代表人（负责人）：　年　月　日						
税务机关回执	您单位于　年　月　日向我机关提交本表及相关资料。 我机关意见：　。 特此告知。 （税务机关印章） 经办人：　年　月　日						

4. “抵扣应纳税所得额明细表”的填报

表 27－7　抵扣应纳税所得额明细表（A107030）

行次	项目	合计金额	投资于未上市中小高新技术企业	投资于种子期、初创期科技型企业
		1＝2＋3	2	3
一、创业投资企业直接投资按投资额一定比例抵扣应纳税所得额				
1	本年新增的符合条件的股权投资额	1000	1000	
2	税收规定的抵扣率	70%	70%	70%
3	本年新增的可抵扣的股权投资额（1×2）	700	700	
4	以前年度结转的尚未抵扣的股权投资余额	200	*	*
5	本年可抵扣的股权投资额（3＋4）	900	*	*
6	本年可用于抵扣的应纳税所得额	300	*	*
7	本年实际抵扣应纳税所得额	300	300	
8	结转以后年度抵扣的股权投资余额	600	*	*
二、通过有限合伙制创业投资企业投资按一定比例抵扣分得的应纳税所得额				

续表

行次	项目	合计金额	投资于未上市中小高新技术企业	投资于种子期、初创期科技型企业
		1 =2 +3	2	3
9	本年从有限合伙创投企业应分得的应纳税所得额	6000	6000	
10	本年新增的可抵扣投资额	10500	1050	
11	以前年度结转的可抵扣投资额余额	0	*	*
12	本年可抵扣投资额（10 +11）	10500	*	*
13	本年实际抵扣应分得的应纳税所得额	6000	6000	
14	结转以后年度抵扣的投资额余额	4500	*	*
三、抵扣应纳税所得额合计				
15	合计（7 +13）	6300	6300	

5. “企业所得税年度纳税申报表”主表的填报

表 27 –8　中华人民共和国企业所得税年度纳税申报表（A 类）（A100000）

行次	类别	项　　目	金额
1	利润总额计算	一、营业收入（填写 A101010 \ 101020 \ 103000）	
2		减：营业成本（填写 A102010 \ 102020 \ 103000）	
3		营业税金及附加	
4		销售费用（填写 A104000）	
5		管理费用（填写 A104000）	
6		财务费用（填写 A104000）	
7		资产减值损失	
8		加：公允价值变动收益	
9		投资收益	
10		二、营业利润（1 –2 –3 –4 –5 –6 –7 +8 +9）	
11		加：营业外收入（填写 A101010 \ 101020 \ 103000）	
12		减：营业外支出（填写 A102010 \ 102020 \ 103000）	
13		三、利润总额（10 +11 –12）	5000
14	应纳税所得额计算	减：境外所得（填写 A108010）	
15		加：纳税调整增加额（填写 A105000）	6000
16		减：纳税调整减少额（填写 A105000）	3000
17		减：免税、减计收入及加计扣除（填写 A107010）	
18		加：境外应税所得抵减境内亏损（填写 A108000）	
19		四、纳税调整后所得（13 –14 +15 –16 –17 +18）	8000
20		减：所得减免（填写 A107020）	400
21		减：弥补以前年度亏损（填写 A106000）	1300
22		减：抵扣应纳税所得额（填写 A107030）	6300
23		五、应纳税所得额（19 –20 –21 –22）	0

续表

行次	类别	项　　　目	金额
24	应纳税额计算	税率（25%）	25%
25		六、应纳所得税额（23×24）	0
26		减：减免所得税额（填写A107040）	
27		减：抵免所得税额（填写A107050）	
28		七、应纳税额（25－26－27）	0
29		加：境外所得应纳所得税额（填写A108000）	
30		减：境外所得抵免所得税额（填写A108000）	
31		八、实际应纳所得税额（28＋29－30）	
32		减：本年累计实际已预缴的所得税额	
33		九、本年应补（退）所得税额（31－32）	
34		其中：总机构分摊本年应补（退）所得税额（填写A109000）	
35		财政集中分配本年应补（退）所得税额（填写A109000）	
36		总机构主体生产经营部门分摊本年应补（退）所得税额（填写A109000）	
37	附列资料	以前年度多缴的所得税额在本年抵减额	
38		以前年度应缴未缴在本年入库所得税额	

三、直接投资初创科技型企业投资抵扣

1. 公司制创投企业投资初创科技型企业抵扣优惠

（1）公司制创投企业投资初创科技型企业抵扣优惠。

自2017年1月1日起，公司制创业投资企业采取股权投资方式直接投资于种子期、初创期科技型企业（以下简称初创科技型企业）满2年（24个月，下同）的，可以按照投资额的70%在股权持有满2年的当年抵扣该公司制创业投资企业的应纳税所得额；当年不足抵扣的，可以在以后纳税年度结转抵扣。

（2）投资与投资额。

享受规定的税收试点政策的投资，仅限于通过向被投资初创科技型企业直接支付现金方式取得的股权投资，不包括受让其他股东的存量股权。

投资额，按照创业投资企业对初创科技型企业的实缴投资额确定。

（3）投资满2年的界定。

对于公司制创业投资企业而言，投资满2年是指公司制创业投资企业投资于种子期、初创期科技型企业（简称“初创科技型企业”）的实缴投资满2年，投资时间从初创科技型企业接受投资并完成工商变更登记的日期算起。

（4）备案程序和资料。

公司制创投企业应在年度申报享受优惠时，向主管税务机关办理备案手续，备案时报送《企业所得税优惠事项备案表》及发展改革或证监部门出具的符合创业投资企业条件的年度证明材料复印件。同时将以下资料留存备查：

①发展改革或证监部门出具的符合创业投资企业条件的年度证明材料。

②初创科技型企业接受现金投资时的投资合同（协议）、章程、实际出资的相关证明材料。

③创业投资企业与其关联方持有初创科技型企业的股权比例的说明。

④被投资企业符合初创科技型企业条件的有关资料：

A. 接受投资时从业人数、资产总额、年销售收入和大学本科以上学历的从业人数比例的情况说明；

B. 接受投资时设立时间不超过 5 年的证明材料；

C. 接受投资时以及接受投资后 2 年内未在境内外证券交易所上市情况说明；

D. 研发费用总额占成本费用总额比例的情况说明。

（5）转请机制及骗取抵扣的处理。

转请机制，即税务机关在创业投资企业和合伙创投企业合伙人享受优惠政策后续管理中，对初创科技型企业是否符合规定条件有异议的，可以转请相应主管税务机关提供相关资料，主管税务机关应积极配合。

对纳税人提供虚假资料，违规享受税收试点政策的，应按税收征管法相关规定处理，并将其列入失信纳税人名单，按规定实施联合惩戒措施。

2. 初创科技型企业应符合的条件

初创科技型企业，应同时符合以下条件：

（1）境内注册查账征收居民企业。

即：在内地（不包括港、澳、台地区）注册成立、实行查账征收的居民企业；

对于投资非居民企业、企业所得税实行核算征收的居民企业以及境外注册中资控股居民企业，不能享受投资初创科技型企业投资抵扣应纳税所得额优惠。

（2）从业人数、资产总额和年销售收入指标。

接受投资时，从业人数不超过 200 人，其中具有大学本科以上学历的从业人数不低于 30%；资产总额和年销售收入均不超过 3000 万元；

从业人数，包括与企业建立劳动关系的职工人员及企业接受的劳务派遣人员。从业人数和资产总额指标，按照企业接受投资前连续 12 个月的平均数计算，不足 12 个月的，按实际月数平均计算。具体计算公式如下：

月平均数 =（月初数 + 月末数）÷2

接受投资前连续 12 个月平均数 = 接受投资前连续 12 个月平均数之和 ÷12

销售收入，包括主营业务收入与其他业务收入；年销售收入指标，按照企业接受投资前连续 12 个月的累计数计算，不足 12 个月的，按实际月数累计计算。

（3）接受投资时设立时间不超过 5 年（60 个月）。

（4）接受投资后 2 年内未上市。

即接受投资时以及接受投资后 2 年内未在境内外证券交易所上市。

（5）研发费用占比条件。

接受投资当年及下一纳税年度，研发费用总额占成本费用支出的比例不低于 20%。

①研发费用口径。研发费用口径，按照财政部 国家税务总局 科技部《关于完善研究开发费用税前加计扣除政策的通知》（财税〔2015〕119号）的规定执行。

②研发费用占比的计算。研发费用总额占成本费用支出的比例，是指企业接受投资当年及下一纳税年度的研发费用总额合计占同期成本费用总额合计的比例。

成本费用，包括主营业务成本、其他业务成本、销售费用、管理费用、财务费用。

此口径参考了高新技术企业研发费用占比的计算方法，一定程度上降低了享受优惠的门槛，使更多的企业可以享受到政策红利。比如，某公司制创投企业于2017年5月投资初创科技型企业，假设其他条件均符合规定。初创科技型企业2017年发生研发费用100万元，成本费用1000万元，2017年研发费用占比10%，低于20%；2018年发生研发费用300万元，成本费用1000万元，2018年研发费用占比30%，高于20%。如要求投资当年及下一年分别满足研发费用占比高于20%的条件，则该公司制创投企业不能享受税收试点政策。但按照该口径，投资当年及下一年初创科技型企业研发费用平均占比为20%（（100+300）/（1000+1000）），该公司制创投企业可以享受税收试点政策。

四、通过合伙创投企业投资初创科技型企业投资抵扣

1. 合伙人投资初创科技型企业抵扣优惠

（1）合伙人投资抵扣所得额优惠。

有限合伙制创业投资企业（以下简称合伙创投企业）采取股权投资方式直接投资于初创科技型企业满2年的，该合伙创投企业的合伙人分别按以下方式处理：

①自2017年1月1日起，法人合伙人可以按照对初创科技型企业投资额的70%抵扣法人合伙人从合伙创投企业分得的所得；当年不足抵扣的，可以在以后纳税年度结转抵扣。

②自2017年7月1日起，个人合伙人可以按照对初创科技型企业投资额的70%抵扣个人合伙人从合伙创投企业分得的经营所得；当年不足抵扣的，可以在以后纳税年度结转抵扣。

执行日期前2年内发生的投资，在执行日期后投资满2年，且符合规定的其他条件的，可以适用规定的税收试点政策。

试点地区包括京津冀、上海、广东、安徽、四川、武汉、西安、沈阳8个全面创新改革试验区域和苏州工业园区。

（2）投资满2年的界定。

投资满2年，是指有限合伙制创业投资企业（以下简称“合伙创投企业”）投资于种子期、初创期科技型企业（以下简称“初创科技型企业”）的实缴投资满2年，投资时间从初创科技型企业接受投资并完成工商变更登记的日期算起。

需要说明的是，对于合伙创投企业投资初创科技型企业的，仅强调合伙创投企业投资于初创科技型企业的实缴投资满2年，取消了对合伙人对该合伙创投企业的实缴出资须满2年的要求，简化了政策条件，有利于企业准确执行政策。比如，某合伙创投企业于2017年12月投资初创科技型企业，假设其他条件均符合规定。合伙创投企业的某个法人合伙人于2018年1月对该合伙创投企业出资。2019年12月，合伙创投企业投资初创科技型企业满2年时，该法人合伙人同样可享受税收

试点政策。

（3）投资与投资额的确定。

①享受优惠政策投资的界定。享受规定的税收试点政策的投资，仅限于通过向被投资初创科技型企业直接支付现金方式取得的股权投资，不包括受让其他股东的存量股权。

②投资额的确定。合伙创投企业的合伙人对初创科技型企业的投资额，按照合伙创投企业对初创科技型企业的实缴投资额和合伙协议约定的合伙人占合伙创投企业的出资比例计算确定。

这里所称出资比例，按投资满2年当年年末各合伙人对合伙创投企业的实缴出资额占所有合伙人全部实缴出资额的比例计算。

（4）合伙创投企业及其法人合伙人备案程序与资料。

合伙创投企业法人合伙人符合享受优惠条件的，合伙创投企业应在投资初创科技型企业满2年的年度以及分配所得的年度终了后3个月内向合伙创投企业主管税务机关报送《合伙创投企业法人合伙人所得分配情况明细表》。

法人合伙人应在年度申报享受优惠时，向主管税务机关办理备案手续，备案时报送《企业所得税优惠事项备案表》。同时将法人合伙人投资于合伙创投企业的出资时间、出资金额、出资比例及分配比例的相关证明材料、合伙创投企业主管税务机关受理后的《合伙创投企业法人合伙人所得分配情况明细表》及其他有关资料留存备查。

留存备查的其他资料同公司制创投企业。具体包括：

①发展改革或证监部门出具的符合创业投资企业条件的年度证明材料。

②初创科技型企业接受现金投资时的投资合同（协议）、章程、实际出资的相关证明材料。

③创业投资企业与其关联方持有初创科技型企业的股权比例的说明。

④被投资企业符合初创科技型企业条件的有关资料：

A. 接受投资时从业人数、资产总额、年销售收入和大学本科以上学历的从业人数比例的情况说明；

B. 接受投资时设立时间不超过5年的证明材料；

C. 接受投资时以及接受投资后2年内未在境内外证券交易所上市情况说明；

D. 研发费用总额占成本费用总额比例的情况说明；

E. 合伙创投企业法人合伙人所得分配情况明细表，表样如下表。

表 27－9　合伙创投企业法人合伙人所得分配情况明细表

所属期间：　　　　年　月　日至　　年　月　日　　　　金额单位：元

<table>
<tr><td>创投企业纳税人识别号</td><td>创投企业名称</td><td>主管税务机关</td><td colspan="5">本期新增符合优惠条件的实缴投资额合计(a)</td><td colspan="5">本期所得(b)</td></tr>
<tr><td></td><td></td><td></td><td colspan="5"></td><td colspan="5"></td></tr>
<tr><td rowspan="2">法人合伙人纳税人识别号</td><td rowspan="2">法人合伙人企业名称</td><td rowspan="2">主管税务机关</td><td rowspan="2">实缴出资额</td><td rowspan="2">投资时间</td><td>实缴出资额占全部实缴出资额比例</td><td colspan="2">本期新增符合优惠条件的投资额</td><td>本期新增可抵扣的投资额</td><td colspan="2">所得的分配比例</td><td colspan="2">法人合伙人应分得的所得</td></tr>
<tr><td>1</td><td colspan="2">2＝a＊1</td><td>3＝2＊70%</td><td colspan="2">4</td><td colspan="2">5＝b＊4</td></tr>
<tr><td></td><td></td><td></td><td></td><td></td><td></td><td colspan="2"></td><td></td><td colspan="2"></td><td colspan="2"></td></tr>
<tr><td></td><td></td><td></td><td></td><td></td><td></td><td colspan="2"></td><td></td><td colspan="2"></td><td colspan="2"></td></tr>
<tr><td></td><td></td><td></td><td></td><td></td><td></td><td colspan="2"></td><td></td><td colspan="2"></td><td colspan="2"></td></tr>
<tr><td>初创科技型企业纳税人识别号</td><td>初创科技型企业名称</td><td>主管税务机关</td><td>成立日期</td><td>接受投资日期</td><td>接受创业投资额</td><td>从业人数</td><td>具有大学本科以上学历的从业人数所占比例</td><td>资产总额</td><td>年销售收入</td><td>研发费用占成本费用比例</td><td>是否已上市</td><td>征收方式</td></tr>
<tr><td></td><td></td><td></td><td></td><td></td><td></td><td></td><td></td><td></td><td></td><td></td><td></td><td></td></tr>
<tr><td></td><td></td><td></td><td></td><td></td><td></td><td></td><td></td><td></td><td></td><td></td><td></td><td></td></tr>
<tr><td></td><td></td><td></td><td></td><td></td><td></td><td></td><td></td><td></td><td></td><td></td><td></td><td></td></tr>
<tr><td>企业声明</td><td colspan="5">我单位已知悉本事项全部相关政策和管理要求。此表是根据《中华人民共和国企业所得税法》及其实施条例和国家税收规定填报的，是真实、完整的，提交的资料真实、合法、有效。
（企业公章）
财务负责人：　　执行事务合伙人：　　年　月　日</td><td>税务机关回执</td><td colspan="6">您单位于　　年　　月　　日向我机关提交本表及相关资料。我机关意见：　　　。特此告知。
（税务机关印章）
经办人：　　　　年　　月　　日</td></tr>
</table>

【填报说明】

（1）“所属期间”：填报公历当年 1 月 1 日至 12 月 31 日。

（2）创投企业信息：

①“创投企业纳税人识别号”“创投企业名称”“主管税务机关”填写合伙创投企业的纳税人识别号或统一社会信用代码、名称和主管税务机关。

②“本期新增符合优惠条件的实缴投资额合计”填写合伙创投企业本期新增的符合财税〔2017〕38 号文件优惠条件的投资额。

③“本期所得”填写合伙创投企业本期按规定计算并亏损弥补后的所得。

（3）法人合伙人信息：

①“法人合伙人纳税人识别号”“法人合伙人企业名称”“主管税务机关”填写合伙创投企业法人合伙人的纳税人识别号或统一社会信用代码、名称和企业所得税主管税务机关。

②“实缴出资额”“实缴出资额占全部实缴出资额比例”填写满足投资满 2 年当年年末法人合伙人投资合伙创投企业的实缴出资额和其占全部实缴出资额的比例。

“投资时间”填写法人合伙人对合伙创投企业的实缴出资时间。

③“本期新增符合优惠条件的投资额”填写“本期新增符合优惠条件的实缴投资额合计”×“出资比例”计算得到的金额。

④“本期新增可抵扣的投资额”填写“本期新增符合优惠条件的投资额”×70%计算得到的金额。

⑤“所得的分配比例”填写法人合伙人对应的本期所得的分配比例。

⑥“法人合伙人应分得的所得”填写“本期所得”×“所得的分配比例”计算得到的金额。

（4）初创科技型企业信息。

①“初创科技型企业纳税人识别号”“初创科技型企业名称”和“主管税务机关”填写初创科技型企业的纳税人识别号或统一社会信用代码、名称和企业所得税主管税务机关。

②“成立日期”填写初创科技型企业营业执照注明的成立日期；

“接受投资日期”填写初创科技型企业接受投资并完成工商变更登记的日期。

③“从业人数”“具有大学本科以上学历的从业人数所占比例”“资产总额”“年销售收入”填写按财税〔2017〕38 号及国家税务总局公告 2017 年第 20 号计算的初创科技型企业接受合伙创投企业投资时的数据。

④“研发费用占成本费用比例”填写初创科技型企业接受投资当年及下一纳税年度的研发费用总额合计占同期成本费用总额合计的比例。

⑤“是否已上市”填写初创科技型企业接受投资时以及接受投资后 2 年内是否在境内外证券交易所上市，填写“是”或“否”。

⑥“征收方式”根据初创科技型企业实际企业所得税征收方式填写“查账征收”或“核定征收”。

本表一式两份，一份交付合伙创投企业作为已提交的证明留存，一份由税务机关留存。同时，合伙创投企业将经合伙创投企业主管税务机关受理后的本表复印件提供给法人合伙人作为留存备查资料。

2. 享受优惠的创业投资企业应符合的条件

享受规定税收试点政策的创业投资企业，应同时符合以下条件：

（1）在内地（不含港、澳、台地区）注册成立、实行查账征收的居民企业或合伙创投企业，且不属于被投资初创科技型企业的发起人；

（2）符合《创业投资企业管理暂行办法》（发展改革委等10部门令第39号）规定或者《私募投资基金监督管理暂行办法》（证监会令第105号）关于创业投资基金的特别规定，按照上述规定完成备案且规范运作；

（3）投资后2年内，创业投资企业及其关联方持有被投资初创科技型企业的股权比例合计应低于50%；

（4）创业投资企业注册地须位于本通知规定的试点地区。

试点地区包括京津冀、上海、广东、安徽、四川、武汉、西安、沈阳8个全面创新改革试验区域和苏州工业园区。

3. 法人合伙人投资多个合伙创投企业的处理

法人合伙人投资于多个符合条件的合伙创投企业，可合并计算其可抵扣的投资额和分得的所得。当年不足抵扣的，可结转以后纳税年度继续抵扣；当年抵扣后有结余的，应按照企业所得税法的规定计算缴纳企业所得税。

所称符合条件的合伙创投企业既包括符合财税〔2017〕38号文件规定条件的合伙创投企业，也包括符合国家税务总局关于《有限合伙制创业投资企业法人合伙人企业所得税有关问题的公告》（2015年第81号）规定条件的合伙创投企业。

考虑到法人合伙人可能会投资多家符合条件的合伙创投企业，而合伙创投企业的分配可能会有所差别，有些因创业投资活动本身具有一定的风险，可能永远没有回报。因此允许合并计算抵扣，并将所有符合现行政策规定的合伙创投企业均纳入合并范围，将使法人合伙人能充分、及时抵扣，确保税收试点政策效应得到充分发挥。

第28章 “减免所得税优惠明细表”的理解与填报

“减免所得税优惠明细表”（A107040）由享受减免所得税优惠的纳税人填报。

纳税人根据税法和相关税收政策规定，填报本年享受减免所得税优惠情况。

纳税人完成“减免所得税优惠明细表”的填报工作，必须认真学习和领会下列税法及相关税收文件：

（1）《中华人民共和国企业所得税法》；

（2）《中华人民共和国企业所得税法实施条例》；

（3）财政部、国家税务总局《关于扩大小型微利企业所得税优惠政策范围》的通知（财税〔2017〕43号）；

（4）国家税务总局《关于贯彻落实扩大小型微利企业所得税优惠政策范围有关征管问题》（2017年第23号）；

（5）国务院《关于经济特区和上海浦东新区新设立高新技术企业实行过渡性税收优惠》的通知（国发〔2007〕40号）；

（6）财政部、国家税务总局《关于贯彻落实国务院关于实施企业所得税过渡优惠政策有关问题》的通知（财税〔2008〕21号）；

（7）财政部、海关总署、国家税务总局《关于支持芦山地震灾后恢复重建有关税收政策问题》的通知（财税〔2013〕58号）；

（8）财政部、海关总署、国家税务总局《关于支持鲁甸地震灾后恢复重建有关税收政策问题》的通知（财税〔2015〕27号）；

（9）财政部、国家税务总局《关于扶持动漫产业发展有关税收政策问题》的通知（财税〔2009〕65号）；

（10）文化部、财政部、国家税务总局关于印发《动漫企业认定管理办法（试行）》的通知（文市发〔2008〕51号）；

（11）文化部、财政部、国家税务总局《关于实施〈动漫企业认定管理办法〉（试行）》有关问题的通知（文产发〔2009〕18号）；

（12）国家税务总局《关于企业所得税税收优惠管理问题》的补充通知（国税函〔2009〕255号）；

（13）国家税务总局《关于“公司+农户”经营模式企业所得税优惠问题》的公告（2010年第2号）；

（14）国家税务总局《关于实施农、林、牧、渔业项目企业所得税优惠问题》的公告（2011年第48号）；

（15）国家税务总局《关于纳税人采取“公司+农户”经营模式销售畜禽有关增值税问题》的公告（2013年第8号）；

（16）国家税务总局关于发布《企业所得税优惠政策事项办理办法》的公告（2015年第76号）；

（17）财政部、国家税务总局《关于进一步鼓励软件产业和集成电路产业发展企业所得税政策》的通知（财税〔2012〕27号）；

（18）财政部、国家税务总局、发展改革委、工业和信息化部《关于软件和集成电路产业企业所得税优惠政策有关问题》的通知（财税〔2016〕49号）；

（19）财政部、国家税务总局、发展改革委工业和信息化部《关于进一步鼓励集成电路产业发展企业所得税政策》的通知（财税〔2015〕6号）；

（20）财政部、国家税务总局、中宣部《关于继续实施文化体制改革中经营性文化事业单位转制为企业若干税收政策》的通知（财税〔2014〕84号）；

（21）财政部、国家税务总局、民政部《关于生产和装配伤残人员专门用品企业免征企业所得税》的通知（财税〔2016〕111号）；

（22）财政部、国家税务总局、商务部、科技部、国家发展改革委《关于完善技术先进型服务企业有关企业所得税政策问题》的通知（财税〔2014〕59号）；

（23）财政部、国家税务总局、商务部、科学技术部、国家发展和改革委员会《关于新增中国服务外包示范城市适用技术先进型服务企业所得税政策》的通知（财税〔2016〕108号）；

（24）财政部、税务总局、商务部、科技部、国家发展改革委《关于将技术先进型服务企业所得税政策推广至全国实施》的通知（财税〔2017〕79号）；

（25）财政部、国家税务总局、商务部、科技部、国家发展改革委《关于在服务贸易创新发展试点地区推广技术先进型服务企业所得税优惠政策》的通知（财税〔2016〕122号）；

（26）财政部、海关总署、国家税务总局《关于深入实施西部大开发战略有关税收政策问题》的通知（财税〔2011〕58号）；

（27）国家税务总局《关于深入实施西部大开发战略有关企业所得税问题》的公告（2012年第12号；

（28）财政部、海关总署、国家税务总局《关于赣州市执行西部大开发税收政策问题》的通知（财税〔2013〕4号）；

（29）《西部地区鼓励类产业目录》（国家发展和改革委员会令第15号）；

（30）国家税务总局关于执行《西部地区鼓励类产业目录》有关企业所得税问题的公告（公告2015年第14号）；

（31）财政部、国家税务总局、人力资源社会保障部《关于继续实施支持和促进重点群体创业就业有关税收政策》的通知（财税〔2017〕49号）。

一、“减免所得税优惠明细表”的焦点问题

1. 小微企业优惠政策

（1）小微企业所得税优惠。

国家税务总局2017年规定将小型微利企业的年应纳税所得额上限由30万元提高至50万元，对年应纳税所得额低于50万元（含50万元）的小型微利企业，其所得减按50%计入应纳税所得额，按20%的税率缴纳企业所得税。执行时间：自2017年1月1日至2019年12月31日。

自2017年1月1日至2019年12月31日，符合条件的小型微利企业，无论采取查账征收方式还是核定征收方式，其年应纳税所得额低于50万元（含50万元，下同）的，均可以享受财税〔2017〕43号文件规定的其所得减按50%计入应纳税所得额，按20%的税率缴纳企业所得税的政策（以下简称“减半征税政策”）。

【案例1】

甲公司自2015年成立一直以来符合小微企业享受企业所得税优惠，2015年应纳税所得额亏损10万元，2016年应纳税所得额亏损30万元，2017年应纳税所得额盈利88万元。

【计算分析】

根据上述政策规定，2017年先弥补以前年度亏损后的所得额 = 88 - 10 - 30 = 48万元

小于财税〔2017〕43号规定的50万元

因此，甲公司2017年应纳所得税额 = 48 × 50% × 20% = 4.8万元

（2）小微企业享受优惠的条件。

《企业所得税法实施条例》第九十二条和财税〔2017〕43号）规定，小型微利企业，是指从事国家非限制和禁止行业，并符合下列条件的企业：

①工业企业，年度应纳税所得额不超过50万元，从业人数不超过100人，资产总额不超过3000万元；

②其他企业，年度应纳税所得额不超过50万元，从业人数不超过80人，资产总额不超过1000万元。

（3）小微企业的从业人数与总资产的计算口径。

从业人数，包括与企业建立劳动关系的职工人数和企业接受的劳务派遣用工人数。

所称从业人数和资产总额指标，应按企业全年的季度平均值确定。具体计算公式如下：

季度平均值 = （季初值 + 季末值） ÷ 2

全年季度平均值 = 全年各季度平均值之和 ÷ 4

年度中间开业或者终止经营活动的，以其实际经营期作为一个纳税年度确定上述相关指标。

（4）年度应纳税所得额不超过50万元。

企业每一纳税年度的收入总额，减除不征税收入、免税收入、各项扣除以及允许弥补的以前年

度亏损后的余额，为应纳税所得额。

（5）实际经营年度不到一年时不用换算。

年度中间开业或者终止经营活动的，以其实际经营期作为一个纳税年度确定上述相关指标。

企业所得税按纳税年度计算。纳税年度自公历1月1日起至12月31日止。企业在一个纳税年度中间开业，或者终止经营活动，使该纳税年度的实际经营期不足12个月的，应当以其实际经营期为一个纳税年度。企业依法清算时，应当以清算期间作为一个纳税年度。

【案例2】

甲公司制造企业2017年7月1日成立，第三季度期初职工人数为88人，期末职工人数90人，第四季末职工人数106人，总资产每季度期初期末均为2500万元，第三季度应纳税所得额20万元，第四季度应纳税所得额30万元。

【计算分析】

根据财税〔2017〕43号规定分析，第三季度职工人数＝（88＋90）/2＝89人；第四季度职工人数＝（90＋106）/2＝98人；全年职工平均人数＝（89＋98）/2＝94人。

年应纳税所得额合计50万元，年总资产平均2500万元，符合企业所得税享受小微企业税收优惠条件，2017年应纳税额＝50×50%×20%＝5万元。

（6）季度预缴企业所得税。

符合《企业所得税法实施条例》第九十二条或者财税〔2017〕43号文件规定条件的企业。

企业本年度第1季度预缴企业所得税时，如未完成上一纳税年度汇算清缴，无法判断上一纳税年度是否符合小型微利企业条件的，可暂按企业上一纳税年度第4季度的预缴申报情况判别。

（7）小微企业按季度预缴所得税。

国家税务总局公告2017年第23号文件规定，符合条件的小型微利企业，统一实行按季度预缴企业所得税。

（8）小微企业优惠的判定标准。

国家税务总局公告2017年第23号文件规定，本年度企业预缴企业所得税时，按照以下规定享受减半征税政策：

①查账征收企业。上一纳税年度为符合条件的小型微利企业，分别按照以下规定处理：

A. 按照实际利润额预缴的，预缴时累计实际利润不超过50万元的，可以享受减半征税政策；

B. 按照上一纳税年度应纳税所得额平均额预缴的，预缴时可以享受减半征税政策。

②定率征收企业。上一纳税年度为符合条件的小型微利企业，预缴时累计应纳税所得额不超过50万元的，可以享受减半征税政策。

③定额征收企业。根据减半征税政策规定需要调减定额的，由主管税务机关按照程序调整，依照原办法征收。

④上一纳税年度为不符合小型微利企业条件的企业，预计本年度符合条件的，预缴时累计实际利润或应纳税所得额不超过50万元的，可以享受减半征税政策。

⑤本年度新成立的企业，预计本年度符合小型微利企业条件的，预缴时累计实际利润或应纳税所得额不超过50万元的，可以享受减半征税政策。

（9）汇算清缴不符合条件时要补税。

国家税务总局《关于贯彻落实扩大小型微利企业所得税优惠政策范围有关征管问题的公告》（2017 年第 23 号）规定：企业预缴时享受了减半征税政策，年度汇算清缴时不符合小型微利企业条件的，应当按照规定补缴税款。

（10）无需进行专项备案。

国家税务总局公告 2017 年第 23 号文件规定，符合条件的小型微利企业，在预缴和年度汇算清缴企业所得税时，通过填写纳税申报表的相关内容，即可享受减半征税政策，无需进行专项备案。

（11）备案时间。

国家税务总局公告 2015 年第 76 号文件规定：小微企业享受企业所得税优惠预缴环节与汇算清缴环节均可享受，预缴享受年度备案。

2. 高新技术企业优惠政策

（1）高新技术企业减按 15% 的税率征收企业所得税。

《企业所得税法》规定，国家需要重点扶持的高新技术企业，减按 15% 的税率征收企业所得税。

（2）可以将境内境外合并按 15% 税率执行。

财税〔2011〕47 号文件规定，以境内、境外全部生产经营活动有关的研究开发费用总额、总收入、销售收入总额、高新技术产品（服务）收入等指标申请并经认定的高新技术企业，其来源于境外的所得可以享受高新技术企业所得税优惠政策，即对其来源于境外所得可以按照 15% 的优惠税率缴纳企业所得税，在计算境外抵免限额时，可按照 15% 的优惠税率计算境内外应纳税总额。高新技术企业境外所得税收抵免的其他事项，仍按照财税〔2009〕125 号文件的有关规定执行。

（3）5 +1 特区优惠政策。

国发〔2007〕40 号文件规定，法律设置的发展对外经济合作和技术交流的特定地区，是指深圳、珠海、汕头、厦门和海南经济特区；国务院已规定执行上述地区特殊政策的地区，是指上海浦东新区。对经济特区和上海浦东新区内在 2008 年 1 月 1 日（含）之后完成登记注册的国家需要重点扶持的高新技术企业（以下简称新设高新技术企业），在经济特区和上海浦东新区内取得的所得，自取得第一笔生产经营收入所属纳税年度起，第一年至第二年免征企业所得税，第三年至第五年按照 25% 的法定税率减半征收企业所得税。

经济特区和上海浦东新区内新设高新技术企业同时在经济特区和上海浦东新区以外的地区从事生产经营的，应当单独计算其在经济特区和上海浦东新区内取得的所得，并合理分摊企业的期间费用；没有单独计算的，不得享受企业所得税优惠。

经济特区和上海浦东新区内新设高新技术企业在按照本通知的规定享受过渡性税收优惠期间，由于复审或抽查不合格而不再具有高新技术企业资格的，从其不再具有高新技术企业资格年度起，停止享受过渡性税收优惠；以后再次被认定为高新技术企业的，不得继续享受或者重新享受过渡性税收优惠。

【案例 3】

【案例情况】

甲企业 2015 年在珠海横琴设立的高新技术企业，同时在广州北京设立两分公司，2015 年第一笔收入产生当年亏损 100 万元，2016 年亏损 200 万元，2017 年总公司获利 1000 万元，广州、北京分公司分别获利400万元于500万元。

根据国发〔2007〕40号规定，2015年第一笔收入产生开始计算两免三减半，2015年与2016年由于亏损占用了2年的免税优惠指标。2017年由于总公司在经济特区可以享受企业所得税减半优惠，而在广州的分公司所得不能享受减半优惠，只能享受高新技术企业的15%税率优惠。

【计算分析】

根据国家税务总局〔2012〕57号公告规定，总公司与分公司所得额合计1000+400+500=1900万元，所得额的50%分配给总公司，另外50%分配给分公司承担。

2016年广州、北京两分公司收入、工资、资产如下表（单位：万元）。

分公司	收入	工资	总资产
广州	4500	350	4600
北京	5500	650	5400
合计	10000	1000	10000

第一步：先分摊所得额。

总公司分摊1900万元中50%等于950万元，计算企业所得税为950×25%×50%=118.75万元。

广州、北京分公司分摊所得额另外50%金额950万元，如下：

分公司		收入（权重35%）	工资（权重35%）	总资产（权重33%）
广州	金额	4500	350	4600
	比例	45%	35%	46%
北京	金额	5500	650	5400
	比例	55%	65%	54%
合计		10000	1000	10000

广州分公司应分摊所得额=（45%×35%+35%×35%+46%×30%）×950=397.1万元，应计算所得税397.1万元×15%=59.57万元；

北京分公司应分摊所得额=（55%×35%+65%×35%+54%×30%）×950=552.9万元，应计算所得税552.9万元×15%=82.94万元。

第二步：再分所得税。

总公司与分公司分得的所得额计算所得税合计=118.75+59.57+82.94=261.26万元。其中所得税中50%由总公司在珠海横琴就地缴纳261.26×50%=130.63万元。另外的50%由广州、北京分公司分摊缴纳。

广州分公司分摊缴纳所得税=（45%×35%+35%×35%+46%×30%）×130.63=54.60万元；

北京分公司应分摊所得税=（55%×35%+65%×35%+54%×30%）×130.63=76.03万元。

（4）高新技术企业享受优惠的起始年度判定。

企业获得高新技术企业资格后，自高新技术企业证书注明的发证时间所在年度起申报享受税收优惠，并按规定向主管税务机关办理备案手续。企业的高新技术企业资格期满当年，在通过重新认定前，其企业所得税暂按 15% 的税率预缴，在年底前仍未取得高新技术企业资格的，应按规定补缴相应期间的税款。

国家税务总局公告 2017 年第 24 号文件规定：对取得高新技术企业资格且享受税收优惠的高新技术企业，税务部门如在日常管理过程中发现其在高新技术企业认定过程中或享受优惠期间不符合“认定办法”第十一条规定的认定条件的，应提请认定机构复核。复核后确认不符合认定条件的，由认定机构取消其高新技术企业资格，并通知税务机关追缴其证书有效期内自不符合认定条件年度起已享受的税收优惠。

例如，A 企业取得的高新技术企业证书上注明的发证时间为 2016 年 12 月 25 日，A 企业可自 2016 年度 1 月 1 日起连续 3 年享受高新技术企业税收优惠政策，即，享受高新技术企业税收优惠政策的年度为 2016、2017 和 2018 年。如，A 企业的高新技术企业证书在 2019 年 6 月 20 日到期，在 2019 年季度预缴时企业仍可按高新技术企业 15% 税率预缴。如果 A 企业在 2019 年年底前重新获得高新技术企业证书，其 2019 年度可继续享受税收优惠。如未重新获得高新技术企业证书，则 2019 年应按 25% 的税率补缴少缴的税款。

（5）高新技术企业过渡期。

国家税务总局公告 2017 年第 24 号规定：企业获得高新技术企业资格后，自高新技术企业证书注明的发证时间所在年度起申报享受税收优惠，并按规定向主管税务机关办理备案手续。

企业的高新技术企业资格期满当年，在通过重新认定前，其企业所得税暂按 15% 的税率预缴，在年底前仍未取得高新技术企业资格的，应按规定补缴相应期间的税款。对取得高新技术企业资格且享受税收优惠的高新技术企业，税务部门如在日常管理过程中发现其在高新技术企业认定过程中或享受优惠期间不符合“认定办法”第十一条规定的认定条件的，应提请认定机构复核。复核后确认不符合认定条件的，由认定机构取消其高新技术企业资格，并通知税务机关追缴其证书有效期内自不符合认定条件年度起已享受的税收优惠。

（6）高新技术企业认证条件。

认定为高新技术企业须同时满足以下条件：

①企业申请认定时须注册成立一年以上。

②企业通过自主研发、受让、受赠、并购等方式，获得对其主要产品（服务）在技术上发挥核心支持作用的知识产权的所有权。

③对企业主要产品发挥核心支持作用的技术属于《国家重点支持的高新技术领域》规定范围。

④企业从事研发和相关技术创新活动的科技人员占企业当年职工总数的比例不低于 10%。

⑤企业近 3 个会计年度（实际经营期不满 3 年的按实际经营时间计算，下同）的研究开发费用总额占同期销售收入总额的比例符合如下要求：

A. 最近一年销售收入小于 5000 万元（含）的企业，比例不低于 5%；

B. 最近一年销售收入在 5000 万元至 2 亿元（含）的企业，比例不低于 4%；

C. 最近一年销售收入在 2 亿元以上的企业，比例不低于 3%。其中，企业在中国境内发生的研究开发费用总额占全部研究开发费用总额的比例不低于 60%。

⑥近一年高新技术产品（服务）收入占企业同期总收入的比例不低于 60%。

⑦企业创新能力评价应达到相应要求。

⑧企业申请认定前一年内未发生重大安全、重大质量事故或严重环境违法行为。

（7）高新技术企业年终汇算清缴备案资料与备查资料。

国家税务总局公告2015年第76号规定向税务机关提交企业所得税优惠事项备案表、高新技术企业资格证书履行备案手续，同时妥善保管以下资料留存备查：

①高新技术企业资格证书；

②高新技术企业认定资料；

③知识产权相关材料；

④年度主要产品（服务）发挥核心支持作用的技术属于《国家重点支持的高新技术领域》规定范围的说明，高新技术产品（服务）及对应收入资料；

⑤年度职工和科技人员情况证明材料；

⑥当年和前两个会计年度研发费用总额及占同期销售收入比例、研发费用管理资料以及研发费用辅助账，研发费用结构明细表（具体格式见“工作指引”附件2）；

⑦省税务机关规定的其他资料。

（8）享受税收优惠与备案时间。

国家税务总局公告2015年第76号规定高新技术企业享受企业所得税优惠，预缴环节与汇算清缴环节均可享受，预缴享受年度备案。。

3. 经济特区和上海浦东新区

（1）税收优惠区域享受两免三减半优惠。

经济特定地区是指深圳、珠海、汕头、厦门和海南经济特区；国务院已规定执行上述地区特殊政策的地区是指上海浦东新区。对经济特区和上海浦东新区内在2008年1月1日（含）之后完成登记注册的国家需要重点扶持的高新技术企业（以下简称新设高新技术企业），在经济特区和上海浦东新区内取得的所得，自取得第一笔生产经营收入所属纳税年度起，第一年至第二年免征企业所得税，第三年至第五年按照25%的法定税率减半征收企业所得税。

（2）区域外经营所得不得享受两免三减半优惠。

经济特区和上海浦东新区内新设高新技术企业同时在经济特区和上海浦东新区以外的地区从事生产经营的，应当单独计算其在经济特区和上海浦东新区内取得的所得，并合理分摊企业的期间费用；没有单独计算的，不得享受企业所得税优惠。

经济特区和上海浦东新区内新设高新技术企业在按照本通知的规定享受过渡性税收优惠期间，由于复审或抽查不合格而不再具有高新技术企业资格的，从其不再具有高新技术企业资格年度起，停止享受过渡性税收优惠；以后再次被认定为高新技术企业的，不得继续享受或者重新享受过渡性税收优惠。

（3）享受税收优惠备案资料。

国家税务总局公告2015年第76号规定享受税收优惠备案资料是企业所得税优惠事项备案表和高新技术企业资格证书。

（4）享受税收优惠备查资料。

①高新技术企业资格证书；

②高新技术企业认定资料；

③年度研发费专账管理资料；

④年度高新技术产品（服务）及对应收入资料；

⑤年度高新技术企业研究开发费用及占销售收入比例，以及研发费用辅助账；

⑥研发人员花名册；

⑦科技人员占企业人员的比例和研发人员占企业人员的比例；

⑧新办企业取得第一笔生产经营收入凭证；

⑨区内区外所得的核算资料；

⑩省税务机关规定的其他资料。

（5）享受税收优惠与备案时间。

经济特区和上海浦东新区内新设高新技术企业享受企业所得税优惠预缴环节与汇算清缴环节均可享受，预缴享受年度备案。

4. 受灾地区农村信用社免征企业所得税

（1）芦山受灾地区农村信用社免征企业所得税。

财政部、海关总署、国家税务总局日前联合下发《关于支持芦山地震灾后恢复重建有关税收政策问题的通知》，明确自 2013 年 4 月 20 日至 2017 年 12 月 31 日，对受灾地区农村信用社免征企业所得税。

《通知》明确对受灾地区损失严重的企业，免征企业所得税。自 2013 年 4 月 20 日起，对受灾地区企业通过公益性社会团体、县级以上人民政府及其部门取得的抗震救灾和灾后恢复重建款项和物资，以及税收法律、法规规定和国务院批准的减免税金及附加收入，免征企业所得税。自 2013 年 4 月 20 日起，对受灾地区企业、单位或支援受灾地区重建的企业、单位，在 3 年内进口国内不能满足供应并直接用于灾后恢复重建的大宗物资、设备等，给予进口税收优惠。

（2）鲁甸受灾地区农村信用社免征企业所得税。

国发〔2014〕57 号规定，自 2014 年 8 月 3 日起，对受灾地区企业通过公益性社会团体、县级以上人民政府及其部门取得的抗震救灾和灾后恢复重建款项和物资，以及税收法律、法规规定和国务院批准的减免税金及附加收入，免征企业所得税。

自 2014 年 1 月 1 日至 2018 年 12 月 31 日，对受灾地区农村信用社免征企业所得税。

自 2014 年 8 月 3 日起，对受灾地区企业、单位或支援受灾地区重建的企业、单位，在 3 年内进口国内不能满足供应并直接用于灾后恢复重建的大宗物资、设备等，给予进口税收优惠。

受灾严重地区的商贸企业、服务型企业、劳动就业服务企业中的加工型企业和街道社区具有加工性质的小型企业实体在新增加的就业岗位中，招用当地因地震灾害失去工作的人员，与其签订 1 年以上期限劳动合同并依法缴纳社会保险费的，经县级人力资源社会保障部门认定，按实际招用人数和实际工作时间予以定额依次扣减增值税、营业税、城市维护建设税、教育费附加、地方教育附加和企业所得税。

定额标准为每人每年 4000 元，最高可上浮 30%，由云南省人民政府根据当地实际情况具体确定。

（3）享受税收优惠备案资料。

企业所得税优惠事项备案表。

（4）享受税收优惠备查资料。

①受灾地区企业通过公益性社会团体、县级以上人民政府及其部门取得的抗震救灾和灾后恢复重建款项和物资的证明材料；

②省税务机关规定的其他资料。

（5）享受税收优惠与备案时间。

国家税务总局关于发布《企业所得税优惠政策事项办理办法》的公告（国家税务总局公告2015年第76号）规定：预缴享受年度备案。

5. 动漫企业所得税优惠

财税〔2009〕65号规定，经认定的动漫企业自主开发、生产动漫产品，可申请享受国家现行鼓励软件产业发展的所得税优惠政策。即在2017年12月31日前自获利年度起，第一年至第二年免征企业所得税，第三年至第五年按照25%的法定税率减半征收企业所得税，并享受至期满为止。（定期减免税）

（1）动漫产品。

动漫产品包括：

①漫画：单幅和多格漫画、插画、漫画图书、动画抓帧图书、漫画报刊、漫画原画等；

②动画：动画电影、动画电视剧、动画短片、动画音像制品，影视特效中的动画片段，科教、军事、气象、医疗等影视节目中的动画片段等；

③网络动漫（含手机动漫）：以计算机互联网和移动通信网等信息网络为主要传播平台，以电脑、手机及各种手持电子设备为接受终端的动画、漫画作品，包括FLASH动画、网络表情、手机动漫等；

④动漫舞台剧（节）目：改编自动漫平面与影视等形式作品的舞台演出剧（节）目、采用动漫造型或含有动漫形象的舞台演出剧（节）目等；

⑤动漫软件：漫画平面设计软件、动画制作专用软件、动画后期音视频制作工具软件等；

⑥动漫衍生产品：与动漫形象有关的服装、玩具、文具、电子游戏等。

（2）自主开发、生产的动漫产品。

自主开发、生产的动漫产品，是指动漫企业自主创作、研发、设计、生产、制作、表演的符合本办法第五条规定的动漫产品（不含动漫衍生产品）；仅对国外动漫创意进行简单外包、简单模仿或简单离岸制造，既无自主知识产权，也无核心竞争力的除外。

（3）重点动漫产品。

申请认定为重点动漫产品的应符合以下标准之一：

①漫画产品销售年收入在100万元（报刊300万元）人民币以上或年销售10万册（报纸1000万份、期刊100万册）以上的，动画产品销售年收入在1000万元人民币以上的，网络动漫（含手机动漫）产品销售年收入在100万元人民币以上的，动漫舞台剧（节）目演出年收入在100万元人民币以上或年演出场次50场以上的；

②动漫产品版权出口年收入100万元人民币以上的；

③获得国际、国家级专业奖项的；

④经省级认定机构、全国性动漫行业协会、国家动漫产业基地等推荐的在思想内涵、艺术风格、技术应用、市场营销、社会影响等方面具有示范意义的动漫产品。

（4）动漫企业包括：

漫画创作企业；动画创作、制作企业；网络动漫（含手机动漫）创作、制作企业；动漫舞台剧（节）目制作、演出企业；动漫软件开发企业；动漫衍生产品研发、设计企业。

（5）动漫企业条件。

申请认定为动漫企业的应同时符合以下标准：

①在我国境内依法设立的企业；

②动漫企业经营动漫产品的主营收入占企业当年总收入的60%以上；

③自主开发生产的动漫产品收入占主营收入的50%以上；

④具有大学专科以上学历的或通过国家动漫人才专业认证的、从事动漫产品开发或技术服务的专业人员占企业当年职工总数的30%以上，其中研发人员占企业当年职工总数的10%以上；

⑤具有从事动漫产品开发或相应服务等业务所需的技术装备和工作场所；

⑥动漫产品的研究开发经费占企业当年营业收入8%以上；

⑦动漫产品内容积极健康，无法律法规禁止的内容；

⑧企业产权明晰，管理规范，守法经营。

（6）重点动漫企业。

符合本办法第十条标准的动漫企业申请认定为重点动漫企业的，应在申报前开发生产出1部以上重点动漫产品，并符合以下标准之一：

注册资本1000万元人民币以上的；动漫企业年营业收入500万元人民币以上，且连续2年不亏损的；动漫企业的动漫产品版权出口和对外贸易年收入200万元人民币以上，且自主知识产权动漫产品出口收入占总收入30%以上的；经省级认定机构、全国性动漫行业协会、国家动漫产业基地等推荐的在资金、人员规模、艺术创意、技术应用、市场营销、品牌价值、社会影响等方面具有示范意义的动漫企业。

（7）享受税收优惠备案资料。

企业所得税优惠事项备案表和动漫企业认定证明。

（8）享受税收优惠备查资料。

动漫企业认定证明；动漫企业认定资料；动漫企业年审通过名单；获利年度情况说明。

（9）享受税收优惠与备案时间。

国家税务总局关于发布《企业所得税优惠政策事项办理办法》的公告（国家税务总局公告2015年第76号）规定：预缴享受年度备案。

6. 集成电路生产企业税收优惠

集成电路线宽小于0.8微米（含）的集成电路生产企业，经认定后，在2017年12月31日前自获利年度起计算优惠期，第一年至第二年免征企业所得税，第三年至第五年按照25%的法定税率减半征收企业所得税，并享受至期满为止。

集成电路线宽小于0.25微米或投资额超过80亿元的集成电路生产企业，经认定后，减按15%的税率征收企业所得税，其中经营期在15年以上的，在2017年12月31日前自获利年度起计算优惠期，第一年至第五年免征企业所得税，第六年至第十年按照25%的法定税率减半征收企业所得税，并享受至期满为止。

（1）获利年度与税收优惠年度界定。

财税〔2016〕49号规定，软件、集成电路企业应从企业的获利年度起计算定期减免税优惠期。如获利年度不符合优惠条件的，应自首次符合软件、集成电路企业条件的年度起，在其优惠期的剩余年限内享受相应的减免税优惠。

（2）集成电路企业认定条件。

财税〔2016〕49号规定，财税〔2012〕27号文件所称集成电路生产企业，是指以单片集成电路、多芯片集成电路、混合集成电路制造为主营业务并同时符合下列条件的企业：

①在内地（不包括港、澳、台地区）依法注册并在发展改革、工业和信息化部门备案的居民企业；

②汇算清缴年度具有劳动合同关系且具有大学专科以上学历职工人数占企业月平均职工总人数的比例不低于40%，其中研究开发人员占企业月平均职工总数的比例不低于20%；

③拥有核心关键技术，并以此为基础开展经营活动，且汇算清缴年度研究开发费用总额占企业销售（营业）收入（主营业务收入与其他业务收入之和，下同）总额的比例不低于5%；其中，企业在中国境内发生的研究开发费用金额占研究开发费用总额的比例不低于60%；

④汇算清缴年度集成电路制造销售（营业）收入占企业收入总额的比例不低于60%；

⑤具有保证产品生产的手段和能力，并获得有关资质认证（包括ISO质量体系认证）；

⑥汇算清缴年度未发生重大安全、重大质量事故或严重环境违法行为。

（3）研发费口径界定。

财税〔2016〕49号规定，软件、集成电路企业规定条件中所称研究开发费用政策口径，2015年度仍按《国家税务总局关于印发〈企业研究开发费用税前扣除管理办法（试行）〉的通知》（国税发〔2008〕116号）和《财政部 国家税务总局关于研究开发费用税前加计扣除有关政策的通知》（财税〔2013〕70号）的规定执行，2016年及以后年度按照《财政部 国家税务总局 科技部关于完善研究开发费用税前加计扣除政策的通知》（财税〔2015〕119号）的规定执行。

（4）后续管理。

财税〔2016〕49号规定，省级（自治区、直辖市、计划单列市，下同）财政、税务、发展改革和工业和信息化部门应密切配合，通过建立核查机制并有效运用核查结果，切实加强对软件、集成电路企业的后续管理工作。

省级税务部门应在每年3月20日前和6月20日前分两批将汇算清缴年度已申报享受软件、集成电路企业税收优惠政策的企业名单及其备案资料提交省级发展改革、工业和信息化部门。其中，享受软件企业、集成电路设计企业税收优惠政策的名单及备案资料提交给省级工业和信息化部门，省级工业和信息化部门组织专家或者委托第三方机构对名单内企业是否符合条件进行核查；享受其他优惠政策的名单及备案资料提交给省级发展改革部门，省级发展改革部门会同工业和信息化部门共同组织专家或者委托第三方机构对名单内企业是否符合条件进行核查。

①2015 年度享受优惠政策的企业名单和备案资料，省级税务部门可在 2016 年 6 月 20 日前一次性提交给省级发展改革、工业和信息化部门。

②省级发展改革、工业和信息化部门应在收到享受优惠政策的企业名单和备案资料两个月内将复核结果反馈省级税务部门（一批名单复核结果应在汇算清缴期结束前反馈）。

③每年 10 月底前，省级财政、税务、发展改革、工业和信息化部门应将核查结果及税收优惠落实情况联合汇总上报财政部、税务总局、国家发展改革委、工业和信息化部。

如遇特殊情况汇算清缴延期的，上述期限可相应顺延。

④省级财政、税务、发展改革、工业和信息化部门可以根据本通知规定，结合当地实际，制定具体操作管理办法，并报财政部、税务总局、发展改革委、工业和信息化部备案。

（5）享受税收优惠备案资料。

财税〔2016〕49 号规定的享受税收优惠备案资料有：

①在发展改革或工业和信息化部门立项的备案文件（应注明总投资额、工艺线宽标准）复印件以及企业取得的其他相关资质证书复印件等；

②企业职工人数、学历结构、研究开发人员情况及其占企业职工总数的比例说明，以及汇算清缴年度最后一个月社会保险缴纳证明等相关证明材料；

③加工集成电路产品主要列表及国家知识产权局（或国外知识产权相关主管机构）出具的企业自主开发或拥有的一至两份代表性知识产权（如专利、布图设计登记、软件著作权等）的证明材料；

④经具有资质的中介机构鉴证的企业财务会计报告（包括会计报表、会计报表附注和财务情况说明书）以及集成电路制造销售（营业）收入、研究开发费用、境内研究开发费用等；

⑤与主要客户签订的一至两份代表性销售合同复印件；

⑥保证产品质量的相关证明材料（如质量管理认证证书复印件等）；

⑦税务机关要求出具的其他材料。

7. 软件企业企业所得税税收优惠

财税〔2012〕27 号规定，我国境内新办的集成电路设计企业和符合条件的软件企业，经认定后，在 2017 年 12 月 31 日前自获利年度起计算优惠期，第一年至第二年免征企业所得税，第三年至第五年按照 25% 的法定税率减半征收企业所得税，并享受至期满为止。

国家规划布局内的重点软件企业和集成电路设计企业，如当年未享受免税优惠的，可减按 10% 的税率征收企业所得税。

符合条件的集成电路封装、测试企业以及集成电路关键专用材料生产企业、集成电路专用设备生产企业，在 2017 年（含 2017 年）前实现获利的，自获利年度起，第一年至第二年免征企业所得税，第三年至第五年按照 25% 的法定税率减半征收企业所得税，并享受至期满为止；2017 年前未实现获利的，自 2017 年起计算优惠期，享受至期满为止。

（1）实行查账征收方式的软件企业。

国家税务总局公告 2013 年第 43 号 规定，软件企业所得税优惠政策适用于经认定并实行查账征收方式的软件企业。所称经认定，是指经国家规定的软件企业认定机构按照软件企业认定管理的有关规定进行认定并取得软件企业认定证书。

（2）件企业认定条件。

财税〔2012〕27号文件所称软件企业是指以软件产品开发销售（营业）为主营业务并同时符合下列条件的企业：

①在内地（不包括港、澳、台地区）依法注册的居民企业。

②汇算清缴年度具有劳动合同关系且具有大学专科以上学历的职工人数占企业月平均职工总人数的比例不低于40%，其中研究开发人员占企业月平均职工总数的比例不低于20%。

③拥有核心关键技术，并以此为基础开展经营活动，且汇算清缴年度研究开发费用总额占企业销售（营业）收入总额的比例不低于6%；其中，企业在中国境内发生的研究开发费用金额占研究开发费用总额的比例不低于60%。

④汇算清缴年度软件产品开发销售（营业）收入占企业收入总额的比例不低于50%（嵌入式软件产品和信息系统集成产品开发销售（营业）收入占企业收入总额的比例不低于40%），其中：软件产品自主开发销售（营业）收入占企业收入总额的比例不低于40%（嵌入式软件产品和信息系统集成产品开发销售（营业）收入占企业收入总额的比例不低于30%）。

⑤主营业务拥有自主知识产权。

⑥具有与软件开发相适应软硬件设施等开发环境（如合法的开发工具等）。

⑦汇算清缴年度未发生重大安全、重大质量事故或严重环境违法行为。

（3）研发费口径界定。

财税〔2016〕49号）规定：软件、集成电路企业规定条件中所称研究开发费用政策口径，2015年度仍按《国家税务总局关于印发〈企业研究开发费用税前扣除管理办法（试行）〉的通知》（国税发〔2008〕116号）和《财政部 国家税务总局关于研究开发费用税前加计扣除有关政策的通知》（财税〔2013〕70号）的规定执行，2016年及以后年度按照《财政部 国家税务总局 科技部关于完善研究开发费用税前加计扣除政策的通知》（财税〔2015〕119号）的规定执行。

（4）总收入是指税法的总收入。

国家税务总局公告2013年第43号规定，软件企业的收入总额，是指《企业所得税法》第六条规定的收入总额。

（5）后续管理。

财税〔2016〕49号规定，省级（自治区、直辖市、计划单列市，下同）财政、税务、发展改革和工业和信息化部门应密切配合，通过建立核查机制并有效运用核查结果，切实加强对软件、集成电路企业的后续管理工作。

①省级税务部门应在每年3月20日前和6月20日前分两批将汇算清缴年度已申报享受软件、集成电路企业税收优惠政策的企业名单及其备案资料提交省级发展改革、工业和信息化部门。其中，享受软件企业、集成电路设计企业税收优惠政策的名单及备案资料提交给省级工业和信息化部门，省级工业和信息化部门组织专家或者委托第三方机构对名单内企业是否符合条件进行核查；享受其他优惠政策的名单及备案资料提交给省级发展改革部门，省级发展改革部门会同工业和信息化

部门共同组织专家或者委托第三方机构对名单内企业是否符合条件进行核查。

2015年度享受优惠政策的企业名单和备案资料，省级税务部门可在2016年6月20日前一次性提交给省级发展改革、工业和信息化部门。

②省级发展改革、工业和信息化部门应在收到享受优惠政策的企业名单和备案资料两个月内将复核结果反馈省级税务部门（一批名单复核结果应在汇算清缴期结束前反馈）。

③每年10月底前，省级财政、税务、发展改革、工业和信息化部门应将核查结果及税收优惠落实情况联合汇总上报财政部、税务总局、国家发展改革委、工业和信息化部。

如遇特殊情况汇算清缴延期的，上述期限可相应顺延。

④省级财政、税务、发展改革、工业和信息化部门可以根据本通知规定，结合当地实际，制定具体操作管理办法，并报财政部、税务总局、发展改革委、工业和信息化部备案。

（6）享受税收优惠备案资料。

财税〔2016〕49号规定：

①企业开发销售的主要软件产品列表或技术服务列表。

②主营业务为软件产品开发的企业，提供至少1个主要产品的软件著作权或专利权等自主知识产权的有效证明文件，以及第三方检测机构提供的软件产品测试报告；主营业务仅为技术服务的企业提供核心技术说明。

③企业职工人数、学历结构、研究开发人员及其占企业职工总数的比例说明，以及汇算清缴年度最后一个月社会保险缴纳证明等相关证明材料。

④经具有资质的中介机构鉴证的企业财务会计报告（包括会计报表、会计报表附注和财务情况说明书）以及软件产品开发销售（营业）收入、软件产品自主开发销售（营业）收入、研究开发费用、境内研究开发费用等情况说明。

⑤与主要客户签订的一至两份代表性的软件产品销售合同或技术服务合同复印件。

⑥企业开发环境相关证明材料。

⑦税务机关要求出具的其他材料。

（7）享受税收优惠与备案时间。

国家税务总局关于发布《企业所得税优惠政策事项办理办法》的公告（国家税务总局公告2015年第76号）规定：预缴享受年度备案。

8. 经营性文化事业单位转制税收优惠

财税〔2014〕84号规定：经营性文化事业单位转制为企业，可以享受以下税收优惠政策：

①经营性文化事业单位转制为企业，自转制注册之日起免征企业所得税。

②由财政部门拨付事业经费的文化单位转制为企业，自转制注册之日起对其自用房产免征房产税。

③党报、党刊将其发行、印刷业务及相应的经营性资产剥离组建的文化企业，自注册之日起所取得的党报、党刊发行收入和印刷收入免征增值税。

④对经营性文化事业单位转制中资产评估增值、资产转让或划转涉及的企业所得税、增值税、营业税、城市维护建设税、印花税、契税等，符合现行规定的享受相应税收优惠政策。

⑤转制为企业的出版、发行单位处置库存呆滞出版物形成的损失，允许按照税收法律法规的规定在企业所得税前扣除。

（1）经营性文化事业单位的界定。

“经营性文化事业单位”，是指从事新闻出版、广播影视和文化艺术的事业单位。转制包括整体转制和剥离转制。其中，整体转制包括：（图书、音像、电子）出版社、非时政类报刊出版单位、新华书店、艺术院团、电影制片厂、电影（发行放映）公司、影剧院、重点新闻网站等整体转制为企业；剥离转制包括：新闻媒体中的广告、印刷、发行、传输网络等部分，以及影视剧等节目制作与销售机构，从事业体制中剥离出来转制为企业。

（2）转制注册之日的界定。

“转制注册之日”，是指经营性文化事业单位转制为企业并进行工商注册之日。对于经营性文化事业单位转制前已进行企业法人登记，则按注销事业单位法人登记之日或核销事业编制的批复之日（转制前未进行事业单位法人登记的）起确定转制完成并享受本通知所规定的税收优惠政策。

（3）享受税收优惠政策转制文化企业应同时符合的条件。

财税〔2014〕84号规定，享受税收优惠政策的转制文化企业应同时符合以下条件：

①根据相关部门的批复进行转制。

②转制文化企业已进行企业工商注册登记。

③整体转制前已进行事业单位法人登记的，转制后已核销事业编制、注销事业单位法人。

④已同在职职工全部签订劳动合同，按企业办法参加社会保险。

⑤转制文化企业引入非公有资本和境外资本的，须符合国家法律法规和政策规定；变更资本结构依法应经批准的，需经行业主管部门和国有文化资产监管部门批准。

本通知适用于所有转制文化单位。中央所属转制文化企业的认定，由中央宣传部会同财政部、税务总局确定并发布名单；地方所属转制文化企业的认定，按照登记管理权限，由地方各级宣传部门会同同级财政、税务部门确定和发布名单，并按程序抄送中央宣传部、财政部和税务总局。

已认定发布的转制文化企业名称发生变更的，如果主营业务未发生变化，可持同级文化体制改革和发展工作领导小组办公室出具的同意变更函，到主管税务机关履行变更手续；如果主营业务发生变化，依照本条规定的条件重新认定。

（4）享受税收优惠备案资料。

企业所得税优惠事项备案表和有关部门对文化体制改革单位转制方案批复文件。

（5）享受税收优惠备查资料。

国家税务总局关于发布《企业所得税优惠政策事项办理办法》的公告（2015年第76号）规定：

①企业转制方案文件；

②有关部门对文化体制改革单位转制方案批复文件；

③整体转制前已进行事业单位法人登记的，同级机构编制管理机关核销事业编制的证明，以及注销事业单位法人的证明；

④企业转制的工商登记情况；

⑤企业与职工签订的劳动合同；

⑥企业缴纳社会保险费记录；

⑦有关部门批准引入非公有资本、境外资本和变更资本结构的批准函；

⑧同级文化体制改革和发展工作领导小组办公室出具的同意变更函（已认定发布的转制文化企业名称发生变更，且主营业务未发生变化的）。

9. 技术先进型服务企业税收优惠

财税〔2017〕79 号规定：自 2017 年 1 月 1 日起，在全国范围内实行以下企业所得税优惠政策：

①对经认定的技术先进型服务企业，减按 15% 的税率征收企业所得税。

②经认定的技术先进型服务企业发生的职工教育经费支出，不超过工资薪金总额 8% 的部分，准予在计算应纳税所得额时扣除；超过部分，准予在以后纳税年度结转扣除。

（1）技术先进型服务企业的条件。

财税〔2017〕79 号规定，享受企业所得税优惠政策的技术先进型服务企业必须同时符合以下条件：

①在中国境内（不包括港、澳、台地区）注册的法人企业；

②从事《技术先进型服务业务认定范围（试行）》（详见附件）中的一种或多种技术先进型服务业务，采用先进技术或具备较强的研发能力；

③具有大专以上学历的员工占企业职工总数的 50% 以上；

④从事《技术先进型服务业务认定范围（试行）》中的技术先进型服务业务取得的收入占企业当年总收入的 50% 以上；

⑤从事离岸服务外包业务取得的收入不低于企业当年总收入的 35%。

从事离岸服务外包业务取得的收入，是指企业根据境外单位与其签订的委托合同，由本企业或其直接转包的企业为境外单位提供《技术先进型服务业务认定范围（试行）》中所规定的信息技术外包服务（ITO）、技术性业务流程外包服务（BPO）和技术性知识流程外包服务（KPO），而从上述境外单位取得的收入。

（2）技术先进型服务企业的认定。

①省级科技部门会同本级商务、财政、税务和发展改革部门根据本通知规定制定本省（自治区、直辖市、计划单列市）技术先进型服务企业认定管理办法，并负责本地区技术先进型服务企业的认定管理工作。各省（自治区、直辖市、计划单列市）技术先进型服务企业认定管理办法应报科技部、商务部、财政部、税务总局和国家发展改革委备案。

②符合条件的技术先进型服务企业应向所在省级科技部门提出申请，由省级科技部门会同本级商务、财政、税务和发展改革部门联合评审后发文认定，并将认定企业名单及有关情况通过科技部“全国技术先进型服务企业业务办理管理平台”备案，科技部与商务部、财政部、税务总局和国家发展改革委共享备案信息。符合条件的技术先进型服务企业须在商务部“服务贸易统计监测管理信息系统（服务外包信息管理应用）”中填报企业基本信息，按时报送数据。

③经认定的技术先进型服务企业，持相关认定文件向所在地主管税务机关办理享受本通知第一条规定的企业所得税优惠政策事宜。享受企业所得税优惠的技术先进型服务企业条件发生变化的，

应当自发生变化之日起15日内向主管税务机关报告；不再符合享受税收优惠条件的，应当依法履行纳税义务。主管税务机关在执行税收优惠政策过程中，发现企业不具备技术先进型服务企业资格的，应提请认定机构复核。复核后确认不符合认定条件的，应取消企业享受税收优惠政策的资格。

④省级科技、商务、财政、税务和发展改革部门对经认定并享受税收优惠政策的技术先进型服务企业应做好跟踪管理，对变更经营范围、合并、分立、转业、迁移的企业，如不再符合认定条件，应及时取消其享受税收优惠政策的资格。

⑤省级财政、税务、商务、科技和发展改革部门要认真贯彻落实本通知的各项规定，在认定工作中对内外资企业一视同仁，平等对待，切实做好沟通与协作工作。在政策实施过程中发现问题，要及时反映上报财政部、税务总局、商务部、科技部和国家发展改革委。

⑥省级科技、商务、财政、税务和发展改革部门及其工作人员在认定技术先进型服务企业工作中，存在违法违纪行为的，按照《公务员法》《行政监察法》等国家有关规定追究相应责任；涉嫌犯罪的，移送司法机关处理。

⑦本通知印发后，各地应按照本通知规定于2017年12月31日前出台本省（自治区、直辖市、计划单列市）技术先进型服务企业认定管理办法并据此开展认定工作。现有31个中国服务外包示范城市已认定的2017年度技术先进型服务企业继续有效。从2018年1月1日起，中国服务外包示范城市技术先进型服务企业认定管理工作依照所在省（自治区、直辖市、计划单列市）制定的管理办法实施。

（3）技术先进型服务业务认定范围**（详见财税〔2017〕79号文）**。

（4）享受税收优惠备案资料。

企业所得税优惠事项备案表和技术先进型服务企业资格证书。

（5）享受税收优惠备查资料。

国家税务总局关于发布《企业所得税优惠政策事项办理办法》的公告（2015年第76号）规定：

①技术先进型服务企业资格证书；

②技术先进型服务企业认定资料；

③各年度技术先进型服务业务收入总额、离岸服务外包业务收入总额占本企业当年收入总额比例情况说明。

（6）享受税收优惠预备案时间。

国家税务总局关于发布《企业所得税优惠政策事项办理办法》的公告（2015年第76号）规定：预缴享受年度备案。

10. 设在西部地区税收优惠

对设在西部地区的鼓励类产业企业减按15%的税率征收企业所得税。

对设在赣州市的鼓励类产业的内资企业和外商投资企业减按15%的税率征收企业所得税。

对在新疆困难地区新办的属于《新疆困难地区重点鼓励发展产业企业所得税优惠目录》范围内的企业，自取得第一笔生产经营收入所属纳税年度起，第一年至第二年免征企业所得税，第三年至第五年减半征收企业所得税（定期减免税）。

对在新疆喀什、霍尔果斯两个特殊经济开发区内新办的属于《新疆困难地区重点鼓励发展产业企业所得税优惠目录》范围内的企业，自取得第一笔生产经营收入所属纳税年度起，五年内免征企业所得税（定期减免税）。

（1）备案资料。

提供企业所得税优惠事项备案表。

（2）备查资料。

国家税务总局公告2015年第76号规定：

①主营业务属于《西部地区鼓励类产业目录》中的具体项目的相关证明材料；

②符合目录的主营业务收入占企业收入总额70%以上的说明；

③省税务机关规定的其他资料。

11. 重点群体创业税收优惠

财税〔2017〕49号规定，2017年1月1日至2019年12月31日，对商贸企业、服务型企业、劳动就业服务企业中的加工型企业和街道社区具有加工性质的小型企业实体，在新增加的岗位中，当年新招用在人力资源社会保障部门公共就业服务机构登记失业半年以上且持“就业创业证”或“就业失业登记证”（注明“企业吸纳税收政策”）人员，与其签订1年以上期限劳动合同并依法缴纳社会保险费的，在3年内按实际招用人数予以定额依次扣减增值税、城市维护建设税、教育费附加、地方教育附加和企业所得税优惠。定额标准为每人每年4000元，最高可上浮30%，各省、自治区、直辖市人民政府可根据本地区实际情况在此幅度内确定具体定额标准，并报财政部和税务总局备案。

按上述标准计算的税收扣减额应在企业当年实际应缴纳的增值税、城市维护建设税、教育费附加、地方教育附加和企业所得税税额中扣减，当年扣减不完的，不得结转下年使用。

服务型企业，是指从事“销售服务、无形资产、不动产注释”（《财政部 国家税务总局关于全面推开营业税改征增值税试点的通知》——财税〔2016〕36号附件）中“不动产租赁服务”“商务辅助服务”（不含货物运输代理和代理报关服务）、“生活服务”（不含文化体育服务）范围内业务活动的企业以及按照《民办非企业单位登记管理暂行条例》（国务院令第251号）登记成立的民办非企业单位。

（1）就业创业证申领。

享受上述优惠政策的人员按以下规定申领“就业创业证”：

①按照《就业服务与就业管理规定》（人力资源社会保障部令第24号）第六十三条的规定，在法定劳动年龄内，有劳动能力，有就业要求，处于无业状态的城镇常住人员，在公共就业服务机构进行失业登记，申领“就业创业证”。对其中的零就业家庭、城市低保家庭的登记失业人员，公共就业服务机构应在其“就业创业证”上予以注明。

②毕业年度内高校毕业生在校期间凭学生证向公共就业服务机构按规定申领“就业创业证”，或委托所在高校就业指导中心向公共就业服务机构按规定代为其申领“就业创业证”；毕业年度内高校毕业生离校后直接向公共就业服务机构按规定申领“就业创业证”。

③上述人员申领相关凭证后，由就业和创业地人力资源社会保障部门对人员范围、就业失业状态、已享受政策情况进行核实，在“就业创业证”上注明“自主创业税收政策”“毕业年度内自主

创业税收政策”或“企业吸纳税收政策”字样，同时符合自主创业和企业吸纳税收政策条件的，可同时加注；主管税务机关在“就业创业证”上加盖戳记，注明减免税所属时间。

（2）过渡期政策。

财税〔2017〕49号规定，本通知的执行期限为2017年1月1日至2019年12月31日。本通知规定的税收优惠政策按照备案减免税管理，纳税人应向主管税务机关备案。税收优惠政策在2019年12月31日未享受满3年的，可继续享受至3年期满为止。

财税〔2016〕36号文件附件3第三条第（二）项政策，纳税人在2016年12月31日未享受满3年的，可按现行政策继续享受至3年期满为止。

（3）不得重复享受税收优惠政策。

财税〔2017〕49号规定，本通知所述人员不得重复享受税收优惠政策，以前年度已享受扶持就业的专项税收优惠政策的人员不得再享受本通知规定的税收优惠政策。如果企业的就业人员既适用本通知规定的税收优惠政策，又适用其他扶持就业的专项税收优惠政策，企业可选择适用最优惠的政策，但不能重复享受。

（4）税收优惠申请。

国家税务总局公告2017年第27号规定，符合条件的企业、民办非企业单位持下列材料向县以上人力资源社会保障部门递交申请：

①新招用人员持有的“就业创业证”。

②企业、民办非企业单位与新招用持“就业创业证”人员签订的劳动合同（副本），企业、民办非企业单位为职工缴纳的社会保险费记录。可通过内部信息共享、数据比对等方式审核的地方，可不再要求企业提供缴纳社会保险费记录。

③“持〈就业创业证〉人员本年度实际工作时间表”（见附件）。

其中，劳动就业服务企业要提交“劳动就业服务企业证书”，民办非企业单位提交“民办非企业单位登记证书”。

县以上人力资源社会保障部门接到企业、民办非企业单位报送的材料后，应当按照财税〔2017〕49号文件的规定，重点核实以下情况：

①新招用人员是否属于享受税收优惠政策人员范围，以前是否已享受过税收优惠政策；

②企业、民办非企业单位是否与新招用人员签订了1年以上期限劳动合同，为新招用人员缴纳社会保险费的记录；

③企业、民办非企业单位的经营范围是否符合税收政策规定。

核实后，对符合条件的人员，在“就业创业证”上注明“企业吸纳税收政策”，对符合条件的企业、民办非企业单位核发“企业实体吸纳失业人员认定证明”。

（5）税款减免顺序及额度。

国家税务总局公告2017年第27号规定：

纳税人按本单位吸纳人数和签订的劳动合同时间核定本单位减免税总额，在减免税总额内每月依次扣减增值税、城市维护建设税、教育费附加和地方教育附加。

纳税人实际应缴纳的增值税、城市维护建设税、教育费附加和地方教育附加小于核定减免税总额的，以实际应缴纳的增值税、城市维护建设税、教育费附加、地方教育附加为限；实际应缴纳的增值税、城市维护建设税、教育费附加和地方教育附加大于核定减免税总额的，以核定减免税总额为限。

纳税年度终了，如果纳税人实际减免的增值税、城市维护建设税、教育费附加和地方教育附加小于核定的减免税总额，纳税人在企业所得税汇算清缴时，以差额部分扣减企业所得税。当年扣减不完的，不再结转以后年度扣减。

减免税总额 = ∑每名失业人员本年度在本企业工作月份 ÷ 12 × 定额

企业、民办非企业单位自吸纳失业人员的次月起享受税收优惠政策。

上述城市维护建设税、教育费附加、地方教育附加的计税依据是享受本项税收优惠政策前的增值税应纳税额。

第二年及以后年度当年新招用人员、原招用人员及其工作时间按上述程序和办法执行。计算每名失业人员享受税收优惠政策的期限最长不超过3年。

（6）税收优惠政策管理。

国家税务总局公告2017年第27号规定：

①严格各项凭证的审核发放。任何单位或个人不得伪造、涂改、转让、出租相关凭证，违者将依法予以惩处；对采取上述手段已经获取减免税的企业、民办非企业单位和个人，主管税务机关要追缴其已减免的税款，并依法予以处罚；对出借、转让“就业创业证”的人员，主管人力资源社会保障部门要收回其“就业创业证”并记录在案。

②“就业创业证”采用实名制，限持证者本人使用。创业人员从事个体经营的，“就业创业证”由本人保管；被用人单位录用的，享受税收优惠政策期间，证件由用人单位保管。“就业创业证”由人力资源社会保障部统一样式，各省、自治区、直辖市人力资源社会保障部门负责印制，统一编号备案，作为审核劳动者就业失业状况和享受政策情况的有效凭证。

③《企业实体吸纳失业人员认定证明》由人力资源社会保障部统一式样，各省、自治区、直辖市人力资源社会保障部门统一印制，统一编号备案。

④县以上税务、财政、人力资源社会保障、教育、民政部门要建立劳动者就业信息交换和协查制度。人力资源社会保障部建立全国统一的就业信息平台，供各级人力资源社会保障、税务、财政、民政部门查询“就业创业证”信息。地方各级人力资源社会保障部门要及时将“就业创业证”信息（包括发放信息和内容更新信息）按规定上报人力资源社会保障部。

⑤主管税务机关应当在纳税人备案时，在“就业创业证”中加盖戳记，注明减免税所属时间。各级税务机关对“就业创业证”有疑问的，可提请同级人力资源社会保障部门予以协查，同级人力资源社会保障部门应根据具体情况规定合理的工作时限，并在时限内将协查结果通报提请协查的税务机关。

（7）税收减免备案。

国家税务总局公告2017年第27号规定：

①经县以上人力资源社会保障部门核实后，纳税人依法享受税收优惠政策。纳税人持县以上人力资源社会保障部门核发的《企业实体吸纳失业人员认定证明》和“持‘就业创业证’人员本年度实际工作时间表”，在享受本项税收优惠纳税申报时向主管税务机关备案。

②企业、民办非企业单位纳税年度终了前招用失业人员发生变化的，应当在人员变化次月按照前项规定重新备案。

（8）备查资料。

国家税务总局公告2015年第76号规定：

①劳动保障部门出具《企业实体吸纳失业人员认定证明》；

②劳动保障部门出具的“持就业失业登记证人员在企业预定工作时间表”；

③就业人员的“就业创业证”或“就业失业登记证”；

④招用失业人员劳动合同或服务协议；

⑤为招用失业人员缴纳社保证明材料；

⑥企业工资支付凭证；

⑦每年度享受货物与劳务税抵免情况说明及其相关申报表；

⑧省税务机关规定的其他资料。

（9）享受税收优惠与备案时间。

国家税务总局关于发布《企业所得税优惠政策事项办理办法》的公告（国家税务总局公告2015年第76号）规定：汇缴享受优惠，预缴企业所得税环节不能享受优惠。享受本项税收优惠纳税申报时向主管税务机关备案

12. 退役士兵创业就业税收优惠

财税〔2017〕46号规定：对商贸企业、服务型企业、劳动就业服务企业中的加工型企业和街道社区具有加工性质的小型企业实体，在新增加的岗位中，当年新招用自主就业退役士兵，与其签订1年以上期限劳动合同并依法缴纳社会保险费的，在3年内按实际招用人数予以定额依次扣减增值税、城市维护建设税、教育费附加、地方教育附加和企业所得税优惠。定额标准为每人每年4000元，最高可上浮50%，各省、自治区、直辖市人民政府可根据本地区实际情况在此幅度内确定具体定额标准，并报财政部和税务总局备案。

本条所称服务型企业是指从事《销售服务、无形资产、不动产注释》（《财政部、国家税务总局关于全面推开营业税改征增值税试点的通知》——财税〔2016〕36号附件）中“不动产租赁服务”、“商务辅助服务”（不含货物运输代理和代理报关服务）、“生活服务”（不含文化体育服务）范围内业务活动的企业以及按照《民办非企业单位登记管理暂行条例》（国务院令第251号）登记成立的民办非企业单位。

（1）税收优惠顺序与减免限额。

财税〔2017〕46号规定：纳税人按企业招用人数和签订的劳动合同时间核定企业减免税总额，在核定减免税总额内每月依次扣减增值税、城市维护建设税、教育费附加和地方教育附加。纳税人实际应缴纳的增值税、城市维护建设税、教育费附加和地方教育附加小于核定减免税总额的，以实际应缴纳的增值税、城市维护建设税、教育费附加和地方教育附加为限；实际应缴纳的增值税、城市维护建设税、教育费附加和地方教育附加大于核定减免税总额的，以核定减免税总额为限。

纳税年度终了，如果企业实际减免的增值税、城市维护建设税、教育费附加和地方教育附加小于核定的减免税总额，企业在企业所得税汇算清缴时扣减企业所得税。当年扣减不完的，不再结转

以后年度扣减。

计算公式为：企业减免税总额 = ∑每名自主就业退役士兵本年度在本企业工作月份 ÷ 12 × 定额标准。

（2）税收优惠过渡政策。

财税〔2017〕46 号规定：本通知的执行期限为 2017 年 1 月 1 日至 2019 年 12 月 31 日。本通知规定的税收优惠政策按照备案减免税管理，纳税人应向主管税务机关备案。税收优惠政策在 2019 年 12 月 31 日未享受满 3 年的，可继续享受至 3 年期满为止。

对财税〔2016〕36 号附件 3 第三条第（一）项政策，纳税人在 2016 年 12 月 31 日未享受满 3 年的，可按现行政策继续享受至 3 年期满为止。

（3）多项优惠不能重叠享受。

财税〔2017〕46 号规定：如果企业招用的自主就业退役士兵既适用本通知规定的税收优惠政策，又适用其他扶持就业的专项税收优惠政策，企业可选择适用最优惠的政策，但不能重复享受。

（4）享受优惠的起始时间与备案资料。

财税〔2017〕46 号规定：企业自招用自主就业退役士兵的次月起享受税收优惠政策，并于享受税收优惠政策的当月，持下列材料向主管税务机关备案：

①新招用自主就业退役士兵的“中国人民解放军义务兵退出现役证”或“中国人民解放军士官退出现役证”；

②企业与新招用自主就业退役士兵签订的劳动合同（副本），企业为职工缴纳的社会保险费记录；

③自主就业退役士兵本年度在企业工作时间表（见附件）；

④主管税务机关要求的其他相关材料。

国家税务局〔2015〕76 号文件规定备案资料为企业所得税优惠事项备案表。

（5）备查资料。

国家税务局〔2015〕76 号文件规定，

①新招用自主就业退役士兵的“中国人民解放军义务兵退出现役证”或“中国人民解放军士官退出现役证”；

②企业与新招用自主就业退役士兵签订的劳动合同（副本）；

③企业为实际雇佣自主就业退役士兵缴纳的社会保险费记录；

④企业工资支付凭证；

⑤每年度享受货物与劳务税抵免情况说明及其相关申报表；

⑥省税务机关规定的其他资料。

13. 民族自治地方税收优惠

《中华人民共和国企业所得税法》第二十九条和财税〔2008〕21 号规定，实行民族区域自治的自治区、自治州、自治县的自治机关对本民族自治地方的企业应缴纳的企业所得税中属于地方分享的部分，可以决定减征或者免征。自治州、自治县决定减征或者免征的，须报省、自治区、直辖市人民政府批准。

（1）备案资料。

国家税务总局关于发布《企业所得税优惠政策事项办理办法》的公告（国家税务总局公告

2015 年第 76 号）规定：（1）企业所得税优惠事项备案表；（2）本企业享受优惠的文件（限个案批复企业提交）。

（2）备查资料。

国家税务总局关于发布《企业所得税优惠政策事项办理办法》的公告（国家税务总局公告 2015 年第 76 号）规定：由民族自治地方省税务机关确定。

二、“减免所得税优惠明细表”结构特点是什么

“减免所得税优惠明细表”采用列举的方式，列举了 31 项优惠政策。

“减免所得税优惠明细表”的 32 行合计数等于主表 26 行。

1. 减免所得税优惠明细表作了哪些重大修改，为什么

本着减少纳税人负担和减少纳税人涉税信息重复填报的原则，在收集各减免税项目备案资料时，对于纳税人以前年度已报送的相关资料，不得要求纳税人重复报送，为此，对“减免所得税优惠明细表”的数据项进行了调整和优化，具体表现在：

（1）取消了原表中的“其他专项优惠”，采用直接列举。

（2）在原来的 29 行基础上调整为现在的 32 行。

（3）调整了原表中“五、减：项目所得额按法定税率减半征收企业所得税叠加享受减免税优惠”和“其它”行在表中的顺序，使表单的数据项更科学。

（4）删除了原表中“（二十）中关村国家自主创新示范区从事文化产业支撑技术等领域的高新技术企业”等内容，走到了优化作用。

（5）新表增加了“二十五、对北京冬奥组委、北京冬奥会测试赛赛事组委会免征企业所得税”和“二十九、民族自治地方的自治机关对本民族自治地方的企业应缴纳的企业所得税中属于地方分享的部分减征或免征”等内容。

（6）突出了“三十、支持和促进重点群体创业就业企业限额减征企业所得税”，并分为“1. 下岗失业人员再就业”“2. 高校毕业生就业”两部分内容。

2. 划分未上市中小高新企业和科技型企业的意义是什么

科技型企业是指依托一定数量的科技人员从事科学技术研究开发活动，取得自主知识产权并将其转化为高新技术产品或服务，从而实现可持续发展的企业。

中小高新技术企业是指在《国家重点支持的高新技术领域》内，持续进行研究开发与技术成果转化，形成企业核心自主知识产权，并以此为基础开展经营活动，在中国境内（不包括港、澳、台地区）注册的未上市居民企业。中小高新技术企业，除应按照科技部、财政部、国家税务总局 的规定，取得高新技术企业资格以外，还应符合职工人数不超过 500 人，年销售（营业）额不超过 2 亿元，资产总额不超过 2 亿元的条件。

高新技术企业与科技型中小企业的区别：

（1）科技型中小企业，对职工总数、年销售收入、资产总额，有评价要求，而高新技术企业没有此项要求。

也就是说，如果突破此项评价标准，高新技术企业不一定是科技型中小企业。

（2）高新技术企业，高新技术产品（服务）收入占企业同期总收入的比例不低于60%，而科技型中小企业没有此项评价要求，科技型中小企业只要产品含有科技元素就可以了。

也就是说，企业是科技型中小企业不一定就是高新技术企业。

这种划分主要是为了创业投资企业采取股权投资方式投资于未上市的中小高新技术企业2年以上的，可以按照其投资额的70%，在股权持有满2年的当年抵扣该创业投资企业的应纳税所得额；当年该创业投资企业的应纳税所得额不足抵扣的，可以在以后纳税年度结转抵扣。

【特别提示】

纳税人完成“所得减免优惠明细表”的填报工作，除了必须认真学习和领会下列税法及相关税收文件以外，一定要精读国家税务总局关于发布《减免税政策代码目录》的公告（2015年第73号）文件。由于《减免税政策代码目录》将根据减免税政策的新增、废止等情况，每月定期更新，并通过国家税务总局网站“纳税服务”下的“申报纳税”栏目发布，因此，每月定期查阅。本书是截止到2018年1月3日的企业所得税优惠政策，共有83项减免税政策。

三、“减免所得税优惠明细表”重点栏目表填报说明

表28－1 减免所得税优惠明细表（A107040）

行次	项　　目	金　额
1	一、符合条件的小型微利企业减免企业所得税	
2	二、国家需要重点扶持的高新技术企业减按15%的税率征收企业所得税（填写A107041）	
3	三、经济特区和上海浦东新区新设立的高新技术企业在区内取得的所得定期减免企业所得税（填写A107041）	
4	四、受灾地区农村信用社免征企业所得税（4.1＋4.2）	
4.1	（一）芦山受灾地区农村信用社免征企业所得税	
4.2	（二）鲁甸受灾地区农村信用社免征企业所得税	
5	五、动漫企业自主开发、生产动漫产品定期减免企业所得税	
6	六、线宽小于0.8微米（含）的集成电路生产企业减免企业所得税（填写A107042）	
7	七、线宽小于0.25微米的集成电路生产企业减按15%税率征收企业所得税（填写A107042）	
8	八、投资额超过80亿元的集成电路生产企业减按15%税率征收企业所得税（填写A107042）	
9	九、线宽小于0.25微米的集成电路生产企业减免企业所得税（填写A107042）	
10	十、投资额超过80亿元的集成电路生产企业减免企业所得税（填写A107042）	
11	十一、新办集成电路设计企业减免企业所得税（填写A107042）	
12	十二、国家规划布局内集成电路设计企业可减按10%的税率征收企业所得税（填写A107042）	
13	十三、符合条件的软件企业减免企业所得税（填写A107042）	
14	十四、国家规划布局内重点软件企业可减按10%的税率征收企业所得税（填写A107042）	
15	十五、符合条件的集成电路封装、测试企业定期减免企业所得税（填写A107042）	
16	十六、符合条件的集成电路关键专用材料生产企业、集成电路专用设备生产企业定期减免企业所得税（填写A107042）	
17	十七、经营性文化事业单位转制为企业的免征企业所得税	

续表

行次	项目	金额
18	十八、符合条件的生产和装配伤残人员专门用品企业免征企业所得税	
19	十九、技术先进型服务企业减按15%的税率征收企业所得税	
20	二十、服务贸易创新发展试点地区符合条件的技术先进型服务企业减按15%的税率征收企业所得税	
21	二十一、设在西部地区的鼓励类产业企业减按15%的税率征收企业所得税	
22	二十二、新疆困难地区新办企业定期减免企业所得税	
23	二十三、新疆喀什、霍尔果斯特殊经济开发区新办企业定期免征企业所得税	
24	二十四、广东横琴、福建平潭、深圳前海等地区的鼓励类产业企业减按15%税率征收企业所得税	
25	二十五、北京冬奥组委、北京冬奥会测试赛赛事组委会免征企业所得税	
26	二十六、享受过渡期税收优惠定期减免企业所得税	
27	二十七、其他	
28	二十八、减：项目所得额按法定税率减半征收企业所得税叠加享受减免税优惠	
29	二十九、支持和促进重点群体创业就业企业限额减征企业所得税（29.1+29.2）	
29.1	（一）下岗失业人员再就业	
29.2	（二）高校毕业生就业	
30	三十、扶持自主就业退役士兵创业就业企业限额减征企业所得税	
31	三十一、民族自治地方的自治机关对本民族自治地方的企业应缴纳的企业所得税中属于地方分享的部分减征或免征（免征　　减征：减征幅度______%　）	
32	合计（1+2+…+26+27-28+29+30+31）	

【填表说明】

（1）第1行“一、符合条件的小型微利企业减免所得税”：由享受小型微利企业所得税政策的纳税人填报。填报纳税人根据《财政部 国家税务总局关于扩大小型微利企业所得税优惠政策范围的通知》（财税〔2017〕43号）、《国家税务总局关于贯彻落实扩大小型微利企业所得税优惠政策范围有关征管问题的公告》（国家税务总局公告2017年第23号）等相关税收政策规定的，从事国家非限制和禁止行业的企业，并符合工业企业，年度应纳税所得额不超过50万元，从业人数不超过100人，资产总额不超过3000万元；其他企业，年度应纳税所得额不超过50万元，从业人数不超过80人，资产总额不超过1000万元条件的，其所得减按50%计入应纳税所得额，按20%的税率缴纳企业所得税。本行填报“中华人民共和国企业所得税年度纳税申报表（A类）”（A100000）第23行应纳税所得额×15%的金额。

（2）第2行“二、国家需要重点扶持的高新技术企业减按15%的税率征收企业所得税”：国家需要重点扶持的高新技术企业享受15%税率优惠金额填报本行。同时须填报“高新技术企业优惠情况及明细表”（A107041）。

（3）第3行“三、经济特区和上海浦东新区新设立的高新技术企业在区内取得的所得定期减免企业所得税”：填报纳税人根据《国务院关于经济特区和上海浦东新区新设立高新技术企业实行过渡性税收优惠的通知》（国发〔2007〕40号）、《财政部 国家税务总局关于贯彻落实国务院关于实施企业所得税过渡优惠政策有关问题的通知》（财税〔2008〕21号）等规定，经济特区和上海浦东新区内，在2008年1月1日（含）之后完成登记注册的国家需要重点扶持的高新技术企业，在经济特区和上海浦东新区内取得的所得，自取得第一笔生产经营收入所属纳税年度起，第一年至第二年免征企业所得税，第三年至第五年按照25%法定税率减半征收企业所得税。对于跨经济特区和上海浦东新区的高新技术企业，其区内所得优惠填写本行，区外所得优惠填写本表第2行。经济特区和上海浦东新区新设立的高新技术企业定期减免税期满后，只享受15%税率优惠的，填写本表第2行。同时，须填报“高新技术企业优惠情况及明细表（A107041）”。

（4）第4行“四、受灾地区农村信用社免征企业所得税”：填报受灾地区农村信用社免征企业所得税金额。本行为合计行，等于4.1行+4.2行。

《财政部 海关总署 国家税务总局关于支持芦山地震灾后恢复重建有关税收政策问题的通知》（财税〔2013〕58号）、《财政部 海关总署 国家税务总局关于支持鲁甸地震灾后恢复重建有关税收政策问题的通知》（财税〔2015〕27号）规定，对芦山、鲁甸受灾地区农村信用社，在规定期限内免征企业所得税。

芦山农村信用社在2017年12月31日前免征所得税，在4.1行填列；鲁甸农村信用社在2018年12月31日前免征所得税，在4.2行填列。免征所得税金额根据表A100000第23行应纳税所得额和法定税率计算。

（5）第5行“五、动漫企业自主开发、生产动漫产品定期减免企业所得税”：根据《财政部 国家税务总局关于扶持动漫产业发展有关税收政策问题的通知》（财税〔2009〕65号）、《文化部 财政部 国家税务总局关于印发〈动漫企业认定管理办法（试行）〉的通知》（文市发〔2008〕51号）、《文化部 财政部 国家税务总局关于实施〈动漫企业认定管理办法（试行）〉有关问题的通知》（文产发〔2009〕18号）等规定，经认定的动漫企业自主开发、生产动漫产品，享受软件企业所得税优惠政策。即在2017年12月31日前自获利年度起，第一年至第二年免征所得税，第三年至第五年按照25%的法定税率减半征收所得税，并享受至期满为止。本行填报根据表A100000第23行应纳税所得额计算的免征、减征企业所得税金额。

（6）第6行“六、线宽小于0.8微米（含）的集成电路生产企业减免企业所得税”：根据《财政部 国家税务总局关于进一步鼓励软件产业和集成电路产业发展企业所得税政策的通知》（财税〔2012〕27号）、《财政部 国家税务总局 发展改革委 工业和信息化部关于软件和集成电路产业企业所得税优惠政策有关问题的通知》（财税〔2016〕49号）等规定，集成电路线宽小于0.8微米（含）的集成电路生产企业，在2017年12月31日前自获利年度起计算优惠期，第一年至第二年免征企业所得税，第三年至第五年按照25%的法定税率减半征收企业所得税，并享受至期满为止。当表A107042“减免方式”选择第1行时，本行填报表A107042第32行的金额，否则不允许填报。

（7）第7行“七、线宽小于0.25微米的集成电路生产企业减按15%税率征收企业所得税”：根据《财政部 国家税务总局关于进一步鼓励软件产业和集成电路产业发展企业所得税政策的通知》（财税〔2012〕27号）、《财政部 国家税务总局 发展改革委 工业和信息化部关于软件和集成电路产业企业所得税优惠政策有关问题的通知》（财税〔2016〕49号）等规定，线宽小于0.25微米的集成电路生产企业，享受15%税率。当表A107042“减免方式”选择第2行的“15%税率”时，本行填报表A107042第32行的金额，否则不允许填报。

（8）第8行“八、投资额超过80亿元的集成电路生产企业减按15%税率征收企业所得税”：

根据《财政部 国家税务总局关于进一步鼓励软件产业和集成电路产业发展企业所得税政策的通知》（财税〔2012〕27号）、《财政部 国家税务总局 发展改革委 工业和信息化部关于软件和集成电路产业企业所得税优惠政策有关问题的通知》（财税〔2016〕49号）等规定，投资额超过80亿元的集成电路生产企业，享受15%税率。当表A107042“减免方式”选择第3行的“15%税率”时，本行填报表A107042第32行的金额，否则不允许填报。

（9）第9行“九、线宽小于0.25微米的集成电路生产企业减免企业所得税”：根据《财政部 国家税务总局关于进一步鼓励软件产业和集成电路产业发展企业所得税政策的通知》（财税〔2012〕27号）、《财政部 国家税务总局 发展改革委 工业和信息化部关于软件和集成电路产业企业所得税优惠政策有关问题的通知》（财税〔2016〕49号）等规定，线宽小于0.25微米的集成电路生产企业，经营期在15年以上的，在2017年12月31日前自获利年度起计算优惠期，第一年至第五年免征企业所得税，第六年至第十年按照25%的法定税率减半征收企业所得税，并享受至期满为止。当表A107042“减免方式”选择第2行的“五免五减半”时，本行填报表A107042第32行的金额，否则不允许填报。

（10）第10行：“十、投资额超过80亿元的集成电路生产企业减免企业所得税”：根据《财政部 国家税务总局关于进一步鼓励软件产业和集成电路产业发展企业所得税政策的通知》（财税〔2012〕27号）、《财政部 国家税务总局 发展改革委 工业和信息化部关于软件和集成电路产业企业所得税优惠政策有关问题的通知》（财税〔2016〕49号）等规定，投资额超过80亿元的集成电路生产企业，经营期在15年以上的，在2017年12月31日前自获利年度起计算优惠期，第一年至第五年免征企业所得税，第六年至第十年按照25%的法定税率减半征收企业所得税，并享受至期满为止。当表A107042“减免方式”选择第3行的“五免五减半”时，本行填报表A107042第32行的金额，否则不允许填报。

（11）第11行“十一、新办集成电路设计企业减免企业所得税”：根据《财政部 国家税务总局关于进一步鼓励软件产业和集成电路产业发展企业所得税政策的通知》（财税〔2012〕27号）、《财政部 国家税务总局 发展改革委 工业和信息化部关于软件和集成电路产业企业所得税优惠政策有关问题的通知》（财税〔2016〕49号）等规定，我国境内新办的集成电路设计企业，在2017年12月31日前自获利年度起计算优惠期，第一年至第二年免征企业所得税，第三年至第五年按照25%的法定税率减半征收企业所得税，并享受至期满为止。当表A107042“减免方式”选择第4行时，本行填报表A107042第32行的金额，否则不允许填报。

（12）第12行“十二、国家规划布局内集成电路设计企业可减按10%的税率征收企业所得税”：根据《财政部 国家税务总局关于进一步鼓励软件产业和集成电路产业发展企业所得税政策的通知》（财税〔2012〕27号）、《财政部 国家税务总局 发展改革委 工业和信息化部关于软件和集成电路产业企业所得税优惠政策有关问题的通知》（财税〔2016〕49号）等规定，国家规划布局内的重点集成电路设计企业，如当年未享受免税优惠的，可减按10%税率征收企业所得税。当表A107042“减免方式”选择第5行时，本行填报表A107042第32行的金额，否则不允许填报。

（13）第13行“十三、符合条件的软件企业减免企业所得税”：根据《财政部 国家税务总局关于进一步鼓励软件产业和集成电路产业发展企业所得税政策的通知》（财税〔2012〕27号）、《财政

部 国家税务总局 发展改革委 工业和信息化部关于软件和集成电路产业企业所得税优惠政策有关问题的通知》（财税〔2016〕49号）等规定，我国境内新办的符合条件的企业，在2017年12月31日前自获利年度起计算优惠期，第一年至第二年免征企业所得税，第三年至第五年按照25%的法定税率减半征收企业所得税，并享受至期满为止。当表A107042“减免方式”选择第6行时，本行填报表A107042第32行的金额，否则不允许填报。

（14）第14行“十四、国家规划布局内重点软件企业可减按10%的税率征收企业所得税”：根据《财政部 国家税务总局关于进一步鼓励软件产业和集成电路产业发展企业所得税政策的通知》（财税〔2012〕27号）、《财政部 国家税务总局 发展改革委 工业和信息化部关于软件和集成电路产业企业所得税优惠政策有关问题的通知》（财税〔2016〕49号）等规定，国家规划布局内的重点软件企业，如当年未享受免税优惠的，可减按10%税率征收企业所得税。当表A107042“减免方式”选择第7行时，本行填报表A107042第32行的金额，否则不允许填报。

（15）第15行“十五、符合条件的集成电路封装、测试企业定期减免企业所得税”：根据《财政部 国家税务总局 发展改革委工业和信息化部关于进一步鼓励集成电路产业发展企业所得税政策的通知》（财税〔2015〕6号）规定，符合条件的集成电路封装、测试企业，在2017年（含2017年）前实现获利的，自获利年度起第一年至第二年免征企业所得税，第三年至第五年按照25%的法定税率减半征收企业所得税，并享受至期满为止；2017年前未实现获利的，自2017年起计算优惠期，享受至期满为止。本行填报根据表A100000第23行应纳税所得额计算的免征、减征企业所得税金额。当表A107042“减免方式”选择第8行时，本行填报表A107042第32行的金额，否则不允许填报。

（16）第16行“十六、符合条件的集成电路关键专用材料生产企业、集成电路专用设备生产企业定期减免企业所得税”：根据《财政部 国家税务总局 发展改革委工业和信息化部关于进一步鼓励集成电路产业发展企业所得税政策的通知》（财税〔2015〕6号）规定，符合条件的集成电路关键专用材料生产企业、集成电路专用设备生产企业，在2017年（含2017年）前实现获利的，自获利年度起第一年至第二年免征企业所得税，第三年至第五年按照25%的法定税率减半征收企业所得税，并享受至期满为止；2017年前未实现获利的，自2017年起计算优惠期，享受至期满为止。本行填报根据表A100000第23行应纳税所得额计算的免征、减征企业所得税金额。当表A107042“减免方式”选择第9行时，本行填报表A107042第32行的金额，否则不允许填报。

（17）第17行“十七、经营性文化事业单位转制为企业的免征企业所得税”：根据《财政部 国家税务总局 中宣部关于继续实施文化体制改革中经营性文化事业单位转制为企业若干税收政策的通知》（财税〔2014〕84号）等规定，从事新闻出版、广播影视和文化艺术的经营性文化事业单位转制为企业的，自转制注册之日起免征企业所得税。本行填报根据表A100000第23行应纳税所得额计算的免征企业所得税金额。

（18）第18行“十八、符合条件的生产和装配伤残人员专门用品企业免征企业所得税”：根据《财政部 国家税务总局 民政部关于生产和装配伤残人员专门用品企业免征企业所得税的通知》（财税〔2016〕111号）等规定，符合条件的生产和装配伤残人员专门用品的企业免征企业所得税。本行填报根据A100000表第23行应纳税所得额计算的免征企业所得税金额。

（19）第19行“十九、技术先进型服务企业减按15%的税率征收企业所得税”：根据《财政部 国家税务总局 商务部 科技部 国家发展改革委关于完善技术先进型服务企业有关企业所得税政策问题的通知》（财税〔2014〕59号）和《财政部 国家税务总局 商务部 科学技术部 国家发展和改革委员会关于新增中国服务外包示范城市适用技术先进型服务企业所得税政策的通知》（财税〔2016〕108号）《财政部 税务总局 商务部 科技部 国家发展改革委关于将技术先进型服务企业所得税政策推广至全国实施的通知》（财税〔2017〕79号）等规定，对经认定的技术先进型服务企业，减按15%的税率征收企业所得税。本行填报根据表A100000第23行应纳税所得额计算的减征所得税金额。

（20）第20行“二十、服务贸易创新发展试点地区符合条件的技术先进型服务企业减按15%的税率征收企业所得税”：根据《财政部 国家税务总局 商务部 科技部 国家发展改革委关于在服务贸易创新发展试点地区推广技术先进型服务企业所得税优惠政策的通知》（财税〔2016〕122号）等规定，在服务贸易创新发展试点地区，符合条件的技术先进型服务企业减按15%的税率征收企业所得税。本行填报根据表A100000第23行应纳税所得额计算的减征所得税金额。

（21）第21行“二十一、设在西部地区的鼓励类产业企业减按15%的税率征收企业所得税”：根据《财政部 海关总署 国家税务总局关于深入实施西部大开发战略有关税收政策问题的通知》（财税〔2011〕58号）、《国家税务总局关于深入实施西部大开发战略有关企业所得税问题的公告》（国家税务总局公告2012年第12号）、《财政部 海关总署 国家税务总局关于赣州市执行西部大开发税收政策问题的通知》（财税〔2013〕4号）、《西部地区鼓励类产业目录》（中华人民共和国国家发展和改革委员会令第15号）、《国家税务总局关于执行〈西部地区鼓励类产业目录〉有关企业所得税问题的公告》（国家税务总局公告2015年第14号）等规定，对设在西部地区的鼓励类产业企业减按15%的税率征收企业所得税；对设在赣州市的鼓励类产业的内资和外商投资企业减按15%税率征收企业所得税。本行填报根据表A100000第23行应纳税所得额计算的减征所得税金额。

（22）第22行“二十二、新疆困难地区新办企业定期减免企业所得税”：根据《财政部 国家税务总局关于新疆困难地区新办企业所得税优惠政策的通知》（财税〔2011〕53号）、《财政部 国家税务总局 国家发展改革委 工业和信息化部关于完善新疆困难地区重点鼓励发展产业企业所得税优惠目录的通知》（财税〔2016〕85号）等规定，对在新疆困难地区新办的属于《新疆困难地区重点鼓励发展产业企业所得税优惠目录》范围内的企业，自取得第一笔生产经营收入所属纳税年度起，第一年至第二年免征企业所得税，第三年至第五年减半征收企业所得税。本行填报根据A100000表第23行应纳税所得额计算的免征、减征企业所得税金额。

（23）第23行“二十三、新疆喀什、霍尔果斯特殊经济开发区新办企业定期免征企业所得税”：根据《财政部 国家税务总局关于新疆喀什 霍尔果斯两个特殊经济开发区企业所得税优惠政策的通知》（财税〔2011〕112号）、《财政部 国家税务总局 国家发展改革委 工业和信息化部关于完善新疆困难地区重点鼓励发展产业企业所得税优惠目录的通知》（财税〔2016〕85号）等规定，对在新疆喀什、霍尔果斯两个特殊经济开发区内新办的属于《新疆困难地区重点鼓励发展产业企业所得税优惠目录》范围内的企业，自取得第一笔生产经营收入所属纳税年度起，五年内免征企业所得税。本行填报根据A100000表第23行应纳税所得额计算的免征企业所得税金额。

（24）第24行“二十四、广东横琴、福建平潭、深圳前海等地区的鼓励类产业企业减按15%税率征收企业所得税”：根据《财政部 国家税务总局关于广东横琴新区、福建平潭综合实验区、深圳前海深港现代化服务业合作区企业所得税优惠政策及优惠目录的通知》（财税〔2014〕26号）等规定，对设在广东横琴新区、福建平潭综合实验区和深圳前海深港现代服务业合作区的鼓励类产业企业减按15%的税率征收企业所得税。本行填报根据表A100000第23行应纳税所得额计算的减征所得税金额。

（25）第25行“二十五、北京冬奥组委、北京冬奥会测试赛赛事组委会免征企业所得税”：根据《财政部 税务总局 海关总署关于北京2022年冬奥会和冬残奥会税收政策的通知》（财税〔2017〕60号）等规定，为支持发展奥林匹克运动，确保北京2022年冬奥会和冬残奥会顺利举办，对北京冬奥组委免征应缴纳的企业所得税，北京冬奥会测试赛赛事组委会取得的收入及发生的涉税支出比照执行北京冬奥组委的税收政策。本行填报北京冬奥组委、北京冬奥会测试赛赛事组委会根据表A100000第23行应纳税所得额计算的免征企业所得税金额。

（26）第26行“二十六、享受过渡期税收优惠定期减免企业所得税”：根据《国务院关于实施企业所得税过渡优惠政策的通知》（国发〔2007〕39号）等规定，自2008年1月1日起，原享受企业所得税“五免五减半”等定期减免税优惠的企业，新税法施行后继续按原税收法律、行政法规及相关文件规定的优惠办法及年限享受至期满为止，但因未获利而尚未享受税收优惠的，其优惠期限从2008年度起计算。本行填报根据表A100000第23行应纳税所得额计算的免征、减征企业所得税金额。

（27）第27行“二十七、其他”：填报国务院根据税法授权制定的及本表未列明的其他税收优惠政策，需填报项目名称、减免税代码及免征、减征企业所得税金额。

（28）第28行“二十八、减：项目所得额按法定税率减半征收企业所得税叠加享受减免税优惠”：纳税人同时享受优惠税率和所得项目减半情形下，在填报本表低税率优惠时，所得项目按照优惠税率减半计算多享受优惠的部分。

企业从事农林牧渔业项目、国家重点扶持的公共基础设施项目、符合条件的环境保护、节能节水项目、符合条件的技术转让、其他专项优惠等所得额应按法定税率25%减半征收，同时享受小型微利企业、高新技术企业、技术先进型服务企业、集成电路线宽小于0.25微米或投资额超过80亿元人民币集成电路生产企业、国家规划布局内重点软件企业和集成电路设计企业等优惠税率政策，由于申报表填报顺序，按优惠税率减半叠加享受减免税优惠部分，应在本行对该部分金额进行调整。本行应大于等于0且小于等于第1+2+…+20+22+…+27行的值。

计算公式：本行=减半项目所得额×50%×（25%－优惠税率）。

（29）第29行“二十九、支持和促进重点群体创业就业企业限额减征企业所得税”：根据《财政部 税务总局 人力资源社会保障部关于继续实施支持和促进重点群体创业就业有关税收政策的通知》（财税〔2017〕49号）等规定，商贸企业、服务型企业、劳动就业服务企业中的加工型企业和街道社区具有加工性质的小型企业实体，在新增加的岗位中，当年新招用在人力资源社会保障部门公共就业服务机构登记失业半年以上且持“就业创业证”或“就业失业登记证”（注明“企业吸纳税收政策”）人员，与其签订1年以上期限劳动合同并依法缴纳社会保险费的，在3年内按实际招用人数予以定额依次扣减增值税、城市维护建设税、教育费附加、地方教育附加和企业所得税优惠。定额标准为每人每年4000元，最高可上浮30%。本行填报企业纳税年度终了时实际减免的增值税、城市维护建设税、教育费附加和地方教育附加小于核定的减免税总额，在企业所得税汇算清缴时扣减的企业所得税，当年扣减不完的，不再结转以后年度扣减。本行为合计行，等于29.1行+29.2行。

安置下岗失业人员再就业、高校毕业生就业扣减的企业所得税，分别填写本表29.1行、29.2行。

（30）第30行“三十、扶持自主就业退役士兵创业就业企业限额减征企业所得税”：根据《财政部 税务总局 民政部关于继续实施扶持自主就业退役士兵创业就业有关税收政策的通知》（财税〔2017〕46号）等规定，对商贸企业、服务型企业、劳动就业服务企业中的加工型企业和街道社区具有加工性质的小型企业实体，在新增加的岗位中，当年新招用自主就业退役士兵，与其签订1年以上期限劳动合同并依法缴纳社会保险费的，在3年内按实际招用人数予以定额依次扣减增值税、城市维护建设税、教育费附加、地方教育附加和企业所得税优惠。定额标准为每人每年4000元，最高可上浮50%。本行填报企业纳税年度终了时实际减免的增值税、城市维护建设税、教育费附加和地方教育附加小于核定的减免税总额，在企业所得税汇算清缴时扣减的企业所得税，当年扣减不完的，不再结转以后年度扣减。

（31）第31行“三十一、民族自治地方的自治机关对本民族自治地方的企业应缴纳的企业所得税中属于地方分享的部分减征或免征（□免征 □减征：减征幅度________%）”：根据税法、《财政部国家税务总局关于贯彻落实国务院关于实施企业所得税过渡优惠政策有关问题的通知》（财税〔2008〕21号）、《中华人民共和国民族区域自治法》的规定，实行民族区域自治的自治区、自治州、自治县的自治机关对本民族自治地方的企业应缴纳的企业所得税中属于地方分享的部分，可以决定减征或者免征，自治州、自治县决定减征或者免征的，须报省、自治区、直辖市人民政府批准。

纳税人填报该行次时，根据享受政策的类型选择“免征”或“减征”，二者必选其一。选择“免征”是指企业所得税款地方分成40%部分全免；选择“减征：减征幅度________%”需填写“减征幅度”，减征幅度填写1至100，表示企业所得税地方分成部分减征的百分比。优惠金额填报（应纳所得税额－本表以上行次优惠合计）×40%×减征幅度的金额，本表以上行次不包括第4.1行、4.2行、29.1行、29.2行。如地方分享部分减半征收，则选择“减征”，并在“减征幅度”后填写“50%”。

（32）第32行“合计”数为自动计算，即第1+2+3+4+5+…+26+27－28+29+30+31行的金额。

四、“减免所得税优惠明细表”的表内、表间关系

1. 表内关系

（1）第4行=第4.1+4.2行；

（2）第29行=第29.1+29.2行；

（3）第32行=第1+2+3+4+5+…+26+27－28+29+30+31行。

2. 表间关系

（1）第 2 行 = 表 A107041 第 31 行；

（2）第 3 行 = 表 A107041 第 32 行；

（3）第 6 行至第 16 行 = A107042 第 32 行，根据以下规则判断填报：

若 A107042“减免方式”单选第 1 行，第 6 行 = A107042 第 32 行；

若 A107042“减免方式”单选第 2 行“15% 税率”，第 7 行 = A107042 第 32 行；

若 A107042“减免方式”单选第 3 行“15% 税率”，第 8 行 = A107042 第 32 行；

若 A107042“减免方式”单选第 2 行“五免五减半”，第 9 行 = A107042 第 32 行；

若 A107042“减免方式”单选第 3 行“五免五减半”，第 10 行 = A107042 第 32 行；

若 A107042“减免方式”单选第 4 行，第 11 行 = A107042 第 32 行；

若 A107042“减免方式”单选第 5 行，第 12 行 = A107042 第 32 行；

若 A107042“减免方式”单选第 6 行，第 13 行 = A107042 第 32 行；

若 A107042“减免方式”单选第 7 行，第 14 行 = A107042 第 32 行；

若 A107042“减免方式”单选第 8 行，第 15 行 = A107042 第 32 行；

若 A107042“减免方式”单选第 9 行，第 16 行 = A107042 第 32 行。

（4）第 31 行 =（表 A100000 第 25 行 − 本表第 1 + 2 + 3 + 4 + 5… + 29 + 30 行）×40% ×减征幅度；

（5）第 32 行 = 表 A100000 第 26 行。

第29章 “高新技术企业优惠情况及明细表”的理解与填报

取得高新技术企业资格的纳税人均需填报“高新技术企业优惠情况及明细表”（A107041）。

纳税人应根据税法和相关法规之规定，填报本年发生的高新技术企业优惠情况。

纳税人完成“高新技术企业优惠情况及明细表”的填报工作，必须认真学习和领会下列税收文件：

（1）《中华人民共和国企业所得税法》；

（2）《中华人民共和国企业所得税法实施条例》；

（3）科技部 财政部 国家税务总局《关于修订印发〈高新技术企业认定管理办法〉的通知》（国科发火〔2016〕32号）；

（4）科学技术部 财政部 国家税务总局关于《修订印发〈高新技术企业认定管理工作指引〉的通知》（国科发火〔2016〕195号）；

（5）国家税务总局《关于实施高新技术企业所得税优惠政策有关问题的公告》（国家税务总局公告2017年第24号）。

一、"高新技术企业优惠情况及明细表"的焦点问题

1．高新技术企业评定标准的历史变化

高新技术企业认定管理政策经历了一个不断完善的过程，到目前经历了五个阶段：

第一阶段：国务院于1991年发布《国家高新技术产业开发区高新技术企业认定条件和办法》（国发〔1991〕12号），授权原国家科委组织开展国家高新技术产业开发区内高新技术企业认定工作，并配套制定了财政、税收、金融、贸易等一系列优惠政策。

1991年发布的《国家高新技术产业开发区高新技术企业认定条件和办法》（国发〔1991〕12号）旨在促进我国高新技术产业的建立和发展，但只在开发区内实施。

第二阶段：1996年1月17日，国家科委发布《国家高新技术产业开发区外高新技术企业认定条件和办法》（国科发火字〔1996〕018号），将高新技术企业认定范围扩展到国家高新区外。

第三阶段：1999年，中共中央、国务院召开科技大会之后，2000年7月23日科学技术部发布了《国家高新技术产业开发区高新技术企业认定条件和办法》（国科发火字〔2000〕324号），再次修订了国家高新区内高新技术企业认定标准。

第四阶段：2008年4月14日，科技部、财政部、国家税务总局正式发布《高新技术企业认定管理办法》（国科发火〔2008〕172号），自2008年1月1日起实施，原《国家高新技术产业开发区外高新技术企业认定条件和办法》（国科发火字〔1996〕018号）、原《国家高新技术产业开发区高新技术企业认定条件和办法》（国科发火字〔2000〕324号），自本办法实施之日起停止执行。同年7月8日发布配套文件《高新技术企业认定管理工作指引》（国科发火〔2008〕362号　简称2008版）。

2008年政策与之前政策相比的特点：

一是企业研发和创新能力的有了具体衡量指标。原有的高新技术企业认定办法存在一个不足，就是没有规定关键认定指标的测度依据，特别是对研究开发活动一直没有给出评价标准和费用归集标准，致使各地在实际操作时，缺乏统一可测的标准。

二是用《国家重点支持的高新技术领域》取代了原《高新技术产品目录》。20世纪90年代出台的高新技术企业认定管理办法，是针对国际上高新技术产业蓬勃兴起，国内外差距较大的情况下制定的。当时在许多领域建立生产能力是第一位的问题，编制"产品目录"用来界定高新技术企业具有历史的合理性。但是，随着时间的推移，以"产品目录"为导向来认定高新技术企业已不适应中国科技、经济快速发展的要求，造成一些地方将只具备产品生产加工能力，不从事自主研发，长期处于高新技术产业链和价值链低端的加工型企业也被认定为高新技术企业。同时，大量伴随着现代服务业发展起来的从事技术开发和技术服务的企业又不能被纳入高新技术企业的范畴。因此，为了实现以自主研发和创新为核心来认定高新技术企业，新《认定办法》在认定工作中取消了《高新技术产品目录》。

三是对企业研发费用占销售收入的比例进行了调整。新“认定办法”根据形势的发展和中国企业的实际情况，按照不同的企业规模，对研发费用占销售收入的比例进行了必要的调整，改变了研发费用比例单一的模式。

第五阶段　2016年1月29日科技部 财政部 国家税务总局关于修订印发《高新技术企业认定管理办法》的通知（国科发火〔2016〕32号），同年6月22日发布配套文件《高新技术企业认定管理工作指引》（国科发火〔2016〕195号　简称2016版），原《高新技术企业认定管理办法》（〔2008〕172号）同时废止。

关于高新技术企业认定管理工作指引，2016与2008版改变相差较大，评分更为详细，指标满分为100分，综合得分达到70分以上（不含70分）为符合认定要求。主要从以下各项评分标准的进行改变：

	原标准	现标准
知识产权	30分	30分
研究开发组织管理水平	20分	30分
科技成果转化能力	30分	20分
企业成长性	20分	20分

（1）知识产权的评分变化：

技术的先进程度	≤8分
对主要产品（服务）在技术上发挥核心支持作用	≤8分
知识产权数量	≤8分
知识产权获得方式	≤6分
企业制定国家标准、行业标准、检测方法、技术规范的情况	≤2分

①技术的先进程度：注重考查技术的含金量，专家的主观判断性强，扣分也会是最严重的。

A. 高（7~8分）；

B. 较高（5~6分）；

C. 一般（3~4分）；

D. 较低（1~2分）；

E. 无（0分）。

②对主要产品（服务）在技术上发挥核心支持作用：60%高新收入，是由知识产权支撑的，知识产权转化的产品为主营业务，可以得高分。

A. 高（7~8分）；

B. 较高（5~6分）；

C. 一般（3~4分）；

D. 较低（1~2分）；

E. 无（0分）。

③知识产权数量：发明专利、植物新品种、新药中药保护品种和集成电路布图设计为Ⅰ类，其他形式的知识产权为Ⅱ类，通常情况下都会有6项，加重发明专利的权重。

A. 1 项及以上（Ⅰ类）（7～8 分）；

B. 5 项及以上（Ⅱ类）（5～6 分）；

C. 3～4 项（Ⅱ类）（3～4 分）；

D. 1～2 项（Ⅱ类）（1～2 分）；

E. 0 项（0 分）。

④知识产权获得方式：提议自主研发。

A. 自主研发（≤6 分）；

B. 受让、受赠和并购等（≤3 分）。

⑤企业制定国家标准、行业标准、检测方法、技术规范的情况：此项为加分项，加分后“知识产权”总分不超过 30 分。

A. 是（1～2 分）；

B. 否（0 分）。

（2）研究开发组织管理水平成为企业能否通过高新的关键，从以前是 20 分，现在改变成 30 分（≤30 分）；

①定制了企业研究开发组织管理制度，建立了研发投入核算体系，编制了研发费用辅助账（≤8 分）；

②设立了内部科技技术研究开发机构并具备相应的科研条件，与国内外研究开发机构开展多种形式的产学研合作（≤7 分）；

③建立了科技成果转化的组织实施与激励奖励制度，建立开放式的创新创业平台（≤6 分）；

④建立了科技人员的培养进修、职工技能培训、优秀人才引进，以及人才绩效评价奖励制度（≤6 分）；

⑤开展面向社会公众的科技学技术普及活动（≤3 分）。

（3）科技成果转化能力从以前的 30 分，改为（≤20 分）。

①转化能力强，6 项以上（16～20 分）；

②转化能力较强，4～5 项（11～15 分）；

③转化能力一般，2～3 项（6～10 分）；

④转化能力较弱，0～1 项（0～5 分）。

解释：以数量来说，年平均数以前是 5 项以上，现在是 6 项以上，3 年的话达到 18 项；同一科技成果分别在国内外转化的，或转化为多个产品、服务、工艺、样品、样机等的，只计为 1 项。

（4）企业成长性（≤20 分）。

对企业成长性评估内容包括企业净资产增长率（9 分）、销售收入增长率（7 分）和年平均利润率（4 分）等指标。企业的实际经营期不足三年的，都按照实际经营时间计算。计算方法如下：

①净资产增长率 = 1/2 ×（第二年末净资产 ÷ 第一年末净资产 + 第三年末净资产 ÷ 第二年末净资产）－1

净资产 = 资产总额 － 负债总额

资产总额、负债总额应以具有资质的中介机构鉴证的企业财务报表期末数为准。

注意：以前是总资产增长率，现在是净资产增长率。

②销售收入增长率 = 1/2 ×（第二年销售收入 ÷ 第一年销售收入 + 第三年销售收入 ÷ 第二年销售收入）－1

企业净资产增长率或销售收入增长率为负的，按0分计算。第一年净资产或销售收入为0的，按两年计算；第二年净资产或销售收入为0的，按0分计算。

③年平均利润率 = 近三个会计年度的利润总额 ÷ 同期销售收入总额 ×100%。

2. 高新技术企业收入指标如何调节

高新技术产品（服务）收入占企业同期总收入的比例不低于60%这个标准没有变。但是总收入现在有了明确的说法，“是指收入总额减去不征税收入。收入总额与不征税收入按照《企业所得税法》及《企业所得税法实施条例》的规定计算。”

高新技术产品（服务）收入是指企业通过研发和相关技术创新活动，取得的产品（服务）收入与技术性收入的总和。对企业取得上述收入发挥核心支持作用的技术应属于“技术领域”规定的范围。其中，技术性收入包括：

（1）技术转让收入：指企业技术创新成果通过技术贸易、技术转让所获得的收入；

（2）技术服务收入：指企业利用自己的人力、物力和数据系统等为社会和本企业外的用户提供技术资料、技术咨询与市场评估、工程技术项目设计、数据处理、测试分析及其他类型的服务所获得的收入；

（3）接受委托研究开发收入：指企业承担社会各方面委托研究开发、中间试验及新产品开发所获得的收入。

注意：一是税收上总收入不同于会计口径，比如处置固定资产会计确认的是净损益，而税收要算毛收入，利息收入会计冲减费用，税收计算收入；二是不征税收入可是不折不扣的税收概念，千万不可贸然自行认定；三是更强调核心技术与高新技术收入的关系；四是技术服务收入有变化，比如“工程技术项目设计”这个新概念的引入，别看不起眼，影响可是很大。

3. 高新技术企业人员指标如何调节

众所周知，高新技术企业对人员原来是双比例要求，即“具有大学专科以上学历的科技人员占企业当年职工总数的30%以上，其中研发人员占企业当年职工总数的10%以上”，2016年以后调整为单比例“企业从事研发和相关技术创新活动的科技人员占企业当年职工总数的比例不低于10%”。

科技人员包括“指直接从事研发和相关技术创新活动，以及专门从事上述活动的管理和提供直接技术服务的，累计实际工作时间在183天以上的人员，包括在职、兼职和临时聘用人员。”分子既然包括了兼职和临时聘用人员，分母自然也包括。

企业当年职工总数、科技人员数均按照全年月平均数计算。

月平均数 =（月初数 + 月末数）÷2

全年月平均数 = 全年各月平均数之和 ÷12。

影响是：一是很多高新技术企业再也不用为大专学历人员不够发愁了；二是通过兼职、临时聘用人员等形式“共用”研发人员的企业，考勤、工资发放等证明实际工作183天以上的证据一定要备齐，防止出现类似福利企业只“挂名”不上岗的现象。

4．高新技术企业研发费用指标如何调节

最明显的是对中小型企业放宽了比例要求，最近一年销售收入小于5000万元（含）的企业研发费用总额占同期销售收入总额的比例由6%调整为5%，以销售收入5000万元算的话影响就是50万元，对小型特别是初创企业来说，也不是小数目了。

另外一个变化是研发费用中其他费用比例的限制由10%放宽到20%。

其他细节变化包括明确“试验费用包括新药研制的临床试验费、勘探开发技术的现场试验费、田间试验费等。”对于相关行业有重大影响。

注意：研发费用比例不是和总收入比，而是和销售收入比，销售收入这次明确“为主营业务收入与其他业务收入之和。主营业务收入与其他业务收入按照企业所得税年度纳税申报表的口径计算。”而年度申报表中，这两个“收入”出现在“一般企业收入明细表”，填报的口径其实是没有经过调整的会计口径，比如是不包含“视同销售收入”的。

5．高新技术企业研发费用与加计扣除研发费用有何异同

高新技术认定与研发费用加计扣除新政中都有研发费用，二者虽然同是研发费用，却存在不同之处。

（1）直接投入费用。

财税〔2015〕119号、国家税务总局公告2017年第40号加计扣除研发费用中的租赁费用是“通过经营租赁方式租入的用于研发活动的仪器、设备租赁费。

国科发火〔2016〕195号高新认定中研发支出包含的租赁费是“通过经营租赁方式租入的用于研发活动的固定资产租赁费”。

差异：计算加计扣除的研发费中的租赁费只是用于研发的仪器、设备的租赁费，不包括不动产租赁费；但高新技术企业认定用中研发支出的租赁费包括为从事研发活动租入的不动产等仪器、设备外的固定资产的租赁费。

（2）折旧费用与长期待摊费用。

财税〔2015〕119号、国家税务总局公告2017年第40号加计扣除研发费用中的折旧费是“用于研发活动的仪器、设备的折旧费”。

国科发火2016 195号高新认定中研发支出包含的折旧费是“用于研究开发活动的仪器、设备和在用建筑物的折旧费”。

长期待摊费用是指研发设施的改建、改装、装修和修理过程中发生的长期待摊费用。

差异：加计扣除的研发费中包含的折旧费仅指用于研发活动的仪器、设备的折旧费。

高新技术企业认定中研发支出中的折旧费包括研发使用的仪器、设备的折旧外，还包括使用的建筑物的折旧、改建、改装、装修、修缮支出。

（3）试验费。

财税〔2015〕119号、国家税务总局公告2017年第40号加计扣除研发费用中的试验费是“新药研制的临床试验费、勘探开发技术的现场试验费”。

国科发火2016 195号高新认定中研发支出包含的试验费是“新药研制的临床试验费、勘探开发

技术的现场试验费、田间试验费等”。

差异：加计扣除的研发费用试验费中不包括田间试验费。高新技术企业认定中研发支出中的试验费还包括研发活动中发生的田间试验费。

（4）其他相关费用。

财税〔2015〕119号、国家税务总局公告2017年第40号加计扣除研发费用中的其他相关费用是“与研发活动直接相关的其他费用，如技术图书资料费、资料翻译费、专家咨询费、高新科技研发保险费，研发成果的检索、分析、评议、论证、鉴定、评审、评估、验收费用，知识产权的申请费、注册费、代理费，差旅费、会议费等。此项费用总额不得超过可加计扣除研发费用总额的10%。”

国科发火2016 195号高新认定中研发支出包含的其他相关费用是“与研究开发活动直接相关的其他费用，包括技术图书资料费、资料翻译费、专家咨询费、高新科技研发保险费，研发成果的检索、论证、评审、鉴定、验收费用，知识产权的申请费、注册费、代理费，会议费、差旅费、通讯费等。此项费用一般不得超过研究开发总费用的20%，另有规定的除外”。

差异：加计扣除的其他相关费用中不包括研发发生的通讯费的内容；而高新技术企业认定时研发支出中其他费用包括有通讯费。加计扣除的研发费中其他支出不超过全部可加计扣除总额的10%；而高新技术企业认定时研发支出中的其他费用的限额是研发总费用的20%。

（5）委托研发费用。

财税〔2015〕119号加计扣除研发费用中的委托研发费规定“企业委托境外机构或个人进行研发活动所发生的费用，不得加计扣除”。

国科发火2016 195号高新认定中研发支出包含的试验费是“委托外部研究开发费用是指企业委托境内外其他机构或个人进行研究开发活动所发生的费用（研究开发活动成果为委托方企业拥有，且与该企业的主要经营业务紧密相关）。委托外部研究开发费用的实际发生额应按照独立交易原则确定，按照实际发生额的80%计入委托方研发费用总额”。

差异：加计扣除的研发费中委托境外机构发生委托研发支出不能归集到加计扣除的研发费中；而在高新技术企业认定中研发支出金额中包含委托境外机构进行研发发生的委托研发费。

（注：可从书中第三章里选择与高新技术企业优惠情况及明细表相关的要点）

二、“高新技术企业优惠情况及明细表”结构特点是什么

1. 高新技术企业优惠情况及明细表作了哪些重大修改，为什么

适应《国家税务总局关于企业研究开发费用税前加计扣除政策有关问题的公告》（国家税务总局公告〔2015〕97号）新要求，“高新技术企业优惠情况及明细表”（A107041）的主要变化。新版申报表主要根据《关于修订印发〈高新技术企业认定管理办法〉的通知》（国科发火〔2016〕32号）对高新技术企业认定条件的变化作出了相应修改，具体变化包括：

（1）删除“是否发生重大安全、质量事故”“是否有环境等违法、违规行为，受到有关部门处罚的”“是否发生偷骗税行为”等项目。

（2）“对企业主要产品（服务）发挥核心支持作用的技术所属范围－国家重点支持的高新技术

领域”要求填报到三级明细领域，如“一、电子信息技术（一）软件 1. 系统软件”。

（3）明确“本年企业总收入”包括收入总额和不征税收入。

（4）“五、本年研发人员数”改为“四、本年科技人员数”。

（5）删除“七、本年具有大学专科以上学历的科技人员占企业当年职工总数的比例”。

（6）对“七、归集的高新研发费用金额”“八、销售（营业）收入”“九、三年研发费用占销售（营业）收入的比例”的归集年度从当年扩展至 3 年（当年、前一年度、前二年度）。

（7）增加对“国家需要重点扶持的高新技术企业减征企业所得税”“经济特区和上海浦东新区新设立的高新技术企业定期减免税额”的填报。

2. 特区高新技术企业和重点扶持的高新技术企业有何差异

特区高新技术企业依据《国务院关于经济特区和上海浦东新区新设立高新技术企业实行过渡性税收优惠的通知》（国发〔2007〕40 号）设立。根据《中华人民共和国企业所得税法》第五十七条的有关规定，国务院决定对法律设置的发展对外经济合作和技术交流的特定地区内，以及国务院已规定执行上述地区特殊政策的地区内新设立的国家需要重点扶持的高新技术企业，实行过渡性税收优惠。法律设置的发展对外经济合作和技术交流的特定地区，是指深圳、珠海、汕头、厦门和海南经济特区；国务院已规定执行上述地区特殊政策的地区，是指上海浦东新区。对经济特区和上海浦东新区内在 2008 年 1 月 1 日（含）之后完成登记注册的国家需要重点扶持的高新技术企业（以下简称新设高新技术企业），在经济特区和上海浦东新区内取得的所得，自取得第一笔生产经营收入所属纳税年度起，第一年至第二年免征企业所得税，第三年至第五年按照 25% 的法定税率减半征收企业所得税。国家需要重点扶持的高新技术企业，是指拥有核心自主知识产权，同时符合《中华人民共和国企业所得税法实施条例》第九十三条规定的条件，并按照《高新技术企业认定管理办法》认定的高新技术企业。经济特区和上海浦东新区内新设高新技术企业同时在经济特区和上海浦东新区以外的地区从事生产经营的，应当单独计算其在经济特区和上海浦东新区内取得的所得，并合理分摊企业的期间费用；没有单独计算的，不得享受企业所得税优惠。

重点扶持的高新技术企业：根据《中华人民共和国企业所得税法实施条例》（中华人民共和国国务院令第 512 号）第九十三条规定：“企业所得税法第二十八条第二款所称国家需要重点扶持的高新技术企业，是指拥有核心自主知识产权，并同时符合下列条件的企业：

（一）产品（服务）属于《国家重点支持的高新技术领域》规定的范围；

（二）研究开发费用占销售收入的比例不低于规定比例；

（三）高新技术产品（服务）收入占企业总收入的比例不低于规定比例；

（四）科技人员占企业职工总数的比例不低于规定比例；

（五）高新技术企业认定管理办法规定的其他条件。

《国家重点支持的高新技术领域》和高新技术企业认定管理办法由国务院科技、财政、税务主管部门商国务院有关部门制订，报国务院批准后公布施行。”

《中华人民共和国企业所得税法》第二十八条 符合条件的小型微利企业，减按 20% 的税率征收企业所得税。国家需要重点扶持的高新技术企业，减按 15% 的税率征收企业所得税。

三、“高新技术企业优惠情况及明细表”填报说明

表 29－1 高新技术企业优惠情况及明细表（A107041）

基本信息						
1	高新技术企业证书编号		高新技术企业证书取得时间			
2	对企业主要产品（服务）发挥核心支持作用的技术所属范围	国家重点支持的高新技术领域				
		一级领域	二级领域	三级领域		
3	关键指标情况					
4	收入指标	一、本年高新技术产品（服务）收入（5＋6）				
5		其中：产品（服务）收入				
6		技术性收入				
7		二、本年企业总收入（8－9）				
8		其中：收入总额				
9		不征税收入				
10		三、本年高新技术产品（服务）收入占企业总收入的比例（4÷7）				
11	人员指标	四、本年科技人员数				
12		五、本年职工总数				
13		六、本年科技人员占企业当年职工总数的比例（11÷12）				
14	研发费用指标	高新研发费用归集年度	本年度	前一年度	前二年度	合计
			1	2	3	4
15		七、归集的高新研发费用金额（16＋25）				
16		（一）内部研究开发投入（17＋…＋22＋24）				
17		1. 人员人工费用				
18		2. 直接投入费用				
19		3. 折旧费用与长期待摊费用				
20		4. 无形资产摊销费用				
21		5. 设计费用				
22		6. 装备调试费与实验费用				
23		7. 其他费用				
24		其中：可计入研发费用的其他费用				
25		（二）委托外部研发费用［（26＋28）×80%］				
26		1. 境内的外部研发费				
27		2. 境外的外部研发费				
28		其中：可计入研发费用的境外的外部研发费				
29		八、销售（营业）收入				
30		九、三年研发费用占销售（营业）收入的比例（15行4列÷29行4列）				
31	减免税额	十、国家需要重点扶持的高新技术企业减征企业所得税				
32		十一、经济特区和上海浦东新区新设立的高新技术企业定期减免税额				

【填报说明】

（1）第1行"'高新技术企业证书'编号"：填报纳税人高新技术企业证书上的编号；"'高新技术企业证书'取得时间"：填报纳税人高新技术企业证书上的取得时间。

（2）第2行"对企业主要产品（服务）发挥核心支持作用的技术所属范围"：填报对企业主要产品（服务）发挥核心支持作用的技术属于《国家重点支持的高新技术领域》规定的具体范围，填报至三级明细领域，如"一、电子信息技术（一）软件1. 系统软件"。

（3）第4行"一、本年高新技术产品（服务）收入"：填报第5+6行的合计金额。

（4）第5行"其中：产品（服务）收入"：填报纳税人本年发挥核心支持作用的技术属于《国家重点支持的高新技术领域》规定范围的产品（服务）收入。

（5）第6行"技术性收入"：包括技术转让收入、技术服务收入和接受委托研究开发收入。

（6）第7行"二、本年企业总收入"：填报第8－9行的余额。

（7）第8行"（一）收入总额"：填报纳税人本年以货币形式和非货币形式从各种来源取得的收入，为收入总额。包括：销售货物收入，提供劳务收入，转让财产收入，股息、红利等权益性投资收益，利息收入，租金收入，特许权使用费收入，接受捐赠收入，其他收入。

（8）第9行"不征税收入"：填报纳税人本年符合相关政策规定的不征税收入。

（9）第10行"三、本年高新技术产品（服务）收入占企业总收入的比例"：填报第4÷7行计算后的比例。

（10）第11行"四、本年科技人员数"：填报纳税人直接从事研发和相关技术创新活动，以及专门从事上述活动的管理和提供直接技术服务的，累计实际工作时间在183天以上的人员，包括在职、兼职和临时聘用人员。

（11）第12行"五、本年职工总数"：填报纳税人本年在职、兼职和临时聘用人员。在职人员可以通过企业是否签订了劳动合同或缴纳社会保险费来鉴别。兼职、临时聘用人员全年须在企业累计工作183天以上。

（12）第13行"六、本年科技人员占企业当年职工总数的比例"：填报第11÷12行计算后的比例。

（13）第14行"高新研发费用归集年度"：本行设定了三个年度，与计算研发费比例相关的第15行至第29行需填报三年数据，实际经营不满三年的按实际经营时间填报。

（14）第15行"七、本年归集的高新研发费用金额"：填报第16+25行的合计金额。

（15）第16行"（一）内部研究开发投入"：填报第17+18+19+20+21+22+24行的合计金额。

（16）第17行"1. 人员人工费用"：填报纳税人科技人员的工资薪金、基本养老保险费、基本医疗保险费、失业保险费、工伤保险费、生育保险费和住房公积金，以及外聘科技人员的劳务费用。

（17）第18行"2. 直接投入费用"：填报纳税人为实施研究开发活动而实际发生的相关支出。包括：直接消耗的材料、燃料和动力费用；用于中间试验和产品试制的模具、工艺装备开发及制造费，不构成固定资产的样品、样机及一般测试手段购置费，试制产品的检验费；用于研究开发活动的仪器、设备的运行维护、调整、检验、检测、维修等费用，以及通过经营租赁方式租入的用于研发活动的固定资产租赁费。

(18) 第19行“3. 折旧费用与长期待摊费用”：填报纳税人用于研究开发活动的仪器、设备和在用建筑物的折旧费；研发设施的改建、改装、装修和修理过程中发生的长期待摊费用。

(19) 第20行“4. 无形资产摊销费用”：填报纳税人用于研究开发活动的软件、知识产权、非专利技术（专有技术、许可证、设计和计算方法等）的摊销费用。

(20) 第21行“5. 设计费用”：填报纳税人为新产品和新工艺进行构思、开发和制造，进行工序、技术规范、规程制定、操作特性方面的设计等发生的费用，包括为获得创新性、创意性、突破性产品进行的创意设计活动发生的相关费用。

(21) 第22行“6. 装备调试费与实验费用”：填报纳税人工装准备过程中研究开发活动所发生的费用，包括研制特殊、专用的生产机器，改变生产和质量控制程序，或制定新方法及标准等活动所发生的费用。

(22) 第23行“7. 其他费用”：填报纳税人与研究开发活动直接相关的其他费用，包括技术图书资料费、资料翻译费、专家咨询费、高新科技研发保险费，研发成果的检索、论证、评审、鉴定、验收费用，知识产权的申请费、注册费、代理费，会议费、差旅费、通讯费等。

(23) 第24行“其中：可计入研发费用的其他费用”：填报纳税人为研究开发活动所发生的其他费用中不超过研究开发总费用的20%的金额。该行取第17行至第22行之和×20%÷（1-20%）与第23行的孰小值。

(24) 第25行“（二）委托外部研发费用”：填报纳税人委托境内外其他机构或个人进行研究开发活动所发生的费用（研究开发活动成果为委托方企业拥有，且与该企业的主要经营业务紧密相关）。委托外部研发费用的实际发生额应按照独立交易原则确定，按照实际发生额的80%计入委托方研发费用总额。本行填报（第26+28行）×80%的金额。

(25) 第26行“1. 境内的外部研发费用”：填报纳税人委托境内其他机构或个人进行的研究开发活动所支出的费用。本行填报实际发生境内的外部研发费用。

(26) 第27行“2. 境外的外部研发费用”：填报纳税人委托境外机构或个人完成的研究开发活动所发生的费用。受托研发的境外机构是指依照外国（地区）及港澳台法律成立的企业和其他取得收入的组织；受托研发的境外个人是指外籍及港澳台个人。本行填报实际发生境外的外部研发费用。

(27) 第28行“其中：可计入研发费用的境外的外部研发费用”：根据《高新技术企业认定管理办法》等规定，纳税人在中国境内发生的研发费用总额占全部研发费用总额的比例不低于60%，即境外发生的研发费用总额占全部研发费用总额的比例不超过40%。本行填报（第17+18+…+22+23+26行）×40%÷（1-40%）与第27行的孰小值。

(28) 第29行“八、销售（营业）收入”：填报纳税人主营业务收入与其他业务收入之和。

(29) 第30行“九、三年研发费用占销售（营业）收入的比例”：填报第15行4列÷第29行4列计算后的比例。

(30) 第31行“十、国家需要重点扶持的高新技术企业减征企业所得税”：本行填报经济特区和上海浦东新区外的高新技术企业或虽在经济特区和上海浦东新区新设的高新技术企业但取得区外所得的减免税金额。

（31）第32行“十一、经济特区和上海浦东新区新设立的高新技术企业定期减免”：本行填报在经济特区和上海浦东新区新设的高新技术企业区内所得减免税金额。

（注：可以从表格中选择重点项目，参照文件中的填报说明）

四、“高新技术企业优惠情况及明细表”的表内、表间关系

1. 表内关系

（1）第4行=第5+6行；

（2）第7行=第8-9行；

（3）第10行=第4÷7行；

（4）第13行=第11÷12行；

（5）第15行=第16+25行；

（6）第16行=第17+18+19+20+21+22+24行；

（7）第25行=（第26+28行）×80%；

（8）第30行=第15行4列÷第29行4列。

2. 表间关系

（1）第31行=表A107040第2行；

（2）第32行=表A107040第3行。

第30章 “软件、集成电路企业优惠情况及明细表”的理解与填报

“软件、集成电路企业优惠情况及明细表”（A107042）适用于享受软件、集成电路企业优惠的纳税人填报。

纳税人应根据税法和相关法规之规定，填报本年发生的软件、集成电路企业优惠有关情况。

纳税人完成“软件、集成电路企业优惠情况及明细表”的填报工作，必须认真学习和领会下列税收文件：

（1）《中华人民共和国企业所得税法》；

（2）《中华人民共和国企业所得税法实施条例》；

（3）财政部、国家税务总局《关于进一步鼓励软件产业和集成电路产业发展企业所得税政策的通知》（财税〔2012〕27号）；

（4）财政部、国家税务总局、发展改革委、工业和信息化部《关于软件和集成电路产业企业所得税优惠政策有关问题的通知》（财税〔2016〕49号）；

（5）国家发展和改革委员会、工业和信息化部、财政部、国家税务总局《关于印发国家规划布局内重点软件和集成电路设计领域的通知》（发改高技〔2016〕1056号）；

（6）财政部、国家税务总局、发展改革委、工业和信息化部《关于进一步鼓励集成电路产业发展企业所得税政策的通知》（财税〔2015〕6号）。

一、“软件、集成电路企业优惠情况及明细表”的焦点问题

1. 什么是获利年度，如何判定

（1）什么是获利年度。

财政部、国家税务总局《关于进一步鼓励软件产业和集成电路产业发展企业所得税政策的通知》（财税〔2012〕27号）十四、本通知所称获利年度，是指该企业当年应纳税所得额大于零的纳税年度。

国家税务总局《关于执行软件企业所得税优惠政策有关问题的公告》（2013年第43号公告）又进一步明确规定：软件企业的获利年度，是指软件企业开始生产经营后，第一个应纳税所得额大于零的纳税年度，包括对企业所得税实行核定征收方式的纳税年度。软件企业享受定期减免税优惠的期限应当连续计算，不得因中间发生亏损或其他原因而间断。

（2）如何判定获利年度。

符合规定须经认定后享受税收优惠的企业，应在获利年度当年或次年的企业所得税汇算清缴之前取得相关认定资质。如果在获利年度次年的企业所得税汇算清缴之前取得相关认定资质，该企业可从获利年度起享受相应的定期减免税优惠；如果在获利年度次年的企业所得税汇算清缴之后取得相关认定资质，该企业应在取得相关认定资质起，就其从获利年度起计算的优惠期的剩余年限享受相应的定期减免优惠。

2. 集成电路生产企业与设计企业优惠政策的差异

（1）优惠政策差异。

财政部国家税务总局关于进一步鼓励软件产业和集成电路产业发展企业所得税政策的通知》（财税〔2012〕27号）规定：

①集成电路线宽小于0.8微米（含）的集成电路生产企业，经认定后，在2017年12月31日前自获利年度起计算优惠期，第一年至第二年免征企业所得税，第三年至第五年按照25%的法定税率减半征收企业所得税，并享受至期满为止。

②集成电路线宽小于0.25微米或投资额超过80亿元的集成电路生产企业，经认定后，减按15%的税率征收企业所得税，其中经营期在15年以上的，在2017年12月31日前自获利年度起计算优惠期，第一年至第五年免征企业所得税，第六年至第十年按照25%的法定税率减半征收企业所得税，并享受至期满为止。

③我国境内新办的集成电路设计企业和符合条件的软件企业，经认定后，在2017年12月31日前自获利年度起计算优惠期，第一年至第二年免征企业所得税，第三年至第五年按照25%的法定税率减半征收企业所得税，并享受至期满为止。

【政策解读】

从以上规定不难看出，集成电路生产企业区分集成电路线宽，享受不同的企业所得税政策：集成电路线宽小于0.8微米（含）的集成电路生产企业，经认定后，在2017年12月31日前自获利年度起计算优惠期，享受“两免三减半”政策；集成电路线宽小于0.25微米或投资额超过80亿元的集成电路生产企业，经认定后，减按15%的税率征收企业所得税，其中经营期在15年以上的，在2017年12月31日前自获利年度起计算优惠期，享受“五免五减半”政策。

集成电路设计企业和符合条件的软件企业享受相同的企业所得税优惠政策：在2017年12月31日前自获利年度起计算优惠期，第一年至第二年免征企业所得税，第三年至第五年按照25%的法定税率减半征收企业所得税。

（2）集成电路生产企业与设计企业定义。

《关于软件和集成电路产业企业所得税优惠政策有关问题的通知》（财税〔2016〕49号，以下简称49号文）规定：财税〔2012〕27号文件所称集成电路生产企业，是指以单片集成电路、多芯片集成电路、混合集成电路制造为主营业务并同时符合下列条件的企业：

①在中国境内（不包括港、澳、台地区）依法注册并在发展改革、工业和信息化部门备案的居民企业。

②汇算清缴年度具有劳动合同关系且具有大学专科以上学历职工人数占企业月平均职工总人数的比例不低于40%，其中研究开发人员占企业月平均职工总数的比例不低于20%。

③拥有核心关键技术，并以此为基础开展经营活动，且汇算清缴年度研究开发费用总额占企业销售（营业）收入（主营业务收入与其他业务收入之和，下同）总额的比例不低于5%；其中，企业在中国境内发生的研究开发费用金额占研究开发费用总额的比例不低于60%。

汇算清缴年度集成电路制造销售（营业）收入占企业收入总额的比例不低于60%。

具有保证产品生产的手段和能力，并获得有关资质认证（包括ISO质量体系认证）。

汇算清缴年度未发生重大安全、重大质量事故或严重环境违法行为。

④财税〔2012〕27号文件所称集成电路设计企业是指以集成电路设计为主营业务并同时符合下列条件的企业：

A. 在中国境内（未包括港、澳、台地区）依法注册的居民企业；

B. 汇算清缴年度具有劳动合同关系且具有大学专科以上学历的职工人数占企业月平均职工总人数的比例不低40%，其中研究开发人员占企业月平均职工总数的比例不低于20%；

C. 拥有核心关键技术，并以此为基础开展经营活动，且汇算清缴年度研究开发费用总额占企业销售（营业）收入总额的比例不低于6%；其中，企业在中国境内发生的研究开发费用金额占研究开发费用总额的比例不低于60%；

D. 汇算清缴年度集成电路设计销售（营业）收入占企业收入总额的比例不低于60%，其中集成电路自主设计销售（营业）收入占企业收入总额的比例不低于50%；

E. 主营业务拥有自主知识产权；

F. 具有与集成电路设计相适应的软硬件设施等开发环境（如EDA工具、服务器或工作站等）；

G. 汇算清缴年度未发生重大安全、重大质量事故或严重环境违法行为。

3. 嵌入式软件如何判定

自1999年开始，国家规定软件产品可以享受增值税实际税负超过3%可以即征即退的优惠政策。但对于嵌入式软件的退税没有明确的规定，实际工作中具体的操作也比较混乱。2011年，财政部、国家税务总局颁布的（财税〔2011〕100号），明确了嵌入式软件的具体退税规定。规定的内容为：对于生产软件产品的增值税一般纳税企业，随同计算机硬件设备一并销售的软件，如果能分别核算硬件和软件的销售额，在嵌入式软件按17%税率缴纳增值税后，对实际税负超过3%的部分可以享受即征即退政策。由此可以看出正确核算硬件和软件产品的销售额是嵌入式软件退税的关键。

嵌入式软件的销售额=嵌入式软件和计算机硬件销售额合计-计算机硬件销售额

企业在对嵌入式软件产品进行成本核算时，应分别核算嵌入式软件的成本和计算机硬件的成本。根据政策规定对增值税一般纳税企业随同计算机硬件、机器设备一并销售的嵌入式软件，如果按照组成计税价格计算确定计算机硬件、机器。

设备销售额的，应当分别核算嵌入式软件与计算机硬件的成本。如果不能分别核算，则不能享受增值税的退税政策。所以纳税人在成本核算时，应分别按软件和硬件设置“生产成本”明细账，分别归集嵌入式软件和硬件产品的成本。

4. 软件、集成电路企业研发费用指标如何调节

财税〔2012〕27号文件所称国家规划布局内重点集成电路设计企业除符合本通知（49号文）第三条规定，还应至少符合下列条件中的一项：

在国家规定的重点集成电路设计领域内，汇算清缴年度集成电路设计销售（营业）收入不低于2000万元，应纳税所得额不低于250万元，研究开发人员占月平均职工总数的比例不低于35%，企业在中国境内发生的研发开发费用金额占研究开发费用总额的比例不低于70%。

财税〔2012〕27号文件所称国家规划布局内重点软件企业是除符合本通知第四条规定，还应至少符合下列条件中的一项：在国家规定的重点软件领域内，汇算清缴年度软件产品开发销售（营业）收入不低于5000万元，应纳税所得额不低于250万元，研究开发人员占企业月平均职工总数的比例不低于25%，企业在中国境内发生的研究开发费用金额占研究开发费用总额的比例不低于70%。

【政策解析】

国税发〔2015〕119号文扩大了直接投入、折旧费用、无形资产摊销费用的范围，取消“专门”的限制。但同时规定：企业应对研发费用和生产经营费用分别核算，准确、合理归集各项费用支出，对划分不清的，不得实行加计扣除。实践中，税务机关在企业可加计扣除费用进行核查时，若企业在“直接投入、折旧”等方面的费用过高，特别是占据总的材料成本及总的折旧金额比例过高时，会要求企业出具说明。

【专家建议】

企业应当在日常的经营管理中严格区分生产用和研发用，编制领料单和审批单进行辅助核算。研发费用分配比例随意是企业中比较常见的问题，例如折旧费用与长期待摊费用、无形资产摊销费用、直接投入、人员人工等均会涉及此类问题。若企业单纯的核定某一百分比作为分配比例而没有

相应的依据作为支撑，很难通过检查，而审批单的设置能较好的说明分配比例的设定，为研发费用再分配提供较强的数据支撑。

新规从要求企业“必须对研究开发费用实行专账管理”改为“对享受加计扣除的研发费用按研发项目设置辅助账”，减轻了企业的会计核算负担，但是对于没有建立研发费用辅助账的企业而言，是一大挑战。

【专家建议】

建立研发费用辅助账。国税发〔2015〕119号文附件包含了辅助账的样表，给企业以参考，企业应当建立研发费用辅助账留存备查。具体流程包括：设立符合企业自身研发需求的科目与完备的凭证体系→收集原始资料（包括研发费用明细账、与研发活动有关的有效凭证等）→分项目、分年度建立研发费用辅助账→将有效凭证和辅助账进行比对核查。

【专家总结】

新政策虽然减少了审核程序，扩大了费用范围，但同时规定税务部门应加强该项优惠政策的优惠管理，并规定年度核查面不得低于20%，因此，企业应当从完善研发项目管理、合理准确归集研发费用、设置研发费用辅助账等方面增加风险防范意识，提高危机化解能力。

5. 软件、集成电路企业收入指标如何调节

财税〔2012〕27号文件所称国家规划布局内重点集成电路设计企业除符合本通知（49号文）第三条规定，还应至少符合下列条件中的一项：

汇算清缴年度集成电路设计销售（营业）收入不低于2亿元，年应纳税所得额不低于1000万元，研究开发人员占月平均职工总数的比例不低于25%；

财税〔2012〕27号文件所称国家规划布局内重点软件企业是除符合本通知第四条规定，还应至少符合下列条件中的一项：

汇算清缴年度软件产品开发销售（营业）收入不低于2亿元，应纳税所得额不低于1000万元，研究开发人员占企业月平均职工总数的比例不低于25%。

【政策解析】

国家规定的重点软件领域及重点集成电路设计领域，由国家发展改革委、工业和信息化部会同财政部、税务总局根据国家产业规划和布局确定，并实行动态调整。软件、集成电路企业应从企业的获利年度起计算定期减免税优惠期。如获利年度不符合优惠条件的，应自首次符合软件、集成电路企业条件的年度起，在其优惠期的剩余年限内享受相应的减免税优惠。

二、“软件、集成电路企业优惠情况及明细表”结构特点是什么

（1）为适应取消“双软”认定的要求，删除了原表中的“基本信息”。2015年3月13日国务院发布《关于取消和调整一批行政审批项目等事项的决定》，取消和下放了90余项行政审批项目，其中就包括软件企业和软件产品的认证和备案。

2015年5月27日工业和信息化部、国家税务总局发布《关于2014年度软件企业所得税优惠政策有关事项的通知》（工信部联软函〔2015〕273号），进一步明确了软件企业认定取消的相关事项。2016年5月4日，国家税务总局、财政部、发展改革委以及工业和信息化部联合发布了《关于

软件和集成电路产业企业所得税优惠政策有关问题的通知》（财税〔2016〕49号）明确，享受软件企业和集成电路企业所得税优惠政策采用备案制，由企业提交相关备案资料后享受税收优惠，相关部门加强对软件、集成电路企业的后续管理工作。

（2）增加了“企业类型及减免方式”，由企业根据实际情况选择“企业类型”和“减免方式”，根据企业的选择内容判断企业需要填写的“收入指标”相应内容，并与A107040“减免所得税优惠明细表”第6行至16行的优惠事项相对应，将本表第32行“减免税金额”带入相应行次。

（3）简化“收入指标”的行次，第20至22行所有的企业均需填写，其中：第21行由企业根据享受优惠事项的不同填写相应符合条件的销售（营业）收入；第23至31行需享受特定优惠事项的企业填写。

三、“软件、集成电路企业优惠情况及明细表”重点栏目表填报说明

表30－1　软件、集成电路企业优惠情况及明细表（A107042）

<table>
<tr><th colspan="4">企业类型及减免方式</th></tr>
<tr><th>行号</th><th colspan="2">企业类型</th><th>减免方式</th></tr>
<tr><td>1</td><td rowspan="3">一、集成电路生产企业</td><td>（一）线宽小于0.8微米（含）</td><td>□二免三减半</td></tr>
<tr><td>2</td><td>（二）线宽小于0.25微米</td><td>□五免五减半　□15%税率</td></tr>
<tr><td>3</td><td>（三）投资额超过80亿元</td><td>□五免五减半　□15%税率</td></tr>
<tr><td>4</td><td rowspan="2">二、集成电路设计企业</td><td>（一）新办符合条件</td><td>□二免三减半</td></tr>
<tr><td>5</td><td>（二）重点企业 □大型 □领域</td><td>□10%税率</td></tr>
<tr><td>6</td><td rowspan="2">三、软件企业（□一般软件□嵌入式或信息系统集成软件）</td><td>（一）新办符合条件</td><td>□二免三减半</td></tr>
<tr><td>7</td><td>（二）重点企业 □大型 □领域 □出口</td><td>□10%税率</td></tr>
<tr><td>8</td><td colspan="2">四、集成电路封装测试企业</td><td>□二免三减半</td></tr>
<tr><td>9</td><td colspan="2">五、集成电路关键专用材料或专用设备生产企业
（□关键专用材料　□专用设备）</td><td>□二免三减半</td></tr>
<tr><td>10</td><td>获利年度/开始计算优惠期年度</td><td colspan="2"></td></tr>
<tr><th colspan="4">关键指标情况</th></tr>
<tr><td>11</td><td rowspan="5">人员指标</td><td>一、企业本年月平均职工总人数</td><td></td></tr>
<tr><td>12</td><td>其中：签订劳动合同关系且具有大学专科以上学历的职工人数</td><td></td></tr>
<tr><td>13</td><td>研究开发人员人数</td><td></td></tr>
<tr><td>14</td><td>二、大学专科以上职工占企业本年月平均职工总人数的比例（12÷11）</td><td></td></tr>
<tr><td>15</td><td>三、研究开发人员占企业本年月平均职工总人数的比例（13÷11）</td><td></td></tr>
<tr><td>16</td><td rowspan="4">研发费用指标</td><td>四、研发费用总额</td><td></td></tr>
<tr><td>17</td><td>其中：企业在中国境内发生的研发费用金额</td><td></td></tr>
<tr><td>18</td><td>五、研发费用占销售（营业）收入的比例</td><td></td></tr>
<tr><td>19</td><td>六、境内研发费用占研发费用总额的比例（17÷16）</td><td></td></tr>
<tr><td>20</td><td rowspan="3">收入指标</td><td>七、企业收入总额</td><td></td></tr>
<tr><td>21</td><td>八、符合条件的销售（营业）收入</td><td></td></tr>
<tr><td>22</td><td>九、符合条件的收入占收入总额的比例（21÷20）</td><td></td></tr>
</table>

续表

23	收入指标	十、集成电路设计企业、软件企业填报	（一）自主设计/开发销售（营业）收入	
24			（二）自主设计/开发收入占企业收入总额的比例（23÷20）	
25		十一、重点软件企业或重点集成电路设计企业符合“领域”的填报	（一）适用的领域	
26			（二）选择备案领域的销售（营业）收入	
27			（三）领域内的销售收入占符合条件的销售收入的比例（26÷21）	
28		十二、重点软件企业符合“出口”的填报	（一）年度软件出口收入总额（美元）	
29			（二）年度软件出口收入总额（人民币）	
30			（三）软件出口收入总额占本企业年度收入总额的比例（29÷20）	
31		十三、集成电路关键专用材料或专用设备生产企业填报	产品适用目录	
32	减免税额			

1. 企业类型及减免方式

纳税人根据企业类型选择享受的优惠政策和享受优惠有关基本信息。

（1）“企业类型”及“减免方式”：纳税人根据享受优惠的企业类型选择对应的减免方式，其中“减免方式”列中的11个选项为单项选择，选择不同的项目优惠金额将带入表A107040对应的行次；“企业类型”中，若享受软件企业有关优惠政策的，须选择软件企业产品类型，“一般软件”和“嵌入式或信息系统集成软件”两个选项必选其一；若享受重点软件或重点集成电路设计企业优惠，须选择重点企业类型，“大型”“领域”和“出口”（其中，“出口”选项仅重点软件企业选择）必选其一。

（2）第1－3行“一、集成电路生产企业”：

第1行“（一）线宽小于0.8微米（含）”：是指财税〔2012〕27号文件第一条规定的优惠政策，由线宽小于0.8微米（含）集成电路生产企业填报。

第2行“（二）线宽小于0.25微米”：是指财税〔2012〕27号文件第二条规定的优惠，由线宽小于0.25微米的集成电路生产企业填报，根据享受的政策选择优惠方式，其中经营期在15年以上符合条件的企业，可选择“五免五减半”。

第3行“（三）投资额超过80亿元”：是指财税〔2012〕27号文件第二条规定的优惠，由投资额超过80亿元的集成电路生产企业填报，根据享受的政策选择优惠方式，其中经营期在15年以上符合条件的企业，可以选择“五免五减半”。

（3）第4－5行“二、集成电路设计企业”：

第4行“（一）新办符合条件”：是指集成电路设计企业享受财税〔2012〕27号文件第三条规定的优惠政策，由符合条件的集成电路设计企业填报。

第5行“（二）重点企业 □大型 □领域”：是指财税〔2012〕27号文件第四条规定的优惠政策，由国家规划布局内的重点集成电路设计企业填报，同时，须选择重点集成电路企业的类型，符合财税〔2016〕49号第五条第一项条件的选择“大型”，符合财税〔2016〕49号第五条第二项条件的选择“领域”。

（4）第6－7行“三、软件企业 □一般软件 □嵌入式或信息系统集成软件”：是指软件企业享受财税〔2012〕27号文件第三条规定的软件企业优惠政策以及第四条规定的国家规划布局内的重点软件企业优惠政策。若企业产品是嵌入式软件产品和信息系统集成产品开发，该选项应选择“嵌入式或信息系统集成软件”，否则选“一般软件”。

第6行“（一）新办符合条件”：是指软件企业享受财税〔2012〕27号文件第三条规定的优惠政策，由符合条件的软件企业填报。

第7行“（二）重点企业 □大型 □领域 □出口”：是指财税〔2012〕27号文件第四条规定的优惠政策，由国家规划布局内的重点软件企业填报，同时，须选择重点软件企业的类型，符合财税〔2016〕49号第六条第一项条件的选择“大型”，符合财税〔2016〕49号第六条第二项条件的选择“领域”，符合财税〔2016〕49号第六条第三项条件的选择“出口”。

（5）第8行“四、集成电路封装测试企业”：是指财税〔2015〕6号文件第一条规定的优惠政策，由符合条件的集成电路封装、测试企业填报。

（6）第9行“五、集成电路关键专用材料或专用设备生产企业 □关键专用材料 □专用设备”：是指财税〔2015〕6号文件第一条规定的优惠政策，由符合条件的集成电路关键专用材料生产企业、集成电路专用设备生产企业填报。享受该项政策，须根据企业类型选择，集成电路关键专用材料生产企业选择“□关键专用材料”，集成电路专用设备生产企业选择“□专用设备”。

（7）第10行“获利年度/开始计算优惠期年度”：由选择“二免三减半”“五免五减半”两类定期减免类型的企业填报，填报开始计算优惠期的年度。

2. 关键指标情况

填报企业享受政策的有关指标，具体如下：

第11行至第22行：享受本表任意优惠政策的企业均需填报。

第23行至第24行：由软件、集成电路设计企业填报，包括国家规划布局内的重点软件企业和重点集成电路设计企业（即单选本表第4行至第7行中减免类型的企业）填报。

第25行至第27行：由国家规划布局内的重点软件企业、重点集成电路企业中，适用符合领域条件的企业（即单选本表第5行、第7行减免类型，且重点企业选择“领域”的企业）填报。

第28行至第30行：由国家规划布局内的重点软件企业中，适用符合出口条件的企业（即单选本表第7行减免类型，且重点企业选择“出口”的企业）填报。

第31行：由集成电路关键专用材料或专用设备生产企业（即单选本表第9行减免类型）填报。

（1）第11行“一、企业本年月平均职工总人数”：填报企业本年月平均职工总人数。本年月平均职工总人数计算方法：

月平均人数＝（月初数＋月末数）÷2

全年月平均职工总人数＝全年各月平均数之和÷12

（2）第12行“其中：签订劳动合同关系且具有大学专科以上学历的职工人数”：填报纳税人本年签订劳动合同关系且具有大学专科以上学历的职工人数。

（3）第13行“研究开发人员人数”：填报纳税人本年研究开发人员人数。

（4）第14行“二、大学专科以上职工占企业本年月平均职工总人数的比例”：填报第12÷11

行计算后的比例。

（5）第15行“三、研究开发人员占企业本年月平均职工总人数的比例”：填报第13÷11行计算后的比例。

（6）第16行“四、研发费用总额”：填报企业按照《财政部 国家税务总局 科技部关于完善研发费用税前加计扣除政策的通知》（财税〔2015〕119号）口径归集的研发费用总额。

（7）第17行“其中：企业在中国境内发生的研发费用金额”：填报纳税人本年在中国境内发生的研发费用金额。

（8）第18行“五、研发费用占销售（营业）收入的比例”：填报研发费用占销售（营业）收入的比例，即本表第16行÷表A101010第1行。

（9）第19行“六、境内研发费用占研发费用总额的比例”：填报第17÷16行计算后的比例。

（10）第20行“七、企业收入总额”：填报纳税人本年以货币形式和非货币形式从各种来源取得的收入，为税法第六条规定的收入总额。包括：销售货物收入，提供劳务收入，转让财产收入，股息、红利等权益性投资收益，利息收入，租金收入，特许权使用费收入，接受捐赠收入，其他收入。

（11）第21行“八、符合条件的销售（营业）收入”：根据企业类型分析填报，享受不同政策本行所填数据含义不同：

①集成电路生产企业：本行填报本年度集成电路制造销售（营业）收入；

②集成电路设计企业：本行填报本年度集成电路设计销售（营业）收入；

③软件企业：选择“一般软件”的，本行填报本年软件产品开发销售（营业）收入；选择“嵌入式或信息系统集成软件”的，本行填报嵌入式软件产品和信息系统集成产品开发销售（营业）收入；

④集成电路封装、测试企业：本行填报本年集成电路封装、测试销售（营业）收入；

⑤集成电路关键专用材料生产企业：本行填报本年集成电路关键专用材料销售（营业）收入；

⑥集成电路专用设备生产企业：行填报本年集成电路专用设备销售（营业）收入。

（12）第22行“九、符合条件的收入占收入总额的比例”：填报第21÷20行计算后的比例。

（13）第23行“（一）自主设计/开发销售（营业）收入”：集成电路设计企业，本行填报本年度集成电路自主设计销售（营业）收入。

软件企业，选“一般软件”的填报本年软件产品自主开发销售（营业）收入，选“嵌入式或信息系统集成软件”的填报本年自主开发嵌入式软件产品和信息系统集成产品开发销售（营业）收入。

（14）第24行“（二）自主设计/开发收入占企业收入总额的比例”：填报第23÷20行计算后的比例。

（15）第25行“（一）适用的领域”：根据《国家发展和改革委员会 工业和信息化部 财政部 国家税务总局关于印发国家规划布局内重点软件和集成电路设计领域的通知》（发改高技〔2016〕1056号）文件，选择适用的领域。

（16）第26行“（二）选择备案领域的销售（营业）收入”：填报符合第25行选定“领域”内的销售（营业）收入。如选择领域为“（一）基础软件：操作系统、数据库、中间件”，则该行填报该业务的销售（营业）收入。

（17）第27行“（三）领域内的销售收入占符合条件的销售收入的比例”：填报第26÷21行计

算后的比例。

（18）第28行“（一）年度软件出口收入总额（美元）”：填报企业年度软件出口收入总额，以美元计算。

（19）第29行“（二）年度软件出口收入总额（人民币）”：填报企业年度软件出口收入总额，换算成人民币以后的金额。

（20）第30行“（三）软件出口收入总额占本企业年度收入总额的比例”：填报第29÷20行计算后的比例。

（21）第31行“产品适用目录”：由集成电路关键专用材料或专用设备生产企业，即单选本表第9行减免类型的企业填报。目录见《财政部 国家税务总局 发展改革委 工业和信息化部关于进一步鼓励集成电路产业发展企业所得税政策的通知》（财税〔2015〕6号）文件。

（22）第32行“减免税额”：填报本年享受集成电路、软件企业优惠的金额。

四、“软件、集成电路企业优惠情况及明细表”的表内、表间关系

1. 表内关系

（1）第14行=第12÷11行；

（2）第15行=第13÷11行；

（3）第19行=第17÷16行；

（4）第22行=第21÷20行；

（5）第24行=第23÷20行；

（6）第27行=第26÷21行；

（7）第30行=第29÷20行。

2. 表间关系

（1）第18行=第16行÷表A101010第1行；

（2）第32行=表A107040第6行至第16行，根据以下规则判断填报：

若“减免方式”单选第1行，第32行=表A107040第6行；

若“减免方式”单选第2行“五免五减半”，第32行=表A107040第9行；

若“减免方式”单选第2行“15%税率”，第32行=表A107040第7行；

若“减免方式”单选第3行“五免五减半”，第32行=表A107040第10行；

若“减免方式”单选第3行“15%税率”，第32行=表A107040第8行；

若“减免方式”单选第4行，第32行=表A107040第11行；

若“减免方式”单选第5行，第32行=表A107040第12行；

若“减免方式”单选第6行，第32行=表A107040第13行；

若“减免方式”单选第7行，第32行=表A107040第14行；

若“减免方式”单选第8行，第32行=表A107040第15行；

若“减免方式”单选第9行，第32行=表A107040第16行。

第31章 “税额抵免优惠明细表”的理解与填报

“税额抵免优惠明细表”（A107050）适用于享受专用设备投资额抵免优惠（含结转）的纳税人填报。

纳税人应根据税法和相关法规之规定，填报本年发生的专用设备投资额抵免优惠（含结转）情况。

纳税人完成“税额抵免优惠明细表”的填报工作，必须认真学习和领会下列税收文件：

（1）《中华人民共和国企业所得税法》；

（2）《中华人民共和国企业所得税法实施条例》；

（3）财政部 国家税务总局《关于执行环境保护专用设备企业所得税优惠目录、节能节水专用设备企业所得税优惠目录和安全生产专用设备企业所得税优惠目录有关问题的通知》（财税〔2008〕48号）；

（4）财政部国家税务总局《国家发展改革委关于公布节能节水专用设备企业所得税优惠目录（2008年版）和环境保护专用设备企业所得税优惠目录（2008年版）的通知》（财税〔2008〕115号）；

（5）财政部国家税务总局《安全监管总局关于公布〈安全生产专用设备企业所得税优惠目录（2008年版）〉的通知》（财税〔2008〕118号）；

（6）财政部国家税务总局《关于执行企业所得税优惠政策若干问题的通知》（财税〔2009〕69号）；

（7）国家税务总局关于《环境保护、节能节水、安全生产等专用设备投资抵免企业所得税有关问题的通知》（国税函〔2010〕256号）；

（8）财政部税务总局国家发展改革委工业和信息化部 环境保护部《关于印发节能节水和环境保护专用设备企业所得税优惠目录（2017年版）的通知》（财税〔2017〕71号）。

一、“税额抵免优惠明细表”的焦点问题

税额抵免是指企业购置并实际使用《环境保护专用设备企业所得税优惠目录》《节能节水专用设备企业所得税优惠目录》《安全生产专用设备企业所得税优惠目录》规定的环境保护、节能节水、安全生产等专用设备的，该专用设备的投资额的10%可以从企业当年的应纳税额中抵免；当年不足抵免的，可以在以后5个纳税年度结转抵免。

享受法律规定企业所得税优惠的企业，应当实际购置并自身实际投入使用法律规定的专用设备；企业购置上述专用设备在5年内转让、出租的，应当停止享受企业所得税优惠，并补缴已经抵免的企业所得税税款。转让的受让方可以按照该专用设备投资额的10%抵免当年企业所得税应纳税额；当年应纳税额不足抵免的，可以在以后5个纳税年度结转抵免。

1. 什么是专用设备，如何判定

财政部、税务总局、发展改革委公布了《环境保护专用设备企业昕得税优惠目录》《节能节水专用设备企业所得税优惠目录》，财政部、税务总局、安监总局公布了《安全生产专用设备企业所得税优惠目录》，购置并实际使用列入“目录”范围内的环境保护、节能节水和安全生产专用设备，可以按专用设备投资额的10%抵免当年企业所得税应纳税额；企业当年应纳税额不足抵免的，可以向以后年度结转，但结转期不得超过5个纳税年度。

2. 如何计算专用设备投资额

财政部 国家税务总局《关于执行环境保护专用设备企业所得税优惠目录 节能节水专用设备企业所得税优惠目录和安全生产专用设备企业所得税优惠目录有关问题的通知》（财税〔2008〕48号）规定：

专用设备投资额是指购买专用设备发票价税合计价格，但不包括按有关规定退还的增值税税款以及设备运输、安装和调试等费用。

企业利用自筹资金和银行贷款购置专用设备的投资额，可以按企业所得税法的规定抵免企业应纳所得税额；企业利用财政拨款购置专用设备的投资额，不得抵免企业应纳所得税额。

3. 限制条件

财税〔2008〕48号规定，企业利用自筹资金和银行贷款购置专用设备的投资额，可以按企业所得税法的规定抵免企业应纳所得税额；企业利用财政拨款购置专用设备的投资额，不得抵免企业应纳所得税额。

4. 办税指南

纳税人应于纳税年度终了后至年度纳税申报前到主管地方税务机关办理备案手续后享受税收优惠，备案报送资料详见各地具体规定。

5. 纳税申报

预缴无需填报。

汇算清缴时，填报企业所得税年度纳税申报表附表A107050"税额抵免优惠明细表"。

6. 注意事项

（1）5年内转让的改由受让方享受优惠、5年内出租的停止执行优惠。

享受前款规定的企业所得税优惠的企业，应当实际购置并自身实际投入使用前款规定的专用设备；企业购置上述专用设备在5年内转让、出租的，应当停止享受企业所得税优惠，并补缴已经抵免的企业所得税税款。转让的受让方可以按照该专用设备投资额的10%抵免当年企业所得税应纳税额；当年应纳税额不足抵免的，可以在以后5个纳税年度结转抵免。

（2）可享受抵免优惠的设备包含融资租入的专用设备。

企业购置并实际使用的环境保护、节能节水和安全生产专用设备，包括承租方企业以融资租赁方式租入的、并在融资租赁合同中约定租赁期届满时租赁设备所有权转移给承租方企业，且符合规定条件的上述专用设备。凡融资租赁期届满后租赁设备所有权未转移至承租方企业的，承租方企业应停止享受抵免企业所得税优惠，并补缴已经抵免的企业所得税税款。

（3）已抵扣设备进项税不得享受抵免。

根据财政部、国家税务总局《关于全国实施增值税转型改革若干问题》的通知（财税〔2008〕170号）规定，自2017年1月1日起，增值税一般纳税人购进固定资产发生的进项税额可从其销项税额中抵扣，因此，自2017年1月1日起，纳税人购进并实际使用《环境保护专用设备企业所得税优惠目录》《节能节水专用设备企业所得税优惠目录》《安全生产专用设备企业所得税优惠目录》范围内的专用设备并取得增值税专用发票的，在按照《财政部、国家税务总局关于执行环境保护专用设备企业所得税优惠目录、节能节水专用设备企业所得税优惠目录和安全生产专用设备企业所得税优惠目录有关问题的通知》（财税〔2008〕48号）规定进行税额抵免时，如增值税进项税额允许抵扣，其专用设备投资额不再包括增值税进项税额；如增值税进项税额不允许抵扣，其专用设备投资额应为增值税专用发票上注明的价税合计金额。企业购买专用设备取得普通发票的，其专用设备投资额为普通发票上注明的金额

7. 分开核算

企业同时从事适用不同企业所得税待遇的项目的，其优惠项目应当单独计算所得，并合理分摊企业的期间费用；没有单独计算的，不得享受企业所得税优惠。

【案例1】

某地A公司执行新企业会计准则，2017年度财务会计报告及相关账簿、凭证，资料如下：

（1）2017年度会计利润总额1000万元，2017年已预缴所得税180万元。

（2）公司于2017年10月份，自筹资金投资兴建环保项目，企业购置了用于环境保护专用设备，该项目已经税务机关审批确认符合投资抵免所得税优惠条件，环保设备600万元、增值税102万元，取得设备发票，当月认证已抵扣，运费及安装费55万元。

（3）公司执行《中华人民共和国企业所得税法》，企业所得税适用税率25%，假若无纳税调整

项目

【要求解答】

根据上述资料，计算A公司2017年度设备抵免额及应纳所得税额。

【计算分析】

①首先计算应纳所得税额 = 应纳所得额 × 25% = 1 000 × 25% = 250万元。

②确定专用设备投资额 = 600万元，投资为自筹资金符合抵免条件，但投资额不包括抵扣的进项税、运费及安装费。

③专用设备投资额抵免限额 = 600 × 10% = 60万元。

④准予抵免的投资额 = 60万元，应纳所得税额250万元大于60万元，可于抵免60万元。

⑤2017年实际应纳企业所得税 = 250—60 = 190万元。

【特别提示】

如果该公司购买的专用设备取得的为普通发票，按照国税函〔2010〕256号规定，企业购买专用设备取得普通发票的，其专用设备投资额为普通发票上注明的金额。

即抵扣额为：702万元 × 10% = 70.2万元。

8. 典型疑难问题解答

【疑难问题1】

从事符合条件的环境保护、节能节水、安全生产等专用设备投资额抵免所得税税收优惠政策是如何规定的？政策依据有哪些？主要报送资料有哪些？如何办理享受税收优惠？

【中财讯专家解答】

企业购置并投入使用国家规定的环境保护、节能节水、安全生产等专用设备的，该专用设备的投资额的10%可以从企业当年的应纳税额中抵免；当年不足抵免的，可以在以后5个纳税年度结转抵免。

享受前款规定的企业所得税优惠的中小企业，应当实际购置并自身实际投入使用前款规定的专用设备；小企业购置上述专用设备在5年内转让、出租的，应当停止享受企业所得税优惠，并补缴已经抵免的企业所得税税款。

（1）政策依据。

①《中华人民共和国企业所得税法》第三十四条；

②《中华人民共和国企业所得税法实施条例》第一百条；

③财政部、国家税务总局《关于执行环境保护专用设备企业所得税优惠目录 节能节水专用设备企业所得税优惠目录和安全生产专用设备企业所得税优惠目录有关问题的通知》（财税〔2008〕48号）；

④财政部、国家税务总局、安全监管总局《关于公布〈安全生产专用设备企业所得税优惠目录（2008年版）〉的通知》（财税〔2008〕118号）；

⑤财政部、国家税务总局、国家发展改革委《关于公布节能节水专用设备企业所得税优惠目录（2008年版）和环境保护专用设备企业所得税优惠目录（2008年版）的通知》（财税〔2008〕115号）；

⑥财政部、国家税务总局《关于执行企业所得税优惠政策若干问题的通知》（财税〔2009〕69号）。

（2）主要备案资料。

①“____专用设备企业所得税抵免备案表”“环境保护、节能节水、安全生产专用设备投资抵免企业所得税备案明细表”。

②企业购置专用设备的相关说明（按设备名称单项说明），内容应包括：A：企业概况；B：企业购置并投入使用该设备的情况，并附该企业生产工艺流程图，着重说明该设备在相应生产环节的功能说明及专用设备投入使用后的实际效果；C：购置专用设备资金来源说明及相关材料；D：对申请享受优惠的专用设备本年度是否转让或出租的说明。

③设备说明书中相应参数系数部分和购买合同（或融资租赁合同）中相关技术约定或协议部分复印件。

④购买设备的发票复印件。

⑤所申请设备固定资产卡片或固定资产明细账复印件。

⑥已经当地发改委和安监局认定符合专用设备企业所得税优惠目录的证明。

⑦环境保护、节能节水、安全生产专用设备投资抵免企业所得税备案明细表。

⑧主管地税机关要求报送的其他资料。

（3）手续办理。

纳税人到主管地方税务机关办理备案手续后享受税收优惠。

【疑难问题2】

我公司是新建企业，经营供热项目和食品添加剂项目，请问：我公司购入的符合环境保护和节能节水的设备，能否抵免企业所的税。请问需要哪些审批资料（还需要发改委的立项资料吗）？

【中财讯专家解答】

《中华人民共和国企业所得税法》第三十四条规定：“企业购置用于环境保护、节能节水、安全生产等专用设备的投资额，可以按一定比例实行税额抵免。”

《中华人民共和国企业所得税法实施条例》第一百条规定：“企业所得税法第三十四条所称税额抵免，是指企业购置并实际使用《环境保护专用设备企业所得税优惠目录》《节能节水专用设备企业所得税优 惠目录》《安全生产专用设备企业所得税优惠目录》规定的环境保护、节能节水、安全生产等专用设备的，该专用设备的投资额的10%可以从企业当年的应纳税 额中抵免；当年不足抵免的，可以在以后5个纳税年度结转抵免。”

山东省国家税务局公告〔2012〕1号规定：

①自2012年1月1日起，环境保护、节能节水专用设备投资抵免所得税优惠管理，由省经信委等省级部门联合确认，改由企业根据《环境保护专用设备企业所 得税优惠目录》（2008年版）和《节能节水专用设备企业所得税优惠目录》（2008年版），自行确认是否符合专用设备有关条件。符合条件的，按照优惠政 策事先备案的管理要求，向主管国税机关备案。

②取消省级部门联合确认环节后，企业申请环保设备、节能节水专用设备投资抵免所得税优惠政策，应事先备案以下资料：

a 企业所得税优惠事项备案报告书；

b 设备名称、性能参数、应用领域、能效标准等具体说明或有关资料；

c 购置专用设备合同或融资租赁合同、发票复印件；

d 购置专用设备资金来源说明及相关材料；

e 专用设备投入使用时间及证明资料；

f 主管国税机关要求提供的其他资料。

【疑难问题 3】

我公司购入 1 台属于企业所得税优惠目录内的环境保护专用设备，取得增值税专用发票，增值税进项已按规定从销项税额中抵扣。在计算企业所得税投资抵免额时，可否抵免这笔增值税进项税额？

【中财讯专家解答】

国家税务总局《关于环境保护节能节水 安全生产等专用设备投资抵免企业所得税有关问题》的通知（国税函〔2010〕256 号）规定，自 2017 年 1 月 1 日起，纳税人购进并实际使用《环境保护专用设备企业所得税优惠目录》《节能节水专用设备企业所得税优惠目录》《安全生产专用设备企业所得税优惠目录》范围内的专用设备并取得增值税专用发票的，在按相关规定可以按专用设备投资额的 10% 抵免当年企业所得税应纳税额时，如增值税进项税额允许抵扣，其专用设备投资额不再包括增值税进项税额；如增值税进项税额不允许抵扣，其专用设备投资额应为增值税专用发票上注明的价税合计金额。企业购买专用设备取得普通发票的，其专用设备投资额为普通发票上注明的金额。

因此，你公司在将设备投资额的 10% 从企业当年的应纳税额中抵免时，可抵免的专用设备投资额不再包括增值税进项税额。

【疑难问题 4】

筹建期购买的环境保护、节能节水、安全生产等专用设备是否可以抵免企业所得税？

【中财讯专家解答】

根据财政部、国家税务总局《关于执行环境保护专用设备企业所得税优惠目录、节能节水专用设备企业所得税优惠目录和安全生产专用设备企业所得税优惠目录有关问题》的通知（财税〔2008〕48 号）规定，企业自 2008 年 1 月 1 日起购置并实际使用列入“目录”范围内的环境保护、节能节水和安全生产专用设备，可以按专用设备投资额的 10% 抵免当年企业所得税应纳税额；企业当年应纳税额不足抵免的，可以向以后年度结转，但结转期不得超过 5 个纳税年度。

因此，贵公司于筹建期购买并已投入使用的设备可按照上述文件规定进行抵免。

二、“税额抵免优惠明细表”结构特点是什么

1. 以前年度已抵免额和本年实际抵免的各年度税额如何计算

纳税人以前年度已抵免税额，其中前五年度、前四年度、前三年度、前二年度、前一年度与“项目”列中的前五年度、前四年度、前三年度、前二年度、前一年度相对应。

“本年实际抵免的各年度税额”，第 1 至 6 行填报纳税人用于依次抵免前 5 年度及本年尚未抵免的税额，第 11 列小于等于第 4 – 10 列，且第 11 列第 1 至 6 行合计数不得大于第 6 行第 2 列的金额。

2. 可结转以后年度抵免税额的时间问题

专用设备投资额抵免税额有 5 年期限制，对于从事环境保护和节能节水等项目的纳税人，合理掌控专用设备购置时点和取得第一笔收入的时点，方能充分享受抵免税额优惠。

三、“税额抵免优惠明细表”重点栏目表填报说明

表31－1 税额抵免优惠明细表（A107050）

行次	项目	年度	本年抵免前应纳税额	本年允许抵免的专用设备投资额	本年可抵免税额	以前年度已抵免额						本年实际抵免的各年度税额	可结转以后年度抵免的税额
						前五年度	前四年度	前三年度	前二年度	前一年度	小计		
		1	2	3	4（3×10%）	5	6	7	8	9	10（5+…+9）	11	12（4－10－11）
1	前五年度												*
2	前四年度					*							
3	前三年度					*	*						
4	前二年度					*	*	*					
5	前一年度					*	*	*	*				
6	本年度					*	*	*	*	*	*		
7	本年实际抵免税额合计												*
8	可结转以后年度抵免的税额合计												
9	专用设备投资情况	本年允许抵免的环境保护专用设备投资额											
10		本年允许抵免节能节水的专用设备投资额											
11		本年允许抵免的安全生产专用设备投资额											

【填表说明】

（1）第1列“年度”：填报公历年份。第6行为本年，第5行至第1行依次填报。

（2）第2列“本年抵免前应纳税额”：填报纳税人“中华人民共和国企业所得税年度纳税申报表（A类）”（表A100000）第25行“应纳所得税额”减第26行“减免所得税额”后的额。2012和2013年度的“当年抵免前应纳税额”：填报“企业所得税年度纳税申报表（A类）”（2008年版）第27行“应纳所得税额”减第28行“减免所得税额”后的余额。2014、2015和2016年度的“当年抵免前应纳税额”：填报纳税人“中华人民共和国企业所得税年度纳税申报表（A类）”（2014年版）第25行“应纳所得税额”减第26行“减免所得税额”后的余额。

（3）第3列“本年允许抵免的专用设备投资额”：填报纳税人本年购置并实际使用《环境保护专用设备企业所得税优惠目录》《节能节水专用设备企业所得税优惠目录》《安全生产专用设备企业所得税优惠目录》规定的环境保护、节能节水、安全生产等专用设备的发票价税合计金额，但不包括允许抵扣的增值税进项税额、按有关规定退还的增值税税款以及设备运输、安装和调试等费用。

（4）第4列“本年可抵免税额”：填报第3列×10%的金额。

（5）第5列至第9列“以前年度已抵免额”：填报纳税人以前年度已抵免税额，其中前五年度、前四年度、前三年度、前二年度、前一年度与“项目”列中的前五年度、前四年度、前三年度、前

二年度、前一年度相对应。

(6) 第10列“以前年度已抵免额—小计”：填报第5+6+7+8+9列的合计金额。

(7) 第11列“本年实际抵免的各年度税额”：第1行至第6行填报纳税人用于依次抵免前5个年度及本年尚未抵免的税额，第11列小于等于第4-10列，且第11列第1行至第6行合计金额不得大于第6行第2列的金额。

(8) 第12列“可结转以后年度抵免的税额”：填报第4-10-11列的余额。

(9) 第7行第11列“本年实际抵免税额合计”：填报第11列第1+2+…+6行的合计金额。

(10) 第8行第12列“可结转以后年度抵免的税额合计”：填报第12列第2+3+…+6行的合计金额。

(11) 第9行“本年允许抵免的环境保护专用设备投资额”：填报纳税人本年购置并实际使用《环境保护专用设备企业所得税优惠目录》规定的环境保护专用设备的发票价税合计价格，但不包括允许抵扣的增值税进项税额、按有关规定退还的增值税税款以及设备运输、安装和调试等费用。

(12) 第10行“本年允许抵免节能节水的专用设备投资额”：填报纳税人本年购置并实际使用《节能节水专用设备企业所得税优惠目录》规定的节能节水等专用设备的发票价税合计价格，但不包括允许抵扣的增值税进项税额、按有关规定退还的增值税税款以及设备运输、安装和调试等费用。

(13) 第11行“本年允许抵免的安全生产专用设备投资额”：填报纳税人本年购置并实际使用《安全生产专用设备企业所得税优惠目录》规定的安全生产等专用设备的发票价税合计价格，但不包括允许抵扣的增值税进项税额、按有关规定退还的增值税税款以及设备运输、安装和调试等费用。

四、“税额抵免优惠明细表”的表内、表间关系

1. 表内关系

(1) 第4列=第3列×10%；

(2) 第10列=第5+6+…+9列；

(3) 第11列≤第4-10列；

(4) 第12列=第4-10-11列；

(5) 第6行第3列=第9+10+11行；

(6) 第7行第11列=第11列第1+2+…+6行；

(7) 第8行第12列=第12列第2+3+…+6行。

2. 表间关系

(1) 第7行第11列≤表A100000第25-26行；

(2) 第7行第11列=表A100000第27行；

(3) 第2列=表A100000第25行-表A100000第26行；

2012和2013年度：第2列=“中华人民共和国企业所得税年度纳税申报表（A类）”（2008年版）第27-28行；

2014、2015和2016年度：第2列=“中华人民共和国企业所得税年度纳税申报表（A类）”（2014年版）第25-26行。

第32章 “境外所得税收抵免明细表”的理解与填报

“境外所得税收抵免明细表”（A108000）适用于取得境外所得的纳税人填报。

纳税人应根据税法和相关法规之规定，填报本年来源于或发生于不同国家、地区的所得按照税收规定计算应缴纳和应抵免的企业所得税。

纳税人完成“境外所得税收抵免明细表”的填报工作，必须认真学习和领会下列税收文件：

（1）《中华人民共和国企业所得税法》；

（2）《中华人民共和国企业所得税法实施条例》；

（3）财政部 国家税务总局《关于企业境外所得税收抵免有关问题》的通知（财税〔2009〕125号）；

（4）国家税务总局《关于发布〈企业境外所得税收抵免操作指南〉的公告》（2010年第1号）；

（5）财政部 国家税务总局《关于我国石油企业从事油（气）资源开采所得税收抵免有关问题》的通知（财税〔2011〕23号）；

（6）财政部 税务总局《关于完善企业境外所得税收抵免政策问题》的通知（财税〔2017〕84号）。

一、“境外所得税收抵免明细表”的焦点问题

1．填报“所得税收抵免明细表”注意事项

（1）明确“境外所得”的范围。

我国企业所得税税收管辖权遵循“属地兼属人”的原则。根据《企业所得税法》第三条规定，居民企业应当就其来源于中国境内、境外的所得缴纳企业所得税。非居民企业在中国境内设立机构、场所的，应当就其所设机构、场所取得的来源于中国境内的所得，以及发生在中国境外但与其所设机构、场所有实际联系的所得，缴纳企业所得税。

因此“居民企业来源于中国境外的所得，及非居民企业在中国境内设立机构、场所，发生在中国境外但与其所设机构场所有实际联系的所得”，构成了“境外所得”的范围。

《企业所得税法》第六条规定，企业以货币形式和非货币形式从各种来源取得的收入，为收入总额。包括：销售货物收入；提供劳务收入；转让财产收入；股息、红利等权益性投资收益；利息收入；租金收入；特许权使用费收入；接受捐赠收入；其他收入。

上述“收入总额”的确定标准同时适用境内外所得。

（2）掌握好划分“来源于境外的所得”与“来源于境内的所得”标准。

根据《企业所得税法实施条例》第七条规定，企业所得税法第三条所称来源于中国境内、境外的所得，按照以下原则确定：

①销售货物所得，按照交易活动发生地确定；

②提供劳务所得，按照劳务发生地确定；

③转让财产所得，不动产转让所得按照不动产所在地确定，动产转让所得按照转让动产的企业或者机构、场所所在地确定，权益性投资资产转让所得按照被投资企业所在地确定；

④股息、红利等权益性投资所得，按照分配所得的企业所在地确定；

⑤利息所得、租金所得、特许权使用费所得，按照负担、支付所得的企业或者机构、场所所在地确定，或者按照负担、支付所得的个人的住所地确定；

⑥其他所得，由国务院财政、税务主管部门确定。

上述政策规定进一步划定了“境外所得”的范围。

2．什么是税收饶让，如何判定

税收饶让是指居住国政府对跨国纳税人在非居住国得到减免的那一部分税额，视同已经缴纳，不再按本国规定的税率予以补征。

【案例1】

甲国某总公司在乙国设立1个分公司，该分公司来源于乙国所得1000万元，乙国的所得税税率为30%。乙国为鼓励外来投资，对该分公司减按15%的税率征收所得税。这样，该公司在乙国

按税法规定应纳税额300万元，减按15%税率征税后，实际只缴纳150万元。甲国政府对该总公司征收所得税时，对其分公司在国外缴纳的所得税，不是按实际纳税额150万元进行抵免，而是按税法规定的税率计算的应纳税额300万元给予抵免。这种做法，被称之为" 税收饶让"。

如何判断呢？税收抵免是纳税人在国外已纳过的税款允许在国内抵减。税收饶让是税收抵免的附加，税收饶让是在允许税收抵免的基础上，对在国外享受的优惠政策而少缴的税款也允许在国内进行抵减 。

3. 如何计算还原境外的应纳税所得额

有三种方法：

（1）直接告诉税前所得；

（2）告诉了分回的利润和国外已纳税款的数额，二者相加即可；

（3）告诉了分回的利润和国外的所得税税率，需要公式换算：分回利润 ÷（1 - 某外国所得税税率）。

4. 分国不分项和分国又分项的区分

（1）分国不分项。企业所得税境外所得税税款扣除限额 = 境内外所得按税法计算的应纳税总额 × 来源于某外国的所得额/境内、境外所得总额。

【案例2】

某企业2017年度境内所得为800万元，从境外某国两个分支机构取得的税后所得分别为50万元和90万元，在境外已经按20%的税率缴纳了所得税，该企业适用的税率为25%。境外收益应纳税所得额 = （50 + 90）/（1 - 20%） = 175（万元），境外所得扣除限额 = （800 + 175） × 25% × 175/（800 + 175） = 43.75（万元）（简便算法为175 × 25% = 43.75万元），境外实际缴纳 = 175 × 20% = 35（万元），境外所得应补缴企业所得税 = 43.75 - 35 = 8.75（万元）。

（2）分国又分项个人所得税境外所得的计算，分国分项需要这样理解，从同一国家取得的所得，各项目需要先分别计算各自的抵免限额，然后将各项目的抵免限额相加，减去在该国缴纳的税额合计，从而计算是否应补缴个人所得税。

【案例3】

王某从美国取得偶然所得2000元，已纳个人所得税100元，从美国取得稿酬所得5000元，已经缴纳个人所得税600元。

则偶然所得抵免限额 = 2000 × 20% = 400（元）；稿酬所得抵免限额 = 5000 × （1 - 20%） × 20% × 70% = 560（元）在美国取得的所得合计抵免限额 = 400 + 560 = 960（元）。

应补税额 = 960 - 100 - 600 = 260（元）。在同一国家的两项所得，需要分别计算其抵免限额，然后再相加作为该国所得总的抵免限额。

5. 按普通方法计算抵免所得税额和按简易方法计算抵免所得税额的区别

（1）按普通方法计算抵免所得税额，也称按限额方法计算抵免所得税额，是指居住国政府对跨国纳税人在国外直接缴纳的所得税税收给予抵免，但可抵免的数额不得超过国外所得额按本国税率计算的应纳税额。

我国采用了限额抵免法。同时，为公平税收负担，税法规定，对应抵税额超过抵免限额的部分，可以在以后5个年度内，用每年度抵免限额抵免当年应抵税额后的余额进行抵补。

【案例4】

某公司2017年度取得境内应纳税所得额120万元，取得境外投资的税后收益59.5万元。境外企业所得税税率为20%，但该企业享受了5%的税率优惠（两国之间签署税收饶让协议）。该公司2017年度在我国应缴纳多少企业所得税?

境外实纳所得税 = 59.5 ÷ （1 - 15%） × 15% = 10.5（万元），视同境外已纳所得税 = 59.5 ÷ （1 - 15%） × 20% = 14（万元）

扣除限额 = 59.5 ÷ （1 - 15%） × 25% = 17.5（万元）

应缴纳企业所得税 = 120 × 25% + 59.5 ÷ （1 - 15%） × （25% - 20%） = 33.5（万元）

（2）按简易方法计算抵免所得税额，是境外所得计算抵免的特殊情况。按照财税〔2009〕125号和国家税务总局公告2015年第70号相关规定，境外分支机构营业利润所得和符合境外税额间接抵免条件的股息所得，实际税率低于12.5%或高于25%时，可以按简易方法计算抵免所得税额。

【案例5】

2017年甲居民企业（高新技术企业）从境外取得应纳税所得额100万元，企业申报已在境外缴纳的所得税税款为20万元，因客观原因无法进行核实。后经企业申请，税务机关核准采用简易方法计算境外所得税抵免限额。

因客观原因无法真实、准确地确认应缴纳并以实际缴纳的境外所得额的，除就该所得直接缴纳及间接负担的税款在所得来源国的实际税率低于法定税率50%以上的除外，可按境外应纳税所得额的12.5%作为抵免限额。高新技术企业，在计算境外抵免限额时，可按照15%的优惠税率计算，这里15%的税率没有低于法定税率50%以上，所以计算抵免限额 = 100 × 12.5% = 12.5（万元）。

二、“境外所得税收抵免明细表”结构特点

纳税人根据税法，财政部、国家税务总局《关于企业境外所得税收抵免有关问题的通知》（财税〔2009〕125号）和国家税务总局《关于发布〈企业境外所得税收抵免操作指南〉的公告》（2010年第1号）规定，按照分国不分项的原则，填报本年来源于或发生于不同国家、地区的所得按照税收规定计算的税收抵免情况，分为三个部分：境外所得应纳税额、按普通办法计算抵免所得税额和按简易办法计算抵免所得税额。

1. 境外所得税收抵免明细表的逻辑关系

税法规定，居民企业来源于境外的所得应当按照我国企业所得税法的规定计算缴纳企业所得税，但来源于境外的所得在境外已纳的所得税额，可以按照抵免限额在当年应纳税额中抵免。因此境外所得税抵免明细表的逻辑关系主要表现在：

（1）根据分国不分项的原则确认企业当年来源于境外的所得，并将来源于境外的税后所得换算为含税所得。

（2）以当年境外含税所得弥补以前年度境外亏损，再弥补境内亏损，计算当年境外应纳税所得额。

（3）以当年的境外应纳税所得额乘以企业所得税税率，计算当年境外所得应缴纳的企业所得税额，并入主表第29行。

（4）按普通办法计算抵免所得税额和按简易办法计算抵免所得税额并入主表第30行。

2. 境外所得税收抵免明细表如何体现分国不分项抵扣

A108000第1列“国家或地区”，该列填报境外所得来源的国家或地区的名称，来源于同一国家或地区的境外所得可合并到一行填报。来源于同一国家或地区的境外所得合并填报，体现了所得税分国不分项的征收原则。

3. 境外所得税收抵免明细表如何体现简易计算办法

A108000第18列“按简易办法计算抵免所得税额”分三种情况进行填报：

（1）第15列“按低于12.5%的实际税率计算的抵免额”，纳税人从境外取得营业利润所得以及符合境外税额间接抵免条件的股息所得，所得来源国（地区）的实际有效税率低于12.5%的，填报按照实际有效税率计算的抵免额。

（2）第16列“按12.5%计算的抵免额”，纳税人从境外取得营业利润所得以及符合境外税额间接抵免条件的股息所得，除第17列情形外，填报按照12.5%计算的抵免额。

（3）第17列“按25%计算的抵免额”，纳税人从境外取得营业利润所得以及符合境外税额间接抵免条件的股息所得，所得来源国（地区）的实际有效税率高于25%的，填报按照25%计算的抵免额。

采取简易方法计算抵免所得税额应注意：

（1）只有境外分支机构营业利润所得和符合境外税额间接抵免条件的股息所得可使用简易计算抵免政策。居民企业从境外未达到直接持股20%条件的境外子公司取得的股息所得，以及取得利息、租金、特许权使用费、转让财产等所得，向所得来源国直接缴纳的预提所得税额，不能适用简易计算抵免。

（2）适用简易计算抵免政策规定中“所得来源国（地区）的法定税率且其实际有效税率明显高于我国的”，具体国家（地区）名单在财税〔2009〕125号文件附件中进行了正列举，并规定由财政部、国家税务总局根据实际情况适时对名单进行调整。来源于列举之外国家（地区）的境外所得不能适用相关简易计算抵免政策。

（3）采取简易办法对境外所得已纳税额计算抵免，企业在年度汇算清缴期内，应向主管税务机关报送备案资料。

（4）境外所得采用简易办法计算抵免额的，不适用饶让抵免。

4. 企业如何选择境外所得税收抵免办法

境外税额抵免分为直接抵免和间接抵免。

直接抵免是指，企业直接作为纳税人就其境外所得在境外缴纳的所得税额在我国应纳税额中抵免。直接抵免主要适用于企业就来源于境外的营业利润所得在境外所缴纳的企业所得税，以及就来源于或发生于境外的股息、红利等权益性投资所得、利息、租金、特许权使用费、财产转让等所得在境外被源泉扣缴的预提所得税。

也就是说，直接抵免适用于总分公司之间和在境外被扣缴预提所得税的情形。

间接抵免是指，境外企业就分配股息前的利润缴纳的外国所得税额中由我国居民企业就该项分得的股息性质的所得间接负担的部分，在我国的应纳税额中抵免。例如我国居民企业（母公司）的境外子公司在所在国（地区）缴纳企业所得税后，将税后利润的一部分作为股息、红利分配给该母公司，子公司在境外就其应税所得实际缴纳的企业所得税税额中按母公司所得股息占全部税后利润之比的部分即属于该母公司间接负担的境外企业所得税额。间接抵免的适用范围为居民企业从其符合《通知》第五、六条规定的境外子公司取得的股息、红利等权益性投资收益所得。

也就是说间接抵免适用于母子公司之间，母公司取得境外子公司的股息红利的情形。

三、“境外所得税收抵免明细表”重点栏目表填报说明

（表样见513面）

【填表说明】

（1）第1列“国家（地区)”：填报纳税人境外所得来源的国家（地区）名称，来源于同一国家（地区）的境外所得合并到一行填报。

（2）第2列“境外税前所得”：填报“境外所得纳税调整后所得明细表”（A108010）第14列的金额。

A108010第14列，填报企业取得的境外税后所得换算为含税所得的金额。等于第9列“境外税后所得”加第10列“直接缴纳的所得税额”加第11列“间接负担的所得税额”。

直接缴纳的所得税额是指纳税人来源于境外的营业利润所得在境外所缴纳的企业所得税，以及就来源于或发生于境外的股息、红利等权益性投资所得、利息、租金、特许权使用费、财产转让等所得在境外被源泉扣缴的预提所得税。

间接负担的所得税额是指纳税人从其直接或者间接控制的外国企业分得的来源于中国境外的股息、红利等权益性投资收益，外国企业在境外实际缴纳的所得税额中属于该项所得负担的部分。

（3）第3列“境外所得纳税调整后所得”：填报表A108010第18列的金额。

A108010第18列“境外所得纳税调整后所得”金额等于“境外税前所得”加上“境外分支机构收入与支出纳税调整额”减去“境外分支机构调整分摊扣除的有关成本费用”减去“境外所得对应调整的相关成本费用支出”。

“境外分支机构收入与支出纳税调整额”是指纳税人境外分支机构收入、支出按照税法规定计算的纳税调整额。

“境外分支机构调整分摊扣除的有关成本费用”指纳税人境外分支机构应合理分摊的总部管理费等有关成本费用，同时在“纳税调整项目明细表”（A105000）进行纳税调增。

“境外所得对应调整的相关成本费用支出”是指纳税人实际发生与取得境外所得有关但未直接计入境外所得应纳税所得的成本费用支出，同时在“纳税调整项目明细表”（A105000）进行纳税调增。

（4）第4列“弥补境外以前年度亏损”，该列填报可用当年境外所得弥补的、以前年度发生的境外亏损额，根据当年取得的境外所得和以前年度发生的、尚未弥补的境外亏损额填报，填报时应当注意3个问题。

表 32－1 境外所得税收抵免明细表(A108000)

行次	国家(地区)	境外税前所得	境外所得纳税调整后所得	弥补境外以前年度亏损	境外应纳税所得额	抵减境内亏损	抵减境内亏损后的境外应纳税所得额	税率	境外所得应纳税额	境外所得可抵免税额	境外所得抵免限额	本年可抵免境外所得税额	未超过境外所得税抵免限额的余额	本年可抵免以前年度未抵免境外所得税额	按简易办法计算				境外所得抵免所得税额合计
															按低于12.5%的实际税率计算的抵免额	按12.5%计算的抵免额	按25%计算的抵免额	小计	
	1	2	3	4	5(3－4)	6	7(5－6)	8	9(7×8)	10	11	12	13(11－12)	14	15	16	17	18(15＋16＋17)	19(12＋14＋18)
1																			
2																			
3																			
4																			
5																			
6																			
7																			
8																			
9																			
10	合计																		

①由于采取间接抵免法的企业，被投资企业发生的亏损，投资企业不能抵免，因此本列只适用于采取直接抵免法的企业填报。

②按照分国不分项的原则弥补，不能用A国取得的投资所得弥补B国发生的投资损失。

③当年弥补的境外以前年度的亏损额，不能超过当年取得的境外投资所得，超过当年投资所得的亏损，只能结转以后年度弥补。

（5）第6列“抵减境内亏损”：填报纳税人境外所得按照税法规定抵减境内的亏损额。

（6）第8列“税率”：填报法定税率25%。符合《财政部 国家税务总局关于高新技术企业境外所得适用税率及税收抵免问题的通知》（财税〔2011〕47号）第一条规定的高新技术企业填报15%。

（7）第10列“境外所得可抵免税额”：填报表A108010第13列的金额。

（8）第11列“境外所得抵免限额”：境外所得抵免限额按以下公式计算：

抵免限额=中国境内、境外所得依照企业所得税法和条例的规定计算的应纳税总额×来源于某国（地区）的应纳税所得额÷中国境内、境外应纳税所得总额。

（9）第12列“本年可抵免境外所得税额”：填报纳税人本年来源于境外的所得已缴纳所得税在本年度允许抵免的金额。填报第10列、第11列孰小的金额。

（10）第13列“未超过境外所得税抵免限额的余额”：填报纳税人本年在抵免限额内抵免完境外所得税后有余额的、可用于抵免以前年度结转的待抵免的所得税额。本列填报第11－12列的金额。

（11）第14列“本年可抵免以前年度未抵免境外所得税额”：填报纳税人本年可抵免以前年度未抵免、结转到本年度抵免的境外所得税额。

填报第13列“跨年度结转抵免境外所得税明细表”（A108030）第7列孰小的金额。

（12）第15列至第18列由选择简易办法计算抵免额的纳税人填报。

①第15列“按低于12.5%的实际税率计算的抵免额”：纳税人从境外取得营业利润所得以及符合境外税额间接抵免条件的股息所得，所得来源国（地区）的实际有效税率低于12.5%的，填报按照实际有效税率计算的抵免额。

②第16列“按12.5%计算的抵免额”：纳税人从境外取得营业利润所得以及符合境外税额间接抵免条件的股息所得，除第15列情形外，填报按照12.5%计算的抵免额。

③第17列“按25%计算的抵免额”：纳税人从境外取得营业利润所得以及符合境外税额间接抵免条件的股息所得，所得来源国（地区）的实际有效税率高于25%的，填报按照25%计算的抵免额。

（13）第19列“境外所得抵免所得税额合计”：填报第12+14+18列的合计金额。

四、“境外所得税收抵免明细表”的表内、表间关系

1. 表内关系

（1）第5列=第3－4列，当第3－4列<0时，本列=0。

（2）第6列≤第5列。

（3）第 7 列 = 第 5 − 6 列。

（4）第 9 列 = 第 7 × 8 列。

（5）第 12 列 = 第 10 列、第 11 列孰小值。

（6）第 13 列 = 第 11 − 12 列。

（7）第 14 列≤第 13 列。

（8）第 18 列 = 第 15 + 16 + 17 列。

（9）第 19 列 = 第 12 + 14 + 18 列。

2. 表间关系

（1）若选择“分国（地区）不分项”的境外所得抵免方式，第 2 列各行 = 表 A108010 第 14 列相应行次；若选择“不分国（地区）不分项”的境外所得抵免方式，第 1 行第 2 列 = 表 A108010 第 14 列合计。

（2）若选择“分国（地区）不分项”的境外所得抵免方式，第 3 列各行 = 表 A108010 第 18 列相应行次；若选择“不分国（地区）不分项”的境外所得抵免方式，第 1 行第 3 列 = 表 A108010 第 18 列合计。

（3）若选择“分国（地区）不分项”的境外所得抵免方式，第 4 列各行 = 表 A108020 第 4 列相应行次 + 第 13 列相应行次；若选择“不分国（地区）不分项”的境外所得抵免方式，第 1 行第 4 列 = 表 A108020 第 4 列合计 + 第 13 列合计。

（4）若选择“分国（地区）不分项”的境外所得抵免方式，第 6 列合计≤第 5 列合计、表 A106000 第 1 行至第 5 行（第 4 列的绝对值 − 第 9 列 − 第 10 列）合计 + 表 A100000 第 18 行的孰小值；若选择“不分国（地区）不分项”的境外所得抵免方式，第 1 行第 6 列≤第 1 行第 5 列、表 A106000 第 1 行至第 5 行（第 4 列的绝对值 − 第 9 列 − 第 10 列）合计 + 表 A100000 第 18 行的孰小值。

（5）第 9 列合计 = 表 A100000 第 29 行。

（6）若选择“分国（地区）不分项”的境外所得抵免方式，第 10 列各行 = 表 A108010 第 13 列相应行次；若选择“不分国（地区）不分项”的境外所得抵免方式，第 1 行第 10 列 = 表 A108010 第 13 列合计。

（7）若选择“分国（地区）不分项”的境外所得抵免方式，第 14 列各行 = 表 A108030 第 13 列相应行次；若选择“不分国（地区）不分项”的境外所得抵免方式，第 1 行第 14 列 = 表 A108030 第 13 列合计。

（8）第 19 列合计 = 表 A100000 第 30 行。

第33章 “境外所得纳税调整后所得明细表”的理解与填报

“境外所得纳税调整后所得明细表”（A108010）适用于取得境外所得的纳税人填报。

纳税人应根据税法和相关法规之规定，填报本年来源于或发生于不同国家、地区的所得按照税收规定计算的境外所得纳税调整后所得。

纳税人完成“境外所得纳税调整后所得明细表”的填报工作，必须认真学习和领会下列税收文件：

（1）《中华人民共和国企业所得税法》；

（2）《中华人民共和国企业所得税法实施条例》；

（3）财政部、国家税务总局《关于企业境外所得税收抵免有关问题的通知》（财税〔2009〕125号）；

（4）国家税务总局《关于发布〈企业境外所得税收抵免操作指南〉的公告》（2010年第1号）；

（5）财政部、国家税务总局《关于我国石油企业从事油（气）资源开采所得税收抵免有关问题的通知》（财税〔2011〕23号）；

（6）财政部、税务总局《关于完善企业境外所得税收抵免政策问题的通知》（财税〔2017〕84号）。

一、“境外所得纳税调整后所得明细表”的焦点问题

主要是如何判断境外所得？以及如何判断直接抵免和简易抵免？

1. 什么是居民管辖权，如何判定

居民管辖权，亦称“居住管辖权”。按照属人原则确立的税收管辖权。它是指一国政府对本国居民来自世界范围的全部所得行使的征税权力。

居民管辖权的行使其关键是确定纳税人的居民身份。法人居民身份的判定，各国主要采用注册地标准、总机构标准和实际管理机构所在地标准。只要纳税人符合一国的居民身份判定标准，即被确认为具有本国居民身份。本国政府就有权对它的居民来自国内和国外的全部所得征税。即使其居民在本国无所得而仅在外国有所得，也要向本国履行纳税义务。

在公司、企业和法人团体的居民身份确认方面，各国税法实践中通常采用的标准主要有以下两种：一是实际管理和控制中心所在地标准。按照这种标准，企业法人的实际管理和控制中心处在哪一国，便为该国的居民纳税人。英国、印度、新西兰和新加坡等国，都实行这种标准。二是总机构所在地标准。按照这种标准，法人的居民身份决定于它的总机构所在地，即总机构设在哪一国，便认定为是该国的居民。中国和日本均采用这一标准。所谓法人的总机构，一般是指负责管理和控制法人的日常经营业务活动的中心机构，如总公司、总部经理或主要事务所等。

我国《企业所得税法》第三条规定，居民企业应当就其来源于中国境内、境外的所得缴纳企业所得税。非居民企业在中国境内设立机构、场所的，应当就其所设机构、场所取得的来源于中国境内的所得，以及发生在中国境外但与其所设机构、场所有实际联系的所得，缴纳企业所得税。非居民企业在中国境内未设立机构、场所的，或者虽设立机构、场所但取得的所得与其所设机构、场所没有实际联系的，应当就其来源于中国境内的所得缴纳企业所得税。

2. 如何计算境外税后所得

（1）居民企业在境外投资设立不具有独立纳税地位的分支机构，其来源于境外的所得，以境外收入总额扣除与取得境外收入有关的各项合理支出后的余额为应纳税所得额。各项收入、支出按企业所得税法及其实施条例的有关规定确定。居民企业在境外设立不具有独立纳税地位的分支机构取得的各项境外所得，无论是否汇回中国境内，均应计入该企业所属纳税年度的境外应纳税所得额。减去其按外国税法规定缴纳的企业所得税后的余额，即就是其境外税后所得。

在计入企业境外所得时应注意，企业就其在境外设立的不具有独立纳税地位的分支机构每一纳税年度的营业利润，计入企业当年度应纳税所得总额时，如果分支机构所在国纳税年度的规定与我国规定的纳税年度不一致的，在确定该分支机构境外某一年度的税额如何对应我国纳税年度进行抵免时，境外分支机构按所在国规定计算生产经营所得的纳税年度与其境内总机构纳税年度相对应的纳税年度，应为该境外分支机构所在国纳税年度结束日所在的我国纳税年度。

【案例1】

某居民企业在A国的分公司，按A国法律规定，计算当期利润年度为每年10月1日至次年9月30日。则分公司按A国规定计算2017年10月1日至次年9月30日期间（即A国2017/2018年度）的营业利润及其已纳税额，应在我国2018年度企业应纳税额及境外税额抵免。

（1）企业从境外收到的股息、红利、利息、租金、特许权使用费、转让财产等收入，均为境外税后所得。

企业来源于境外的股息、红利等权益性投资收益所得，若实际收到所得的日期与境外被投资方作出利润分配决定的日期不在同一纳税年度的，应按被投资方作出利润分配日所在的纳税年度确认境外所得。

企业来源于境外的利息、租金、特许权使用费、转让财产等收入，若未能在合同约定的付款日期当年收到上述所得，仍应按合同约定付款日期所属的纳税年度确认境外所得。

（2）企业从境外投资的子公司分回的股息、红利，均属于境外税后所得。注意，股息、红利等权益性投资所得”包含通过“受控外国企业信息报告表”（国家税务总局公告2014年第38号附件2）计算的视同分配给企业的股息。

境外税后所得如何还原为境外税前所得呢？请看案例：

中国居民企业A投资境外企业B，持有其股权70%。境外企业B取得利润500万美元，在当地按20%缴纳企业所得税100万美元后，以股息形式将税后利润分配给中国居民企业A。

中国居民企业A取得该项股息时，由境外企业B所在地代扣代缴了10%的预提所得税28万美元［（500－100）×70%×10%］。由此，中国居民企业A实际取得股息金额为252万美元［（500－100）×70%－28］。

至此来看，中国居民企业A取得境外所得252万美元，该境外所得直接缴纳的境外所得税额为28万美元预提所得税，加上该股息间接负担的境外税额70万美元［（500－100）×70%］，合计应还原的境外税额为98万美元（100×70%+28），还原后的境外税前所得为350万美元（252+28+70）。

中国居民企业A	境外企业B
境外税前所得350（500×70%）	境外税前所得500
间接负担抵免额70（100×70%）	间接负担抵免额100
直接负担抵免额28	代扣代缴预提所得税28

3. 如何计算境外所得可抵免的所得税额

企业所得税法第二十三条规定，企业取得的下列所得已在境外缴纳的所得税税额，可以从其当期应纳税额中抵免，抵免限额为该项所得依照规定计算的应纳税额；超过抵免限额的部分，可以在以后5个年度内，用每年度抵免限额抵免当年应抵税额后的余额进行抵补：

（1）居民企业来源于中国境外的应税所得。

（2）非居民企业在中国境内设立机构、场所，取得发生在中国境外但与该机构、场所有实际联系的应税所得。

企业所得税法实施条例第七十八条还规定，境外所得抵免限额，是指企业来源于中国境外的所得，依照企业所得税法和实施条例的规定计算的应纳税额。除国务院财政、税务主管部门另有规定外，该抵免限额应当分国（地区）不分项计算，计算公式如下：抵免限额＝中国境内、境外所得依照企业所得税法和实施条例的规定计算的应纳税总额×来源于某国（地区）的应纳税所得额÷中国境内、境外应纳税所得总额。

【案例2】

中国A银行向甲国某企业贷出500万元，合同约定的利率为5%。2017年A银行收到甲国企业就应付利息25万元扣除已在甲国扣缴的预提所得税2.5万元（预提所得税税率为10%）后的22.5万元税后利息。A银行应纳税所得总额为1000万元，已在应纳税所得总额中扣除的该笔境外贷款的融资成本为本金的4%。分析并计算该银行应纳税所得总额中境外利息收入的应纳税所得额。

来源于境外利息收入的应纳税所得额，应为已缴纳境外预提所得税前的就合同约定的利息收入总额，再对应调整扣除相关筹资成本费用等。

境外利息收入总额＝税后利息22.5＋已扣除税额2.5＝25万元

对应调整扣除相关成本费用后的应纳税所得额＝25－500×4%＝5万元

该境外利息收入用于计算境外税额抵免限额的应纳税所得额为5万元，应纳税所得总额仍为1000万元不变。

因此该境外所得抵免限额＝1000×25%×5/1000＝1.25万元。

二、"境外所得纳税调整后所得明细表"结构特点

1．境外所得纳税调整后所得明细表的逻辑关系

境外所得纳税调整后所得＝境外税前所得＋境外分支机构收入与支出纳税调整额－境外分支机构调整分摊扣除的有关成本费用－境外所得对应调整的相关成本费用支出。

境外税前所得＝境外税后所得＋直接缴纳的所得税额＋间接负担的所得税额。

2．如何判定境外间接负担的所得税额

财税〔2009〕125号第五条，居民企业在按照企业所得税法第二十四条规定用境外所得间接负担的税额进行税收抵免时，其取得的境外投资收益实际间接负担的税额，是指根据直接或者间接持股方式合计持股20%以上（含20%，下同）的规定层级的外国企业股份，由此应分得的股息、红利等权益性投资收益中，从最低一层外国企业起逐层计算的属于由上一层企业负担的税额，其计算公式如下：

本层企业所纳税额属于由一家上一层企业负担的税额＝（本层企业就利润和投资收益所实际缴纳的税额＋符合本通知规定的由本层企业间接负担的税额）×本层企业向一家上一层企业分配的股息（红利）÷本层企业所得税后利润额。

【案例3】

我国某居民企业A直接控制丙国B企业50%股份，B企业直接控制丁国C企业50%股份。B公司应纳税所得额为700万元，所在国税率为30%，另有来自C公司的投资收益为300万元，按10%缴纳C公司所在国预提所得税额为30万元，实际分回270万元。C公司税率为25%，税前所得为800万元，已纳税800×25%＝200（万元），税后利润＝800－200＝600（万元），按50%比例

分回给B公司300万元。那么，C公司分给B公司税后所得应由B企业负担的税额＝（200×300÷600）＝100（万元），B公司分得C公司税后所得缴纳预提所得税30万元，合计纳税100＋30＝130（万元），实际税后所得为270万元，还原税前所得＝270÷（1－30%－10%×25%）＝400（万元）。B公司分得400万元所得应纳税＝400×30%＝120（万元），已纳税130万元，不再补税。B公司本国所得缴纳所得税＝700×30%＝210（万元），总计税后利润＝700－210＋270＝760（万元），假设全部分配，则A公司按其持股比例分得760×50%＝380（万元）。A公司从B公司分得股息间接负担的可在我国应纳税额中抵免的税额＝（210＋130）×（380÷760）＝170（万元）。

3. 境外分支机构与境外非居民企业有何区别

境外分支机构是指居民企业在境外投资设立不具有独立纳税地位的分支机构。

根据财税〔2009〕125号规定，其来源于境外的所得，以境外收入总额扣除与取得境外收入有关的各项合理支出后的余额为应纳税所得额。各项收入、支出按企业所得税法及实施条例的有关规定确定。居民企业在境外设立不具有独立纳税地位的分支机构取得的各项境外所得，无论是否汇回中国境内，均应计入该企业所属纳税年度的境外应纳税所得额。

境外非居民企业是指依照外国（地区）法律、法规成立且实际管理机构不在中国境内，但在中国境内设立机构、场所的，或者在中国境内未设立机构场所，但有来源于中国境内所得的企业。

根据《企业所得税法》及《实施条例》的有关规定，境外非居民企业在境内设机构和场所的，就来源于境内的所得及发生在境外但与境内机构和场所有实际联系的所得，按照规定税率缴纳企业所得税。

4. 如何判定境外分支机构分摊的有关成本费用

境外分支机构合理支出范围通常包括境外分支机构发生的人员工资、资产折旧、利息、相关税费和应分摊的总机构用于管理分支机构的管理费用等。

国家税务总局公告2010年第1号规定，根据实施条例第二十七条规定，确定与取得境外收入有关的合理的支出，应主要考察发生支出的确认和分摊方法是否符合一般经营常规和我国税收法律规定的基本原则。企业已在计算应纳税所得总额时扣除的，但属于应由各分支机构合理分摊的总部管理费等有关成本费用应做出合理的对应调整分摊。

在计算境外应纳税所得额时，企业为取得境内、外所得而在境内、境外发生的共同支出，与取得境外应税所得有关的、合理的部分，应在境内、境外应税所得之间，按照合理比例进行分摊后扣除。

这里所说的共同支出，是指与取得境外所得有关但未直接计入境外所得应纳税所得额的成本费用支出，通常包括未直接计入境外所得的营业费用、管理费用和财务费用等支出。

企业应对在计算总所得额时已统一归集并扣除的共同费用，按境外每一国（地区）别数额占企业全部数额的下列一种比例或几种比例的综合比例，在每一国别的境外所得中对应调整扣除，计算来自每一国别的应纳税所得额。①资产比例；②收入比例；③员工工资支出比例；④其他合理比例。上述分摊比例确定后应报送主管税务机关备案；无合理原因不得改变。

三、“境外所得纳税调整后所得明细表”重点栏目表填报说明

（表样见下面）

表 33－1　境外所得纳税调整后所得明细表（A108010）

行次	国家（地区）	境外税后所得								境外所得可抵免的所得税额				境外税前所得	境外分支机构收入与支出纳税调整额	境外分支机构调整分摊扣除的有关成本费用	境外所得对应调整的相关成本费用支出	境外所得纳税调整后所得
		分支机构营业利润所得	股息、红利等权益性投资所得	利息所得	租金所得	特许权使用费所得	财产转让所得	其他所得	小计	直接缴纳的所得税额	间接负担的所得税额	享受税收饶让抵免税额	小计					
	1	2	3	4	5	6	7	8	9(2+…+8)	10	11	12	13(10+11+12)	14(9+10+11)	15	16	17	18(14+15－16－17)
1																		
2																		
3																		
4																		
5																		
6																		
7																		
8																		
9																		
10	合计																	

【填表说明】

（1）第1列“国家（地区）”：填报纳税人境外所得来源的国家（地区）名称，来源于同一个国家（地区）的境外所得可合并到一行填报。

按照企业所得税法及其实施条例、税收协定以及通知的规定，企业应准确计算下列当期与抵免境外所得税有关的项目后，确定当期实际可抵免分国（地区）别的境外所得税税额和抵免限额：（一）境内所得的应纳税所得额和分国（地区）别的境外所得的应纳税所得额；（二）分国（地区）别的可抵免境外所得税税额；（三）分国（地区）别的境外所得税的抵免限额。企业不能准确计算上述项目实际可抵免分国（地区）别的境外所得税税额的，在相应国家（地区）缴纳的税收均不得在该企业当期应纳税额中抵免，也不得结转以后年度抵免。

（2）第2列至第9列“境外税后所得”：填报纳税人取得的来源于境外的税后所得，其中：第2列股息、红利等权益性投资所得包含通过《受控外国企业信息报告表》（国家税务总局公告2014年第38号附件2）计算的视同分配给企业的股息。

居民企业应就其来源于境外的股息、红利等权益性投资收益，以及利息、租金、特许权使用费、转让财产等收入，扣除按照企业所得税法及实施条例等规定计算的与取得该项收入有关的各项合理支出后的余额为应纳税所得额。来源于境外的股息、红利等权益性投资收益，应按被投资方作出利润分配决定的日期确认收入实现；来源于境外的利息、租金、特许权使用费、转让财产等收入，应按有关合同约定应付交易对价款的日期确认收入实现。

从境外收到的股息、红利、利息等境外投资性所得一般表现为毛所得，应对在计算企业总所得额时已做统一扣除的成本费用中与境外所得有关的部分，在该境外所得中对应调整扣除后，才能作为计算境外税额抵免限额的境外应纳税所得额。在就境外所得计算应对应调整扣除的有关成本费用时，应对如下成本费用（但不限于）予以特别注意：

①股息、红利，应对应调整扣除与境外投资业务有关的项目研究、融资成本和管理费用；

②利息，应对应调整扣除为取得该项利息而发生的相应的融资成本和相关费用；

③租金，属于融资租赁业务的，应对应调整扣除其融资成本；属于经营租赁业务的，应对应调整扣除租赁物相应的折旧或折耗；

④特许权使用费，应对应调整扣除提供特许使用的资产的研发、摊销等费用；

⑤财产转让，应对应调整扣除被转让财产的成本净值和相关费用。

在确认所得时间上，我们还应注意：

①企业来源于境外的股息、红利等权益性投资收益所得，若实际收到所得的日期与境外被投资方作出利润分配决定的日期不在同一纳税年度的，应按被投资方作出利润分配日所在的纳税年度确认境外所得。

企业来源于境外的利息、租金、特许权使用费、转让财产等收入，若未能在合同约定的付款日期当年收到上述所得，仍应按合同约定付款日期所属的纳税年度确认境外所得。

②企业收到某一纳税年度的境外所得已纳税凭证时，凡是迟于次年5月31日汇算清缴终止日的，可以对该所得境外税额抵免追溯计算。

（3）第10列“直接缴纳的所得税额”：填报纳税人来源于境外的营业利润所得在境外所缴纳

的企业所得税，以及就来源于或发生于境外的股息、红利等权益性投资所得、利息、租金、特许权使用费、财产转让等所得在境外被源泉扣缴的预提所得税。

企业直接作为纳税人就其境外所得在境外缴纳的所得税额在我国应纳税额中抵免。包括企业就来源于境外的营业利润所得在境外所缴纳的企业所得税，以及就来源于或发生于境外的股息、红利等权益性投资所得、利息、租金、特许权使用费、财产转让等所得在境外被源泉扣缴的预提所得税。

主要适用于居民企业和机构（场所）。

（4）第11列“间接负担的所得税额”：填报纳税人从其直接或者间接控制的外国企业分得的来源于中国境外的股息、红利等权益性投资收益，外国企业在境外实际缴纳的所得税额中属于该项所得负担的部分。

境外企业就分配股息前的利润缴纳的外国所得税额中由我国居民企业就该项分得的股息性质的所得间接负担的部分，在我国的应纳税额中抵免。

例如我国居民企业（母公司）的境外子公司在所在国（地区）缴纳企业所得税后，将税后利润的一部分作为股息、红利分配给该母公司，子公司在境外就其应税所得实际缴纳的企业所得税税额中按母公司所得股息占全部税后利润之比的部分即属于该母公司间接负担的境外企业所得税额。

主要适用范围为居民企业从其境外子公司取得的股息、红利等权益性投资收益所得。

（5）第12列“享受税收饶让抵免税额”：填报纳税人从与我国政府订立税收协定（或安排）的国家（地区）取得的所得，按照该国（地区）税收法律享受了免税或减税待遇，且该免税或减税的数额按照税收协定应视同已缴税额的金额。

居民企业从与我国订立税收协定（或安排）的对方国家取得所得，并按该国税收法律享受了免税或减税待遇，且该所得已享受的免税或减税数额按照税收协定（或安排）规定应视同已缴税额在我国应纳税额中抵免的，经企业主管税务机关确认，可在其申报境外所得税额时视为已缴税额。

税收饶让抵免应区别下列情况进行计算：

①税收协定规定定率饶让抵免的，饶让抵免税额为按该定率计算的应纳境外所得税额超过实际缴纳的境外所得税额的数额；

②税收协定规定列举一国税收优惠额给予饶让抵免的，饶让抵免税额为按协定国家（地区）税收法律规定税率计算的应纳所得税额超过实际缴纳税额的数额，即实际税收优惠额。

企业取得的境外所得根据来源国税收法律法规不判定为所在国应税所得，而按中国税收法律法规规定属于应税所得的，不属于税收饶让抵免范畴，应全额按中国税收法律法规规定缴纳企业所得税。

申请享受税收饶让抵免的还需提供：

①本企业及其直接或间接控制的外国企业在境外所获免税及减税的依据及证明或有关审计报告披露该企业享受的优惠政策的复印件；

②企业在其直接或间接控制的外国企业的参股比例等情况的证明复印件；

③间接抵免税额或者饶让抵免税额的计算过程；

④由本企业直接或间接控制的外国企业的财务会计资料。

（6）第15列“境外分支机构收入与支出纳税调整额”：填报纳税人境外分支机构收入、支出按照税法规定计算的纳税调整额。

居民企业在境外投资设立不具有独立纳税地位的分支机构，其来源于境外的所得，以境外收入总额扣除与取得境外收入有关的各项合理支出后的余额为应纳税所得额。各项收入、支出按企业所得税法及其实施条例的有关规定确定。

（7）第 16 列“境外分支机构调整分摊扣除的有关成本费用”：填报纳税人境外分支机构应合理分摊的总部管理费等有关成本费用，同时在“纳税调整项目明细表”（A105000）进行纳税调增。

企业已在计算应纳税所得总额时扣除的，但属于应由各分支机构合理分摊的总部管理费等有关成本费用应做出合理的对应调整分摊。境外分支机构合理支出范围通常包括境外分支机构发生的人员工资、资产折旧、利息、相关税费和应分摊的总机构用于管理分支机构的管理费用等。

（8）第 17 列“境外所得对应调整的相关成本费用支出”：填报纳税人实际发生与取得境外所得有关但未直接计入境外所得应纳税所得的成本费用支出，同时在“纳税调整项目明细表”（A105000）进行纳税调增。

（9）第 18 列“境外所得纳税调整后所得”：填报第 14 + 15 − 16 − 17 列的金额。

四、“境外所得纳税调整后所得明细表”的表内、表间关系

1. 表内关系

（1）第 9 列 = 第 2 + 3 + … + 8 列。

（2）第 13 列 = 第 10 + 11 + 12 列。

（3）第 14 列 = 第 9 + 10 + 11 列。

（4）第 18 列 = 第 14 + 15 − 16 − 17 列。

2. 表间关系

（1）若选择“分国（地区）不分项”的境外所得抵免方式，第 13 列各行 = 表 A108000 第 10 列相应行次；若选择“不分国（地区）不分项”的境外所得抵免方式，第 13 列合计 = 表 A108000 第 1 行第 10 列。

（2）若选择“分国（地区）不分项”的境外所得抵免方式，第 14 列各行 = 表 A108000 第 2 列相应行次；若选择“不分国（地区）不分项”的境外所得抵免方式，第 14 列合计 = 表 A108000 第 1 行第 2 列。

（3）第 14 列合计 − 第 11 列合计 = 表 A100000 第 14 行。

主表第 14 行“减：境外所得”，填报纳税人发生的分国（地区）别取得的境外所得计入利润总额的金额。金额应等于《境外所得纳税调整后所得明细表》（A108010）第 14 列“境外税前所得”“合计”数减去第 11 列境外“间接负担的所得税额”“合计”数的差额。依据表 A108010 填报说明，第 14 列 ~ 第 11 列 = 第 9 列 + 第 10 列，即境外税后所得与境外直接缴纳的所得税额之和。

纳税人填报时要注意根据其对境外所得的会计核算情况进行相应的调整。无论在会计核算上是将境外税前所得计入利润总额，还是将境外税后所得计入利润总额，都应按计入利润总额的境外所得填报主表第 14 行。

（4）第 16 列合计 + 第 17 列合计 = 表 A105000 第 28 行第 3 列。

（5）若选择“分国（地区）不分项”的境外所得抵免方式，第 18 列相应行次 = 表 A108000 第 3 列相应行次；若选择“不分国（地区）不分项”的境外所得抵免方式，第 18 列合计 = 表 A108000 第 1 行第 3 列。

第34章 “境外分支机构弥补亏损明细表”的理解与填报

“境外分支机构弥补亏损明细表”（A108020）适用于取得境外所得的纳税人填报。

纳税人应根据税法和相关法规之规定，填报境外分支机构本年及以前年度发生的税前尚未弥补的非实际亏损额和实际亏损额、结转以后年度弥补的非实际亏损额和实际亏损额，并按国（地区）别逐行填报。

纳税人完成“境外分支机构弥补亏损明细表”的填报工作，必须认真学习和领会下列税收文件：

（1）《中华人民共和国企业所得税法》；

（2）《中华人民共和国企业所得税法实施条例》；

（3）财政部 国家税务总局《关于企业境外所得税收抵免有关问题的通知》（财税〔2009〕125号）；

（4）国家税务总局《关于发布〈企业境外所得税收抵免操作指南〉的公告》（2010年第1号）；

（5）财政部 国家税务总局《关于我国石油企业从事油（气）资源开采所得税收抵免有关问题》的通知（财税〔2011〕23号）；

（6）财政部 税务总局《关于完善企业境外所得税收抵免政策问题》的通知（财税〔2017〕84号）。

一、“境外分支机构弥补亏损明细表”的焦点问题

在汇总计算境外应纳税所得额时，企业在境外同一国家（地区）设立不具有独立纳税地位的分支机构，按照企业所得税法及实施条例的有关规定计算的亏损，不得抵减其境内或他国（地区）的应纳税所得额，但可以用同一国家（地区）其他项目或以后年度的所得按规定弥补。

企业来源于境外的所得可以抵补境内发生的亏损，但来源于境内的所得不能抵补境外发生的亏损。

1. 什么是境外分支机构非实际亏损额，如何判定

企业在同一纳税年度的境内外所得加总为正数的，其境外分支机构发生的亏损，由于结转弥补的限制而发生的未予弥补的部分，称之为非实际亏损额。

【案例1】

中国居民A企业2017年度境内外净所得为160万元。其中，境内所得的应纳税所得额为300万元；设在甲国的分支机构当年度应纳税所得额为100万元；设在乙国的分支机构当年度应纳税所得额为-300万元；A企业当年度从乙国取得利息所得的应纳税所得额为60万元。

依据境外亏损不得在境内或他国盈利中抵减的规定，其发生在乙国分支机构的当年度亏损额300万元，仅可以用从该国取得的利息60万元弥补，未能弥补的非实际亏损额为240万元，只能由来自乙国以后年度的所得无限期结转弥补。

2. 什么是境外分支机实际亏损额，如何判定

实际亏损额是指企业当期境内外所得盈利额与亏损额加总后和为负数，以境外分支机构的亏损额超过企业盈利额的部分。

【案例2】

中国居民A企业2017年度境内所得的应纳税所得额为300万元；设在甲国的分支机构当年度应纳税所得额为100万元；设在乙国的分支机构当年度应纳税所得额为-500万元；A企业当年度从乙国取得利息所得的应纳税所得额为60万元。

企业当期境内外盈利额=300+100+60=460万元；

企业当期境内外亏损额=500万元；

则企业当期实际亏损额=500-460=50万元。

3. 境外分支机亏损额与境内居民企业盈亏互抵吗，为什么

境外分支机亏损额与境内居民企业盈亏不能互抵。根据《企业境外所得税收抵免操作指南》第（五）条规定，在汇总计算境外应纳税所得额时，企业在境外同一国家（地区）设立不具有独立纳税地位的分支机构，按照企业所得税法及实施条例的有关规定计算的亏损，不得抵减其境内或他国（地区）的应纳税所得额，但可以用同一国家（地区）其他项目或以后年度的所得按规定弥补。

二、“境外分支机构弥补亏损明细表”结构特点

本表填报境外分支机构本年及以前年度发生的税前尚未弥补的非实际亏损额和实际亏损额、结转以后年度弥补的非实际亏损额和实际亏损额。

1. 境外分支机构弥补亏损明细表的逻辑关系

分为3个部分：

（1）分支机构亏损弥补分国不分项；

（2）非实际亏损额的弥补；

（3）实际亏损额的弥补。

2. 弥补亏损的五年期限如何把控

3个要点：

（1）非实际亏损额可无限期向后结转弥补；

（2）实际亏损额，按企业所得税法规定的期限进行亏损弥补；

企业纳税年度发生的亏损，准予向以后年度结转，用以后年度的所得弥补，但结转年限最长不得超过5年。

（3）企业应对境外分支机构的实际亏损额与非实际亏损额不同的结转弥补情况做好记录。

3. 为什么有以前年度结转尚未弥补的境外亏损

因为根据《企业境外所得税收抵免操作指南》，非实际亏损在该分支机构的结转弥补期限不受5年期限制。也就是境外分支机构的非实际亏损可以无限期结转。

三、“境外分支机构弥补亏损明细表”重点栏目表填报说明

【填表说明】

（1）第1列“国家（地区）”：填报纳税人境外所得来源的国家（地区）名称，来源于同一个国家（地区）的境外所得可合并到一行填报。

（2）第2列至第5列“非实际亏损额的弥补”：第2列“以前年度结转尚未弥补的非实际亏损额”填报以前年度无限期结转的尚未弥补的非实际亏损额，第3列“本年发生的非实际亏损额”填报本年度发生的数据，第4列“本年弥补的以前年度非实际亏损额”填报按规定分支机构本年度利润弥补的以前年度非实际亏损额。

（3）第6列至第19列“实际亏损额的弥补”：企业纳税年度发生的亏损，准予向以后年度结转，用以后年度的所得弥补，但结转年限最长不得超过5年。

第6列至11列“以前年度结转尚未弥补的实际亏损额”反映企业前5年尚未弥补的实际亏损额；第12列“本年发生的实际亏损额”反映分支机构亏损额超过企业盈利额的部分；第13列“本年弥补的以前年度实际亏损额”反映企业本年应纳税所得额弥补以前年度实际亏损额。

表 34－1　境外分支机构弥补亏损明细表（A108020）

行次		非实际亏损额的弥补				实际亏损额的弥补													
	国家（地区）	以前年度结转尚未弥补的非实际亏损额	本年发生的非实际亏损额	本年弥补的以前年度非实际亏损额	结转以后年度弥补的非实际亏损额	以前年度结转尚未弥补的实际亏损额						本年发生的实际亏损额	本年弥补的以前年度实际亏损额	结转以后年度弥补的实际亏损额					
						前五年	前四年	前三年	前二年	前一年	小计			前四年	前三年	前二年	前一年	本年	小计
	1	2	3	4	5（2＋3－4）	6	7	8	9	10	11（6＋…＋10）	12	13	14	15	16	17	18	19（14＋…＋18）
1																			
2																			
3																			
4																			
5																			
6																			
7																			
8																			
9																			
10	合计																		

四、“境外分支机构弥补亏损明细表”的表内、表间关系

1. 表内关系

(1) 第 5 列 = 第 2 + 3 − 4 列;

(2) 第 11 列 = 第 6 + 7 + … + 10 列;

(3) 第 19 列 = 第 14 + 15 + … + 18 列。

2. 表间关系

第 4 列各行 + 第 13 列各行 = 表 A108000 第 4 列相应行次。

第35章 “跨年度结转抵免境外所得税明细表”的理解与填报

“跨年度结转抵免境外所得税明细表”（A108030）适用于取得境外所得的纳税人填报。

纳税人应根据税法和相关法规之规定，填报本年发生的来源于不同国家或地区的境外所得按照我国税收法律、法规的规定可以抵免的所得税额，并按国（地区）别逐行填报。

纳税人完成“跨年度结转抵免境外所得税明细表”的填报工作，必须认真学习和领会下列税收文件：

（1）《中华人民共和国企业所得税法》；

（2）《中华人民共和国企业所得税法实施条例》；

（3）财政部、国家税务总局《关于企业境外所得税收抵免有关问题的通知》（财税〔2009〕125号）；

（4）国家税务总局《关于发布企业境外所得税收抵免操作指南》的公告（2010年第1号）；

（5）财政部 国家税务总局《关于我国石油企业从事油（气）资源开采所得税收抵免有关问题》的通知（财税〔2011〕23号）；

（6）财政部 税务总局《关于完善企业境外所得税收抵免政策问题》的通知（财税〔2017〕84号）。

“跨年度结转抵免境外所得税明细表”的焦点问题

1. 文件的适用范围

国家税务总局公告2010年第1号规定，居民企业以及非居民企业在中国境内设立的机构、场所（以下统称企业）依照企业所得税法第二十三条、第二十四条的有关规定，应在其应纳税额中抵免在境外缴纳的所得税额的，按财税〔2009〕125号抵免所得税。

企业取得的下列所得已在境外缴纳的所得税税额，可以从其当期应纳税额中抵免，抵免限额为该项所得依照本法规定计算的应纳税额；超过抵免限额的部分，可以在以后五个年度内，用每年度抵免限额抵免当年应抵税额后的余额进行抵补：

A. 居民企业来源于中国境外的应税所得；

B. 非居民企业在中国境内设立机构、场所，取得发生在中国境外但与该机构、场所有实际联系的应税所得。

居民企业从其直接或者间接控制的外国企业分得的来源于中国境外的股息、红利等权益性投资收益，外国企业在境外实际缴纳的所得税税额中属于该项所得负担的部分，可以作为该居民企业的可抵免境外所得税税额，在《企业所得税法》第二十三条规定的抵免限额内抵免。

2. 适用境外的纳税人

适用境外（包括港澳台地区，以下同）所得税收抵免的纳税人包括两类：

（1）根据企业所得税法第二十三条关于境外税额直接抵免和第二十四条关于境外税额间接抵免的规定，居民企业（包括按境外法律设立但实际管理机构在中国，被判定为中国税收居民的企业）可以就其取得的境外所得直接缴纳和间接负担的境外企业所得税性质的税额进行抵免。

（2）根据企业所得税法第二十三条的规定，非居民企业（外国企业）在中国境内设立的机构（场所）可以就其取得的发生在境外、但与其有实际联系的所得直接缴纳的境外企业所得税性质的税额进行抵免。

为缓解由于国家间对所得来源地判定标准的重叠而产生的国际重复征税，我国税法对非居民企业在中国境内分支机构取得的发生于境外的所得所缴纳的境外税额，给予了与居民企业类似的税额抵免待遇。对此类非居民给予的境外税额抵免仅涉及直接抵免。

所谓实际联系是指，据以取得所得的权利、财产或服务活动由非居民企业在中国境内的分支机构拥有、控制或实施，如外国银行在中国境内分行以其可支配的资金向中国境外贷款，境外借款人就该笔贷款向其支付的利息，即属于发生在境外与该分行有实际联系的所得。

3. 境外税额抵免的方法

境外税额抵免分为直接抵免和间接抵免，分别是：

直接抵免是指，企业直接作为纳税人就其境外所得在境外缴纳的所得税额在我国应纳税额中抵免。直接抵免主要适用于企业就来源于境外的营业利润所得在境外所缴纳的企业所得税，以及就来源于或发生于境外的股息、红利等权益性投资所得、利息、租金、特许权使用费、财产转让等所得在境外被源泉扣缴的预提所得税。

间接抵免是指，境外企业就分配股息前的利润缴纳的外国所得税额中由我国居民企业就该项分得的股息性质的所得间接负担的部分，在我国的应纳税额中抵免。例如我国居民企业（母公司）的境外子公司在所在国（地区）缴纳企业所得税后，将税后利润的一部分作为股息、红利分配给该母公司，子公司在境外就其应税所得实际缴纳的企业所得税税额中按母公司所得股息占全部税后利润之比的部分即属于该母公司间接负担的境外企业所得税额。间接抵免的适用范围为居民企业从其符合《通知》第五、六条规定的境外子公司取得的股息、红利等权益性投资收益所得。

4. 境外所得税额抵免计算的基本项目

国家税务总局公告2010年第1号规定，企业应按照企业所得税法及其实施条例、税收协定以及通知的规定，准确计算下列当期与抵免境外所得税有关的项目后，确定当期实际可抵免分国（地区）别的境外所得税税额和抵免限额（也可选择按财税〔2017〕84号规定的不分国（地区）不分项）：

（1）境内所得的应纳税所得额（以下称境内应纳税所得额）和分国（地区）别的境外所得的应纳税所得额（以下称境外应纳税所得额）（也可选择按财税〔2017〕84号规定的不分国（地区）不分项）；

（2）分国（地区）别的可抵免境外所得税税额也可选择按财税〔2017〕84号规定的不分国（地区）不分项；

（3）分国（地区）别的境外所得税的抵免限额也可选择按财税〔2017〕84号规定的不分国（地区）不分项。

企业不能准确计算上述项目实际可抵免分国（地区）别的境外所得税税额的（也可选择按财税〔2017〕84号规定的不分国（地区）不分项），在相应国家（地区）缴纳的税收均不得在该企业当期应纳税额中抵免，也不得结转以后年度抵免。

企业取得境外所得，其在中国境外已经实际直接缴纳和间接负担的企业所得税性质的税额，进行境外税额抵免计算的基本项目包括：境内、境外所得分国别（地区）的应纳税所得额、可抵免税额、抵免限额和实际抵免税额。不能按照有关税收法律法规准确计算实际可抵免的境外分国别（地区）的所得税税额的（也可选择按财税〔2017〕84号规定的不分国（地区）不分项），不应给予税收抵免。

财税〔2017〕84号规定：企业可以选择按国（地区）别分别计算（即“分国（地区）不分项”），或者不按国（地区）别汇总计算（即“不分国（地区）不分项”）其来源于境外的应纳税所得额，并按照财税〔2009〕125号文件第八条规定的税率，分别计算其可抵免境外所得税税额和抵免限额。上述方式一经选择，5年内不得改变。

企业选择采用不同于以前年度的方式（以下简称新方式）计算可抵免境外所得税税额和抵免限额时，对该企业以前年度按照财税〔2009〕125号文件规定没有抵免完的余额，可在税法规定结转的剩余年限内，按新方式计算的抵免限额中继续结转抵免。

5. 境外应纳税所得额的计算

企业应就其按照实施条例第七条规定确定的中国境外所得（境外税前所得），按以下规定计算实施条例第七十八条规定的境外应纳税所得额。

根据实施条例第七条规定确定的境外所得，在计算适用境外税额直接抵免的应纳税所得额时，应为将该项境外所得直接缴纳的境外所得税额还原计算后的境外税前所得；上述直接缴纳税额还原后的所得中属于股息、红利所得的，在计算适用境外税额间接抵免的境外所得时，应再将该项境外所得间接负担的税额还原计算，即该境外股息、红利所得应为境外股息、红利税后净所得与就该项所得直接缴纳和间接负担的税额之和。

对上述税额还原后的境外税前所得，应再就计算企业应纳税所得总额时已按税法规定扣除的有关成本费用中与境外所得有关的部分进行对应调整扣除后，计算为境外应纳税所得额。

（1）居民企业在境外投资设立不具有独立纳税地位的分支机构。

居民企业在境外投资设立不具有独立纳税地位的分支机构，其来源于境外的所得，以境外收入总额扣除与取得境外收入有关的各项合理支出后的余额为应纳税所得额。各项收入、支出按企业所得税法及其实施条例的有关规定确定。

居民企业在境外设立不具有独立纳税地位的分支机构取得的各项境外所得，无论是否汇回中国境内，均应计入该企业所属纳税年度的境外应纳税所得额。

①境外分支机构应纳税所得额的计算。以上所称不具有独立纳税地位含义参见《通知》第十三条规定。

②分公司利润无论是否实际分配均按分配处理。由于分支机构不具有分配利润职能，因此，境外分支机构取得的各项所得，不论是否汇回境内，均应当计入所属年度的企业应纳税所得额。

③按我国税法计算所得额。境外分支机构确认应纳税所得额时的各项收入与支出标准，须符合我国企业所得税法相关规定。

④总分公司分摊费用划分。根据实施条例第二十七条规定，确定与取得境外收入有关的合理的支出，应主要考察发生支出的确认和分摊方法是否符合一般经营常规和我国税收法律规定的基本原则。企业已在计算应纳税所得总额时扣除的，但属于应由各分支机构合理分摊的总部管理费等有关成本费用应做出合理的对应调整分摊。

境外分支机构合理支出范围通常包括境外分支机构发生的人员工资、资产折旧、利息、相关税费和应分摊的总机构用于管理分支机构的管理费用等。

6. 境外投资收益确认

居民企业应就其来源于境外的股息、红利等权益性投资收益，以及利息、租金、特许权使用费、转让财产等收入，扣除按照企业所得税法及实施条例等规定计算的与取得该项收入有关的各项合理支出后的余额为应纳税所得额。来源于境外的股息、红利等权益性投资收益，应按被投资方作出利润分配决定的日期确认收入实现；来源于境外的利息、租金、特许权使用费、转让财产等收入，应按有关合同约定应付交易对价款的日期确认收入实现。

（1）境外所得额计算。

从境外收到的股息、红利、利息等境外投资性所得一般表现为毛所得，应对在计算企业总所得额时已做统一扣除的成本费用中与境外所得有关的部分，在该境外所得中对应调整扣除后，才能作为计算境外税额抵免限额的境外应纳税所得额。在就境外所得计算应对应调整扣除的有关成本费用时，应对如下成本费用（但不限于）予以特别注意：

①股息、红利，应对应调整扣除与境外投资业务有关的项目研究、融资成本和管理费用。

②利息，应对应调整扣除为取得该项利息而发生的相应的融资成本和相关费用。

③租金，属于融资租赁业务的，应对应调整扣除其融资成本；属于经营租赁业务的，应对应调整扣除租赁物相应的折旧或折耗。

④特许权使用费，应对应调整扣除提供特许使用的资产的研发、摊销等费用。

⑤财产转让，应对应调整扣除被转让财产的成本净值和相关费用。

涉及上述所得应纳税所得额中应包含的已间接负担税额的具体还原计算将在《通知》第五条、第六条项下说明。

7. 境外投资收益时间确定

企业应根据实施条例第二章第二节中关于收入确认时间的规定确认境外所得的实现年度及其税额抵免年度。

（1）企业来源于境外的股息、红利等权益性投资收益所得，若实际收到所得的日期与境外被投资方作出利润分配决定的日期不在同一纳税年度的，应按被投资方作出利润分配日所在的纳税年度确认境外所得。

企业来源于境外的利息、租金、特许权使用费、转让财产等收入，若未能在合同约定的付款日期当年收到上述所得，仍应按合同约定付款日期所属的纳税年度确认境外所得。

（2）属于企业所得税法第四十五条以及实施条例第一百一十七条和第一百一十八条规定情形的，应按照有关法律法规的规定确定境外所得的实现年度。

（3）企业收到某一纳税年度的境外所得已纳税凭证时，凡是迟于次年5月31日汇算清缴终止日的，可以对该所得境外税额抵免追溯计算。

8. 非居民企业在境内设立机构、场所的境外所得

非居民企业在境内设立机构、场所的，应就其发生在境外但与境内所设机构、场所有实际联系的各项应税所得，比照上述第（二）项的规定计算相应的应纳税所得额。

非居民企业在中国境内设立机构、场所，在享受境外税额抵免时，也应就其发生在境外但与境内所设机构、场所有实际联系的各项应税所得，按企业所得税法和实施条例及《通知》《指南》等相关税收法规规定计算境外所得的应纳税所得额。

9. 境内外共同费用分摊

在计算境外应纳税所得额时，企业为取得境内、外所得而在境内、境外发生的共同支出，与取得境外应税所得有关的、合理的部分，应在境内、境外（分国（地区）别，下同）应税所得之间，按照合理比例进行分摊后扣除。

所称共同支出，是指与取得境外所得有关但未直接计入境外所得应纳税所得额的成本费用支出，通常包括未直接计入境外所得的营业费用、管理费用和财务费用等支出。

企业应对在计算总所得额时已统一归集并扣除的共同费用，按境外每一国（地区）别数额占企业全部数额的下列一种比例或几种比例的综合比例，在每一国别的境外所得中对应调整扣除，计算来自每一国别的应纳税所得额。

（1）资产比例；

（2）收入比例；

（3）员工工资支出比例；

（4）其他合理比例。

上述分摊比例确定后应报送主管税务机关备案，无合理原因不得改变。

10. 同一国家投资盈亏可以相互弥补

（1）同一国家盈亏弥补。

在汇总计算境外应纳税所得额时，企业在境外同一国家（地区）设立不具有独立纳税地位的分支机构，按照企业所得税法及实施条例的有关规定计算的亏损，不得抵减其境内或他国（地区）的应纳税所得额，但可以用同一国家（地区）其他项目或以后年度的所得按规定弥补。

（2）不同国家亏损不得弥补。

基于分国不分项计算抵免的原则及其要求，对在不同国家的分支机构发生的亏损不得相互弥补做出了规定，以避免出现同一笔亏损重复弥补或须进行繁复的还原弥补、还原抵免的现象。也可以按财税【2017】84 号规定选择不同国家之间相互弥补，但一旦选择后 5 年内不能变。

（3）五年弥补亏损。

企业在同一纳税年度的境内外所得加总为正数的，其境外分支机构发生的亏损，由于上述结转弥补的限制而发生的未予弥补的部分（以下称为非实际亏损额），今后在该分支机构的结转弥补期限不受 5 年期限制。即：

①如果企业当期境内外所得盈利额与亏损额加总后和为零或正数，则其当年度境外分支机构的非实际亏损额可无限期向后结转弥补；

②如果企业当期境内外所得盈利额与亏损额加总后和为负数，则以境外分支机构的亏损额超过企业盈利额部分的实际亏损额，按企业所得税法第十八条规定的期限进行亏损弥补，未超过企业盈利额部分的非实际亏损额仍可无限期向后结转弥补。

企业应对境外分支机构的实际亏损额与非实际亏损额不同的结转弥补情况做好记录。

11. 关于可予抵免境外所得税额的确认

（1）抵免所得额一般规定。

可抵免境外所得税税额，是指企业来源于中国境外的所得依照中国境外税收法律以及相关规定应当缴纳并已实际缴纳的企业所得税性质的税款。但不包括：

①按照境外所得税法律及相关规定属于错缴或错征的境外所得税税款；

②按照税收协定规定不应征收的境外所得税税款；

③因少缴或迟缴境外所得税而追加的利息、滞纳金或罚款；

④境外所得税纳税人或者其利害关系人从境外征税主体得到实际返还或补偿的境外所得税税款；

⑤按照我国企业所得税法及其实施条例规定，已经免征我国企业所得税的境外所得负担的境外所得税税款；

⑥按照国务院财政、税务主管部门有关规定已经从企业境外应纳税所得额中扣除的境外所得税税款。

（2）可抵免的境外所得税税额的基本条件。

①企业来源于中国境外的所得依照中国境外税收法律以及相关规定计算而缴纳的税额。

②缴纳的属于企业所得税性质的税额，而不拘泥于名称。在不同的国家，对于企业所得税的称呼有着不同的表述，如法人所得税、公司所得税等。判定是否属于企业所得税性质的税额，主要看其是否是针对企业净所得征收的税额。

③限于企业应当缴纳且已实际缴纳的税额。税收抵免旨在解决重复征税问题，仅限于企业应当缴纳且已实际缴纳的税额（除另有饶让抵免或其他规定外）。

④可抵免的企业所得税税额，若是税收协定非适用所得税项目，或来自非协定国家的所得，无法判定是否属于对企业征收的所得税税额的，应层报国家税务总局裁定。

（3）不应作为可抵免境外所得税税额的情形。

①属于境外所得税法律及相关规定适用错误而且企业不应缴纳而错缴的税额，企业应向境外税务机关申请予以退还，而不应作为境外已交税额向中国申请抵免企业所得税。

②根据中国政府与其他国家（地区）政府签订的税收协定（或安排）的规定不属于对方国家的应税项目，却被对方国家（地区）就其征收的企业所得税，对此，企业应向征税国家申请退还不应征收的税额；该项税额还应包括，企业就境外所得在来源国纳税时适用税率高于税收协定限定税率所多缴纳的所得税税额。

③如果有关国家为了实现特定目标而规定不同形式和程度的税收优惠，并采取征收后由政府予以返还或补偿方式退还的已缴税额，对此，企业应从其境外所得可抵免税额中剔除该相应部分。

④如果我国税收法律法规做出对某项境外所得给予免税优惠规定，企业取得免征我国企业所得税的境外所得的，该项所得的应纳税所得额及其缴纳的境外所得税额均应从计算境外所得税额抵免的境外应纳税所得额和境外已纳税额中减除。

⑤如果我国税法规定就一项境外所得的已纳所得税额仅作为费用从该项境外所得额中扣除的，就该项所得及其缴纳的境外所得税额不应再纳入境外税额抵免计算。

（4）境内外抵免所得税统一币种。

企业取得的境外所得已直接缴纳和间接负担的税额为人民币以外货币的，在以人民币计算可予抵免的境外税额时，凡企业记账本位币为人民币的，应按企业就该项境外所得记入账内时使用的人民币汇率进行换算；凡企业以人民币以外其他货币作为记账本位币的，应统一按实现该项境外所得对应的我国纳税年度最后一日的人民币汇率中间价进行换算。

12. 关于境外所得间接负担税额的计算

（1）间接负担税额判定。

居民企业在按照企业所得税法第二十四条规定用境外所得间接负担的税额进行税收抵免时，其取得的境外投资收益实际间接负担的税额，是指根据直接或者间接持股方式合计持股20%以上（含

20%，下同）的规定层级的外国企业股份，由此应分得的股息、红利等权益性投资收益中，从最低一层外国企业起逐层计算的属于由上一层企业负担的税额，其计算公式如下：

本层企业所纳税额属于由一家上一层企业负担的税额 =（本层企业就利润和投资收益所实际缴纳的税额 + 符合本通知规定的由本层企业间接负担的税额）× 本层企业向一家上一层企业分配的股息（红利）÷ 本层企业所得税后利润额。

财税〔2017〕84 号规定：企业在境外取得的股息所得，在按规定计算该企业境外股息所得的可抵免所得税额和抵免限额时，由该企业直接或者间接持有 20% 以上股份的外国企业，限于按照财税〔2009〕125 号文件第六条规定的持股方式确定的五层外国企业，即：

第一层：企业直接持有 20% 以上股份的外国企业；

第二层至第五层：单一上一层外国企业直接持有 20% 以上股份，且由该企业直接持有或通过一个或多个符合财税〔2009〕125 号文件第六条规定持股方式的外国企业间接持有总和达到 20% 以上股份的外国企业。

（2）间接负担税额解释。

境外所得间接负担的符合《通知》第六条规定条件的下层企业税额的计算方式及公式，公式中：

①本层企业是指实际分配股息（红利）的境外被投资企业；

②本层企业就利润和投资收益所实际缴纳的税额是指，本层企业按所在国税法就利润缴纳的企业所得税和在被投资方所在国就分得的股息等权益性投资收益被源泉扣缴的预提所得税；

③符合《通知》规定的由本层企业间接负担的税额是指该层企业由于从下一层企业分回股息（红利）而间接负担的由下一层企业就其利润缴纳的企业所得税税额；

④本层企业向一家上一层企业分配的股息（红利）是指该层企业向上一层企业实际分配的扣缴预提所得税前的股息（红利）数额；

⑤本层企业所得税后利润额是指该层企业实现的利润总额减去就其利润实际缴纳的企业所得税后的余额。

（3）跨年度利润。

每一层企业从其持股的下一层企业在一个年度中分得的股息（红利），若是由该下一层企业不同年度的税后未分配利润组成，则应按该股息（红利）对应的每一年度未分配利润，分别计算就该项分配利润所间接负担的税额；按各年度计算的间接负担税额之和，即为取得股息（红利）的企业该一个年度中分得的股息（红利）所得所间接负担的所得税额。

（4）层级归属。

境外第二层及以下层级企业归属不同国家的，在计算居民企业负担境外税额时，均以境外第一层企业所在国（地区）为国别划分进行归集计算，而不论该第一层企业的下层企业归属何国（地区）。

13. 关于适用间接抵免的外国企业持股比例的计算

除国务院财政、税务主管部门另有规定外，按照实施条例第八十条规定由居民企业直接或者间接持有 20% 以上股份的外国企业，限于符合以下持股方式的三层外国企业：

第一层：单一居民企业直接持有 20% 以上股份的外国企业；

第二层：单一第一层外国企业直接持有 20% 以上股份，且由单一居民企业直接持有或通过一个或多个符合本条规定持股条件的外国企业间接持有总和达到 20% 以上股份的外国企业；

第三层：单一第二层外国企业直接持有 20% 以上股份，且由单一居民企业直接持有或通过一个或多个符合本条规定持股条件的外国企业间接持有总和达到 20% 以上股份的外国企业。

"持股条件"是指，各层企业直接持股、间接持股以及为计算居民企业间接持股总和比例的每一个单一持股，均应达到 20% 的持股比例。

14. 关于税收饶让抵免的应纳税额的确定

（1）税收优惠属于饶让范围。

居民企业从与我国政府订立税收协定（或安排）的国家（地区）取得的所得，按照该国（地区）税收法律享受了免税或减税待遇，且该免税或减税的数额按照税收协定规定应视同已缴税额在中国的应纳税额中抵免的，该免税或减税数额可作为企业实际缴纳的境外所得税额用于办理税收抵免。

（2）税收饶让适用缔约国。

我国企业所得税法目前尚未单方面规定税收饶让抵免，但我国与有关国家签订的税收协定规定有税收饶让抵免安排，本条对此进行了重申。居民企业从与我国订立税收协定（或安排）的对方国家取得所得，并按该国税收法律享受了免税或减税待遇，且该所得已享受的免税或减税数额按照税收协定（或安排）规定应视同已缴税额在我国应纳税额中抵免的，经企业主管税务机关确认，可在其申报境外所得税额时视为已缴税额。

（3）税收饶让抵免应区别下列情况进行计算。

①税收协定规定定率饶让抵免的，饶让抵免税额为按该定率计算的应纳境外所得税额超过实际缴纳的境外所得税额的数额；

②税收协定规定列举一国税收优惠额给予饶让抵免的，饶让抵免税额为按协定国家（地区）税收法律规定税率计算的应纳所得税额超过实际缴纳税额的数额，即实际税收优惠额。

（4）核定计征企业不得采用税收饶让。

境外所得采用《通知》第十条规定的简易办法计算抵免额的，不适用饶让抵免。

（5）境外所得来源地饶让差异。

企业取得的境外所得根据来源国税收法律法规不判定为所在国应税所得，而按中国税收法律法规规定属于应税所得的，不属于税收饶让抵免范畴，应全额按中国税收法律法规规定缴纳企业所得税。

15. 抵免限额的计算

（1）境外税额的抵免限额公式。

企业应按照企业所得税法及其实施条例和本通知的有关规定分国（地区）别计算境外税额的抵免限额。

某国（地区）所得税抵免限额 = 中国境内、境外所得依照企业所得税法及实施条例的规定计算的应纳税总额 × 来源于某国（地区）的应纳税所得额 ÷ 中国境内、境外应纳税所得总额。

据以计算上述公式中“中国境内、境外所得依照企业所得税法及实施条例的规定计算的应纳税总额”的税率，除国务院财政、税务主管部门另有规定外，应为企业所得税法第四条第一款规定的税率。

企业按照企业所得税法及其实施条例和本通知的有关规定计算的当期境内、境外应纳税所得总额小于零的，应以零计算当期境内、境外应纳税所得总额，其当期境外所得税的抵免限额也为零。

（2）税率统一为法定税率25%。

中国境内外所得依照企业所得税法及实施条例的规定计算的应纳税总额的税率是25%，即使企业境内所得按税收法规规定享受企业所得税优惠的，在进行境外所得税额抵免限额计算中的中国境内、外所得应纳税总额所适用的税率也应为25%。今后若国务院财政、税务主管部门规定境外所得与境内所得享受相同企业所得税优惠政策的，应按有关优惠政策的适用税率或税收负担率计算其应纳税总额和抵免限额；简便计算，也可以按该境外应纳税所得额直接乘以其实际适用的税率或税收负担率得出抵免限额。

财政部国家税务总局《关于高新技术企业境外所得适用税率及税收抵免问题》的通知（财税［2011］47号）补充规定：以境内、境外全部生产经营活动有关的研究开发费用总额、总收入、销售收入总额、高新技术产品（服务）收入等指标申请并经认定的高新技术企业，其来源于境外的所得可以享受高新技术企业所得税优惠政策，即对其来源于境外所得可以按照15%的优惠税率缴纳企业所得税，在计算境外抵免限额时，可按照15%的优惠税率计算境内外应纳税总额。

（3）境外盈利可以弥补境内亏损。

若企业境内所得为亏损，境外所得为盈利，且企业已使用同期境外盈利全部或部分弥补了境内亏损，则境内已用境外盈利弥补的亏损不得再用以后年度境内盈利重复弥补。由此，在计算境外所得抵免限额时，形成当期境内、外应纳税所得总额小于零的，应以零计算当期境内、外应纳税所得总额，其当期境外所得税的抵免限额也为零。上述境外盈利在境外已纳的可予抵免但未能抵免的税额可以在以后5个纳税年度内进行结转抵免。

如果企业境内为亏损，境外盈利分别来自多个国家，则弥补境内亏损时，企业可以自行选择弥补境内亏损的境外所得来源国家（地区）顺序。

16．实际抵免境外税额的计算

在计算实际应抵免的境外已缴纳和间接负担的所得税税额时，企业在境外一国（地区）当年缴纳和间接负担的符合规定的所得税税额低于所计算的该国（地区）抵免限额的，应以该项税额作为境外所得税抵免额从企业应纳税总额中据实抵免；超过抵免限额的，当年应以抵免限额作为境外所得税抵免额进行抵免，超过抵免限额的余额允许从次年起在连续五个纳税年度内，用每年度抵免限额抵免当年应抵税额后的余额进行抵补。

（1）5年抵免。

企业在境外一国（地区）当年缴纳和间接负担的符合规定的企业所得税税额的具体抵免方法，即企业每年应分国（地区）别在抵免限额内据实抵免境外所得税额，超过抵免限额的部分可在以后连续5个纳税年度延续抵免；企业当年境外一国（地区）可抵免税额中既有属于当年已直接缴纳或间接负担的境外所得税额，又有以前年度结转的未逾期可抵免税额时，应首先抵免当年已直接缴纳或间接负担的境外所得税额后，抵免限额有余额的，可再抵免以前年度结转的未逾期可抵免税额，仍抵免不足的，继续向以后年度结转（参见示例九）。

（2）抵免备案资料。

企业申报抵免境外所得税收（包括按照《通知》第十条规定的简易办法进行的抵免）时应向其主管税务机关提交如下书面资料：

①与境外所得相关的完税证明或纳税凭证（原件或复印件）。

②不同类型的境外所得申报税收抵免还需分别提供：

A. 取得境外分支机构的营业利润所得需提供境外分支机构会计报表；境外分支机构所得依照中国境内企业所得税法及实施条例的规定计算的应纳税额的计算过程及说明资料；具有资质的机构出具的有关分支机构审计报告等。

B. 取得境外股息、红利所得需提供集团组织架构图；被投资公司章程复印件；境外企业有权决定利润分配的机构作出的决定书等。

C. 取得境外利息、租金、特许权使用费、转让财产等所得需提供依照中国境内企业所得税法及实施条例规定计算的应纳税额的资料及计算过程；项目合同复印件等。

③申请享受税收饶让抵免的还需提供：

A. 本企业及其直接或间接控制的外国企业在境外所获免税及减税的依据及证明或有关审计报告披露该企业享受的优惠政策的复印件；

B. 企业在其直接或间接控制的外国企业的参股比例等情况的证明复印件；

C. 间接抵免税额或者饶让抵免税额的计算过程；

D. 由本企业直接或间接控制的外国企业的财务会计资料。

④采用简易办法计算抵免限额的还需提供：取得境外分支机构的营业利润所得需提供企业申请及有关情况说。

第36章 “跨地区经营汇总纳税企业年度分摊企业所得税明细表”的理解与填报

“跨地区经营汇总纳税企业年度分摊企业所得税明细表”（A109000）适用于跨地区经营汇总纳税的纳税人填报。

纳税人应根据税法和相关法规之规定，计算企业每一纳税年度应缴的企业所得税、总机构和分支机构应分摊的企业所得税。

纳税人完成“跨地区经营汇总纳税企业年度分摊企业所得税明细表”的填报工作，必须认真学习和领会下列税收文件：

（1）《中华人民共和国企业所得税法》；

（2）《中华人民共和国企业所得税法实施条例》；

（3）财政部 国家税务总局 中国人民银行《关于印发〈跨省市总分机构企业所得税分配及预算管理办法〉的通知》（财预〔2012〕40号）；

（4）国家税务总局《关于印发〈跨地区经营汇总纳税企业所得税征收管理办法〉的公告》（国家税务总局公告2012年第57号）。

实行法人所得税制度是企业所得税法的重要内容，也是促进我国社会主义市场经济进一步发展和完善的客观要求。为妥善处理地区间利益分配关系，做好跨省市总分机构企业所得税收入的征缴和分配管理工作，财政部、国家税务总局、中国人民银行制定了《跨省市总分机构企业所得税分配及预算管理办法》（财预〔2012〕40号）。为加强跨地区经营汇总纳税企业所得税的征收管理，国家税务总局对《跨地区经营汇总纳税企业所得税征收管理暂行办法》（国税发〔2008〕28号）进行了修订，于2012年12月27日印发了《跨地区经营汇总纳税企业所得税征收管理办法》（国家税务总局公告2012年第57号，以下简称汇总纳税办法）自2013年1月1日起执行。

一、汇总纳税企业所得税管理

1. 汇总纳税企业所得税管理办法

（1）适用汇总纳税办法。

①汇总纳税企业。居民企业在中国境内跨地区（指跨省、自治区、直辖市和计划单列市，下同）设立不具有法人资格分支机构的，该居民企业为跨地区经营汇总纳税企业（以下简称汇总纳税企业），除另有规定外，其企业所得税征收管理适用汇总纳税办法。

②汇总纳税办法。属于中央与地方共享范围的跨省市总分机构企业缴纳的企业所得税，按照统一规范、兼顾总机构和分支机构所在地利益的原则，实行“统一计算、分级管理、就地预缴、汇总清算、财政调库”的企业所得税征收管理办法，总分机构统一计算的当期应纳税额的地方分享部分中，25%由总机构所在地分享，50%由各分支机构所在地分享，25%按一定比例在各地间进行分配。

统一计算是指总机构统一计算包括汇总纳税企业所属各个不具有法人资格分支机构在内的全部应纳税所得额、应纳税额。总机构和分支机构适用税率不一致的，应分别按适用税率计算应纳所得税额。

分级管理是指居民企业总机构、分支机构，分别由所在地主管税务机关属地进行监督和管理。总机构、分支机构所在地的主管税务机关都有对当地机构进行企业所得税管理的责任，总机构和分支机构应分别接受机构所在地主管税务机关的管理。

就地预缴是指总机构、分支机构应按汇总纳税办法规定的比例，就地按月或按季分别向所在地主管税务机关申报、预缴企业所得税。

汇总清算是指在年度终了后，总机构统一计算汇总纳税企业的年度应纳税所得额、应纳所得税额，抵减总机构、分支机构当年已就地分期预缴的企业所得税款后，多退少补。

财政调库是指财政部定期将缴入中央国库的汇总纳税企业所得税待分配收入，按照核定的系数调整至地方国库。

（2）不适用汇总纳税办法。

①不适用汇总纳税办法的企业。按照现行财政体制的规定，国有邮政企业（包括中国邮政集团公司及其控股公司和直属单位，包括中国邮政储蓄银行、中国邮政速递物流股份有限公司、中邮人寿保险股份有限公司等）、中国工商银行股份有限公司、中国农业银行股份有限公司、中国银行股份有限公司、国家开发银行股份有限公司、中国农业发展银行、中国进出口银行、中国投资有限责任公司、中国建设银行股份有限公司、中国建银投资有限责任公司、中国信达资产管理股份有限公司、中国华融资产管理股份有限公司、中国东方资产管理公司、中国长城资产管理公司、中国石油天然气股份有限公司、中国石油化工股份有限公司、海洋石油天然气企业（包括中国海洋石油总公司、中海石油（中国）有限公司、中海油田服务股份有限公司、海洋石油工程股份有限公司、中海

油能源发展股份有限公司）、中国长江电力股份有限公司、等企业缴纳的企业所得税（包括滞纳金、罚款）为中央收入，全额上缴中央国库，其企业所得税征收管理不适用《跨省市总分机构企业所得税分配及预算管理办法》。

铁路运输企业（包括广铁集团和大秦铁路公司）所得税征收管理不适用该办法。

②企业所得税为中央收入总分机构管理。上述企业下属二级分支机构均应按照企业所得税的有关规定向当地主管税务机关报送企业所得税预缴申报表或其他相关资料，但其税款由总机构统一汇总计算后向总机构所在地主管税务机关缴纳。

③分支机构资产损失与名单变更后续管理。收入全额归属中央的企业所属二级及二级以下分支机构，发生资产损失的，按照国家税务总局《关于发布〈企业资产损失所得税税前扣除管理办法〉的公告》（2011年第25号）的规定办理。

取消“收入全额归属中央的企业下属二级及二级以下分支机构名单的备案审核”后，收入全额归属中央的企业（简称中央企业）所属二级及二级以下分支机构名单发生变化的，按照以下规定分别向其主管税务机关报送相关资料：

A. 中央企业所属二级分支机构名单发生变化的，中央企业总机构应将调整后情况及分支机构变化情况报送主管税务机关。

B. 中央企业新增二级及以下分支机构的，二级分支机构应将营业执照和总机构出具的其为二级或二级以下分支机构证明文件，在报送企业所得税预缴申报表时，附送其主管税务机关。

新增的三级及以下分支机构，应将营业执照和总机构出具的其为三级或三级以下分支机构证明文件，报送其主管税务机关。

C. 中央企业撤销（注销）二级及以下分支机构的，被撤销分支机构应当按照《税收征收管理法》规定办理注销手续。二级分支机构应将撤销（注销）二级及以下分支机构情况报送其主管税务机关。

主管税务机关应根据中央企业二级及以下分支机构变更备案情况，及时调整完善税收管理信息。

2. 汇总纳税管理

（1）税务登记信息沟通。

汇总纳税企业总机构和分支机构应依法办理税务登记，接受所在地主管税务机关的监督和管理。

①总分机构信息备案。总机构应将其所有二级及以下分支机构（包括不就地分摊缴纳企业所得税的二级分支机构）信息报其所在地主管税务机关备案，内容包括分支机构名称、层级、地址、邮编、纳税人识别号及企业所得税主管税务机关名称、地址和邮编。

分支机构（包括不就地分摊缴纳企业所得税的二级分支机构）应将其总机构、上级分支机构和下属分支机构信息报其所在地主管税务机关备案，内容包括总机构、上级机构和下属分支机构名称、层级、地址、邮编、纳税人识别号及企业所得税主管税务机关名称、地址和邮编。

上述备案信息发生变化的，除另有规定外，应在内容变化后30日内报总机构和分支机构所在地主管税务机关备案，并办理变更税务登记。

分支机构注销税务登记后15日内，总机构应将分支机构注销情况报所在地主管税务机关备案，并办理变更税务登记。

②信息平台建设和维护。税务机关应将汇总纳税企业总机构、分支机构的税务登记信息、备案信息、总机构出具的分支机构有效证明情况及分支机构审核鉴定情况、企业所得税月（季）度预缴纳税申报表和年度纳税申报表、汇总纳税企业分支机构所得税分配表、财务报表（或年度财务状况和营业收支情况）、企业所得税款入库情况、资产损失情况、税收优惠情况、各分支机构参与企业年度纳税调整情况的说明、税务检查及查补税款分摊和入库情况等信息，定期分省汇总上传至国家税务总局跨地区经营汇总纳税企业管理信息交换平台。

（2）二级分支机构判定与挂靠机构处理。

以总机构名义进行生产经营的非法人分支机构，无法提供汇总纳税企业分支机构所得税分配表，应在预缴申报期内向其所在地主管税务机关报送非法人营业执照（或登记证书）的复印件、由总机构出具的二级及以下分支机构的有效证明和支持有效证明的相关材料（包括总机构拨款证明、总分机构协议或合同、公司章程、管理制度等），证明其二级及以下分支机构身份。

二级及以下分支机构所在地主管税务机关应对二级及以下分支机构进行审核鉴定，对应按规定就地分摊缴纳企业所得税的二级分支机构，应督促其及时就地缴纳企业所得税。

以总机构名义进行生产经营的非法人分支机构，无法提供汇总纳税企业分支机构所得税分配表，也无法提供上述相关证据证明其二级及以下分支机构身份的，应视同独立纳税人计算并就地缴纳企业所得税，不执行汇总纳税办法的相关规定。

按上述规定视同独立纳税人的分支机构，其独立纳税人身份一个年度内不得变更。

汇总纳税企业改变组织结构的，总机构和相关二级分支机构应于组织结构改变后30日内，将组织结构变更情况报告主管税务机关。总机构所在省税务局按照定，将汇总纳税企业组织结构变更情况上传至企业所得税汇总纳税信息管理系统。

（3）资产损失管理。

汇总纳税企业发生的资产损失，应按以下规定申报扣除：

①总机构及二级分支机构发生的资产损失，除应按专项申报和清单申报的有关规定各自向所在地主管税务机关申报外，二级分支机构还应同时上报总机构；三级及以下分支机构发生的资产损失不需向所在地主管税务机关申报，应并入二级分支机构，由二级分支机构统一申报。

②总机构对各分支机构上报的资产损失，除税务机关另有规定外，应以清单申报的形式向所在地主管税务机关申报。

③总机构将分支机构所属资产捆绑打包转让所发生的资产损失，由总机构向所在地主管税务机关专项申报。

二级分支机构所在地主管税务机关应对二级分支机构申报扣除的资产损失强化后续管理。

（4）税收优惠管理。

对于按照税收法律、法规和其他规定，由分支机构所在地主管税务机关管理的企业所得税优惠事项，分支机构所在地主管税务机关应加强备案管理，并通过评估、检查和台账管理等手段，加强后续管理。

（5）税务检查。

总机构所在地主管税务机关应加强对汇总纳税企业申报缴纳企业所得税的管理，可以对企业自行实施税务检查，也可以与二级分支机构所在地主管税务机关联合实施税务检查。

总机构所在地主管税务机关应对查实项目按照《企业所得税法》的规定统一计算查增的应纳税所得额和应纳税额。

总机构应将查补所得税款（包括滞纳金、罚款，下同）的 50% 按照规定计算的分摊比例，分摊给各分支机构（不包括不就地分摊缴纳企业所得税的二级分支机构）缴纳，各分支机构根据分摊查补税款就地办理缴库；50% 分摊给总机构缴纳，其中 25% 就地办理缴库，25% 就地全额缴入中央国库。

汇总纳税企业缴纳查补所得税款时，总机构应向其所在地主管税务机关报送汇总纳税企业分支机构所得税分配表和总机构所在地主管税务机关出具的税务检查结论，各分支机构也应向其所在地主管税务机关报送经总机构所在地主管税务机关受理的汇总纳税企业分支机构所得税分配表和税务检查结论。

二级分支机构所在地主管税务机关应配合总机构所在地主管税务机关对其主管二级分支机构实施税务检查，也可以自行对该二级分支机构实施税务检查。二级分支机构所在地主管税务机关自行对其主管二级分支机构实施税务检查，可对查实项目按照《企业所得税法》的规定自行计算查增的应纳税所得额和应纳税额。计算查增的应纳税所得额时，应减除允许弥补的汇总纳税企业以前年度亏损；对于需由总机构统一计算的税前扣除项目，不得由分支机构自行计算调整。二级分支机构应将查补所得税款的 50% 分摊给总机构缴纳，其中 25% 就地办理缴库，25% 就地全额缴入中央国库；50% 分摊给该二级分支机构就地办理缴库。

汇总纳税企业缴纳查补所得税款时，总机构应向其所在地主管税务机关报送经二级分支机构所在地主管税务机关受理的汇总纳税企业分支机构所得税分配表和二级分支机构所在地主管税务机关出具的税务检查结论，二级分支机构也应向其所在地主管税务机关报送汇总纳税企业分支机构所得税分配表和税务检查结论。

（6）主管税务机关与征收方式鉴定。

2008 年底之前已成立的汇总纳税企业，2009 年起新设立的分支机构，其企业所得税的征管部门应与总机构企业所得税征管部门一致；2009 年起新增汇总纳税企业，其分支机构企业所得税的管理部门也应与总机构企业所得税管理部门一致。

汇总纳税企业不得核定征收企业所得税。

（7）仅在省内设立分支机构的管理。

居民企业在中国境内没有跨地区设立不具有法人资格分支机构，仅在同一省、自治区、直辖市和计划单列市（以下称同一地区）内设立不具有法人资格分支机构的，其企业所得税征收管理办法，由各省、自治区、直辖市和计划单列市国家税务局、地方税务局参照汇总纳税办法联合制定。

居民企业在中国境内既跨地区设立不具有法人资格分支机构，又在同一地区内设立不具有法人资格分支机构的，其企业所得税征收管理实行汇总纳税办法。

二、税款预缴与汇算清缴

汇总纳税企业按照《企业所得税法》规定汇总计算的企业所得税，包括预缴税款和汇算清缴应缴应退税款，50%在各分支机构间分摊，各分支机构根据分摊税款就地办理缴库或退库；50%由总机构分摊缴纳，其中25%就地办理缴库或退库，25%就地全额缴入中央国库或退库。

1. 税款预缴

由总机构统一计算企业应纳税所得额和应纳所得税额，并分别由总机构、分支机构按月或按季就地预缴。

（1）预缴方式。企业所得税分月或者分季预缴，由总机构所在地主管税务机关具体核定。

汇总纳税企业应根据当期实际利润额，按照汇总纳税办法规定的预缴分摊方法计算总机构和分支机构的企业所得税预缴额，分别由总机构和分支机构就地预缴；在规定期限内按实际利润额预缴有困难的，也可以按照上一年度应纳税所得额的1/12或1/4，按照规定的预缴分摊方法计算总机构和分支机构的企业所得税预缴额，分别由总机构和分支机构就地预缴。预缴方法一经确定，当年度不得变更。

（2）纳税资料报送。汇总纳税企业预缴申报时，总机构除报送企业所得税预缴申报表和企业当期财务报表外，还应报送汇总纳税企业分支机构所得税分配表和各分支机构上一年度的年度财务报表（或年度财务状况和营业收支情况）；分支机构除报送企业所得税预缴申报表（只填列部分项目）外，还应报送经总机构所在地主管税务机关受理的汇总纳税企业分支机构所得税分配表。

在一个纳税年度内，各分支机构上一年度的年度财务报表（或年度财务状况和营业收支情况）原则上只需要报送一次。

2. 汇算清缴

（1）汇总纳税企业汇算清缴。汇总纳税企业应当自年度终了之日起5个月内，由总机构汇总计算企业年度应纳所得税额，扣除总机构和各分支机构已预缴的税款，计算出应缴应退税款，按照规定的税款分摊方法计算总机构和分支机构的企业所得税应缴应退税款，分别由总机构和分支机构就地办理税款缴库或退库。

汇总纳税企业在纳税年度内预缴企业所得税税款少于全年应缴企业所得税税款的，应在汇算清缴期内由总、分机构分别结清应缴的企业所得税税款；预缴税款超过应缴税款的，主管税务机关应及时按有关规定分别办理退税，或者经总、分机构同意后分别抵缴其下一年度应缴企业所得税税款。

（2）汇算清缴时应报送的资料。汇总纳税企业汇算清缴时，总机构除报送企业所得税年度纳税申报表和年度财务报表外，还应报送汇总纳税企业分支机构所得税分配表、各分支机构的年度财务报表和各分支机构参与企业年度纳税调整情况的说明；分支机构除报送企业所得税年度纳税申报表（只填列部分项目）外，还应报送经总机构所在地主管税务机关受理的汇总纳税企业分支机构所得税分配表、分支机构的年度财务报表（或年度财务状况和营业收支情况）和分支机构参与企业年度纳税调整情况的说明。

分支机构参与企业年度纳税调整情况的说明，可参照企业所得税年度纳税申报表附表“纳税调整项目明细表”中列明的项目进行说明，涉及需由总机构统一计算调整的项目不进行说明。

(3) 不按期提供资料的处罚。分支机构未按规定报送经总机构所在地主管税务机关受理的汇总纳税企业分支机构所得税分配表，分支机构所在地主管税务机关应责成该分支机构在申报期内报送，同时提请总机构所在地主管税务机关督促总机构按照规定提供上述分配表；分支机构在申报期内不提供的，由分支机构所在地主管税务机关对分支机构按照《税收征收管理法》的有关规定予以处罚；属于总机构未向分支机构提供分配表的，分支机构所在地主管税务机关还应提请总机构所在地主管税务机关对总机构按照《税收征收管理法》的有关规定予以处罚。

由此可见：汇算清缴的主体仍然是总机构。分支机构并不需要进行年度纳税调整，自行计算应纳税所得额和应纳税额，只是根据总机构填报的分配表中应缴应退的税款，就地申报补（退）税。为了保证汇缴工作的顺利进行，也需要分支机构填列年度纳税申报表，但只需要填列有限的几项，与总机构的年度纳税申报完全是两个概念。

3. 跨地区经营建筑企业所得税处理

实行总分机构体制的跨地区经营建筑企业应严格按照“统一计算，分级管理，就地预缴，汇总清算，财政调库”的办法计算缴纳企业所得税。为进一步加强对跨地区（指跨省、自治区、直辖市和计划单列市，下同）经营建筑企业所得税的征收管理，国家税务总局《关于跨地区经营建筑企业所得税征收管理问题的通知》（国税函〔2010〕156号），对跨地区经营建筑企业所得税征收管理问题作出规定，自2010年1月1日起施行。

(1) 项目部预缴。建筑企业所属二级或二级以下分支机构直接管理的项目部（包括与项目部性质相同的工程指挥部、合同段等，下同）不就地预缴企业所得税，其经营收入、职工薪酬和资产总额应汇总到二级分支机构统一核算，由二级分支机构按照规定的办法预缴企业所得税。

建筑企业总机构直接管理的跨地区设立的项目部，应按项目实际经营收入的0.2%按月或按季由总机构向项目所在地预分企业所得税，并由项目部向所在地主管税务机关预缴。

(2) 总机构预缴。建筑企业总机构应汇总计算企业应纳所得税，按照以下方法进行预缴：

①总机构只设跨地区项目部的，扣除已由项目部预缴的企业所得税后，按照其余额就地缴纳；

②总机构只设二级分支机构的，按照规定计算总、分支机构应缴纳的税款；

③总机构既有直接管理的跨地区项目部，又有跨地区二级分支机构的，先扣除已由项目部预缴的企业所得税后，再按照规定计算总、分支机构应缴纳的税款。

建筑企业总机构在办理企业所得税预缴和汇算清缴时，应附送其所直接管理的跨地区经营项目部就地预缴税款的完税证明。

(3) 年度汇算清缴。汇总纳税建筑企业应当自年度终了之日起5个月内，由总机构汇总计算企业年度应纳所得税额，扣除总机构和各分支机构已预缴的税款，计算出应缴应退税款，按照规定的税款分摊方法计算总机构和分支机构的企业所得税应缴应退税款，分别由总机构和分支机构就地办理税款缴库或退库。

汇总纳税企业在纳税年度内预缴企业所得税税款少于全年应缴企业所得税税款的，应在汇算清缴期内由总、分机构分别结清应缴的企业所得税税款；预缴税款超过应缴税款的，主管税务机关应及时按有关规定分别办理退税，或者经总、分机构同意后分别抵缴其下一年度应缴企业所得税税款。

（4）项目部管理。根据《增值税暂行条例》第二十二条规定，固定业户到外县（市）销售货物或者劳务，应当向其机构所在地的主管税务机关报告外出经营事项，并向其机构所在地的主管税务机关申报纳税；未报告的，应当向销售地或者劳务发生地的主管税务机关申报纳税；未向销售地或者劳务发生地的主管税务机关申报纳税的，由其机构所在地的主管税务机关补征税款。

属于固定业户的建筑企业设立跨地区经营的项目部（包括二级以下分支机构管理的项目部），应当向其机构所在地的主管税务机关报告外出经营事项，并向项目部所在地主管税务机关报验。不能提供相关证明的，应作为独立纳税人就地缴纳企业所得税。同时，项目部应向所在地主管税务机关提供总机构出具的证明该项目部属于总机构或二级分支机构管理的证明文件。

建筑企业总机构在办理企业所得税预缴和汇算清缴时，应附送其所直接管理的跨地区经营项目部就地预缴税款的完税证明。

（5）省内跨县、市项目部的处理。建筑企业在同一省、自治区、直辖市和计划单列市设立的跨地（市、县）项目部，其企业所得税的征收管理办法，由各省、自治区、直辖市和计划单列市国家税务局、地方税务局共同制定，并报国家税务总局备案。

三、“跨地区经营汇总纳税企业年度分摊企业所得税明细表”

表36－1　跨地区经营汇总纳税企业年度分摊企业所得税明细表（A109000）

行次	项　目	金　额
1	一、实际应纳所得税额	
2	减：境外所得应纳所得税额	
3	加：境外所得抵免所得税额	
4	二、用于分摊的本年实际应纳所得税额（1－2＋3）	
5	三、本年累计已预分、已分摊所得税额（6＋7＋8＋9）	
6	（一）总机构直接管理建筑项目部已预分所得税额	
7	（二）总机构已分摊所得税额	
8	（三）财政集中已分配所得税额	
9	（四）分支机构已分摊所得税额	
10	其中：总机构主体生产经营部门已分摊所得税额	
11	四、本年度应分摊的应补（退）的所得税额（4－5）	
12	（一）总机构分摊本年应补（退）的所得税额（11×总机构分摊比例）	
13	（二）财政集中分配本年应补（退）的所得税额（11×财政集中分配比例）	
14	（三）分支机构分摊本年应补（退）的所得税额（11×分支机构分摊比例）	
15	其中：总机构主体生产经营部门分摊本年应补（退）的所得税额（11×总机构主体生产经营部门分摊比例）	
16	五、境外所得抵免后的应纳所得税额（2－3）	
17	六、总机构本年应补（退）所得税额（12＋13＋15＋16）	

1. 汇总纳税申报涉及的主要表单

（1）企业基础信息表。

跨省、自治区、直辖市经营汇总纳税企业根据所缴纳的企业所得税的归属，分为企业所得税属于中央与地方分享范围的企业，执行《跨地区经营汇总纳税企业所得税征收管理办法》；企业所得税属于中央收入、全额上缴中央国库的跨地区经营企业，不执行《跨地区经营汇总纳税企业所得税征收管理办法》。

表 36－2 跨地区经营总分机构汇总纳税

<table>
<tr><th></th><th>所得税归属</th><th>依 据</th><th>办 法</th><th>总机构</th><th>二级分支机构</th></tr>
<tr><td rowspan="2">跨地区总分机构</td><td>中央与地方共享</td><td>执行《跨地区经营汇总纳税企业所得税征收管理办法》</td><td>“统一计算、分级管理、就地预缴、汇总清算、财政调库”</td><td>向机构所在地申报并缴纳企业所得税</td><td>就地申报并预缴所得税</td></tr>
<tr><td>为中央收入，全额上缴中央国库</td><td>不执行汇总纳税办法</td><td></td><td>应缴纳的企业所得税，由企业总机构统一汇总计算后，向总机构所在地主管税务机关申报预缴，年终进行汇算清缴</td><td>二级分支机构应按照规定，向其当地主管税务机关报送企业所得税预缴申报表和其他相关资料，各分支机构不就地预缴企业所得税</td></tr>
</table>

跨地区经营汇总纳税企业，在进行企业所得税年度纳税申报时，需填报“企业基础信息表”（A000000）“100 基本信息”中的“101 汇总纳税企业”相关信息。

表 36－3 A000000 企业基础信息表（A104000）

<table>
<tr><th colspan="4">100 基本信息</th></tr>
<tr><td>101 汇总纳税企业</td><td colspan="3">□总机构（跨省）——适用《跨地区经营汇总纳税企业所得税征收管理办法》
□总机构（跨省）——不适用《跨地区经营汇总纳税企业所得税征收管理办法》
□总机构（省内）
□分支机构（须进行完整年度纳税申报且按比例纳税）——就地缴纳比例＝ %
□分支机构（须进行完整年度纳税申报但不就地缴纳）
□否</td></tr>
<tr><td>102 所属行业明细代码</td><td></td><td>103 资产总额（万元）</td><td></td></tr>
<tr><td>104 从业人数</td><td></td><td>105 国家限制或禁止行业</td><td>□是 □否</td></tr>
<tr><th colspan="4">100 基本信息</th></tr>
<tr><td>106 非营利组织</td><td>□是 □否</td><td>107 存在境外关联交易</td><td>□是 □否</td></tr>
<tr><td>108 上市公司</td><td>是（□境内 □境外）□否</td><td>109 专门从事股权投资业务</td><td>□是 □否</td></tr>
<tr><td>110 适用的会计准则或会计制度</td><td colspan="3">企业会计准则（ □一般企业□银行□证券□保险□担保 ）
□小企业会计准则
□企业会计制度
事业单位会计准则（ □事业单位会计制度 □科学事业单位会计制度 □医院会计制度
□高等学校会计制度 □中小学校会计制度 □彩票机构会计制度）
□民间非营利组织会计制度
□村集体经济组织会计制度
□农民专业合作社财务会计制度（试行）
□其他</td></tr>
</table>

“101 汇总纳税企业”：纳税人根据情况选择。纳税人为国家税务总局《关于印发〈跨地区经营汇总纳税企业所得税征收管理办法〉的公告》（国家税务总局公告 2012 第 57 号）规定的跨省、自

治区、直辖市和计划单列市设立不具有法人资格分支机构的跨地区经营汇总纳税企业总机构，选择“总机构（跨省）——适用《跨地区经营汇总纳税企业所得税征收管理办法》”，并填报表 A109000 和 A109010。

纳税人为国家税务总局《关于印发〈跨地区经营汇总纳税企业所得税征收管理办法〉的公告》（国家税务总局公告 2012 第 57 号）第二条规定的不适用该公告的总机构，选择“总机构（跨省）——不适用《跨地区经营汇总纳税企业所得税征收管理办法》”；

纳税人为仅在同一省、自治区、直辖市和计划单列市（以下称同一地区）内设立不具有法人资格分支机构的跨地区经营汇总纳税企业总机构，选择“总机构（省内）”；

纳税人根据相关政策规定为须进行完整年度申报并按比例纳税的分支机构，选择“分支机构（须进行完整年度申报并按比例纳税）”，并填写就地缴纳比例；

纳税人根据相关政策规定为须进行完整年度申报但不就地缴纳所得税的分支机构，选择“分支机构（须进行完整年度申报但不就地缴纳）”；

其他纳税人选择“否”。

（2）年度纳税申报表主表相关行次。

跨地区经营汇总纳税企业年度纳税申报时，主表 A100000 与跨地区经营相关的行次主要包括第 28 行至 36 行。

表 36－4　中华人民共和国企业所得税年度纳税申报表（A 类）（A100000）

行次	类别	项　目	金额
1	利润总额计算	一、营业收入（填写 A101010 \ 101020 \ 103000）	□
13		三、利润总额（10＋11－12）	□
14	应纳税所得额计算	减：境外所得（填写 A108010）	□
15		加：纳税调整增加额（填写 A105000）	□
16		减：纳税调整减少额（填写 A105000）	□
19		四、纳税调整后所得（13－14＋15－16－17＋18）	□
23		五、应纳税所得额（19－20－21－22）	□
24	应纳税额计算	税率（25%）	□
25		六、应纳所得税额（23×24）	□
26		减：减免所得税额（填写 A107040）	□
27		减：抵免所得税额（填写 A107050）	□
28		七、应纳税额（25－26－27）	□
29		加：境外所得应纳所得税额（填写 A108000）	□
30		减：境外所得抵免所得税额（填写 A108000）	□
31		八、实际应纳所得税额（28＋29－30）	□
32		减：本年累计实际已缴纳的所得税	□
33		九、本年应补（退）所得税额（31－32）	□
34		其中：总机构分摊本年应补（退）所得税额（填写 A109000）	□
35		财政集中分配本年应补（退）所得税额（填写 A109000）	□
36		总机构主体生产经营部门分摊本年应补（退）所得税额（填写 A109000）	□

2. 年度分摊企业所得税明细表

（1）表单及其适用。

“跨地区经营汇总纳税企业年度分摊企业所得税明细表”（A109000）适用于跨地区经营汇总纳税的纳税人填报。纳税人应根据税法、财政部 国家税务总局 中国人民银行《关于印发〈跨省市总分机构企业所得税分配及预算管理办法〉的通知》（财预〔2012〕40号）、国家税务总局《关于印发〈跨地区经营汇总纳税企业所得税征收管理办法〉的公告》（2012年第57号）规定计算总分机构每一纳税年度应缴的企业所得税、总分机构应分摊的企业所得税。仅在同一省（自治区、直辖市和计划单列市）内设立不具有法人资格分支机构的汇总纳税企业，省（自治区、直辖市和计划单列市）参照上述文件规定制定企业所得税分配管理办法的，按照其规定填报本表。

表36－5 跨地区经营汇总纳税企业年度分摊企业所得税明细表（A109000）

行次	项　目	金额
1	一、总机构实际应纳所得税额	
2	减：境外所得应纳所得税额	
3	加：境外所得抵免所得税额	
4	二、总机构用于分摊的本年实际应纳所得税（1－2＋3）	
5	三、本年累计已预分、已分摊所得税（6＋7＋8＋9）	
6	（一）总机构向其直接管理的建筑项目部所在地预分的所得税额	
7	（二）总机构已分摊所得税额	
8	（三）财政集中已分配所得税额	
9	（四）总机构所属分支机构已分摊所得税额	
10	其中：总机构主体生产经营部门已分摊所得税额	
11	四、总机构本年度应分摊的应补（退）的所得税（4－5）	
12	（一）总机构分摊本年应补（退）的所得税额（11×规定比例）	
13	（二）财政集中分配本年应补（退）的所得税额（11×规定比例）	
14	（三）总机构所属分支机构分摊本年应补（退）的所得税额（11×规定比例）	
15	其中：总机构主体生产经营部门分摊本年应补（退）的所得税额	
16	五、总机构境外所得抵免后的应纳所得税额（2－3）	
17	六、总机构本年应补（退）的所得税额（12＋13＋15＋16）	

（2）填报方法。

①总机构实际应纳所得税额。

第1行“总机构实际应纳所得税额”填报表A100000第31行的金额。即：第1行＝表A10000第31行。

第2行“境外所得应纳所得税额”：填报表A100000第29行的金额。即：第2行＝表A10000第29行。

第3行“境外所得抵免所得税额”：填报表A100000第30行的金额。

即：第3行＝表A10000第30行。

②总机构用于分摊的本年实际应纳所得税。

第4行“总机构用于分摊的本年实际应纳所得税”填报第1－2＋3行的金额。即：第4行＝第

1 -2 +3 行。

③本年累计已预分、已分摊所得税。

第 5 行“本年累计已预分、已分摊所得税”：填报总机构按照税收规定计算的跨地区分支机构本年累计已分摊的所得税额、建筑企业总机构直接管理的跨地区项目部本年累计已预分并就地预缴的所得税额。填报第 6 +7 +8 +9 行的金额。即：第 5 行 = 第 6 +7 +8 +9 行。

从表间关系看：第 5 行 = 表 A10000 第 32 行。

第 6 行“总机构向其直接管理的建筑项目部所在地预分的所得税额”：填报建筑企业总机构按照规定在预缴纳税申报时，向其直接管理的项目部所在地按照项目收入的 0. 2% 预分的所得税额。

第 7 行“总机构已分摊所得税额”：填报总机构在预缴申报时已按照规定比例计算缴纳的由总机构分摊的所得税额。

第 8 行“财政集中已分配所得税额”：填报总机构在预缴申报时已按照规定比例计算缴纳的由财政集中分配的所得税额。

第 9 行“总机构所属分支机构已分摊所得税额”：填报总机构在预缴申报时已按照规定比例计算缴纳的由所属分支机构分摊的所得税额。

第 10 行“总机构主体生产经营部门已分摊所得税额”：填报总机构在预缴申报时已按照规定比例计算缴纳的由总机构主体生产经营部门分摊的所得税额。

④总机构本年度应分摊的应补（退）的所得税。

第 11 行“总机构本年度应分摊的应补（退）的所得税”：填报总机构汇总计算本年度应补（退）的所得税额，不包括境外所得应纳所得税额。填报第 4 -5 行的金额。即：

第 11 行 = 第 4 -5 行。

第 12 行“总机构分摊本年应补（退）的所得税额”填报第 11 行 × 规定比例金额。即：第 12 行 = 第 11 行 × 规定比例。

第 13 行“财政集中分配本年应补（退）的所得税额”：填报第 11 行 × 规定比例金额。即：第 13 行 = 第 11 行 × 规定比例。

从表间关系看：第 13 行 = 表 A100000 第 35 行。

第 14 行“总机构所属分支机构分摊本年应补（退）的所得税额”：填报第 11 行 × 规定比例的金额。即：第 14 行 = 第 11 行 × 规定比例。

第 15 行“总机构主体生产经营部门分摊本年应补（退）的所得税额”：填报第 11 行 × 总机构主体生产经营部门分摊比例的金额。即：第 15 行 = 第 11 行 × 总机构主体生产经营部门分摊比例。

从表间关系看：第 15 行 = 表 A10000 第 36 行。

⑤总机构境外所得抵免后的应纳所得税额。

第 16 行“总机构境外所得抵免后的应纳所得税额”：填报第 2 -3 行的金额。即：第 16 行 = 第 2 -3 行。

从表间关系看：第 12 +16 行 = 表 A10000 第 34 行。

⑥总机构本年应补（退）的所得税额。

第 17 行“总机构本年应补（退）的所得税额”：填报第 12 +13 +15 +16 行的金额。

即：第 17 行 = 第 12 +13 +15 +16 行。

第37章
“企业所得税汇总纳税分支机构所得税分配表”的理解与填报

“企业所得税汇总纳税分支机构所得税分配表”（A109010）适用于跨地区经营汇总纳税的总机构填报。

纳税人应根据税法和相关法规之规定，计算总分机构每一纳税年度应缴的企业所得税额、总机构和分支机构应分摊的企业所得税额。

纳税人完成“企业所得税汇总纳税分支机构所得税分配表”的填报工作，必须认真学习和领会下列税收文件：

（1）财政部 国家税务总局 中国人民银行《关于印发〈跨省市总分机构企业所得税分配及预算管理办法〉的通知》（财预〔2012〕40号）；

（2）国家税务总局《关于印发〈跨地区经营汇总纳税企业所得税征收管理办法〉的公告》（2012年第57号）。

一、“汇总纳税分支机构所得税分配表”焦点问题

1. 就地分摊缴纳企业所得税的机构

（1）就地分摊缴纳企业所得税的机构。

总机构和具有主体生产经营职能的二级分支机构，就地分摊缴纳企业所得税。

①二级分支机构。二级分支机构是指汇总纳税企业依法设立并领取非法人营业执照（登记证书），且总机构对其财务、业务、人员等直接进行统一核算和管理的分支机构。这是对二级分支机构法律形式和运营特点的一般概括。

②视同二级分支机构。总机构设立具有主体生产经营职能的部门（非该规定的二级分支机构），且该部门的营业收入、职工薪酬和资产总额与管理职能部门分开核算的，可将该部门视同一个二级分支机构，按规定计算分摊并就地缴纳企业所得税；该部门与管理职能部门的营业收入、职工薪酬和资产总额不能分开核算的，该部门不得视同一个二级分支机构，不得按计算分摊并就地缴纳企业所得税。这是一种视同二级分支机构的情形，属于二级分支机构的特例。

③不视同二级分支机构。对新设立的二级分支机构，汇总纳税办法明确了两种例外情形，即不视同新设二级分支机构的情形，主要考虑这些机构之前已经存在并已就地分摊缴纳税款，重组之后继续作为二级分支机构管理的，按照实质重于形式的原则，不应作为新设分支机构，应该按规定继续计算分摊并就地缴纳税款。具体包括如下企业外部重组与内部重组两种情形：

A. 汇总纳税企业当年由于重组等原因从其他企业取得重组当年之前已存在的二级分支机构，并作为本企业二级分支机构管理的，该二级分支机构不视同当年新设立的二级分支机构，按规定计算分摊并就地缴纳企业所得税。

B. 汇总纳税企业内就地分摊缴纳企业所得税的总机构、二级分支机构之间，发生合并、分立、管理层级变更等形成的新设或存续的二级分支机构，不视同当年新设立的二级分支机构，应按规定计算分摊并就地缴纳企业所得税。

（2）不就地分摊缴纳企业所得税的机构。

以下二级分支机构不就地分摊缴纳企业所得税：

①不具有主体生产经营职能，且在当地不缴纳增值税的产品售后服务、内部研发、仓储等汇总纳税企业内部辅助性的二级分支机构，不就地分摊缴纳企业所得税。

②上年度认定为小型微利企业的，其二级分支机构不就地分摊缴纳企业所得税。

③新设立的二级分支机构，设立当年不就地分摊缴纳企业所得税。

④当年撤销的二级分支机构，自办理注销税务登记之日所属企业所得税预缴期间起，不就地分摊缴纳企业所得税。

⑤汇总纳税企业在中国境外设立的不具有法人资格的二级分支机构，不就地分摊缴纳企业所得税。

2. 税款分配基本格局

总机构应将本期企业应纳所得税额的50%部分，在每月或季度终了后15日内就地申报预缴。总机构应将本期企业应纳所得税额的另外50%部分，按照各分支机构应分摊的比例，在各分支机构之间进行分摊，并及时通知到各分支机构；各分支机构应在每月或季度终了之日起15日内，就其分摊的所得税额就地申报预缴。

分支机构未按税款分配数额预缴所得税造成少缴税款的，主管税务机关应按照《税收征收管理法》的有关规定对其处罚，并将处罚结果通知总机构所在地主管税务机关。

3. 分摊税款的计算

（1）计算分摊税款的公式。

①总机构分摊税款。总机构按以下公式计算分摊税款：

总机构分摊税款=汇总纳税企业当期应纳所得税额×50%

②分支机构分摊税款。分支机构按以下公式计算分摊税款：

所有分支机构分摊税款总额=汇总纳税企业当期应纳所得税额×50%

某分支机构分摊税款=所有分支机构分摊税款总额×该分支机构分摊比例

（2）分支机构分摊税款比例计算。

①分摊税款比例的计算。总机构应按照上年度分支机构的营业收入、职工薪酬和资产总额三个因素计算各分支机构分摊所得税款的比例；三级及以下分支机构，其营业收入、职工薪酬和资产总额统一计入二级分支机构；三因素的权重依次为0.35、0.35、0.30。

计算公式如下：

某分支机构分摊比例=（该分支机构营业收入/各分支机构营业收入之和）×0.35+（该分支机构职工薪酬/各分支机构职工薪酬之和）×0.35+（该分支机构资产总额/各分支机构资产总额之和）×0.30

分支机构营业收入，是指分支机构销售商品、提供劳务、让渡资产使用权等日常经营活动实现的全部收入。其中，生产经营企业分支机构营业收入是指生产经营企业分支机构销售商品、提供劳务、让渡资产使用权等取得的全部收入。金融企业分支机构营业收入是指金融企业分支机构取得的利息、手续费、佣金等全部收入。保险企业分支机构营业收入是指保险企业分支机构取得的保费等全部收入。

分支机构职工薪酬，是指分支机构为获得职工提供的服务而给予各种形式的报酬以及其他相关支出。

分支机构资产总额，是指分支机构在经营活动中实际使用的应归属于该分支机构的资产合计额。

上年度分支机构的营业收入、职工薪酬和资产总额，是指分支机构上年度全年的营业收入、职工薪酬数据和上年度12月31日的资产总额数据，是依照国家统一会计制度的规定核算的数据。

分支机构所在地主管税务机关应根据经总机构所在地主管税务机关受理的汇总纳税企业分支机构所得税分配表、分支机构的年度财务报表（或年度财务状况和营业收支情况）等，对其主管分支机构计算分摊税款比例的三个因素、计算的分摊税款比例和应分摊缴纳的所得税税款进行查验核对；对查验项目有异议的，应于收到汇总纳税企业分支机构所得税分配表后30日内向企业总机构所在地主管税务机关提出书面复核建议，并附送相关数据资料。

总机构所在地主管税务机关必须于收到复核建议后30日内，对分摊税款的比例进行复核，作出调整或维持原比例的决定，并将复核结果函复分支机构所在地主管税务机关。分支机构所在地主管税务机关应执行总机构所在地主管税务机关的复核决定。总机构所在地主管税务机关未在规定时间内复核并函复复核结果的，上级税务机关应对总机构所在地主管税务机关按照有关规定进行处理。复核期间，分支机构应先按总机构确定的分摊比例申报缴纳税款。

②分摊税款比例的调整。分支机构分摊比例按上述方法一经确定后，当年一般不作调整，即在当年预缴税款和汇算清缴时均采用同一分摊比例。针对上市公司等在首次预缴分摊采用的“三因素”与其后经过注册会计师审计的“三因素”数据存在差异的情况，汇总纳税办法进一步明确规定，一个纳税年度内，总机构首次计算分摊税款时采用的分支机构营业收入、职工薪酬和资产总额数据，与此后经过中国注册会计师审计确认的数据不一致的，不作调整。保证了年度内分摊比例的一致性。

不过当出现：当年撤销分支机构不再参与分摊、总机构设立具有主体生产经营职能部门视同分支机构参与分摊和企业外部重组与内部重组形成新分支机构不视同新设分支机构参与分摊三种例外情形时，应重新计算分摊比例。考虑到这是例外情形，并不会对分配比例的一致性造成冲击。

（3）总分机构不同税率情况下的计算。

对于按照税收法律、法规和其他规定，总机构和分支机构处于不同税率地区的，先由总机构统一计算全部应纳税所得额，然后按50%由各分支机构分摊和按“三因素”计算的某分支机构分摊比例，计算划分不同税率地区机构的应纳税所得额，再分别按各自的适用税率计算应纳税额后加总计算出汇总纳税企业的应纳所得税总额，最后再按50%由各分支机构分摊和按“三因素”计算的某分支机构分摊比例，向总机构和分支机构分摊就地缴纳的企业所得税款。

（4）计算错误的处理。

汇总纳税企业未按照规定准确计算分摊税款，造成总机构与分支机构之间同时存在一方（或几方）多缴另一方（或几方）少缴税款的，其总机构或分支机构分摊缴纳的企业所得税低于按汇总纳税办法规定计算分摊的数额的，应在下一税款缴纳期内，由总机构将按规定计算分摊的税款差额分摊到总机构或分支机构补缴；其总机构或分支机构就地缴纳的企业所得税高于按规定计算分摊的数额的，应在下一税款缴纳期内，由总机构将按规定计算分摊的税款差额从总机构或分支机构的分摊税款中扣减。

（5）查补收入及滞纳金、罚款的处理。

①分支机构查补收入的归属。二级分支机构所在地主管税务机关自行对二级分支机构实施税务检查，二级分支机构应将查补所得税款、滞纳金、罚款地方分享部分的50%归属该二级分支机构所在地，就地办理缴库；其余50%分摊给总机构办理缴库，其中，25%归属总机构所在地，25%就地全额缴入中央国库，由中央财政按照一定比例在各地区间分配。

②税款滞纳金、罚款收入的归属。除查补税款滞纳金、罚款收入实行跨地区分享外，跨省市总分机构企业缴纳的其他企业所得税滞纳金、罚款收入不实行跨地区分享，按照规定的缴库程序就地缴库。

二、“企业所得税汇总纳税分支机构所得税分配表”

1. 分支机构所得税分配表及填报

（1）分支机构所得税分配表。

“企业所得税汇总纳税分支机构所得税分配表”（A109010）适用于跨地区经营汇总纳税的总机构填报。纳税人应根据税法、财政部 国家税务总局 中国人民银行《关于印发〈跨省市总分机构企业所得税分配及预算管理办法〉的通知》（财预〔2012〕40 号）、国家税务总局《关于印发〈跨地区经营汇总纳税企业所得税征收管理办法〉的公告》（国家税务总局公告 2012 年第 57 号）规定计算总分机构每一纳税年度应缴的企业所得税、总分机构应分摊的企业所得税。对于仅在同一省（自治区、直辖市和计划单列市）内设立不具有法人资格分支机构的总机构，根据本省（自治区、直辖市和计划单列市）汇总纳税分配办法实行汇总纳税的企业，填报本表。

报送要求是：季度终了之日起 10 日内，由实行汇总纳税的总机构随同《中华人民共和国企业所得税月（季）度纳税申报表（A 类）》报送；季度终了之日起 15 日内，由实行汇总纳税，具有主体生产经营职能的分支机构随同“中华人民共和国企业所得税月（季）度纳税申报表（A 类）”报送总机构申报后加盖有主管税务机关受理专用章的“中华人民共和国汇总纳税分支机构企业所得税分配表”（复印件）。年度终了之日起 5 个月内，由实行汇总纳税的总机构随同“中华人民共和国企业所得税年度纳税申报表（A 类）”报送。

企业所得税汇总纳税分支机构所得税分配表（A109010）

税款所属期间： 年 月 日至 年 月 日

总机构名称（盖章）：

总机构统一社会信用代码（纳税人识别号）： 金额单位：元（列至角分）

<table>
<tr><td colspan="2">应纳所得税额</td><td>总机构分摊所得税额</td><td colspan="3">总机构财政集中分配所得税额</td><td colspan="2">分支机构分摊所得税额</td></tr>
<tr><td colspan="2"></td><td></td><td colspan="3"></td><td colspan="2"></td></tr>
<tr><td rowspan="15">分支机构情况</td><td rowspan="2">分支机构统一社会信用代码（纳税人识别号）</td><td rowspan="2">分支机构名称</td><td colspan="3">三项因素</td><td rowspan="2">分配比例</td><td rowspan="2">分配所得税额</td></tr>
<tr><td>营业收入</td><td>职工薪酬</td><td>资产总额</td></tr>
<tr><td></td><td></td><td></td><td></td><td></td><td></td><td></td></tr>
<tr><td></td><td></td><td></td><td></td><td></td><td></td><td></td></tr>
<tr><td></td><td></td><td></td><td></td><td></td><td></td><td></td></tr>
<tr><td></td><td></td><td></td><td></td><td></td><td></td><td></td></tr>
<tr><td></td><td></td><td></td><td></td><td></td><td></td><td></td></tr>
<tr><td></td><td></td><td></td><td></td><td></td><td></td><td></td></tr>
<tr><td></td><td></td><td></td><td></td><td></td><td></td><td></td></tr>
<tr><td></td><td></td><td></td><td></td><td></td><td></td><td></td></tr>
<tr><td></td><td></td><td></td><td></td><td></td><td></td><td></td></tr>
<tr><td></td><td></td><td></td><td></td><td></td><td></td><td></td></tr>
<tr><td></td><td></td><td></td><td></td><td></td><td></td><td></td></tr>
<tr><td></td><td></td><td></td><td></td><td></td><td></td><td></td></tr>
<tr><td colspan="2">合计</td><td></td><td></td><td></td><td></td><td></td></tr>
</table>

（2）具体项目填报方法。

①“税款所属期间”：填报公历1月1日至12月31日。

②“总机构名称”“分支机构名称”：填报税务登记证所载纳税人的全称。

③“总机构统一社会信用代码（纳税人识别号）”“分支机构统一社会信用代码（纳税人识别号）”：填报工商部门统一核发的纳税人社会信用代码或税务机关统一核发的税务登记证号码。

④“应纳所得税额”：填报总机构按照汇总计算的、且不包括境外所得应纳所得税额的本年应补（退）的所得税额。数据来源于“跨地区经营汇总纳税企业年度分摊企业所得税明细表”（A109000）第11行“总机构本年度应分摊的应补（退）的所得税”。即从表间关系看：应纳所得税额＝表A109000第11行。

⑤“总机构分摊所得税额”：对于跨省（自治区、直辖市、计划单列市）经营汇总纳税企业，填报总机构统一计算的本年应补（退）的所得税额×25%的金额；对于同一省（自治区、直辖市、计划单列市）内跨区县经营汇总纳税企业，填报总机构统一计算的本年应补（退）的所得税额×规定比例的金额。即：

总机构分摊所得税额＝应纳所得税额×规定比例。

⑥“总机构财政集中分配所得税额”：对于跨省（自治区、直辖市、计划单列市）经营汇总纳税企业，填报总机构统一计算的本年应补（退）的所得税额×25%的金额；对于同一省（自治区、直辖市、计划单列市）内跨区县经营汇总纳税企业，填报总机构统一计算的本年应补（退）的所得税额×规定比例的金额。

即：总机构财政集中分配所得税额＝应纳所得税额×规定比例。

⑦“分支机构分摊所得税额”：对于跨省（自治区、直辖市、计划单列市）经营汇总纳税企业，填报总机构统一计算的本年应补（退）的所得税额×50%的金额；对于同一省（自治区、直辖市、计划单列市）内跨区县经营汇总纳税企业，填报总机构统一计算的本年应补（退）的所得税额×规定比例的金额。即：

分支机构分摊所得税额＝应纳所得税额×规定比例

⑧“营业收入”：填报上一年度各分支机构销售商品、提供劳务、让渡资产使用权等日常经营活动实现的全部收入的合计额。

⑨“职工薪酬”：填报上一年度各分支机构为获得职工提供的服务而给予各种形式的报酬以及其他相关支出的合计额。

⑩“资产总额”：填报上一年度各分支机构在经营活动中实际使用的应归属于该分支机构的资产合计额。

⑪“分配比例”：填报经总机构所在地主管税务机关审核确认的各分支机构分配比例，分配比例应保留小数点后10位。即：

分支机构分配比例＝（该分支机构营业收入÷分支机构营业收入合计）×35%＋（该分支机构职工薪酬÷分支机构职工薪酬合计）×35%＋（该分支机构资产总额÷分支机构资产总额合计）×30%。

⑫“分配所得税额”：填报分支机构按照分支机构分摊所得税额乘以相应的分配比例的金额。即：分支机构分配所得税额＝分支机构分摊所得税额×该分支机构分配比例。

⑬“合计”：填报上一年度各分支机构的营业收入总额、职工薪酬总额和资产总额三项因素的合计数及本年各分支机构分配比例和分配税额的合计数。

2. 案例解析

【分摊税款计算案例】

总机构位于南京的甲居民企业（内资企业，适用企业所得税税率为25%），境内跨省设有两个二级分支机构北京分公司和上海分公司。在美国设有不具有独立纳税地位的分公司。2017 年度总、分支机构经营情况如下表所示（单位：万元）。

机构	营业收入	营业成本	应纳税所得额	已预缴企业所得税
总机构	80000	42000	30000	4000
北京分公司	30000	16000	10000	2427
上海分公司	20000	10000	8000	1573
美国分公司	40000	30000	4000	600
合计	170000	98000	52000	8600

甲居民企业 2016 年度财务会计决算报告显示，总机构、北京分公司、上海分公司和美国分公司的营业收入、职工薪酬和资产总额如下表所示（单位：万元）。

机构	营业收入	职工薪酬	资产总额
总机构	28000	780	3800
北京分公司	10000	260	1070
上海分公司	6000	140	930
美国分公司	20000	220	1200
合计	64000	1400	7000

要求：分析说明总、分支机构如何汇缴申报缴纳企业所得税。

【解析】

总、分支机构应按如下方法计算企业的应纳所得税总额和总机构、境内各分支机构应分摊缴纳税款：

第一步，总机构统一计算境内总、分支机构总的应分摊的所得税额：

(52000 − 4000) × 25% = 12000（万元）。

第二步，总机构应按照以前年度即 2016 年分支机构的营业收入、职工薪酬和资产总额三个因素及其规定权重计算各分支机构应分摊所得税款的比例。

分支机构	营业收入（0. 35）		职工薪酬（0. 35）		资产总额（0. 30）	
	金额（万元）	占比	金额（万元）	占比	金额（万元）	占比
北京分公司	10000	0. 625	260	0. 65	1070	0. 535
上海分公司	6000	0. 375	140	0. 35	930	0. 465
合计	16000	1	400	1	2000	1

北京分公司分摊税款比例：0. 625 × 0. 35 + 0. 65 × 0. 35 + 0. 535 × 0. 3 = 0. 60675；

上海分公司分摊税款比例：0. 375 × 0. 35 + 0. 35 × 0. 35 + 0. 465 × 0. 3 = 0. 39325。

第三步，按照汇总纳税办法规定的比例（50%由各分支机构分摊）和上一步计算出的分摊比例，计算划分各机构的应分摊的应补所得税额。

应分摊的应补所得税：12000－8000＝4000（万元）；

总机构应补所得税：4000×50%＝2000（万元）；

分支机构应补所得税：4000×50%＝2000（万元）。

第四步，向总机构和各分支机构分摊就地缴纳的企业所得税款。

总机构应分摊就地缴纳的企业所得税为：

4000×25%＝1000（万元）；

总机构应分摊缴入中央金库的财政集中分配的企业所得税为：

4000×25%＝1000（万元）；

北京分公司应分摊就地缴纳的企业所得税款：

2000×0.60675＝1213.5（万元）；

上海分公司应分摊就地缴纳的企业所得税款：

2000×0.39325＝786.5（万元）。

填报相关纳税申报表如下：

企业所得税汇总纳税分支机构所得税分配表（A109010）

税款所属期间：2017年1月1日至2017年12月31日

总机构名称（盖章）：甲居民企业

总机构统一社会信用代码（纳税人识别号）：　　　　金额单位：元（列至角分）

应纳所得税额		总机构分摊所得税额	总机构财政集中分配所得税额			分支机构分摊所得税额	
4000		1000	1000			2000	
分支机构情况	分支机构统一社会信用代码（纳税人识别号）	分支机构名称	三项因素			分配比例	分配所得税额
			营业收入	职工薪酬	资产总额		
	****	北京分公司	10000	260	1070	0.60675	1213.5
	****	上海分公司	6000	140	930	0.39325	786.5
	合计		16000	400	2000	1	2000

跨地区经营汇总纳税企业年度分摊企业所得税明细表（A109000）

行次	项　目	金额
1	一、总机构实际应纳所得税额	12400
2	减：境外所得应纳所得税额	1000
3	加：境外所得抵免所得税额	600
4	二、总机构用于分摊的本年实际应纳所得税（1-2+3）	12000
5	三、本年累计已预分、已分摊所得税（6+7+8+9）	8000
6	（一）总机构向其直接管理的建筑项目部所在地预分的所得税额	0
7	（二）总机构已分摊所得税额	2000
8	（三）财政集中已分配所得税额	2000
9	（四）总机构所属分支机构已分摊所得税额	4000
10	其中：总机构主体生产经营部门已分摊所得税额	0
11	四、总机构本年度应分摊的应补（退）的所得税（4-5）	4000
12	（一）总机构分摊本年应补（退）的所得税额（11×规定比例）	1000
13	（二）财政集中分配本年应补（退）的所得税额（11×规定比例）	1000
14	（三）总机构所属分支机构分摊本年应补（退）的所得税额（11×规定比例）	2000
15	其中：总机构主体生产经营部门分摊本年应补（退）的所得税额	0
16	五、总机构境外所得抵免后的应纳所得税额（2-3）	400
17	六、总机构本年应补（退）的所得税额（12+13+15+16）	2400

中华人民共和国企业所得税年度纳税申报表（A类）（A100000）

行次	类别	项　目	金额
1	利润总额计算	一、营业收入（填写A101010\101020\103000）	170000
2		减：营业成本（填写A102010\102020\103000）	98000
13		三、利润总额（10+11-12）	52000
14	应纳税所得额计算	减：境外所得（填写A108010）	4000
19		四、纳税调整后所得（13-14+15-16-17+18）	48000
23		五、应纳税所得额（19-20-21-22）	48000
24	应纳税额计算	税率（25%）	25%
25		七、应纳所得税额（23×24）	12000
26		减：减免所得税额（填写A107040）	0
27		减：抵免所得税额（填写A107050）	0
28		八、应纳税额（25-26-27）	12000
29		加：境外所得应纳所得税额（填写A108000）	1000
30		减：境外所得抵免所得税额（填写A108000）	600
31		九、实际应纳所得税额（28+29-30）	12400
32		减：本年累计实际已缴纳的所得税	8000
33		十、本年应补（退）所得税额（31-32）	4400
34		其中：总机构分摊本年应补（退）所得税额（填写A109000）	1400
35		财政集中分配本年应补（退）所得税额（填写A109000）	1000
36		总机构主体生产经营部门分摊本年应补（退）所得税额（填写A109000）	0

中华人民共和国企业所得税月（季）度预缴纳税申报表（A类，2015年版）

税款所属期间：2017年1月1日至2017年12月31日

纳税人识别号：□□□□□□□□□□□□□□□□□□

纳税人名称：甲企业上海分公司　　　　金额单位：　人民币元（列至角分）

<table>
<tr><th>行次</th><th colspan="2">项　目</th><th>本期金额</th><th>累计金额</th></tr>
<tr><td>1</td><td colspan="4">一、按照实际利润额预缴</td></tr>
<tr><td>2</td><td colspan="2">营业收入</td><td></td><td></td></tr>
<tr><td>3</td><td colspan="2">营业成本</td><td></td><td></td></tr>
<tr><td>4</td><td colspan="2">利润总额</td><td></td><td></td></tr>
<tr><td>5</td><td colspan="2">加：特定业务计算的应纳税所得额</td><td></td><td></td></tr>
<tr><td>6</td><td colspan="2">减：不征税收入和税基减免应纳税所得额（请填附表1）</td><td></td><td></td></tr>
<tr><td>7</td><td colspan="2">固定资产加速折旧（扣除）调减额（请填附表2）</td><td></td><td></td></tr>
<tr><td>8</td><td colspan="2">弥补以前年度亏损</td><td></td><td></td></tr>
<tr><td>9</td><td colspan="2">实际利润额（4行+5行－6行－7行－8行）</td><td></td><td></td></tr>
<tr><td>10</td><td colspan="2">税率（25%）</td><td></td><td></td></tr>
<tr><td>11</td><td colspan="2">应纳所得税额（9行×10行）</td><td></td><td></td></tr>
<tr><td>12</td><td colspan="2">减：减免所得税额（请填附表3）</td><td></td><td></td></tr>
<tr><td>13</td><td colspan="2">实际已预缴所得税额</td><td>—</td><td></td></tr>
<tr><td>14</td><td colspan="2">特定业务预缴（征）所得税额</td><td></td><td></td></tr>
<tr><td>15</td><td colspan="2">应补（退）所得税额（11行－12行－13行－14行）</td><td>—</td><td></td></tr>
<tr><td>16</td><td colspan="2">减：以前年度多缴在本期抵缴所得税额</td><td></td><td></td></tr>
<tr><td>17</td><td colspan="2">本月（季）实际应补（退）所得税额</td><td>—</td><td></td></tr>
<tr><td>18</td><td colspan="4">二、按照上一纳税年度应纳税所得额平均额预缴</td></tr>
<tr><td>19</td><td colspan="2">上一纳税年度应纳税所得额</td><td>—</td><td></td></tr>
<tr><td>20</td><td colspan="2">本月（季）应纳税所得额（19行×1/4或1/12）</td><td></td><td></td></tr>
<tr><td>21</td><td colspan="2">税率（25%）</td><td></td><td></td></tr>
<tr><td>22</td><td colspan="2">本月（季）应纳所得税额（20行×21行）</td><td></td><td></td></tr>
<tr><td>23</td><td colspan="2">减：减免所得税额（请填附表3）</td><td></td><td></td></tr>
<tr><td>24</td><td colspan="2">本月（季）实际应纳所得税额（22行－23行）</td><td></td><td></td></tr>
<tr><td>25</td><td colspan="4">三、按照税务机关确定的其他方法预缴</td></tr>
<tr><td>26</td><td colspan="2">本月（季）税务机关确定的预缴所得税额</td><td></td><td></td></tr>
<tr><td>27</td><td colspan="4">总分机构纳税人</td></tr>
<tr><td>28</td><td rowspan="4">总机构</td><td>总机构分摊所得税额（15行或24行或26行×总机构分摊预缴比例）</td><td></td><td></td></tr>
<tr><td>29</td><td>财政集中分配所得税额</td><td></td><td></td></tr>
<tr><td>30</td><td>分支机构分摊所得税额（15行或24行或26行×分支机构分摊比例）</td><td></td><td>2000</td></tr>
<tr><td>31</td><td>其中：总机构独立生产经营部门应分摊所得税额</td><td></td><td></td></tr>
<tr><td>32</td><td rowspan="2">分支
机构</td><td>分配比例</td><td></td><td>0.39325</td></tr>
<tr><td>33</td><td>分配所得税额</td><td></td><td>786</td></tr>
<tr><td colspan="2">是否属于小型微利企业：</td><td>是 □</td><td colspan="2">否 □</td></tr>
</table>

续表

<table>
<tr><th>行次</th><th colspan="2">项　目</th><th>本期金额</th><th>累计金额</th></tr>
<tr><td colspan="5">谨声明：此纳税申报表是根据《中华人民共和国企业所得税法》《中华人民共和国企业所得税法实施条例》和国家有关税收规定填报的，是真实的、可靠的、完整的。</td></tr>
<tr><td colspan="5">法定代表人（签字）：　　　　　　年　月　日</td></tr>
<tr><td colspan="2">纳税人公章：</td><td>代理申报中介机构公章：</td><td colspan="2">主管税务机关受理专用章：</td></tr>
<tr><td colspan="2">会计主管：</td><td>经办人：</td><td colspan="2">受理人：</td></tr>
<tr><td colspan="2"></td><td>经办人执业证件号码：</td><td colspan="2"></td></tr>
<tr><td colspan="2">填表日期：　　年　月　日</td><td>代理申报日期：　　年　月　日</td><td colspan="2">受理日期：　　年　月　日</td></tr>
</table>